Hierarchia Ecclesiastica Orientalis

I

HIERARCHIA ECCLESIASTICA ORIENTALIS

SERIES EPISCOPORUM ECCLESIARUM
CHRISTIANARUM ORIENTALIUM

I

PATRIARCHATUS CONSTANTINOPOLITANUS

a cura di
GIORGIO FEDALTO

edizioni messaggero padova

La ricerca è stata effettuata con il contributo del Consiglio Nazionale delle Ricerche

ISBN 88-7026-858-6

Grafiche Messaggero di S. Antonio

INDICE GENERALE

Premessa

Lo scopo del presente lavoro è di colmare una lacuna sentita già da Michel Le Quien, che nel 1740 pubblicava a Parigi, in tre volumi l'*Oriens Christianus*. Le liste dei vescovadi orientali aiutano a mettere ordine nella complessa storia di quelle chiese, la cui conoscenza procede lentamente, anche a motivo della varietà di culture, lingue, riti e tradizioni, in cui sono e si sono trovate inserite, e di governi, dominazioni e distruzioni, cui sono e sono state soggette.

Pur essendo opera ancora sostanzialmente valida, l'*Oriens Christianus* di Le Quien, richiedeva una verifica ed un aggiornamento. Edizioni critiche di opere patristiche e di testi conciliari, nuove scoperte archeologiche, epigrafiche, geografiche, migliore individuazione di fatti storici, consentono di correggere, perfezionare, migliorare quelle liste.

Il criterio qui seguito è però modellato su quello della *Hierarchia catholica* di Konrad Eubel, e dei suoi continuatori, e della *Series episcoporum ecclesiae catholicae* di Pius Bonifacius Gams. Tali autori, dato il diverso sistema di promozione vescovile esistente nella chiesa latina, almeno a partire dal secolo XIII, poterono trovare nei registri vaticani le bolle di nomina dei singoli prelati, fatto che non è possibile per i vescovadi orientali a motivo della loro particolare tradizione. Si è dovuto pertanto ricorrere alle più svariate fonti: di quelle patristiche o conciliari è stata solitamente consultata l'ultima edizione critica e per i singoli vescovi i più recenti articoli o studi monografici.

La divisione geografica seguita è quasi sempre la stessa che si incontra in Le Quien. La struttura delle ripartizioni ecclesiastiche rispecchia quella dell'impero romano d'Oriente, con le modifiche intervenute successivamente. Per l'impero, il *Synecdemus* (527-528) di Hierocles elencava le province civili e le relative città; così, in parte, fece Giorgio di Cipro: su detto schema furono successivamente calcate le metropoli ecclesiastiche bizantine e i rispettivi vescovadi suffraganei. Vi si sono sostanzialmente attenute anche le *notitiae* ecclesiastiche della chiesa costantinopolitana, ad eccezione di taluni casi, che sono stati indicati di volta in volta. Gli stessi patriarcati orientali (Costantinopoli, Alessandria, Antiochia con le chiese oltre il *limes* dell'impero, Gerusalemme) non fecero altro che suddividersi seguendo le grandi ripartizioni politico-amministrative delle diocesi civili romane, ed è indispensabile rifarsi a tale struttura per il complesso di fatti, conseguenze e relazioni da essa generata.

Problemi particolari sorgono poi all'interno di ogni singolo patriarcato: per quello di Costantinopoli, specialmente lungo i confini col patriarcato occidentale o per l'operazione compiuta da Giustiniano, quando attribuì a Giustiniana prima le funzioni di nuova metropoli dell'Illirico occidentale o, ancora, con la sottrazione al patriarcato romano, da parte di Leone III Isaurico, dei territori dell'Illirico orientale.

Per il patriarcato di Antiochia i diversi lavori di Ernst Honigmann sulle chiese monofisite e giacobite hanno puntualizzato le spesso difficili questioni di geografia e di storia, complicate dal sovrapporsi di toponomastica siriana ed araba a quella precedente, greca o latina. In base alla sua tesi (*Évêques*, p.157ss.), nel 542, con la consacrazione episcopale di Giacomo Baradai e di Teodoro d'Arabia, da parte di Teodosio già patriarca di Alessandria, iniziò una nuova fase della chiesa monofisita, per cui, generalmente parlando, i vescovi consacrati dopo tale data vengono qualificati come giacobiti. Costoro verranno anche detti siro-occidentali in quanto distinti dai nestoriani, che si definivano come siro-orientali.

Tra i criteri in base ai quali suddividere le varie liste si poteva seguire quello che le raggruppa secondo le diverse chiese: così fa spesso la letteratura specialistica, elencando, oltre ai citati patriarcati, i successivi di Bulgaria, Georgia, Romania, Mosca, Serbia, con le chiese di Cipro, Etiopia, Grecia, Macedonia, e le altre chiese ortodosse di America, Finlandia, Polonia, Giappone, con quelle armena, melchita, siriana, caldea (cfr. *Orthodoxia, 1986-1987*, p. 21; J. Assfalg-P. Krüger, *Kleines Wörterbuch des Christlichen Orients*, Wiesbaden 1975, pp.389-406). Tuttavia in questi, come in altri casi, la distinzione evidenzia le singole comunità, considerandole in connessione e corrispondenza con la situazione attuale, piuttosto che, come nel presente lavoro, risalire fino alle origini e svilupparsi seguendo il loro evolversi lungo i secoli.

A parte il caso della Grecia, dove, essendo la turcocrazia iniziata solamente nel secolo XV, di solito non si svilupparono chiese diverse da quella ortodossa, soprattutto nelle regioni periferiche dell'ex-impero bizantino (per esempio, Damasco, Aleppo o Beirut) si nota una grande varietà di differenti comunità cristiane.

Invece di elencare assieme tutte le sedi della stessa chiesa, come aveva fatto Le Quien per quelle caldee e giacobite, si è ritenuto opportuno distinguere tendenzialmente in ogni città le diverse comunità: da quella nicena e calcedonese alle altre, ariana, nestoriana o siro-orientale, monofisita, giacobita o siro-occidentale, o, ancora, armena, maronita, copta, siriana, caldea: problemi complicati che non è sempre agevole risolvere per la carenza di conoscenze più precise o per la difficoltà di trovare criteri omogenei data la varietà e la successione tanto articolata di comunità cristiane.

Riassumendo: si è seguito il criterio di suddividere i quattro grandi patriarcati, dal punto di vista territoriale, in province (tenendo presente la struttura dell'impero romano d'Oriente), numerandole progressivamente da 1 a 101. All'interno di ogni provincia sono state distinte, con una seconda cifra, le città vescovili e in ciascuna di esse è stata identificata la chiesa mediante la tavola qui indicata:

x.x.1	eccl. primaeva (prima del 313 d.C.)
x.x.2	eccl. primaeva et byzantina
x.x.3	eccl. byzantina
x.x.4	eccl. ariana
x.x.5	eccl. semiariana
x.x.6	eccl. meletiana
x.x.7	eccl. macedoniana
x.x.8	eccl. dioscoriana
x.x.9	eccl. apollinarista
x.x.10	eccl. severiana
x.x.11	eccl. tritheita
x.x.12	eccl. nestoriana
x.x.13	eccl. syro-orientalis
x.x.14	eccl. syro-orientalis/nestoriana
x.x.15	eccl. monophysita
x.x.16	eccl. jacobita
x.x.17	eccl. syro-occidentalis/jacobita
x.x.18	eccl. syro-occidentalis/jacobita de Cilicia
x.x.19	eccl. syro-occidentalis-schismatica
x.x.20	eccl. armena-gregoriana
x.x.21	eccl. primaeva et armena-gregoriana
x.x.22	eccl. armena-catholica
x.x.23	eccl. coptica
x.x.24	eccl. coptica-catholica
x.x.25	eccl. aethiopica
x.x.26	eccl. maronita
x.x.27	eccl. georgiana
x.x.28	eccl. melchita-orthodoxa
x.x.29	eccl. melchita-catholica
x.x.30	eccl. catholica
x.x.31	eccl. latina
x.x.32	eccl. syriana-catholica
x.x.33	eccl. chaldaica
x.x.34	eccl. orthodoxa
x.x.35	eccl. ruthena-orthodoxa
x.x.36	eccl. ruthena-catholica
x.x.37	eccl. syro-malabarensis
x.x.38	eccl. syro-malabarensis-Mar Thomistes
x.x.39	eccl. syro-malabarensis-catholica
x.x.40	eccl. syro- malankarensis ritus Antiocheni
x.x.41	eccl. graeca-catholica
x.x.42	eccl. anglicana

Ma anche sulla base di tale criterio non è stato sempre agevole includere nelle province bizantine le sedi che, ad esempio, cominciarono a comparire in epoca araba, quando si dimenticava o si rifiutava la struttura amministrativa precedente. D'altra parte, dovendo seguire un criterio, è sembrato opportuno utilizzare quello che poteva apparire più omogeneo.

Altro problema era quello di ripartire le liste vescovili delle regioni esterne al *limes* orientale dell'impero. Al di là del confine politico-militare, nell'antico impero persiano esistevano infatti delle chiese che, fin dall'inizio del secolo IV, avevano in Seleucia-Ctesifonte la loro metropoli. Resesi indipendenti da Antiochia con i sinodi del 420 e 424, esse svilupparono una propria gerarchia, rafforzatasi nel secolo V, seguendo l'indirizzo nestoriano e, più tardi, quello monofisita prima e giacobita poi, finendo col non riconoscere l'autorità del rispettivo patriarca di Antiochia, il quale riteneva invece di doverla esercitare. Nelle regioni già comprese nell'impero persiano-sasanide o, più tardi, di qualche dinastia araba o turca, attualmente incluse nei territori di Iraq, Iran, Unione Sovietica, tra i secoli VIII e XIII si riscontra un fenomeno di espansione cristiana, giunto, dal secolo VIII in poi, fino in Arabia, India, Turchestan, Cina. Si trattava per lo più di chiese nestoriane, ma anche monofisite o giacobite.

Al riguardo, lo stesso Le Quien, sulle orme dell'Assemani, ebbe difficoltà a sistemare la suddivisione di tali chiese. L'ultima aggiornata serie di studi del domenicano Jean Michel Fiey, oltre ad altri lavori partitamente indicati, consente ora di riorganizzare la ripartizione ecclesiastica del territorio per le regioni appunto esterne al *limes* dell'impero.

Per quanto possibile, si è preferito, comunque, includere nelle precedenti ripartizioni bizantine, di cui s'è detto, le nuove sedi, come compaiono nella letteratura, sia pure sorte in un diverso contesto storico-politico: come esempio si può ricordare il caso delle chiese di Georgia e di Cipro, che si resero indipendenti dal patriarcato di Antiochia in epoche diverse.

I patriarcati di Alessandria e di Gerusalemme, acquistata quest'ultimo una propria dignità col concilio di Calcedonia, non presentano problemi particolari.

Va ancora ricordato che, almeno per il patriarcato di Costantinopoli, esisteva una elaborata letteratura diretta ad inquadrare le singole sedi in una gerarchia, che prevedeva patriarcati, chiese metropolitane, arcivescovili, vescovili. Tali liste, chiamate *notitiae*, ebbero una loro diffusione e soprattutto delle notevoli variazioni dovute, nel corso dei secoli, al mutare dell'importanza delle singole città, sede delle rispettive chiese: per questo non si poteva non tenerne conto. Soprattutto dopo la pubblicazione delle *Notitiae episcopatuum ecclesiae Constantinopolitanae* da parte di Jean Darrouzès (Paris 1981), era d'obbligo utilizzare tale edizione, seguendo anche la sua numerazione con le datazioni ivi offerte, nonostante le incertezze che talora presentano. Così, per la *notitia* 2 (p. 19), egli sembra propendere per delle aggiunte ad una *notitia* precedente, databili al primo quarto del secolo IX; la *notitia* 3 (p. 32) sarebbe posteriore al concilio del 787 e vicina piuttosto alla fine del secolo IX; la *notitia* 4 (p. 45) viene considerata prossima al concilio dell'869. La *notitia* 7 (pp. 53-55) corrisponde all'ordinanza promulgata durante il primo patriarcato di Nicola il Mistico sotto il regno di Leone VI, tra 901 e 907. La *notitia* 8 (p. 85) non va oltre la fine del secolo X; la 12 (pp. 134-135) risale alla fine del secolo XII, come anche la 13 (p. 136). L'opuscopo di Nilo Doxapatris è datato 1142/1143 e la *notitia* 14 ne riprende la sezione riguardante metropoli ed arcivescovadi del patriarcato di Costantinopoli (p. 154); la 15 (p. 171) è datata al 1189, la 17 (pp. 179-180) risale alla metà del secolo XIV, la 20 (p. 193) all'inizio del secolo XV, mentre la 21 (p.197), posteriore alla caduta dell'impero bizantino, è di epoca turca.

Dall'inserimento delle chiese nelle singole *notitiae* si avrà un ulteriore elemento di datazione; notando le variazioni intervenute via via e risalendo alla fonte si potrebbe determinare l'importanza delle singole sedi sulla base della graduatoria nelle rispettive *notitiae*.

Sviluppo e variazione ebbero pure i titoli di patriarca, metropolita, arcivescovo e vescovo. Da principio, il titolo di vescovo designava il dignitario preposto al governo di tutta la chiesa o di una chiesa particolare (Laurent, *Sceaux*, V, 1, p. XXVIII ss.). I capi delle grandi divisioni o province ecclesiastiche furono chiamati metropoliti, titolo che talora non si trova usato, a vantaggio di quello di vescovo. Un altro termine che compare è quello di arcivescovo, adoperato la prima volta da s. Atanasio, per il suo predecessore Alessandro di Alessandria. Al concilio di Calcedonia fu attribuito ai capi della pentarchia e a diversi altri vescovi dei grandi centri dell'Illirico orientale, come Tessalonica e Corinto. Lo si trova quindi esteso ai vescovi delle capitali delle tre grandi diocesi civili di Asia (Efeso), Ponto (Cesarea), Tracia (Eraclea, presto soppiantata da Costantinopoli), per passare ai titolari delle principali sedi dell'impero, anche se a partire dal secolo V la sua diffusione fu frenata dall'apparizione degli arcivescovi autocefali, chiamati così perché dipendenti direttamente dal patriarca.

Mentre il titolo di metropolita non era usato nella terminologia latina, compare quello di arcivescovo per i titolari dei due vicariati romani di Tessalonica e Corinto e per il capo della chiesa di Creta, e con Fozio anche per il patriarca di Costantinopoli. Alla fine del secolo XI, con la riforma della gerarchia nobiliare di Alessio I Comneno (1081-1118), il titolo di metropolita venne attribuito ai vescovi delle chiese provinciali, ad esclusione di quello di arcivescovo lasciato agli autocefali o riservato ai capi delle chiese indipendenti (Costantinopoli, Cipro e Bulgaria). Nel secolo XIII, probabilmente dietro l'influsso della gerarchia latina d'Oriente che ne faceva uso, il titolo di arcivescovo tornò ad avere un impiego più esteso. Tali variazioni vengono solitamente indicate nell'introduzione alle singole sedi.

Data la sovrapposizione di culture e di lingue, seguite all'occupazione dei territori qui compresi, la grafia dei nomi di persona viene riportata come compare nelle fonti e nella letteratura utilizzate, per il periodo bizantino preferibilmente in latino, ma non sempre: lo stesso principio è stato seguito anche per i toponimi, che di solito rispecchiano il succedersi delle lingue e delle forme usate.

Le datazioni sono attinte alle stesse fonti, che le rapportano al calendario gregoriano. Dal momento però che le fonti offrono delle date che non sono sempre quelle di elezione, nomina e designazione di ogni singolo prelato o di cessazione dal rispettivo ufficio ecclesiastico per morte, trasferimento o altra causa, e, d'altra parte, occorreva trovare un criterio omogeneo, si è risolto il problema ponendo la prima e l'ultima data conosciute, rispettivamente in due colonne, seguendo i criteri qui indicati.

	Data di elezione, nomina, designazione	data di cessazione, per morte o trasferimento	
data precisa di nomina	625	645 iun. 25	data precisa di cessazione
la data di nomina è compresa tra quelle indicate nella parentesi	(645-655)	(675-685)	la data di cessazione è compresa tra quelle indicate nella parentesi
la data di nomina è anteriore a quella indicata	(-1325 ian. 2)	(1325 mai.-)	la data di cessazione è posteriore a quella indicata
l'indicazione del nome è inclusa nel periodo indicato tra le parentesi interne e la data di nomina potrebbe esserne anteriore	(-<450-457>)	(<467-478>-)	l'indicazione del nome è inclusa nel periodo indicato tra le parentesi interne e la data di cessazione potrebbe esserne posteriore
la data di nomina è anteriore all'una o all'altra di quelle indicate	(-678/681)	(691/699-)	la data di cessazione è posteriore all'una o all'altra di quelle indicate
data di nomina incerta	625 (?)	(1325 iun. (?)-)	la data conosciuta è incerta
non si conosce se la data sia quella di nomina o una diversa	(425)		(Le fonti citate in questa colonna si riferiscono ai nomi e alle date delle colonne precedenti, fino all'indicazione successiva)

Talora nelle fonti si incontrano indicazioni di vescovi anonimi, non meglio identificati: in tal caso, se il nome è sicuramente diverso dall'immediato predecessore, nella prima colonna si trovano tre puntini, che invece mancano quando lo si ignora (e la data indicata è l'unica conosciuta).

Va infine ricordato che non vengono qui inclusi i titolari della chiesa latina, insediatisi in Oriente durante le crociate, per i quali si può consultare *La chiesa latina in Oriente*, II. *Hierarchia latina Orientis*, Verona 1976.

Al termine del lavoro, annunciato già nel 1982 (*Per una* "Series episcoporum ecclesiarum christianarum orientalium", in *Bisanzio e l'Italia. Raccolta di studi in memoria di Agostino Pertusi*, Milano 1982, pp. 73-82), non resta che ringraziare quanti, in modi diversi, sono stati di aiuto per poterlo concludere. Anzitutto gli amici, Marino Ferla, Ivano Valent, Maria Grazia Bogo e Stefano Moretto, che si sono sobbarcati i diversi problemi connessi con l'elaborazione dei dati nel calcolatore; un ringraziamento particolare va alle direzioni dei periodici "Rivista di studi bizantini e slavi", "Orientalia Christiana Periodica" e "Studia Patavina", che hanno accettato di pubblicarne parti distinte, pur sapendo che sarebbero state rifuse in un volume d'insieme, e all'Institute for Advanced Study di Princeton, USA, per l'ospitalità concessa al fine di completare una parte notevole delle ricerche.

Chronicon Edessenum	*Chronicon Edessenum*, ed. I. Guidi, in *Chronica minora*, (CSCO, Scriptores Syri, s. III, t. IV), Parisiis 1903
Cico, III	Pontificia commissio ad redigendum codicem iuris canonici orientalis. Fontes. Series III. Vol. III. *Acta Honorii III et Gregorii IX (1216-1227) (1227-1241)*, ed. A. L. Tāutu, Città del Vaticano 1950
Cico, XI	Pontificia commissio... Vol. XI. *Acta Urbani pp. V (1362-1370)*, ed. A. L. Tāutu, Romae 1964
Commemoratorium	*Commemoratorium de casis Dei vel monasteriis*, in *Itinera Hierosolymitana et descriptiones Terrae Sanctae*, edd. T. Tobler-A. Molinier, I, 2, Genevae 1880, pp. 299-305
CSCO	*Corpus Scriptorum Christianorum Orientalium*, Parisiis-Lipsiae-Beryti-Louvain 1903ss.
CSEL	*Corpus Scriptorum Ecclesiasticorum Latinorum*, Wien 1866ss.
CSHB	*Corpus Scriptorum Historiae Byzantinae*, Bonnae 1828 1897
Darrouzès, *Registre*	J. Darrouzès, *Le registre synodal du patriarcat byzantin au XIV siècle*, Paris 1971
Darrouzès, V-VI	Le patriarcat byzantin. Série I. *Les regestes des actes du patriarcat de Constantinople*. Vol. I. *Les actes des patriarches*. Fasc. V, J. Darrouzès, *Les regestes de 1310 à 1376*, Paris 1977; Fasc. VI, *Les regestes de 1377 à 1410*, Paris 1979
Dauvillier	J. Dauvillier, *Les Provinces Chaldéennes "de l'Extérieur" au Moyen Age*, in *Mélanges offerts au R.P. Ferdinand Cavallera*, Toulouse 1948, pp. 261-316
DC	*Dizionario dei concili*, ed. P. Palazzini, 6 voll., Roma 1963-1968
Devreesse	R. Devreesse, *Le patriarcat d'Antioche depuis la paix de l'Église jusqu'à la conquête arabe*, Paris 1945
DGE	*Dictionnaire géographique de l'Égypte*, Le Caire 1899
DHGE	*Dictionnaire d'histoire et de géographie ecclésiastique*, Paris 1892ss.
DIEEE	"Δελτίον τῆς ἱστορικῆς καὶ ἐθνολογικῆς ἑταιρείας τῆς Ἑλλάδος", ἐν Ἀθήναις 1883 ss.
DOP	"Dumbarton Oaks Papers", Cambridge (Mass.) 1940ss.
DPAC	*Dizionario patristico e di antichità cristiana*, dir. da A. Di Bernardino, 2 voll., Casale Monferrato 1983-1984
DTC	*Dictionnaire de théologie catholique*, 15 voll., Paris 1923ss.
Dussaud	R. Dussaud, *Topographie historique de la Syrie antique et médiévale*, Paris 1927
EA	"Ἐκκλησιαστικὴ Ἀλήθεια", ἐν Κωνσταντινοπόλει 1880 ss.
EC	*Enciclopedia Cattolica*, 12 voll., Città del Vaticano 1948-1954
EEBS	"Ἐπετηρὶς ἑταιρείας βυζαντινῶν σπουδῶν", Ἀθῆναι 1924 ss.
EEE	Ἡμερολόγιον τῆς Ἐκκλησίας τῆς Ἑλλάδος. 1986, (Ἀθῆναι) 1986
EESM	"Ἐπετηρὶς ἑταιρεία Στερεοελλαδικῶν Μελετῶν", Ἀθῆναι 1968 ss.
EF	"Ἐκκλησιαστικὸς Φάρος", ἐν Ἀλεξανθρείᾳ 1908 ss.
EK	"Ἐκκλησία", ἐν Ἀθήναις 1923 ss.
ELL	"Ἑλληνικά", ἐν Ἀθήναις 1928 ss.
EO	"Echos d'Orient", Constantinople-Paris 1897-1942
EP	"Ἐπετηρὶς Παρνασσοῦ", Ἀθῆναι 1896 ss.
Ep. Chr.	Ἠπειρωτικὰ Χρονικά, Janina 1926ss.
Epiphanius, AH	Epiphanius, *Adversus haereses*
Eubel, I-VIII	C. Eubel-G. Van Gulik-L. Schmitz Kallenberg-P. Gauchat-R.Ritzler-P. Sefrin, *Hierarchia Catholica medii et recentioris aevi*, 8 voll., Monasterii-Patavii 1913 (2a ed.)-1979
Eusebius, *Chr.*	Eusebius, *Werke*, VII. *Die-Chronik des Hieronymus. Hieronymi Chronicon*, ed. R. Helm, (Die Griechischen Christlichen Schriftsteller der ersten Jahrhunderte), Berlin 1956
Eusebius, HE	Eusèbe de Césarée, *Histoire ecclésiastique*, 4 voll., (Sources chrétiennes, 31, 41, 55, 73), Paris 1952 1967
Fedalto, I-III	G. Fedalto, *La chiesa latina in Oriente*, 3 voll., Verona 1981 (2a ed.)-1978
Fiey, *Ādarbāyğān*	J. M. Fiey, *Ādarbāyğān chrétien*, "Le Muséon", LXXXVI (1973), pp. 397-435: *Communautés*, VII
Fiey, *Assyrie*	J. M. Fiey, *Assyrie chrétienne. Contribution à l'étude de l'histoire et de la géographie ecclésiastique et monastique du nord de l'Iraq*, 3 voll., Beyrouth 1965-1968
Fiey, *Chrétiens*	J. M. Fiey, *Chrétiens syriaques sous les Abbassides surtout à Bagdad (749-1258)*, (CSCO, 420, Subs. 59), Louvain 1980
Fiey, *Chrétientés*	J. M. Fiey, *Chrétientés syriaques du Horāsān et du Sēgestān*, "Le Muséon", LXXXVI (1973), pp. 75-104: *Communautés*, VI

Fonti

AA, I	Archives de l'Athos, I. *Actes de Lavra*, I.(897-1178), edd. G. Rouillard-P. Collomp, Paris 1937
AA, II	Archives de l'Athos, II. *Actes de Kutlumus*, ed. P. Lemerle, Paris 1946
AA, III	Archives de l'Athos, III. *Actes de Xéropotamou*, ed. J. Bompaire, Paris 1964
AA, IV	Archives de l'Athos, IV. *Actes de Dionysiou*, ed. N. Oikonomidès, Paris 1968
AA, V	Archives de l'Athos, V. *Actes de Lavra*, I. *Des origines à 1204*, edd. P. Lemerle-A. Gouillou-N. Svoronos-D. Papachryssanthou, Paris 1970
AA, VI	Archives de l'Athos, VI. *Actes d'Esphigménou*, ed. J. Lefort, Paris 1973
AA, VII	Archives de l'Athos, VII. *Actes du Protaton*, ed. D. Papachryssanthou, Paris 1975
AA, VIII	Archives de l'Athos, VIII. *Actes de Lavra*, II. *De 1204 à 1328*, edd. P. Lemerle-A. Gouillou N. Svoronos-D. Papachryssanthou, Paris 1977
AA, IX	Archives de l'Athos, IX. *Actes de Kastamonitou*, ed. N. Oikonomidès, Paris 1978
AA, X	Archives de l'Athos, X. *Actes de Lavra*, III. *De 1329 à 1500*, edd. P. Lemerle-A. Gouillou-N. Svoronos-D. Papachryssanthou, Paris 1979
AA, XI	Archives de l'Athos, XI. *Actes de Lavra*, IV. *Études historiques. Actes serbes. Compléments et index*, edd. P. Lemerle-A. Gouillou-N. Svoronos-D. Papachryssanthou-S. Ćirković, Paris 1982
AA, XII	Archives de l'Athos, XII. *Actes de Saint-Pantéléèmon*, edd. P. Lemerle-G. Dagron-S. Ćirković, Paris 1982
Abel	F. M. Abel, *Géographie de la Palestine*, 2 voll., Paris 1933-1938
ACO	*Acta conciliorum oecumenicorum*, 4 t., edd. E. Schwartz-J.Straub-R.Schieffer, Berolini-Lipsiae 1927-1984
Acta et diplomata	*Acta et diplomata res Albaniae mediae aetatis illustrantia*, edd. L. v. Thalloczky-K. Jerecek-M. v. Sufflay, 2 voll., Wien 1913-1918
Actes, I	Actes de l'Athos, I. *Actes de Xenophon*, ed. L. Petit, Amsterdam 1964
Actes, II	Actes de l'Athos, II. *Actes de Pantocrator*, ed. L. Petit, Amsterdam 1964
Actes, III	Actes de l'Athos, III. *Actes d'Esphigménou*, edd. L. Petit-W. Regel, Amsterdam 1967
Actes, IV	Actes de l'Athos, IV. *Actes de Zographou*, edd. W. Regel-E. Kurtz-B. Korablev, Amsterdam 1969
Actes, V	Actes de l'Athos, V. *Actes de Chilandar*, edd. L. Petit-B. Korablev, Amsterdam 1975
AEKD	"'Αρχεῖον ἐκκλησιαστικοῦ καὶ κανονικοῦ δικαίου", 'Αθῆναι 1946 ss.
Alishan	L. M. Alishan, *Sissouan ou l'Arméno-Cilicie*, Venise 1899
Amelineau	E. Amelineau, *La géographie de l'Egypte à l'époque copte*, Paris 1893
Ammann	A. M. Ammann, *Storia della chiesa russa e dei paesi limitrofi*, Torino 1948
AP	"'Αρχεῖον Πόντου", ἐν 'Αθήναις 1928 ss.
AS	*Acta Sanctorum quotquot toto orbe coluntur*, Parisiis 1863 ss
Assemani	J. L. Assemani, *Bibliotheca orientalis Clementino-Vaticana*, 3 voll., Roma 1719-1728
Avi-Yonah	M. Avi-Yonah, *Map of Roman Palestine*, "The Quarterly of the Department of Antiquities in Palestine", V (1936), pp. 139-193
Bagatti, *Circoncision*	B. Bagatti, *L'Eglise de la Circoncision*, Jérusalem 1965
Bagatti, *Galilea*	B. Bagatti, *Antichi villaggi cristiani di Galilea*, Gerusalemme 1971
Bagatti, *Gentilité*	B. Bagatti, *L'Eglise de la gentilité en Palestine. (Ier-XIe siècle)*, Jérusalem 1968
Bagatti, *Giudea*	B. Bagatti, *Antichi villaggi cristiani di Giudea e Neghev*, Jerusalem 1983
Bagatti, *Samaria*	B. Bagatti, *Antichi villaggi cristiani di Samaria*, Gerusalemme 1979
Beck	H. G. Beck, *Kirche und theologische Literatur im byzantinischen Reich*, München 1959
Bon, *Morée*	A. Bon, *La Morée franque. Recherches historiques, topographiques et archéologiques sur la principauté d'Achaie (1205-1430)*, Paris 1969
Bon, *Péloponnèse*	A. Bon, *Le Péloponnèse byzantin jusq'en 1204*, Paris 1951
BS	*Bibliotheca Sanctorum*, 12 voll., Roma 1961-1969
Burmester	O. H. E. Burmester, *The canons of Cyrill II. LXVII patriarch of Alexandria*, "Le Muséon", XLIX (1936), pp. 245-288
Chabot, IV-VI	J. B. Chabot, *Les évêques jacobites du VIIIe au XIIIe siècle d'après la Chronique de Michel le Syrien*, ROC, IV (1899), pp. 444-451, 495-511; V (1900), pp. 605 636; VI (1901), pp. 189-220

Abbreviazioni

a.	ante
acc.	acceptavit
adm.	administrator
aep.	archiepiscopus
aest.	aestas
ap.	apostolus
apoll.	apollinarista
ar.	arianus, ariana
archim.	archimandrita
arm.	armena
aut.	autumnus
aux.	auxiliaris
byz.	byzantina
c.	circiter
card.	cardinalis
cath.	catholicus, catholica, catholicos
chalc.	chalcedonensis
chald.	chaldaicus, chaldaica
coad.	coadiutor
cond.	condemnatus
conf.	confirmatus
copt.	coptica
dep.	depositus
diosc.	dioscoriana
eccl.	ecclesia
el.	electus
el. inf.	electio infirmata
ep.	episcopus
ev.	evangelista
ex.	exiliatus
exc.	excommunicatus
exp.	expulsus
fin.	finis
haer.	haereticus
icon.	iconoclasta
in.	initium
intr.	intrusus
iter.	iterum
iulian.	iulianista
jac.	jacobita
leg.	legitimus
maced.	macedonianus
maphr.	maphrianus
mar.	maronita
mart.	martyr
med.	medietas
mel.	meletiana
metr.	metropolita
mon.	monachus
monast.	monasterium
monoph.	monophysita
monoth.	monotheleta
nest.	nestorianus
o.Carm.Disc.	ordo Carmelitarum Discalceatorum
o. Cist.	ordo Cisterciensium
o.F.M.Cap.	ordo Fratrum Minorum Capuccinorm
o.P.	ordo Fratrum Praedicatorum
ord.	ordinatus
orth.	orthodoxus, orthodoxa
o.S.B.	ordo Sancti Benedicti
p.	post
pars post.	pars posterior
pars pr.	pars prior
patr.	patriarcha
pr.	primus, prima
praep.	praepositus
prim.	primaevus, primaeva
prom.	promotus
rec.	reconciliatus
ren.	renuntiavit
repr.	reprobatus
resid.	residentia, residens
schism.	schismaticus
sec.	secundus, secunda
suffr.	suffraganeus
tr.	translatus
vic.	vicarius

Fiey, *Communautés*	J. M. Fiey, *Communautés syriaques en Iran et Iraq des origines à 1552*, London 1979
Fiey, *Diocèses*	J. M. Fiey, *Diocèses syriens orientaux du Golfe persique*, in *Mémorial Mgr. Gabriel Khouri-Sarkis (1898-1968)*, Louvain 1969, pp. 177-219: *Communautés*, II
Fiey, *Jalons*	*J. M. Fiey, Jalons pour une histoire de l'église en Iraq*, (CSCO, 310, Subs. 36), Louvain 1970
Fiey, *Les diocèses*, V,VIII	J. M. Fiey, *Les diocèses du "maphrianat" syrien. 629 - 1860*, "Parole de l'Orient", V (1974), pp. 133-164, 331-393; VIII (1977-1978), pp. 347-378
Fiey, *Les provinces*	J. M. Fiey, *Les provinces sud-caspiennes des Eglises syriennes*, "Parole de l'Orient", II (1971), pp. 329 343: Communautés, V
Fiey, *Nisibe*	*J. M. Fiey, Nisibe, métropole syriaque orientale et ses suffragants des origines à nos jours*, (CSCO, 388, Subs. 54), Louvain 1977
Gams	P. B. Gams, *Series episcoporum ecclesiae catholicae*, Regensburg 1873-1886
GCS	*Die Griechischen Christlichen Schriftsteller der ersten Jahrhunderte*, Leipzig-Berlin 1897ss.
Gelzer	*Patrum Nicaenorum nomina latine graece coptice syriace arabice armeniace*, edd. H. Gelzer-H. Hilgenfeld O. Cuntz, Lipsiae 1898
Georgius Cedrenus	Georgius Cedrenus, *Historiarum compendium*, ed. I. Bekkerus, 2 voll., (CSHB, 34,55), Bonnae 1838-1839
Georgius Pachymeres	Georgius Pachymeres, *De Michaele et Andronico Palaeologis*, ed. I. Bekkerus, 2 voll., (CSHB, 24-25), Bonnae 1835
Gerland-Laurent, *Corpus*, I	*Corpus notitiarum episcopatuum ecclesiae orientalis graecae*, I. *Les listes conciliaires*, edd. E. Gerland V. Laurent, Kadikoy 1936
Germanos	Germanos, metropolites Sardeon, Ἐπισκοπικοὶ κατάλογοι τῆς ἐπαρχιῶν τῆς Βορείου θράκης καὶ ἐν γένει τῆς Βουλγαρίας ἀπὸ τῆς ἁλώσεως καὶ ἑξῆς, THR, VIII (1937), pp. 110-189
Graf	G. Graf, *Die Rangordnung der Bischöfe Ägyptens nach einem protokollarischen Bericht des Patriarchen Kyrillos ibn Laklak*, "Oriens christianus", III s., II (1927), pp. 299-337
Graf, I, II	G. Graf, *Geschichte der christlichen arabischen Literatur*, I, II, (Studi e testi, 118, 133), Città del Vaticano 1946, 1947
Gregorius Barhebraeus	Gregorius Barhebraeus, *Chronicon ecclesiasticum*, edd. J. B. Abbeloos-T. J. Lamy, 3 voll., Parisiis-Lovanii 1872-1877
Grumel, I-III	Le patriarcat byzantin... Fasc.I-III, V. Grumel, *Les regestes...*, Paris 1936-1972
Grumel, *Chron.*	V. Grumel, *La chronologie*, Paris 1958
Hackett	J. Hackett, *History of the Orthodox Church of Cyprus*, London 1901
Hage	W. Hage, *Die syrisch-jakobitische Kirche in frühislamischer Zeit*, Wiesbaden 1966
Halm, I-II	H. Halm, *Ägypten nach den mamlukischen Lehensregistern*, I. *Oberägypten und das Fayyum*; II. *Das Delta*, (Beihefte zum Tübinger Atlas des vorderen Orients, R. B., 38/1-2), Wiesbaden 1979-1982
Hamberger	J. Hamberger, *La hiérarchie de l'église russe en 1905*, EO, VIII (1905), pp. 226-232
HE	*Historia ecclesiastica*
Hill	G. Hill, *A History of Cyprus*, 4 voll., London 1940 1948
Hindo	P. Hindo, *Disciplina Antiochena antica. Siri*. II. *Les personnes*, (Codificazione canonica orientale, Fonti, s. II, fasc. XXVI), Città del Vaticano 1951
Hofmann, I-III	*Epistolae pontificiae ad concilium Florentinum spectantes*, ed. G. Hofmann, 3 p., Roma 1940-1946
Honigmann	*Le Synekdèmos d'Hiéroclès et l'opuscule géographique de Georges de Chypre*, ed. E. Honigmann, Bruxelles 1939
Honigmann, *Couvent*	E. Honigmann, *Le couvent de Barsauma et le patriarcat jacobite d'Antioche et de Syrie*, (CSCO, 146, Subs.7), Louvain 1954
Honigmann, *Évêques*	E. Honigmann, *Évêques et évêchés monophysites de l'Asie antérieure au VIe siècle* , (CSCO, 127), Louvain 1951
Honigmann, *Lists*	E. Honigmann, *The Original Lists of Members of the Council of Nicaea, of the Robber-Synod and the Council of Chalcedon*, "Byzantion", XVI (1942-1943), pp. 20-80
Honigmann, *Mémoires*	E. Honigmann, *Trois mémoires posthumes d'histoire et de géographie de l'Orient chrétien*, Bruxelles 1961
Honigmann, *Ostgrenze*	E. Honigmann, *Die Ostgrenze des byzantinischen Reiches von 363 bis 1071 nach griechischen, arabischen, syrischen und armenischen Quellen*, Bruxelles 1935
Huygens *Lettres*	R. B. G. Huygens, *Lettres de Jacques de Vitry (1160/ 1170-1240) évêque de Saint-Jean-d'Acre*, Leiden 1960

Index	*Index sedium titularium archiepiscopalium et episcopalium*, (Città del Vaticano) 1933
Iohannes Cantacuzenus	Iohannes Cantacuzenus, *Historiae libri IV*, ed. L. Schopenus, (CSHB, 20), Bonnae 1828-1832
Iohannes Ephesinus	Iohannes Ephesinus, *Historia ecclesiastica*, ed. E. W. Brooks, (CSCO, 106, Scriptores Syri, 55), Louvain 1952
Iohannes Moschus	Iohannes Moschus, *Pratum spirituale*: PG, 87
Ius	*Ius canonicum graecum romanum*: PG, 119
Jaffé	P. Jaffé, *Regesta Pontificum Romanorum a condita Ecclesia ad annum post Chr. n. 1198*, edd. W. Wattenbach-S. Löwenfeld-F. Kaltenbrunner-P. Ewald, 2 voll., Leipzig 1881-1888
Janin, *Églises*	R. Janin, *Églises orientales et rites orientaux*, Paris 1955 (4e ed.)
Jones, *Cities*	A. H. M. Jones, *The Cities of the Eastern Roman Provinces*, Oxford 1971 (2a ed.)
Kawerau	P. Kawerau, *Die jacobitische Kirche in Zeitalter der syrischen Renaissance*, Berlin 1960
KC	"Κρητικὰ Χρονικά", Ἡράκλειον 1947 ss.
Koriah	Y. Koriah "Karkenny", *The Syrian Orthodox Church in the Holy Land*, Jerusalem 1976
Kosach	W. Kosach, *Historisches Kartenwerk Ägyptens*, Bonn 1971
KR	"Κρητολογία", Ἡράκλειον 1975 ss.
LA	*Liber annuus*, Jerusalem 1951ss.
Labbe, XI/2	*Sacrosancta concilia*, edd. P. Labbeus-G. Cossartius, XI/2, Lutetiae Parisiorum 1671
Lambros	S. P. Lambros, *Catalogue of the greek manuscripts on Mount Athos*, 2 voll., Cambridge 1895
Langlois, *Trésor*	V. Langlois, *Le trésor des chartes d'Armenie ou cartulaire de la chancellerie royale des Roupéniens*, Venise 1863
Laurent, IV	Le patriarcat byzantin... Fac. IV, V. Laurent, *Les regestes...*, Paris 1971
Laurent, *Orghidan*	V. Laurent, *Documents de sigillographie byzantine. La collection C. Orghidan*, Paris 1952
Laurent, *Sceaux*,V,1-3	V. Laurent, *Le corpus des sceaux de l'empire byzantin*, V, 1-3. *L'église*, Paris 1963-1972
Le Quien	M. Le Quien, *Oriens Christianus*, 3 voll., Parisiis 1740
Legrand, *Bibl. Hell. XV-XVI*	E. Legrand, *Bibliographie Hellénique ou description raisonnée des ouvrages publiés en grec par des Grecs aux XVe et XVIe siècles*, 4 voll., Paris 1885-1906
Legrand, *Bibl. Hell. XVII*	E. Legrand, *Bibliographie Hellénique ou description raisonnée des ouvrages publiés par des Grecs au dixseptième siècle*, 5 voll., Paris 1894-1903
Lemerle, *Philippes*	P. Lemerle, *Philippes et la Macédoine orientale à l'époque chrétienne et byzantine, Texte*, Paris 1945
Leo Allatius	Leo Allatius, *De ecclesiae occidentalis atque orientalis perpetua consentione*, 3 voll., Cologne 1648
LTK	*Lexikon für Theologie und Kirche*, 11 voll., Freiburg 1957-1967 (2a ed.)
Machaeras	L. Machaeras, Χρονικὸν Κύπρου, in Sathas, II
Mader	A. E. Mader, *Altchristliche Basiliken und Lokaltraditionen in Südjudäa*, Paderbon 1918
Malchus Rhetor	Malchus Rhetor Philadelphiensis, *Excerpta de legationibus Romanorum ad gentes*, edd. I. Bekkerus-B. G. Niebuhrius (CSHB, 14), Bonnae 1829
Mansi	G. D. Mansi, *Sacrorum conciliorum nova et amplissima collectio*, 53 voll., Parisiis-Arnheim-Leipzig 1901 1927 (2a ed.)
Marcellinus Comes	Marcellinus Comes, *Chronicon*, ed. T. Mommsen, in *Chronica minora saec. IV.V-VI.VII.*, (MGH, *Auctores antiquissimi*, XI), Berolini 1894, pp. 37-108
Martinus Crusius	Martinus Crusius, *Turcograecia*, Basileae (1584)
Maspero-Wiet	J. Maspero-G. Wiet, *Matériaux pour servir à la géographie de l'Egypte*, in "Mémoires publiés par les membres de l'Institut français d'archéologie orientale du Caire", t.XXXVI, Le Caire 1919
MC	"Μικρασιατικὰ Χρονικά", Ἀθῆναι 1938 ss.
MEE	Μεγάλη Ἑλληνικὴ Ἐγκυκλοπαιδεία, 24 voll., Ἀθῆναι 1924-1934
Meinardus	O. F. A. Meinardus, *Christian Egypt ancient and modern*, Cairo 1965
MGH	*Monumenta Germaniae historica*, Hannoverae-Berolini 1826ss.
Munier	H. Munier, *Recueil des listes épiscopales de l'église copte*, (Publications de la société d'archéologie copte. Textes et documents), Le Caire 1943

Muyser	J. Muyser, *Contribution à l'étude des listes épiscopales de l'église copte*, "Bulletin de la société d'archéologie copte", X (1944), pp. 115-176
Mystakides	B. A. Mystakides, Ἐπισκοπικοὶ κατάλογοι, EEBS, XI (1936), pp. 139-238
Nicolaus Comnenus Papadopoli	Nicolaus Comnenus Papadopoli, *Praenotiones mystagogicae ex iure canonico sive responsa sex*, Patavii 1697
OC	*Oriente Cattolico. Cenni storici e statistici*, Città del Vaticano 1974 (4ª ed.)
Omont	H. Omont, *Liste des métropolitains et évêques grecs du patriarcat de Constantinople vers 1725*, ROL, I (1893), pp. 313-320
OR	"Ὀρθοδοξία", ἐν Κωνσταντινουπόλει 1926 ss.
Orthodoxia, 1986-1987	*Orthodoxia, 1986-1987*, Regensburg 1986 (3 ed.)
Papadopoulos Kerameus	A. Papadopoulos-Kerameus, Ἱεροσολυμιτικὴ Βιβλιοθήκη, 5 voll., ἐν Πετρουπόλει, 1891-1915
Papadopulos	C. Papadopulos, Ἱστορία τῆς Ἐκκλησίας Ἱεροσολύμων, ἐν Ἱεροσολύμοις καὶ Ἀλεξανδρείᾳ 1910
Parthey	G. Parthey, *Hieroclis Synecdemus et notitiae graecae episcopatuum*, Berlin 1866
Péchayre	A.P. Péchayre, *L'archevêché d'Ochrida de 1394 à 1767*, EO, XXXV (1936), pp. 183-204, 280-323
Pelliot	P. Pelliot, *Recherches sur les chrétiens d'Asie centrale et d'Extrême-Orient*, Paris 1973
PG	*Patrologiae cursus completus. Series graeca*, ed. J. P. Migne, 167 voll., Parisiis 1857-1876
PL	*Patrologiae cursus completus. Series latina*, ed. J. P. Migne, 221 voll., Parisiis 1841-1864
Placidus a S. Ioseph	Placidus a S. Ioseph, *De fontibus iuris ecclesiastici Syro-Malankarensium commentarius historico-canonicus*, S. Congregazione per la chiesa orientale. Codificazione canonica orientale. Fonti, s. II, fasc. VIII, Città del Vaticano 1937
PO	*Patrologia Orientalis*, Paris 1903ss.
POC	"Proche-Orient-Chrétien", Jérusalem 1951ss.
Poppe	A. Poppe, *The Rise of Christian Russia*, London 1982
Potthast	A. Potthast, *Regesta Pontificum Romanorum inde ab a. 1198 ad a. 1304*, 2 voll., Berlin 1873-1875
PP	"Προμηθεὺς ὁ Πυρφόρος", Ἀθῆναι 1960 ss.
Procopius, *De bello Persico*	Procopius, *De bello Persico*, ed. G. Dindorfius, Bonnae 1833
Ramsay, *Phrygia*	W. M. Ramsay, *The cities and bishoprics of Phrygia*, 2 voll., Oxford 1895-1897
RE	*Real-Encyclopädie der classischen Altertumswissenschaft*, ed. A. F. v. Pauly-G. Wissowa, Stuttgart 1893 ss.
REB	"Revue des études byzantines", Paris 1943ss.
REG	"Revue des études grecques", Paris 1888ss.
Renaudot	(E. Renaudot), *Historia patriarcharum Alexandrinorum jacobitarum a d. Marco usque ad finem saeculi XIII*, Parisiis 1713
Rhalles	Σύνταγμα τῶν θείων καὶ ἱερῶν κανόνων, edd. G. A. Rhalles-M. Potles, 6 voll., Ἀθήνησιν 1852-1859
Richard, *Tripoli*	J. Richard, *Le comté de Tripoli sous la dynastie Toulousaine (1102-1187)*, Paris 1945
ROC	"Revue de l'Orient chrétien", Paris 1896ss.
ROL	"Revue de l'Orient latin", Paris 1881ss.
Sachau	E. Sachau, *Zur Ausbreitung des Christentums in Asien*, "Abhandlungen der preussischen Akademie der Wissenschaften. Jahrgang 1919. Philosophisch-historische Klasse", Berlin 1919, pp. 3-80
Sathas	K. Sathas, Μεσαιωνικὴ Βιβλιοθήκη, Venezia 1873
Schlumberger	G. Schlumberger, *Sigillographie de l'empire byzantin*, Paris 1884
Schultze	V. Schultze, *Altchristliche Städte und Landschaften*, voll. II/1-2,III, Gütersloh 1922-1930
Schwartz, *Kyrillos*	E. Schwartz, *Kyrillos von Skythopolis*, Leipzig 1939
Spuler	B. Spuler, *Die morgenländischen Kirchen*, Leiden-Köln 1964
Stamoules	M. Stamoules, THR, XIV (1940), pp. 5-230
Synod of Jerusalem	*The Acts and Decrees of the Synod of Jerusalem*, ed. J. N. W. B. Robertson, New York 1969
Syropoulos	V. Laurent, *Les "Mémoires" du Grand Ecclésiarque de l'Eglise de Constantinople Sylvestre Syropoulos sur le concile de Florence (1438-1439)*, (Concilium Florentinum, Documenta et scryptores, B, IX), Roma 1971

Tafel-Thomas	G. L. F. Tafel-G. M. Thomas, *Urkunden zur älteren Handels und Staatsgeschichte der Republik Venedig mit besonderer Beziehung auf Byzanz und die Levante*, 3 voll., Wien 1856-1857
Ter Mikelean	A. Ter Mikelean, *Die armenische Kirche in ihren Beziehungen zur byzantinischen (vom IV. bis XIII. Jahrhundert)*, Leipzig 1892
TH	"Θεολογία", ἐν Ἀθῆναις 1923 ss.
THR	"Θρακικά", ἐν Ἀθῆναις 1928 ss.
Theophanes	Theophanes, *Chronographia*, ed. c. de Boor, Lipsiae 1883
Timm	S. Timm, *Das christlich-koptische Ägypten in arabischer Zeit* (Beihefte zum Tübinger Atlas des vorderen Orients, B, 41), Wiesbaden 1984
Tisserant	E. Tisserant, *Eastern Christianity in India. A History of the Syro-Malabar Church from the earliest time to the present day*, Westminster, Maryland 1957
TS	"Terra Santa", Gerusalemme 1921ss.
Tsirpanlis	Z. N. Tsirpanlis, Τὸ ἑλληνικὸ κολλέγιο τῆς Ρώμης καὶ οἱ μαθητὲς του. 1576-1700, Θεσσαλονίκη 1980
Turner	C. H. Turner, *Ecclesiae Occidentalis monumenta iuris antiquissima*, 2 voll., Oxonii 1899-1939
Vailhé, *Notitiae*	S. Vailhé, *Une "Notitia episcopatuum" d'Antioche du Xe siècle*, EO, X (1907), pp. 90-101; *La "Notitia episcopatuum" d'Antioche du patriarche Anastase, VIe siècle*, EO, X (1907), pp. 139-145
Zacos-Veglery	G. Zacos-A. Veglery, *Byzantine Lead Seals*, I/3, Basel 1972
Zakythinos	D. A. Zakythinos, *Le Despotat grec de Morée*, 2 voll., London 1975

PATRIARCHATUS CONSTANTINOPOLITANUS

PATRIARCHAE CONSTANTINOPOLITANI

1.1.2 CONSTANTINOPOLIS, Byzantium, Costantinopoli, Istanbul
eccl. primaeva et byzantina

Sede patriarcale. Col concilio di Calcedonia (451) e con l'acquisizione di nuove province vide affermarsi progressivamente la propria posizione da sede vescovile a patriarcale.

Fonti: *notitiae*: Darrouzès, p. 498

Bibl.: Le Quien, I, coll. 195-275; Grumel, *Reg.*, I-III; Laurent, *Reg.*, IV; Darrouzès, *Reg.*, V; Grumel, *Chron.*, pp. 434-441; J. L. Van Dieten, *Geschichte der Patriarchen von Sergios I. bis Johannes VI. (610-715)*, Amsterdam 1972; R. Janin, DHGE, XIII, coll. 629- 633; Laurent, *Sceaux*, V, 1, pp. 1-39; J. Dujčev - M. Simonetti - Ch. Kannengiesser, DPAC, I, coll. 806-823

Philadelphus	211	217	Le Quien, I, col. 205; Grumel, *Chron.*, p. 434
Eugenius	240	265	
Rufinus	284	293	Le Quien, I, col. 206; Grumel, *Chron.*, p. 434
Metrophanes	(306-307)	314 iun. 4	Grumel, *Chron.*, p. 434; B. Kotter, LTK, VII, col. 373
Alexander	314	337 aug.	Le Quien, I, coll. 206-208; Grumel, *Chron.*, p. 434; Ch. Kannengiesser, DPAC, I, coll. 135-136
Paulus, iter.	337 341 fin. 346 in.	339 342 in. 351 fin.	Grumel, *Chron.*, pp. 434-435; T. Niggl, LTK, VIII col. 212; M. Simonetti, DPAC, II, coll. 2629-2630
Evagrius	370		Grumel, *Chron.*, p. 435; R. Aubert, DHGE, XVI, col. 107; D. Stiernon, DPAC, I, col. 1311
Maximus Cynicus	380		Le Quien, I, coll. 211-212; Grumel, *Chron.*, p. 435
Gregorius Nazianzenus, s.	380 nov.	381 iun.	Grumel, *Chron.*, p. 435; J. M. Sauget, BS, VII, coll. 197-198
Nectarius	381 iun.	397 sept. 27	Grumel, I, pp. 1-12; D. Stiernon, DPAC, II, col. 2394
Ioannes Chrisostomus, s.	398 febr. 26	404 iun. 20	Grumel, I, pp. 13-26; K. Baus, LTK, V, coll. 1018-1019; A.M. Malingrey, DPAC, II, coll. 1551-1558
Arsacius	404 iun. 27	405 nov. 11	Grumel, I, p. 27; G. Bardy, DHGE, IV, col. 742; E. Prinzivalli, DPAC, I, col. 385
Atticus	406 mar.	425 oct. 10	Grumel, I, pp. 27-36; ACO, IV, I, pp. 155-158; II, pp. 10, 172; M. T. Disdier, DHGE, V, coll. 161-166; D. Stiernon, DPAC, I, col. 441

Sisinnius	426 febr. 28	427 dec. 24	Grumel, I, pp. 37-39; ACO, IV, I, pp. 155, 158; B. Kötting, LTK, IX, col. 798; D. Stiernon, DPAC, II, col. 3243
Nestorius, dep.	428 apr. 10	431 iun. 22	Grumel, I, pp. 41-53; L. Abramowski, LTK, VII, coll. 888-889; M. Simonetti, DPAC, II, coll. 2390-2394
Maximianus	431 oct. 25	434 apr. 12	Grumel, I, pp. 55-60; Le Quien, I, col. 216; D. Stiernon, DPAC, II, col. 2162
Proclus	434 apr. 12/13	446 iun. 12	Grumel, I, pp. 61-74; Le Quien, I, col. 216; M. Simonetti, DPAC, II, coll. 2910-2911
Flavianus	446 iul.	449 aug. 11	Grumel, I, pp. 75-84; J. Liébaert, DHGE, XVII, coll. 390-396; M. Simonetti, DPAC, I, coll. 1383-1384
Anatolius	44 nov.	458 iul. 3	Grumel, I, pp. 85-101; ACO, IV, I, p. 173; II, pp. 115-116, 154, 158; M. Jugie, DHGE, II, coll. 1497-1500; A. De Nicola, DPAC, I, coll. 187-188
Gennadius	458 aug./sept.	471 nov. 20	Grumel, I, pp. 103-109; R. Aubert, DHGE, XX, col. 477
Acacius	472 febr.	489 nov. 26	Grumel, I, pp. 111-126; M. Jugie, DHGE, I, coll. 244-248; K. Baus, LTK, I, coll. 233-235; M. Simonetti, DPAC, I, col. 23
Fravitas	48 dec.	490 mar.	Grumel, I, pp. 127-129; P. Nautin, DHGE, XVIII, coll. 1128-1129
Euphemius, dep.	490 ver	495 aut.	Grumel, I, pp. 131-136; R. Janin, DHGE, XV, coll. 1410-1411; F. Cocchini, DPAC, I, col. 1275
Macedonius, dep.	495 fin.	511 aug. 11	Grumel, I, pp. 137-142; O. Volk, LTK, VI, col. 1315; D. Stiernon, DPAC, II, coll. 2062-2063
Timotheus	511 oct.	518 apr. 5	Grumel, I, pp. 143-148; V. Grumel, LTK, X, col. 200
Ioannes	518 apr. 17	520 febr.	Grumel, I, pp. 149-155; J. Niggl, LTK, V, col. 1049; A. De Nicola, DPAC, II, coll. 1549-1550
Epiphanius	520 febr.	535 iun. 5	Grumel, I, pp. 157-163; J. Darrouzès, DHGE, XV, col. 614
Mennas, Menas	536 mar. 13	552 aug. 24	Grumel, I, pp. 169-176; ACO, IV, I, coll. 186, 189, - 191, 195-196; O. Volk, LTK, VII, col. 267; D. Stiernon, DPAC, II, coll. 2217-2218
Eutychius, dep.	522 aug. fin.	565 ian. 22/31	Grumel, I, pp. 177-181; ACO, IV, I, pp. 3, 245; R. Janin, DHGE, XVII, coll. 94-95; D. Stiernon, DPAC, I, coll. 1307-1308
Ioannes Scholasticus	565 ian. 31	577 aug. 31	Grumel, I, pp. 183-188; F. Dölger, LTK, V, coll. 1080-1081; D. Stiernon, DPAC, II, col. 1550

Eutychius, iter.	577 oct. 2	582 apr. 5	Grumel, I, pp. 189-192
Ioannes Ieiunator	582 apr. 12	595 sept. 2	Grumel, I, pp. 193-201; H. G. Beck, LTK, V, coll. 1065-1066; D. Stiernon, DPAC, II, col. 1550
Cyriacus	596 in.	606 oct. 29	Grumel, I, pp. 203-205; V. Grumel, DHGE, XIII, coll. 1167-1168; K. Baus, LTK, VI, col. 704; D. Stiernon, DPAC, I, coll. 690-691
Thomas	607 ian. 23	610 mar. 20	Grumel, I, pp. 207-209; O. Volk, LTK, X, col. 145
Sergius, monoth.	610 apr. 18	638 dec. 9	Grumel, I, pp. 211-222; Van Dieten, pp. 1-56; D. Stiernon, DPAC, II, col. 3154
Pyrrhus, monoth.	638 dec. 20	641 sept. 29	Grumel, I, pp. 223-226; Van Dieten, pp. 57-75; D. Stiernon, DPAC, II, col. 2804
Paulus, monoth.	641 oct. 1	653 dec. 27	Grumel, I, pp. 227-229; Van Dieten, pp. 76-103; D. Stiernon, DPAC, II, coll. 2630-2631
Pyrrhus, monoth.	654 ian. 9	654 iun. 1	Grumel, I, p. 231; Van Dieten, pp. 104-105
Petrus, monoth.	654 iun. 8	666 oct. 12 c.	Grumel, I, pp. 231-223; Van Dieten, pp. 106-116
Thomas	667 apr. 17	669 nov. 15	Grumel, I, p. 234; Van Dieten, pp. 117-120
Ioannes	669 nov. fin.	675 aug. 18	Grumel, I, p. 235; Van Dieten, pp. 121-122
Constantinus	675 sept. 2	677 aug. 9	Grumel, I, p. 236; Van Dieten, pp. 123-124
Theodorus	677 (aug.-sept.)	679 (nov.-dec.)	Grumel, I, pp. 237-239; Van Dieten, pp. 125-129
Georgius	679 dec.	686 febr.	Grumel, I, pp. 241-243; Van Dieten, pp. 130-145; D. Bundy, DHGE, XX, col. 614
Theodorus	686 (ian.-febr.)	687 dec. 28	Grumel, I, p. 244; Van Dieten, pp. 146-148
Paulus	688 ian.	693 aug 20	Grumel, I, p. 245; Van Dieten, 149-155
Callinicus	693 (aug.-sept.)	705 aug.	Grumel, I, p. 246; Van Dieten, pp. 156-160; J. Gouillard, DHGE, XI, col. 415; A. De Nicola, DPAC, I, coll. 570-571
Cyrus	705 sept.	711 dec.	Grumel, I, pp. 247-248; Van Dieten, pp. 161-165
Iannes	711 dec.	715 iul. fin.	Grumel, I, pp. 249-251; Van Dieten, pp. 166-173; A. Labrate, DPAC, II, col. 1551
Germanus, ep. Cyzici, ren.	715 aug. 11	730 ian. 17	Grumel, II, pp. 1-8; *Chron.*, p. 435; DHGE, XX, coll. 906-907

Anastasius, icon.	730 ian. 22	754 ian.	Grumel, II, pp. 8-9; *Chron.*, p. 435; R. Janin, DHGE, II, coll. 1465-1466
Constantinus, icon.	754 aug. 8	766 aug. 30	Grumel, II, pp. 9-11; *Chron.*, p. 435
Nicetas,icon.	766 nov. 16	780 febr. 6	Grumel, II, pp. 11, *Chron.*, p. 435
Paulus	780 febr. 20	784 aug. 31	Grumel, II, pp. 11-12; *Chron.*, p. 435
Tarasius	784 dec. 25	806 febr. 18	Grumel, II, pp. 12-22; *Chron.*, p. 435; F. Dvornik, LTK, IX, col. 1298
Nicephorus, dep.	806 apr. 12	815 mar. 13	Grumel, II, pp. 23-40; *Chron.*, p. 435; O. Volk, LTK, VII, col. 971
Theodorus Melissenus, icon.	815 apr. 1	821 apr. (?)	Grumel, II, pp. 40-41; *Chron.*, p. 435
Antoninus Cassimatus, icon.	821 ian. (?)		Grumel, II, pp. 41-42; *Chron.*, p. 435; P. P. Ioannou, LTK, I, col. 669
Ioannes Grammaticus, icon.	837 ian. 21	843 mar. 4	Grumel, II, p. 42; *Chron..*, p. 436
Methodius	843 mar. 4	847 iun. 14	Grumel, II, pp. 42-64; *Chron.*, p. 436; V. Grumel, LTK, VII, coll. 368-369
Ignatius	847 iul. 3	858 oct. 23	Grumel, II, pp. 64-71; *Chron.*, p. 436; F. Dvornik, LTK, V, coll. 612-613
Photius, dep.	858 (nov.-dec. 25)	867 sept. 23	Grumel, II, pp. 72-95; F. Dvornik, LTK, VIII, coll. 484-488; A. De Nicola, DPAC, I, coll. 1392-1394
Ignatius, iter.	867 nov. 23	877 oct. 23	Grumel, II, pp. 95-100
Photius, iter., dep.	877 oct. 26	886 sept.	Grumel, II, pp. 100-129
Stephanus	886 dec. 18	893 mai. 17/18	Grumel, II, pp. 130-131; *Chron.*, p. 436
Antoninus Cauleas	893 aug.	901 febr. 12	Grumel, II, pp. 131-133; *Chron.*, p. 436; R. Janin, DHGE, III, col. 765; P. P. Joannou, LTK, I, coll. 669- 670
Nicolaus Mysticus	901 mar. 1	907 febr.	Grumel, II, pp. 133-146, *Chron.*, p. 436
Euthymius, ex.	907 febr.	912 mai. 15	Grumel, II, pp. 146-147; *Chron.*, p. 436; J. Darrouzès, DHGE, XVI, coll. 58-59
Nicolaus Mysticus, iter.	912 mai. 15	925 mai. 15	Grumel, II, pp. 148-221; *Chron.*, p. 436
Stephanus, ep. Amaseae	925 aug.	927 iul. (18)	V. Grumel, *La chronologie des patriarches de Constantinople Étienne II d'Amasée et Tryphon*, REB, XV (1957), pp. 214-217
Tryphon	927 dec. 14	931 aug.	
Polyeuctus	956 apr. 3	970 febr. 5	Grumel, II, pp. 225-228; *Chron.*, p. 436; T. Niggl, LTK, VIII, col. 595
Basilius Scamandrenus, dep.	970 febr. 13	973 (oct.-nov.)	V. Grumel, *Chronologie patriarcale au Xe siècle. Basile Ier Scamandrénos, Antoine III Scandalios le Studite, Nicolas II Chrysoberges*, REB, XXII (1964), pp. 45-71

Antonius Studita, ren.	973 dec.	976 ian.	
Nicolaus Chrysoberges	980 mai.	992 dec. 16	
Sisinnius	996 apr. 12	998 aug. 24	Grumel, *Chron.*, p. 436; F. D. Dvornik, LTK, IX, col. 798
Sergius	1001 (iun.-iul.)	1019 iul.	Grumel, II, pp. 239-244; *Chron.*, p. 436
Eustathius	1019 iul.	1025 (nov.-dec. 15)	Grumel, II, pp. 244-245; *Chron.*, p. 436; J. Darrouzès, DHGE, XVI, coll. 23-24
Alexius Studita	1025 dec. 15	1043 febr. 20	Grumel, II, pp. 245-265; *Chron.*, p. 436; S. Pétridès, DHGE, II, col. 398
Michael Cerularius	1043 mar. 25	1058 nov. 2	Grumel, III, pp. 1-16; *Chron.*, p. 436; T. Niggl, LTK, VII, coll. 396-397
Constantinus Lichudes	1059 febr. 2	1063 aug. 9-10	Grumel, III, pp. 17-19; *Chron.*, p. 436
Ioannes Xiphilinus	1064 ian. 1	1075 aug. 2	Grumel, III, pp. 20-27; *Chron.*, p. 436; J. M. Hoeck, LTK, V, coll. 1097-1098
Cosmas	1075 aug. (2-)	1081 mai. 8	Grumel, III, pp. 27-32; *Chron.*, p. 436
Eustratius Garidas	1081 mai.	1084 iul.	Grumel, III, pp. 32-39; *Chron.*, p. 436; J. Darrouzès, DHGE, XVI, coll. 48-49
Nicolaus Cyrdinatus	1084 aug.		Grumel, III, pp. 40-79; *Chron.*, p. 436
Ioannes Agapetos	1111 mai. 24	1134 apr. fin.	Grumel, III, pp. 79-84; *Chron.*, p. 436; J. M. Hoeck, LTK, V, col. 997
Leo Stypiota	1134 mai.	1143 ian.	Grumel, III, pp. 85-87; *Chron.*, p. 436
Michael Kurcuas, Oxita	1143 iul.	1146 mar.	Grumel, III, pp. 88-97; *Chron.*, p. 436
Cosmas Atticus	1146 apr. fin.	1147 febr. 27	Grumel, III, pp. 97-98; *Chron.*, p. 436
Nicolaus Muzalo	1147 dec.	1151 (mar.-apr.)	Grumel, III, pp. 98-103; *Chron.*, p. 436
Theodotus	(1151 mar.-1152 apr.)	(1153 oct.-1154 oct.)	Grumel, III, pp. 103-104; *Chron.*, p. 436
Neophytus, el., non ord.	(1153 oct.-1154 nov. fin.)		Grumel, III, p. 104; *Chron.*, p. 436
Constantinus Chliarenus	1154 nov.	1157 mai. fin.	Grumel, III, pp. 104-110; *Chron.*, p. 436
Lucas Christoberges	1157 (aug.-oct.)	1170 (nov. 19-ian.)	Grumel, III, pp. 110-142; *Chron.*, p. 436
Michael, ep. Anchiali	1170 (-ian. 30)	1178 mar.	Grumel, III, pp. 143-169; *Chron.*, p. 436; B. Kotter, LTK, VII, col. 391
Chariton	1178 (mar.-aug.)	1179 (febr.-iul. 30)	Grumel, III, p. 169; *Chron.*, p. 436
Theodosius Borradiotes	1179 (febr.-iul. 30)	1183 aug.	Grumel, III, pp. 170-174; *Chron.*, p. 436
Basilius Kamateros	1183 aug.	1186 febr.	Grumel, III, pp. 174-177; *Chron.*, p. 436

Nicetas Muntanes	1186 febr.	1189 febr.	Grumel, III, pp. 177-179; *Chron.*, p. 436
Leontius Theotokites	1189 (febr.-mar.)	1189 (sept.-oct.)	Grumel, *Chron.*, p. 436; Le Quien, I, col. 273
Dositheus, patr. Hieros., ren.	1189 (sept.-oct.)	1191 sept. 10	Grumel, III, pp. 180-181; *Chron.*,p. 436; V. Grumel, DHGE, XIV, col. 699
Georgius Xiphilinus	1191 sept. 10	1198 iul. 7	D. Bundy, DHGE, XX, coll. 669-671
Ioannes Kamateros	1199 febr. 26	1206 (apr.-mai.)	Grumel, III, pp. 1- 89-195; V. Laurent, EO, XXXVI (1937), p. 162; T. Niggl, LTK, V, col. 1048
Michael Autorianos	1208 apr. 20	1214 aug. 26	Laurent, IV, pp. 1-22; V. Laurent, *La chronologie des patriarches de Constantinople au XIIIe s. (1208-1309)*, REB, XXVII (1969), pp. 129-150
Theodorus Eirenikos	1214 sept. 28	1216 ian. 31	Le Quien, I, col. 277; Laurent, IV, pp. 23-25
Maximus	1216		Le Quien, I, coll. 277-278; Laurent, IV, p. 27
Manuel Sarantenos	1216 mar.	1222 aut.	Le Quien, I, col. 278; Laurent, IV, pp. 27-39
Germanus	1223 ian. 4	1240 iun.	Laurent, IV, pp. 41-109; K. Baus, LTK, IV, coll. 754- 755
Methodius	1241		Le Quien, I, col. 279; Laurent, IV, p. 111
Manuel	1243 (aug.-oct.)	1254 oct.	Le Quien, I, coll. 279-280; Laurent, IV, pp. 111-132
Arsenius Autorianos	1254 nov.	1260 (febr.-mar.)	Laurent, IV, pp. 133-149; L. Bréhier, DHGE, IV, coll. 750-751
Nicephorus	1260 mar. c.	1261 febr. c.	Le Quien, I, col. 281; Laurent, IV, pp. 151-156
Arsenius Autorianos, iter.	1261 (mai.-iun.)	1264 (mai.-iun.)	Laurent, IV, pp. 157-174
Germanus Markoutsas	1265 mai. 28	1266 sept. 14	Le Quien, I, col. 284; Laurent, IV, pp. 175-178
Ioseph Galesiota	1266 dec. 28	1275 ian. 9	Laurent, IV, pp. 179-210
Ioannes Beccos	1275 mai. 26	1282 dec. 26	Laurent, IV, pp. 211-242; V. Laurent, LTK, V, coll. 1008-1009
Ioseph Galesiota, iter.	1282 dec. 31	1283 mar. 23	Laurent, IV, pp. 243-247; V. Laurent, *Les dates du second patriarcat de Joseph Ier (31 XII 1282 - av. 26 IV 1283)*, REB, XVIII (1960), pp. 205-208
Gregorius de Cipro	1283 mar. 28	1289 iun.	Laurent, IV, pp. 249-336; K. Baus, LTK, IV, coll. 1207-1208
Athanasius	1289 oct. 14	1293 oct. 16	Laurent, IV, pp. 337-347; K. Baus, LTK, I, col. 981
Ioannes Kosmas	1294 ian. 1	1303 iun. 21	Le Quien, I, coll. 291-294; Laurent, IV, pp. 349-370

Athanasius, iter.	1303 iun. 23	1309 sept. c.	Laurent, IV, pp. 371-559
Niphon	1310 mai. 9	1314 apr. 11	Darrouzès, V, pp. 1-18; V. Grumel, *La date d'avènement du patriarche de Constantinople Niphon Ier*, REB, XIII (1955), pp. 138-139
Ioannes Glykys	1315 mai. 12	1319 mai. 11	Darrouzès, V, pp. 19-72; O. Volk, LTK, V, coll. 1037-1038
Gerasimus	1320 mar. 22	1321 apr. 20	Le Quien, I, col. 296; Darrouzès, V, pp. 73-75
Esaias, Isaias	1323 nov. 11	1332 mai. 13	Le Quien, I, coll. 296-297; Darrouzès, V, pp. 77-126
Ioannes Kalekas	1334 febr.	1347 febr. 2	Darrouzès, V, p. 127-218; J. M. Hoeck, LTK, V, coll. 1047-1048; V. Laurent, EO, XXXVI (1937), p. 170
Isidorus Boucheiras	1347 mai. 17	1350 (febr.-mar.)	Le Quien, I, col. 301; Darrouzès, V, pp. 219-252
Callistus	1350 iun. 10	1353 aug. 15	Darrouzès, V, pp. 253-284; J. Gouillard, DHGE, XI, coll. 444-446
Philoteus Kokkinos	1353 aug.	1354 nov.	Le Quien, I, col. 302; Darrouzès, V, pp. 285-307
Callistus, iter.	1355 ian.	1363 aug.	Darrouzès, V, pp. 309-384
Philoteus Kokkinos, iter.	1364 oct. 8	1376	Darrouzès, V, pp. 385-564
Macarius	1376	1379	Le Quien, I, col. 303; Grumel, *Chron.*, p. 437
Nilus	1379	1388 febr. 1	Le Quien, I, col. 304; Grumel, *Chron.*, p. 437
Antonius	1389 ian. 12	1390 aug.	R. Janin, DHGE, III, col. 746; P. P. Joannou, LTK, I, col. 670
Macarius, iter.	1390	1391	Grumel, *Chron.*, p. 437
Antonius, iter.	1391 mar.	1397 mai.	Janin, DHGE, III, col. 746
Callistus Xanthopulos	1397 mai. 17	1397 aug.	Le Quien, I, col. 305; Grumel, *Chron.*, p. 437
Matthaeus	1397 nov.	1410 aug.	
Euthymius	1410 oct. (25-26)	1416 mar. 29	Grumel, *Chron.*, p. 437; V. Laurent, DHGE, XVI, coll. 59-61
Ioseph	1416 mai. 21	1439 iun. 10	Le Quien, I, coll. 306-307; Grumel, *Chron.*, p. 437
Metrophanes	1440 mai. 4/5	1443 aug. 1	Le Quien, I, coll. 308-309; Grumel, *Chron.*, p. 437
Gregorius Mammas	1443	1450	Grumel, *Chron.*, p. 437; K. Baus, LTK, IV, col. 1208; R. Janin, DTC, VI, coll. 1863-1864; DHGE, XXII, col. 3
Gennadios Scholarios	1454 ver	1456 ver	Janin, col. 631; R. Aubert, DHGE, XX, col. 477

Isidorus Xanthopoulos	(-1456 mai.)	1462 ver	Janin, col, 631
Gennadios, iter.	1462	1463	
Sophronius Syropulos	1463 aug.	1464 aug.	
Gennadius, iter.	1464 aug.	1464 fin.	
Iosaph Koccas	1464 dec./1465 in.	1466 in.	
Marcus Xylocarabes, dep.	1466 aest.		
Symeon de Trebyzonda	1466 aest.	1466 fin.	
Dionysius de Philippopoli	1467 ian. 15	1471 fin.	
Symeon, iter.	1471 fin.	1475 in.	
Raphael	1475 in.	1476 in.	
Maximus	1476 ver	1481 fin./ 1482 in.	
Symeon, iter.	1482 in.	1486 aut.	
Niphon	1486 fin.	1488 in.	
Dionysius, iter.	1488 iul.	1490 fin.	
Maximus	1491 in.	1497 in.	
Niphon, iter.	1497 aest.	1498 aest.	
Ioachim	1498 aut.	1502 ver	Janin, col. 632
Niphon, iter., ren.	1502 ver		
Pachomius	1503 in.	1504 in.	
Ioachim	1504 in.	1504 aut.	
Pachomius, iter.	1504 aut.	1513 in.	
Theoleptus	1513 aest.	1522 aut.	
Hieremias	1522 dec. 31	1545 fin.	
Ioannicius, intr.	1546 ver	1546 fin.	
Dionysius	1546 apr. 17	1555 aug.	
Ioasaph	1555 aug.	1565 ian.	
Metrophanes	1565 ian.	1572 mai. 4	
Hieremias II	1572 mai. 5	1579 nov. 29	
Metrophanes, iter.	1579 nov. 29	1580 aug. 9	
Hieremias II, iter.	1580 aug. 13	1584 febr. 22	
Pachomius, intr.	1584 febr. 22	1585 febr.	
Theoleptus	1585 febr. 16	1587 apr. 19	O. Kresten, *Das Patriarchat von Konstantinopel im ausgehendenen 16. Jahrhundert*, Wien 1970, p. 88

Hieremias II, iter.	1587 apr. 19	1595 sept.	Janin, col. 632
Matthaeus	1596 febr.		
Gabriel	1596 mar.	1596 aug.	
Theophanes Karykes	1597 febr.	1597 mar. 26	
Meletios Pigas, adm.	1597 mar.	1598 mar./apr.	
Matthaeus, iter.	1598 apr.	1601 dec./1602	
Neophytus	1602 febr.	1603 ian.	
Matthaeus, iter.	1603 ian.	1603 febr.	
Raphael	1603 febr.	1607 oct.	
Neophytus, iter.	1607 oct. 15	1612 oct.	
Cyrillus Lukaris	1612 oct.		
Timotheus	1612 oct./nov.	1620 sept. 3	
Cyrillus Lukaris, iter.	1620 nov. 4	1623 apr. 12	
Gregorius de Amasea	1623 apr. 12	1623 iun. 18	
Antimus	1623 iun. 18	1623 sept. 22	
Cyrillus, iter.	1623 sept. 22	1630 mai.	
Isaac de Calcedonia	1630 mai.		
Cyrillus, iter.	1630 mai.	1633 oct. 4	
Cyrillus II	1633 oct. 4	1633 oct. 11	
Cyrillus Lukaris, iter.	1633 oct. 11	1634 febr. 25	
Athanasius Patellaros	1634 febr. 25	1634 apr.	
Cyrillus Lukaris, iter.	1634 apr.	1635 mar.	
Cyrillus II, iter.	1635 mar.	1636 iun.	
Neophytus de Heraclea	1636 iun.	1637 mar. 5	
Cyrillus Kukaris	1637 mar. 5	1638 iun. 20	
Cyrillus II, iter.	1638 iun. 20	1639 iun.	
Parthenius I	1639 iul. 1	1644	
Parthenius II	1644 sept. 8	1646 nov. 16	
Ioannicius	1646 nov. 16	1648 oct. 29	
Parthenius II, iter.	1648 oct. 29	1651 mai. 16	
Ioannicius, iter.	1651 iun.	1652 iun.	
Cyrillus III	1652 iun.		
Athanasius, iter.	1652 iun.		
Paisios	1652 iul.	1653 apr.	

Ioannicius, iter.	1653 apr.	1654 mar.	
Cyrillus III, iter.	1654 mar.		
Paisios, iter.	1654 mar.	1655 mar.	
Ioannicius, iter.	1655 mar.	1656 iul. 20 c.	
Parthenius III	1656 iul. 26	1657 mar. 24	
Gabriel	1657 apr. 23		
Parthenius IV	1657 mai. 1	1662 iun.	
Dionysius	1662 iun. 29	1665 oct. 21	
Parthenius IV, iter.	1665 oct. 21	1667 sept. 9	
Clemens, non conf.	1667 sept. 9		
Methodius	1668 ian. 5	1671 mar.	
Parthenius IV, iter.	1671 mar.	1671 sept. 7	
Dionysius Mouslim	1671 nov. 8	1673 aug. 14	
Gerasimus	1673 aug. 14	1674 dec.	
Parthenius IV, iter.	1675 ian. 1	1676 iul. 29	
Dionysius, iter.	1676 iul. 29	1679 aug. 2	
Athanasius, iter.	1679 aug. 2	1679 aug. 10	
Iacobus	1679 aug. 10	1682 iul. 30	
Dionysius, iter.	1682 iul. 30	1684 mar. 10	
Parthenius IV, iter.	1684 mar. 10	1685 mar. 20	
Iacobus, iter.	1685 mar. 20	1686 mar.	
Dionysius, iter.	1686 mar.	1687 oct. 12	
Iacobus, iter.	1687 oct. 12	1688 mar. 3	
Callinicus	1688 mar. 3	1688 nov. 27	
Neophytus	1688 nov. 27	1689 mar. 7	
Callinicus, iter.	1689 mar. 7	1693 iul./aug.	
Dionysius, iter.	1693 aug.	1694 apr.	
Callinicus, iter.	1694 apr.	1702 aug. 8	
Gabriel	1702 aug.	1707 oct. 17	Janin, col. 633
Neophytus, non conf.	1707 oct. 20 c.		
Cyprianus, metr. Caesareae	1707 oct. 25 c.	1709 mar.	
Athanasius	1709 mar.	1711 dec.	
Cyrillus	1711 dec.	1713 nov.	
Cyprianus, iter.	1713 nov.	1714 febr. 28	

Cosmas	1714 febr. 28	1716 mar. 23
Hieremias III, metr. Caesareae	1716 mar. 23/25	1726 nov. 19
Callinicus	1726 nov. 19	
Paisios	1726 nov. 20	1732 sept.
Hieremias III, iter.	1732 sept. 15	1733 mar. 15
Seraphim	1733 mar. 15	1734 sept.
Neophytus	1734 sept. 27	1740 aug
Paisios, iter.	1740 aug.	1743 mar. 15
Neophytus, iter.	1743 mar. 15	1744 mar.
Paisios, iter.	1744 mar.	1748 sept. 28
Cyrillus	1748 sept. 28	1751 mai.
Paisios, iter.	1751 mai./iun.	1752 sept.
Cyrillus, iter.	1752 sept.	1757 ian. 16
Callinicus	1757 ian. 16	1757 iul. 22/24
Seraphim	1757 iul. 22	1761 mar. 26
Ioannicius	1761 mar. 26	1763 mai. 21
Samuel Khanzeris	1763 mai. 24	1768 nov. 5
Meletios	1768 nov. 5	1769 mar. 11
Theodosius	1769 apr. 11	1773 nov. 16
Samuel, iter.	1773 nov. 17	1774 dec. 24
Sophronius	1774 dec. 24	1780 oct. 8
Gabriel	1780 oct. 8	1785 iun. 29
Procopius	1785 iun./iul.	1789 apr. 30
Neophytus	1789 mai. 1	1794 mar. 1
Gerasimus	1794 mar. 3	1797 apr. 19
Gregorius	1797 apr. 19	1798 dec. 18
Neophytus, iter.	1798 dec. 19	1801 iun. 17
Callinicus	1801 iun. 17	1806 sept. 22
Gregorius, iter.	1806 sept. 23	1808 sept. 10
Callinicus, iter.	1808 sept. 10	1809 apr. 23
Hieremias	1809 apr. 23	1813 mar. 4
Cyrillus	1813 mar. 4	1818 dec. 13
Gregorius, iter.	1818 dec. 14	1821 apr. 10
Eugenius	1821 apr. 10	1822 iul. 27

Anthimus	1822 iul. 28	1824 iul. 9
Chrysanthus	1824 iul. 9	1826 sept. 26
Agathangelus	1826 sept. 26	1830 iul. 5
Constantios I	1830 iul. 6	1834 aug. 18
Constantios II	1834 aug. 18	1835 sept. 26
Gregorius	1835 sept. 27	1840 febr. 20
Anthimus IV	1840 febr. 20	1841 mai. 6
Anthimus V	1841 mai. 6	1842 iun. 12
Germanus	1842 iun. 14	1845 apr. 18
Meletius	1845 apr. 18	1845 nov. 28
Anthimus VI	1845 dec. 4	1848 oct. 18
Anthimus IV, iter.	1848 oct. 18	1852 oct. 30
Germanus, iter.	1852 nov. 1	1853 sept. 16
Anthimus VI, iter.	1853 sept. 24	1855 sept. 21
Cyrillus	1855 sept. 21	1860 iul. 1
Ioachim II	1860 oct. 4	1863 iul. 9
Sophronius	1863 sept. 20	1866 dec. 4
Gregorius, iter.	1867 febr. 10	1871 iun. 10
Anthimus VI, iter.	1871 sept. 5	1873 sept. 30
Ioachim II, iter.	1873 nov. 23	1878 aug. 4
Ioachim III	1878 oct. 4	1884 mar. 30
Ioachim IV	1884 oct. 1	1886 nov. 14
Dionysius	1887 ian. 23	1891 aug. 13
Neophytus	1891 oct. 27	1894 oct. 25
Anthimus	1895 ian. 20	1896 oct. 31
Constantinus	1897 apr. 2	1901 mar. 27
Ioachim III, iter.	1901 iun. 7	1912 nov. 26
Germanus	1913 febr. 10	1918 oct. 25
Meletios Metaxakis	1921 dec. 8	1923 oct. 2
Gregorius	1923 dec. 6	1924 nov. 17
Constantinus	1924 dec. 17	1925 mai. 23
Basilius	1925 iul. 13	1929 sept. 29
Photios	1929 oct. 7	1935 dec. 29
Beniaminus	1936 ian. 18	1946 febr. 18

Maximus	1946 febr. 25	1948 oct. 17	
Athenagoras	1948 nov. 3	1972 iul. 7	
Demetrios Papadopoulus	1972 iul. 16		EEE, p. 206

1.1.4 CONSTANTINOPOLIS eccl. ariana

Eusebius	339	341 fin.	Le Quien, I, coll. 208-209; Grumel, *Chron.*, p. 434
Macedonius	342 in. 351 fin.	346 in. 360 ian. 27	Grumel, *Chron.*, p. 435; V. Grumel, LTK, IV, coll. 1314-1315
Eudoxius	360 ian. 27	370 in.	Le Quien, I, col. 210; Grumel, *Chron.*, p. 435
Demophilus	370 in.	380 nov. 26	Grumel, *Chron.*, p. 435; H. De Riedmatten, DHGE, XIV, coll. 212-215
Marinus	385 c.		M. Simonetti, DPAC, II, coll. 2119-2120
Dorotheus		407	Le Quien, I, coll. 212-213
Bardas	407		Le Quien, I, col. 215

1.1.15 CONSTANTINOPOLIS eccl. monophysita

Anthimus, ep. Trapenzuntis	535 iun.	536 mar.	Grumel, I, pp. 165-168; R. Janin, DHGE, III, col. 531; D. Stiernon, DPAC, I, col. 227

1.1.20 CONSTANTINOPOLIS eccl. armena-gregoriana

Vescovado armeno dall'epoca bizantina; nel 1461 il sultano Maometto II lo elevò a patriarcato di tutti gli Armeni dell'impero, conferendogli anche autorità civile; la sua giurisdizione si estendeva agli Armeni di Turchia che non obbedivano al catholicos di Sis e così agli Armeni di Grecia ed Egitto; nel 1914 contava 12 archidiocesi, 27 diocesi, 6 monasteri con giurisdizione.

Bibl.: Janin, *Églises*, pp. 352-354; F. Tournebize, DHGE, IV, coll. 376- 377; Le Quien, I, coll. 1419-1422

Hovakim de Brousse	1461	1478	Tournebize, col. 376
Nikoghaios	1478	1489	
Karapet I	1489	1506	

Martiros I	1509	1526
Grigor I	1526	1537
Astovadzatour I	1537	1550
Stephanos I	1550	1561
Tiratour, cath. de Sis	1561	1563
Hakob I	1563	1573
Hovhannes I de Diarbekir	1573	1581
Thomas I de Angora	1581	1587
Sarguis I de Zeitoum	1587	1590
Hovhannes II	1590	1591
Azaria, cath. de Djoulfa	1591	1592
Sarguis I de Zeitoum, iter.	1592	1596
Tiratour, cath. de Sis, iter.	1596	1599
Melkhissedek, cath. de Garni	1599	1600
Hovhannes III Khoil	1600	1601
Grigor II de Caesarea	1601	1608
Hovhannes III Khoil, iter.	1610	1611
Grigor II de Caesarea, iter.	1611	1621
Hovhannes III, ter	1621	1623
Grigor II, ter	1623	1626
Zakharia I de Van	1626	1631
Hovhannes III	1631	1636
Zakharia I de Van	1636	1639
David Orientalis	1639	1641
Kirakos Orientalis	1641	1642
Khatchatour de Siva	1642	1643
David Orientalis, iter.	1643	1644
Thomas II de Alep	1644	1644
David Orientalis, ter	1644	1649
David Orientalis, iter.	1650	1651
Eghiazar de Ainthab	1651	1652
Hovhannes IV de Moghni	1652	1655
Thomas de Alep, iter.	1657	1659
Martiros II de Kaia	1659	1660

Ghazar (Lazarus) de Sivas	1660	1663	
Hovhannes V Thuthindji	1663	1664	
Sarguis II de Theqirtagh	1664	1665	
Hovhannes Thuthindji, iter.	1665	1667	
Sarguis de Rodosto, iter.	1667	1670	
Stephanos II de Meghri	1670	1674	
Hovhannes VI de Amassia	1674	1675	
Andreas de Stamboul	1675	1676	
Karapet II de Caesarea, Ter Kerpo	1676	1679	
Sarguis Eqmeqdji	1679	1680	
Karapet II, iter.	1680	1681	
Thoros de Stamboul	1681	1681	
Karapet II, ter	1681	1684	
Ephrem de Ghaphan	1684	1686	
Karapet II, iter.	1686	1687	
Thoros de Stamboul	1687	1688	
Khatchatour II Djletsi	1688	1688	
Karapet II, iter.	1688	1689	
Mattheos de Caesarea Sari	1692	1694	
Ephrem, iter.	1694	1698	
Melkhissedek Souphy	1698	1699	
Mkhithar de Kurdistan	1699	1700	
Melkhissedek, iter.	1700	1701	
Ephrem, ter	1701	1702	
Avetiq de Eudokiat (Tokat) vel de Erzendjan	1702	1703	
Galoust de Amassia	1703	1704	
Nerses I de Palath	1704	1704	
Avetiq, iter.	1704	1706	Tournebize, col. 377
Mattheos, iter.	1706	1706	
Martiros de Erzindjan	1706	1706	
Mikhael de Kharpout	1706	1707	
Sahak de Apoutschek	1707	1707	
Hovhannes VII de Smyrne	1707	1708	

Sahak, iter.	1708	1714
Hovhannes VIII de Gantzak	1714	1715
Hovhannes VIII Kolot de Bitlis	1715	1741
Hakob II Nalian Zmaratsi	1741	1749
Prokhoron de Silistrie	1749	1749
Minas de Eghin	1749	1751
Gueorg I de Ghaphan	1751	1752
Hakob Nalian, iter.	1752	1764
Grigor III Pasmadjian	1764	1773
Zakharia II de Kaghizman	1773	1781
Hovhannes X de Hamatan	1781	1782
Zakharia, iter.	1782	1799
Daniel de Surmeli	1799	1800
Hovhannes XI de Baibourt	1800	1801
Grigor IV Khamsetsi	1801	1802
Hovhannes XI, iter.	1802	1813
Abraham Golian de Tatheve	1813	1815
Phohos Grigorian de Andrinopolis	1815	1823
Karapet de Palath	1823	1831
Stephanos III Zaqarian, Aghavni	1831	1839
Hakob Serobian	1839	1840
Stephanos III, iter.	1840	1841
Astovadzatour de Constant	1841	1844
Mattheos Tchoukhadjian	1844	1848
Hakobos Serobian, iter.	1848	1856
Gueorg Qerestedjian	1856	1860
Sarguis Gouyoumdjian	1860	1861
Stephanos Maghakian, vic.	1861	1863
Phogos II Thagthaguian	1863	1869
Ignatios Gagmadjian	1869	1869
Mgrtitsch Khrimian de Van	1869	1873
Nerses Varjapetian	1874	1884

Khoren Aschguian	1888	1894	
Mattheos III Izmirlian	1894	1896	
Maghakhia Ormanian de Costantin	1896	1908	
Mattheos III, iter.	1908	1908	
Eghische Tourian	1909	1911	
Hovhannes XII Archarouni	1912	1913	
Zaven Yeghiayan	1913 sept. 12	1922 dec. 10	R. Janin, DHGE, XIII, coll. 753-754
Kevork Arslanian, adm.	1923		
Mesrob Naroyan	1927 iun. 26		
Mesrob Naroyan, dep.	1944		
Karékin Khatchadourian	1951 ian.		
Shnork Kalustian	1961 oct. 11		*Orthodoxia, 1986-1987*, p. 48

1.1.22 ISTANBUL eccl. armena-catholica

Johannes Tcholakian	1967		OC. p. 434

DIOECESIS PONTICA

PROVINCIA CAPPADOCIAE PRIMAE

2.1.2 CAESAREA, Mazaka, Eusebeia, Kayseri — eccl. primaeva et byzantina

Metropoli della diocesi civile del Ponto, che comprendeva più della metà dell'Asia minore; dopo la costituzione definitiva del patriarcato di Costantinopoli (451), prima sede della chiesa bizantina; metropoli ecclesiastica della provincia di Cappadocia prima; dal 1922 la sede è titolare.

Fonti: Hierocles, 698, 6: Honigmann, p. 35; *notitiae*, 1-13: Darrouzès, p. 495

Bibl.: Le Quien, I, coll. 367-390; Ruge, RE, III, coll. 1289-1290; R. Janin, DHGE, XII, coll. 199-203; Mystakides, pp. 180-181; Laurent, *Sceaux*, V, 1, pp. 171-174; V, 3, pp. 51-53; D. Stiernon - A. Di Berardino, DPAC, 1, coll. 649-650

Primianus (?)			Le Quien, I, coll. 367-369
Theocritus	160 c.		Praedestinatus, 35: PL, 53, col. 598; Janin, col. 201
Alexander	170	211	Janin, col. 201
Firmilianus	(-232)	268 c.	P. Nautin, DHGE, XVII, coll. 249-252
Theoctistus			Janin, col. 201
Firmilianus	269		
Leontius	285		
Lucius, mart.			G. Lucchesi, BS, VIII, col. 288; Le Quien, I, coll. 369- 370
Agricolaus	(-314)		Turner, II, p. 32
Eusebius	315		Janin, col. 201
Leontius	(-319)	(325 iun. 19-)	Turner, II, p. 32; I, pp. 58-59; J. M. Sauget, BS, VII, coll. 1314-1315; L. Perrone, DPAC, II, coll. 1930-1931
Eusebius	335		Janin, col. 201
Dianius	336		
Eusebius	340		
Eulalius, Eulabius	(-340)		Socrates, HE, II, 43: PG, 67,col. 352; Sozomenus, HE, IV, 24: PG, 67, col. 1192; Le Quien, I, coll. 370-371; DC, II, pp. 100-101
Dionysius			Basilius Magnus, ep. 70: PG, 32, col. 436

Eusebius	362	370 iun. 21	R. Aubert, DHGE, XV, coll. 1436-1437; A. De Nicola, DPAC, I, col. 1285
Basilius Magnus, s.	370	379 ian. 1	D. Stiernon, BS, II, coll. 910-937; J. Gribomont, DPAC, I, coll. 491-497
Helladius	379	(394-)	Turner, II, pp. 446-447; Socrates, HE, V, 3: PG, 67, col. 581; E. Prinzivalli, DPAC, I, col. 1136
Pharetrius	396	404	Janin, col. 201; Ioannes Chrysostomus, epp. 14, 204: PG, 52, coll. 613,725
Archelaus	404	431	Janin, col. 201; Photius, *Bibliotheca*, cod. 52: PG, 103, col. 89
Firmus	(-431 iun. 22)	438	ACO, I, I, II, p. 3; Le Quien, I, coll. 374-375
Thalassius	440	451	Janin, col. 201; Socrates, HE, VII, 48: PG, 67, coll. 840-841
Alypius	(-458)	(459-)	R. Janin, DHGE, II, col. 904; ACO, IV, II, p. 128
Elias			Le Quien, I, col. 377; Honigmann, *Évêques*, pp. 110- 112
Soterichus, ad eccl. monoph.	(-510)		Honigmann, *Évêques*, pp. 109; Le Quien, I, coll. 377-378
Theodorus Ascidas, ex eccl. monoph.	(-553 mai. 5)	558 ian.	ACO, IV, I, pp. 3, 222; Le Quien, I, coll. 378-379; G. Ladocsi, DPAC, II, col. 3376
Theocritus	560 c.		Ioannes Malalas, *Chronographia*: PG, 97, coll. 1641- 1642; Janin, col. 201
Andreas	saec. VI pars post.		M. Simonetti, DPAC, I, col. 191
Philaletus	(-681 sept. 16)		Mansi, XI, col. 669
Cyriacus	(-691 sept.)		Mansi, XI, col. 989
Agapius	(-787 oct. 13)		Mansi, XIII, col. 379
Ioannes	saec. IX pars. pr.		Laurent, *Sceaux*, V, 1, n. 246
Nicolaus	(-806)		Laurent, *Sceaux*, V, 3, nn. 1685-1686
Thomas	812		Janin, col. 201
Michael	(-859 mar.)		Grumel, II, n. 459
Paulus	(-861 apr.)	(871-)	Grumel, II, nn. 466, 499, 504; Le Quien, I, coll. 380- 381
Euthymius	(-869 oct. 25)		Mansi, XVI, col. 348
Euschemon			Photius, ep. II, 25: PG, 102, col. 837
Procopius	(-879 nov.)		Mansi, XVII-XVIII, col. 373

Theophanes	(880-886)		Grumel, II, n. 528; Le Quien, I, coll. 381-382
Aretas	901	(932 apr.-)	Laurent, *Sceaux*, V, 1, n. 247
Theophanes Choerino			Le Quien, I, col. 383
Andreas			Le Quien, I, col. 384
Basilius	(-945)	(956-)	Grumel, II, n. 726; Le Quien, I, col. 384
Stylianus	saecc. X-XI		Laurent, *Sceaux*, V, 3, n. 1687
Aretas	(-<956-970>)		Le Quien, I, col. 384
Leo	(-997 <mar.-sept.>)		Grumel, II, n. 805
...	(-1066 apr. 26)	(1067 mar. 19-)	Grumel, III, nn. 896-897
Eugenius	(-1071 nov. 9)		Grumel, III, n. 900
...			Le Quien, I, col. 385
Stephanus	1084		Le Quien, I, col. 386; Janin, col. 201
Cosmas	(-1094)		Grumel, III, n. 967: PG, 127, col. 973
Constantinus	(-1145 nov. 19)	(1152 febr. 26-)	Grumel, III, n. 1019; Leo Allatius, II, XII, col. 688
Macarius	1150 c.		Janin, col. 201
Stephanus	(-1157 mai. 12)	(1177 sept. 2-)	Grumel, III, nn. 1041,1134
...	(-1187 c.)		Le Quien, I, col. 387
Demetrius	(-1189)		Le Quien, I, col. 387; Grumel, III, n. 1176
Basilius Karantenos, dep.		1232 oct.	Laurent, IV, n. 1262
Metrophanes	(-1250 iul.-)		Le Quien, I, col. 387
Basilius Chrysomallos	(-1295 oct. 8)		Laurent, *Sceaux*, V, 1, n. 248
...	(-1327 ian.)		Darrouzès, V, n. 2133
...	(-1344 nov.)		Darrouzès, V, n. 2256
Antonius, tr. ad Thessalonicam	(-1362 sept.)	1363 mar.	Darrouzès, V, nn. 2446, 2453
Methodius, metr. Tyanorum	1365 mar.	1369	Darrouzès, V, nn. 2484, 2557
Athanasius	(-1370 nov.)	(1370 dec.-)	Darrouzès, V, nn. 2594, 2602
Euthymius	(1378)		Janin, col. 202
Arsenius	(-1440)		Le Quien, I, col. 387-388
Agapius	(1450 c.)		Janin, col. 202
Metrophanes, prom. patr. CP	1545	1549	
Macarius	1560 sept.		

Ioasaph	1574/1575		
Pachomius Pachestos		1584 febr. 22	
Euthymius	1584 febr. 22		
Metrophanes	1588		
Dionysius	1600 c.		
Gregorius	1606	1623	
Germanus, el. inf.	1623 sept. 1		
Meletius	1623 sept.	1624	
Gregorius, iter.	1624	1627	
Metrophanes, dep.	1627 iun.	1630 iun. 8	
Isaac	1630 iun. 8	1637 (?)	
Epiphanius	1637		
Gregorius	1637		
Anthimus	1639		
Zacharias, dep.	1642 nov.	1649 aug.	
Paisius	1647 febr.		
Anthimus	(-1649 dec.)	(1653 dec.-)	
..., dep.		1663	
Neophytus	1671		
Gregorius, dep.	1672	1674 oct. 5	Janin, col. 202; Le Quien, I, col. 389
Germanus, dep.	1674 oct. 5	1676 mai.	Janin, col. 202
Parthenius	1678		
Gregorius	(-1689)		Mystakides, p. 180
Anthymus	1702		Janin, col. 202
Cyprianus, prom. patr. CP		1707 oct. 25	
Hieremias, prom. patr. CP	1701 nov.	1716 mar. 25	
Neophytus	1716	1734 sept. 27	
Parthenius	1734	1752 (?)	
Porphyrius	1752		
Gerasimus	1760 c.		
Paisius	1760 (?)	1764	
Macarius	1765 (?)	1772 (?)	
Gregorius	1773	1796	
Leontius, dep.	1796 iul.	1801 oct.	

Paisius	1801	1804 (?)
Philotheus	1804 (?)	1816
Meletius	1816	1817
Ioannicius	1817 iun.	1823
Chrysanthus	1823	1830 oct.
Gerasimus	1830 oct.	1832 mai.
Domnenos, dep.		
Paisius	1832 mai.	1871 ian. 30
Basilius, el. inf.	1871 apr.	
Eustathius Cleoboulos	1871 sept. 30	1876 ian. 25
Methodius	1876 ian. 28	1878 mai. 12
Ioannes Anastasiades	1878 mai. 21	1902 apr. 28
Gervasius Sarantes	1902 mai. 7	1910 mar. 16
Sophronius Nestopoulos, dep.	1910 mar. 27	1911 apr.
Ambrosius Staurinos	1911 apr. 28	1914 febr. 13
Nicolaus Saccopoulos	1914 febr. 13	1927 febr. 22
Callinicus Delicanes	1932 iul. 28	1934 ian. 11

2.1.5 CAESAREA — eccl. semiariana

Dianoeus	(-341)	362	Jaffé, n. 186; Le Quien, I, col. 372

2.1.15 CAESAREA — eccl. monophysita

Bibl.: Honigmann, *Évêques*, pp. 109-113

Elias (?)	(-510)		Honigmann, *Évêques*, pp. 110-113; cfr. Le Quien, I, col. 377
Soterichos, ex eccl. prim.	(-511)	537	Honigmann, *Évêques*, pp. 109- 113
Theodorus Ascidas, ad eccl. prim.	537	551	Honigmann, *Évêques*, p. 113; Le Quien, I, coll. 378-379

2.1.17 CAESAREA, Kaisaryeh — eccl. syro-occidentalis/jacobita

Ioannes	(1166 oct. 18-1199 nov. 7)		Chabot, V, p. 621

2.1.20 CAESAREA — eccl. armena-gregoriana

Sede arcivescovile dal medioevo.

Bibl.: Le Quien, I, coll. 1421-1424; R. Janin, DHGE, XII, col. 202; F. Tournebize, DHGE, IV, col. 368

...	(-1179)	Ter Mikelean, p. 104
Constantinus	(-1307 mar. 19)	Mansi, XXV, coll. 134,139
Marcus	(-1345)	Mansi, XXV, col. 1187
Gregorius	(-<1629-1632>)	Le Quien, I, col. 1424

2.1.22 CAESAREA — eccl. armena-catholica

Vescovado armeno cattolico dal 30 aprile 1850.

Bibl.: R. Janin, DHGE, XII, col. 202

Ioannes Hasgian	1850 iul. 2	1880 mai. 8	Janin, col. 202
Paulus Emmanuelian, patr. Ciliciae	1881 aug. 26	1899 iul. 24	
Matthaeus Sislian	1901 aug. 28	1911	
Antonius Bahabanian	1911 oct. 1	1938 nov. 26	

2.2.3 AIPOLIA — eccl. byzantina

Vescovado suffraganeo di Cesarea.

Fonti: *notitiae* 7, 9-10, 13: Darrouzès, pp. 274, 296, 309, 354

Bibl.: Darrouzès, p. 67

2.3.3 ARAGENA, Ayernas, Mandos — eccl. byzantina

Vescovado suffraganeo di Cesarea, creato probabilmente nel sec. IX e rapidamente scomparso.

Fonti: *notitia* 7: Darrouzès, p. 274

Bibl.: R. Janin, DHGE, III, coll. 1346-1347

2.4.3 **ARIARATHEIA,** Ariarathira, Ariarathia, Kasa — eccl. byzantina

Vescovado suffraganeo di Cesarea.

Fonti: *notitiae* 7, 9-10, 13: Darrouzès, pp. 274, 296, 309, 354

Bibl.: Darrouzès, pp. 67, 76

2.5.3 **CAMULIANA,** Kamulia, Iustinianopolis, Kemer (?), Ahmet Hissar (?) — eccl. byzantina

Vescovado suffraganeo di Cesarea.

Fonti: *notitiae* 1-4, 7, 9-10, 13: Darrouzès, pp. 206, 219, 233, 251, 274, 296, 309, 354.

Bibl.: Le Quien, I, coll. 393-394; Ruge, RE X, col. 1844; J. Gouillard, DHGE, XI, coll. 616-618; Laurent, *Sceaux*, V, 1, pp. 175-176

Basilius	(-553 mai.5)	(553 iun.2-)	ACO, IV, I, pp. 5, 227
Georgius	(-681 sept. 16)		Mansi, XI, col. 673
Theodorus	(-691 sept.)		Mansi, XI, col. 992
Georgius	(-787 sept. 26)	(787 oct. 13-)	Mansi, XII, col. 1098; XIII, col. 385
Gregorius	(-879 nov.)		Mansi, XVII-XVIII, col. 376
Michael	saecc. X-XI		Gouillard col. 618; Laurent, *Sceaux*, V, 1, n. 251

2.6.3 **CISCISSUS,** Ciscissa, Keskin, Kiskisos — eccl. primaeva et byzantina

Vescovado suffraganeo di Cesarea.

Fonti: *notitiae* 1-4, 7, 9-10, 13: Darrouzès, pp. 206, 219, 233, 251, 274, 296, 309, 354

Bibl.: Le Quien, I, coll. 393-394; Ruge, RE, XI, col. 516; R. Janin, DHGE, XII, col. 845

Plato	(-691 sept.)		Mansi, XI, col. 993
Soterichus	(-787 sept. 26)	(787 oct. 13-)	Mansi, XII, col. 1089; XIII, col. 385

2.7.3 **EUAISSA,** Euaisai (?) — eccl. byzantina

Vescovado suffraganeo di Cesarea.

Fonti: *notitiae* 7, 9-10, 13: Darrouzès, pp. 274, 296, 309, 354

Bibl.: Ruge, RE, VI, 837

2.8.3 HAGIOS PROCOPIOS — eccl. byzantina

Vescovado suffraganeo di Cesarea.

Fonti: *notitia* 7: Darrouzès, p. 274

Bibl.: Darrouzès, p. 67

2.9.3 NYSSA, Bazirgan-Hüyük (?) — eccl. primaeva et byzantina

Vescovado suffraganeo di Cesarea.

Fonti: Hierocles, 699, 1: Honigmann, p. 35; *notitiae* 1-4, 7, 9-10, 13: Darrouzès, pp. 206,219, 233, 251, 274, 296, 309, 354

Bibl.: Le Quien, I, coll. 391-394; Gams, p. 440; W. Ruge, RE, XVII, col. 1662; Laurent, *Sceaux*, V, 1, pp. 174-175; V, 2, p. 432; J. G. C. Anderson, "The Journal of Hellenic Studies", XIX (1899), pp. 109-111; M. Forlin Patrucco, DPAC, II, col. 2410

Gregorius			Basilius Magnus: Le Quien, I, col. 391
Gregorius, dep., ex., iter.	371 378	376 395	J. M. Sauget, BS, VII, coll. 205-210; J. Gribomont, DPAC, II, coll. 1712-1719; P. Maraval, DHGE, XXII, coll. 20-24
Heraclides	(-431 c.)		Photius, *Bibliotheca*, cod. 52: PG, 103, col. 89
Musonius	(-449 aug. 8)	(458-)	Honigmann, *Lists*, p. 34; ACO, II, V, p. 77
Ioannes	(-553 mai. 5)	(553 iun. 23-)	ACO, IV, pp. 5, 226
Ioannes	(-681 sept. 16)		Mansi, XI, col. 673
Paulus	(-691 sept.)		Mansi, XI, col. 993
Ioannes	(-787 sept. 26)	(787 oct. 13-)	Mansi, XII, col. 1097; XIII, col. 385
Ignatius	(-897 nov.)		Mansi, XVII-XVIII, col. 376
Basilius	saec. IX		Laurent, *Sceaux*, V, 1, n. 249
Stephanus	saec. XI in.		Laurent, *Sceaux*, V, 2, n. 1601
...	saec. XI pars post.		Laurent, *Sceaux*, V, 1, n. 250
Germanus			Le Quien, I, col. 394
Ignatius (Cappadociae vel Asiae), tr. ad Cherson		1365 iul.	Darrouzès, V, n. 2499
Ioannicius (Cappadociae vel Asiae), tr. ad Mokisson		1370 nov.	Darrouzès, V, n. 2594

2.9.15 NYSSA — eccl. monophysita

Bibl.: Honigmann, *Évêques*, p. 113

Asterios	(-516/517)	Honigmann, *Évêques*, p. 113

2.10.3 SEVERIAS, Sibora — eccl. byzantina

Vescovado suffraganeo di Cesarea; compare nelle *notitiae* dall'inizio del sec. X, permanendo almeno sino alla fine dell'epoca dei Comneni (1180).

Fonti: *notitiae* 7, 9-10, 13: Darrouzès, pp. 274, 296, 309, 354

Bibl.: Laurent, *Sceaux*, V, 1, pp. 176-177; Ruge, RE, II, A, col. 2072

Basilius	saecc. X-XI	Laurent, *Sceaux*, V, 1, n. 252

2.11.3 SOBESOS — eccl. byzantina

Vescovado suffraganeo di Cesarea.

Fonti: *notitia* 7: Darrouzès, p. 274

Bibl.: Darrouzès, p. 67

2.12.3 THERMA, Thermai Basilicai, Terzili — eccl. byzantina

Vescovado suffraganeo di Cesarea.

Fonti: Hierocles, 699, 2: Honigmann, p. 36; *notitiae* 1-4, 7, 9-10, 13: Darrouzès, pp. 206, 219, 233, 251, 274, 296, 309, 354

Bibl.: Le Quien, I, coll. 389-390; K. Ziegler, RE, V, A, col. 2376

...	(-389/390)		Gregorius Nazianzenus: Le Quien, I, col. 389
Firminus	(-451 oct.)		ACO, II, II, II, p. 71
Photinus	(-458/459)		Grumel, I, n. 143: PG, 85, col. 1620
Theodorus	(-681 sept. 16)	(691 sept.-)	Mansi, XI, coll. 628, 673, 993
Georgius	(-787 oct. 13)		Mansi, XIII, col. 385

2.12.15 THERMAI BASILICAI, Hamīmthā eccl. monophysita

Bibl.: Honigmann, *Évêques*, p. 113, 146, n. 2

Mousonios	519	Honigmann, *Évêques*, p. 113

2.13.3 TRIPHYLIOS eccl. byzantina

Vescovado suffraganeo di Cesarea.

Fonti: *notitia* 3: Darrouzès, p. 233

Bibl.: Darrouzès, p. 24

2.14.3 TZAMANDOS, Simandu, Samandu, Zamanti eccl. byzantina

Vescovado suffraganeo di Cesarea; ebbe posizione di rilievo nel sec. XI nella lotta contro i Turchi Selgiuchidi.

Fonti: *notitia* 7: Darrouzès, p. 274

Bibl.: Laurent, *Sceaux*, V, 1, pp. 177-178; Honigmann, *Ostgrenze*, pp. 65- 66

Nicetas	saec. XI	Laurent, *Sceaux*, V, 1, n. 253

PROVINCIA CAPPADOCIAE SECUNDAE

3.1.3 TYANES, Christoupolis, Kilise-Hisar, Öküzlü-Hisar — eccl. byzantina

Sede metropolitana della provincia di Cappadocia seconda, con 7 vescovadi suffraganei nel 458, 3 verso il 640, 2 alla metà del sec. XI; il nome Christoupolis compare nei secoli VI, IX e riappare alla fine del XII.

Fonti: Hierocles, 700, 2: Honigmann, p. 36; *notitiae* 1-20: Darrouzès, p. 517

Bibl.: Le Quien, I, coll. 395-402; W. Ruge, RE, VII, A, coll. 1630-1642; Laurent, *Sceaux*, V, 1, pp. 316-318; V, 3, p. 81; M. Forlin Patrucco - M. Simonetti, DPAC, II, coll. 3445-3446

Eupsychius, Eusicios	(-325 mai. 20)	(325 iun. 19-)	Turner, I, pp. 58-59
Anthemius, Anthimus	(-372)		ACO, IV, I, p. 100; Basilius- Magnus, epp. 58, 120, 210: PG, 32, coll. 408, 540, 776; E. Cavalcanti, DPAC, I, coll. 226-227
Aetherius	(-381 mai.)	(381 iul.-)	Turner, II, pp. 446-447; ACO, IV, I, p. 100
Theodorus, Deodatus	383	(404-)	Gregorius Theologus, ep. 183: PG, 37, coll. 297-301; Palladius, *Dialogus*: PG, 47, col. 73; ACO, IV, I, pp. 98, 100; J. Gribomont, DPAC, II, coll. 3392-3393
Calliopius			Le Quien, I, col. 398
Longinus			Le Quien, I, col. 398; ACO, IV, I, p. 100
Theodorus			Le Quien, I, col. 398
Eutherius, tr. ad eccl. nest., dep.	(-431 iun.)	431 fin./432 in.	ACO, I, IV, p. 148; Grumel, I, pp. 71-72; D. Stiernon, DPAC, I, col. 1306
...			Theodoretus: Le Quien, I, coll. 398-399
Patricius	(-499 aug. 8)	(458-)	Honigmann, *Lists*, p. 37; ACO, II, V, p. 79
Paulus	(-536 mai.)		ACO, III, p. 28; Grumel, I, nn. 234-237
Euphrantas	(-553 mai. 5)	(553 iun. 2-)	ACO, IV, I, pp. 4,225
Iustinus, Iustinianus	(-681 sept. 16)	(691 sept.-)	Mansi, XI, coll. 672, 990
...	saec. VII		Laurent, *Sceaux*, V, 3, n. 1724
Paphnutius			Le Quien, I, col. 400
...	(-787 sept. 24)		Mansi, XII, col. 994
Leontius	(-879 nov.)		Mansi, XVII-XVIII, 373
Ioannes	(-997 febr. 21)		Grumel, II, n. 804

Eustathios	saec. X		Laurent, *Sceaux*, V, 1, n. 437
Constantinus	(-1027 nov.)		Grumel, II, n. 833
...	(-1067 mar. 19)		Grumel, III, n. 897; Le Quien, I, 401
Constantinus	(-1094 pars post.)		Grumel, III, n. 967: PG, 127, col. 973
Leo	saecc. XI-XII		Laurent, *Sceaux*, V, 1, n. 438
Iacobus			cfr. Grumel, III, n. 1011
Basilius	(-1143 aug. 20)	(1145 nov. 19-)	Grumel, III,nn. 1011, 1019
Michael	(-1197 febr. 24)		Grumel, III, n. 1185
...	(-1274)		Mansi, XXIV, col. 74
Macarios	(-<1289 c.-1293>)		AA, III, p. 96
...	(-1351 aug.)		Darrouzès, V, n. 2326; Le Quien, I, col. 402
Matthaeus, ep. de Phaustina	1396 mai.	(1370 nov.-)	Darrouzès, V, nn. 2553, 2597
Cyprianus (?)	(-1394 mai.)		Darrouzès, VI, n. 2959
...	(-<1565- 1572>)		Le Quien, I, 402

3.1.4 TYANA — eccl. ariana

Theophronius	(-341)		Athanasius, *De synodis*: PG, 26, col. 724; Sozomenus, HE, VII, 17: PG, 67, col. 1464

3.1.15 TYANA — eccl. monophysita

Bibl.: Honigmann, *Évêques*, pp. 113-114

Cyrus, Cyriacus	(-511)	(518-)	Honigmann, *Évêques*,pp. 113- 114

3.1.20 TYANA — eccl. armena-gregoriana

Bibl.: Le Quien, I, coll. 1447-1448

Nierses	(-1307 mar. 19)		Mansi, XXV, col. 139

3.2.3 BALBISSA — eccl. byzantina

Vescovado suffraganeo di Tiana.

Fonti: *notitia* 13: Darrouzès, p. 357

Bibl.: Le Quien, I, coll. 407-408; Darrouzès, p. 145

Leontius, cond.	(-1143 aug. 20)	Grumel, III, nn. 1011-1012, 1014

3.3.3 CYBISTRA, Kybistra, Cybista, Kybista, Ereğli — eccl. byzantina

Vescovado suffraganeo di Tiana, elevato al rango di arcivescovado tra 1059 e 1063 (Grumel, III, n. 892); sede metropolitana alla fine del sec. XIII.

Fonti: Hierocles, 700, 4: Honigmann, p. 36; *notitiae*, 1-4, 7, 9-10, 13: Darrouzès, pp. 209, 223, 236, 255, 278, 299, 316, 357

Bibl.: Le Quien, I, coll. 401-404; Ruge, RE, Suppl. IV, col. 1123; R. Janin, DHGE, XIII, coll. 1143-1144

Timotheus	(-325 mai. 20)	(325 iun. 19-)	Turner, I, pp. 58-59
Paulus	(-400 mai.)	(401-)	Grumel, I, nn. 16, 21
Cyrus	(-451 oct.)	(458-)	ACO, II, I, II, p. 8; II, V, p. 79
...	(-1066 apr. 26)		Grumel, III, n. 896
Acacius	(-1157)		Le Quien, I, col. 404
Ioannes	(-1177 ian. 10)		Grumel, III, n. 1132
...			Le Quien, I, col. 404

3.3.15 CYBISTRA (?), Faustinopolis (?), Parnassos (?), Doara (?) — eccl. monophysita

Vescovado non identificato della Cappadocia seconda o terza.

Bibl.: Honigmann, *Évêques*, p. 117

Eusebona, Eusebios	(-519/520)	Honigmann, *Évêques*, pp. 110, 117

3.4.3 **FAUSTINOPOLIS**, Halala — eccl. byzantina

Vescovado della provincia di Cappadocia seconda.

Fonti: Hierocles, 700, 3: Honigmann, p. 36; *notitiae* 1-3, 7, 9-10: Darrouzès, pp. 209, 223, 236, 255, 278, 299, 316, 357

Bibl.: Le Quien, I, coll. 403-404; Ruge, RE, VII, col. 2228; R. Janin, DHGE, XVI, col. 744

Daniel	(-431 iun.)	(431 iul.-)	ACO, I, IV, p. 29; I, I, V, p. 124
Patrophilus	(-458)		ACO, II, IV, p. 79
Ioannes	(-681 sept. 16)	(691 sept.-)	Mansi, XI, coll. 677,1000
Matthaeus, tr. ad Tyanas		1369 mai.	Darrouzès, V, n. 2553

3.5.20 **HARCANUM**, Har-khan, Harcan, Hadjine (?) — eccl. armena-gregoriana

Vescovado dipendente dal catholicos di Sis.

Bibl.: Le Quien, I, coll. 1433-1434; Alishan, pp. 191- 192

Andreas	(-1307 mar. 19)		Mansi, XXV, col. 135

3.6.3 **LOULON** — eccl. byzantina

Vescovado dipendente da Tiana.

Bibl.: Darrouzès, p. 68, n. 1

Philippus	(-879 nov.)		Mansi, XVII-XVIII, col. 376

3.7.3 **SASIMA**, Hasköy — eccl. byzantina

Vescovado della provincia di Cappadocia seconda.

Fonti: Hierocles, 700, 6: Honigmann p. 36; notitiae 1-3, 7, 9-10: Darrouzès, pp. 209, 223, 236, 255, 278, 299, 316, 357

Bibl.: Le Quien, I, coll. 405-406; Ruge, RE, II, A, col. 55

Gregorius Nazianzenus, tr. ad CP	371	380	J. M. Sauget, BS, VII,coll. 194-204; J. Mossay, DHGE, XXII, coll. 15-18
Ambrosius	(-458)		ACO, II,V, p. 79
Eleusinus, Eleosius			Evagrius, HE, III, 31; PG, 86, col. 2660
Stephanus	(-691 sept.)		Mansi, XI, col. 1000
Constantinus, Costans	(-787 sept. 26)	(787 oct. 13-)	Mansi, XII, col. 1103; XIII, col. 392
Clemens, el. inf.	1143 aug. 20		Grumel, III, n. 1011

3.7.15 SASIMA

eccl. monophysita

Bibl.: Honigmann, *Évêques*, pp. 114-116

Eleusinios	(-511)	(518-)	Honigmann, *Évêques*, pp. 114- 116

PROVINCIA CAPPADOCIAE TERTIAE

4.1.3 **MOKISSOS**, Mucissus, Mocissus, Iustinianopolis, Viranşehir (?), Kirsehir (?), Mucur (?) eccl. byzantina

Sede metropolitana della Cappadocia terza, eretta da Giustiniano; nelle *notitiae* compare fino al sec. XIV.

Fonti: Hierocles, 701, 1: Honigmann, p.36; *notitiae*, 1-4, 7, 9-10, 13: Darrouzès, pp. 212, 227, 237, 259, 283, 303, 324, 361

Bibl.: Le Quien, I, coll. 407-410; W. Ruge, RE, XIV, coll. 2514-2515; Laurent, *Sceaux*, V, 1, pp. 459-461

Petrus	(-536 mai.)		ACO, III, p. 27
Theodosius	(-553 mai.5)	(553 iun. 2-)	ACO, IV, I, pp. 5, 226
Theopemptus	(-681 sept.16)	(691 sept.-)	Mansi, XI, coll. 672, 992
...	(-787 oct.13)		Mansi, XIII, col. 384
Theognostus	(-1028 ian.)		Grumel, II, n. 835
...	(-1071 nov. 9)		Grumel, III, n. 900
Leo	(-1157 mai.13)		Grumel, III, n. 1043: PG, 140, col. 180
Lucas	(-1166 mai. 6)	(1177 sept. 2-)	Leo Allatius, II, XII, col. 690; Grumel, III, n. 1134
Ioannicius	(-1297)		Laurent, IV, n. 1614
...			Pachymeres, *De Michaele*, IV, 16: PG, 143, col. 733
...,"ep. de Tamisos"	1369 iun.	(1369 aug. 4-)	Darrouzès, V, nn. 2554, 2557
...			Le Quien, I, col. 410

4.2.3 **COLONEA**, Koloneia, Colonia, Ak Serai eccl. byzantina

Vescovado suffraganeo della Cappadocia terza dal sec. VI; nei concili di Efeso e di Calcedonia compare al seguito del metropolita di Tyana.

Fonti: *notitiae* 1-4, 7, 9-10, 13: Darrouzès, pp. 212, 227, 237, 259, 283, 303, 324

Bibl.: Le Quien, I, coll. 413-416; Laurent, *Sceaux*, V, 1, pp. 461-462; R. Janin, DHGE, XIII, col. 326

Eufrasos, Euphrasius	(-325 mai. 20)	(325 iun. 19-)	Turner, I, pp. 58-59
Bosporius, Bosporus	(-374)	(404-)	Janin, col. 326
Daniel	(-431 iun. 22)	(431 iul. 22)	ACO, I, I, II, p. 4; I, I, VII, p. 85

Aristomachus	(-451 oct.)		ACO, II, I, II, p. 146
Alexander	(-536 mai.)		ACO, III, p. 28
Conon	(-691 sept.)		Mansi, XI, col. 1005
...	(-787 sept. 26)	(787 oct. 13-)	Mansi, XII, col. 1110; XIII, col. 385
Constantinus	(-879 nov.)		Mansi, XVII-XVIII, col. 373
Nicephorus	saec. X		Laurent, *Sceaux*, V, 1, n.616
Theodosius	saec. XI		Laurent, *Sceaux*, V, 1, n.617

4.2.15 COLONEA eccl. monophysita

Bibl.: Honigmann, *Évêques*, p. 116

Proclos	515 c.	519	Honigmann, *Évêques*, pp. 116, 146

4.3.15 DIOCAESAREA, Kayser-Köy eccl. monophysita

Vescovado monofisita distinto da Nazianzo.

Bibl.: Honigmann, *Évêques*, p. 117

Gregorius	(-518)		Honigmann, *Évêques*, pp. 117, 21, 33, n. 10

4.4.3 DOARA, Doğala, Kedros eccl. byzantina

Vescovado suffraganeo della Cappadocia terza.

Fonti: Hierocles, 700,8: Honigmann, p. 36; *notitiae*, 1-4, 7, 9-10, 13: Darrouzès, pp. 212, 227, 237, 259, 283, 303, 324, 361

Bibl.: Le Quien, I, coll. 417-418; Ruge, RE, V, col. 1249; R. Janin, DHGE, XIV, col. 531

Eulalius			Gregorius Nazianzenus, or. 31: PG, 35, coll. 852-856
Anebrius	(-458)		ACO, II, V, p. 79
Bosphorius			ACO, IV, I, p. 99
Theodorus	(-681 sept. 16)	(691 sept.-)	Mansi, XI, coll. 680, 1003
Bardanes, Bardanius	(-787 sept. 26)		Mansi, XII, col. 1110

4.4.4 DOARA

eccl. ariana

Georgius	(-376)	Basilius, ep. 239: PG, 32, coll. 889, 893

4.5.3 MATIANA

eccl. byzantina

All'inizio del sec. XI vescovado suffraganeo di Mokissos.

Fonti: *notitiae* 10, 13: Darrouzès, pp. 324, 361

Bibl.: cfr. Weissbach, RE, XIV, coll. 2197-2199

4.6.3 NAZIANZOS, Nazianzus

eccl. byzantina

Vescovado suffraganeo della Cappadocia terza, elevato a metropoli tra 1067 e 1071 (Grumel, III, n. 899); compare senza suffraganei dalla *notitia* 11 in poi (Darrouzès, p. 504); ricordato nel 1327 come arcivescovado (Darrouzès, V, n. 2133, cfr. nn. 2486, 2596).

Fonti: Hierocles, 700, 5: Honigmann, p. 36; *notitiae* 1-4, 7, 9-10, 13: Darrouzès, pp. 212, 227, 237, 259, 283, 303, 324, 361

Bibl.: Le Quien, I, coll. 409-414; W. Ruge, RE, XVI, coll. 2099-2101

...			Gregorius Nazianzenus: Le Quien, I, col. 411
Gregorius	329	374	R. Janin, BS, VII, coll. 204-205; J. Mossay, DHGE, XXII, coll. 14-15
Gregorius Theologus	381	382/383	J. M. Sauget, BS, VII, coll. 194-204; J. Gribomont, DPAC, II, coll. 1707-1712
Eulalius	382/383		Gregorius Nazianzenus, ep. 182: PG, 37, coll. 296-297
Theodosius	(-451 oct.)	(458-)	ACO,II, III, II, p. 163; II, V, p. 77
Scholasticios	(-536 mai.)		ACO, III, p. 65
Theodorus	(-681 sept. 16)		Mansi, XI, col. 680
Michael	(-691 sept.)		Mansi, XI, col. 1005
...	(-787 oct. 1)		Mansi, XIII, col. 136
Eusebius	(-870)		Le Quien, I, col. 414
Ioannes	(-879 nov.)		Mansi, XVII- XVIII, col. 377
Nicephorus	(1166 mai.6)	(1172 mai.5)	Leo Allatius, II, XII, col. 690; Grumel, III, nn. 1085, 1112

Neophytus			cfr. Grumel, III, n. 1112
...	(-1186 sept. 10)		Grumel, II, n. 1170; Le Quien, I, col. 414

4.7.3 PARNASSOS, Parnassus, Parlassan — eccl. byzantina

Vescovado suffraganeo della Cappadocia terza.

Fonti: Hierocles, 700, 7: Honigmann, p. 36; *notitiae* 1-4, 7, 9-10, 13: Darrouzès, pp. 212, 227, 237, 259, 283, 303, 324, 361

Bibl.: Le Quien, I, coll. 415-418; Laurent, *Sceaux*, V, 1, pp. 462-463

Hypsius			Basilius Magnus, ep. 237: PG, 32, coll. 887, 1469
Ecdicius, haer.			Basilius Magnus, ep. 239: PG, 32, coll. 892
Olympius	(-381 mai./iul.)		Turner, II, pp. 446-447
Eustathius	(-449)	(458-)	ACO, II, III, I, p. 134; II, V, p. 77
Pelagius	(-536 mai.)		ACO, III, p. 28
Eustathius	(-691 sept.)		Mansi, XI, col. 1005
Stephanus	(-787 oct. 13)		Mansi, XII, col. 396
Theognostus	(-870 febr. 28)		Mansi, XVI, col. 195
Symeon (?)	1071 nov.		Grumel, III, n. 900
Athanasius	saec. XI		Laurent, *Sceaux*, V, 1, n. 618

4.7.4 PARNASSOS — eccl. ariana

Pancratius	(-342/343)	Hilarius: CSEL, 65, p. 75
... (?)	359	Hilarius: CSEL, 65, p. 105, n. 11

4.8.3 SOUMANDROS — eccl. byzantina

Vescovado suffraganeo di Mokissos.

Fonti: *notitia* 13: Darrouzès, p. 361

Bibl.: Darrouzès, p. 147

PROVINCIA ARMENIAE PRIMAE

5.1.2 MELITENE, Malatya — eccl. primaeva et byzantina

Sede metropolitana della provincia di Armenia prima, con cinque vescovadi suffraganei al concilio di Calcedonia fino alle liste del secolo XIII.

Fonti: Hierocles, 703, 7: Honigmann, p. 37; *notitiae*, tutte: cfr. Darrouzès, p. 503

Bibl.: Le Quien, I, coll. 439-446; (V. B. Diotallevi), *De rebus ad ecclesiasticam historiam Archiepiscopatus Melitenensis in Armenia Minori pertinentibus commentarius historicus*, Romae 1866; Ruge, RE, XV, coll. 548-549; Laurent, *Sceaux*, V, 1, pp. 314-316

Eupsychius, mart.			Basilius, epp. 142, 200, 252: PG, 32, coll. 592, 736, 940
Acacius		(250-251)	Le Quien, I, coll. 440-441
Uranius	(-363)		Socrates, HE, III, 25: PG, 67, col, 453
Otreius	(-374)	(382-)	Sozomenus, HE, VI, 12:- PG, 67, col. 1321; Socrates, HE, V, 8: PG, 67, col. 581; Basilius, ep. 181: PG, 32, col. 657
Letoius			Gregorius Nyssenus, *Epistola canonica*: PG, 45, coll. 221- 236; Photius, *Bibliotheca*, cod. 52: PG, 103, col. 89
Acacius	(-431)	438c	M.V.Brandi, BS, I, coll. 143-144; Honigmann, *Couvent*, p. 27; D. Stiernon, DPAC, I, coll. 23-24
Synodius			Le Quien, I, col. 442
Constantinus	(-449)	(451 oct.-)	ACO, II, II, I, p. 56; II, III, II, p. 99
Otrius, Otreius	(-458)		ACO, II, V, p. 75
Eulogius	(-520)		Grumel, I, n. 217; Le Quien, I, col. 443
Mamas, ex eccl. monoph.	(-536 mai.)		ACO, III p. 114
Palladius	(-553 mai.5)	(553 iun.2-)	ACO, IV, I, pp. 4, 225; Le Quien, I, col. 443
Domitianus	(-593)	602	P. Ananian, BS, IV, coll. 760-761
Theodorus	(-681 sept.16)		I Mansi, XI, col. 672
Epiphanius	(-787 oct. 13)		Mansi, XIII, col. 385
...			Le Quien, I, col. 445
Dionysius, Theodorus	(-997 <mar.-sept.>)		Grumel, II, n. 805, cfr.n. 804; Le Quien, I, col. 445
Ioannes	(-1027 nov.)	(1039 sept.-)	Laurent, *Sceaux*, V, 1, n. 434; Grumel, II, nn. 833, 839, 846

...	(-1066 apr.26)		Grumel, III, n. 896; Mansi, XIX, col. 1044
...	(-1164 febr.10)		Grumel, III, n. 1055
Nicetas	(-<1166 mai.6-1167 iul.>)	(1172 mai.5-)	Grumel, III, nn. 1075, 1125
Iohannes	(-1193 febr.4)		*Ius*: PG, 119, col. 837
Manuel	(-1223)	(1226 mar.29-)	Laurent, IV, nn. 1240- 1242
Ioannes	(-1247/1248)		Laurent, IV, n. 1309
Stavrakios	(-1294 iun.2)		Laurent, IV, n. 1565
Theodosius	(-1317)	(1330 apr.-)	Darrouzès, V, nn. 2076, 2156
Ioel (?)	(-1394 mai.)		Darrouzès, VI, n. 2959

5.1.15 MELITENE — eccl. monophysita

Bibl.: Honigmann, *Évêques*, p. 118

Mamas, ex eccl. chalc.	(-518)	Honigmann, *Évêques*, pp. 112, 118

5.1.17 MELITENE, Mīlīṭīnī, Malaṭya, Eskimalatya — eccl. syro-occidentalis/jacobita

Bibl.: Honigmann, *Couvent*, p. 137

...	(-630)	Hage, p. 101
Severus	(-752)	Honigmann, *Couvent*, p. 102; Hage, p. 102
Daniel, ep.	(818 aug. 1-845 aug.22	Chabot, IV, p. 495
Thomas, metr.	(818 aug. 1-845 aug. 22)	Chabot, IV, p. 497
Thomas	869	Honigmann, *Couvent*, p. 108
Ezechiel, ep.	889	
Elias, ep.	(897 apr. 23-909 apr. 18)	Chabot, IV, p. 504
Ioannes, ep.	(910 apr. 21-922 nov. 30)	Chabot, IV, p. 505
Gregorius, "metr. de Melitene et Claudia"	(923 aug. 15- 935 mar. 25)	

Ioannes, metr.	(936 aug. 28- 953 iul. 3)		Chabot, IV, p. 508
Elias, "metr. de Melitene et Gūbōs"	957/958		Honigmann, *Couvent*, p. 125
Ezechiel, metr.	(958 nov. 28- 961 iun. 2)		Chabot, IV, p. 509
Ignatius	(-969)		Honigmann, *Couvent*, p. 59; cfr. Grumel, III, n. 893
Ignatius, metr.	(1004 iul. 6-1030 febr 2)		Chabot, V, p. 607
Ioannes, metr.	(1031 (?) oct. 14-1042 (?) mar 21)		Chabot, V, p. 609
Ignatius, "metr. de Melitene et Hesna de Amah"	(1058-1063)	(1080-)	Chabot, V, pp. 612, 614
Ioannes, Sa'id Bar Çabouni, metr.	1096 mai. 22		Honigmann, *Couvent*, p. 109
Dionysius	1101 dec.		Honigmann, *Couvent*, pp. 109, 58
Ioannes, Elisaes	(1090 dec. 1-1129 iun. 8)		Chabot, V, p. 615
Ignatius	1139 mai. 22	(1166 oct. 18-)	Honigmann, *Couvent*, p. 110; Chabot, V, p. 619
Dionysius, Griphas Bar-Samka (?), metr.	(1166 oct. 18-1199 nov. 7)		Chabot, V, p. 621
Ioannes, Bar-Qanoun	(1166 oct. 18-1199 nov. 7)		
Bar Belās	(-1257)		Honigmann, *Couvent*, p. 125
Theodosius, "metr. de Mar Abḥai, Ġarġar, ar-Runā' et Malaṭya"	(-1579/1580)	(1581-)	Honigmann, *Couvent*, pp.177- 179

5.1.20 MELITENE

eccl. armena-gregoriana

Bibl.: F. Tournebize, DHGE, IV, col. 368

...	(-1179)	Ter Mikelean, p. 104

5.1.22 MELITENE

eccl. armena-catholica

Vescovado dal 1861

Bibl.: F. Tournebize, DHGE, IV, col. 370

5.2.3 **ARABISSUS,** Efsus, Yarpuz — eccl. primaeva et byzantina

Vescovado suffraganeo di Melitene; nel 536 Giustiniano aveva cambiato il nome della provincia Armenia *secunda* in Armenia *tertia*, senza mutarne i confini; verso la fine del secolo VI, l'imperatore Maurizio ricostruì la città e la chiesa; con l'invasione araba la città decadde.

Fonti: Hierocles, 703, 9: Honigmann, p. 37; *notitiae* 1-2, 4, 7, 9-10, 13: Darrouzès, pp. 209, 223, 255, 278, 299, 316, 357

Bibl.: Le Quien, I, coll. 449-450; Hirschfeld, RE, II, coll. 364-365; F. Tournebize, DHGE, III, coll. 1329-1334

Otreius	(-381 mai./ iul.)	Turner, II, pp. 446-447; Iohannes Chrysostomus, ep. 126: PG, 52, col. 688
Adolius	(-451 oct.)	ACO, II, II, II, p. 72
Adelphius	(-458)	ACO, II, V, p. 75; Ioannes Moschus, 128: PG, 87/3, coll. 2992-2993
Leontius		Photius, *Bibliotheca*, cod. 272: PG, 103, col. 224
Georgius	(-691 sept.)	Mansi, XI, col. 1000; cfr. Le Quien, I, col. 446

5.2.17 **'ARABSŪS,** Arabissos, Tripotamos, Afsūs, Efsus, Yarpur — eccl. syro-occidentalis/jacobita

Bibl.: Honigmann, *Couvent*, pp. 36, 82, 83, 114

Petrus	(986 oct. 21-1002/1003)	Chabot, V, p. 606

5.3.3 **ARCE,** Arca, Arga — eccl. byzantina

Vescovato suffraganeo di Melitene (Armenia prima).

Fonti: Hierocles, 703, 8: Honigmann, p. 37; *notitiae* 1-4, 7, 9-10, 13: Darrouzès, pp. 209, 223, 255, 278, 299, 316, 357

Bibl.: Le Quien, I, coll. 445-448; Hirschfeld, RE, II, col. 1118; R. Janin, DHGE, III, col. 1482

Acacius	(-431 iun.)		ACO, I, I, II, p. 4
Ioannes	(-451 oct.)	(458-)	ACO, II, I, II, p. 146; II, V, p. 71
Leontius	(-553 mai. 5)	(553 iun. 2-)	ACO, IV, I, pp. 5, 227
Gregorius	(-681 sept. 16)		Mansi, XI, col. 676

5.3.17 **'ARQĀ,** Arca, Arga, Akçadağ — eccl. syro-occidentalis/jacobita

Nel 1283 la località era deserta.

Bibl.: Honigmann, *Couvent*, pp. 115, 184 n. 5

Isaac, Isḥāq	(-969)		Honigmann, *Couvent*, p. 56
Basilius	(986 oct. 21-1002/1003)		Chabot, V, p. 606
Isaac	(1004 iul. 6-1030 febr. 2)		Chabot, V, p. 607
Iohannes	(1031 (?) oct. 14-1042 (?) mar. 21)		Chabot, V, p. 609
Basilius	(1031 (?) oct. 14-1042 (?) mar. 21)		
Basilius	(1042 (?) aug.- 1057 mai. 24)		Chabot, V, p. 611
Ignatius	(1058-1063)		
Petrus, Bar- Arika	(1058-1063)		Chabot, V, p.9 612
Ioannes	(1063-1072 nov. 27)		
Abdochus	(1075-1086)		Chabot, V, p. 613
Ignatius	(1090 dec. 1-1129 iun. 8)		Chabot, V, p. 616
Ignatius	(1138 dec. 4-1166 iul. 14)	(1166 oct. 18-)	Chabot, V, pp. 618-619

5.4.3 **ARIARATHIA,** Ariaratheia, Aziziye, Pinarbaşi — eccl. byzantina

Vescovado suffraganeo di Melitene (Armenia prima).

Fonti: Hierocles, 703, 12: Honigmann, p. 37; *notitiae* 1-4, 7, 9-10, 13: Darrouzès, pp. 209, 223, 255, 278, 299, 316, 357

Bibl.: Le Quien, I, coll. 451-454; Hirschfeld, RE, II, col. 815; R.Janin, DHGE, IV, coll. 115-116

Aurelius			Janin, col. 115
Acacius	(-449 apr. 13)	(458-)	ACO, II, I, I, p. 148; II, V, p. 71

5.5.3 AROMANA — eccl. byzantina

Vescovado suffraganeo di Melitene.

Fonti: *notitia* 13: Darrouzès, p. 357

Bibl.: Darrouzès, p. 145

5.5.17 RŪMANAH, Aromane, Romaina, Hurman-Kalesi — eccl. syro-occidentalis/jacobita

Vescovado giacobita di Melitene, da non confondere con Bēt Rūmanē, vescovado soggetto al mafriano.

Bibl.: Honigmann, *Couvent*, pp. 118, 144

Philoxenus, Bar Çauma	(1166 oct. 18-1199 nov. 7)	Chabot, V, p. 622

5.6.20 ARZANGANA — eccl. armena-gregoriana

Vescovado armeno nella regione di Melitene.

Bibl.: Le Quien, II, coll. 1425-1426

Sergius		Le Quien, I, coll. 1425-1426

5.7.17 CLAUDIA, Qlaudiā — eccl. syro-occidentalis/jacobita

Località sull'Eufrate, non lontana da Melitene.

Bibl.: Honigmann, *Couvent*, pp. 14, 120; R. Janin, DHGE, XII, coll. 1075-1076

Gregorius	925 c.	Janin, col. 1075
Petrus	(936 aug. 28-953 iul. 3)	Chabot, IV, p. 507
Michael	(965 iul. 9-985)	Chabot, IV, p. 510
Moises	(965 iul. 9-985	

Dionysius	(986 oct. 21-1002/1003)		Chabot, V, p. 606
Thomas	(1004 iul. 6-1030 febr. 2)		Chabot, V, p. 608
Basilius	(1004 iul. 6-1030 febr. 2)		
Petrus	(1042 (?) aug.-1057 mai. 24)		Chabot, V, p. 611
Timotheus	(1063-1072 nov. 27)		Chabot, V, p. 612
Gregorius	(1090 dec. 1-1129 iun. 8)		Chabot, V, p. 615
Timotheus	(1090 dec. 1-1129 iun. 8)		Chabot, V, p. 616
Basilius	(1138 dec. 4-1166 iul. 14)		Chabot, V, p. 618
Timotheus	(1166 oct. 18-1199 nov. 7)		Chabot, V, p. 620
Timotheus	(1166 oct. 18-1199 nov. 7)		Chabot, V, p. 621
Gregorius	(1166 oct. 18-1199 nov. 7)		Chabot, V, p. 622
Basilius	(-1191 c.)		Honigmann, *Couvent*, p. 119

5.8.2 **COMANA,** Şahr, Sarkalesi — eccl. primaeva et byzantina

Vescovado suffraganeo di Melitene; nel 1347, la località era trasferita al metropolita di Sebaste (Darrouzès, V, n. 2284).

Fonti: Hierocles, 703, 11: Honigmann, p. 37; *notitiae* 1-2, 4, 7, 9-10, 13: Darrouzès, pp. 209, 223, 255, 278, 299, 316, 357

Bibl.: Le Quien, I, coll. 447-450; Ruge, RE, XI, coll. 1127-1128; R. Janin, DHGE, XIII, coll. 353-354

Zoticus, s.		205 (?)	F. A. Angarano, BS, XII, col. 1505
Basiliscus, mart.			Le Quien, I, coll. 447-448
Elpidius	(-325 mai. 20)	(325 iun.19-)	Turner, I, pp. 58-59
Heraclius	(-451 oct.)		ACO, II, III, II, p. 163
Hormizes, Hormisdas	(-458)		ACO, II, V, p. 71; Honigmann, *Évêques*, pp. 118-119; Photius, *Bibliotheca*, cod. 52: PG, 103, col. 92
Theodorus	(-553 mai. 5)	(553 iun. 2-)	ACO, IV, I, pp. 7, 230

5.8.5 COMANA — eccl. semiariana

Leontius	(-363)		Socrates, HE, III, 25: PG, 67, col. 452

5.9.3 CUCUSUS, Göksun — eccl. byzantina

Vescovado suffraganeo di Melitene (Armenia prima).

Fonti: Hierocles, 703, 10: Honigmann, p. 37; *notitiae*, 1-2, 4, 7, 9-10, 13-14: Darrouzès, pp. 209, 223, 255, 278, 299, 316, 357

Bibl.: Le Quien, I, coll. 451-452; Ruge, RE, XI, col. 1065; R. Janin, DHGE, XIII, col. 1084-1085

...	(-404)		Ioannes Chrysostomus, ep. 125: PG, 52, col. 685
Domnus	(-451 oct.)		ACO, II, I, II, p. 7
Longinus	(-458)		ACO, II, V, p. 71; cfr. Le Quien, I, col. 452
Ioannes	(-553 mai. 5)	(553 iun. 2-)	ACO, IV, I, pp. 4, 225
Ioannes	(-691 sept.)		Mansi, XI, col. 1000

5.9.20 CUCUSUS — eccl. armena-gregoriana

...	(-1179)		Ter Mikelean, p. 104

5.9.22 CUCUSUS — eccl. armena-catholica

Bibl.: R. Janin, DHGE, XIII, col. 1085

Moises Ambarboyan	1885 febr. 27 1898		Janin, col. 1085
Serkis der Abramian	1933 iun. 13	1938 ian. 15	

5.10.17 GŪBŌS, Gubbōs, Ǧūbās — eccl. syro-occidentalis/jacobita

Vescovado giacobita sull'Eufrate non lontano da Melitene (?).

Bibl.: Honigmann, *Couvent*, p. 63, n. 6, pp. 86, 89, 105, 124-125, 184, n. 5

Elias, "metr. de Melitene et Gūbōs"	957/958		Honigmann, *Couvent*, p. 125
Ioannes	(1042 (?) aug. -1057 mai. 24)		Chabot, V, p. 611
Dionysius	(1063-1072 nov. 27)		Chabot, V, p. 612
Dionysius	(1090 dec. 1-1129 iun. 8)	(1166 oct. 18-)	Chabot, V, pp. 616-619
Timotheus	(1138 dec. 4-1166 iul. 14)	(1166 oct. 18-)	Chabot, V, pp. 618-619
Ignatius	(1166 oct. 18-1199 nov. 7)		Chabot, V, p. 621
...	(-1283 febr. 2)		Honigmann, *Couvent*, p. 73

5.11.17 ḤESNPAṬRĪQ, Elōn, Fethiye, Hasanbadrik eccl. syro-occidentalis/jacobita

Villaggio di Melitene.

Bibl.: Honigmann, *Couvent*, pp. 131, 152

Timotheus	(1058-1063)	Chabot, V, p. 611

5.12.3 IBERES eccl. byzantina

Vescovado suffraganeo di Melitene.

Fonti: *notitia* 13: Darrouzès, p. 357

Bibl.: Darrouzès, p. 145

5.13.17 LĀQABĪN, Ḹaōqbin, Lacotena (?), Sürgü (?), Almharap (?) eccl. syro-occidentalis/jacobita

Vescovado giacobita.

Bibl.: Honigmann, *Couvent*, pp. 37, 136, 184, n. 5

Athanasius	(-1038 (?))	Honigmann, *Couvent*, pp. 107, 136, n. 5

Basilius	(1063-1072 nov. 27)		Chabot, V, p. 612
Ioannes	(1090 dec. 1-1129 iun. 8)		Chabot, V, p. 615
Basilius	(1130 febr. 17-1137 nov.)		Chabot, V, p. 617
Ioannes	(1138 dec. 4-1166 iul. 14)		Chabot, V, p. 618
Dionysius	(1138 dec. 4-1166 iul. 14)	(1166 oct. 18-)	Chabot, V, pp. 618-619
Timotheus, Costantinus	(1166 oct. 18-1199 nov. 7)		Chabot, V, p. 620
Ignatius	(1166 oct. 18-1199 nov. 7)		Chabot, V, p. 621

5.14.3 TARANTA — eccl. byzantina

Località importante come posto militare nel secolo X; vescovado suffraganeo di Melitene.

Fonti: *notitia* 13: Darrouzès, p. 357

Bibl.: Darrouzès, p. 145

5.15.17 TELĀ QASṬRĀ, Telā — eccl. syro-occidentalis/jacobita

Vescovado giacobita vicino a Melitene.

Bibl.: Honigmann, *Couvent*, pp. 136, 152

Philoxenus	(986 oct. 21-1002/1003)	Chabot, V, p. 606
Simeon, "ep. de Tella et Lâqabin"	(1004 iul. 6-1030 febr. 2)	Chabot, V, p. 607
Ioannes, "ep. de Tella et Lâqabin"	(1031 (?) oct. 14-1042 (?) mar. 21)	Chabot, V, p. 609

5.16.17 TELL-PAṬRĪQ, Telpaṭrıq, Tall Baṭrīq — eccl. syro-occidentalis/jacobita

Vescovado della regione di Melitene.

Bibl.: Honigmann, *Couvent*, pp. 131, 152-153

Dionysius	(-969)	(1034-)	Honigmann, *Couvent*, pp. 56-57
Timotheus	(1058-1063)	(1090 dec. 1-)	Chabot, V, pp. 611, 615
Ignatius	(1090 dec. 1-1129 iun. 8)		Chabot, V, p. 615
Ioannes	(1090 dec. 1-1129 iun. 8)		
Timotheus	(1090 dec. 1-1129 iun. 8)		Chabot, V, p. 616

5.17.3 ZERBE

eccl. byzantina

Vescovado suffraganeo di Melitene.

Fonti: *notitia* 13: Darrouzès, p. 357

Bibl.: Darrouzès, p. 145

5.18.17 ZŪBAṬRĀ, Zupaṭrā, Zibaṭrah, Zoubtara, Viranşehir

eccl. syro-occidentalis/jacobita

Vescovado della regione di Melitene (?).

Bibl.: Honigmann, *Couvent*, pp. 37, 155-156

Theophilus	(798 aug. 8-817 aug. 19)		Chabot, IV, p. 451
Thomas	(818 aug. 1-845 aug. 22)		Chabot, IV, p. 497
Simeon	(878 iun. 5-833 mar. 26)		Chabot, IV, p. 501
Ioannes	(897 apr. 23-909 apr. 18)		Chabot, IV, p. 503
Theophilus	(897 apr. 23-909 apr. 18)		
David	(910 apr. 21-922 nov. 30)		Chabot, IV, p. 505
Theodosius	(936 aug. 28-953 iul. 3)		Chabot, IV, p. 507
Stephanus	(936 aug. 28-953 iul. 3)		
Basilius	(954 iul. 16-957 ian. 31)		Chabot, IV, p. 508
Ioannes	(958 nov. 28-961 iun. 2)	(969 aug. 23-)	Chabot, IV, p. 508; Honigmann, *Couvent*, p. 55
Cyriacus	(965 iul. 9- 985)		Chabot, V, p. 510
Ioannes	(1042 (?) aug. -1057 mai. 24		Chabot, V, p. 610

PROVINCIA ARMENIAE SECUNDAE

6.1.2 SEBASTEIA, Sebastia, Gavraz — eccl. primaeva et byzantina

Sede metropolitana della provincia di Armenia seconda; al concilio di Calcedonia compaiono 3 vescovadi suffraganei, che aumentano a 5 nel secolo VI fino alla sparizione dei quadri ecclesiastici con la penetrazione selgiuchida dalla seconda metà del secolo XI; la metropoli scompare come sede residenziale nel secolo XIII; nel 1439 il titolo e il rango della sede passarono alla chiesa di Moldovalacchia.

Fonti: Hierocles, 703, 1: Honigmann, p. 37; *notitiae* 1-4, 7, 9-10, 13, 17-20: cfr. Darrouzès, p. 512

Bibl.: Le Quien, I, coll. 419-426; Ruge, RE, II A, coll. 952-953; F.-E. Cumont, *Studia Pontica*, II, Bruxelles 1906, pp. 211-236; Laurent, *Sceaux*, V, 1, pp. 298-300

Meruzanes	saec. III med.		Eusebius, HE, VI, 46: II, p. 162
Blasius, s.		(307-323)	G.D. Gordini, BS, III, coll. 157-160
Petrus			Le Quien, I, col. 421
Eulogius	(-325 mai. 20)	(325 iun. 19-)	Turner, I, pp. 60-61
Eustathius, dep.	(-357)	358	J. Gribomont, DHGE, XVI, coll. 26-33
Meletius, tr. ad Beroeam	358 / 360		M. Simonetti, DPAC, II, coll. 2205-2206
Petrus, s.	383 c.	(391-)	J. M. Sauget, BS, X, coll. 771-772
Ioannes	(-449 aug. 8)	(457 dec. 1-)	Honigmann, *Lists*, p. 34; ACO, II, V, p. 23
...	(-480 c.)		Le Quien, I, coll. 424-425
Auxentius	(-536 mai.)		ACO, III, p. 114
Rufinus	(-553 mai. 5)	(553 iun. 2-)	ACO, IV, I, pp. 7, 230
Theodosius	(-680 sept.16)		Mansi, XI, col. 653
Leontius	(-691 sept.)		Mansi, XI, col. 989
Eleutherius	saec. X		Laurent, *Sceaux*, V, 1, n. 411
Theodorus	(-997 mar./sept.)		Grumel, II, n. 805; Laurent, *Sceaux*, V, 1, n. 412
Theodotus	saecc. X-XI		Laurent, *Sceaux*, V, 1, n. 412
...	(-1019 sept. 12)		Grumel, II, n. 826
Iacobus	(-1347 iul. c.)	(1347 sept.-)	Darrouzès, V, nn. 2280, 2291

6.1.4 SEBASTEIA — eccl. ariana

Eustathius	358	(378-380)	J. Gribomont, DHGE, XVI, coll. 26-33

6.1.15 SEBASTEIA eccl. monophysita

Bibl.: Honigmann, *Évêques*, p. 117; Le Quien, I col. 425

Nicephorus	519	Honigmann, *Évêques*, p. 117

6.2.3 COLONEA, Colonia, Theodorias, Şebin-Karahisar eccl. byzantina

Vescovado suffraganeo di Nicopoli d'Armenia elevato ad arcivescovado con la creazione del tema di Colonea, prima o poco dopo l'863; verso il 980-985 sede metropolitana (dalla *notitia* 8 in poi), ricordata fino a poco dopo il 1360.

Fonti: Hierocles, 703, 3: Honigmann, p. 37; *notitiae* 1-4, 7, 8-19; Darrouzès, p.498

Bibl.: Le Quien, I, coll. 429-432; Ruge, RE, XI, coll. 1110-1111; R. Janin, DHGE, XIII, coll. 325-326; Laurent, *Sceaux*, V, 1, pp. 630-631

Euphronius, tr. ad Nicopolim		375 c.	Basilius, epp. 195,227; PG, 32, coll. 708, 852-853
Eustathius	(-458)		ACO, II, V, p. 71
...		481	Le Quien, I, col. 430
Ioannes Silentiarius	481 c.	490 c.	P. Bertocchi, BS, VI, coll. 905-905; Le Quien, I col. 431
Iohannes	(-553 mai. 5)	(553 iun. 2-)	ACO, IV, I, pp. 7, 229
Callinicus	(-681 sept. 16)	(691 sept.-)	Mansi, XI, coll. 680, 997
Nicetas	(-787 oct. 1)		Mansi, XIII, col. 140
...	(-1067 mar. 19)		Grumel, III, n. 897: PG, 119, col. 757
Ioannes	(-1082 mar. 21)	(1082 apr. 11-)	Janin, col. 325
Theodorus (ep. Armeniae vel Cappadociae)	(-1177 ian. 10)		Grumel, III, n. 1132
Thomas	saec. XI in.		Laurent, *Sceaux*, V, 1, n. 814
Leontius Choutouriotes	1889	1899 apr. 29	Janin, col. 325
Polycarpus Psomiades	1899 apr. 29	1911 mai. 11	
Sophronius Nestopoulos	1911 mai. 11	1917 mar.	
Dorotheus Christides	1917 iul. 24		

6.3.3 **HERACLIOPOLIS,** Pedachtoe, Pidachtholes, Bedochton — eccl. byzantina

Località chiamata Heracliopolis in onore dell'imperatore Eraclio che vi svernò con l'esercito nel 625; è possibile che in quell'occasione la sede fosse eretta in arcivescovado; nel concilio del 681 la sede era considerata suffraganea della provincia di Armenia seconda.

Fonti: *notitiae* 1-5, 7-8, 11-12, 14-16, 18: Darrouzès, p. 507

Bibl.: Le Quien, I, coll. 437-438; F. Cumont, *L'archevêché de Pédachtoé et le sacrifice du faon*, "Byzantion", VI (1931), pp. 521-533; Laurent, *Sceaux*, V, 1, pp. 660-661

Athenogenes		Le Quien, I, coll. 437-438; cfr. Cumont, pp. 523-524
Ioannes	(-681 sept. 16)	Mansi, XI, col. 673; Laurent, *Sceaux*, V, 1, n. 851
Theodorus	(-787 oct. 13)	Mansi, XIII, col. 385

6.4.3 **NICOPOLIS,** Pürk — eccl. byzantina

Vescovado suffraganeo di Sebaste, compare nelle *notitiae* fino al secolo XIII.

Fonti: Hierocles, 703, 2: Honigmann, p. 37; *notitiae* 1-4, 7, 9-10, 13: Darrouzès, pp. 208, 222, 237, 254, 277, 298, 315, 357

Bibl.: Le Quien, I, coll. 427-430; Cumont, *Studia Pontica*, II, pp. 305- 313; J. Sturm, RE, XVII, coll. 536-538; Laurent, *Sceaux*, V, 1, p. 301

Theodotus	(-372)	(373-)	Basilius, epp. 92, 121: PG, 32, coll. 477, 540
Fronto, ad eccl. ar.	373		Basilius, ep. 125: PG, 32, col. 552
Euphrosius, ep. Coloniae	375 c.		Basilius, epp. 227, 228: PG, ep. 32, coll. 852-856
Poemenius	375		Basilius, ep. 229: PG, 32, col. 857
Ioannes	(-449 aug. 8)	(458/459-)	Honigmann, *Lists*, p. 34; Grumel, I, n. 143: PG, 85, col. 1621
...	(-499)		Le Quien, I, col. 429
Photius	(-691 sept.)		Mansi, XI, col. 997
Petrus	saec. VII		Laurent, *Sceaux*, V, 1, n. 414
... (?)	(-787 sept. 26)	(787 oct. 13-)	Mansi, XII, col. 1095; XIII, col. 385
Tarasius (?)	(-870 febr. 28)		Mansi, XVI, col. 193
Gregorius, s.	saec. XI in.		R. Janin, BS, VII, col. 205; R. Aubert, DHGE, XXII, col. 1

6.4.4 NICOPOLIS — eccl. ariana

Fronto	(-376)		Basilius, ep. 238: PG, 32, col. 892

6.5.3 SATALA, Sadok, Sadağ — eccl. byzantina

Vescovado suffraganeo di Sebaste.

Fonti: Hierocles, 703, 4: Honigmann, p. 37; *notitiae* 1-4, 7, 9-10, 13: Darrouzès, pp. 208, 222, 237, 254, 277, 298, 315, 357

Bibl.: Le Quien, I, coll. 431-434; Ruge, RE, II A 59,2

Evethius, Evithius	(-325 mai. 20)	(325 iun. 19-)	Turner, I, pp. 60-61
Elpidius		360	Sozomenus, HE, IV, 25: PG, 67, col. 1196; Socrates, HE, II, 42: PG, 67, col. 352
Poemenius	(-379 c.)		Basilus, epp. 102, 103: PG, 32, coll. 508-509, 1488
Anatolius	(-451 oct.)		ACO, II, I, II, p. 146
Epiphanius	(-458)		ACO, II, V, p. 71
Gregorius	(-691 sept.)		Mansi, XI, col. 997; cfr. Le Quien, I, col. 434
Philippus	(-879 nov.)		Mansi, XVII-XVIII, col. 376

6.6.3 SEBASTOPOLIS, Sulu Saray, Çiftlik — eccl. byzantina

Vescovado suffraganeo di Sebaste.

Fonti: Hierocles, 703, 5: Honigmann, p. 37; *notitiae* 1-4, 7, 9-10, 13: Darrouzès, pp. 208, 222, 237, 254, 277, 298, 315, 357

Bibl.: Le Quien, I, coll. 425-426; Ruge, II A, col. 956 (3); F.- E. Cumont, *Studia Pontica*, II, pp. 201-208; Laurent, *Sceaux*, V, 1, pp. 300-301

Melitius	(-325)		Eusebius, HE, VII, 32: II, p. 229; Philostorgius, HE, I, 8: PG, 65, col. 464
Cecropius	(-448)	(451 oct.-)	ACO, II, II, I, p. 19;9 II, I, I, p. 60
Gregorius	(-458)		ACO, II, V, p. 71
Photius	(-691 sept.)		Mansi, XI, col. 997
Constans	(-787 oct. 13)		Mansi, XIII, col. 385
Epiphanius	saec. XI		Laurent, *Sceaux*, V, 1, n. 413

6.7.3 **VERISA,** Berissa, Bolus — eccl. byzantina

Vescovado suffraganeo di Sebaste.

Fonti: *notitiae* 1-4, 7, 9-10, 13:9 Darrouzès, pp. 208, 222, 237, 254, 277, 298, 315, 357

Bibl.: Le Quien, I, coll. 433-434; R. Janin, DHGE, VIII, coll. 498-499; Ruge, RE, III,9 col. 294

Maxentius	(-458)		ACO, II, V, p. 71
Thomas	(-553 mai. 5)	(553 iun. 2-)	ACO, IV, I, pp. 5, 227
Theodorus	(-681 sept. 16)		Mansi, XI, col. 676

PROVINCIA GALATIAE PRIMAE

7.1.2 ANCYRA, Angora, Ankara

eccl. primaeva et byzantina

Sede metropolitana della Galazia prima con 7 suffraganei ed un ottavo prima del sec. X; con la battaglia di Manzikert (1071) i vescovadi suffraganei scomparvero e la stessa metropoli, in rovina, fu unita a Nazianzo, pur continuando a comparire nelle liste vescovili.

Fonti: Hierocles, 695, 5: Honigmann, p. 34; *notitiae* tutte: Darrouzès, p. 483

Bibl.: Le Quien, I, coll. 455-474; Hirschfeld, RE, I, coll. 2221-2222; C. Karalevsky, DHGE, II, coll. 1538-1543; Laurent, *Sceaux*, V, 1, pp. 239-243; R. Janin-D. Stiernon, DHGE, XIX, coll. 714-728

Theodorus			Karalevsky, col. 1540
Clemens, mart.		304/309 ian. 2	G. Eldarov, BS, I, coll. 337-338
Pancarios, Pancratius (?)	(-325 mai. 20)	(325 iun. 19-)	Turner, I, pp. 64-65
Marcellus, exp. ab arianis	(-314)	335	Turner, II, p. 32; I, pp. 64-65; Karalevsky, col. 1540; Ch. Kannengiesser, DPAC, I, coll. 2089-2091
Marcellus, iter.	(-343 aut.)		Turner, I, pp. 548-549
Athanasius	360	373	Karalevsky, col. 1540; J. Gribomont, DPAC, I, col. 433
Arabianus	(-394 sept. 29)	(400 mai./iun.-)	Grumel, I, nn. 10, 16-17
Leontius	(-400)		Grumel, I, n. 17
Theodotus	(-425)	(431 aut.-)	ACO, IV, I, p. 86; Grumel, I, nn. 67, 70; A. De Nicola, DPAC, II, coll. 3399-3400
Eusebius	(-446)	(451 oct.-)	ACO, IV, II, pp. 149, 159; II, II, II, p. 14; Grumel, I, n. 93
Anastasius	(-458)	(459-)	ACO, II, V, p. 93; Grumel, I, n. 143: Mansi, VII, col. 916
Dorotheus		513	Marcellinus Comes, *Chronicon*: PL, 51, col. 938
Elpidius	(-536 mai.)		ACO, III, p. 29
Domitianus	(540c.)		M. Simonetti, DPAC, I, col. 1013
Dorotheus	(-553 mai. 5)	(553 iun. 2-)	ACO, IV, I, pp. 3, 223
Frontinus, Frontinianus, ep. Salonitanus	562		Karalevsky, col. 1540
Paulus	(-582)	(602 nov.-)	Grumel, I, n. 276; cfr. Karalevsky, col. 1541
Plato	(-681 sept. 16)		Mansi, XI, col. 669; Le Quien, I, col. 468
Stephanus	(-691 sept.)		Mansi, XI, col. 989; Laurent, *Sceaux*, V, 1, n. 336

Basilius	(-787 oct. 13)		Mansi, XIII, col. 381
Theodulus	(-861 <mai.-sept.>)	(870 febr. 28-)	Grumel, II, n. 468; Mansi, XVI, col. 190
Daniel, ep. Nicopolis	(-879 nov.)		Mansi, XVII-XVIII, col. 373; Grumel, II, n. 546
Theophylactus	(-892)		Karalevsky, col. 1541; Jaffé, n. 3478
Gabriel	(-912)	(922 pars pr.-)	Karalevsky, col. 1541; Grumel, II, n. 706
Gregorius	945 c.		Janin-Stiernon, col. 727
Ioannes	(-997)		Karalevsky, col. 1541
Theophilus	saec. XI in.		Laurent, *Sceaux*, V, 1, nn. 338-339
Michael	(-1030 mai.)	(1032 apr.-)	Laurent, *Sceaux*, V, 1, n. 337
Nicetas	(-1038 apr. 17)		Grumel, II, n. 844
Michael	(-<1043-1058>))		Karalevsky, col. 1541
...	(-1067 apr. 2)		
Nicetas	(-1072 mar.)	(1084 aug.-)	Laurent, *Sceaux*, V, 1, n. 340; Grumel, III, nn. 926-927, 938
...	(-1140)	(1151 oct. 1-)	Karalevsky, col. 1541
Stephanus	(-1157 mai. 12)	(1157 sept.-)	Grumel, III, nn. 1041, 1045: PG 140, col. 200
Michael, ep. Amaseae, tr. ad Kerasonte	(1166 apr.-1167 iul.)	1173 iul. 11	Grumel, III, nn. 991, 1074, 1126
Macarius	(-1178)		Grumel, III, n. 1150
...	(-1226 mar. 29)		Laurent, IV, n. 1242
Christophorus	(-1232 aug.)	(1233 iun.-)	Laurent, IV, nn. 1261, 1265
Gregorius	(-1260)		Karalevsky, col. 1542
Babylas	(-1294 iun. 2)	(1313 iun.-)	Laurent, IV, nn. 1565, 1704; Darrouzès, V, n. 2016
...	(-1365 mar.)		Darrouzès, IV, n. 2488
Macarius, dep., exc.	1397	1405 sept.	Darrouzès, VI, nn. 3054, 3059, 3276, 3284
Constantinus	1450 c.		Karalevsky, col. 1542
Sabbakios	(-1596 <apr.-sept.>)		
Germanus Rosoxestos			
...	(-1603)		
Laurentius	(-1639)	(1642/1643-)	
Athanasius, prom. patr. CP		1709	

Neophytus	(-1721)		Le Quien, I, col. 474
Anthimus	(-1765)		Karalevsky, col. 1542
Ioannikios	(-1793 nov.)	(1810 dec.-)	
Sophronius	(-1811 apr.)		
Methodius	(-1818 dec. 14)	(1823 ian.-)	Karalevsky, col. 1543
Agathangelos	(-1826)	(1827 mar.-)	
Cyrillus	(-1834 dec.)		
Sophronius	(-1835 oct.)		
Macarius	(-1836 mai.)		
Nicephorus	(-1838 sept.)		
Meletius	(-1855 apr.)		
Ioannikios	(-1872 ian.)	(1872 mai.-)	
Chrysanthus	(-1872 aug.)	(1872 sept.-)	
Gerasimos	1877	1899	Janin-Stiernon, col. 727
Nicolaos	1899		
Sophronios	1902		
Gervasius Sarasites	1910	1922	
Constantinos	1922	1934	

7.1.5 ANCYRA — eccl. semiariana

Basilius, dep., iter.	335 (-363)	360	Karalevsky, col. 1540; M. Simonetti, DPAC, I, coll. 489-490
..., eccl. ar. (?)	(-369)		Basilius, ep. 30: PG, 32, col. 313

7.1.20 ANGURA, Ancyra — eccl. armena-gregoriana

Bibl.: Le Quien, I, coll. 1427-1428

Constantinus	(-1316)		Le Quien, I, coll. 1427-1428

7.1.22 ANCYRA — eccl. armena-catholica

Verso la fine del secolo XVII vi è segnalata una comunità armeno cattolica.

Bibl.: F. Tournebize, DHGE, II, coll. 1543-1546

Antonius Clemens Chichemanian	1850	1862	Tournebize, col. 1546
Iosephus Araqélian, ep. de Trebizonda, prom. vic. patr.	1863 dec. 21		
Carlus Garabet (karapet) Araqélian, dep.	1877 aug. 14	1889 apr. 27	
Ioannes Ohanessian, ep. de Mouch	1890	1899	
Ghazarossian	1901 aug. 2		
Gregorius Bahabanian	1911 oct. 22		

7.2.3 ASPONA eccl. byzantina

Vescovado suffraganeo di Ancira (Galazia prima); nella *notitia* 15 compare come arcivescovado.

Fonti: Hierocles, 696, 7: Honigmann, p. 34; *notitiae* 1-4, 7, 9-10, 13, 15: Darrouzès, pp. 207, 220, 234, 253, 275, 297, 312, 355, 385

Bibl.: Le Quien, I, coll. 477-482; Ruge, RE, II, coll. 1737-1738

Palladius, ep. Helenopolitani	400 c.		Socrates, HE, VII, 36: PG, 67, col. 821; Le Quien, I, coll. 479-480
Eusebius	(-431 iun.)	(431 iul.-)	ACO, I, I, II, p. 6; I, I, VII, p. 87
Hyperechius	(-451 oct.)		ACO, II, I, II, p. 146
Euphanius	(-458)		ACO, II, V, p. 93
Michael	(-681 sept. 16)	(691 sept.-)	Mansi, XI, coll. 628, 676, 996
Petrus	(-787 sept. 26)	(787 oct. 13-)	Mansi, XII, col. 1099; XIII, col. 388
Nicephorus	(-870 febr. 28)	(879 nov.-)	Mansi, XVI, col. 193; XVII- XVIII, col. 373

7.3.2 IULIOPOLIS, Iliopolis, Elioupolis, Basilaion, Basileiopolis eccl. primaeva et byzantina

Vescovado suffraganeo di Ancira (Galazia prima); il nome di Basilaion compare nell'869; Costantino X Ducas (1059-1067) elevò la sede a metropoli, misura contestata e alla fine riconosciuta (Grumel, III, nn. 904, 934, 938, 943).

Fonti: Hierocles, 697, 2: Honigmann, p. 35; *notitiae* 1-4, 7, 9-10, 13: Darrouzès, pp. 207, 220, 234, 253, 275, 297, 311, 355

Bibl.: Le Quien, I, coll. 475-478; Ruge, RE, X, col. 102; Laurent, *Sceaux*, V, 1, pp. 244-246, 617-618

Philadelphius, Filadelfus	(-314)	(325 iun. 19-)	Turner, I, pp. 32, 64-65
Meliphthongus	(-448)	(451 oct.-)	ACO, II, II, I, p. 19; II, III, II, p. 100
Proclianus	(-458)		ACO, II, V, p. 92
Pantaleon	(-536)		ACO, III, p. 185
Martyrius	(-681 sept. 16)		Mansi, XI, col. 676
Ioannes	(-691 sept.)		Mansi, XI, col. 996
Constantinus, Constans	(-787 sept. 26)	(787 oct. 13-)	Mansi, XII, col. 1099; XIII, col. 388
Ignatius, "ep. Iuliopoleos, Basiliopoleos"	(-870 febr. 28)	(879 nov.-)	Mansi, XVI, col. 193, XVII-XVIII, col. 377
Leo, "ep. Basiliopoleos"	(-879 nov.)		Mansi, XVII-XVIII, col. 376
Cosmas	saec. X		Laurent, *Sceaux*, V, 1, n. 343
Ioannes	saecc. X-XI		Laurent, *Sceaux*, V, 1, n. 344
...	saec. XI pars post.		Laurent, *Sceaux*, V, 1, n. 801
..., prom. patr.	(-<1064-1075>)		Grumel, III, n. 904
Theophilus	saecc. XI-XII		Laurent, *Sceaux*, V, 1, n. 345
Theodorus	(-1714)		Le Quien, I, col. 478

7.3.4 IULIOPOLIS — eccl. ariana

Philetus	(-342/343)	Hilarius: CSEL, 65, p. 76

7.4.3 KALOUMNA, Kalymna, Calumenes — eccl. byzantina

Vescovado suffraganeo di Ancira (Galazia prima).

Fonti: *notitiae* 7, 9-10, 13: Darrouzès, pp. 276, 297, 312, 355

Bibl.: Le Quien, I, coll. 485-4- 86

Nicolaus	(-879 nov.)	Mansi, XVII-XVIII, col. 377

7.5.2 KINNA, Cinna, Yarasli — eccl. byzantina

Vescovado suffraganeo di Ancira.

Fonti: Hierocles, 696, 8: Honigmann, p. 35; *notitiae* 1-4, 7, 9-10, 13: Darrouzès, pp. 207, 220, 234, 253, 276, 297, 312, 355

Bibl.: Le Quien, I, coll. 483-484; Ruge, RE, XI, col. 481; R. Janin, DHGE, XII, coll. 835-836

Gregorius	(-319)		Turner, II, p. 32; cfr. Le Quien, I, col. 483
Gorgonius	(-325 iun. 19)		Turner, I, pp. 64-65
Philomenus	(-431 iun.)	(431 iul. 3-)	ACO, I, I, II, p. 6; I, I, VII, p. 87
Acacius	(-451 oct.)		ACO, II, III, II, p. 162
Daniel	(-458)		ACO, II, V, p. 93
Amiantus			Janin, col. 836
Plato	(-681 sept. 16)		Mansi, XI, col. 676
Georgius, "ep. Synadorum"	(-691 sept.)		Mansi, XI, col. 1000
Synesius	(-787 sept. 26)	(787 oct. 13-)	Mansi, XII, col. 1099; XIII, col. 388
Thrasius	(-870)		Le Quien, I, col. 484
Antonius	(-879 nov.)		Mansi, XVII-XVIII, col. 376

7.6.2 LAGANIA, Anastasiopolis, Beypazari (?), Bey Bazar (?) — eccl. primaeva et byzantina

Vescovado suffraganeo di Ancira (ACO, IV, III, III, p. 190); prese il nome di Anastasiopolis sotto Anastasio I (491-518) (Pétridès).

Fonti: Hierocles, 696, 9: Honigmann, p. 35; *notitiae* 1-4, 7, 9-10, 13: Darrouzès, pp. 207, 220, 234, 253, 276, 297, 312, 355

Bibl.: Le Quien, I, coll. 485-486, 487-488; Ruge, RE, XII, col. 454; S. Pétridès, DHGE, II, coll. 1489-1490

Erytrius, Erechoreos, "ep. Plamathon", Erechtius, "ep. Gadavitanus" (?)	(-319)	(325 mai. 20-)	Turner, II, p. 32; I, pp. 64-65; cfr. Le Quien, I, col. 487
Euphrasius	(-451 oct.)	(458-)	ACO, II, I, II, p. 146; II, V, p. 90
Theodosius	saec. VI pars post.		Le Quien, I, col. 485
Timotheus	saec. VI pars post.		R. Janin, BS, XII, coll. 263-265
Theodorus Syceota	(-602 nov.)	613 apr. 22	Grumel, I, nn. 276-278e; Janin, BS, XII, coll. 263-265
Genesius	(-681 sept. 16)		Mansi, XI, col. 676

Theghilus	(-787 oct. 13)		Mansi, XIII, col. 388
Marianus (ep. Anastasiopolis, prov. Rhodopes (?))	(-87 nov.)		Mansi, XVII-XVIII, col. 376
...	(-1274)		Mansi, XXIV, col. 75
Michael (?)	(-1394 mai.)		Darrouzès, VI, n. 2959

7.7.3 **MNIZUS,** Mnizos, Meizos, Mizzos — eccl. byzantina

Vescovado suffraganeo di Ancira.

Fonti: Hierocles, 697, 1: Honigmann, p. 35; *notitiae* 1-4, 7, 9-10, 13: Darrouzès, pp. 207, 220, 234, 253, 276, 297, 312, 355

Bibl.: Le Quien, I, coll. 481-482; Ruge, RE, XV, col. 2290

Leucadius	(-451 oct.)		ACO, II, I, II, P. 145
Armatius	(-458)		ACO, II, V, p. 93
Andreas	(-681 sept. 16)	(691 sept.-)	Mansi, XI, coll. 676, 996
Leo	(-787 oct. 13)		Mansi, XIII, col. 388
Iulianus, "ep. Mixi"	(-879 nov.)		Mansi, XVII-XVIII, col. 378

7.8.2 **TABIA,** Tavium, Nefesköy, Bükük Nefes — eccl. primaeva et byzantina

Vescovado suffraganeo di Ancira.

Fonti: Hierocles, 696, 6: Honigmann, p. 34; *notitiae* 1-4, 7, 9-10, 13: Darrouzès, pp. 207, 220, 234, 252, 275, 297, 311, 355

Bibl.: Le Quien, I, coll. 473-476; W. Ruge, RE, IV A, coll. 2524-2526; Laurent, *Sceaux*, V, 1, pp. 243-244; cfr. H. D., AB, XXXVIII (1920), pp. 374-387

Dicasius (?)			Le Quien, I, col. 473
Dicasius, Dicatius	(-319)	(325 iun. 19-)	Turner, II, p. 32; I, pp. 64-65
Iulianus	(-449 aug. 8)	(458-)	Honigmann, *Lists*, p. 34; ACO, II, V, p. 93
Anastasius	(-553 mai. 5)	(553 iun.2-)	ACO, IV, I, pp. 3, 203
Gregorius	(-691 sept.)		Mansi, XI, col. 996
Philetus	(-870 febr. 28)		Mansi, XVI, col. 193
Theophylactus	saec. X		Laurent, *Sceaux*, V, 1, n. 342

7.9.3 **VERINOPOLIS,** Berinopolis, Stauros, Kutchuk-Keuché (?) eccl. byzantina

Vescovado suffraganeo di Ancira; arcivescovado nella *notitia* 15.

Fonti: *notitiae* 1-4, 7, 9-10, 13: Darrouzès, pp. 207, 220, 234, 253, 276,- 297, 312, 355

Bibl.: Le Quien, I, coll. 481-482; R. Janin, DHGE, VIII, coll. 496-497; Laurent, *Sceaux*, V, 1, pp. 685-686

Stephanus	(-681 sept. 16)	(691 sept.-)	Mansi, XI, coll. 628, 996
Anthimus	(-787 oct. 13)		Mansi, XII, col. 388
Sisinnius, "ep. Berinopoleos"	(-870 febr. 28)		Mansi, XVI, col. 193
Ioannes (?)	saec. XI pars post.		Laurent, *Sceaux*, V, 1, n. 876

PROVINCIA GALATIAE SECUNDAE

8.1.3 **PISINOUS,** Pissinous, Pessinonte, Iustinianopolis, Balhisar, Balahisar

eccl. byzantina

Sede metropolitana della Galazia seconda o *salutaris*, con 10 vescovadi suffraganei al concilio di Calcedonia (451) e 7 verso il 640; compare anche col nome di Iustinianopolis; dalla *notitia* 4 l'eparchia si divideva e Amorium diventava la seconda metropoli; l'ultimo ricordo compare in una lista del sec. XIV.

Fonti: Hierocles, 697, 4: Honigmann, p. 35; *notitiae* tutte: cfr. Darrouzès, p. 509

Bibl.: Le Quien, I, coll. 489-492; W. Ruge, RE, XIX, coll. 1104-1113; Laurent, *Sceaux*, V, 1, pp. 367-368

Demetrius	(-403)		Sozomenus, HE, VIII, 17: PG - 67, col. 1561; Le Quien, I, coll. 489-490
Pius	(-431 iun.)	(431 iul.-)	ACO, I, I, III, p. 35; I, I, VII, p. 7
Theoctistus	(-449 aug. 8)	(451 oct.-)	Honigmann, *Lists*, p. 34; ACO, II, I, III, p. 91
Acacius	(-536)		ACO, III, p. 28
Georgius	(582-602)		Le Quien, I, coll. 491-492
Ioannes	(-681 sept. 16)		Mansi, XI, coll. 652, 672
Constantinus	(-691 sept.)		Mansi, XI, col. 989
Gregorius	(-754)	(787 oct. 13-)	R. Aubert, DHGE, XXII, col. 20
Eustratius	(-879 nov.)		Mansi, XVII-XVIII, col. 373
Nicolaus	(-1054 iul.)		Grumel, III, n. 869: PG, 120, col. 737
...	(-<901-907, 912-925>)		Grumel, II, n. 739
Genesios	saecc. X-XI		Laurent, *Sceaux*, V, 1, n. 500
Demetrius (?)	saec. XIII		Laurent, *Sceaux*, V, 1, n. 501

8.2.3 **AMORIUM,** Asar, Hisar

eccl. byzantina

Vescovado suffraganeo della Galazia seconda fino alla *notitia* 3; vescovado autocefalo dall'inizio del sec. IX; sede metropolitana della Galazia seconda nella *notitia* 4, della Frigia *salutaris* nelle *notitiae* 7, 9-10, 13; compare quindi fino alla *notitia* 19.

Fonti: Hierocles, 697, 7: Honigmann, p. 35; *notitiae* 1-4, 7, 9-10, 13-19: Darrouzès, pp. 209, 218, 223, 237, 260, 286, 305, 331, 365, 413

Bibl.: Le Quien, I, coll. 853-856; Hirschfeld, RE, I, col. 1876; S. Vailhé, DHGE, II, coll. 1329-1331; Laurent, *Sceaux*, V, 1, pp. 368-370, 570-571

...	(-381 mai.)	(381 iul.-)	Turner, II, pp. 456-457

Ablabius	(-431 iun. 22)	(431 iul. 22-)	ACO, I, I, II, p. 62; I, I, VII, p. 113
Mysterius	(-451 oct.)		ACO, II, III, II, p. 164
...	(-<582-602>)		Le Quien, I, col. 855
Theodorus	(-681 sept. 16)	(691 sept.-)	Mansi,- XI, coll. 676, 1000
...	(-717)		Vailhé, col. 1331
Theodosius	(-787 sept. 26)		Mansi, XII, col. 1098; Laurent, *Sceaux*, V, 1, n. 502
Eudoxius	(-814 dec.)		Grumel, II, n. 391
Theophilus	(-<847-858>)	(860-)	Grumel, II, nn. 454, 464
Bessarion	(-879 nov.)		Mansi, XVII-XVIII, col. 373
Paulus	saec. X (?)		Vailhé, col. 1331
Constantinus	saecc. X-XI		Laurent, *Sceaux*, V, 1, n. 748
...	(-1067 mar. 19)		Grumel, III, n. 897: PG, 119, col. 757

8.3.3 **CLANEUS**, Bayat (?), eccl. byzantina

Vescovado suffraganeo della Galazia seconda; fino alla *notitia* 3 dipendente da Pisinous, dalla 4 alla 13 da Amorion (Galazia seconda nella *notitia* 4; Frigia salutare nelle *notitiae* successive).

Fonti: Hierocles, 697, 8: Honigmann, p. 35; *notitiae* 1-4, 7, 9-10, 13: Darrouzès, pp. 209, 223, 237, 260, 286, 305, 331, 365

Bibl.: Le Quien, I, coll. 491-492; Ruge, RE, XI, col. 547; R. Janin, DHGE, XII, col. 1061

Salomon	(-681 sept. 16)	(691 sept.-)	Mansi, XI, coll. 676, 1000
Nicephorus	(-787 sept. 26)	(787 oct. 13-)	Mansi, XII, col. 1103; XIII, col. 392

8.4.3 **EUDOXIAS** eccl. byzantina

Vescovado suffraganeo della Galazia seconda.

Fonti: Hierocles, 698, 2: Honigmann, p. 35; *notitiae* 1-4, 7, 9-10, 13: Darrouzès, pp. 209, 223, 237, 255

Bibl.: Le Quien, I, coll. 495-496; Ruge, RE, VI, coll. 926-927; R. Janin, DHGE, XV, coll. 1340-1341

Acylas, Aquilas	(-451 oct.)		ACO, II, III, II, p. 164
Menas	(-536)		ACO, III, p. 117
...	saec. VI fin.		Janin, col. 1340

8.5.3 GERMA, Germia, Yörme — eccl. byzantina

Vescovado suffraganeo della Galazia seconda, arcivescovado autocefalo verso il 640, sede metropolitana senza suffraganei almeno dal 1107.

Fonti: Hierocles, 698, 4: Honigmann, p. 35; *notitiae* 1-5, 7-8, 11-12, 14, 16, 18: cfr. Darrouzès, p. 492

Bibl.: Le Quien, I, coll. 495-496; W. Ruge, RE, VII, col. 1250; XVI, coll. 1091-1092; E. Honigmann, "Byzantion", XI (1936), pp. 541- 553; Laurent, *Sceaux*, V, 1, pp. 638-639; D.-L. Stiernon, DHGE, XX, coll. 975-981

Menas	(-553 mai. 5)	(553 iun. 2-)	ACO, IV, I, pp. 5, 228
Aemilianus	saecc. VI-VII		Le Quien, I, coll. 495-496
Ioannes	(-<610-613>)		Stiernon, col. 979
Moyses	(-691 sept.)		Mansi, XI, col. 992
Petrus	(-787 sept. 26)	(787 oct. 13-)	Mansi, XII, col. 1095; XIII, col. 384
Nicetas	(-879 nov.)		Mansi, XVII-XVIII, col. 373
Constantinus	saec. X		Laurent, *Sceaux*, V, 1, n. 821
...	saec. XI		Laurent, *Sceaux*, V, 1, n. 822
Constantinus, metr.	(-1079 dec.)		Stiernon, col. 979
..., metr.	(-1082 apr. 11)		
Eugenius (?)			Stiernon, col. 980

8.6.3 GERMECOLONIA, Germakoloneia — eccl. byzantina

Vescovado suffraganeo della Galazia seconda.

Fonti: *notitiae* 1-4, 7, 9-10, 13: Darrouzès, pp. 209, 223, 237, 255, 279, 299, 318, 358

Bibl.: Le Quien, I, coll. 497-498; D.-L. Stiernon, DHGE, XX, coll. 985- 989

Ioannes	(-691)		Stiernon, col. 988
Eustathius	(-879 nov.)		Mansi, XVII-XVIII, col. 377

8.7.3 HORCISTUS, Orcistus, Orchistus — eccl. byzantina

Vescovado suffraganeo della Galazia seconda.

Fonti: *notitiae* 4, 7, 9-10, 13: Darrouzès, pp. 255, 279, 299, 318, 358

Bibl.: Le Quien, I, coll. 493-494; W. Ruge, RE, XVIII, coll. 109- 0-1097

Domnus	(-431 iul. 22)	ACO, I, I, VII, p. 115
Longinus	(-451 oct.)	ACO, II, III, II, p. 164
Segermas	(-691 sept.)	Mansi, XI, col. 1000

8.8.3 LOTINOS, Lotinon eccl. byzantina

Vescovado suffraganeo della Galazia seconda.

Fonti: *notitiae* 7, 9-10, 13: Darrouzès, pp. 279, 299, 318, 358

Bibl.: Darrouzès, p. 76

8.9.3 MYRIANGELOI eccl. byzantina

Vescovado suffraganeo della Galazia seconda.

Fonti: *notitiae* (7), 9: Darrouzès, pp. 279, 300

Bibl.: Darrouzès, pp. 7, 89; W. Ruge, RE, XVI, coll. 1091-1092

8.10.3 MYRICIA, Hagios Agapetos, Therma Myrikena, Regemaurekion, Haymana eccl. byzantina

Vescovado suffraganeo della Galazia seconda.

Fonti: Hierocles, 697, 5: Honigmann, p. 35; *notitiae* 4, 7, 9-10, 13: Darrouzès, pp. 255, 279, 299, 318, 358

Bibl.: Le Quien, I, coll. 497-498; Ruge, RE, I A, col. 464; Darrouzès, p. 76

Elpidius, "ep. Thermarum"	(-451 oct.)	ACO, II, III, II, p. 164
Elpidius	(-691 sept.)	Mansi, XI, col. 1000
Michael, "ep. Sancti Agapeti"	(-897 nov.)	Mansi, XVII-XVIII, col. 377

8.11.3 PALIA, Spalia, Iustinianopolis eccl. byzantina

Vescovado suffraganeo della Galazia seconda.

Fonti: *notitiae* 1-4, 7, 9-10, 13: Darrouzès, pp. 209, 223, 237, 255, 279, 300, 318, 358

Bibl.: W. Ruge, RE, XVIII, col. 98

8.12.3 PETNISSUS, Petenissos — eccl. byzantina

Vescovado suffraganeo della Galazia seconda.

Fonti: Hierocles, 697, 6: Honigmann, p. 35; *notitiae* 1-4, 7, 9-10, 13: Darrouzès, pp. 209, 223, 237, 255, 279, 299, 318, 358

Bibl.: Le Quien, I, coll. 493-494; W. Ruge, RE, XIX, coll. 1127-1128

Pius	(-451 oct.)	ACO, II, II, II, p. 71

8.13.3 PISSIA — eccl. byzantina

Vescovado suffraganeo di Amorium (Galazia seconda, nella *notitia* 4; Frigia nelle *notitiae* 7, 9-10, 13).

Fonti: *notitiae* 4, 7, 9-10, 13: Darrouzès, pp. 260, 286, 305, 331, 365

Bibl.: Darrouzès, p. 42; J. Keil, RE, XX, coll. 1806-1807

8.14.3 SYNODIA — eccl. byzantina

Vescovado suffraganeo della Galazia seconda.

Fonti: *notitiae* 7, 9-10, 13: Darrouzès, pp. 279, 299, 318, 358

Bibl.: Darrouzes, p. 76

8.15.3 TROCNADES, Trocmades, Regetnoknada — eccl. byzantina

Vescovado suffraganeo della Galazia seconda.

Fonti: Hierocles, 698, 1: Honigmann, p. 35; *notitiae* 1-4, 9: Darrouzès, pp. 209, 223, 237, 255, 300

Bibl.: Le Quien, I, coll. 493-494; Ruge, RE, I A, col. 465

Cyriacus	(-449 aug. 8)	(451 oct.-)	Honigmann, *Lists*, p. 34; ACO, II, I, II, p. 146
Theodorus	(-691 sept.)		Mansi, XI, col. 1000
Leo	(-787 sept. 26)	(787 oct. 13-)	Mansi, XII, col. 1103; XIII, col. 392
Constantinus	(-879 nov.)		Mansi, XVII-XVIII, col. 376

PROVINCIA PONTI POLEMONIACI

9.1.2 NEOCAESAREA, Niksar — eccl. primaeva et byzantina

Sede metropolitana del Ponto Polemoniaco; verso il 640 contava 4 vescovadi suffraganei, che restarono 3 nel sec. IX, quando Trebisonda fu promossa metropoli; aumentarono a 10 nella *notitia* all'inizio del regno di Alessio Comneno. Caduta in potere dei Turchi, dal 1068 la sede continuò pur con vacanze più o meno prolungate.

Fonti: Hierocles, 702, 4: Honigmann, p. 37; *notitiae*: Darrouzès, p. 505

Bibl.: Le Quien, I, coll. 499-508; W. Ruge, RE, XVI, coll. 2409-2413; Cumont, *Studia Pontica*, II, pp. 259-273; Mystakides, p. 206; Laurent, *Sceaux*, V, 1, pp. 356-363; M. Forlin Patrucco, DPAC, II, coll. 2873-2874

Gregorius Thaumaturgus, s.	240 c.	(270-275)	R. Janin, BS, VII, coll. 214-217; H. Crouzel, DPAC, II, coll. 1719-1721; P. Nautin, DHGE, XXII, coll. 39-42
...			Rufinus:Le Quien, I, coll. 501-502
Longinus	(-319)	(325 iun. 19)	Turner, II, p. 32; I, pp. 62-63
Musonius			Basilius, ep. 28: PG, 32, coll. 304-309, 1479
...			Basilius: Le Quien, I, col. 503
Atarbius	368	381c.	Turner, II, p. 464; J. Gribomont, DPAC, I, coll. 434-435
Dorotheus	(-448)	(451 oct.)	ACO, II, II, I, p. 19; II, III, II, p. 158
Evippus	(-458)		ACO, II, V, p. 84
Bosporius	(-536 mai. 2)	(553 iun. 2-)	Grumel, I, n. 233; ACO, IV, I, p. 225
Ioannes	saecc. VII-VIII		Laurent, *Sceaux*, V, 1, n. 486
Gregorius	(-787 oct. 13)		Mansi, XIII, col. 381; Laurent, *Sceaux*, V, 1, n. 487; J. Mossay, DHGE, XXII, col. 18
Thomas, mart.	(-812 c.)		Le Quien, I, col. 504
Stylianus Mapas, Mappa	(-870 febr. 28)	(899-)	Mansi, XVI, col. 191; Grumel, II, n. 596
Leontius	saecc. IX-X		Laurent, *Sceaux*, V, 1, n. 488
Constantinus	saecc. IX-X		Laurent, *Sceaux*, V, 1, n. 489
Nicephorus	(-<921 mai. 17-923 dec. 25>)		Grumel, II, n. 583
Basilius	saec. X		Laurent, *Sceaux*, V, 1, n. 490
Zacharias	saec. X		Laurent, *Sceaux*, V, 1, n. 491
Nicolaus	(-1000 c.)		Laurent, *Sceaux*, V, 1, n. 492
Theophylactus	(-1027 nov.)		Grumel, II, n. 833: PG, 119, col. 837

Theophanes	(-1028 ian.)		Grumel, II, n. 835: PG, 119, col. 844
Theodulus	(-1039 sept.)		Laurent, *Sceaux*, V, 1, n. 492
Michael	(-1072 mar. 14)		Laurent, *Sceaux*, V, 1, nn. 1731-1732; cfr. Le Quien, I, col. 506
Abrahamius (?)	saecc. XI-XII		Laurent, *Sceaux*, V, 1, n. 494
Gregorius	(-1079 dec.)	(1084 aug.)	Laurent, *Sceaux*, V, 3, n. 1732; Grumel, III, nn. 933, 938; Le Quien, I, col. 506
Nicephorus	(-1144 febr. 22)		Grumel, III, n. 1015
Constantinus	(-1157 mai. 13)		Grumel, III, n. 1043: PG, 140, col. 180
Basilius	1166 mar.	(1177 sept. 2-)	Grumel, III, nn. 1059, 1061, 1134
...			Le Quien, I, col.507
Basoes	(-1294 iun. 2)		Laurent, IV, n. 1565
Monoconstantinus			Georgius Pachymeres, *De Michaele*, IV, 16: PG, 143, col. 733
...	(-<1283-1289>)		Le Quien, I, col. 508
...	(-1399 oct./nov.)		Darrouzès, VI, nn. 3078-3079
...			Le Quien, I, col. 508
Gregorius	(-1540 c.)		
Gregorius	(-1672)		
Methodius	(-1721)		
Isaias	(-1798 mai.)	(1800 iul.-)	Actes, III, p. 83; AA, II, p. 213
Meletios	(-1814 iul.)		AA, III, p. 99

9.1.5 NEOCAESAREA — eccl. semiariana

Theodulus	(-342/343)		Hilarius: CSEL, 65, p. 76;

9.1.20 NEOCAESAREA — eccl. armena-gregoriana

Bibl.: Le Quien, I, coll. 1437-1440

...	(-1179)		Ter Mikelean, p. 104
Nierses	(-1307 mar. 19)		Mansi, XXV, col. 139

9.2.3 ARADASA eccl. byzantina

Vescovado suffraganeo del Ponto Polemoniaco.

Fonti: *notitia* 10: Darrouzès, p. 317

Bibl.: R. Janin, DHGE, III, col. 1343

9.3.3 CERASUS, Cerasonte, Kerasous eccl. byzantina

Vescovado suffraganeo del Ponto Polemoniaco, metropoli nella seconda metà del sec. XI fino alla fine del sec. XVII.

Fonti: Hierocles, 702, 7: Honigmann, p. 37; *notitiae* 1-4, 7, 9-10, 13: Darrouzès, pp. 209, 223, 237, 255, 279, 299, 317, 358

Bibl.: Le Quien, I, coll. 513-516; Ruge, RE, XI, col. 265; Laurent, *Sceaux*, V, 1, n. 87-88; R. Janin, DHGE, XII, coll. 154-155

Gregorius	(-431 iun.)	(431 iul.-)	ACO, I, I, III, p. 35
Gratidianus	(-451 oct.)	(458-)	ACO, II, III, II, p. 162; II, V, p. 79
Theophylactus	(-681 sept. 16)		Mansi, XI, col. 680
Narses	(-691 sept.)		Mansi, XI, col. 1000
Ioannes	(-787 oct. 13)		Mansi, XII, col. 392
Symeon	(-879 nov.)		Mansi, XVII-XVIII, col. 376
Petrus	(-1144 febr. 22)		Grumel, III, n. 1015: Leo Allatius, II, 12, col. 688
Michael, metr. de Ancyra	1173 iul. 11		Grumel, III, n. 1126
...			Le Quien, I col. 516
Gregorius	saecc. X-XI		Laurent, *Sceaux*, V, 3, n. 1733
...	(-<1224-1225>)		Laurent, IV, n. 1236
Cyrillus			Mystakides, p. 182
...	(-1384 oct. 27)		Darrouzès, VI, n. 2778
Achilleus (?)	(-1394 mai.)		Darrouzès, VI, n. 2959
Callistus	(-1483 oct.)		Janin, col. 155
Theophanes	(-1572 iun.)		
Euthymius	(-1590)		
Parthenios	(-1596 apr.)		
Neophytus	(-1613)		

9.4.2 **COMANA,** Gümenek — eccl. primaeva et byzantina

Vescovado suffraganeo del Ponto Polemoniaco.

Fonti: Hierocles, 702, 5: Honigmann, p. 37; *notitiae* 1-4, 7, 9-10, 13: Darrouzès, pp. 209, 223, 237, 255, 279, 299, 317, 358

Bibl.: Le Quien, I,coll. 515-518; Ruge, RE, XI, coll. 1126-1127; R. Janin, DHGE, XIII, coll. 354-355

Alexander, mart.		(270-275) (?)	G. Eldarov, BS, I, coll. 776-777
Helpidios	(-325 mai. 20)	(325 iun. 19-)	Turner, I, pp. 62-63
Prothymius	(-431 iun.)	(431 iul.-)	ACO, I, I, II, p. 4
Petrus	(-458)		ACO, II, V, p. 79
Hormizes	(-460 c.)		Janin, col. 354
Ioannes	(-681 sept. 16)		Mansi, XI, col. 677
Theodorus	(-787 oct. 13)		Mansi, XII, col. 392
Ioannes	(-887)		Le Quien, I, col. 518; Jaffé, n. 3444

9.5.3 **EUNIKOS,** Eunikon — eccl. byzantina

Vescovado suffraganeo del Ponto Polemoniaco, compare nelle *notitiae* fino al secolo XIII.

Fonti: *notitiae* 10, 13: Darrouzès, pp. 317, 358

Bibl.: Laurent, *Sceaux*, V, 1, pp. 365-366

Anthimus	saec. XI	Laurent, *Sceaux*, V, 1, n. 498

9.6.3 **HALIA,** Halya, Alias — eccl. byzantina

Vescovado suffraganeo del Ponto Polemoniaco.

Fonti: *notitiae* 7, 10, 13: Darrouzès, pp. 279, 317, 358

Bibl.: Darrouzès, pp. 109, 146

9.7.3 **KOKKOS,** Coccos — eccl. byzantina

Vescovado suffraganeo del Ponto Polemoniaco, compare nelle *notitiae* fino al secolo XIII.

Fonti: *notitiae* 10, 13: Darrouzès, pp. 317, 358

Bibl.: R. Janin, DHGE, XIII, coll. 180-181; Laurent, *Sceaux*, V, 1, pp. 364-365

Nicephorus	saec. XI	Laurent, *Sceaux*, V, 1, n. 497

9.8.3 **MARTYROPOLIS** — eccl. byzantina

Vescovado suffraganeo del Ponto Polemoniaco.

Fonti: *notitia* 10: Darrouzès, p. 317

9.9.3 **PITYUS** — eccl. byzantina

Vescovado suffraganeo del Ponto Polemoniaco.

Bibl.: Le Quien, I, coll. 519-520; E. Diehl, RE, XX, coll. 1883-1884; Jones, *Cities*, p. 538

Stratophilus, Stratofilus	(-325 mai. 20)	(325 iun. 19-)	Turner, I, pp.62-63

9.10.3 **POLEMONIUM,** Bolaman — eccl. byzantina

Vescovado suffraganeo del Ponto Polemoniaco nelle *notitiae* fino al secolo XIII.

Fonti: Hierocles, 702, 6: Honigmann, p. 37; *notitiae* 1-4, 7, 9-10, 13: Darrouzès, pp. 209, 223, 237, 255, 279, 299, 317, 358

Bibl.: Le Quien, I, coll. 515-516; Laurent, *Sceaux*, V, 1, p. 366

Ioannes	(-451 oct.)	(458-)	ACO, II, I, II, p. 145; II, V, p. 79
Anastasius	(-681 sept. 16)		Mansi, XI, col. 676
Domitius	(-691 sept.)		Mansi, XI, col. 1000
Constans	(-787 oct. 13)		Mansi, XIII, col. 392

Ioannes	(-870 febr. 28)	(879 nov.-)	Mansi, XVI, col. 194; XVII-XVIII, col. 376
Andreas	saecc. X-XI		Laurent, *Sceaux*, V, 1, n. 499

9.11.3 **TRAPEZOUS,** Trabzond

eccl. byzantina

Vescovado suffraganeo del Ponto Polemoniaco nelle *notitiae* 1-4; arcivescovado nelle *notitiae* 2, 4-5; tra 843 e 847 elevato a metropoli (Grumel, II, n. 440).

Fonti: Hierocles, 702, 8: Honigmann, p. 37; *notitiae*: Darrouzès, p. 517

Bibl.: Le Quien, I, coll. 509-514; V. Laurent, *La succession épiscopale du siège de Trébisonde au Moyen Age (additions et corrections)*, AP, XXI (1956), pp. 80-94; J. P. Fallmerayer, *Geschichte des Kaiserthums von Trapezunt*, München 1827, pp. 339-354; W. Ruge, RE, VI A, coll. 2214-2221; Laurent, *Sceaux*, V, 1, pp. 495-501; V, 2, p. 442; V, 3, pp. 109-110

Domnus	(-325 mai. 20-)	(325 iun. 19-)	Turner, I, pp. 62-63
Atarbius	(-451 oct.)		ACO, II, I, II, p. 145
Antipater	(-518)		ACO, III, p. 66; cfr. Le Quien, I, col. 509
Anthimus, prom. patr. CP	(-532)	535 iun.	ACO, IV, II, p. 169: Honigmann, *Évêques*, p. 150, n. 2; Grumel, I, p. 165
Theodorus	(-681 sept. 16)		Mansi, XI, col. 680
Christophorus	(-787 oct. 13)		Mansi, XIII, col. 384
Nicephorus	saecc. VIII-IX		Laurent, *Sceaux*, V, 2, n. 1612
Athanasius Daimonocatalytes	(843-847)		Grumel, II, n. 439
Ioannes	saec. IX in.		Laurent, *Sceaux*, V, 1, n. 659
Theodorus	saec. IX pars post.		Laurent, *Sceaux*, V, 1, n. 660
Basilius de Chaldie	(-<901-907, 912-925>)		Grumel, II, nn. 741-742
Theodosius	saecc. X-XI		Laurent, *Sceaux*, V, 1, n. 661
Georgius	saecc. X-XI		Laurent, *Sceaux*, V, 3, n. 1758
Constantinus	(-1027 nov.)	(1028 ian.-)	Laurent, *Sceaux*, V, 1, n. 662
Ioannes	saec. XI med.		Laurent, *Sceaux*, V, 1, n. 663
Leo	(-1054 iul.)		Laurent, *Sceaux*, V, 1, n. 664
...	(-1157 mai.)		Le Quien, I, col. 511
Michael	(-1166 mai. 6)		Leo Allatius, II, XII, col. 690
Nicetas	saec. XII fin.		Laurent, *Sceaux*, V, 2, n. 1612; V, 3, n. 1759

Barnabas	(-1311)		Mystakides, p. 219
Gregorius		(1339 iul. 8-)	Darrouzès, V, n. 2194
Acacius	(-1341 iul.)		
Niphon	(-1351 apr./mai.)	(1351 aug. 15-)	Darrouzès, V, nn. 2323, 2326
Ioseph Lazaropoulos	(-1364 oct. 8)	(1365 sept.-)	Darrouzès, V, nn. 2462, 2502
Theodosius	1369 nov./dec.	1388	Darrouzès, V, n. 2564; VI,n. 2890; Laurent, *La succession*, pp. 87-91
Theognostus	1388/1389		Darrouzès, V, n. 2564; VI, n. 2890
Theodulus	(-1393 aug. 16)		Le Quien, I, col. 512; Darrouzès, VI, n. 3198
Antonius	1395 mai. 9	1401 (apr.- nov.)	Darrouzès, VI, nn. 2997, 3236
Symeon	(-1402 iul. 14)		Darrouzès, VI, nn. 3198, 3258
Theodulus		1408	Laurent, *La succession*, pp. 92-94
Dositheus	1415 mar. 25	(-1422)	
Dorotheus	(-1437 febr.)	(1440 mai. 15-)	Syropoulos, pp. 162-163, 556-557
Pancratios	(-1471/1472)		Mystakides, p. 220
Gerasimos	(-1506)		
...	(-1579 mar.)		Martinus Crusius, IV, p. 282
Cyrillus	(-1653)		Leo Allatius, III, XI, 7, col. 1092; Le Quien, I, col. 513-514
Ioannes	(-1672)		Le Quien, I, col. 514
Ioannes	(-1683)		Mystakides, p. 220
Nectarios	1689	1708	
Paisios	1706	1709	
Ignatius	(-1721)		Le Quien, I, col. 514
Acacios	(-1722)		Mystakides, p. 220
Ananias	1722	1736	
Ananias	1736	1764	
Hierotheus	1764		

Dorotheus	1767		
Parthenios	1798	1803	

9.11.22 TREBISONDA

eccl. armena-catholica

Vescovado suffraganeo di Costantinopoli, eretto nel 1850.

Bibl.: L. Zekiyan, DHGE, XX, coll. 1190-1191

Arakelian Ioseph, tr. ad Angora	1850	1863	Zekiyan, coll. 1190-1191
Ghiurekian Iohaness	1865 mar. 24	1874 aug. 30	

9.12.3 UPSELOS

eccl. byzantina

Vescovado suffraganeo del Ponto Polemoniaco.

Fonti: *notitia* 10: Darrouzès, p. 317

PROVINCIA HELENOPONTI

10.1.2 AMASEIA, Amasya

eccl. primaeva et byzantina

Sede metropolitana dell'Elenoponto con almeno 6 suffraganei dal secolo VII al XIII, con 2 all'inizio del secolo XIV, quando risultava la dodicesima metropoli del patriarcato bizantino; scomparsa alla fine del secolo XV, al suo posto era subentrata la metropoli di Ungrovalacchia.

Fonti: Hierocles, 701, 3: Honigmann, p. 37; *notitiae*: Darrouzès, p. 482

Bibl.: Le Quien, I, coll. 521-532; Hirschfeld, RE, I, col. 1743; Mystakides, pp. 156-158; Laurent, *Sceaux*, V, 1, pp. 302-305; V, 3, p. 79; S. Vailhé, DHGE, II, coll. 964-970; D. Stiernon, DPAC, I, coll. 145-146

Nicetius (?)	(-saec. III)		Vailhé, col. 967
Phaidimos	(-240 c.)		
Athenodorus (?)			
Basileus	(-314)	322 c.	G. Eldarov, BS, II, coll. 901-902; Turner, II, p. 32
Euticius, Euticianus	(-325 mai. 20)	(325 iun. 19-)	Turner, I, pp. 60-61
Eulabius	(-343/344)		Vailhé, col. 967
Eulabius, iter.	378		
Asterius	380	410	ACO, IV, I, p. 133; Vailhé, col. 968
Palladius	(-431 iun. 22)	(431 iul. 22-)	ACO, I, I, II, p. 4; I, I, VII, p. 85
Meletius			Vailhé, col. 968
Seleucus	(-448 apr. 5)	(458-)	ACO, II, II, I, p. 19; II, V, p. 84
Mamas	491	518	Vailhé, col. 968
Stephanus	(-553 mai. 5)	(553 iun. 2-)	ACO, IV, I, pp. 7, 230
Ioannes	(-681 sept. 16)	(691 sept.)	Mansi, XI, coll. 672, 989
Theodorus	(-691 sept.)		Mansi, XI, col. 997; Le Quien, I, col. 528
Daniel	(-787 oct. 13)		Mansi, XIII, col. 381
Theophylactus	(-792/793)		Laurent, *Sceaux*, V, 1, n. 415
Nicephorus	(-870 febr. 28)		Mansi, XVI, col. 190; cfr. Grumel, II, n. 539
Leo	saec. IX		Laurent, *Sceaux*, V, 3, n. 1721
Malacenus	(-900 c.)		Vailhé, col. 968
Stephanus, prom. patr. CP		925 aug.	Vailhé, col. 968; Laurent, *Sceaux*, V, 1, n. 416
Meletius	saec. X		Laurent, *Sceaux*, V, 1, n. 417

...	(-1066 apr. 26)		Grumel, II, n. 896; Le Quien, I, col. 529
Ioannes	saecc. X-XI		Laurent, *Sceaux*, V, 1, n. 419
Theodorus	saec. XI pars post.		Laurent, *Sceaux*, V, 1, n. 418
Leo, dep.	(-1157)		Le Quien, I, coll. 529-530; Grumel, III, n. 1074
Michael		(1166 apr.- 1167 iul.)	Grumel, III, n. 1074
Leo	(1166 apr.-1167 iul.)	(1173 iul. 11-)	Grumel, III, nn. 1074, 1126
Michael	(-<1170-1178>)		Le Quien, I, col. 530; Grumel, III, n. 1130
...	(-1186 sept. 10)		Grumel, III, n. 1170
Stephanus	(-1197 febr. 24)		Grumel, III, n. 1185
Callistus	1315		Vailhé, col. 968
...	(-1343 apr.)		Darrouzès, V, n. 2243
...	(-1351 <mai. 27-iul.>)		Darrouzès, V, n. 2324
Michael	(-1369 sept. 3)	(1389 febr.-)	Darrouzès, V, n. 2560; VI, n. 2848
Macarius	(-1389 sept.)		Darrouzès, VI, nn. 2851, 2867
Ioasaph	(-1439 iul.6)		Hofmann, II, p. 78
Pachomius			Le Quien, I, coll. 530-531; cfr. *Reg. Vat.*, 377, f. 96 v
Daniel (?)	(-1450)		Le Quien, I, col. 531
Sabbatios	(-1546)	(1547-)	Vailhé, col. 969
Gennadios	(-1563)		
Ioasaph	(-1572)	(1578-)	
Ioasaph, idem (?)	(-1591 iun.)		
Gregorius, prom. part. CP	(-1617 iun.)	1623 apr.	Vailhé, col. 969
Meletius, dep.	1623 iun. 15	1626 iul.	
Zacharias	1626	1633	
Meletius, iter., dep.	1633	1635 mar.	
Ezechiel, tr. ad Euripos	1635 mar. 13	1641	
Metrophanes	1641	1644	
Arsenius	1644 febr. 2	1652	
Cosmas	1652 mar.	1656	
Gerasimus	1656 nov.	1665	

Cosmas	1665	1668
Gerasimus	1688	1672
Ioasaph		
Ioannicius		
Dionysius	(-1717 ian.)	(1724-)
Agapetus	(-1725 c.)	
Callinicus	(-1732)	
Beniaminus	(-1756)	
Gabriel, dep.		1766
Dionysius	1771	1780
Païsios	1780 oct.	1809
Neophytus	1809 dec.	1826
Dionysius	1826	1827
Neophytus, iter., dep.		1828 aug.
Meletius Pancalos	1828 aug.	1831 nov.
Dionysius, iter.	1831 nov.	1835 sept.
Callinicus	1835 sept.	1847 mar.
Cyrillus, prom. patr. CP	1847 mar.	1855 sept.
Sophronius	1855 sept.	1863 sept.
Sophronius	1864 ian.	1887 iun.
Anthimus Alexoudis	1887	1909
Germanus Karavanghelis	1909	

10.1.4 AMASEIA eccl. ariana

...	saec. IV pars post.	Vailhé, DHGE, II, col. 968

10.1.20 AMASEIA eccl. armena-gregoriana

Bibl.: Le Quien, I, coll. 1425-1426

Vartanus, "ep. Amasiae et Dochii"	(-1307 mar. 19)	Mansi, XXV, col. 134

10.2.3 AKALMIZENOI — eccl. byzantina

Vescovado suffraganeo di Amasea, compare nella *notitia* 3.

Fonti: *notitia* 3: Darrouzès, p. 237

Bibl.: Darrouzès, p. 25

10.3.3 AMISOS, Amissos, Amisus, Aminsos, Samsun — eccl. byzantina

Vescovado suffraganeo di Amasea, compare nelle *notitiae* fino al secolo XIII.

Fonti: Hierocles, 702, 1: Honigmann, p. 37; *notitiae* 1-4, 7, 9-10, 13: Darrouzès, pp. 209, 222, 236, 255, 277, 299, 315, 357

Bibl.: Le Quien, I, coll. 533-536; Hirschfeld, RE, I, coll. 1839-1840; S. Vailhé, DHGE, II, coll. 1289-1290; F. E. Cumont, *Studia Pontica*, II, pp. 111-117; III, pp. 1-25; Laurent, *Sceaux*, V, 1, pp. 305-307

Antonianus	(-451 oct.)		ACO, II, II, II, p. 72
Erythrius	(-458)		ACO, II, V, p. 86
Florus	saecc. VI-VII		J. M. Sauget, BS, V, col. 945
Tiberius	(-681 sept. 16)		Mansi, XI, col. 676; Laurent, *Sceaux*, V, 1, n. 420
Leo	(-787 oct. 13)		Mansi, XIII, col. 392
Basilius	(-879 nov.)		Mansi, XVII-XVIII, col. 375
Nicephorus	saec. XI in.		Laurent, *Sceaux*, V, 1, n. 421
Constantinus	saec. XI in.		Laurent, *Sceaux*, V, 1, n. 422
...		(<1170-1178>-)	Grumel, III, n. 1135

10.4.3 ANDRAPA, Neapolis, Neaclaudiopolis, Vezirköprü — eccl. byzantina

Vescovado suffraganeo di Amasea, compare nelle *notitiae* fino al secolo XIII.

Fonti: Hierocles, 701, 7: Honigmann, p. 37; *notitiae* 1-4, 7, 9-10, 13: Darrouzès, pp. 209, 223, 236, 255, 277, 299, 315, 357

Bibl.: Le Quien, I, coll. 539-540; Hirschfeld, RE, I, col. 2134; S. Pétridès, DHGE, II, coll. 1597-1598; Laurent, *Sceaux*, V, 1, pp. 311-312; V, 3, pp. 80-81

Paralius	(-431 iun. 22)	(451 oct.-)	ACO, I, I, II, p. 6; II, I, II, p. 7
Paulus	(-458)		ACO, II, V, p. 86

Ioannes	(-681 sept. 16)	Mansi, XI, col. 676; Laurent, *Sceaux*, V, 1, n. 430
Sergius	(-691 sept.)	Mansi, XI, col. 997
(Nicol)aos	saecc. VII-VIII	Laurent, *Sceaux*, V, 1, n. 1723
Theodorus	(-787 oct. 1)	Mansi, XIII, col. 145
Antonius	(-879 nov.)	Mansi, XVII-XVIII, col. 376

10.5.3 **BARIANE**, Mariane — eccl. byzantina

Vescovado suffraganeo di Euchaita (Elenoponto).

Fonti: *notitiae* 7, 10, 13: Darrouzès, pp. 287, 232, 365

10.6.3 **EUCHAITA**, Theodoropolis, Avkhat — eccl. byzantina

Sede arcivescovile dell'Elenoponto verso il 640, dalla *notitia* 1 alla 5; elevata a metropoli dal patriarca Fozio tra 880 e 886 (Grumel, II, n. 527) e ricordata fino verso la metà del secolo XIV. Giovanni Tzimisces (969-976) ne cambiò il nome in Theodoropolis.

Fonti: *notitiae* 1-5, 7-19: Darrouzès, p. 490

Bibl.: Le Quien, I, coll. 543-548; Grumel, II, n. 527; Laurent, *Sceaux*, V, 1, pp. 585-590, 662-663; V, 2, pp. 424-425; V, 3, pp. 129-130; R. Janin, DHGE, XV, coll. 1311-1313; Stamoules, p. 112

Petrus Mongus, tr. ad Alexandriam		477	Grumel, III, n. 149 bis, p. 196
Ioannes	(-saec. VI)		Janin, col. 1312
Epiphanius	(-681 sept. 16)	(691 sept.-)	Mansi, XI, coll. 628, 992
Theophylactus	(-787 oct. 13)		Mansi, XIII, col. 384
Petrus	saec. VIII		Laurent, *Sceaux*, V, 1, n. 852
Euphemianus	(-870 febr. 28)	(879 nov. -882/886)	Mansi, XVI, col. 192; XVII- XVIII, col. 373; Laurent, *Sceaux*, V, 1, n. 853
Theodorus Santabarenus	(880-886)		Grumel, II, n. 527; Le Quien, I, col. 544
Symeon	saec. IX		Le Quien, I, col. 544
Philaretus	saec. X pars post.		Laurent, *Sceaux*, V, 1, n. 764; V, 2, n. 1592
Philotheus	963 iul.	(971 aest.-)	Laurent, *Sceaux*, V, 1, n. 766; V, 3, n. 1782

Theophilus			Janin, col. 1313
Symeon (?)			
Michael	(-1028)	(1032 apr.-)	Laurent, *Sceaux*, V, 1, nn. 767-768
Eustatius			Laurent, *Sceaux*, V, 1, n. 769
Ioannes Mauropus	1047 c.		Grumel, III, n. 857; Le Quien, I, coll. 545-547
Nicolaus	(-1054 iul.)		Janin, col. 1313
Theodorus	(-1082)		Laurent, *Sceaux*, V, 1, n. 770; V, 3, n. 1783
Basilius	(-1082)	(1092-)	Janin, col. 1313
...	(-1157 mai. 11)		
Constantinus	(-1166)	(1171 mar. 24-)	
Leo	(-1173 iul. 2)		
...	(-1185)		
Basilius	(-1260 ian. 1)		
Alexius	(-1275 mai.)		
...	(-1318 nov.)		Laurent, IV, n. 2090
Gabriel	(-1351)		Janin, col. 1313

10.7.3 GAZALA — eccl. byzantina

Vescovado suffraganeo di Euchaita (Elenoponto).

Fonti: *notitiae* 7, 10, 13: Darrouzès, pp. 287, 332, 365

10.8.3 IBORA, Pimolissa, Iverönü — eccl. byzantina

Vescovado suffraganeo di Amasea, compare nelle *notitiae* fino al secolo XIII.

Fonti: Hierocles, 701, 4: Honigmann, p. 37; *notitiae* 1-4, 7, 9-10, 13: Darrouzès, pp. 209, 222, 236, 255, 277, 299, 315, 357

Bibl.: Le Quien, I, coll. 531-534; Ruge, RE, IX, col. 816; G. De Jerphanion, *Ibora-Gazioura? Étude de géographie pontique*, "Mélanges de la Faculté Orientale. Université Saint-Joseph, Beyrouth", V (1911), pp. 333-354; Laurent, *Sceaux*, V, 1, pp. 310-311; V, 3, p. 80

Araxius		380	Gregorius Nyssenus, *Vita S. Macrinae*: PG, 46, col.- 993
Pansophius, Pansopius	(-381 mai.)	(381 iul.-)	Turner, II, pp. 462-463

Uranius	(-451 oct.)	(458-)	ACO, II, I, II, p. 146; II, V, p. 84; Le Quien, I, coll. 533-534
Theodorus	(-681 sept. 16)		Mansi, XI, col. 680
Photius	(-691 sept.)		Mansi, XI, col. 997; Laurent, *Sceaux*, V, 1, n. 428
Theodorus	sec. VIII		Laurent, *Sceaux*, V, 1, n. 429
Paulus	(-870 febr. 28)		Mansi, XVI, coll. 193-194
Nicolaus	(-879 nov.)		Mansi, XVII-XVIII, col. 377
Michael	saec. XI med.		Laurent, *Sceaux*, V, 3, n. 1722

10.9.3 **KUTZIAGRA**, Kotziagra — eccl. byzantina

Vescovado suffraganeo di Euchaita (Elenoponto).

Fonti: *notitiae* 7, 10, 13: Darrouzès, pp. 287, 332, 365

10.10.3 **PALAIOKASTRON**, Gynaikokastron — eccl. byzantina

Vescovado suffraganeo di Euchaita (Elenoponto).

Fonti: *notitiae* 10, 13: Darrouzès, p. 332

10.11.3 **SIBIKTOS** — eccl. byzantina

Vescovado suffraganeo di Euchaita (Elenoponto).

Fonti: *notitiae* 7, 10, 13: Darrouzès, pp. 287, 332, 365

10.12.2 **SINOPE**, Sinop — eccl. primaeva et byzantina

Vescovado suffraganeo di Amasea, compare nelle *notitiae* fino al secolo XIII.

Fonti: Hierocles, 702, 2: Honigmann, p. 37; *notitiae* 1-4, 7, 9-10, 13: Darrouzès, pp. 209, 222, 236, 255, 277, 299, 315, 357

Bibl.: Le Quien, I, coll. 535-540; Ruge, RE, III A, coll. 252-255; Laurent, *Sceaux*, V, 1, pp. 307-309; S. Vailhé, EO, XI (1908), pp. 210-212

Philologus (?)	T. Stramare, BS, V, col. 795

Phocas, mart.			J. M. Sauget, BS, V, coll. 948-950
...			Epiphanius: Le Quien, I, col. 538
Antiochus	(-451 oct.)		ACO, II, I, II, p. 146
Aelianus	(-458)		ACO, II, V, p. 86
Pythagoras	(-518)		ACO, III, p. 65
Sergius	(-681 sept. 16)		Mansi, XI, col. 677
Gregorius	(-787 sept. 26)		Mansi, XII, col. 1103
Theodorus	(-869 oct. 11)		Mansi, XVI, col. 44
Theodosius	(-879 nov.)		Mansi, XVII-XVIII, col. 377; Laurent, *Sceaux*, V, 1, n. 424
Ioannes	saec. X		Laurent, *Sceaux*, V, 1, n. 425
Michael	saecc. X-XI		Laurent, *Sceaux*, V, 1, n. 426
Theophylactus	saec. XI (?)		Laurent, *Sceaux*, V, 1, n. 427
...	(-1315 <iul.-sept.>)	(1315 dec.-)	Darrouzès, V, nn. 2034, 2051

10.12.5 SINOPE eccl. semiariana

Prohaeresius	(-342/343)		Hilarius: CSEL, 65, p. 75

10.13.3 ZALICHOS, Zalichus, Leontopolis, Alacam eccl. byzantina

Vescovado suffraganeo di Amasea, compare nelle *notitiae* fino al secolo XIII.

Fonti: Hierocles, 701, 6: Honigmann, p. 37; *notitiae* 1-4, 7, 9-10, 13: Darrouzès, pp. 209, 223, 236, 255, 277, 299, 315, 357
Bibl.: Le Quien, I, coll. 539-542; Laurent, *Sceaux*, V, 1, pp. 312-314

Eutychius, prom. patr.		552 aug.	*Vita Eutychii*: PG, 86, col. 2238; Laurent, *Sceaux*, V, 1, p. 312
Ioannes	(-787 sept. 26)		Mansi, XII, col. 1110
Michael (ep. Isauriae vel Helenoponti)	(-870 febr. 28)		Mansi, XVI, col. 194
Athanasius (?)	(-879 nov.)		Mansi, XVII-XVIII, col. 373
Ioannes	(-879 nov.)		Mansi, XVII-XVIII, col. 376
Christophorus	saecc. X-XI		Laurent, *Sceaux*, V, 1, n. 431

Stephanus	saec. XI in.		Laurent, *Sceaux*, V, 1, n. 432
Michael	saec. XI		Laurent, *Sceaux*, V, 1, n. 433

10.14.2 ZELA, Zile — eccl. byzantina

Vescovado suffraganeo di Amasea.

Fonti: Hierocles, 701, 5: Honigmann, p. 37; *notitiae* 1-4, 9, 13: Darrouzès, pp. 209, 223, 237, 255, 299, 357

Bibl.: Le Quien, I, coll. 541-542; Darrouzès, pp. 12, 17, 76, 89, 140, 145

Heraclius	(-314)	(319 (?)-)	Turner, II, p. 32; Mansi, II, col. 548
Atticus	(-451 oct.)		ACO, II, I, II, p. 146
Hyperechius	(-458)		ACO, II, V, p. 86
Georgius	(-691 sept.)		Mansi, XI, col. 997
Constantinus	(-787 sept. 26)		Mansi, XII, col. 1103
Paulus	(-879 nov.)		Mansi, XVII-XVIII, col. 376; cfr. Grumel, II, n. 539
...	(-1315 <iul.-sept.>)		Darrouzès, V, n. 2035

PROVINCIA PAPHLAGONIAE

11.1.2 GANGRA, Gangres, Çankiri — eccl. primaeva et byzantina

Sede metropolitana della Paflagonia, con 5 vescovadi suffraganei al concilio di Calcedonia; il patriarca Nifone (1310-1314) le accordò la metropoli di Ancira e così il patriarca Nilo (1380-1388) (Darrouzès, V, n. 2020; VI, n. 2783).

Fonti: Hierocles, 695, 5: Honigmann, p.34; *notitiae*: Darrouzès, p. 491

Bibl.: Le Quien, I, coll. 549-554; Ruge, RE, VII, col. 707; Laurent, *Sceaux*, V, 1, pp. 318-319; V, 2, pp. 426-427; R. Janin-D. Stiernon, DHGE, XIX, coll. 1091-1103

Athanasius (?)			Janin-Stiernon, col. 1099
Hypatius (?)	saec. IV pars pr.		J. M. Sauget, BS, VII, coll. 859-860
Dius	(-340)		Le Quien, I, coll. 550-551; DC, II, pp. 100-101
Bosporius	(-431 iun. 22)	(431 iul. 22-)	ACO, I, I, II, p. 61; I, IV, p. 45
Callinicus	(434-446)		Grumel, I, n. 93
Petrus	(436-446)	(459-)	Janin-Stiernon, col. 1100
Theodotus	(-518 iul. 15)		
Procopius	(-536 mai. 21)	(536 iun. 4-)	
Alexander	(-553 mai. 5)	(553 iun. 2-)	ACO, IV, I, pp. 4, 225
Alypius	(-681 sept. 16)		Mansi, XI, col. 672
Sergius	(-691 sept.)		Mansi, XI, col. 989
Marcellinus	(-742)		Janin-Stiernon, col. 1100
Constantinus	(-787 oct. 13)		Mansi, XIII, col. 381
Ioannes	saec. VIII		Laurent, *Sceaux*, V, 1, n. 439
Methodius	(-860 ver)		Grumel, II, n. 464
Basilius	(-870 febr. 28)		Mansi, XVI, col. 190
Nicolaus	(-879 nov.)		Mansi, XVII-XVIII, col. 373
Stephanus	(-879 nov.)		Mansi, XVII-XVIII, col. 376
Nicolaus	(-932 nov.)		Laurent, *Sceaux*, V, 3, n. 1725
Christophorus	(-941)		Janin-Stiernon, col. 1101
Petrus	(-997 febr. 21)		
Ioannes	(-1030 mai.)		
Nicephorus, tr. ad Amastrim	(-1079)	1110	
...	(-1143 aug. 20)		
...	(-1164 febr. 10)		
Ioannes	(-1166 mar.)	(1192 ian. 8-)	Laurent, *Sceaux*, V, 2,- n. 1594; Grumel, III, n. 1059 ss.; Janin-Stiernon, col. 1101

Theodorus	(-1197 febr. 24)		Janin-Stiernon, col. 1102
Kalogeropulos	(-<1224-1225>)		Laurent, IV, n. 1236
Phocas	1285	(1294 iun.-)	Laurent, IV, p. 578
...	(-1309 aut.)		Laurent, IV, pp. 577-578; Darrouzès, V, n. 2020
Constantinus	(-1315 sept.)	(<1318 nov.- 1319 febr.>-)	Darrouzès, V, nn. 2038, 2093
Arsenius	(-1385 iun.)		Darrouzès, VI, n. 2783
Ioachim			Janin-Stiernon, col. 1102
Germanus	(-<1400 sept.- 1401 mai.<)	(1401 mai.-)	
Dorotheus	(-1467 ian. 15)		
Pachomius	(-1499 iun.)		
Parthenius	1604 aug. 25	(1610 sept.-)	
Daniel	(-1622 mai.)	(1626 apr. 18-)	
..., tr. ad Neocaesaream		1630 ian. 19	
Christophorus, "metr. de Neocaesarea et Gangra"	1643 sept. 25	1645	
Samuel, dep.	1645 mai. 18	1655	
Cyrillus, dep.	1655	1677	Janin-Stiernon, col. 1103
Arsenius	1677 oct. 13		
Timotheus Byzantius	1913 sept. 19		

11.1.4 GANGRA — eccl. ariana

Basilides (?)	(-375)	(376-)	Janin-Stiernon, col. 1099

11.2.2 AMASTRIS, Amasra — eccl. primaeva et byzantina

Vescovado suffraganeo di Gangra nelle *notitiae* 1-3, arcivescovado all'inizio del secolo IX, sede metropolitana senza suffraganei nel secolo X (*notitiae* 8-19).

Fonti: Hierocles, 696, 1: Honigmann, p. 34; *notitiae* 1-3, 4-5, 7 ss.: Darrouzès, p. 483

Bibl.: Le Quien, I, coll. 561-566; Hirschfeld, RE, I, col. 1749; S. Vailhé, DHGE, II, coll. 972-973; Laurent, *Sceaux*, V, 1, pp. 319- 321, 625-627; V, 3, p. 131; D. Stiernon, DPAC, I, col. 146

Palmas		(<193-203>-)	Eusebius, HE, IV, 23: I, p. 204; V, 23: II, p. 67; G. Ladocsi, DPAC, II, col. 2592
Heraclius			cfr. J. M. Sauget, BS, VI, coll. 324-325

Euthicius, Epsychius, Hesychius	(-325 mai. 20)	(325 iun. 19-)	Turner, I, pp. 62-63
Themistius	(-451 oct.)		ACO, II, II, II, p. 43
Saturnilus	(-458)		ACO, II, V, p. 87
Asterius	(-536)		ACO, III, p. 127
Adrianus	saec. VII		Laurent, *Sceaux*, V, 1, n. 440
Comitas	(-681 sept. 16)		Mansi, XI, col. 677
Zoilus	(-691 sept.)		Mansi, XI, col. 1000
Ioannes			Le Quien, I, col. 563
Gregorius	(-787 sept. 26)		Mansi, XII, col. 1099
Georgius	(790 oct./792 ian. 15)	802/807	Grumel, II, n. 367; R. Janin, BS, VI, col. 533; R. Aubert, DHGE, XX, col. 584
Eutychianos	saec. IX pars pr.		Laurent, *Sceaux*, V, 1, n. 441
Stephanus	(-870 febr. 28)		Mansi, XVI, col. 191
Eudocimus	(-879 nov.)		Mansi, XVII-XVIII, col. 373
Georgius	(-1030 mai.)		Laurent, *Sceaux*, V, 3, n. 1784; V, 1, n. 810
Michael	(-1054 c.)		Laurent, *Sceaux*, V, 3, n. 1784
...	(-1067 mar. 19)		Le Quien, I, col. 564; Grumel, III, n. 897
Constantinus	saec. XI pars post.		Laurent, *Sceaux*, V, 1, n. 809
Nicephorus	(-1094/1095)		Laurent, *Sceaux*, V, 3, n. 1784
Constantinus	(-1144 febr. 22)	(1147 febr. 26)	Grumel, III, n. 1015; Laurent, *Sceaux*, V, 1, n. 809
Ioannes, "metr. Amastridis"	(-1157 aug./sept.)	(1166 mai. 6/1167 iul.-)	Grumel, III, n. 1045: PG, 140, col. 200; n. 1075
...	(-<1224-1225>)		Laurent, IV, n. 1236
Nicolaus	(-1232)	(1233-)	Le Quien, I, coll. 565-566
...	(-1274)		Mansi, XXIV, col. 75
Callinicus	(-1344 nov. 4)	(1365 sept.-)	Darrouzès, V, nn. 2250, 2502
...	(-1400 mar.)		Darrouzès, VI, n. 3117

11.3.3 DADYBRA — eccl. byzantina

Vescovado suffraganeo di Gangra, compare nelle *notitiae* fino al secolo XIII.

Fonti: Hierocles 696, 3: Honigmann, p. 34; *notitiae* 1-4, 7, 9-10, 13: Darrouzès, pp. 209, 223, 237, 255, 278, 299, 315, 357

Bibl.: Le Quien, I, coll. 555-558; Ruge, RE, IV, col. 1980; Laurent, *Sceaux*, V, 1, pp. 322-323; R. Janin, DHGE, XIV, col. 11

Polycronius	(-451 oct.)		ACO, II, II, II, p. 72

Cyrion	(-553 mai. 5)	(553 ian. 2-)	ACO, IV, I, pp. 7, 230
Phocas	(-681 sept. 16)	(691 sept.-)	Mansi, XI, coll. 680, 1000
Nicetas	(-787 sept. 26)	(787 oct. 13-)	Mansi, XII, col. 1103; XIII, col. 392
Christophorus	(-879 nov.)		Mansi, XVII-XVIII, col. 376
Nicetas, tr. ad Athenas		885 c.	Janin, col. 11
Nicolaus	saec. X		Laurent, *Sceaux*, V, 1, n. 444
Ioannes	saec. X pars post.		Laurent, *Sceaux*, V, 1, n. 443
Thomas	saec. XI		Laurent, *Sceaux*, V, 1, n. 445

11.4.3 **IONOPOLIS**, Ionupolis, Inebolu — eccl. byzantina

Vescovado suffraganeo di Gangra.

Fonti: Hierocles, 696, 2: Honigmann, p. 34; *notitiae* 1-4, 7, 10, 12: Darrouzès, pp. 209, 223, 237, 255, 278, 299, 316, 357

Bibl.: Le Quien, I, coll. 555-556; Hirschfeld, RE, I, col. 106; Ruge, RE, IX, col. 1897; Laurent, *Sceaux*, V, 1, p. 321

Petronius	(-325 mai. 20)	(325 iun. 19-)	Turner, I, pp. 62-63
Diogenes	(-431 iun.)	(431 iul.-)	ACO, I, I, II, p. 62
Rhenus	(-451 oct.)		ACO, II, I, II, p. 146
Hypedius, Hyperechius (?)	(-458)		ACO, II, V, p. 86
Georgius	(-681 sept. 16)	(691 sept.-)	Mansi, XI, coll. 677, 1000
Heraclius	(-787 sept. 26)	(787 oct. 13-)	Mansi, XII, col. 1099; XIII, col. 392
Anthes	(-870 febr. 28)		Mansi, XVI, col. 194
Gregorius	(-879 nov.)		Mansi, XVII-XVIII, col. 377
Ioannes	saec. XI		Laurent, *Sceaux*, V, 1, n. 442

11.5.3 **POMPEIOPOLIS**, Taş Köprü — eccl. byzantina

Arcivescovado della Paflagonia nelle *notitiae* 1-11, metropoli senza vescovadi suffraganei già nel 997, fino alla *notitia* 19.

Fonti: Hierocles, 695, 6: Honigmann, p. 34; *notitiae* 1-19: Darrouzès, p. 510

Bibl.: Le Quien, I, coll. 557-560; A. M. Schneider, RE, XXI, coll. 2044- 2045; Laurent, *Sceaux*, V, 1, pp. 598-599

Philadelphus, Filadelfius	(-325 mai. 20)	(325 iun. 19-)	Turner, I, pp. 62-63
Sophronius	(-359)		Socrates, HE, II, 39: PG, 67, col. 336; Sozomenus, HE, IV, 22: PG, 67, col. 1180
Arginus	(-431 iun. 22)		ACO, I, I, II, pp. 61, 146

Aetherius	(-451 oct.)	(458-)	ACO, II, II, II, p. 72; II, V, p. 86
Severus	(-553 mai. 5)	(553 iun. 2-)	ACO, IV, I, pp. 5, 226
Theodorus	(-681 sept. 16)		Mansi, XI, col. 673
Theognostus	(-691 sept.)		Mansi, XI, col. 992
Maurianus	(-787 oct. 13)		Mansi, XIII, col. 384
Ioannes	(-870 febr. 28)		Mansi, XVI, col. 191
Theodosius	(-879 nov.)		Mansi, XVII-XVIII, col.- 373
Basilius	(-997 febr. 21)		Grumel, II, n. 804: PG, 119, coll. 728-741; Laurent, *Sceaux*, V, 1, n. 780
Michael	(-1082 apr. 11)		Le Quien, I, col. 560: Gru- mel, n. 927
Leo	(-1232 aug.)		Laurent, IV, n. 1261; Le Quien, I, col. 560
Gregorius	(-1347 febr. 8)		Darrouzès, V, n. 2260

11.6.3 **SORA**, Zorah — eccl. byzantina

Vescovado suffraganeo di Gangra, compare nelle *notitiae* fino al secolo XIII.

Fonti: Hierocles, 695, 7: Honigmann, p. 34; *notitiae* 1-4, 7, 9-10, 13: Darrouzès, pp. 209, 223, 237, 255, 278, 299, 316, 357

Bibl.: Le Quien, I, coll. 557-558; Ruge, RE, III A, col. 1111; Laurent, *Sceaux*, V, 1, pp. 323-324

Theodorus	(-451 oct.)		ACO, II, II, II, p. 72
Olympius	(-458)		ACO, II, V, p. 87
Ioannes	(-691 sept.)		Mansi, XI, col. 1000
Theophanes	(-787 sept. 26)	(787 oct. 13-)	Mansi, XII, col. 1099; XIII, col. 392
Phocas	(-870 febr.28)		Mansi, XVI, col. 159
Constantinus	(-879 nov.)		Mansi, XVII-XVIII, col. 377
Symeon	saec. X		Laurent, *Sceaux*, V, 1, n. 446

PROVINCIA HONORIADIS

12.1.2 CLAUDIOPOLIS, Klaudioupolis, Bolu — eccl. primaeva et byzantina

Sede metropolitana di Onoriade, presente al concilio di Calcedonia con 5 vescovadi suffraganei; sedicesima metropoli del patriarcato costantinopolitano, presente nelle *notitiae* fino alla fine del secolo XII; alla metà del secolo XIII era stata soppiantata da Eraclea del Ponto.

Fonti: Hierocles, 694, 4: Honigmann, p. 34; *notitiae* 1-4, 7, 9-10, 13: Darrouzès, pp. 209, 223, 237, 255, 279, 299, 317, 358

Bibl.: Le Quien, I, coll. 567-572; Ruge, RE, III, col. 542; R. Janin, DHGE, XII, coll. 1077-1079; Laurent, *Sceaux*, V, 1, pp. 348-349

Antonomus			Le Quien, I, coll. 567-568
Callicrates			Socrates, HE, III, 25: PG, 67, col. 452
Gerontius	(-394)		Mansi, III, col. 852
Olympius	(-431 iul. 22)		ACO, I, I, VII, p. 112
Calogerus	(-449 aug. 8)	(451 oct.-)	Honigmann, *Lists*, p. 37; ACO, II, I, II, p. 3
Carterius	(-458)		ACO, II, V, p. 23
Hypatius	(-518)		ACO, III, p. 65
Epictetus	(-536)		ACO, III, p. 28
Ioannes	(-520 sept. 9)		Grumel, I, n. 218
Vincentius	(-553 mai. 5)	(553 iun. 2-)	ACO, IV, I, pp. 186, 190, 194
Cyprianus	(-681 sept. 16)	(691 sept.-)	Mansi, XI, coll. 625, 672, 989
Thomas	(-725 c.)		Grumel, II, n. 330
Nicetas	(-787 oct. 13)		Mansi, XIII, col. 381
Cyprianus	(-870 febr. 28)	(879 nov.-)	Mansi, XVI, col. 190; XVII- XVIII, col. 373
Nicetas	saec. IX pars post.		Laurent, *Sceaux*, V, 1, n. 474
Ignatius			Photius, ep. II, 17: PG, 102, col. 833
Theoctistus	(-<901-907, 912-925>)		Grumel, II, nn. 736- 737
Ioannes	(-1028 nov.)	(1032 apr.-)	Laurent, *Sceaux*, V, 1, n. 475
...	(-1066 apr. 26)		Grumel, III, n. 896
...	(-1086/1101 nov. 15)		Grumel, III, nn. 942, 952
Ioannes	(-1092 iun. 14)		Grumel, III, n. 965
Gregorius	(-1152 febr. 26)		Leo Allatius, II, XII, col. 688
Ioannes	(-1166 mai. 6)	(1177 sept. 2-)	Leo Allatius, II, XII, col. 690; Grumel, III, n. 1134

Ioannes			Le Quien, I, col. 572
...	(-1221 iul. 10)		
...	(-1250 iul.)		PG, 119, col. 812

12.2.3 HADRIANOPOLIS, Viranşehir — eccl. byzantina

Vescovado suffraganeo di Claudiopolis; può essere confuso con altre due sedi omonime.

Fonti: Hierocles, 695, 3: Honigmann, p. 34; *notitiae* 2-4, 7, 9-10, 13: Darrouzès, pp. 223, 237, 255, 279, 299, 317, 358

Bibl.: Le Quien, I, coll. 577-580; Ruge, RE, VII, col. 2174 (4); Laurent, *Sceaux*, V, 2, pp. 425-426

Evethius, Enethios	(-325 mai. 20)	(325 iun. 19-)	Turner, I, pp. 82-83
Theophilus	(-451 oct.)		ACO, II, I, II, p. 146
Theodorus	(-518)		ACO, III, p. 65
Plato	(-681 sept. 16)		Mansi, XI, coll. 630, 677
Nicetas	(-787 sept. 26)	(787 oct. 13-)	Mansi, XII, col. 1103; XIII, col. 392
Sophronius	(-879 nov.)		Mansi, XVII-XVIII, col. 376; cfr. Le Quien, I, coll. 579- 580
Georgius	saec. X		Laurent, *Sceaux*, V, 1, n. 1593

12.3.3 HERACLEA PONTI, Ereğli — eccl. byzantina

Vescovado suffraganeo di Claudiopolis nelle *notitiae* 2-4, 7, 9-10, 13; tra 1214 e 1250 occupò come metropoli il posto e il rango di Claudiopolis fino al luglio 1387, quando venne soppressa.

Fonti: Hierocles 694, 6: Honigmann, p. 34; *notitiae* 2-4, 7, 9-10, 13, 15, 17-20: Darrouzès, pp. 223, 237, 255, 279, 299, 317, 358

Bibl.: Le Quien, I, coll. 571-576; Ruge, RE, VIII, coll. 433-434; V. Laurent, *Héraclée du Pont. La métropole et ses titulaires (1232/50- 1387)*, EO, XXXI (1932), pp. 316-326; Laurent, *Sceaux*, V, 1, pp. 349-350, 631-632

Eusebius	(-431 iun. 22)	(431 iun. 22-)	ACO, I, I, II, p. 6; I, I, VII, p. 87
Theodorus	(-451 oct.)		ACO, II, III, II, p. 163
Epiphanius	(-536)		ACO, III, p. 127
Stephanus	(-681 sept. 16)	(691 sept.-)	Mansi, XI, coll. 677, 1000
Ioannes	(-787 sept. 26)	(787 oct. 13-)	Mansi, XII, col. 1103; XIII, col. 392
Paulus	(-<858-867>)		Le Quien, I, col. 573
Meletius	(-879 nov.)		Mansi, XVII-XVIII, col. 377
Acacius	saec. IX-X		Laurent, *Sceaux*, V, 1, n. 476

Euthymius Kopantites	saec. XII pars post.		Laurent, *Sceaux*, V, 1, n. 816
Nicephorus	(-1232 aug. 6)	(1250 iul.-)	Laurent, *Sceaux*, V, 1, n. 815
Theodorus	(-1256 mai.)	(1267 ver -)	Laurent, *Héraclée*, pp. 320-321
Maximus, dep.		(1265-1266)	Laurent, IV, n. 1378
...	(-1274)		Laurent, IV, n. 1410; Mansi, XXIV, col. 75
Maximus, iter.	1283	(1285 iun.-)	Laurent, *Héraclée*, pp. 322- 323
Ioannes, Ioannicius	1296/1297	1328	Laurent, *Héraclée*, pp. 323-324
Methodius	(-1347 aug.)	(1365 mar.-)	Darrouzès, V, nn. 2289, 2488
Ioachim	(-1366 mai.)	(1381 nov. 23-1378 iul.)	Darrouzès, V, n. 2514; IV, nn. 2728, 2825

12.4.3 **KRATIA**, Krateia, Creteia, Cratia, Flaviopolis, Gerade — eccl. byzantina

Vescovado suffraganeo di Claudiopolis, compare nelle *notitiae* fino al secolo XIII.

Fonti: Hierocles, 695, 2: Honigmann, p. 34; *notitiae* 2-4, 7, 9-10, 13: Darrouzès, pp. 223, 237, 255, 279, 299, 317, 358

Bibl.: Le Quien, I, coll. 575-578; Ruge, RE, XI, col. 1609; R. Janin, DHGE, XIII, col. 1015; Laurent, *Sceaux*, V, 1, pp. 354-356

Philetus	(-344)		Mansi, III, col. 139
Paulus	(-404)		Palladius, *Dialogus*: PG, 47, col. 33
Epiphanius	(-431 iun. 22)	(431 iul. 22-)	ACO, I, I, II, p. 4; I, I, VII, p. 85
Genethlius	(-451 oct.)		ACO, II, I, II, p. 146
Plato	(-518)		ACO, III, p. 65
Abramius	(-536)		ACO, III, p. 28
Diogenes	(-553 mai. 5)	(553 iun. 2-)	ACO, IV, I, pp. 5, 227
Georgius	(-681 sept. 16)	(691 sept.-)	Mansi, XI, coll. 677, 1000
Constantinus	(-787 sept. 26)	(787 oct. 13-)	Mansi, XII, col. 1103; XIII, col. 392
Basilius	(-870 febr. 28)	(879 nov.-)	Mansi, XVI, col. 194; XVII- XVIII, col. 376
Sabas (?)	saecc. X-XI		Laurent, *Sceaux*, V, 1, n. 484
Constantinus	saec. XI		Laurent, *Sceaux*, V, 1, n.485

12.4.5 **KRATIA** — eccl. semiariana

Filetus, Philetus	(-342/343)		Hilarius: CSEL, 65, p. 76

12.5.3 **PRUSIAS**, Plusias, Kieros, Üsküb, Üskübiyaka — eccl. byzantina

Vescovado suffraganeo di Claudiopolis, compare nelle *notitiae* fino al secolo XIII.

Fonti: Hierocles, 694, 5: Honigmann, p. 34; *notitiae* 2-4, 7, 9-10, 13: Darrouzès, pp. 223, 237, 255, 279, 299,- 317, 358

Bibl.: Le Quien, I, coll. 579-580; Ruge, RE, XI, col. 380; Laurent, *Sceaux*, V, 1, pp. 350-352

Olympius	(-451 oct.)		ACO, II, I, II, p. 40
Domitius	(-681 sept. 16)		Mansi, XI, col. 677
Theophilus	(-787 sept. 26)	(787 oct. 13-)	Mansi, XII, col. 1103; XIII, col. 392
Paulus			Le Quien, I, col. 580
Constantinus	(-870)		
Leo	(-879 nov.)		Mansi, XVII-XVIII, col. 377; Laurent, *Sceaux*, V, 1, n. 477
Basilius	saecc. X-XI		Laurent, *Sceaux*, V, 1, n. 479

12.6.3 **TION**, Tios, Tium, Teios — eccl. byzantina

Vescovado suffraganeo di Claudiopolis, compare nelle *notitiae* fino al secolo XIII.

Fonti: Hierocles, 695, 1: Honigmann, p. 34; *notitiae* 2-4, 7, 9-10, 13: Darrouzès, pp. 223, 237, 255, 279, 299, 317, 358

Bibl.: Le Quien, I, coll. 575-576; E. Würst, RE, VI A, coll. 1411-1412; Laurent, *Sceaux*, V, 1, pp. 352-354

Apragmonius	(-451 oct.)		ACO, II, III, II, p. 163
Andreas	(-518)		ACO, III, p. 65
Eugenius	(-536)		ACO, III, p. 127
Longinus, "ep. Tyanorum"	(-681 sept. 16)		Mansi, XI, col. 677
Cyprianus	saecc. VII-VIII		Laurent, *Sceaux*, V, 1, n. 480
Michael	(-787 sept. 26)	(787 oct. 13-)	Mansi, XII, col. 1106; XIII, col. 392
Constantinus	(-870 febr. 28)	(879 nov.-)	Mansi, XVI, col. 194; XVII- XVIII, col. 377
Antonius	saecc. IX-X		Laurent, *Sceaux*, V, 1, n. 481
Michael	saecc. X-XI		Laurent, *Sceaux*, V, 1, n. 482
Anthios	saec. XI fin.		Laurent, *Sceaux*, V, 1, n. 483

13.1.2 NICOMEDIA, Izmit

eccl. primaeva et byzantina

Sede metropolitana della provincia di Bitinia prima, al settimo posto tra le metropoli; dopo l'occupazione latina del 1204 divenne vescovado suffraganeo di Cizico (Fedalto, II, p. 170); dopo la caduta di Costantinopoli (1453) la metropoli di Ungrovalacchia ebbe il suo rango.

Fonti: Hierocles, 691, 3: Honigmann, p. 33; *notitiae*: Darrouzès, p. 505

Bibl.: Le Quien, I, coll. 581-598; W. Ruge, RE, XVII, coll. 468-492; Laurent, *Sceaux*, V, 1, pp. 268-273; V, 3, pp. 68-70; D. Stiernon, DPAC, I, coll. 538-539; D. Stiernon - V. Saxer, DPAC, II, coll. 2401-2403

Prochorus			Le Quien, I, coll. 581-582
Evander	saec. II		Praedestinatus: PL, 53, col. 592
Cyrillus			Le Quien, I, col. 583
Anthimus, mart.		303	A. Amore, BS, II, coll. 60 61; M.G. Mara, DPAC, I, coll. 225-226
Eustolus	(-314)		Turner, II, p. 32
Marathonius, maced., dep.	342 c.	360	Socrates, HE, II, 38: PG, 67, col. 324; Sozomenus, HE, IV, 20, 27: PG, 67, coll. 1170, 1200; M. Simonetti, DPAC, II, col. 2085
Onesimus			Le Quien, I, col. 587
Euphrasius	(-381 mai.)	(381 iul.-)	Turner, II, pp. 460-461; Gregorius Nyssenus, ep. 17: PG, 46, col. 1057
Patricius			
Gerontius, dep.		401	Grumel, I, nn. 22-23; D. Bundy, DHGE, XX, coll. 1041 1042; A. Pollastri, DPAC, II, coll. 1481-1482
Pansophius			Sozomenus, HE, VIII, 6: PG, 67, col. 1532
Diodorus			Praedestinatus, haer. 58: PL, 53, col. 607
Himerius, dep.		431 fin./432 in.	Grumel, I, nn. 71-72
Eunomius	(-<398-404>)	(<446-449>-)	Grumel, I, nn. 29, 109
Stephanus	(-518)	(520 iul. 9-)	ACO, III, p. 65; Grumel, I, n. 217
Thalassius	(-536)		ACO, III, p. 28
Ioannes	(-553 mai. 5)	(553 iun. 2-)	ACO, IV, I, pp. 4, 203
Ioseph			Le Quien, I, coll. 590-591
Petrus	(-681 sept. 16)	(691 sept.-)	Mansi, XI, coll. 669, 989
Iohannes, haer.			Le Quien, I, col. 591

Constantinus			
Petrus	(-787 oct. 13)		Mansi, XIII, col. 381
Theophylactus	(-814 dec.)		Grumel, II, n. 391; Le Quien, I, coll. 592-593
Gregorius	saec. IX pars pr.		Laurent, *Sceaux*, V, 3, n. 1708
Ignatius	843	846	Laurent, *Sceaux*, V, 1, n. 377
Theophilus Manomacus, dep.		845/846	Grumel, II, n. 433
Ioannes	(-<858-867>)		Grumel, II, n. 493; Laurent, *Sceaux*, V, 1, n.376
Georgius	(-879 nov.)		Mansi, XVII-XVIII, col. 373; Grumel, II, nn. 549-551
Gregorius, dep.		(912-925)	Grumel, II, nn. 694, 706
Ignatius	(-921 c.)	(945-)	Grumel, II, nn. 694, 727; Laurent, *Sceaux*, V, 1, n. 377
Stephanus, dep.	(-976)	1003 c.	Laurent, *Sceaux*, V, 1, n. 378
Ioannes	(-1030 mai.)		Laurent, *Sceaux*, V, 1, n. 378; Grumel, II, n. 839
Antonius Paches	1035	(1037 iun.-)	Georgius Cedrenus, *Compendium historiarum*: PG, 122, col. 248; Grumel, II, n. 842
Basilius	(-1071 nov. 9)		Grumel, III, nn. 900, 902
Stephanus	saec. XI pars post.		Laurent, *Sceaux*, V, 1, n. 379
Michael	(-1082 apr. 11)		Grumel, III, n. 927
Constantinus	(-1094/1095)	(-1136)	Grumel, III, n. 967; Laurent, *Sceaux*, V, 3, n. 1709
Nicetas			Le Quien, I, col. 595
...	(-1145 nov. 19)		Grumel, III, n, 1019
Ioannes	(-1152 febr. 26)		Leo Allatius, II, XII, col. 688
Theophylactus	(-1157 mai. 13)		Grumel, III, n. 1043: PG, 140, col. 180
Michael	(-1166 mai. 6)	(1169 nov. 19)	Leo Allatius, II, XII, col.) 690; Grumel, III, n. 1086
Ioannes	(-1177 ian. 10)	(1174 sept. 2-)	Grumel, III, nn. 1132, 1134
...			Le Quien, I, col. 596
...			
Karakallos	(-1289 oct.)	(<1294-1300>-)	Laurent, IV, n. 1746; cfr. Georgius Pachymeres, *De Andronico*, II, 15: PG, 144, col. 163
Cyrillus	(1285-1315 iul.)	(1316 iun.-)	V. Laurent, EO, XXXII (1933), p. 323; Darrouzès, V, nn. 2016, 2071
Maximus	(-1324 sept. 19)	(1327 sept.-)	Darrouzès, V, nn. 2117, 2135
Macarius	(-1385 oct. 16)	(1397 <mar.-apr.>-)	Darrouzès, VI, nn. 2791, 3044
Macarius, dep.	(-1437)	(1439-)	Syropoulos, pp. 184, 17

Dyonisius			Martinus Crusius, II, pp. 164-166
...	(-1574)		Martinus Crusius, II, p. 179
Sisinnius	(-1578 iun.)	(1580-)	Le Quien, I, col. 598
Cyrillus	1641		
Neophytus	(-1671 iul. 18)		
Paisius, prom. patr. CP	(-1721)	1726 nov.20	
Cyrillus	(-1745 iun.)	(1748 iun.-)	Actes, III, pp. 62, 72
Nicephorus	(-1768 iul.)		Actes, V, p. 367
Gerasimus	(-1784 dec.)	(1787 sept. 14-)	Actes, I, p. 86; AA, II, p. 207
Athanasius	(-1793 aug.)	(1819 sept.-)	Actes, III, p. 80; I, p. 90
Dionysius	(-1856 oct.)		AA, II, p. 224
Philotheus	(-1879 mai. 31)	(1892 aug. 20-)	Actes, II, pp. 60, 67

13.1.4 NICOMEDIA — eccl. ariana, semiariana

Eusebius, ep. Berytensis, ex., iter.	 (328-329)	325 342	M. Spanneut, DHGE, XV, coll. 1466-1471
Amphion, iter.	325 338	328 c.	CSEL, 65, p. 48; A. Lehaut, DHGE, II, col. 1348; E. Prinzivalli, DPAC, I, col. 195
Cecropius	(-351)	358 aug. 24	M. Simonetti, DPAC, I, col. 638

13.2.3 **ADRANOI**, Adrianoi, Adranes, Atranos, Edrenos — eccl. byzantina

Vescovado suffraganeo di Nicomedia, compare nelle *notitiae* almeno fino al secolo XIII.

Fonti: Hierocles, 693, 5: Honigmann, p. 34; *notitiae* 2-4, 7, 9-10, 13: Darrouzès, pp. 221, 235, 254, 277, 298, 314, 356

Bibl.: Le Quien, I, coll. 625-626; Bürchner, RE, VII, col. 2173; Lau rent, *Sceaux*, V, 1, pp. 280-281

Evethius	(-325 mai. 20)	(325 iun. 19-)	Turner, I, pp. 82-83
Alexander, ep. Helenopolis			Socrates, HE, VII, 36: PG, 67, col. 821
Elias	(-536)		ACO, III, p. 161
Conon	(-553 iun. 2)		ACO, IV, I, p. 231
Ioannes (?)	(-787 sept. 26)		Mansi, XII, col. 1099
Nicephorus	(-787 sept. 26)	(787 oct.13-)	Mansi, XII, col. 1103; XIII, col. 389
Basilius	(-879 nov.)		Mansi, XVII-XVIII,col. 376
Andranes	saecc. XI-XII		Laurent, *Sceaux*, V, 1, n. 389

13.3.2 **APOLLONIAS**, Apolyont — eccl. primaeva et byzantina

Vescovado suffraganeo di Nicomedia (Bitinia).

Fonti: Hierocles, 693, 2: Honigmann, p. 34; *notitiae* 1-4, 7, 9-10, 13, 21: Darrouzès, pp. 208, 221, 235, 254, 277, 298, 314, 356, 420

Bibl.: Le Quien, I, coll. 613-616; Hirschfeld, RE, II, col. 115 (15); R. Janin, DHGE, III, col. 1007

Marcus, mart.			Le Quien, I, col. 613
Gorgonius, Gorgonios	(-325 mai. 20)	(325 iun. 19-)	Turner, I, pp. 82-83
Eugenius	(-431 iul. 22)		ACO, I, I, VII, p. 88; III, p. 35
Paulus	(-448)	(449-)	ACO, II, III, I, pp. 129, 156
Cyriacus	(-458/459)		Grumel, I, n. 143: PG, 85, col. 1620
Anastasius	(-681 sept. 16)		Mansi, XI, col. 677
Symeon, "ep. Theotocianorum"	(-691 sept.)		Mansi, XI, col. 996; Le Quien, I, col. 614
Theophylactus	(-787 sept. 26)	(787 oct. 13-)	Mansi, XII, col. 1102; XIII, col. 389
Nicetas			D. Stiernon, BS, IX, col. 888
Michael	(-879 nov,)		Mansi, XVII-XVIII, col. 377
...			Le Quien, I, coll. 615-616

13.4.3 **ARISTE**, Eriste — eccl. byzantina

Vescovado suffraganeo di Nicomedia.

Fonti: *notitiae* 3-4, 7, 9-10, 13: Darrouzès, pp. 235, 254, 277, 298, 314, 356

Bibl.: Jones, *Cities*, p. 537

13.5.3 **BASILINOPOLIS**, Basinupolis, Basileinopolis, Pazar Köy, Orhangazi — eccl. byzantina

Vescovado suffraganeo di Nicomedia.

Fonti: Hierocles, 692, 2: Honigmann, p. 33; *notitiae* 1-4, 7, 9-10, 13: Darrouzès, pp. 208, 221, 235, 253, 277, 298, 314, 356

Bibl.: Le Quien, I, coll. 623-626; Ruge, RE, III, col. 99; Laurent, *Sceaux*, V, 2, p. 420; DHGE, VI, coll. 1236-1237

Alexander	401 c.		Synesius, epp. 66, 67: PG, 66, coll. 1408, 1432
Gerontius	(-449)	(451 oct.-)	ACO, II, I, I, p. 149; II, III, II, p. 167
Cyriacus	(-518)		ACO, III, p. 66

Sisinnius	(-681 sept. 16)	(691 sept.-)	Mansi, XI, coll. 676, 996
Georgius	(-787 sept. 26)	(787 oct. 13-)	Mansi, XII, col. 1103; XIII, col. 389
Anthimus	(-879 nov.)		Mansi, XVII-XVIII, col. 376
Basilius	saec. X		Laurent, *Sceaux*, V, 2, n. 1587

13.6.2 CAESAREA — eccl. primaeva et byzantina

Vescovado suffraganeo di Nicomedia.

Fonti: Hierocles, 693, 1: Honigmann, p. 34; *notitiae* 2, 4, 7, 9-10: Darrouzès, pp. 221, 254, 277, 298, 314

Bibl.: Le Quien, I, coll. 627-628; Ruge, RE, III, coll. 1288-1289; R. Janin, DHGE, XII, col. 199

Phileas			Symeon Metaphrastes: PG, 116, col. 517
Rufus, Rufios	(-325 mai. 20)	(325 ian. 19-)	Turner, I, pp. 82-83
Paulus	(-518)		ACO, III, p. 66
Ioannes	(-536)		ACO, IV, I, p. 225
Theodosius	(-655 aug. 24)		Janin, col. 199; Le Quien, I, col. 627
Theodorus	(-681 sept. 16)		Mansi, XI, col. 677
Constans, Constantinus	(-787 sept. 26)	(787 oct. 13-)	Mansi, XII, col. 1102; XIII, col. 389
Theoctistus	(-879 nov.)		Mansi, XVII-XVIII, col. 376

13.7.2 CHALKEDON, Calcedonia, Kalchedon, Kadiköy — eccl. primaeva et byzantina

Vescovado della Bitinia, elevato a metropoli nel 451 senza vescovadi suffraganei.

Fonti: Hierocles, 690, 4: Honigmann, p. 33; *notitiae*: Darrouzès, p. 488

Bibl.: Le Quien, I, coll. 599-612; Ruge, RE, X, coll. 1555-1559; H. Leclercq, DACL, III, coll. 90-130; R. Janin, DHGE, XII, coll. 274-277; J. Pargoire, *Les premiers évêques de Chalcédoine*, EO, III (1899-1900), pp. 85-91, 204-209; IV (1900-1901), pp. 21-30, 104-113; S. Vailhé, *Les métropolitains de Chalcédoine, Ve-Xe siècles*, EO, XI, (1908), pp. 347-351; Mgr. Gennadios d'Héliopolis, OR, XVIII (1943), pp. 268-275; XIX (1944), pp. 17-20, 38-41, 70-75, 120-124, 143-145; XXI (1946), pp. 375-376; Laurent, *Sceaux*, V, 1, pp. 289-293; V, 3, pp. 73-78; M. Forlin Patrucco-M. Simonetti, DPAC, I, coll. 565-567

Theocritus	saecc. II fin./III in.		Praedestinatus: PL, 53, col. 592; Pargoire, pp. 205-206
Maris, ad eccl. ar.	(-325 mai. 20)		Turner, I, pp. 80-81; Pargoire, pp. 206-209; M. Simonetti, DPAC, II, col. 2118
Theodulus, Theodolus	(-381 mai.)	381 fin./382 in.	Turner, II, pp. 460-461; Pargoire, p. 21
Adrianus	saecc. II-IV		Vailhé, p. 347

Cyrinus	(-401)	(405 iun.-)	Pargoire, pp. 22-24, 27-30
Philoteus	405/406		Pargoire, pp. 22-24
Eulalius	(-431)	(450 mai.-)	Pargoire, pp. 104-107
Eleutherius	(-451 oct.)	(459-)	Vailhé, p. 348
Marcianus	(-518 iul.)	(520-)	Vailhé, p. 348
Photinus	(-536)		
Herachianus			D. Stiernon, DPAC, I, col. 1185
Constantinus	(-553 mai. 5)	(553 iun. 2-)	ACO, IV, I, pp. 4, 224
Petrus	saecc. VI fin./VII in.		Vailhé, pp. 348-349
Probus	saec. VII in.		Vailhé, p. 349
Sergius	saec. VII		Laurent, *Sceaux*, V, 3, nn. 1714-1715
Ioannes	(-681 sept. 16)	(691 sept.-)	Mansi, XI, coll. 669, 989; Laurent, *Sceaux*, V, 3, n. 1716
Nicetas	(726-775)		Vailhé, p. 349
Andreas	(780-787)		Vailhé, pp. 349-350
Stauracius	(-787 oct. 13)		Mansi, XIII, col. 381
Cosmas, s.		(813-820)	Vailhé, p. 350
Ioannes Kamoulianos, s.		824	
Damianus	saec. IX in.		Laurent, *Sceaux*, V, 1, n. 399
Theodosius	saec. IX pars pr.		Laurent, *Sceaux*, V, 1, n. 400
Basilius, dep.		858	Vailhé, p. 351
Zacharias	858	870	
Basilius	(-870 febr. 28)		Mansi, XVI, col. 190
Zacharias	877	(879 nov.-)	Mansi, XVII-XVIII, col. 373; Vailhé, p. 351
Michael, dep.	(-935)	(936-969)	Laurent, *Sceaux*, V, 3, n. 1717
Nicon			Le Quien, I, col. 606
Daniel	(-997 febr. 21)		Grumel, II, n. 804
Ioannes	saec. X pars post.		Laurent, *Sceaux*, V, 1, n. 401
Theodorus	(-1027)		Janin, col. 275
Christophorus	(-1030 mai.)	(1039 sept.-)	Grumel, II, nn. 839, 846
Dometios (?)			Laurent, *Sceaux*, V, 1, n. 403
Nicetas	(-1054 iul.)		Grumel, III, n. 869; Lau rent, *Sceaux*, V, 1, n. 404
...			Le Quien, I, col. 607
Michael	(-<1071-1078>)		
Leo, dep.	(-1082 mar. 21)	1086 febr./mar.	Grumel, III, nn. 926, 941, 967-968
Michael	1086-1089		Janin, col. 275

Leo, iter.	1094 fin./1095 in.		Grumel, III, nn. 926, 941, 967-968
Ioannes	(-1147 febr.)		Janin, col. 275
Constantinus	(-1155)	(1171 mar. 24-)	
Ioannes	(-1191 nov. 27)	(1195 febr.-)	Grumel, III, n. 1184; Lau rent, *Sceaux*, V, 3, n. 1719; Janin, col. 275
Nicolaus	(-1275 ian. 16)	(1278 nov. 22-)	Janin, col. 275
...	(-<1289-1293>)		Le Quien, I, col. 610
Theognostus	(-1294 iun. 2)		Laurent, IV, nn. 1565, 1614
Symeon	(-1303 mar. 31)		Janin, col. 275
Theodulus	(-1315 sept.)	(1327 sept.-)	Darrouzès, V, nn. 2038, 2135
Iacobus	(-1351)	(1370-)	Darrouzès, V, nn. 2324, 2569
Matthaeus, el.	1387		Darrouzès, VI, nn. 2809, 2829
Gabriel, metr., tr. ad Thessalonicam	1389 apr.	1397	J. Mossay-J.L. Brion, DHGE, XIX, coll. 568-569
Ioseph	(-1477)		Darrouzès, VI, nn. 2853, 3055
Gabriel	(-1499)		
Hyperbius			Le Quien, I, col. 610
Euthymius	(-1546)	(1565)	Janin, col. 276
...	(-1572)		Le Quien, I, col. 610
Sisinnius	(-1580 ian.)		Janin, col. 276
Dorothaeus	(-1585 febr. 27)		
Timotheus, dep.	(-1593)	1620	
Hieremias	(-1617 iun. 1)		
Ioseph	(-1620 apr.)		
Ioasaph	1623 mai.	1626 mar.	
Gregorius	1626 mar.		
Ioseph	1629 nov.		
Isaac, dep.		1630	
Nectarius	1630 iun. 10		
Pachomius, dep.	1637 febr.		
Dionysius	1638 iun.	1639	
Pachomius	1639	1647	
Gabriel	1647	1670	
Euthymius, dep.	1670	1671 apr.	
Hieremias	1671	1685	
Dionysius, patr., adm.	1685	1686 apr.	
Gabriel	1686	1687	
Clemens	1687	1689	

Gabriel, prom. patr. CP	1688	1702 aug.	
Constantios	1702	1720	
Parthenius	1720	1726	
Nicodemus	1726	1731	
Callinicus	1731	1746	
Gabriel, dep.	1746 apr.	1747 sept.	
Ioannicius Caradja	1747 sept.	1761 mar.	
Ioannicius	1761 mar.	1770 ian.	
Parthenius	1770 ian.	1777 mai.	
Parthenius	1777 mai.	1790 nov.	
Hieremias Maurocordatos	1790 nov.	1810 nov. 30	
Gerasimus	1810 dec.	1820 febr.	
Gregorius	1820 febr.	1821 aest.	
Anthimus, prom. patr. CP	1821	1822 iul. 22	
Callinicus	1822 iul.	1825 aug.	
Agathangelus, prom. patr. CP	1825 aug.	1826 sept. 25	
Zacharias	1826 oct.	1834 mai.	
Hierotheus	1834 mai.		
Gerasimus	1853 mar. 4	1875 mar.	
Callinicus Thomaides	1875 mar. 4	1889 dec.	
Ioachim Euthyboules	1889 dec. 16	1897 mai. 22	
Germanus Cabacopoulos, prom. patr. CP	1897 mai. 22	1913 febr. 10	
Gregorius Zerboudakes	1913 febr. 20	1923 dec. 17	
Ioachim Georgiades	1923 dec. 20	1927 febr. 4	
Nicolaus Sacopoulos	1927 febr. 22	1927 mar. 17	
Agathangelus Constantinides	1927 apr. 2	1932 iun.	
Maximos Baporitzes, prom. patr. CP	1932 iun. 28	1946 febr. 20	
Thomas	1946 mar. 19		
Meliton Sotirios Hacis	1963		*Orthodoxia, 1986-1987*, p. 92

13.7.4 CHALCEDON

eccl. ariana

Maris	(-362)	Pargoire, pp. 206-209

13.8.3 DAPHNUSIA — eccl. byzantina

Vescovado suffraganeo di Nicomedia.

Fonti: *notitiae* 3-4, 7, 9-10, 13: Darrouzès, pp. 235, 254, 277, 298, 314, 356

Bibl.: Le Quien, I, coll. 629-630; Jones, *Cities*, p. 537; R. Janin, DHGE, XIV, col. 82

Sabas, s.		J. M. Sauget, BS, XI, coll. 530-531
Leo	(-870 febr. 28)	Mansi, XVI, col. 193
Antonius	(-879 nov.)	Mansi, XVII-XVIII, col. 373
...	(-1330 apr.)	Janin, col. 82

13.9.3 DASKYLION, Daskylium, Dascylion, Eşkâl Liman — eccl. byzantina

Vescovado suffraganeo di Nicomedia.

Fonti: Hierocles, 693, 3: Honigmann, p. 34; *notitiae* 1-4, 7, 9-10, 13: Darrouzès, pp. 208, 221, 235, 253, 277, 298, 314, 356

Bibl.: Le Quien, I, coll. 629-630; Ruge, RE, IV, col. 2220 (5); R. Ja nin, DHGE, XIV, coll. 91-92; Laurent, *Sceaux*, V, 1, pp. 279-280

Ioannes	(-681 sept. 16)	(691 sept.)	Mansi, XI, coll. 677, 996
...	(-787 sept. 26)	(787 oct. 13)	Mansi, XII, col. 1103; XIII, col. 389
Georgius	(-870 febr. 28)		Mansi, XVI, col. 193
Germanus	(-879 nov.)		Mansi, XVII-XVIII, col. 378
Ioannes	saecc. X-XI		Laurent, *Sceaux*, V, 1, n. 387
Sergius	saec. XI		Laurent, *Sceaux*, V, 1, n. 388

13.10.3 HELENOPOLIS, Hersek — eccl. byzantina

Città fondata nel 327 da Costantino in onore della madre; vescovado suffraganeo di Nicomedia, compare nelle *notitiae* fino al secolo XIII.

Fonti: Hierocles, 691, 1: Honigmann, p. 33; *notitiae* 2-4, 7, 9-10, 13: Darrouzès, pp. 221, 235, 253, 277, 298, 314, 356

Bibl.: Le Quien, I, coll. 621-624; Ruge, RE, V, col. 1697; Laurent, *Sceaux*, V, 1, pp. 278-279

Palladius, ex., tr. ad Aspunam	400 c.	406	Socrates, HE, VIII, 36: PG, 67, col. 821; S. Zincone, DPAC, II, coll. 2589-2590
Alexander, tr. ad Adrianos			
Leontius	(-536)		ACO, III, p. 29

Theodorus	(-553 mai. 5)	(553 iun. 2-)	ACO, IV, I, pp. 6, 228
Leontius	(-681 sept. 16)		Mansi, XI, col. 680
Ioannes	(-691 sept.)		Mansi, XI, col. 996
David	(-787 sept. 26)	(787 oct. 13-)	Mansi, XII, col. 1102, XIII, col. 389
Synetos	saec. IX in.		Laurent, *Sceaux*, V, 1, n. 386
Leo	(-879 nov.)		Mansi, XVII-XVIII, n. 376

13.11.3 **KADOSIA**, Laphos, Gallos — eccl. byzantina

Vescovado suffraganeo di Nicomedia; nella seconda metà del secolo VII Gallos era associato a Kadosia.

Fonti: *notitiae* 1-4, 7, 9-10, 13: Darrouzès, pp. 208, 221, 235, 254, 277, 298, 314, 356

Bibl.: Le Quien, I, coll. 631-632; Ruge, RE, X, col. 1477; Jones, *Cities*, p. 537; L. Stiernon, DHGE, XIX, coll. 887-889

...			Le Quien, I, col. 631
Georgius	(-681 sept. 16)	(691 sept.)	Mansi, XI, coll. 677, 996
Cyrion	(-787 sept. 26)	(787 oct. 13)	Mansi, XII, col. 1102; XIII, col. 389
Constantinus	(-879 nov.)		Mansi, XVII-XVIII, col. 377
Ignatius, "ep. Laphorum"	(-<858-867, 877-886>)		Grumel, II, nn. 552-554

13.12.3 **KIOS**, Cius, Ghemlik, Gemlek — eccl. byzantina

Vescovado suffraganeo di Nicomedia, diventato autocefalo già nel 640 c., e ricordato fino al secolo XV.

Fonti: Hierocles, 692, 3: Honigmann, p. 33; *notitiae*: Darrouzès, p. 497

Bibl.: Le Quien, I, coll. 631, 636; Ruge, RE, XI, coll. 486-488; R. Ja nin, DHGE, XII, coll. 1024-1026; Laurent, *Sceaux*, V, 1, pp. 648 650; V, 3, pp. 157-158

Cyrillus	(-325 mai. 20)	(325 iun. 19-)	Turner, I, pp. 80-81
Theosebius	(-431)		ACO, I, I, V, p. 123; I, IV, p. 29
Hedistus	(-536)		ACO, III, p. 28
Theognius	(-681 sept. 16)		Mansi, XI, col. 673
Ioannes	(-691 sept.)		Mansi, XI, col. 992; Le Quien, I, col. 634
Theodorus	saecc. VII-VIII		Laurent, *Sceaux*, V, 3, n. 1814
Leo	(-787 sept. 26)	(787 oct. 13-)	Mansi, XII, col. 1095; XIII, col. 385

Eustathius			R. Janin, BS, V, col. 298
Ioannes	(-870 febr. 28)		Mansi, XVI, col. 192; Laurent, *Sceaux*, V, 3, n. 1815
Epiphanius	(-879 nov.)		Mansi, XVII-XVIII, col. 373; Laurent, *Sceaux*, V, 1, n. 834
Constantinus	(-997)		Le Quien, I, col. 635
Michael	saecc. X-XI		Laurent, *Sceaux*, V, 1, n. 835
Nicephorus	(-1028 ian.)	(1030 mai.-)	Laurent, *Sceaux*, V, 1, n. 836
Theophylactus	saec. XI		Laurent, *Sceaux*, V, 1, n. 837
Georgius	(-1152 febr. 28)		Leo Allatius, II, XII, col. 689
...	(-<1157-1169>)		Le Quien, I ,col. 636
Michael	(-1166 mai. 6)	(1177-)	Leo Allatius, II, XII, col. 690; Laurent, *Sceaux*, V, 1, n. 835
Ioannes	(-<1191-1198>)		Le Quien, I, col. 636
...	(-1310 oct.)		Darrouzès, V, n. 2005
Gregorius	(-1315 iul.)	(1316 iun.-)	Darrouzès, V, nn. 2032, 2071

13.12.5 KIOS

eccl. semiariana

Adamantius	(-342/343)		Hilarius: CSEL, 65, p. 76

13.13.3 NEOCAESAREA

eccl. byzantina

Vescovado suffraganeo di Nicomedia.

Fonti: Hierocles, 693, 4: Honigmann, p. 34; *notitiae* 1-3, 7, 9-10, 13: Darrouzès, pp. 208, 221, 235, 277, 298, 314, 356

Bibl.: Le Quien, I, coll. 627-630; Ruge, RE, XVI, col. 2409 (1)

Olympius	(-381 mai.)	(381 iul.-)	Turner, II, pp. 460-461
Cyriacus	(-518)		ACO, III, p. 66
Ioannes	(-691 sept.)		Mansi, XI, col. 996
Leo, "ep. Aristae"	(-787 sept.26)	(787 oct. 13-)	Mansi, XII, col. 1103; XIII, col. 389; Le Quien, I, col. 629
Tarasius, "ep. Eristae"	(-879 nov.)		Mansi, XVII-XVIII, col. 377

13.14.3 **PRAINETOS**, Preietos, Karamursal — eccl. byzantina

Vescovado suffraganeo di Nicomedia, compare nelle *notitiae* fino al secolo XIII.

Fonti: Hierocles, 691, 2: Honigmann, p. 33; *notitiae* 1-4, 7, 9-10, 13: Darrouzès, pp. 208, 221, 235, 253, 277, 298, 314, 356

Bibl.: Le Quien, I, coll. 621-622; F. K. Dörner, RE, XXII, coll. 1832 1835; Laurent, *Sceaux*, V, 1, pp. 277-278; V, 3, pp. 70-71

Sisinnius	(-553 mai. 5)	(553 iun. 2-)	ACO, IV, I, pp. 7, 230
Theodorus	(-681 sept. 16)		Mansi, XI, col. 676
Cosmas	(-691 sept.)		Mansi, XI, col. 996
Ioannes (?)			Le Quien, I, col. 622
Eugenius	(-879 nov.)		Mansi, XVII-XVIII, col. 376
Ioannes	saec. X		Laurent, *Sceaux*, V, 3, n. 1711
Leo	saec. XI pars pr.		Laurent, *Sceaux*, V, 3, n. 1710
Theodorus (?)	(-1170 nov.)		Grumel, III, n. 1118; Laurent, *Sceaux*, V, 3, n. 385

13.15.2 **PRUSA**, Broussa, Theupolis, Bursa — eccl. primaeva et byzantina

Vescovado suffraganeo di Nicomedia (fino alla *notitia* 13), elevato a metropoli durante il regno di Isacco II Angelo (1185-1195); la conquista turca (6 aprile 1326) ne fece la capitale del nuovo impero musulmano, mutandone l'importanza politica e migliorandone la situazione nel patriarcato.

Fonti: Hierocles, 692, 5: Honigmann, p. 34; *notitiae* 1-4, 7, 9-10, 13, 15-21: Darrouzès, pp. 208, 221, 253, 277, 298, 314, 356, 510

Bibl.: Le Quien, I, coll. 615-620; F. K. Dörner, RE, XXIII, coll. 1071 1086; Laurent, *Sceaux*, V, 1, pp. 273, 277, B. I. Kandes, Ἡ Προῦσα, ἐν Ἀθήναις 1883, pp. 130-142

Alexander, mart.			A. Koren, BS, I, col. 787
Patricius, mart.			J. M. Sauget, BS, I, coll. 412-414
Esilius, Esycios	(-325 mai. 20)	(325 iun. 19-)	Turner, I, pp. 80-81
Timotheus, mart.			J. M. Sauget, BS, XII, coll. 490-491
Eustathius	(-381 mai.)	(381 iul.-)	Turner, II, pp. 460-461
Petrus	(-431 iul.)		ACO, I, I, 7, p. 7; I, IV, p. 29
Stephanus	(-458/459)		Grumel, I, n. 143: PG, 85, p. 1620
Andreas	saecc. V-VI		Laurent, *Sceaux*, V, 1, n. 380
Theoctistus	(-553 mai. 5)	(553 iun. 2-)	ACO, IV, I, pp. 6, 227
Polycronius	(-681 sept. 16)		Mansi, XI, col. 676
Theodorus	(-787 oct. 13)		Mansi, XIII, col. 389
Nicetas	(-879 nov.)		Mansi, XVII-XVIII, col. 376
Stephanus	saecc. X-XI		Laurent, *Sceaux*, V, 1, n. 381

Cosmas	saec. XI		Laurent, *Sceaux*, V, 1, nn. 382-383
Patricius	saecc. XI-XII		Le Quien, I, col. 618
Maximus	saec. XII pars post.		Laurent, *Sceaux*, V, 1, n. 384
...	(-1226 mar. 29)		Laurent, IV, n. 1242
Leo	(-1232 c.)		Kandes, pp. 133-134
Nicolaos	(-1256 c.)		Kandes, p. 134
...	(-1274)		Laurent, IV, n. 1410; Mansi, XXIV, col. 75
Nicolaos	1283		Kandes, p. 134
Neophytus	(-1285/1286)	(1289 iun.-)	Laurent, IV, nn. 1492, 1499, 1518
...	(-1310 oct.)		Darrouzès, V, n. 2005
Nicolaos	(-1315 iul.)	(1331 apr.-)	Darrouzès, V, nn. 2032, 2164
Hierotheus	(-1347 mai.)	(1347 sept.-)	Darrouzès, V, nn. 2279, 2291
...	(-1386 dec.)		Darrouzès, VI, n. 2806
...	(-1394 mar.)		Darrouzès, VI, n. 2591
...	(-1401 dec.)		Darrouzès, VI, n. 3244
...	(-1403 iun.)		Darrouzès, VI, n. 3262
Gregorius	(-1565)	(1579-)	Martinus Crusius, II, p. 172; Kandes, p. 136
Neophytus	(-1580 c.)		Kandes, pp. 136-137
Ioasaf	1604	1634	Kandes, p. 137
Chrysanthus	(-1642 mai.)		Leo Allatius, III, XI, col. 1089
Clemens	1642	1655	Kandes, p. 137
Parthenius Cumcumis, prom. patr. CP		1658	
Meletios	1658 c.		
Gabriel	(-1659 dec. 3)		
Dionysius, ep. Larissae	1660 c.		
Parthenios	1661	1665	Kandes, pp. 137-138
Callinicos	(-1672)	(1702-)	Kandes, pp. 138-139
Cyrillos	(-1705 sept.)	(1721-)	Kandes, p. 139; Le Quien, I, col. 620
Gregorios	(-1748 c.)		Kandes, p. 139
Meletios	(-1760 c.)	(1777-)	
Anthimos	1777	1807	Kandes, p. 140
Ioannikios	1807	1816	Kandes, p. 141
Panaretos	1817	1820	
Gerasimos	1820	1824	
Nicodemos	1824	1833	
Anthimos Kutalianos	1833	1836	

Chrisanthos	1836	1846	
Constantios	1846	1870	
Nicodemos	1870		Kandes, pp. 141-142

13.16.3 RHYNDACES

eccl. byzantina

Vescovado suffraganeo della Bitinia (?).

Bibl.: Le Quien, I, coll. 636-638

Ionas	Le Quien, I, coll. 637-638
Leo	

13.17.3 SOREUS

eccl. byzantina

Vescovado suffraganeo della Bitinia (?).

Bibl.: Le Quien, I, coll. 619-622; Ruge, RE, III A, col. 1134

Cornelius	Le Quien, I, coll. 619-622

PROVINCIA BITHYNIAE SECUNDAE

14.1.3 NICAEA, Iznik — eccl. byzantina

Sede metropolitana della provincia di Bitinia seconda, di grande prestigio a motivo dei concili celebrati nella sua chiesa (325, 787); inizialmente con 3 vescovadi suffraganei e quindi con 6; l'occupazione turca (2 marzo 1331) lasciò sussistere le metropoli, mentre scomparvero i vescovadi della provincia.

Fonti: Hierocles, 692, 1: Honigmann, p. 33; *notitiae*: Darrouzès, p. 505

Bibl.: Le Quien, I, coll. 639-656; W. Ruge, RE, XVII, coll. 226-243; Laurent, *Sceaux*, V, 1, pp. 282-285; V, 3, pp. 71-73; M. Forlin Patrucco-Ch. Kannengiesser, DPAC, II, coll. 2394-2397

Theogenius, Theognius, ad eccl. ar.	(-325 mai. 20)	(325 iun. 19-)	Turner, I, pp. 80-81; M. Simonetti, DPAC, II, col. 3407
Chrestus			Theodoretus, HE, I, 19: PG, 82, col. 965
Dorotheus	(-381 mai.)	(381 iul.-)	Turner, II, pp. 460-461
Anastasius	(-<398-404>)	(451 oct.-)	Grumel, I, n. 29; ACO, II, I, II, p. 142
Petrus	(-458/459)		ACO, II, V, p. 23
Appio			Theophanes: Le Quien, I, col. 643
Anastasius	(-518)	(536)	ACO, III, pp. 65, 114
Stephanus	(-553 mai. 5)	(553 ian. 2-)	ACO, IV, I, pp. 4, 224
Theophilus	(-<582-610>)		Le Quien, I, col. 643
Constantinus	saec. VII		Laurent, *Sceaux*, V, 1, n. 390
Photius	(-680 nov. 7)	(681 sept.16-)	Mansi, XI, coll. 209, 669
Georgius	(-691 sept.)		Mansi, XI, col. 989
Anastasius	saec. VII fin.		Le Quien, I, co0l. 644
Hypatius	(-787 oct. 13)		Mansi, XIII, col. 381
Inger			Le Quien, I, coll. 644-645
Petrus	(-812)	926	Laurent, *Sceaux*, V, 1, n. 391
Theodorus	saec. IX		Laurent, *Sceaux*, V, 1, n. 392; V, 3, n. 1712
Theophanes Graptos	(843-)	845 nov. 11	Grumel, II, n. 428
Ignatius	(-845 nov. 11)		Grumel, II, n. 428; Beck, pp. 511-512
Nicephorus	(848-)	858	Laurent, *Sceaux*, V, 1, n. 393
Ioannes	(-862)		Grumel, II, n. 473, cfr. n. 668
Nicephorus, iter.	867	877	Laurent, *Sceaux*, V, 1, n. 393
Amphylochius, ep. Cyzici	878 fin./879 in.		Grumel, II, nn. 511-512

Gregorius Syracusanus	878/879	(879 nov.-)	Grumel, II, n. 512; Mansi, XVII-XVIII, col. 373
Theodorus	saec. X		Laurent, *Sceaux*, V, 3, n. 1712
Alexander	(-920)	(<912-925>-)	Grumel, II, nn. 668, 726
Ignatius		945 c.	Laurent, *Sceaux*, V, 3, n. 1713
Daniel			Le Quien, I, col. 648
Constantinus	(-1027 nov.)		Grumel, III, n. 833
Cosmas	saec. XI pars pr.		Laurent, *Sceaux*, V, 1, n. 394
Theodorus	956		cfr. Laurent, *Sceaux*, V, 3, n. 1713; Le Quien, I, coll. 648-649
Eustratius	(-1113)	1117 apr. 26	Le Quien, I, coll. 649-650; Grumel, I, n. 1002
Nicetas			Le Quien, I, col. 650
Leo	(-1144 febr. 22)		Grumel, III, n. 1015: Leo Allatius, II, XII, col. 688
Georgius	(-1166 mai. 6)	(1173 iul. 11-)	Grumel, III, nn. 940, 1126
Nicolaus	(-1177 ian. 10)	(1177 sept. 2-)	Grumel, III, nn. 1132, 1134; cfr. Le Quien, I, col. 651
Gerasimus			Le Quien, I, col. 651
Theophanes	(-1274 mar.)	1283 apr.	Laurent, IV, nn. 1410, 1463
...	(-1299)		Le Quien, I, col. 652
Arsenius	1301	(1313 iun.-)	V. Laurent, EO, XXXII (1933), p. 323; cfr. Darrouzès, V, n. 2016
Petrus	(-1315 sept.)	(1318 oct.-)	Darrouzès, V, nn. 2038, 2087
Manasses	(-1355 aug. 17)	(1362 sept.-)	Darrouzès, V, nn. 2381, 2446
Theophanes	(-<1366 mai.- 1367 iun.>)	(1380 mar.-)	Darrouzès, V, n. 2518; VI, n. 2707
Alexius, metr. de Barna	1381 mar.	(1393 sept.-)	Darrouzès, VI, nn. 2716, 2928
Georgius (?)	(-1394 mai.)		Darrouzès, VI, n. 2959
...	(-1401 dec.)	(1403 <aest.-aut.>-)	Darrouzès, VI, nn. 3244, 3263
Bessarion	1437	1439 dec. 18	R. Loenertz, EC, II, coll. 1492-1498
Neophytus			Le Quien, I, col. 653
Stauracius	(-1450)		Mansi, XXXII, col. 105
Athanasius	(-1528)		AA, II, p. 172
Cyrillus	(-1572)	(1579-)	Le Quien, I, col. 654
Porphyrius	(-1642 mai.)		Leo Allatius, III, col. 1089
Gregorius	(-1653)	(1655-)	Mystakides, p. 208
Nathanael			Le Quien, I, coll. 655-656
Methodius	(-1672)		Le Quien, I, col. 656
Sophronius	(-1678 nov. 1)		AA, II, p. 203

Gerasimus	(-1721)	(1726-)	Mystakides, p. 208
Callinicus	(-1745 iun.)	(1746 mai.-)	Actes, III, pp. 62, 70
Hieremias	(-1763)		Mystakides, p. 208
Callinicus	(-1798 mai.)		Actes, III, p. 83
Daniel	(-1801)	(1806 nov.-)	Mystakides, p. 208; AA, II, p. 216
Ioannikios	(-1817)		Mystakides, p. 208
Macarios			

14.1.4 NICEA — eccl. ariana

Theognius, Theognis			ACO, IV, I, p. 104; II, pp. 103, 180; Le Quien, I, col. 641; Sozomenus, III, 7: PG, 67, col. 1049
Eugenius		370	Sozomenus, IV, 8: PG, 67, col. 1128
Hypatius	(-389)		Le Quien, I, col. 642

14.2.3 APAMEA ad MEANDRUM — eccl. byzantina

Vescovado suffraganeo di Nicea, arcivescovado nel 640, alla seconda metà del secolo XI sede metropolitana.

Fonti: Hierocles, 692, 4: Honigmann, p. 33; *notitiae*: Darrouzès, p. 484

Bibl.: Le Quien, I, coll. 655-658; Hirschfeld, RE, I, col. 2664 (5); W. Ruge, RE, XVI, coll. 1104-1105; T. E. Evanghelides, DIEE, III (1889), pp. 219-225; R. Janin, DHGE, III, coll. 916-917; Laurent, *Sceaux*, V, 1, pp. 616-617, 637-638

Theophilus, tr. ad Eudoxiopolim			Socrates, HE, VII, 36: PG, 67, col. 821
Eulysius	saec. V in.		Palladius, *Dialogus*: PG, 47, coll. 9, 36
Callinicus	(-431 iul.)	(451 oct.-)	ACO, I, I, VII, p. 88; II, I, II, p. 33
Marcus	(-536)		ACO, III, p. 126
Theopemtus	(-691 sept.)		Mansi, XI, col. 992
Eustratius, Eustachius	(-787 sept. 26)	(787 oct. 13-)	Mansi, XII, col. 1095; XIII, col. 384
Eulampius, dep.	(-847 fin./848)	869 oct. 29	Mansi, XVI, col. 381; Grumel, II, n. 445
Paulus	(-870 febr. 28)		Mansi, XVI, col. 191
Sophronius	(-879 nov.)		Mansi, XVII-XVIII, col. 373
Constantinus	(-1032 apr.)		Laurent, *Sceaux*, V, 1, n. 820; Grumel, II, nn. 839-840
Basilius	saec. X fin.		Laurent, *Sceaux*, V, 3, n. 1810

Theodorus	saec. XI		Laurent, *Sceaux*, V, 1, n. 799
Michael	saecc. XI-XIII		Laurent, *Sceaux*, V, 1, n. 800
Georgius, Gregorius	(-1145 nov. 19)	(1156-)	Evanghelides, p. 222; Grumel, III, n. 1019; Leo Allatius, II, XII, col. 688
Isacius	1158	(1172 mai. 5-)	Evanghelides, p. 222; Leo Allatius, II, XII, col. 690; Grumel, III, n. 1125
...	(-1274)		Mansi, XXIV, col. 75
...	(-1310 oct.)		Darrouzès, V, n. 2005

14.3.3 GORDOSERBA, Gordo-servorum — eccl. byzantina

Vescovado suffraganeo di Nicea.

Fonti: *notitiae* 1-4, 7, 9-10, 13: Darrouzès, pp. 208, 221, 235, 254, 277, 298, 314, 356

Bibl.: Le Quien, I, coll. 659-660; D.-L. Stiernon, DHGE, XXI, coll. 752-754

Isidorus	(-691 sept.)		Mansi, XI, col. 996
Neophytus	(-787 sept. 26)	(787 oct. 13-)	Mansi, XII, col. 1103; XIII, col. 392
Stephanus	(-870 febr. 28)	(879 nov.-)	Mansi, XVI, col. 193; XVII XVIII, col. 377

14.4.3 LINOE — eccl. byzantina

Vescovado suffraganeo di Nicea.

Fonti: *notitiae* 1-4, 7, 9-10, 13; Darrouzès, pp. 208, 221, 235, 254, 277, 298, 314, 356

Bibl.: Le Quien, I, coll. 657-658

Anastasius	(-691 sept.)	Mansi, XI, col. 996
Leo	(-787 sept. 26)	Mansi, XII, col. 1103
Basilius	(-879 nov.)	Mansi, XVII-XVIII, col. 376
Cyrillus	(-879 nov.)	Mansi, XVII-XVIII, col. 377

14.5.3 MAXIMIANAI — eccl. byzantina

Vescovado suffraganeo di Nicea.

Fonti: *notitiae* 4, 7, 9-10, 13: Darrouzès, pp. 254, 277, 298, 314, 356

Bibl.: Darrouzès, pp. 36-37, 40, 44, 76, 89: Jones, *Cities*, p. 537

14.6.3 **MELA-MELINA**, Modrine, Melangios, Melagina, Nea Iustinianopolis eccl. byzantina

Vescovado suffraganeo di Nicea compare nelle *notitiae* fino al secolo XIII; arcivescovado nelle *notitiae* 12 (Melangios), 15, 18 (Melagina); sede metropolitana nella *notitia* 12.

Fonti: *notitiae* 1-4, 7, 12, 15, 18: Darrouzès, pp. 208, 221, 235, 254, 277, 298, 314, 356

Bibl.: Le Quien, I, coll. 659-660, 635-636; T. Xanthopoulos, EO, V (1901 -1902), pp. 163-164; Jones, *Cities*, p. 537; Laurent, *Sceaux*, V, 1, pp. 287-288

Macedonius	(-553 mai. 5)	(553 iun. 2-)	ACO, IV, pp. 7, 229
Theodorus	(-681 sept. 16)	(691 sept.-)	Mansi, XI, coll. 676, 996
Nicetas	(-787 sept. 26)	(787 oct. 13-)	Mansi, XII, col. 1103; XIII, col. 392
Paulus	(-870 febr. 28)	(879 nov.-)	Mansi, XVI, col. 194; XVII XVIII, col. 376
Theodorus	saec. XI		Laurent, *Sceaux*, V, 1, n. 397
Ioannes	(-1256 mar. 31)		Xanthopoulos, p. 164
Constantinus	1261	1281	
...		1401 dec.	

14.7.3 **NUMERIKA**, Numericum eccl. byzantina

Vescovado suffraganeo di Nicea compare nelle *notitiae* fino al secolo XIII.

Fonti: *notitiae* 4, 7, 9-10, 13: Darrouzès, pp. 254, 277, 298, 314, 356

Bibl.: Le Quien, I, coll. 661-662; Laurent, *Sceaux*, V, 1, pp. 285-287

Cristophorus	saec. IX		Laurent, *Sceaux*, V, 1, n. 396
Constantinus	(-870 febr. 28)		Mansi, XVI, col. 193
...	saec. X		Laurent, *Scea- ux*, V, 1, n. 395

14.8.3 **TAION**, Tattaion, Tottaium eccl. byzantina

Vescovado suffraganeo di Nicea ricordato nelle *notitiae* fino al secolo XIII; scompare con l'occupazione turca nel secolo XIV.

Fonti: Hierocles, 694, 1: Honigmann, p. 34; *notitiae* 4, 7, 9-10, 13: Darrouzès, pp. 254, 277, 298, 314, 356

Bibl.: Ruge, RE, IV A, col. 2462; Laurent, *Sceaux*, V, 1, pp. 288-289; Jones, *Cities*, p. 537; cfr. Darrouzès, pp. 24, 235

Ioannes	saec. XI		Laurent, *Sceaux*, V, 1, n. 398

DIOECESIS ASIANA

PROVINCIA ASIAE

15.1.2 EPHESUS, Ephesos, Efes, Efeso — eccl. primaeva et byzantina

Capitale civile della diocesi d'Asia; sede metropolitana della provincia d'Asia, al concilio di Calcedonia aveva 39 vescovadi suffraganei, compresa Smirne, che, tra 451 e 457, diventò arcivescovado autocefalo e nel secolo IX sede metropolitana con propri suffraganei. L'occupazione turca del 1304 vide diminuire la popolazione cristiana.

Fonti: Hierocles, 659, 1: Honigmann, p. 21; *notitiae* 1-5, 7, 9-10, 13-14, 20: Darrouzès, pp. 206, 219, 233, 252, 264, 274, 296, 310, 354, 374, 416

Bibl.: Le Quien, I, coll. 671-694; Bürchner, RE, V, coll. 2773-2822; J. Pargoire, *Les métropolites d'Ephèse au XIIIe siècle*, EO, VIII (1905), pp. 286-290; X (1907), pp. 10-11, R. Janin, DHGE, XV, coll. 554-561; Laurent, *Sceaux*, V, 1, pp. 178-185; N. B. Tomadakes, EEBS, XLIII (1977-1978), pp. 5-119; M. Forlin Patrucco, DPAC, I, coll. 393-394; M. Simonetti, DPAC, I, coll. 1099-1103

Timotheus, s.	63 (?)	97/98 (?)	G. Lucchesi, BS, XII, coll. 482-488; R. Trevijano, DPAC, II, col. 3451
Ioannes			*Constitutiones apostolicae*, VII, 46: PG, 1, col. 1053
Onesimus, mart.	(-107 c.)		Ignatius Antiochenus, *ad Ephesios*: PG, 5, col. 645
Polycrates	(-195) (?)		G. Lucchesi, BS, XII, col. 484; Eusebius, HE, V, 22: II, p. 65; Jaffé, n. 77; A. Di Berardino, DPAC, II, col. 2868
Apollonius			cfr. Eusebius, HE, V, 18: II, p. 55
Isak	saec. III (?)		Janin, col. 558
Menophantus, Menopantus, Menopantos, exc.	(-325 mai. 20)	(356-)	Turner, I, pp. 64-65; Sozomenus, HE, IV, 8: PG, 67, col. 1128
Evethius, Eventius			Photius, *Bibliotheca*: Janin, col. 558
Menophantus	(-381 mai.)	(381 iul.-)	Mansi, III, col. 596
Antoninus	(-400 mai.)	(401-)	Grumel, I, pp. 16, 20; Palladius, *Dialogus*: PG, 47, coll. 47-48
Heraclides	(-403)		Sozomenus, HE, VIII, 6: PG, 67, col. 1529; Socrates, HE, VI, 17: PG, 67, coll. 713 716
Castinus	403		Le Quien, I, coll. 676-677; cfr. ACO, II, I, III, p. 52
Memnon	(-431 iun. 22)	440	ACO, I, I, II, p. 3; I, I, VII, p. 85; D. Stiernon, DPAC, II, col. 2213
Basilius (?)			Mansi, VII, col. 293; ACO, II, I, III, p. 46
Bassianus, dep.		448 mar./apr.	Grumel, I, nn. 92, 95; L. Navarra, DPAC, I, col. 500

Stephanus	(-449 aug. 8)	(451 oct.-)	Honigmann, *Lists*, p. 34; ACO, II, I, II, p. 153
Ioannes	(-458)		ACO, II, V, pp. 15, 23
Paulus, ad eccl. monoph.	(-475)		Grumel, I, n. 150; Honigmann, *Évêques*, p. 119
Hypatios	531	539/540	J. Irmscher, DPAC, II, coll. 1790-1791
Andreas	(-553 mai. 5)	(553 iun. 2-)	ACO, IV,- I, pp. 3, 222
Rufinus	(-596 oct.)		Gregorius, *Reg.*, VII, 11: CCL, 140, p. 460
Theodorus	(-681 sept. 16)		Mansi, XI, col. 669; Laurent, *Sceaux*, V, 1, n. 254
Stephanus	(-691 sept.)		Mansi, XI, col. 989; cfr. Le Quien, I, col. 683
Hypatius, s.		(714-741)	J. M. Sauget, BS, VII, coll. 862-863
Theodosius, haer.	735 c.	(754 aug. 10-)	Grumel, II, n. 345; Laurent, *Sceaux*, V, 1, n. 255
Ioannes	(-787 oct. 13)		Mansi, XIII, col. 380; Laurent, *Sceaux*, V, 1, n. 256; Le Quien, I, col. 684
Nicolaus	saec. IX pars pr.		Laurent, *Sceaux*, V, 3, n. 1691
Theophilus, ex.	(-820)		Laurent, *Sceaux*, V, 3, n. 1690
Marcus	(-833)		
Theophanes	(-861 <mai.-sept.>)		Grumel, II, n. 468
Basilius	(-870 febr. 28)		Mansi, XVI, col. 190
Gregorius	(-879 nov.)	(906 aut.)	Mansi, XVII-XVIII, col. 373; Grumel, II, n. 608
Constantinus	(907-912)		Laurent, *Sceaux*, V, 1, n. 257; cfr. Grumel, II, n. 634
Ioannes, dep.	(907-912)	912 iun.	
Gregorius	912	(933-)	Grumel, II, n. 634; Laurent, *Sceaux*, V, 3, n. 1692
Cyriacus	(-1027 nov.)	(1039 sept.-)	Grumel, II, nn. 833, 846
Theophanes	saec. XI pars pr.		Laurent, *Sceaux*, V, 1, n. 258
Theodorus			Le Quien, I, col. 686
Theophylactus	saec. XI		Laurent, *Sceaux*, V, 1, n. 259
Cyriacus	(-1027 nov.)	(1039 sept.-)	Grumel, II, nn. 833, 846
...	(-1066 apr. 26)		Grumel, III, n. 896
Nicephorus	(-1071 nov. 9)		Grumel, III, n. 900
Michael Ducas Parapinaces	1078	(1081-apr.-)	Grumel, III, n. 909, 916
Ioannes	saecc. X-XII		Laurent, *Sceaux*, V, 1, n. 260
...	(-1116 dec. 8)		Grumel, III, n. 1000

Ioannes	(-1143 aug. 20)	(1147-)	Grumel, III, n. 1011; Laurent, *Sceaux*, V, 1, n. 260; Le Quien, I, col. 687
...	(-1156 ian. 26)		Grumel, III, n. 1083
Nicolaus	(-1170 ian. 30)	(1170 nov.-)	Grumel, III, nn. 1109, 1118
Georgius	(-1191 nov. 27)	(1192 ian. 8-)	Grumel, III, nn. 1179-1180
Nicolaus Mesarites	(-1213 oct.)	(1215 fin.-)	Pargoire, *Les métropolites*, p. 290
Iasites	1217	1224 (?)	Mystakides, p. 173
N. Monasteriotes	(-1224/1225)		Pargoire, *Les métropolites*, p. 290
Ioannes	(-1227 mar.)	(1229 sept.-)	
N. Manasses	(-1233)	1237/1238	
Constantinus Claudiopolites, dep.	1237/1238	1239	
Nicephorus, prom. patr.	(1240-1244)	1260	
...	(-1274)		Mansi, XXIV, col. 74
Isaacius, dep.	(-1278 nov.)	1238	Laurent, *Sceaux*, V, 1, n. 262
Ioannes Kheilas, dep.	1283/1284		Pargoire, *Les métropolites*, p. 290; Laurent, IV, n. 1579
Ioannes	(-1300)		Janin, col. 559
Neophytus	saec. XIV		
...			Le Quien, I, col. 690
Matthaeus	(-1329 dec.)	1360 c.	Darrouzès, V, nn. 2153, 2415
Theodoretus	(-1365 ian. 20)	(1372 iun.-)	Darrouzès, V, nn. 2478, 2652
Myron	(-1387 mai.)	(1393 mar.-)	Darrouzès, VI, nn. 2819, 2921
Maximus (?)	(-1394 mai.)		Darrouzès, VI, n. 2959
Ioseph, prom. patr. CP		1416 mai. 21	Janin, col. 559
Matthaeus	(-1426)	(1427-)	
Ioasaph		1437 apr.	Syropoulos, pp. 140, 172
Marcus Eugenicos	1437	1444 iun. 23	L. Petit, DTC, IX, coll. 1968-1986
Neophytos	1467	1477	Janin, col. 559; Tomadakes, p. 24
Daniel	1478	(1488 iul.-)	
Ioseph	(-1522 dec. 31)		Tomadakes, p. 25
...	(-1547 mai.)		Tomadakes, p. 94
Lucas	(-1561)		Tomadakes, p. 25
Gregorios	(-1564)		
Athanasius	1575 iul.	1577 sept.	Tomadakes, pp. 25-27
Sophronius	1577	1582	Tomadakes, p. 27
Dionysios	1582	1585	Tomadakes, pp. 27-34
Sophronios	1585 (-febr. 27)	(1606 iun.-)	Tomadakes, pp. 34-35

Gabriel, dep.	1616	1626 dec.	Tomadakes, pp. 35-36
Ignatius		1627	Tomadakes, p. 36
Sylvester, dep.	1627 oct. 1	1630 mai.	
Meletios Pantogalos, dep.	1631 apr. 26	1639 mai.	Tomadakes, pp. 36-45
Anthimus, el. non conf.	1639 mai.		Tomadakes, p. 45
Meletios Pantogalos, iter., dep.		1642 febr.	Janin, col. 559
Paisios	1642 febr. 16	1645 sept. 10	Tomadakes, p. 45
Ignatius	1645 sept. 10	1655	Tomadakes, p. 46
Paisios	1655		Tomadakes, pp. 46-47
Dionysius	(-1688 apr.)		Tomadakes, p. 47
Theophanes	1688	(1704 apr.-)	Tomadakes, pp. 47-49
Constantios	(-1704 iul.)		Tomadakes, p. 49
Cyrillus	(-1712 mai. 1)	(1725-)	Tomadakes, p. 50; Janin, col. 560
Gabriel, adm.	(-1746 apr.)		Tomadakes, p. 50
Ioachim	(-1746 mai.)	(1747-)	Tomadakes, pp. 50-51
Nathanael Kallonares	1753 nov. 23	1761 oct. 1	Tomadakes, pp. 51-53
Dionysius Samoucrasas	1762 febr. 27	1763 mai. 24	Janin, col. 560
Meletios Petrokokkinos	1763 mai.	1779	Tomadakes, pp. 53-58
Samuel Chantzeres	1780	1801 iun.	Tomadakes, pp. 58-72
Macarius Balasakes	1801 iun. 20	1803	Tomadakes, pp. 72-73
Dionysius Calliarches	1803 sept.	1821 apr. 10	Tomadakes, pp. 73-91
Macarius	1821 apr.	1830	Tomadakes, pp. 91-93
Chrysanthus	1830 dec.	1836 iun.	Tomadakes, p. 95; Janin, col. 560
Gerasimus Domnenos	1836 sept.	1837	
Anthimos Ioannides, prom. patr.	1837 apr.	1845 dec. 4	
Anthimos Koutalianos	1845 dec.	1853 iul. 14	Tomadakes, p. 95
Paisios, dep.	1853 iul. 14	1872 mai. 25	
Agathangelus	1872 mai. 25	1893 apr.	
Constantinos Balliades	1893 apr. 30	1897 apr. 2	
Ioachim Euthyboules	1897 mai. 10	1921 febr.	
Chrysostomus Chatze Stauros	1922 febr. 19	1924 febr. 5	
Callinicos Photiades	1924 mai. 8	1926 ian. 16	
Agathangelus Magnes-Constantinides	1932 iun. 28	1935 aug. 15	
Maximus, patr.	1948 mar. 27	1972 ian. 1	

15.1.15 EPHESUS — eccl. monophysita

Bibl.: Honigmann, *Évêques*, pp. 119-123

Paulus, ex eccl. chalc.	475	477	Honigmann, *Évêques*, pp. 3-4, 119
Etherios, Aitherios	(491-500)		Honigmann, *Évêques*, p. 119
Theosebios	502/503 c.	518	Honigmann, *Évêques*, pp. 119 123, 147
Andreas, v. sub eccl. chalc.	(-541)		Honigmann, *Évêques*, pp. 122, 256
Abraham		saec. VI	Honigmann, *Évêques*, p. 121, n. 4; S.J. Voicu, DPAC, I, col. 19
Procopius, iulian.	549		Honigmann, *Évêques*, pp. 122, 123, 128
Eutropius, iulian.			

15.1.16 EPHESUS — eccl. jacobita

Bibl. Honigmann, *Évêques*, pp. 207-215

Ioannes	557/558	586	Honigmann, *Évêques*, pp. 207 215; J.M. Sauget, DPAC, II, coll. 1563-1564

15.2.3 ADRAMYTION, Atramytion, Karatas, Edremit — eccl. byzantina

Vescovado suffraganeo di Efeso; i vescovi vi rimasero fino all'inizio del secolo XIV, avendo la località resistito ai Turchi più a lungo.

Fonti: Hierocles, 661, 10: Honigmann, p. 22; *notitiae* 1-4, 7, 9-10, 13: Darrouzès, pp. 206, 219, 233, 252, 274, 296, 310, 354

Bibl.: Le Quien, I, coll. 699-702; Hirschfeld, RE, I, col. 404; S. Pétridès, DHGE, I, coll. 596-597; Laurent, *Sceaux*, V, 1, pp. 190 193

Helladius	(-431 iun.)	(431 iul.-)	ACO, I, I, II, p. 61; I, I, VII, p. 112
Aurelius	(-448)		Pétridès, col. 596
Flavianus	(-449 aug. 8)		Honigmann, *Lists*, p. 36
Iulianus			Pétridès, col. 596; Le Qui en, I, coll. 701-702
Theodorus	(-681 sept. 16)		Mansi, XI, col. 681
Basilius	(-787 sept. 16)	(787 oct. 13-)	Mansi, XII, col. 1089; XIII, col. 385
Michael	(-870 febr. 28)		Mansi, XVI, col. 192
Sergius	saec. XI in.		Laurent, *Sceaux*, V, 1, n. 272

Georgius	saec. XI		Laurent, *Sceaux*, V, 1, n. 273
Constantinus	saecc. XI-XII		Laurent, *Sceaux*, V, 1, n. 274
...	saecc. XI-XII		Laurent, *Sceaux*, V, 1, n. - 275
Ioannes	saec. XII pars post.		Laurent, *Sceaux*, V, 1, n. 276
Georgius	(-1229 sept.)	(1230-)	Laurent, *Sceaux*, V, 1, p. 190; Pétridès, col. 596

15.3.3 **AEGA**, Aegaea, Nemrut Kalesi — eccl. byzantina

Vescovado suffraganeo di Efeso.

Fonti: Hierocles, 660, 16: Honigmann, p. 22

Bibl.: Le Quien, I, coll. 719-720; Hirschfeld, RE, I, coll. 944-945; S. Pétridès, DHGE, I, col. 645

Theodorus			Photius, *Bibliotheca*, cod. 253: PG, 104, col. 100
Cyriacus	(-449 aug. 8)	(451 oct.-)	Honigmann, *Lists*, p. 36; ACO, II, III, II, p. 164
Rufinus	(-458/459)		Grumel, I, n. 143: PG, 85, col. 1620

15.4.3 **ALGIZA** — eccl. byzantina

Vescovado suffraganeo di Efeso.

Fonti: Hierocles, 660, 2: Honigmann, p. 22; *notitiae* 7, 10, 13: Darrouzès, pp. 275, 310, 355

Bibl.: Le Quien, I, coll. 723-724; Hirschfeld, RE, I, col. 1476

Proclus	(-451 oct.)		ACO, II, III, II, p. 164
Leontius, Leo	(-787 sept. 26)	(787 oct. 13-)	Mansi, XII, xol. 1089; XIII, col. 385

15.5.2 **ANEA**, Anaia, Ania, Kadi Kalesi — eccl. primaeva et byzantina

Vescovado suffraganeo di Efeso compare nelle *notitiae* fino al secolo XIII; scompare probabilmente con la conquista turca del 1298 circa; ricompare unito a Krenes nel 1806 ed autonomamente nel 1883.

Fonti: Hierocles, 659, 2: Honigmann, p. 21; *notitiae* 1-4, 7, 9-10, 13: Darrouzès, pp. 207, 219, 233, 252, 275, 296, 310, 355

Bibl.: Le Quien, I, coll. 717-720; Hirschfeld, RE, I, coll. 2028-2029; S. Pétrides, DHGE, II, col. 1420; Laurent, *Sceaux*, V, 1, pp. 204 205; N. B. Tomadakes, EEBS, XLIII (1977-1978), pp. 99-100

Olbianus, mart.	(286-305)		J. M. Sauget, BS, IX, col. 1143
Paulus	(-325 mai. 20)	(325 iun. 19-)	Turner, I, pp. 66-67
Modestus	(-431 iun. 22)	(431 iul. 22-)	ACO, I, I, II, p. 5; I, I, VII, p. 87
Zoticus	(-451 oct.)		ACO, II, III, II, p. 173
Marcellus	(-536)		ACO, III, p. 118
Ioannes	(-681 sept. 16)	(691 sept.-)	Mansi, XI, coll. 676, 993
Sabbas	(-787 sept. 26)	(787 oct. 13)	Mansi, XII, col. 1089; XIII, col. 388
Gregorius	saecc. VII- VIII		Laurent, *Sceaux*, V, 1, n. 290
Ioseph	(-870 febr. 28)		Mansi, XVI, col. 192
Athanasius	(-879 nov.)		Mansi, XVII-XVIII, col. 377
Theognostus	saec. IX		Laurent, *Sceaux*, V, 3, n. 1699
...	saec. X		Pétridès, col. 1420
Theophylactus	saec. XI in.		Laurent, *Sceaux*, V, 3, n. 1698
Georgius	(-1167 iul.)		Pétridès, col. 1420
Athanasius	(-1229 sept.)		Laurent, *Sceaux*, V, 1, p. 204
Constantinos Stylianides	1847		Tomadakes, p. 100
Anthimos Cheimonios	1902 nov. 2		
Alexandros Delanas	1910 iun. 22		
Thomas Sambopoulos	1922 febr. 19		

15.6.3 ANINETUS, Aninata, Aninetum, Buğdayh — eccl. byzantina

Vescovado suffraganeo di Efeso.

Fonti: Hierocles, 659, 9: Honigmann, p. 21; *notitiae* 1-4, 7, 9-10, 13: Darrouzès, pp. 207, 219, 233, 252, 275, 296, 310, 354

Bibl.: Le Quien, I, coll. 709-710; Hirschfeld, RE, I, col. 2211; S. Pétridès, DHGE, III, col. 287

Hermogenes (?)			Le Quien, I, coll. 709-710
Theodorus	(-431 iun. 22)	(431 iul. 22-)	ACO, I, I, II, p. 5; I, I, VII, p. 86
Mamas	(-451 oct.)		ACO, II, III, II, p. 164

15.7.3 ANTANDROS, Attandros, Antandris, Derveni — eccl. byzantina

Vescovado suffraganeo di Efeso.

Fonti: Hierocles, 661, 11: Honigmann, p. 22; *notitiae* 1-4, 7, 9-10, 13: Darrouzès, pp. 207, 219, 233, 252, 275, 297, 310, 355

Bibl.: Le Quien, I, coll. 721-722; Hirschfeld, RE, I, col. 2346; S. Pé tridès, DHGE, III, col. 511

Aretianus	(-451 oct.)		ACO, II, III, II, p. 173
Zosimus	(-536)	(553 iun. 2-)	ACO, III, p. 117; IV, I, p. 228
Marinus, Marianus	(-787 sept. 26)	(787 oct. 13-)	Mansi, XII, col. 1089; XIII, col. 388
Constantinus	(-879 nov.)		Mansi, XVII-XVIII, col. 377
...	(-1166)		Le Quien, I, col. 722

15.8.3 **ARKADIOUPOLIS**, Arcadiopolis, Arakcilar, Arkadjiler (?) — eccl. byzantina

Vescovado suffraganeo di Efeso compare nelle *notitiae* fino al secolo XIII e scompare, probabilmente nel secolo XIV, con la conquista turca.

Fonti: Hierocles, 659, 11: Honigmann, p. 21; *notitiae* 1-4, 7, 9-10, 13: Darrouzès, pp. 207, 2-9, 233, 252, 275, 296, 310, 355

Bibl.: Le Quien, I, coll. 711-712: Hirschfeld, RE, II, col. 1157; R. Janin, DHGE, III, coll. 1483-1484; Laurent, *Sceaux*, V, 1, pp. 206 207

Alexander	(-431 iun. 22)	(431 iul. 22-)	ACO, I, I, II, p. 5; I, I, VII, p. 86
Gerontius	(-451 oct.)		ACO, II, III, II, p. 173
Christophorus	(-553 mai. 5)	(553 iun. 2-)	ACO, IV, I, pp. 5, 227
Ioannes	(-787 sept. 26)		Mansi, XII, col. 1095
Nicephorus	(-787 oct. 13)		Mansi, XIII, col. 388
Simeon	(-879 nov.)		Mansi, XVII-XVIII, col. 376
...			Le Quien, I, col. 712
Petrus	saecc. X-XI		Laurent, *Sceaux*, V, 1, n. 292
Ioannes (?)	saecc. X-XI		Laurent, *Sceaux*, V, 1, n. 293

15.9.3 **ASSOS**, Bahramköy — eccl. byzantina

Vescovado suffraganeo di Efeso, compare nelle *notitiae* fino al secolo XIII; scompare dopo la conquista turca del secolo XIV.

Fonti: Hierocles, 661, 13: Honigmann, p. 22; *notitiae* 1-4, 7, 9-10, 13: Darrouzès, pp. 206, 219, 233, 252, 275, 296, 310, 354

Bibl.: Le Quien, I, coll. 701-702; Laurent, *Sceaux*, V, 1, pp. 193-196

Maximus	(-431 iun. 22)	(451 oct.-)	ACO, I, I, II, p. 5; II, III, II, p. 173
Ioannes	(-787 sept. 26)	(787 oct. 13)	Mansi, XII, col. 1098; XIII, col. 385
Constantinus Kediniatis	(1025-1050)		Laurent, *Sceaux*, V, 1, n. 278
Nicetas	saec. XI pars post.		Laurent, *Sceaux*, V, 1, n. 277
Gregorius	saecc. XI-XII (?)		R. Aubert, DHGE, XXI, col. 1481
Stephanus	saecc. XII-XIII		Laurent, *Sceaux*, V, 1, n. 279

15.10.3 BARATA, Baretta, Bin bir Kilisse (?) eccl. byzantina

Vescovado suffraganeo di Efeso compare nelle *notitiae* fino al secolo XIII; scompare nel secolo XIV con la conquista turca.

Fonti: Hierocles, 660, 5: Honigmann, p. 22; *notitiae* 1-4, 7, 9-10, 13: Darrouzès, pp. 207, 219, 233, 252, 275, 296, 310, 354

Bibl.: Le Quien, I, coll. 731-732; Bürchner, RE, III, col. 14; R. Janin, DHGE, VI, col. 784; Laurent, *Sceaux*, V, 1, pp. 200-201

Ioannes	(-451 oct.)		ACO, II, III, II, p. 174
Zoticus, Zotius	(-691 sept.)		Mansi, XI, col. 993
Lycastus, Lucas	(-787 sept. 26)	(787 oct. 13-)	Mansi, XII, col. 1098; XIII, col. 388
Georgius	(-879 nov.)		Mansi, XVII-XVIII, col. 377
Theodosius	saec. X		Laurent, *Sceaux*, V, 1, n. 285

15.11.3 BRIOULA, Briula, Bilara, Bilaro (?) eccl. byzantina

Vescovado suffraganeo di Efeso, compare nelle *notitiae* fino al secolo XIII, scompare probabilmente con la conquista turca del secolo XIV; ricompare come sede metropolitana in questo secolo.

Fonti: Hierocles, 659, 7: Honigmann, p. 21; *notitiae* 1-4, 7, 9-10, 13: Darrouzès, pp. 206, 219, 233, 252, 275, 296, 310, 354

Bibl.: Le Quien, I, coll. 703-704; Bürchner, RE, III, col. 833; R. Janin, DHGE, X, col. 773; Laurent, *Sceaux*, V, 1, pp. 197-198; N. B. Tomadakes, EEBS, XLIII (1977-1978), pp. 101-102

Timotheus	(-431 iun. 22)	(431 iul. 22-)	ACO, I, I, II, p. 5; I, I, VII, p. 86
Rufinus	(-451 oct.)		ACO, II, III, II, p. 164
Georgius	(-787 sept. 26)	(787 oct. 13)	Mansi, XII, col. 1098; XIII, col. 385
Leo	saec. XI		Laurent, *Sceaux*, V, 1, nn. 281-282
Dionysios	1922 febr.	1922 oct.	Tomadakes, p. 102

15.12.3 DIOS HIERON, Pyrgion, Christopolis, Birgi eccl. byzantina

Vescovado suffraganeo di Efeso; sede metropolitana con Isacco II Angelo (*notitiae* 12, 15, 17-19); sede dell'impero di Nicea, capitale dell'emirato; nel 1387 ancora vescovado suffraganeo di Efeso.

Fonti: Hierocles, 659, 12: Honigmann, p. 21; *notitiae*: Darrouzès, p. 489

Bibl.: Le Quien, I, coll. 723-724; Bürchner, RE, V, coll. 1083-1084; col. 2452; Laurent, *Sceaux*, V, 1, pp. 207-209

Eustorgius	(-451 oct.)		ACO, II, III, II, p. 173
Zoetus	(-681 sept. 16)	(691 sept.-)	Mansi, XI, coll. 673, 993

...			Le Quien, I, col. 724
Nicephorus	saec. XI med.		Laurent, *Sceaux*, V, 1, nn. 294-295
Leo	saecc. XI-XII		Laurent, *Sceaux*, V, 1, n. 296

15.13.3 ELAIA, Elaea — eccl. byzantina

Vescovado della provincia di Efeso.

Fonti: Hierocles, 661, 6: Honigmann, p. 22; *notitiae* 1-4, 7, 9-10, 13: Darrouzès, pp. 206, 219, 233, 252, 274, 296, 310, 354

Bibl.: Le Quien, I, coll. 699-700; Bürchner, RE, V, coll. 2222-2223; R. DHGE, XV, col. 110

Orion, "ep. Islin, Eliensis, Elii"	(-325 mai. 20)	(325 iun. 19-)	Turner, I, pp. 64-65
Esaias	(-451 oct.)		ACO, II, I, II, p. 147
Olbianus	(-787 sept. 26)	(787 oct. 13-)	Mansi, XII, col. 1089; XIII, col. 385
Theodulus			Janin, col. 110
Ioannes	(-1147 iul.)		
Paisios	1814 iun.	1833 nov. 21	
Meletius		1837 apr. 27	
Ignatius		1840 ian.	
Hierotheus Balcos	1841 nov.	1844 oct.	
Anthimus	1845 sept.	1846 iun.	
Agapios	1847 nov.	1848	
Dionysius	1848 sept.	1851 ian.	
Chrysanthus	1851 ian.		
Callinicus	1872 apr.	1876 oct. 9	
Ioannicius	1877 iun. 28	1882 iul.	
Agathangelus Papanastasiades	1903 mai. 26	1910 dec. 8	
Agathangelus Papatheodorou	1926 apr. 15	1945	
Athenagoras Kokkinnes	1951		

15.14.34 ELIOUPOLIS — eccl. orthodoxa

Vescovado suffraganeo di Efeso, eretto nel luglio 1774; sede metropolitana nel 1901.

Bibl.: N. B. Tomadakes, EEBS, XLIII (1977-1978), pp. 96-98

Gerasimos	1793		Tomadakes, p. 96

Leontios		1803	
Callinicos	1803 iul.		
Ignatios		1817	
Anthimos Komnenos	1817	1821	Tomadakes, p. 97
Theodosios			
Ioannikios	1821 oct.		
Tarasios			
Anthimos	1841 oct.	1851 ian.	
Dionysios	1851 ian. 9	1877 febr. 19	
Tarasios, metr.	1877		
Gervasios			
Panaretos Petrides	1910 aug. 12	1912 iun. 21	
Smaragdos Chatze	1912 iun. 21	1924	Tomadakes, p. 98
Gennadios Arampatzoglou	1925 ian. 29	1956 mar. 14	
Meliton Chatzes	1963 febr. 18	1966 oct. 25	
Apostolos	1977 nov.		

15.15.3 ERYTHRA, Ildir — eccl. byzantina

Vescovado suffraganeo di Efeso compare nelle *notitiae* fino al secolo XIII ed è ricordato nel 1292; occupato dai Turchi prima del 1329.

Fonti: Hierocles, 660, 14: Honigmann, p. 22; *notitiae* 1-4, 7, 9-10, 13: Darrouzès, pp. 207, 219, 233, 252, 275, 297, 310, 355

Bibl.: Le Quien, I, coll. 727-728; Bürchner, RE, VI, coll. 575-590; R. Janin, DHGE, XV, coll. 830-831; Laurent, *Sceaux*, V, 1, pp. 209 210

Euthychius, Tychicus	(-431 iun.)		ACO, I, I, II, p. 22
Dracontius	(-451 oct.)		ACO, II, III, II, p. 173
Theoctistus	(-553 mai. 5)	(553 iun. 2-)	ACO, IV, I, pp. 5, 227
Eusthatius	(-787 sept. 24)	(787 oct. 1-)	Mansi, XII, col. 995; XIII, col. 141
Arsapius	(-870 febr. 28)		Mansi, XVI, col. 192
Michael	saec. IX in.		Laurent, *Sceaux*, V, 1, n. 297
Michael	(-1167 iul.)		Janin, col. 830
Neophytus		1792 aug.	
Leontius	(-1793 mai.)	(1800-)	
Bartholomaeus		1806 sept.	
Callinicus	1817 sept. 14	1822 iul.	
Paisios		1830 sept.	
Zacharias	1830		

Nicephorus	1841 nov.	1846 sept.
Anthimus	1847 febr.	
Zacharias		1853 febr.
Anthimus	1855 iun.	
Dionysius	1867 sept. 4	1875 iul. 17
Theocletos Eleutherion	1878 nov. 26	1883 mai.
Nilus Smirniopoulos	1885	1886 iun. 23
Anthimus	1886 oct.	1890 apr. 12
Agathangelus Archytas	1890 apr. 17	
Ioachim Leptides	1902 nov. 18	1909 iul. 29

15.16.3 **GARGARA**, Arikh — eccl. byzantina

Vescovado suffraganeo di Efeso.

Fonti: Hierocles, 661, 12: Honigmann, p. 22; *notitiae* 1-4, 7, 9-10, 13: Darrouzès, pp. 206, 219, 233, 252

Bibl.: Le Quien, I, coll. 703-704; Bürchner, RE, VII, coll. 757-758; R. Janin-L. Stiernon, DHGE, XIX, col. 1266

Ioannes	(-518 iul. 20)		Honigmann, *Évêques*, p. 123; ACO, III, p. 66
Theodorus	(-553 mai. 5)	(553 iun. 2-)	ACO, IV, I, pp. 7, 230
...	(-761)	(762-)	Janin-Stiernon, col. 1266
...	(-787 sept. 26)	(787 oct. 13-)	Mansi, XII, col. 1099; XIII, col. 388
Ephraim	(-879 nov.)		Mansi, XVII-XVIII, col. 377
Georgius	(-1167 iul. 10)		Janin-Stiernon, col. 1266

15.17.3 **HYPAIPA**, Hypepa, Tapai — eccl. byzantina

Vescovado suffraganeo di Efeso; verso il 640 prototrono della provincia di Asia; sede metropolitana con Isacco II Angelo (1185-1195), scompare con la conquista turca.

Fonti: Hierocles, 659, 10: Honigmann, p. 21; *notitiae* 1-4, 7, 9-10, 12-13, 15: Darrouzès, pp. 206, 219, 233, 252, 274, 296, 310, 350, 354, 383

Bibl.: Le Quien, I, coll. 693-696; Bürchner, RE, IX, coll. 195-196; Laurent, *Sceaux*, V, 1, pp. 185-186

Mitres, Mithres, "ep. Ypaton, Paponensias"	(-325 mai. 20)	(325 iun. 19-)	Turner, I, pp. 66-67
Euporos	(-431 iun. 22)	(431 iul. 22-)	ACO, I, I, II, p. 5; I, I, VII, p. 86
Iulianus	(-449 aug. 8)	(451 oct.-)	Honigmann, *Lists*, p. 36; ACO, II, I, I, p. 61

Antonius	(-681 sept. 16)	(691 sept.-)	Masni, XI, coll. 677, 993
Theophylactus	(-787 sept. 26)	(787 oct. 13-)	Mansi, XII, col. 1089; XIII, col. 385
Gregorius	(-879 nov.)		Mansi, XVII-XVIII, col. 376
Andreas	saec. XI in.		Laurent, *Sceaux*, V, 1, n. 264
Nicolaus	saec. XI pars pr.		Laurent, *Sceaux*, V, 1, n. 265

15.18.3 **KALOE**, Keles, Kiraz — eccl. byzantina

Vescovado suffraganeo di Efeso, compare fino alla conquista turca (prima metà del secolo XIV).

Fonti: Hierocles, 660, 1a: Honigmann, p. 21; *notitiae* 1-4, 7, 9-10, 13: Darrouzès, pp. 206, 219, 233, 252, 275, 296, 310, 354

Bibl.: Le Quien, I, coll. 725-726; Bürchner, RE, XI, col. 1107 (1); R. Janin, DHGE, XI, col. 457; Laurent, *Sceaux*, V, 1, pp. 196-197

Aphobius	(-431 iun. 22)	(431 iul. 22-)	ACO, I, I, II, p. 5; I, I, VII, p. 86
Gregorius	(-691 sept.)		Mansi, XI, col. 993
Theophanes	(-787 oct. 13)		Mansi, XIII, col. 385
Ioannes	saec. XI pars post.		Laurent, *Sceaux*, V, 1, n. 280

15.19.3 **KLAZOMENAI** Clazomenae, Klazumen — eccl. byzantina

Vescovado suffraganeo di Efeso nelle *notitiae* 1-4, di Smirne nelle *notitiae* 7, 9-10, 13, 16.

Fonti: Hierocles 660, 13: Honigmann, p. 22; *notitiae*: Darrouzès, pp. 207, 219, 233, 252, 286, 297, 330, 364, 389

Bibl.: Le Quien, I, coll. 729-730; Bürchner, RE, XI, coll. 554-556; R. Janin, DHGE, XII, col. 1082

Eusebius	(431 iun. 22)	(451 oct.-)	ACO, I, I, II, p. 5; II, III, II, p. 164
Macarius, "ep. Elizomenae"	(-870 febr. 28)		Mansi, XVI, col. 193

15.20.3 **KOLOPHON**, Colophon, Gâvar Köyü — eccl. byzantina

Vescovado suffraganeo di Efeso.

Fonti: Hierocles, 660, 8: Honigmann, p. 22; *notitiae* 1-4, 7, 9-10, 13: Darrouzès, pp. 207, 219, 233, 252, 275, 297, 310, 355

Bibl.: Le Quien, I, coll. 723-726; Bürchner, RE, XVII, coll. 1075-1077; R. Janin, DHGE, coll. 340-341

Sosthenes (?)			Janin, col. 340

Tychicus (?)			
Euthalius	(-431 iun. 22)	(431 iul. 22-)	ACO, I, I, II, p. 5; I, I, VII, p. 87
Alexander	(-451 oct.)		ACO, II, I, II, p. 153

15.21.34 KRENES-ANEON eccl. orthodoxa

Vescovado suffraganeo di Efeso, unito ad Aneon fino al 1883; dal 1903 sede metropolitana.

Bibl.: N. B. Tomadakes, EEBS, XLIII (1977-1978), pp. 99-100

Iacobos	1806 nov.		Tomadakes, p. 99
Ignatios	1820 iun. 15		
Macarios			
Anthimos	1835	1841	
Seraphim	1841 sept.	1848	
Ambrosios	1848 aug.	1882 mai.	
Theocletos, metr.	1883 mai.	1918 mar. 10	Tomadakes, p. 100
Callinicos			

15.22.3 KYME, Cyma, Nemrut Köy eccl. byzantina

Vescovado suffraganeo di Efeso, compare nelle *notitiae* fino al secolo XIII.

Fonti: Hierocles, 661, 3: Honigmann, p. 22; *notitiae* 1-4, 7, 9-10, 13: Darrouzès, pp. 207, 219, 233, 252, 275, 297, 311, 355

Bibl.: Le Quien, I, coll. 729-730; Bürchner, RE, XI, col. 2475 (2); R. Janin, DHGE, XIII, coll. 1145 1146; Laurent, *Sceaux*, V, 1, pp. 210-211

Maximus	(-431 iun. 22)	(431 iul. 22-)	ACO, I, I, II, p. 5; I, I, VII, p. 86
Chrysogonus	(-451 oct.)		ACO, II, III, II, p. 173
Matthias	(-536)		ACO, III, p. 162
Anatolius	(-553 mai. 5)	(553 iun. 2-)	ACO, IV, I, pp. 5, 227
Stratonicus	(-787 sept. 26)	(787 oct. 13-)	Mansi, XII, col. 1098; XIII, col. 385
Philotheus	saecc. X-XI		Laurent, *Sceaux*, V, 1, n. 298
Theodorus			Laurent, *Sceaux*, V, 1, n. 299

15.23.3 LEBEDOS, Lebedus, Liman, Kesik — eccl. byzantina

Vescovado suffraganeo di Efeso.

Fonti: Hierocles, 660, 10: Honigmann, p. 22; *notitiae* 1-4, 7, 9-10, 13: Darrouzès, pp. 207, 219, 233, 252, 275, 297, 310

Bibl.: Le Quien, I, coll. 725-726; Bürchner, RE, XII, coll. 1052-1053

Cyriacus	(-449 aug. 8)		Honigmann, *Lists*, p. 36
Iulianus	(-451 oct.)		ACO, II, III, II, p. 173
Theophanes	(-787 sept. 26)	(787 oct. 13-)	Mansi, XII, col. 1098; XIII, col. 384

15.24.3 MAGNESIA ANELIOS, Magnesia ad Sipylum, Manisa — eccl. byzantina

Vescovado suffraganeo di Efeso al concilio di Efeso e nelle *notitiae* (1-4, 9, 13) dal secolo VII al XIII, quindi di Smirne (*notitiae* 7, 9 10, 13, 16); l'importanza della città aumentò durante l'impero di Nicea e sotto i primi Paleologi; conquistata dai Turchi nel 1313, ebbe il nome di Manisa e fu capitale del principato di Saruhan

Fonti: Hierocles, 660, 15; Honigmann, p. 22; *notitiae* 1-4, 7, 9-10, 13, 16; Darrouzés, pp. 207, 219, 233, 252, 286, 296, 305, 330, 364, 389

Bibl.: Le Quien, I, coll. 735-738; Ruge, RE, XIV, coll. 472-473; Laurent, *Sceaux*, V, 1, pp. 569-570

Eusebius	(-431 iun. 22)	(431 iul. 22-)	ACO, I, I, II, p. 6; I, I, VII, p. 87
Alexander	(-451 oct.)		ACO, II, III, II, p. 173
Patrobius	(-681 mar. 28)		Mansi, XI, col. 552
Stephanus	(-691 sept.)		Mansi, XI, col. 995
Basilius	(-787 sept. 16)		Mansi, XII, col. 1097
Athanasius	(-870 febr. 28)		Mansi, XVI, col. 192
Lucas Anelii	(-879 nov.)		Mansi XVII-XVIII, col. 377
Basilius	saec. XI pars pr.		Laurent, *Sceaux*, V, 1, n. 747

15.25.2 MAGNESIA ad MEANDRUM — eccl. primaeva et byzantina

Vescovado suffraganeo di Efeso, compare nelle *notitiae* fino al secolo XIII.

Fonti: Hierocles, 659, 4: Honigmann, p. 21; *notitiae* 1-4, 7, 9-10, 13; Darrouzès, pp. 206, 219, 233, 252, 274, 296, 310, 354

Bibl.: Le Quien, I, coll. 697-700; Bürchner, RE, XIV, coll. 471-472; Laurent, *Sceaux*, V, 1, pp. 189-190

Damas			Ignatius Antiochenus, *ad Magnesios*, II

Macarius	(-403)		S.J. Voicu, DPAC, II, coll. 2054-2055
Daphnus	(-431 iun.)	(431 iul.-)	ACO, I, I, II, p. 63; I, I, VII, p. 113
Leontius	(-449 aug. 8)	(451 oct.-)	Honigmann, *Lists*, p. 36; ACO, II, III, II, p. 164
Patricius	(-681 sept. 16)	(691 sept.-)	Mansi, XI, coll. 676, 993
Basilius	(-787 sept. 26)	(787 oct. 13-)	Mansi, XII, col. 1098; XIII, col. 385
Theophilus	(-879 nov.)		Mansi, XVII-XVIII, col. 377
Philoxenus (?)	saecc. IX-X		Laurent, *Sceaux*, V, 1, n. 270
Basilius (?)			Laurent, *Sceaux*, V, 1, n. 271
...	(-1229 sept.)		Laurent, *Sceaux*, V, 1, p. 189
Philoteus, tr. ad Stavropolim (Caria)		1430 ian.	

15.25.5 MAGNESIA ad MEANDRUM — eccl. semiariana

Eusebius	(-342/343)		Hilarius: CSEL, 65, p. 76

15.26.3 MASCHACOME, Aetonia — eccl. byzantina

Vescovado suffraganeo di Efeso.

Fonti: *notitiae* 1-4, 7, 9-10, 13: Darrouzès, pp. 206, 219, 233, 252, 275, 296, 310, 354

Bibl.: Jones, *Cities*, p. 526

15.27.3 MASTAURA, Mastavara — eccl. byzantina

Vescovado suffraganeo di Efeso.

Fonti: Hierocles, 659, 8, Honigmann, p. 21; *notitiae* 1-4, 7, 9-10, 13; Darrouzès, pp. 206, 219, 233, 252, 275, 296, 310, 354

Bibl.: Le Quien, I, coll. 703-704; Ruge, RE, XIV, col. 2167

Theodosius	(-431 iun. 22)	(449 aug. 22-)	ACO, I, I, II, p. 5; Honigmann, *Lists*, p. 36
Sabbatius	(-451 oct.)		ACO, II, III, II, p. 173
Theodorus	(-681 sept. 16)		Mansi, XI, col. 676
Constantinus, Constans	(-787 sept. 26)	(787 oct. 13-)	Mansi, XII, col. 1098; XIII, col. 385

15.28.3 **METROPOLIS**, Torbali — eccl. byzantina

Vescovado suffraganeo di Efeso.

Fonti: Hierocles, 660, 9: Honigmann, p. 22; *notitiae* 1-4, 7, 9-10, 13: Darrouzès, pp. 207, 219, 233, 252, 275, 290, 310, 354

Bibl.: Le Quien, I, coll. 707-710; Keil, RE, XV, col. 1497 (8)

Marcellinus	(-451 oct.)		ACO, II, III, II, p. 164
Ioannes	(-879 nov.)		Mansi, XVII-XVIII, col. 376

15.29.3 **MONAULA** — eccl. byzantina

Vescovado suffraganeo di Efeso.

Bibl.: Jones, *Cities*, p. 526

Alexander	(-451 oct.)		ACO, II, III, II, p. 174

15.30.3 **MYRINA**, Kalabak Saray — eccl. byzantina

Vescovado suffraganeo di Efeso, compare nelle *notitiae* fino al secolo XIII; scompare probabilmente con la conquista turca dal secolo XIV.

Fonti: Hierocles, 661, 4: Honigmann, p. 22; *notitiae* 1-4, 7, 9-10, 13; Darrouzès, pp. 206, 219, 233, 252, 275, 296, 310, 354

Bibl.: Le Quien, I, coll. 705-706; W. Ruge, RE, Suppl. VI, coll. 615-621; Laurent, *Sceaux*, V, 3, pp. 58-59

Dorotheus	(-431 iun. 22)	(431 iul. 22-)	ACO, I, I, II, p. 5; I, I, VII, p. 86
Proterius	(-451 oct.)		ACO, II, I, II, p. 147
Ioannes	(-553 mai. 5)	(553 iun. 2-)	ACO, IV, I, pp. 5, 227
Cosmas	(-787 sept. 26)	(787 oct. 13-)	Mansi, XII, col. 1098; XIII, col. 388
Nicetas	saec. XI		Laurent, *Sceaux*. V, 3, n. 1695

15.31.3 **NEA OULE**, Nea Aules, Nova Aula, Theodosiopolis — eccl. byzantina

Vescovado suffraganeo di Efeso.

Fonti: Hierocles, 660, 7: Honigmann, p. 22; *notitiae* 1-4, 7, 9-10, 13: Darrouzès, pp. 207, 219, 233, 252, 275, 296, 310, 355

Bibl.: Le Quien, I, coll. 709-710; Kruse, RE, XVI, col. 2155

Philippus	(-451 oct.)		ACO, II, I, II, p. 147

15.32.3 NYSA, Sultanhisar — eccl. byzantina

Vescovado suffraganeo di Efeso.

Fonti: Hierocles, 659, 6: Honigmann, p. 21; *notitiae*, 1-4, 7, 9-10, 13: Darrouzès, pp. 206, 219, 233, 252, 275, 296, 310, 354

Bibl.: Le Quien, I, coll. 705-708; W. Ruge, RE, XVII, coll. 1631-1640

Theodotus	(-431 iun. 22)	(431 iul. 22-)	ACO, I, I, II, p. 5; I, I, VII, p. 86
Maeonius	(-451 oct.)		ACO, II, III, II, p. 165
Sisinnius	(-681 sept. 16)	(691 sept.-)	Mansi, XI, coll. 676, 993
Theodosius	(-787 sept. 26)	(787 oct. 13-)	Mansi, XII, col. 1098; XIII, col. 385
Nicolaus	(-870 febr. 28)		Mansi, XVI, col. 192
Michael	(-879 nov.)		Mansi, XVII-XVIII, col. 377

15.33.3 PALAIOPOLIS, Palaeopolis, Palaia Polis, Balyanbolu, Beydağ — eccl. byzantina

Vescovado suffraganeo di Efeso, compare fino alla conquista turca del secolo XIV.

Fonti: Hierocles, 660, 4: Honigmann, p. 22; *notitiae* 1-4, 7, 9-10, 13; Darrouzès, pp. 207, 219, 233, 252, 275, 297, 311, 355

Bibl.: Le Quien, I, coll. 729-732; J. Keil, RE, XVIII, coll. 2445-2446; Laurent, *Sceaux*, V, 3, pp. 147-148

Rhodon	(-431 iun. 22)	(431 iul. 22-)	ACO, I, I, II; p. 5; I, I, VII, p. 86
Basilicus	(-451 oct.)		ACO, II, I, II, p. 147
Eusebius	(-536)		ACO, III, p. 162
Georgius	(-691 sept.)		Mansi, XI, col. 993
Gregorius	(-787 sept. 26)	(787 oct. 13-)	Mansi, XII, col. 1098; XIII, col. 385
Petrus	(-870 febr. 28)		Mansi, XVI, col. 193
Iulianus	(-879 nov.)		Mansi, XVII-XVIII, col. 376
Theodulus (?)	saec. IX-X		Laurent, *Sceaux*, V, 3, n. 1804

15.34.2 PERGAMOS, Pergamum, Bergoma — eccl. primaeva et byzantina

Vescovado suffraganeo di Efeso, compare nelle *notitiae* fino al secolo XIII (1-4, 7, 9-10, 13, 20); eretto in arcivescovado tra 1204 e 1261 (*notitia* 15); sede metropolitana (*notitiae* 15, 17-20), nel settembre 1387 era in rovina e considerato vescovado suffraganeo; nuovamente metropoli in questo secolo.

Fonti: Hierocles, 661, 5: Honigmann, p. 22; *notitiae* 1-4, 7, 9-10, 13, 15, 17-20: Darrouzès, pp. 207, 219, 233, 252, 275, 296, 310, 354, 386, 395, 406, 412, 418

Bibl.: Le Quien, I, coll. 713-716; S. Vailhé , EO, VII (1904), p. 123; W. Zschietzschmann, RE, XIX, coll. 1235-1263; Laurent, *Sceaux*, V, 1, pp. 201-204

Gaius			*Constitutiones apostolicae*, VII, 46: PG, 1, col. 1053
Antipas			*Ap.* II, 13; Le Quien, I, col. 713
...			*Ap.* II, 12; Le Quien, I, coll. 713-714
Theodotus	saec. II		Praedestinatus, XV: PL, 53, col. 591
Carpus, mart.			M. V. Brandi, BS, III, coll. 878-880; Le Quien, I, coll. 714-715
Dracontius, dep.	(-360)		Socrates, HE, II, 42: PG, 67, col. 352; Sozomenus, HE, IV, 24: PG, 67, col. 1189
Barlamenus	(-363)		Socrates, HE, III, 25: PG, 67, col. 453
Philippus	(-431 iun, 22)	(431 iul. 22-)	ACO, I, I, II, p. 5; I, I, VII, p. 86
Eutropius	(-449 aug. 8)		Honigmann, *Lists*, p. 36
Theodorus	(-681 sept. 16)		Mansi, XI, col. 673
Basilius	(-787 sept. 26)	(787 oct. 13-)	Mansi, XII, col. 1098; XIII, col. 385
Methodius	(-879 nov.)		Mansi, XVII-XVIII, col. 377; Laurent, *Sceaux*, V, 3, n. 1696
Georgius	saecc. IX-X		Laurent, *Sceaux*, V, 1, n. 286
Andreas	saecc. IX-X		Laurent, *Sceaux*, V, 1, n. 287
Pothos	saec. X		Laurent, *Sceaux*, V, 1, n. 288
Leo	saecc. X-XI		Laurent, *Sceaux*, V, 1, n. 289
...	(-1036)		Vailhé, p. 123; Le Quien, I, col. 716
Georgius	(-1256)		Vailhé, p. 123
...	(-1274)		Mansi, XXIV, col. 75
Arsenius	(-1294 mai.)	(1316 oct.-)	Laurent, IV, n. 1563; Darrouzès, V, n. 2074
Alexander, metr.	1922 febr. 19		N. B. Tomadakes, EEBS, XLIII (1977-1978), p. 101
Adamantios Kasapides	1943 oct.	1958	

15.34.5 PERGAMUM — eccl. semiariana

Eusebius	(-342/343)		Hilarius: CSEL, 65, p. 75

15.34.15 PERGAMUM — eccl. monophysita

Bibl.: Honigmann, *Évêques*, p. 216

Ioannes	558	(-566)	Honigmann, *Évêques*, p. 216

15.35.3 **PERPERINA**, Peperine, Theodosiopolis, Perperenes, Bergas — eccl. byzantina

Vescovado suffraganeo di Efeso.

Fonti: Hierocles, 661, 9: Honigmann, p. 22; *notitiae* 1-4, 7, 9-10, 13: Darrouzès, pp. 207, 219, 233, 252, 275, 297, 311, 355

Bibl.: Le Quien, I, coll. 709-712; W. Ruge, RE, XIX, coll. 890-892

Paulinus			ACO, II, III, II, p. 164

15.36.3 **PHOKIA**, Phocaea, Foça — eccl. byzantina

Vescovado suffraganeo di Efeso fino alla metà del secolo IX (*notitiae* 1-4, 7, 9), quando fu incluso nella nuova provincia di Smirne (845-869) (*notitiae* 7, 9-10, 13, 15); data l'importanza della città, il vescovado sopravvisse alla conquista turca.

Fonti: Hierocles, 661, 2: Honigmann, p. 22; *notitiae* 1-4, 7, 9-10, 13, 16: Darrouzès, pp. 206, 219, 233, 252, 286, 296, 380, 364, 389

Bibl.: Le Quien, I, coll. 735-736; J. Keil, RE, XX, coll. 444-448; Laurent, *Sceaux*, V, 1, pp. 199-200, 568-569

Theoctistus	(-431 iun.)	(431 iul.-)	ACO, I, I, II, p. 59; I, I, VII, p. 116
Quintus	(-451 oct.)		ACO, II, III, II, p. 164
Ioannes	(-691 sept.)		Mansi, XI, col. 993
Leo	(-787 sept. 26)	(787 oct. 13-)	Mansi, XII, col. 1099; XIII, col. 385; Laurent, *Sceaux*, V, 1, n. 284
Nicetas	(-870 febr. 28)		Mansi, XVI, col. 192
Paulus	(-879 nov.)		Mansi, XVII-XVIII, col. 377
Leo	saecc. XI-XII		Laurent, *Sceaux*, V, 1, n. 746
...			Le Quien, I, col. 736

15.37.3 **PITAMNE**, Pitana, Pitane, Çandarli — eccl. byzantina

Vescovado suffraganeo di Efeso, compare nelle *notitiae* fino al secolo XIII; scompare probabilmente con la conquista turca, verso il 1300.

Fonti: Hierocles, 661, 7: Honigmann, p. 22; *notitiae* 1-4,7,9-10,13; Darrouzès, pp. 206, 219, 223, 252, 275, 296, 310, 354

Bibl.: Le Quien, I, coll. 705-706; J. Keil, RE, XX, coll. 1841-1843; Laurent, *Sceaux*, V, 1, pp. 198-199

Hesperius	(-451 oct.)		ACO, II, III, II, p. 164
Apollo	(-458/459)		Grumel, I, n. 143: PG, 85, col. 1620
Epiphanius	(-536)		ACO, III, p. 118

Pardus	(-787 sept. 26)	(787 oct. 13-)	Mansi, XII, col. 1098; XIII, col. 385
Leo	saecc. X-XI		Laurent, *Sceaux*, V, 1, n. 283

15.38.3 **PRIENE**, Samsun Kale — eccl. byzantina

Vescovado suffraganeo di Efeso, compare nelle *notitiae* fino al secolo XIII ed è ricordato fino verso il 1270; scompare probabilmente con la conquista turca.

Fonti: Hierocles, 659, 3: Honigmann, p. 21; *notitiae* 1-4, 7. 9-10, 13: Darrouzès, pp. 207, 219, 233, 252, 275, 296, 310, 355

Bibl.: Le Quien, I, coll. 717-718; Laurent, *Sceaux*, V, 1, pp. 205-206

Theosebius	(-431 iun. 22)	(431 iul. 22-)	ACO, I, I, II, p. 6; I, I, VII, p. 87
Isidorus	(-451 oct.-)		ACO, II, III, II, p. 173
Paulus	(-691 sept.)		Mansi, XI, col. 993
Demetrius	(-1059)		Grumel, III, n. 887
Ioannes	saec. XI		Laurent, *Sceaux*, V, 1, n. 291
Ioannes	(-1228/1229)		Mystakides, p. 213

15.39.3 **SIAE**, Sion — eccl. byzantina

Vescovado suffraganeo di Efeso.

Fonti: *notitiae* 1-4, 7, 9-10, 13: Darrouzès, pp. 207, 219, 233, 252, 275, 297, 310, 355

Bibl.: Le Quien, I, coll. 721-722

Nestorius	(-431 iun. 22)	(431 iul. 22-)	ACO, I, I, II, p. 5; I, I, VII, p. 86
Bassus	(-449 aug. 8)		Honigmann, *Lists*, p. 36
Basilius	(-451 oct.)		ACO, II, III, II, p. 174
Ioannes	(-691 sept.)		Mansi, XI, col. 993
Philippus	(-787 sept. 26)	(787 oct. 13-)	Mansi, XII, col. 1099; XIII, col. 385

15.40.2 **SMYRNA**, Izmir — eccl. primaeva et byzantina

Vescovado della provincia d'Asia, sede autocefala tra 451 e 457; sede metropolitana nell'869.

Fonti: Hierocles, 660, 12: Honigmann, p. 23; *notitiae*: Darrouzès, p. 514

Bibl.: Le Quien, I, coll. 737-746; III, coll. 1075-1078; Bürchner, RE, III A, coll. 730-764; VI, col. 1327; Laurent, *Sceaux*, V, 1, pp. 563-568

Aristo			*Constitutiones apostolicae*, VII, 47: PG, 1, col. 1053
Strataeas			
Aristo			
Bucolus (?)			P. Burchi, BS, III, col. 586
Policarpus, mart.	(-107)	167 febr. 23	G. Bosio, BS, X, coll. 985 988; P. Nautin, DPAC, II, coll. 2867-2868
Papyrius			Le Quien, I, col. 740
Camerius			Le Quien, I, coll. 740-741
Thraseas (?-)			Le Quien, I, col. 741; Eusebius, HE, V, 24, 4: II, p.68
Eudaemon	saec. III med.		Le Quien, I, col. 741
Eutychius	(-325 mai. 20)	(325 iun. 19-)	Turner, I, pp. 66-67
Idduas	(-431 iun.)	(437-)	ACO, I, I, II, p. 61; Grumel, I, n. 83, pp. 66-67
Aetherichus	(-448)	(451 oct.-)	ACO, II, II, I, p. 19; II, I, II, p. 147
Calloas	(-536)		ACO, III, p. 162
Stephanus	(-691 sept.)		Mansi, XI, col. 991
...	(-787 sept. 26)	(787 oct.13-)	Mansi, XII, col. 1095; XIII, col. 384
...	(-<813-820>)		Le Quien, I, col. 743
Metrophanes, dep., iter.	(-858 dec.25) 861	859 mar. (870 febr. 28-)	Grumel, II, nn. 456, 460, 469
Constantinus	saec. XI		Laurent, *Sceaux*, V, 1, n. 739
Nicetas	(-879 nov.)		Mansi, XVII-XVIII, col. 373
Antonius	saec. X		Laurent, *Sceaux*, V, 1, n. 741
...	(-1019 sept. 12)		Grumel, II, n. 826
Theodorus			Le Quien, I, col. 744
Ioannes	(-1071 nov.)	(1072 mar.-)	Laurent, *Sceaux*, V, 1, n. 742; V, 2, n. 1608
Sophronius	saecc. X-XI		Laurent, *Sceaux*, V, 1, n. 740
...	(-1166 apr. 11)		Grumel, III, n. 1068
Eustatius Cataphloron, el., non acc.	1174 dec. c.		Grumel, III, n. 1128
Georgius	(-1220c.)		Le Quien, I, col. 744
Ioannes	(-1228 iun.)	(1229 iul.-)	Miklosich-Müller, III, pp. 85, 109, 112
Calophorus	(-1260)		Gregorius Pachymeres, *De Mi chaele*, II, 17: PG, 143, col. 555
Isaac	1261 febr. c.		Laurent, IV, n. 1352
Ioannes Phokas, dep.	1271 dec. 6	1283 ian.	Laurent, IV, n. 1440; *Sceaux*, V, 1, n. 745
... (?)	(-1274)		Mansi, XXIV, col. 75

...	(-<1286-1289>)		Laurent, IV, n. 1503
Theodulus	(-1294 mai.)	(1294 iun.2-)	Laurent, IV, nn. 1563, 1565
...			Georgius Pachymeres, *De Andronico*, III, 3; IV, 10: PG, 144, coll. 221, 329
Xenophon	(-1318- oct.)	(1324 mai. 9-)	Darrouzès, V, nn. 2086, 2110
...	(-1340 mai.)		Darrouzès, V, nn. 2197, 2199
Macarius	(-1351/1352)	(1356/1360-)	AA, X, pp. 46-47; Darrouzès, V, n. 2429
Theodorus			Le Quien, I, col. 746
Dionysius	(-1387 mai.)	(1389 iul-)	Darrouzès, VI, nn. 2820, 2863
Antonius	(-1394 mai.)		Darrouzès, VI, n. 2959
Gabriel	(-1575/1576)		Le Quien, I, col. 746
Ananias	(-1721)	(1726-)	Mystakides, p. 218
Anthimos	(-1819 sept.)		AA, VI, p. 90

15.40.16 SMYRNA — eccl. jacobita

Bibl.: Honigmann, *Évêques*, p. 216

Petrus	558	562	Honigmann, *Évêques*, pp. 215 216

15.40.31 IZMIR — eccl. latina

Ioannes Henricus Boccella	1968		OC, p. 459

15.41.3 TEMNUS, Temnos, Nemrut Kalesi — eccl. byzantina

Vescovado della provincia d'Asia.

Fonti: Hierocles, 661, 1: Honigmann, p. 22

Bibl.: Le Quien, I, coll. 707-708; J. Keil, RE, V A, coll. 461-462

Eustathius	(-451 oct.)		ACO, II, III, II, p. 173
Theophilus	(-787 oct. 1)		Mansi, XIII, col. 141
Ignatius	(-870 febr. 28)		Mansi, XVI, col. 192

15.42.2 TEOS — eccl. primaeva et byzantina

Vescovado suffraganeo di Efeso.

Fonti: Hierocles, 660, 11: Honigmann, p. 22; *notitiae* 1-4, 7, 9-10, 13: Darrouzès, pp. 207, 219, 233, 252, 275, 297, 310, 355

Bibl.: Le Quien, I, coll. 727-728; W. Ruge, RE, V A, coll. 539-570

Daphnus			Le Quien, I, col. 727
Macrinus	(-325 mai. 20)	(325 iun. 19-)	Mansi, II, col. 695; cfr. Le Quien, I, col. 727
Gennadius	(-449 aug. 8)	(451 oct.-)	Honigmann, *Lists*, p. 36; ACO, II, III, II, p. 173
Cyrillus			Le Quien, I, col. 728
Sisinnius			

15.43.3 THEODOSIOPOLIS, Evaza, Eugaza — eccl. byzantina

Vescovado suffraganeo di Efeso.

Fonti: Hierocles, 660, 2: Honigmann, p. 22; *notitiae* 1-4, 7, 9-10, 13: Darrouzès, pp. 207, 219, 233, 252, 275, 296, 310, 355

Bibl.: Le Quien, I, coll. 731-734; Hirschfeld, RE, I, col. 1476; R. Janin, DHGE, XVI, coll. 113-114; G. Bardy, DHGE, V, col. 373

Eutropius	(-431 iun. 22)	(431 iul. 22-)	ACO, I, I, II, p. 5; I, I, VII, p. 86
Bassianus, tr. ad Ephesum			cfr. Le Quien, I, coll. 731
...			Janin, col. 114
Olympius	(-449 aug. 8)	(451 oct.-)	Honigmann, *Lists*, p. 36; ACO, II, I, I, p. 61
Gregorius	(-691 sept.)		Mansi, XI, col. 995
Nicodemus	(-787 sept. 24)	(787 oct. 13-)	Mansi, XII, col. 995; XIII, col. 388

15.44.2 TRALLES, Tralleis, Aydin — eccl. primaeva et byzantina

Vescovado suffraganeo di Efeso, dove era presente un vescovo fin dalle origini del cristianesimo; nel 1282 i Turchi distrussero la città.

Fonti: Hierocles, 659, 5: Honigmann, p. 21; *notitiae* 1-4, 7, 9-10, 13: Darrouzès, pp. 206, 219, 233, 252, 274, 296, 310, 354

Bibl.: Le Quien, I, coll. 695-698; W. Ruge, RE, VI A, coll. 2093-2128; Laurent, *Sceaux*, V, 1, pp. 186-189

Philippus			Le Quien, I, col. 695

Polybius			Ignatius Antiochenus, *ad Trallenses*, I, 1
Heracleon	(-431 iun. 22)	(431 iul. 22-)	ACO, I, I, II, p. 5; I, I, VII, p. 86
Maximus	(-449 aug. 8)		Honigmann, *Lists*, p. 36
Asclepiades			ACO, II, V, p. 155; III, p. 10
Uranius	(-553 mai. 5)	(553 iun. 2-)	ACO, IV, I, pp. 7, 229
Myron	(-691 sept.)		Mansi, XI, col. 993
Theophylactus	(-787 sept. 26)	(787 oct. 13-)	Mansi, XII, col. 1098; XIII, col. 385
Leo	saec. IX		Laurent, *Sceaux*, V, 3, n. 1693
Theophanes	(-870 febr. 28)		Mansi, XVI, col. 192
Theoctistus	(-879 nov.)		Mansi, XVII-XVIII, col. 376
Theophylactus	saec. XI pars post.		Laurent, *Sceaux*, V, 1, n. 266; V, 3, n. 1694
Michael	saec. XI		Laurent, *Sceaux*, V, 1, n. 267
Nicolaus	saec. XI pars post.		Laurent, *Sceaux*, V, 1, n. 268
Nicephorus	saecc. XI-XII		Laurent, *Sceaux*, V, 1, n. 269

15.44.16 TRALLES, Ṭrlws — eccl. jacobita

Petrus	558 c.	(-566)	Honigmann, *Évêques*, pp. 216 217

15.45.3 VALENTINIANOPOLIS, Aureliopolis, Auliocomes, Peribolon — eccl. byzantina

Vescovado suffraganeo di Efeso.

Fonti: Hierocles, 660, 6: Honigmann, p. 22; *notitiae* 1-4, 7, 9-10, 13: Darrouzès, pp. 206, 219, 233, 252, 275, 296, 310, 354

Bibl.: Le Quien, I, coll. 711-712; Jones, *Cities*, p. 526; Darrouzès, p. 142

Eusebius	(-400)		Le Quien, I, col. 711
Thomas	(-431 iun.)	(451 oct.-)	ACO, I, I, II, p. 63; II, I, I, p. 61

PROVINCIA HELLESPONTI

16.1.2 CYZICOS, Balzik-kale

eccl. primaeva et byzantina

La provincia ecclesiastica dell'Ellesponto aveva la stessa estensione della provincia civile creata dalla riforma di Diocleziano, ma ottenne la consacrazione definitiva solo al concilio di Calcedonia; contava dodici vescovadi suffraganei, che con la dominazione turca del secolo XIV sparirono progressivamente; all'inizio, la sede vescovile dipendeva da Efeso; promossa a sede metropolitana verso la fine del secolo IV.

Fonti: Hierocles, 661, 15: Honigmann, p. 23; *notitiae* 1-10, 13: Darrouzès, pp. 207, 220, 234, 253, 264, 267, 276, 290, 297, 312, 355

Bibl.: Le Quien, I, coll. 747-768; Ruge, RE, XII, coll. 228-233; R. Janin, DHGE, XIII, coll. 1191-1196; Laurent, *Sceaux*, V, 1, pp. 246-254; V, 3, pp. 64-65

Aphrodisius			Le Quien, I, coll. 747-749
Theodosius	saec. III		Le Quien, I, col. 749
Nicon			
Theonas, Theonias	(-325 mai. 20)	(325 iun. 19-)	Turner, I, pp. 64-65
Ascholius	saec. IV		Janin, col. 1193
Proclus			Janin, col. 1194
Dalmatius	(-431 iun. 22)	(431 iul. 22-)	ACO, I, I, II, p. 62; I, I, VII, p. 85; E. Prinzivalli, DPAC, I, col. 882
Diogenes	(-449 aug. 8)		Honigmann, *Lists*, p. 34; ACO, II, I, II, p. 142
Evethius	(-458)		ACO, II, V, p. 68
Basiliscus	(-518)		ACO, III, p. 65
Eusebius	(-536)		ACO, III, p. 28
Euprepius	(-553)		ACO, IV, I, p. 223
Stephanus	(-610)		Janin, col. 1194
Ioannes	saec. VII		PG, 91, coll. 424, 480, 621, 624
Georgius	(-681 sept. 16)	(689 c.)	Mansi, XI, col. 669; Le Quien, I, col. 775; Grumel, I, n. 316
Germanus, prom. patr. CP	705/706	714 aug. 11	Janin, col. 1194
Nicolaus	(-787 oct. 13)		Mansi, XIII, col. 381; Laurent, *Sceaux*, V, 1, n. 346
Aemilianus, s.	(-814 dec.)	(815-)	Laurent, *Sceaux*, V, 3, n. 1703; Grumel, II, n. 391; A. Amore, BS, IV, col. 1185
Ioannes	(-825)		Janin, col. 1194
Iacobus	saec. IX pars pr.		Laurent, *Sceaux*, V, 3, n. 1704
...		846	Janin, col. 1194
Antonius, dep.		859 c.	Le Quien, I, col. 757; Grumel, II, n. 460
Amphilochius, tr. ad Nicaeam	(-861 apr.)	878 fin./879 in.	Grumel, II, n. 466, 511

Barnabas	(-870 febr. 28)		Mansi, XVI, col. 190
Gregorius	(-879 nov.)		Mansi, XVII-XVIII, col. 373; Laurent, *Sceaux*, V, 1, n. 347
Daniel	saecc. IX-X		Laurent, *Sceaux*, V, 1, n. 348; cfr. Grumel, II, n. 723
...	(-906 mai.)		Grumel, II, n. 604
Ignatius	(-<912-925>)		Grumel, II, nn. 722-724; Laurent, *Sceaux*, V, 1, n. 349
Demetrius	(-<912-925>)		Grumel, II, n. 725; Laurent, *Sceaux*, V, 1, n. 350
Theodorus	(925-)		Grumel, II, n. 726
...	(-1019 sept. 12)		Grumel, II, n. 826
Demetrius	(-1028 ian.)	(1043-)	Grumel, II, n. 835, 846; Laurent, *Sceaux*, V, 1, n. 351
Theophanes	(-1054 iul.)		Grumel, III, n. 869; Lau- rent, *Sceaux*, V, 1, n. 352
...	(-1063 sept. 23)		Laurent, *Sceaux*, V, 1, n. 353
...	(-1066 apr. 26)		Grumel, III, n. 869
Romanus	(-1072 mar. 14)		Laurent, *Sceaux*, V, 1, n. 353
Symeon	(-1079 dec.)	(1092 iul. 21-)	Laurent, *Sceaux*, V, 1, n. 354; Grumel, III, n. 966
Constantinus	(-1116 dec. 8)		Grumel, III, n. 1000
Michael	saec. XII in.		Laurent, *Sceaux*, V, 1, n. 355
...	(-1140 mai.)		Grumel, III, n. 1007
Theophilus	(-1143 aug. 20)	(1144 febr. 22-)	Grumel, III, n. 1011, 1015
Ioannes	(-1157 mai. 12)		Grumel, III, n. 1041
Basilius	(-1166 mai. 6)		Leo Allatius, II, XII, col. 690
Ioannes	(-1177 ian. 10)	(1186 aug. 21-)	Grumel, III, nn. 1132, 1169
Georgius	(-1191 ian. 8)		Janin, col. 1195
Stephanus	saec. XIII in.		Laurent, *Sceaux*, V, 1, n. 357
Georgius	(-1254)	(1261-)	Janin, col. 1195
Theodorus Scutariotes	(-1270)	(1283 apr.-)	Janin, col. 1195; Laurent, IV, n. 1463
Daniel Glykys, dep.	1283	1289	Laurent, IV, p. 242, nn. 1464, 1506
Methodius	1289/1290		Laurent, IV, p. 242
Nicon			Janin, col. 1195; Le Quien, I, col. 763
Chalamas	saec. XIII		
Nicetas Cappadokes	1300 c.		Janin, col. 1195
Niphon, prom. patr. CP	(-1303)	1310 mai. 9	Laurent, IV, p. 242, n. 1721; Darrouzès, V, n. 2000
Athanasius	1315	1350	Laurent, IV, p. 573
Arsenius	1351	1369	

Theodoretus	(-1370 ian. 21)		Janin, col. 1195
Sebastianus, metr. de Janina	(-1381 mar.)	(1386 mar.-)	Darrouzès, VI, nn. 2714, 2796
Matthaeus, prom. patr. CP	(-1389 febr.)	1397 oct.	Darrouzès, VI, nn. 2847, 3059
Theognostus	(-1399 oct./nov.)	(1405 sept.-)	Darrouzès, VI, nn. 3077, 3276
Macarius (?)	(1409)		Darrouzès, VI, n. 3248
Metrophanes, prom. patr. CP	(-1437)	1440 mai.	Janin, col. 1195
Parthenius			Janin, col. 1195; Le Quien, I, col. 765
Joasaph	(-1565 ian.)		Janin, col. 1195
Achillius	(-1580 febr.)	(1586-)	
...			Le Quien, I, col. 766
Anthimus	(-1633 nov. 19)	(1653-)	Janin, col. 1195
Paisios, patr. CP	1653 apr.	1654 mar.	
Metrophanes	1656 sept.	1675	
Cyrillus, prom. patr. CP	(1686)	1711 dec.	
Auxentius	1712	1724	
Ananias	(-1725)	(1755-)	
Gerasimus Chrysoscoulaeos	(-1766)	(1774-)	Janin, col. 1196
Agapios Gryparis	(-1781)	1794	
Ioannes	(-1800 iul.)		AA, II, p. 213
Ioachim, dep.	1806 mar. 14		Janin, col. 1196
Macarius	1806 mar.	1811 iul. 12	
Constantios	1811 iul. 12	1822	
Zacharias	1822	1824	
Matthaeus	1824	1826	
Constantios	1926	1827	
Matthaeus	1827	1831 iul.	
Anthimus, prom. patr. CP	1831 aug.	1841 mai. 6	
Meletios, prom. patr. CP	1841 mai.	1845 apr. 18	
Ioachim	1845 mai.	1860	
Iacobus, prom. patr. Alexandr.	1860 oct. 11	1861 mai. 24	
Nicodemus	1861	1900 ian. 24	
Constantinus	1901 ian. 31	1903 oct. 26	
Athanasius Megacles	1903 oct. 31	1909 mai. 17	
Gregorius	1909 mai. 25	1913 febr. 25	
Constantinus Araboglu	1913 apr.	15 1922 febr. 23	
Callinicus Delicanes	1923 febr. 23	1932 iul. 26	

16.1.4 CYZICOS — eccl. ariana

Germinius, tr. ad Sirmium			Janin, col. 1193
Eleusius, dep.	358 c.	360	M. Simonetti, DPAC, I, col. 1131
Eunomius	360	383	M. Simonetti, DPAC, I, col. 1282
Eleusius, iter.	362	(383-)	

16.2.3 **ABYDUS**, Abydos — eccl. byzantina

Vescovado suffraganeo di Cizico; sede metropolitana all'inizio del regno di Alessio I Comneno, fino al secolo XIV con la conquista turca.

Fonti: Hierocles, 662, 6: Honigmann, p. 23; *notitiae* 1-4, 7, 9-10, 11-20: Darrouzès, pp. 207, 220, 234, 253, 276, 297, 312, 481

Bibl.:Le Quien, I, coll. 773-776; Hirschfeld, RE, I, coll. 129-130; S. Pétridès, DHGE, I, coll. 209-210; Laurent, *Sceaux*, V, 1, p. 622; V, 3, pp. 66-67, 140-141

Pamphilus	431	438	Pétridès, col. 210; ACO, III, p. 9
Hermias	(-451 oct.)		ACO, II, III, II, p. 65
Ammonius	(-518)		ACO, III, p. 65
Isidorus	(-681 sept. 16)		Mansi, XI, col. 653
Ioannes	(-691 sept.)		Mansi, XI, col. 993
Theodorus	(-787 sept. 26)	(787 oct. 13-)	Mansi, XII, col. 1102; XIII, col. 389
...	saec. X		Le Quien, I, col. 774
Theodosius	saec. X		Laurent, *Sceaux*, V, 3, n. 1706
Ioannes	saecc. XI-XII		Laurent, *Sceaux*, V, 1, n. 805
Michael Melissenos	(-1166 mar. 6)	(1170 ian.-)	Laurent, *Sceaux*, V, 3, n. 1796
...	(-1186 sept. 10)		Grumel, III, n. 1170
Theodorus	(-1197 febr. 24)		Grumel, III, n. 1185; Le Quien, I, col. 775
...	(-1274)		Mansi, XXIV, col. 75
Clemens	(-1294 iun. 2)		Laurent, IV, n. 1565
Procopius (?)	(-1394 mai.)		Darrouzès, VI, n. 2959

16.3.3 **ADRANEIA**, Adrania — eccl. byzantina

Vescovado suffraganeo di Cizico.

Fonti: *notitiae* 2, 7, 13: Darrouzès, pp. 220, 276, 355

Bibl.: Le Quien, I, coll. 781-782; Jones, *Cities*, p. 527; Laurent, *Sceaux*, V, 1, pp. 257-259

Alexander			Le Quien, I, col. 781
David	(-451 oct.)	(458-)	ACO, II, I, II, p. 147; II, V, p. 69
Cyriacus	(-681 sept. 16)		Mansi, XI, col. 676
Stauracius	(-691 sept.)		Mansi, XI, col. 99
Sisinnus	(-787 oct. 13)		Mansi, XIII, col. 389
Basilius	(-870 febr. 28)		Mansi, XVI, col. 193
Nicolaus	(-870 febr. 28)	(879 nov.-)	Mansi, XVI, col. 193; XVII- XVIII, col. 376
Methodius	saec. XI		Laurent, *Sceaux*, V, 1, n. 361
Theophylactus	saecc. X-XI		Laurent, *Sceaux*, V, 1, n. 362
Leo, ep. Adraneias vel Adranous (Bithynia)	saec. XI		Laurent, *Sceaux*, V, 1, n. 363

16.4.3 **ADRIANON THERAI**, Hadrianothera, Achyraous, Adrianoutherai, Balikesir eccl. byzantina

Vescovado suffraganeo di Cizico; sede metropolitana nelle *notitiae* 15, 17, 18.

Fonti: Hierocles, 663, 6-7: Honigmann, p. 24; *notitiae* 1-4, 7, 9-10, 13, 15, 17-18: Darrouzès, pp. 207, 220, 234, 253, 276, 297, 312, 355, 383, 401, 407

Bibl.: Le Quien, I, coll. 771-772; Bürchner, RE, VII, col. 2177

Patricius	(-451 oct.)	(458-)	ACO, II, I, II, p. 147; II, V, p. 69
Cyprianus	(-553 iun. 2)		ACO, IV, I, p. 231
Basilius	(-787 sept. 26)		Mansi, XII, col. 1102
Gregorius	(-879 nov.)		Mansi, XVII-XVIII, col. 377

16.5.3 **BARIS**, Demirci eccl. byzantina

Vescovado suffraganeo di Cizico

Fonti: Hierocles, 662, 3: Honigmann, p. 23; *notitiae* 1-4, 7, 9-10, 13: Darrouzès, pp. 207, 220, 234, 253, 276, 297, 312, 355

Bibl.: Le Quien, I, coll. 769-772; Bürchner, RE, III, col. 18 (5); R. Janin, DHGE, VI, col. 808

Euthychianus	(-451 oct.)	ACO, II, I, II, p. 151
Domninus	(-458)	ACO, II, V, p. 69
Paulus	(-870 febr. 28)	Mansi, XVI, col. 195
Stephanus	(-879 nov.)	Mansi, XVII-XVIII, col. 377

16.6.3 **DARDANON**, Maltepe eccl. byzantina

Vescovado suffraganeo di Cizico.

Fonti: Hierocles, 662, 7: Honigmann, p. 23; *notitiae* 1-4, 7, 9-10, 13: Darrouzès, pp. 207, 220, 234, 253, 276, 297, 312, 355

Bibl.: Le Quien, I, coll. 775-776; Bürchner, RE, IV, coll. 2163-2164; I. K. Macres, MC, VI (1955), pp. 291- 292; Laurent, *Sceaux*, V, 1, pp. 256-257; V, 3, pp. 66-67; R. Janin, DHGE, XIV, coll. 86-87

Petrus	(-451 oct.)	(458-)	ACO, II, III, III, p. 105; II, V, p. 68
Phocas	(-520 febr. 25)		Mansi, VIII, col. 493
Strategius	(-787 oct. 13)		Mansi, XIII, col. 389
Ioannes	(-879 nov.)		Mansi, XVII-XVIII, col. 377
Ioannes	saec. XI pars post.		Laurent, *Sceaux*, V, 1, n. 360
Soterichos	saec. XI fin.		Laurent, *Sceaux*, V, 3, n. 1705

16.7.3 **GERME**, Germa, Terma eccl. byzantina

Vescovado suffraganeo di Cizico (*notitiae* 1-4), sede arcivescovile autocefala (*notitiae* 7-18).

Fonti: Hierocles, 663, 2: Honigmann, p. 23; *notitiae* 1-4, 7-18; Darrouzès, pp. 141, 207, 220, 234, 491

Bibl.: Le Quien, I, coll. 767-768; Bürchner, RE, VII, col. 1262; D.-L. Stiernon, DHGE, XX, coll. 969-974

Antonius		429	Grumel, I, n. 51; Stiernon, col. 973
Timotheus	(-431 iun.)	(431 iul.-)	ACO, I, I, II, p. 62; I, I, VII, p. 114
Hypatios	(-458/459)		Mansi, VII, col. 917
Epitynchanus	(-536)		ACO, III, p. 28
Paulus, "ep. Termenentium"	(-691 sept.)		Mansi, XI, col. 993
Theodorus	(-787 sept. 26)	(787 oct. 13-)	Mansi, XII, col. 1102; XIII, col. 389
Stephanus	(-879 nov.)		Mansi, XVII-XVIII, col. 373
Eustathius	(-1071 nov. 9)	(1072 mar. 14-)	Grumel, III, n. 900; Stiernon, col. 974
Ioannes	(-1216 mai. 9)		Stiernon, col. 974

16.8.3 **ILION**, Ilium, Hisarlik eccl. byzantina

Vescovado suffraganeo di Cizico.

Fonti: Hierocles, 662, 8: Honigmann, p. 23; *notitiae* 1-4, 7, 9-10, 13: Darrouzès, pp. 207, 220, 234, 253, 276, 297, 312, 355

Bibl.: Le Quien, I, coll. 775-778; Bürchner, RE, IX, col. 1065 (5); Schultze, II, 1, pp. 379-384

Theosebius	(-451 oct.)	(458-)	ACO, II, I, II, p. 147; II, V, p. 69
Ioannes	(-553 mai. 5)	(553 iun. 2-)	ACO, IV, I, pp. 3, 223
Nicetas	(-787 sept. 26)	(787 oct. 13-)	Mansi, XII, col. 1102; XIII, col. 389
Georgius	(-869 oct. 5)		Mansi, XVI, col. 18
Petrus	(-879 nov.)		Mansi, XVII-XVIII, col. 373

16.8.4 ILION — eccl. ariana

Leucadius	(-342/343)		Hilarius: CSEL, 67, p. 76

16.9.3 LAMPSACOS, Lampsakus, Lapsaki — eccl. byzantina

Vescovado suffraganeo di Cizico, soppresso nel secolo XIV durante l'occupazione turca.

Fonti: Hierocles, 662, 5: Honigmann, p. 23; *notitiae* 1-4, 7, 9-10, 13: Darrouzès, pp. 207, 220, 234, 253, 276, 297, 312, 355
Bibl.: Le Quien, I, coll. 771-774; Bürchner, RE, XII, coll. 590-592; I. K. Makres, MC, VI (1955), p. 29- 1

Parthenius, s.	(-337)		J. M. Sauget, BS, X, coll. 341-342
Daniel	(-451 oct.)		ACO, II, I, III, p. 91
Armonius	(-458)		ACO, II, V, p. 69
Constantinus	(-681 sept. 16)		Mansi, XI, col. 680
Ioannes	(-787 sept. 26)	(787 oct. 13-)	Mansi, XII, col. 1102; XIII, col. 389
Euschemon			Le Quien, I, col. 774
Nicetas	saec. X		Laurent, *Sceaux*, V, 1, n. 358
Thomas	saecc. XI-XII		Laurent, *Sceaux*, V, 1, n. 359

16.9.5 LAMPSACUS — eccl. semiariana

Marcianus			Socrates, HE, V, 8: PG, 67, col. 577

16.10.3 MELITOPOLIS, Miletopolis, Molis, Melde, Lopadion, Lupadium — eccl. byzantina

Vescovado suffraganeo di Cizico; arcivescovado nelle *notitiae* 10 e 15.

Fonti: Hierocles, 663, 1: Honigmann, p. 23; *notitiae* 1-4, 7, 9-10, 13, 15: Darrouzès, pp. 207, 220, 234, 253, 276, 297, 312, 355, 386
Bibl.: Le Quien, I, coll. 779-782; Ruge, RE, XV, coll. 1583-1585

Philetus			Le Quien, I, col. 799
...			
Gemellus	(-451 oct.)		ACO, II, I, II, p. 151
Sozomenus	(-458)		ACO, II, V, p. 69
Ioannes	(-519 iul. 9)		Jaffé, n. 828
Ioannes	(-681 sept. 16)		Mansi, XI, col. 676
Andreas	(-691 sept.)		Mansi, XI, col. 993
Michael	(-787 sept. 26)	(787 oct. 13-)	Mansi, XII, col. 1102; XIII, col. 389
Michael	(-870 febr. 28)		Mansi, XVI, col. 194
Damianus	(-870 febr. 28)		Mansi, XVI, col. 193
Theophanes	(-879 nov.)		Mansi, XVII-XVIII, col. 377
Agapetus	(-1232 aug.)		Laurent, IV, n. 1261; Le Quien, I, col. 782
...	(-1274)		Mansi, XXIV, col. 75
Georgius	(-1294 iun. 2)		Laurent, IV, n. 1567
...	(-1310 oct.)		Darrouzès, V, n. 2005
Ioannicius	(-1315 iul.)		Darrouzès, V, n. 2032
Hierotheus	(-1346 sept.)	(1347 mai. 17-)	Darrouzès, V, nn. 2263, 2271

16.11.3 OCE eccl. byzantina

Vescovado suffraganeo di Cizico.

Fonti: Hierocles, 664, 3-4: Honigmann, p. 24; *notitiae* 1-4, 7, 9-10, 13: Darrouzès, pp. 207, 220, 234, 253, 276, 297, 312, 355

Bibl.: Le Quien, I, coll. 769-770

Alexander	(-451 oct.)	(458-)	ACO, II, III, III, p. 108; II, V, p. 69
Symeon	(-787 sept. 26)	(787 oct. 13-)	Mansi, XII, col. 1102; XIII, col. 389
Strategius	(-879 nov.)		Mansi, XVII-XVIII, col. 377

16.12.2 PARION, Parium, Kemer eccl. primaeva et byzantina

Vescovado suffraganeo dell'Ellesponto; arcivescovado autocefalo verso il 640; arcivescovado latino (Fedalto, II, pp. 163-164).

Fonti: Hierocles, 662, 4: Honigmann, p. 23; *notitiae* 1-5, 7-8, 11-12, 14-16, 18: Darrouzès, p. 507

Bibl.: Le Quien, I, coll. 787-790; Laurent, *Sceaux*, V, 1, pp. 641-643; V, 3, pp. 156-157

Eusthatius			Le Quien, I, col. 787

Hesychius	(-400 mai./iun.)	(431 iul. 22-)	Grumel, I, n. 16; ACO, I, I, VII, p. 85
Thalassius	(-451 oct.)	(458-)	ACO, II, I, III, p. 93; II, V, p. 68
Stephanus	(-691 sept.)		Mansi, XI, col. 1005
Basilius, s.			G. Eldarov, BS, II, col. 946
Sisinnius	(-787 sept. 26)	(787 oct. 13-)	Mansi, XII, col. 1095; XIII, col. 384
Basilius			Le Quien, I, col. 788
Gregorius	(-870 febr. 28)		Mansi, XVI, col. 191
Photius	(-879 nov.)		Le Quien, I, col. 789
Euthymius	saec. IX fin.		Laurent, *Sceaux*, V, 1, n. 825
Philippus	(-997 febr. 21)		Grumel, II, n. 804
Constantinus	saec. XI pars post.		Laurent, *Sceaux*, V, 1, nn. 826-827; V, 3, n. 1813
...	(-1089 apr. 20)		Grumel, III, n. 952
...	(-1116 dec. 19)		Grumel, III, n. 1001
Nicolaus	(-1157 mai. 13)		Grumel, III, n. 1043
Basilius	(-1171)		Stamoules, p. 176
...	(-1274)		Mansi, XXIV, col. 75
Ignatius	(-1285)		Stamoules, p. 156
..., "metr. de Pegai et Parion"	(-1325 mai.)		Darrouzès, V, n. 2122
Georgius			Le Quien, I, col. 790

16.13.3 **PIONIA**, Palaia — eccl. byzantina

Vescovado suffraganeo di Cizico.

Fonti: Hierocles, 663, 8: Honigmann, p. 24; *notitiae* 1-4, 7, 9-10, 13: Darrouzès, pp. 207, 220, 234, 253, 276, 297, 312, 355

Bibl.: Le Quien, I, coll. 779-780; W. Ruge, RE, XX, coll. 1715-1717

Aetius	(-431 iul.)	ACO, I, I, VII, p. 114; III, p. 35
Eulalius	(-451 oct.)	ACO, II, I, II, p. 147
Sabas	(-458)	ACO, II, V, p. 69

16.14.3 **POIMANION**, Poemanenum, Eski Manyas (?) — eccl. byzantina

Vescovado suffraganeo di Cizico; scompare come vescovado nel secolo XIV.

Fonti: Hierocles, 662, 12: Honigmann, p. 23; *notitiae* 1-4, 7, 9-10, 13: Darrouzès, pp. 207, 220, 234, 253, 276, 297, 312, 355

Bibl.: Le Quien, I, coll. 769-770; F. W. Hasluck, *Poemanenum*, "The Journal of Hellenic Studies", LXXVI (1906), pp. 23-31; Laurent, *Sceaux*, V, 2, p. 435

Stephanus	(-451 oct.)		ACO, II, I, II, p. 147
Ioannes	(-458)		ACO, II, V, p. 69
Mercurius	(-681 sept. 16)		Mansi, XI, col. 676
Leo	(-787 sept. 26)	(787 oct. 13-)	Mansi, XII, col. 1102; XIII, col. 389
Nicephorus	(-879 nov.)		Mansi, XVII-XVIII, col. 376
Philotheus	saec. XI med.		Laurent, *Sceaux*, V, 2, n. 1604

16.15.3 PROKONESOS, Proikonesos — eccl. byzantina

Isola dell'arcipelago nella Propontide; vescovado suffraganeo dell'Ellesponto; arcivescovado verso il 640 circa.

Fonti: Hierocles, 662, 1: Honigmann, p. 23; *notitiae* 1-5, 7-8, 11-12, 14-16, 18, 21: Darrouzès, p. 510

Bibl.: Le Quien, I, coll. 783-786; M. Gedeon, 1895, Προικόννησος. ἐν Κωνσταντινουπόλει 1895, pp. 201-215; Laurent, *Sceaux*, V, 1, pp. 644-645

Ioannes	saec. V in.		Gedeon, p. 201
Acacius	(-451 oct.)		ACO, II, I, II, p. 151
Stratocles	(-458/459)		Grumel, I, n. 143: Mansi, VII, col. 920
Nicetas	(-787 sept. 26)	(787 oct. 13-)	Mansi, XII, col. 1095; XIII, col. 385
Ignatius	(-879 nov.)		Mansi, XVII-XVIII, col. 373
Leo	saec. XI		Laurent, *Sceaux*, V, 1, n. 829
Nicetas	saec. XI		Laurent, *Sceaux*, V, 1, n. 830
Dionysius	(-1027 nov.)		Gedeon, pp. 202-203
...	(-1066 apr.)		Le Quien, I, col. 785
Isaacius	(-1166 mai. 6)		Leo Allatius, II, XII, col. 690
Theodorus	(-1170 febr. 21)		Grumel, III, n. 1112
...	(-1186 sept. 10)		Grumel, III, n. 1170
Basilius	(-1232)		Le Quien, I, col. 786; Laurent, IV, n. 1261
..., ep. Mocessen.			Georgius Pachymeres, *De Michaele*, IV, 16: PG, 143, col. 733
...	(-1274)		Mansi, XXIV, col. 75
Nicolaus	(-1280 mai. 3)		Laurent, IV, n. 1447
Ioseph	(-<1289 c. 1293>)		AA, III, p. 96
Niphon	1311		Gedeon, p. 204
Ioannes Glykis	1315	1319/1320	Gedeon, pp. 205-205
Manuel	(-1329 dec.)	(1330 febr.-)	Darrouzès, V, nn. 2153, 2155
Macarius	(-1548)	(1552-)	Le Quien, I, col. 786; Gedeon, p. 205
Pancratios			Gedeon, p. 205

Dionysios			
Anthimos	(-1580 ian.)		
Clemes	(-1585 febr.)	(1624-)	Gedeon, p. 206
Daniel	(-1629)	1638 iun.	
Gregorius			
Hieremias	(-1650 ian.)		Gedeon, p. 207
Gerasimos	(-1660 aug.)		
Constantios	(-1668)		
Metrophanes	1677	1698	Gedeon, p. 208
Theocletos	1718	1725	
Gabriel	1739	1745	Gedeon, p. 209
Nicephorus	1745	(1757-)	
Ananias	1759	(1784 oct. 12-)	Gedeon, p. 210; AA, II, p. 204
Arsenios		1795	Gedeon, p. 211
Nicephoros	1795 aug.		
Cosmas	1821	1830	Gedeon, p. 212
Samuel	1830	1835	
Bessarion	1835	1841	Gedeon, p. 213
Gedeon	1841	1853 iul.	
Sophronios	1853 iul.	1861 apr. 19	
Gedeon, iter.	1861 apr. 19	1877	
Dionysios	1877 ian. 24	1885 mar. 12	Gedeon, p. 214
Nicodemos	1885 mar. 12	1892 ian. 14	
Ignatios	1892 ian.	1893 oct. 4	
Benedictos	1893 oct. 23		Gedeon. p. 215

16.16.3 SKAMANDROS

eccl. byzantina

Vescovado suffraganeo di Cizico.

Fonti: Hierocles, 662, 10: Honigmann, p. 23; *notitiae* 4, 9, 13: Darrouzès, pp. 253, 297, 355

Bibl.: Darrouzès, pp. 37, 40, 90, 144; Bürchner, RE, III A, col. 425

Anthimos	Mystakides, p. 217

16.17.3 **SKEPSIS**, Hagios Kornelios, Sanctus Cornelius, Skamandros, Kurşunlu Tepe eccl. byzantina

Vescovado suffraganeo di Cizico; il titolo di Skamandros sostituì quello precedente di Skepsis o di Sanctus Cornelius, nel secolo X; scompare nel secolo XIV.

Fonti: Hierocles, 664, 5: Honigmann, p. 24; *notitiae* 7, 9, 10, 13: Darrouzès, pp. 276,- 297, 312, 355

Bibl.: Le Quien, I, coll. 783-784; Bürchner, RE, III A, coll. 445-446; Laurent, *Sceaux*, V, 1, pp. 259-260; Schultze, II, 1, pp. 391-392

Cornelius (?)			T. Garcia de Orbiso, BS, IV, coll. 189-192
Athanasius	(-431 iun. 22)	(431 iul. 22-)	ACO, I, I, II, p. 62; I, I, VII, p. 116
Eustorgius	(-451 oct.)		ACO, II, I, II, p. 151
Polyzelus, Polytenus	(-458)		ACO, II, V, p. 69
Samuel, ep. S. Cornelii	(-879 nov.)		Mansi, XVII-XVIII, col. 377
Anthimus	saec. X fin.		Laurent, *Sceaux*, V, 1, n. 364

16.18.3 **TROAS**, Geyikli Dalyan eccl. byzantina

Vescovado suffraganeo di Cizico.

Fonti: Hierocles, 662, 9: Honigmann, p. 23; *notitiae* 1-4, 7, 9-10, 13: Darrouzès, pp. 207, 220, 234, 253, 276, 297, 312, 355

Bibl.: Le Quien, I, coll. 777-780: Hirschfeld, RE, I, col. 1396 (16)

Marinus	(-325)		Le Quien, I, col. 777
...			Socrates, HE, VII, 37: PG, 67, col. 821
Silvanus, ep. Philippolis Thraciae			
Athanasius			Le Quien, I, col. 778
Pionius	(-448)	(451 oct.-)	ACO, II, III, I, p. 129; II, III, II, p. 165
Leo	(-787 sept. 26)		Mansi, XII, col. 1102
Petrus	(-869 oct. 5)	(870 febr.-)	Mansi, XVI, col. 18; Le Quien, I, coll. 779-780
Michael	(-879 nov.)		Mansi, XVII-XVIII, col. 376

16.18.5 **TROAS** eccl. semiariana

Niconius	(-342/343)		Hilarius: CSEL, 65, p. 76

PROVINCIA PHRYGIAE PACATIANAE

17.1.2 LAODICEA

eccl. primaeva et byzantina

La provincia della Frigia Pacatiana o Kapatiana ebbe le dimensioni più ampie alla metà del secolo V; al concilio di Calcedonia contava 22 vescovadi suffraganei; all'inizio del secolo VII era al 21° posto nelle metropoli del patriarcato e al 27° durante l'epoca paleologa. Laodicea era sede metropolitana della provincia e ugualmente Ierapoli.

Fonti: Hierocles, 665, 1: Honigmann, p. 24; *notitiae*: Darrouzès, p. 499

Bibl.: Le Quien, I, coll. 791-798; Ruge, RE, XII, coll. 722-724; Ramsay, *Phrygia*, I, pp. 78-79; H. Leclerq, DACL, VIII, coll. 1321-1323; Laurent, *Sceaux*, V, 1, pp. 387-393; V, 3, pp. 90-91; M. Forlin Patrucco, DPAC, I, col. 1399

Archippus			*Constitutiones apostolicae*, VII, 46: PG, 1, col. 1053
Nymphas			Le Quien, I, coll. 791-792
...			*Apoc.*, III, 14
Sagaris, s.	saec. II		J. M. Sauget, BS, XI, coll. 565-566
Sisinnius			Le Quien, I, col. 793
Eugenius	saec. IV		Le Quien, I, col. 794
Nunechius	(-325 mai. 20)	(325 iun. 19-)	Turner, I, pp. 68-69
Aristonicus	(-431 iun. 22)	(431 iul. 22-)	ACO, I, I, II, p. 62; I, I, VII, p. 112
Nunechius	(-449 aug. 8)	(458/459-)	Honigmann, *Lists*, p. 35; Grumel, I, n. 143: PG, 85, col. 1620
Ioannes	(-553 mai. 5)	(553 iun. 2-)	ACO, IV, I, pp. 4, 226
...	saec. VII		Laurent, *Sceaux*, V, 1, n. 525
Tyberius	(-681 sept. 16)		Mansi, XI, col. 672
Eusthatius	(-787 sept. 26)	(787 oct. 13-)	Mansi, XII, col. 1091; XIII, col. 381; Laurent, *Sceaux*, V, 1, n. 526
...	(-816)		Theodorus Studita, ep.,II, 11: PG, 99, col. 1149
Symeon, ep. Neopatrensis, dep.	(-861)		Grumel, II, n. 487; cfr. p. 266
Theodorus	(-861 apr.)		Le Quien, I, col. 796; Gru- mel, II, n. 466
Nicon (?)	(-<858-867, 877-886>)		Grumel, II, n. 546
Sisinnius	(-870 febr. 28)		Mansi, XVI, col. 191
Paulus	(-879 nov.)		Mansi, XVII-XVIII, col. 373; Grumel, II, nn. 486, 555
Symeon	(-879 nov.)		Mansi, XVII-XVIII, col. 373; Nicephorus Callistus, EH, XIV, 39: PG, 146, col. 1196
Ioannes	saec. IX fin.		Laurent, *Sceaux*, V, 1, n. 527

Epiphanius	(-<905 dec./906 ian.>)		Grumel, II, nn. 602-603
Constantinus	(-<912-925>)		Grumel, II, nn. 718-721
...			Le Quien, I, col. 797
Anastasius	(<975-1010>)		Laurent, *Sceaux*, V, 1, n. 528
Symeon	saecc. X-XI		Laurent, *Sceaux*, V, 1, n. 529
...	(-1019 sept. 12)		Grumel, III, n. 826
...	(-<1043-1058>)		Grumel, III, n. 884
Basilius	(-1071)		Laurent, *Sceaux*, V, 1, n. 530
Michael	(-1071 nov. 9)	(1094-)	Grumel, III, nn. 900, 967: PG, 127, col. 973
Basilius	(-1144 febr. 22)	(1157 mai. 12-)	Grumel, III, nn. 1015, 1041
...	(-1186 sept. 10)		Grumel, III, n. 1170
Theodorus	(-1228 mai.)		Laurent, IV, n. 1247
...	(-<1342 aug.-1343 apr. 3>)		Darrouzès, V, nn. 2237, 2243
...	(-1364 oct.)	(1370 nov. 30-)	Darrouzès, V, nn. 2462, 2489, 2600
Theophylactus	(-1450)		Le Quien, I, col. 798
Matthaeus	(-1591 iun.)		Actes, II, p. 49
Cosmas Batopedinos, metr. Laodiceae	(-1710)		Actes, V, p. 358

17.1.4 LAODICEA — eccl. ariana

Cecropius			Leclercq, col. 1323
Nonnius	(-342/343)		Hilarius: CSEL, 65, p. 77

17.1.16 LAODICEA — eccl. jacobita

Ptolomaeus	567 c.	571	Honigmann, *Évêques*, p. 231

17.2.3 ACMONIA, Acmoneia, Ahat Köy — eccl. byzantina

Vescovado suffraganeo di Laodicea, compare nelle *notitiae* dopo l'inizio del secolo X fino al XIII.

Fonti: Hierocles, 667, 10: Honigmann, p. 25; *notitiae* 3-4, 7, 9-10, 13: Darrouzès, pp. 238, 257, 280, 301, 320, 359

Bibl.: Le Quien, I, coll. 817-818; Hirschfeld, RE, I, col. 1174; Laurent, *Sceaux*, V, 1, p. 393; V, 3, pp. 90-91; S. Pétridès, DHGE, I, coll. 343-344

Optimus, tr. ad Antiochiam Pisidiae		(-381)	Socrates, HE, VII, 36: PG, 67, col. 821
Gennadius	(-451 oct.)		ACO, II, I, III, p. 91
Theotimus	(-458/459)		Grumel, I, n. 143: PG, 85, col. 1620
Agapios	saecc. VII-VIII		Laurent, *Sceaux*, V, 3, n. 1736
Paulus	(-787 sept. 26)	(787 oct. 13-)	Mansi, XII, col. 1106; XIII, col. 393
Eustathius	(-869 oct. 11)		Mansi, XVI, col. 44
Theodorus	saec. XI pars post.		Laurent, *Sceaux*, V, 3, n. 1737; V, 1, n. 532

17.3.3 **AGATHE KOME**, Agathecome, Agathicum — eccl. byzantina

Vescovado suffraganeo di Laodicea.

Fonti: *notitiae* 1-4: Darrouzès, pp. 211, 225, 238, 257

Bibl.: S. Pétridès, DHGE, I, col. 911; Darrouzès, pp. 26, 77; Jones, *Cities*, p. 530

17.4.3 **ALIA**, Alina, Alinoi, Islam Keuy (?) — eccl. byzantina

Vescovado suffraganeo di Laodicea.

Fonti: Hierocles, 668, 1: Honigmann, p. 25; *notitiae* 1-4: Darrouzès, pp. 211, 225, 238, 257

Bibl.: Le Quien, I, coll. 807-810; S. Pétridès, DHGE, II, col. 442; Darrouzès, pp. 26, 77

Gaius	(-451 oct.)		ACO, II, III, II, p. 172
Glaucus	(-553 mai. 5)	(553 iun. 2-)	ACO, IV, I, I, pp. 7, 229
Leo	(-787 sept. 26)	(787 oct. 13-)	Mansi, XII, col. 1107; XIII, col. 393
Michael	(-879 nov.)		Le Quien, I, col. 810
Georgius	(-879 nov.)		

17.5.3 **ANASTASIOPOLIS** — eccl. byzantina

Vescovado suffraganeo di Ierapoli.

Fonti: *notitiae* 1-4: Darrouzès, pp. 213, 227, 241, 260

Bibl.: Le Quien, I, coll. 823-824; S. Pétridès, DHGE, II, col. 1491; Darrouzès, p. 77

Stephanus	(-518)		ACO, III, p. 66
Hieron	(-553 mai. 5)	(553 iun. 2-)	ACO, IV, pp. 7, 206

17.6.3 ANCYRA, Örenli (?), Kilisse Köy (?), Assarlar (?) — eccl. byzantina

Vescovado suffraganeo di Laodicea, quindi, nel secolo VIII, di Ierapoli.

Fonti: Hierocles, 668, 12: Honigmann, p. 25; *notitiae* 7, 9-10, 13: Darrouzès, pp. 286, 305, 330, 364

Bibl.: Le Quien, I, coll. 799-802; Hirschfeld, RE, I, col. 2222; Laurent, *Sceaux*, V, 1, pp. 557-558; S. Vailhé, DHGE, II, coll. 1546- 1548

Florentius, ad eccl. semiar.	(-325 mai. 20)	(325 iun. 19-)	Turner, I, pp. 66-67
Cyriacus, Quiricus	(-680 aug. 9)	(691 sept.-)	Mansi, XI, coll. 615, 1001
Constans	(-787 oct. 13)		Mansi, XII, col. 397
Michael	(-879 nov.)		Mansi, XVII-XVIII, col.378
Ioannes	saec. XI		Laurent, *Sceaux*, V, 1, nn. 732-733

17.6.5 ANCYRA — eccl. semiariana

Florentius, ex eccl. nicaena	(-342/343)		Hilarius: CSEL, 65, p. 77

17.7.3 APPIA, Abia — eccl. byzantina

Vescovado suffraganeo di Laodicea, compare nelle *notitiae* fino al secolo XIII.

Fonti: Hierocles, 668, 6: Honigmann, p. 25; *notitiae* 1-4, 7, 9-10, 13: Darrouzès, pp. 210, 225, 238, 257, 280, 301, 320, 359

Bibl.: Le Quien, I, coll. 803-804; Hirschfeld, RE, II, coll. 214-215; Laurent, *Sceaux*, V, 1, p. 395; R. Janin, DHGE, III, coll. 950-951

Nectarius	(-381 mai.)	(381 iul.-)	Turner, II, pp. 458-459
Chariton	(-459)		Grumel, I, n. 143: Mansi, VII, col. 920
Petrus	(-681 sept. 16)		Mansi, XI, col. 680
Georgius	(-787 sept. 26)	(787 oct. 13-)	Mansi, XII, col. 1107; XIII, col. 393
Basilius	(-879 nov.)		Mansi, XVII-XVIII, col. 373
Georgius	saec. XI pars post.		Laurent, *Sceaux*, V, 1, n. 534

17.8.3 ARDIDA — eccl. byzantina

Vescovado suffraganeo di Laodicea.

Fonti: *notitia* 3: Darrouzès, p. 238

Bibl.: Darrouzès, pp. 26, 77

Eustolius, "ep. Aldili"	(-879 nov.)		Mansi, XVII-XVIII, col. 376; cfr. Darrouzès, p. 77, n. 1

17.9.3 **ARISTEIA**, Aristium, Karaca-Ören (?), Çay-Hisar (?), Düz-Ağaç (?) eccl. byzantina

Vescovado suffraganeo di Laodicea.

Fonti: Hierocles, 668, 4: Honigmann, p. 25; *notitiae* 3, 7, 9-10, 13: Darrouzès, pp. 238, 281, 301, 320, 359

Bibl.: Le Quien, I, coll. 819-820; Hirschfeld, RE, II, p. 899; Darrouzès, p. 26

Paulus	(-451 oct.)	ACO, II, III, II, p. 167
Mamas	(-518)	ACO, III, p. 66
Tarasius	(-879 nov.)	Le Quien, I, coll. 820

17.10.3 **ATANASSOS**, Attanassus, Krassos eccl. byzantina

Vescovado suffraganeo di Laodicea.

Fonti: Hierocles, 667, 1: Honigmann, p. 25; *notitiae* 1-4, 7, 9-10, 13: Darrouzès, pp. 211, 225, 238, 257, 280, 301, 320, 359

Bibl.: Le Quien, I, coll. 819-820; Ruge, RE, XI, col. 1607 (2); Jones, *Cities*, p. 395, n. 72; p. 402

Philadelphius	(-451 oct.)	ACO, II, I, II, p. 152
Christophorus	(-787 sept. 26)	Mansi, XII, col. 1106
Philotheus	(-879 nov.)	Mansi, XVII-XVIII, col. 376

17.11.3 **ATTUDA**, Attyda, Asarköy eccl. byzantina

Vescovado suffraganeo di Ierapoli.

Fonti: Hierocles, 665, 4: Honigmann, p. 24; *notitiae* 1-4, 7, 9-10, 13: Darrouzès, pp. 213, 227, 241, 260, 286, 305, 329, 364

Bibl.: Le Quien, I, coll. 825-826; Ruge, RE, II, col. 2259; Darrouzès, p. 25, n. 1; M. T. Disdier, DHGE, V, coll. 196-197

Hermolaus	(-431 iun.)	(431 iul.-)	ACO, I, I, II, p. 61; III, p. 35
Symmachius	(-449)	(451 oct.-)	ACO, II, III, I, p. 256; II, I, II, p. 152
Stephanus	(-691 sept.)		Mansi, XI, col. 1005
Nicetas	(-879 nov.)		Mansi, XVII-XVIII, col. 376
Arsenius	(-879 nov.)		

17.12.3 AZANOI, Azani, Azanai, Çavdar, Çavdir-Hisar — eccl. byzantina

Vescovado suffraganeo di Laodicea nelle *notitiae* 1-2, 4, di Ierapoli nelle *notitiae* 3, 7, 9-10, 13.

Fonti: Hierocles, 668, 8: Honigmann, p. 25; *notitiae* 1-4, 7, 9-10, 13; Darrouzès, pp. 210, 224, 241, 257, 286, 305, 330, 364

Bibl.: Le Quien, I, coll. 799-800; Hirschfeld, RE, I, coll. 1131-1132; R. Janin, DHGE, V, col. 1332

Pisticus, Pisticos	(-325 mai. 20)	(325 iun. 19-)	Turner, I, pp. 68-69
Palagius	(-518)	(553 iun. 2-)	ACO, III, p. 66; IV, I, pp. 7, 229
Gregorius	(-691 sept.)		Mansi, XI, col. 1101
Ioannes	(-787 oct. 13)		Mansi, XIII, col. 397
Theophanes	(-870 febr. 28)	(879 nov.-)	Mansi, XVI, col. 397; XVII- XVIII, col. 377

17.13.3 BRIA — eccl. byzantina

Vescovado suffraganeo di Laodicea.

Fonti: Hierocles, 667, 7: Honigmann, p. 25

Bibl.: *Index*, p. 24; Ruge, RE, III, col. 883; Jones, *Cities*, p. 530

Macedonius	(-536)		ACO, III, p. 127

17.14.3 CADI, Cadoi, Kadoi — eccl. byzantina

Vescovado suffraganeo di Laodicea fino al secolo VIII, quindi di Ierapoli; compare nelle *notitiae* fino al secolo XIII.

Fonti: Hierocles, 668, 10: Honigmann, p. 25; *notitiae* 1-4, 7, 9-10, 13: Darrouzès, pp. 210, 225, 241, 277, 286, 305, 330, 364

Bibl.: Le Quien, I, coll. 803-804; Ruge, RE, X, col. 1477; R. Janin, DHGE, XI, col. 116; Laurent, *Sceaux*, V, 1, p. 560

Daniel	(-449 aug. 8)	(451 oct.-)	Honigmann, *Lists*, p. 36; ACO, II, I, III, p. 93
Philippus	(-691 sept.)		Mansi, XI, col. 1101
Theodorus	(-787 sept. 26)	(787 oct. 13-)	Mansi, XII, col. 1108; XIII, col. 397
Constantinus	(-879 nov.)		Mansi, XVII-XVIII, col. 373
Basilius	saecc. X-XI		Laurent, *Sceaux*, V, 1, n. 735

17.15.3 **CERETAPA**, Chairetopa, Keretapa, Kayihisar, Kaser-Yeşilova — eccl. byzantina

Vescovado suffraganeo di Laodicea, di Chonai nella *notitia* 13.

Fonti: Hierocles, 662, 2: Honigmann, p. 24; *notitiae* 3, 7, 9-10, 13: Darrouzès, pp. 238, 280, 301, 320, 359, 370

Bibl.: Le Quien, I, coll. 811-812; Ruge, RE, XI, coll. 287-288; Laurent, *Sceaux*, V, 1, pp. 393-394

Silvanus	(-431 iun. 22)	(431 iul. 22-)	ACO, I, I, II, p. 6; I, I, VII, p. 85
Philetus	(-451 oct.)		ACO, II, I, II, p. 152
Andreas, "ep. Aerygaporum"	(-691 sept.)		Mansi, XI, col. 1001
Michael	(-787 sept. 26)	(787 oct. 13-)	Mansi, XII, col. 1106; XIII, col. 393
Symeon, "ep. Caeretaporum"	(-879 nov.)		Mansi, XVII-XVIII, col. 377
Gregorius	saec. XI		Laurent, *Sceaux*, V, 1, n. 533

17.15.4 **CHAIRETOPA** — eccl. ariana

Theodolus	(-359)	Socrates, HE, II, 40: PG, 67, col. 345
Carterius		Philostorgius, IX, 18: PG, 65, col. 581
Ioannes		

17.16.3 **CIDYESSUS**, Kedissos, Kidyessos, Kidiosou, Göcek-Öyük — eccl. byzantina

Vescovado suffraganeo di Laodicea.

Fonti: Hierocles, 668, 5: Honigmann, p. 25; *notitiae* 3, 7, 9-10, 13: Darrouzès, pp. 238, 280, 301, 320, 359

Bibl.: Le Quien, I, coll. 801-802; Ruge, RE, XI, col. 380; R. Janin, DHGE, XII, col. 828

Heraclius	(-451 oct.)	ACO, II, I, II, p. 153
Andreas, "ep. Cedisosi"	(-787 oct. 1)	Mansi, XIII, col. 148
Thomas	(-879 nov.)	Mansi, XVII-XVIII, col. - 373

17.17.3 **DIOKLEIA**, Diocletianopolis, Doğla, Doghla — eccl. byzantina

Vescovado suffraganeo di Laodicea (da non confondere con il vescovado omonimo in Dalmazia), compare nelle *notitiae* fino al secolo XIII.

Fonti: Hierocles, 668, 3: Honigmann, p. 25; *notitiae* 3, 7, 9-10, 13: Darrouzès, pp. 238, 281, 301, 320, 359

Bibl.: Le Quien, I, coll. 823-824; Ruge, RE, V, col. 791; R. Janin, DHGE, XIV, col. 494; Laurent, *Sceaux*, V, 1, pp. 396-- 397

Constantinus	(-431 iun. 22)	(431 iul. 22-)	ACO, I, I, II, p. 16; I, I, VII, p. 113
Evandrus	(-451 oct.)		ACO, II, III, II, p. 167
Gregorius	saec. XI pars pr.		Laurent, *Sceaux*, V, 1, n. 536

17.18.3 **DIONYSIOPOLIS**, Dionysi(opolis), Koniupolis — eccl. byzantina

Vescovado suffraganeo di Ierapoli.

Fonti: Hierocles, 666, 6: Honigmann, p. 24; *notitiae* 1-4: Darrouzès, pp. 213, 227, 241, 260

Bibl.: Le Quien, I, coll. 821-822; Ruge, RE, XI, col. 1317; R. Janin, DHGE, XIV, col. 506

Chares	(-451 oct.)		ACO, I, I, II, p. 149
Alexander	(-553 mai. 5)	(553 iun. 2-)	ACO, IV, I, pp. 4, 225
Basilius	(-787 sept. 26)		Mansi, XII, col. 1110

17.19.2 **EUMENEIA**, Eumenia, Işikli — eccl. primaeva et byzantina

Vescovado suffraganeo di Laodicea, compare nelle *notitiae* fino al secolo XIII.

Fonti: Hierocles, 667, 4: Honigmann, p. 25; *notitiae*: 1-4, 7, 9-10, 13: Darrouzès, pp. 211, 225, 238, 257, 280, 301, 320, 359

Bibl.: Le Quien, I, coll. 807-808; Ruge, RE, VI, col. 1082 (1); VII, col. 228; R.Janin, DHGE, XV, coll. 1396-1397; Laurent, *Sceaux*, V, 1, p. 396

Thraseas, mart.	160 c.		A. Amore, BS, XII, col. 640; G. Ladocsi, DPAC, II, col. 3507
Theodorus	(-381 mai.)	(381 iul.-)	Turner, II, 460-461
Leontius, Leo	(-787 sept. 26)	(787 oct. 13-)	Mansi, XII, col. 1106; XIII, col. 393
Paulus	(-879 nov.)		Mansi, XVII-XVIII, col. 375
Epiphanius	(-879 nov.)		Mansi, XVII-XVIII, col. 378
Ioannicius	saec. X		Laurent, *Sceaux*, V, 1, n. 535
Costantios	1816 mar.		Janin, col. 1397
Costantinos	1818		
Gregorius		1833 sept. 11	
Gennadius		1835 oct.	
Panaretus	1846 febr.		

17.20.2 **HIERAPOLIS**, Ierapolis, Pambuk Kalesi, Tambuk eccl. primaeva et byzantina

Vescovado della Frigia Pacatiana, elevato a metropoli nel secolo V o VI, con 10 vescovadi suffraganei nel secolo VIII fino alle *notitiae* del secolo XIII; da non confondere con l'omonima sede della Frigia Salutare (Le Quien).

Fonti: Hierocles, 665, 2: Honigmann, p. 24; *notitiae*: Darrouzès, p. 494

Bibl.: Le Quien, I, coll. 831-838; Ruge, RE, VIII, coll. 1404-1405; Jones, *Cities*, p. 530; Ramsay, *Phrygia*, I, p. 120; W.M.Ramsay, *Phrygian Orthodox and Heretics (400-800 A. D.)*, "Byzantion", VI (1931), pp. 1-35; Laurent, *Sceaux*, V, 1, pp. 554-556

Heros (vel Hierapolis Phrygiae Salutaris)			Le Quien, I, col. 833
Papias			Eusebius, HE, III, 36: I, p. 147; L. Vanyó, DPAC, II, col. 2667
Apollinaris (vel Hierapolis Phrygiae Salutaris)	saec. II pars post.		Eusebius, HE, IV, 21; 27: I, pp. 199, 212; V. Zangara, DPAC, I, coll. 280-281
Flaccus (vel Hierapolis Phrygiae Salutaris), ad eccl. semiar.	(-325 mai. 20)	(325 iun. 19-)	Turner, I, pp. 68-69
Lucius (vel Hierapolis Phrygiae Salutaris)	(-394 sept. 29)		Grumel, I, n. 10; Le Quien, I, col. 835
Alexander (vel Hierapolis Phrygiae Salutaris)	(-<428-431>)		Grumel, I, n. 64
Venantius	(-431 iun. 22)	(431 iul. 22-)	ACO, I, I, II, p. 61; I, I, VII, p. 116
Auxanon	(-553 mai. 5)	(553 iun. 2-)	ACO, IV, I, pp. 5, 226
Sisinnius, metr.	(-681 sept. 16)		Mansi, XI, col. 672
Christophorus	saec. VII		Laurent, *Sceaux*, V, 1, n. 728
Zacharias	saec. VII pars post.		Laurent, *Sceaux*, V, 1, n. 729
Michael (vel prov. Euphratensis)	(-787 sept. 26)	(787 oct. 13-)	Mansi, XII, col. 1107; XIII, col. 396
Nicolaus (vel prov. Euphratensis)	(-787 oct. 13)		Mansi, XIII, col. 3- 84
Nicon, metr. Laodiceae		(858-867, 877-886)	Grumel, II, n. 546
Ignatius, metr.	(-870 febr. 28)	(879 nov.-)	Mansi, XVI, col. 191; XVII XVIII, col. 374; Laurent, *Sceaux*, V, 1, n. 730; Gru- mel, II, n. 474
Christophorus	(-1072 mar. 14)		Laurent, *Sceaux*, V, 1, n. 728
Arseber (vel Hierapolis Phrygiae Salutaris)	(-997 febr. 21)		Grumel, II, n. 804
...	(-1066 apr. 26)		Grumel, III, n. 896
...	(-<1157-1170>)		Le Quien, I, coll. 836-837
Georgius (vel Hierapolis Phrygiae Salutaris)	(-1170 febr. 21)		Grumel, III, n. 1112
...	(-1186 sept. 10)		Grumel, III, n. 1170; Le Quien, I, col. 838

17.20.5 HIERAPOLIS — eccl. semiariana

Flaccus, ex eccl. nicaena	(-342/343)	Hilarius: CSEL, 65, p. 77

17.21.3 IKRIA — eccl. byzantina

Vescovado suffraganeo di Laodicea.

Fonti: *notitiae* 1-4: Darrouzès, pp. 210, 225, 238, 257

Bibl.: Darrouzès, p. 26

17.22.3 ILOUZA, Elouza — eccl. byzantina

Vescovado suffraganeo di Laodicea.

Fonti: Hierocles, 667, 9: Honigmann, p. 25; *notitiae* 1-4, 7, 9-10, 13: Darrouzès, pp. 210, 225, 238, 257, 281, 301, 320, 359

Bibl.: Le Quien, I, coll. 811-812; Ruge, IX, col. 1093; R. Janin, DHGE, XV, coll. 265-266

Evagoras	(-451 oct.)	ACO, II, III, II, p. 172
Macedonius	(-518)	ACO, III, p. 66
Alexander	(-536)	ACO, III, p. 162
Patricius	(-681 sept. 16)	Mansi, XI, col. 680
Eustrathius	(-879 nov.)	Mansi, XVII-XVIII, col. 376

17.23.2 KOLOSSAI, Chonai, Khonas — eccl. primaeva et byzantina

Vescovado suffraganeo di Laodicea; forse nel secolo VIII il titolo di Colossi fu trasferito a Khonas; poco prima dell'860, Fozio promosse la sede ad arcivescovile (Grumel, II, n. 462); sede metropolitana verso il 945, nella *notitia* 13 aveva un vescovado suffraganeo; verso il 1370 non era più sede residenziale.

Fonti: Hierocles, 666, 1: Honigmann, p. 24; *notitiae*: Darrouzès, pp. 238, 488

Bibl.: Le Quien, I, coll. 813-818; Ruge, RE, XI, coll. 1119-1120; Laurent, *Sceaux*, V, 2, pp. 421-423; R. Janin, DHGE, XII, coll. 760-761

Epaphras, s.			F. Spadafora, BS, IV, coll. 1252-1253
Philemon, s. (?)			A. Romeo, BS, V, coll. 688-697
Epiphanius	(-449 aug. 8)	(451 oct.-)	Honigmann, *Lists*, p. 36; ACO, II, I, II, p. 152
Cosmas, "ep. Colossae"	(-691 sept.)		Mansi, XI, col. 1001

Dositheus, "ep. Chonensis"	(-787 oct. 13)		Mansi, XIII, col. 393
Samuel	(-859/860)	(879 nov.-)	Grumel, II, n. 462; Mansi, XVII-XVIII, col. 373
Constantinus	(-1038 apr. 17)		Grumel, II, n. 844: PG, 119, col. 744; Laurent, *Sceaux*, V, 2, n. 1589
Nicolaus	(-1054 iun.)		Le Quien, I, col. 816
...	(-1066 apr. 26)		Grumel, III, n. 896
...	(-<1081-1084>)		Grumel, III, n. 933
Nicetas	(-1142)		Laurent, *Sceaux*, V, 2, n. 1590
Basilius	(-1172 mai. 5)		Grumel, III, n. 1125
Constantinus	(-1177 sept. 2)		Grumel, III, n. 1134

17.24.3 LUNDA — eccl. byzantina

Vescovado suffraganeo di Laodicea.

Fonti: Hierocles, 667, 2: Honigmann, p. 25; *notitiae* 7, 9-10, 13: Darrouzès, pp. 280, 301, 320, 359

Bibl.: Le Quien, I, coll. 821-822; Ruge, RE, XIII, col. 1813

Nicephorus	(-787 sept. 26)	Mansi, XII, col. 1107
Eustathius	(-879 nov.)	Mansi, XVII-XVIII, col. 378

17.25.3 METELLOPOLIS, Medele — eccl. byzantina

Vescovado suffraganeo di Ierapoli, nelle *notitiae* fino al secolo XIII.

Fonti: Hierocles, 666, 7: Honigmann, p. 24; *notitiae* 1-4, 7, 9-10, 13: Darrouzès, pp. 213, 227, 261, 260, 286, 305, 329, 364

Bibl.: Le Quien, I, coll. 825-826; W. Ruge, RE, XVI, col. 381; Jones, *Cities*, p. 395, n. 72, p. 402; Laurent, *Sceaux*, V, 1, pp. 556-557

...	(-787 oct. 1)	Mansi, XIII, col. 149
Michael	(-879 nov.)	Mansi, XVII-XVIII, col. 378
Stephanus	saecc. XI-XII	Laurent, *Sceaux*, V, 1, n. 731

17.26.3 MOSYNA, Mossyna, Gözler Kahve (?) — eccl. byzantina

Vescovado suffraganeo di Ierapoli.

Fonti: Hierocles, 655, 3: Honigmann, p. 24; *notitiae* 1-4, 7, 9-10, 13: Darrouzès, pp. 213, 227, 241, 260, 286, 305, 329, 364

Bibl.: Le Quien, I, coll. 823-824; W. Ruge, RE, XVI, coll. 376-377; Darrouzès, p. 25, n. 1

Gennadius	(-451 oct.)	ACO, II, III, II, p. 167
Ioannes	(-691 sept.)	Mansi, XI, col. 1005
Theophylactus	(-787 oct. 13)	Mansi, XIII, col. 397
Euthymius	(-869 sept. 24)	Mansi, XVI, col. 82
Constantinus	(-879 nov.)	Le Quien, I, col. 824
Ioannes, Paulus	(-879 nov.)	Mansi, XVII-XVIII, col. 377

17.27.3 **OINOUKOME**, Oinokome, Iustinianupolis — eccl. byzantina

Vescovado suffraganeo di Laodicea.

Fonti: *notitiae*, 7, 9-10, 13: Darrouzes, pp. 281, 301, 320, 359
Bibl.: Darrouzès, pp. 26, 77

17.28.3 **ORAKA** — eccl. byzantina

Vescovado suffraganeo di Laodicea.

Fonti: *notitiae*, 3, 7, 9-10, 13: Darrouzès, pp. 238, 281, 301, 337, 359

17.29.3 **ORINA** — eccl. byzantina

Vescovado suffraganeo di Laodicea.

Fonti: *notitiae*, 7, 9-10, 14: Darrouzès, pp. 281, 301, 320, 359
Bibl.. Darrouzès, pp. 26, 77

17.30.3 **PELTAI**, Peltae, Molte — eccl. byzantina

Vescovado suffraganeo di Laodicea.

Fonti: Hierocles, 667, 3: Honigmann, p. 25; *notitiae* 1-4,7, 9-10, 13: Darrouzès, pp. 210, 224, 238, 257, 280, 301, 320, 359
Bibl.: Le Quien, I, coll. 801-802; W. Ruge, RE, XVI, col. 29; XIX, coll. 401-403

Philippus	(-451 oct.)	ACO, II, II, II, p. 76
Andreas	(-536)	ACO, III, p. 28
Theodorus	(-691 sept.)	Mansi, XI, coll. 1001

Georgius	(-787 sept. 26)	(787 oct. 13-)	Mansi, XII, coll. 1106; XIII, col. 393
Epiphanius	(-787 oct. 13)		Mansi, XIII, col. 396

17.31.3 PHILIPPOPOLIS — eccl. byzantina

Vescovado suffraganeo di Laodicea.

Bibl.: Le Quien, I, coll. 821-824; W. Ruge, RE, XIX, coll. 2263-2264; Darrouzès, p. 26

Tatianus	(-451 oct.)		ACO, II, I, II, p. 153

17.32.3 PHOBA — eccl. byzantina

Vescovado suffraganeo di Ierapoli.

Fonti: *notitiae* 7, 9-10, 13: Darrouzès, pp. 286, 305, 330, 364

Bibl.: Darrouzès, p. 77

Eustrathius	(-879 nov.)		Mansi, XVII-XVIII, col. 376

17.33.3 SANAUS, Sanaos, Sanavos, Sari Kavak — eccl. byzantina

Vescovado suffraganeo di Laodicea, compare anche come suffraganeo di Ierapoli.

Fonti: Hierocles, 666, 5: Honigmann, p. 24; *notitiae*: Darrouzes, p. 515

Bibl.: Le Quien, I, coll. 805-806; Ramsay, *Phrygia*, p. 230; Laurent, *Sceaux*, V, 1, p. 559; Ruge, RE, I, A, col. 2229

Flaccus, Placcus	(-325 mai. 20)	(325 iun. 19-)	Turner, I, pp. 68-69
Antiochus	(-451 oct.)		ACO, II, I, II, p. 152
Basilius	saecc. X-XI		Laurent, *Sceaux*, V, 1, n. 734

17.34.3 SEBASTES — eccl. byzantina

Vescovado suffraganeo di Laodicea.

Fonti: Hierocles, 667, 8: Honigmann, p. 25; *notitiae* 1-4, 7, 9-10, 13: Darrouzès, pp. 211, 225, 238, 257, 280, 301, 320, 359

Bibl.: Le Quien, I, coll. 805-808; Bürchner-Ruge, RE, II A, col. 951 (1)

Modestus	(-451 oct.)		ACO, II, III, II, p. 167
Plato	(-691 sept.)		Mansi, XI, col. 1001
Leo	(-787 sept. 26)		Mansi, XII, col. 1110
Euthymius	(-870 febr. 28)		Mansi, XVI, col. 194
Costantinus	(-879 nov.)		Mansi, XVII-XVIII, col. 377
Theodorus			Le Quien, I, coll. 807-808

17.35.3 **SIBLIA**, Siblios, Sublaion, Soullaias — eccl. byzantina

Vescovado suffraganeo di Laodicea.

Fonti: Hierocles, 667, 5: Honigmann, p. 25; *notitiae* 1-4, 7, 9-10, 13: Darrouzès, pp. 211, 225, 238, 257, 280, 301, 320, 359

Bibl.: Le Quien, I, coll. 809-810; Ruge, RE, II A, col. 2071; Laurent, *Sceaux*, V, 3, pp. 91-92

Eulalios	(-451 oct.)		ACO, II, III, II, p. 167
Ioannes	(-787 sept. 26)	(787 oct. 13-)	Mansi, XII, col. 1107; XIII, col. 393
Nicephorus	(-879 nov.)		Mansi, XVII-XVIII, col. 378
Ioannes (?)	saec. XI		Laurent, *Sceaux*, V, 3, n. 1738

17.36.3 **SIOCHARAX** — eccl. byzantina

Vescovado della provincia di Frigia Pacatiana.

Fonti: Hierocles, 668, 2: Honigmann, 25

Bibl.: Jones, *Cities*, p. 530; Ruge, RE, III A, col. 261

...	(-451 oct.)	Jones, *Cities*, p. 530

17.37.3 **SYNAOS**, Synaus, Sima — eccl. byzantina

Vescovado suffraganeo di Laodicea, compare anche come suffraganeo di Ierapoli.

Fonti: Hierocles, 668, 13: Honigmann, p. 25; *notitiae*: Darrouzès, p. 515

Bibl.: Le Quien, I, coll. 813-814; Ruge, RE, IV A, coll. 1326-1327; Laurent, *Sceaux*, V, 3, pp. 92-93

Arabius	(-451 oct.)	ACO, II, I, II, p. 152

Phronymus	(-553 mai. 5)	(553 iun. 2-)	ACO, IV, I, pp. 7, 229
Stephanus	(-787 oct. 13)		Mansi, XIII, col. 397
Costantinus	(-870 febr. 28)		Mansi, XVI, col. 194
Sisinnius	(-879 nov.)		Mansi, XVII-XVIII, col. 376
Eusebius	(-879 nov.)		
Theodorus	saec. XI pars post.		Laurent, *Sceaux*, V, 3, n. 1739

17.38.3 TEMENOTHYRAE, Timenou Therai — eccl. byzantina

Vescovado suffraganeo di Laodicea.

Fonti: Hierocles, 668, 14: Honigmann, p. 25; *notitiae* 1-4, 7, 9-10, 13: Darrouzès, pp. 211, 225, 238, 257, 280, 301, 320, 359

Bibl.: Le Quien, I, coll. 807-808; J. Keil, RE, V A, coll. 458-459

Matthias	(-451 oct.)		ACO, II, II, II, p. 43
Gregorius	(-787 sept. 26)	(787 oct. 13-)	Mansi, XII, col. 1106; XIII, col. 396

17.39.3 THAMPSIOUPOLIS — eccl. byzantina

Vescovado suffraganeo di Laodicea.

Fonti: *notitiae*, 7, 9-10, 13: Darrouzès, pp. 281, 301, 320, 359

Bibl.: Darrouzès, p. 26

Ioannes, "ep. Tampsi"	(-870 febr. 28)		Mansi, XVI, col. 194

17.40.3 THEMISONIUM, Themisonion — eccl. byzantina

Vescovado suffraganeo di Laodicea.

Fonti: Hierocles, 666, 3: Honigmann, p. 24

Bibl.: Le Quien, I, coll, 813-814, 821-822; W. Ruge, RE, V A, coll. 1638-1641; Darrouzès, p. 26

Zosimus	(-451 oct.)		ACO, II, III, II, p. 172

17.41.3 THEODOSIOPOLIS, Theodosia, Theodosiana, Düşecek (?) — eccl. byzantina

Vescovado suffraganeo di Laodicea.

Fonti: Hierocles, 668, 11: Honigmann, p. 25
Bibl.: Le Quien, I, coll. 819-820

Thomas	(-449)	(451 oct.-)	ACO, II, III, I, p. 132; II, I, II, p. 149
Cyriacus	(-536)		ACO, III, p. 28

17.42.3 TIBERIOPOLIS — eccl. byzantina

Vescovado suffraganeo di Laodicea (*notitiae* 1-2, 4), di Ierapoli (*notitiae* 3, 7, 9-10, 13).

Fonti: Hierocles, 668, 9: Honigmann, p. 25; *notitiae* 1-4, 7, 9-10, 13: Darrouzès, pp. 210, 224, 241, 257,286, 305, 330, 364
Bibl.: Le Quien, I, 797-800; W. Ruge, RE, VI A, coll. 790-792

Eustathius	(-536)		ACO, III, p. 28
Silos	(-553 mai. 5)	(553 iun. 2-)	ACO, IV, I, pp. 7, 230
Anastasius	(-691 sept.)		Mansi, XI, col. 1001
Michael	(-787 sept. 26)		Mansi, XII, col. 1110
Theoctistus	(-879 nov.)		Le Quien, I, col. 800

17.43.3 TRANOUPOLIS, Traianopolis, Gâvur-Ören — eccl. byzantina

Vescovado suffraganeo di Laodicea.

Fonti: Hierocles, 668, 15: Honigmann, p. 25; *notitiae* 1-2, 4, 7, 9-10, 13: Darrouzès, pp. 210, 225, 257, 280, 301, 320, 359
Bibl.: Le Quien, I, coll. 803-806; W. Ruge, RE, VI A, coll. 2085-2087; cfr. Bürchner, RE, VII, coll. 1879-1880

Ioannes	(-458/459)		Grumel, I, n. 143: PG, 85, col. 1621
Ioannes	(-536)		ACO, III, p. 127
Asignius	(-553 mai. 5)	(553 iun. 2-)	ACO, IV, I, pp. 4, 226
Tiberius	(-691 sept.)		Mansi, XI, col. 992
Philippus	(-787 oct. 13)		Mansi, XIII, col. 393
Eustrathius	(-879 nov.)		Mansi, XVII-XVIII, col. 378
...			Le Quien, I, col. 806

17.44.3 TRAPEZOPOLIS, Bolu — eccl. byzantina

Vescovado suffraganeo di Laodicea.

Fonti: Hierocles, 665, 5: Honigmann, p. 24; *notitiae* 2-4, 7, 9-10, 13: Darrouzés, pp. 225, 238, 257, 280, 301, 320, 359

Bibl.: Le Quien, I, coll. 809-810; W. Ruge, RE, VI A, coll. 2210-2212

Hierophilus			Socrates, HE, VII, 36: PG, 67, col. 821
Asclepiades	(-431 iun. 22)	(431 iul. 22-)	ACO, I, I, II, p. 61; I, I, VII, p. 117
Ioannes	(-451 oct.)		ACO, II, I, II, p. 149
Eugenius	(-691 sept.)		Mansi, XI, col. 1001
Zacharias	(-787 sept. 26)	(787 oct. 13-)	Mansi XII, col. 1110; XIII, col. 393
Leo	(-879 nov.)		Le Quien, I, col. 810

17.45.3 TRIPOLIS — eccl. byzantina

Vescovado suffraganeo di Laodicea.

Fonti: *notitiae* 1-2, 4: Darrouzés, pp. 211, 225, 257

Bibl.: Jones, *Cities*, p. 530

17.46.3 VALENTIA — eccl. byzantina

Vescovado suffraganeo di Laodicea.

Fonti: Hierocles, 666, 4: Honigmann, p. 24

Bibl.: Le Quien, I, coll. 817-820; Darrouzés, p. 26

Evagrius	(-431)	ACO, I, IV, p. 29
Basilius, "ep. Coloniae"	(-691 sept.)	Mansi, XI, col. 1001
Pantaleo	(-787 sept. 26)	Mansi, XII, col. 1106

PROVINCIA PHRYGIAE SALUTARIS

18.1.2 SYNADA, Synnades, Şuhut, Şohut-Kasaba — eccl. primaeva et byzantina

La metropoli fu istituita con la divisione operata da Diocleziano della Frigia in Pacatiana e Salutare; al concilio di Calcedonia contava più di 15 vescovadi suffraganei; aumentò a 23-24 fino al secolo XIII.

Fonti: Hierocles, 677, 7: Honigmann, p. 28; *notitiae*: Darrouzès, p. 515

Bibl.: Le Quien, I, coll. 827-832; Ruge, RE, IV A, coll. 1410-1412; O. Volk, LTK, IX, col. 1234; Laurent, *Sceaux*, V, 3, pp. 93-94

Atticus			Eusebius, HE, VI, 19: II, p. 119
Agapetus, s.	saec. IV pars pr.		G. Eldarov, BS, I, col. 305
Procopius	(-325 mai. 20)	(325 iun. 19-)	Turner, I, pp. 68-69
Cyriacus			Le Quien, I, coll. 827-828
Theodosius			Socrates, HE, VII, 3: PG, 67, col. 741
Agapetus	(-<406-425>)		Grumel, I, n. 45
Severus	(-431 iun. 22)	(431 iul. 22-)	ACO, I, I, II, p. 62; I, I, VII, p. 112; A. De Nicola, DPAC, II, col. 3187
Marinianus	(-449 aug. 8)	(451 oct.-)	Honigmann, *Lists*, p. 34; ACO, II, III, II, p. 158
Theogenes	(-536 mai. 10)		Grumel, I, n. 235
Severus	(-553 mai. 5)	(553 iun. 2-)	ACO, IV, I, pp. 4, 225
Pausicacus, s.	(596-602)	606	R. Janin, BS, X, coll. 419-420
Cosmas	(-681 sept. 16)		Mansi, XI, col. 672
Ioannes	(-723/725)		Grumel, II, n. 328
Theodorus	saec. VIII pars post.		Laurent, *Sceaux*, V, 3, n. 1740
Michael, s.	(-787 oct. 13)	826 mai. 23	R. Janin, BS, IX, coll. 457-458; Mansi, XIII, col. 381
Nicolaus	(-870 febr. 28)		Mansi, XVI, col. 191
Petrus	(-879 nov.)		Mansi, XVII-XVIII, col. 373
Ioannes, ep. Larissae	(858-867, 877-886)		Grumel, II, n. 546
Pantaleo	(-<886-912>)		Le Quien, I, coll. 831-832
Leo	(-<976-1025>)		Le Quien, I, col. 832
Nicetas	(-1084)		
...	saec. XIV		
Georgius	(-1450)		Mansi, XXXII, col. 105

18.1.17 **SIMNADOU**, Synnada — eccl. syro-occidentalis/jacobita

Iacobus	(954 iul. 16-957 ian. 31)	Chabot, IV, p. 508
Basilius	(965 iul. 9-985)	Chabot, IV, p. 510
Elias	(986 oct. 21-1002/1003)	Chabot, V, p. 606
Philoxenus	(1031 (?) oct. 14-1042 (?) mar. 21)	Chabot, V, p. 609
Ignatius	(1058-1063)	Chabot, V, p. 611
Athanasius	(1063-1072 nov. 27)	Chabot, V, p. 612
Ioannes	(1074 ian. 6-1075 iul.)	Chabot, V, p. 613
Basilius	(1090 dec. 1-1129 iun. 8)	Chabot, V, p. 615
Matthaeus	(1130 febr. 17-1137 nov.)	Chabot, V, p. 617
Basilius	(1138 dec. 4-1166 iul. 14)	Chabot, V, p. 618
Basilius	(1166 oct. 18-1199 nov. 7)	Chabot, V, p. 620

18.2.3 **ACROENUS**, Akroknou, Akrokonou, Akroenos — eccl. byzantina

Vescovado suffraganeo di Synada.

Fonti: *notitiae* 7, 9-10, 13: Darrouzès, pp. 281, 301, 321, 360

Bibl.: Darrouzès, pp. 77, 141 n. 3; S. Pétridès, DHGE, I, col. 376

Theoctistus	(-879 nov.)	Mansi, XVII-XVIII, col. 376

18.3.3 **AMADASSOS**, Amadassa — eccl. byzantina

Vescovado suffraganeo della Frigia Salutare.

Fonti: Hierocles, 678, 6: Honigmann, p. 29

Bibl.: Le Quien, I, coll. 849-850; Hirschfeld, RE, I, col. 1712; Darrouzès, p. 8; S. Pétridès, DHGE, II, col. 915

Paulus	(-451 oct.)	ACO, II, III, II, p. 17
Leontius	(-553 iun. 2)	ACO, IV, I, p. 231

18.4.3 AUGUSTOPOLIS, Surmeneh — eccl. byzantina

Vescovado suffraganeo di Synada.

Fonti: *notitiae* 1-4, 7, 9-10, 13: Darrouzès, pp. 211, 225, 238, 258, 281, 301, 321, 360

Bibl.: Le Quien, I, coll. 845-846; Ruge, RE, II, col. 2369; G. Bardy, DHGE, V, col. 657

Ioannes	(-431 iun. 22)	(431 iul. 22-)	ACO, I, I, II, p. 4, I, I, VII, p. 85
Diogenes	(-553 mai. 5)	(553 iun. 2-)	ACO, IV, I, pp. 7, 230
Nicetas	(-787 sept. 26)	(787 oct. 13-)	Mansi, XII, col. 1107; XIII, col. 396
Constantinus	(-869)		Bardy, col. 657

18.4.4 AUGUSTOPOLIS — eccl. ariana

Philicadus	(-359 sept. 27)		Epiphanius: PG, 42, col. 453

18.5.3 AUROCLA, Aurocra, Abrostola, Aurocrora, Beyköy (?) — eccl. byzantina

Vescovado suffraganeo di Synada.

Fonti: Hierocles, 678, 5: Honigmann, p. 29; *notitiae* 1-4: Darrouzès, pp. 211, 225, 239, 258

Bibl.: Le Quien, I, coll. 853-854; Ruge, RE, II, col. 2422

Acylas	(-449)	(451 oct.-)	ACO, II, I, I, p. 150; II, I, II, p. 149

18.6.3 BRYZOS, Brozos, Bruzus, Kara-Sandikli — eccl. byzantina

Vescovado suffraganeo di Synada.

Fonti: Hierocles, 677, 2: Honigmann, p. 28; *notitiae* 1-4, 7, 9-10, 13: Darrouzès, pp. 211, 225, 238, 258, 281, 301, 321, 360

Bibl.: Le Quien, I, coll. 847-848; W. Ruge, RE, III, col 916; XIX, col. 509 (2); R. Janin, DHGE, X, coll. 990-991

Auxanon	(-451 oct.)		ACO, II, III, II, p. 171
Macedonius	(-536)		ACO, III, p. 117

18.7.3 **CADEMNA**, Kadamna, Kademna — eccl. byzantina

Vescovado suffraganeo di Synada; compare solo nella *notitia* 4.

Fonti: *notitia* 4: Darrouzès, p. 258

Bibl.: Le Quien, I, coll. 857-858; R. Janin, DHGE, XI, coll. 99-100

18.8.3 **CINNABORIUM**, Kinnaborion — eccl. byzantina

Vescovado suffraganeo di Synada.

Fonti: *notitiae* 1-4, 13: Darrouzès, pp. 211, 225, 239, 258, 360

Bibl.: Le Quien, I, coll. 847-848; R. Janin, DHGE, XII, col. 836

Otreius, Otrius	(-451 oct.)	ACO, II, III, II, p. 171
Theophylactus	(-787 sept. 26)	Mansi, XII, col. 1107

18.9.3 **COTIAEUM**, Kotyaeion — eccl. byzantina

Vescovado suffraganeo di Synada (*notitiae* 1-3), arcivescovado (*notitiae* 4-5); sede metropolitana dal secolo IX (*notitiae* 7-19) con 3 suffraganei fino al secolo XV.

Fonti: *notitiae*: 1-3, 4-5, 7-19: Darrouzès, p. 498

Bibl.: Le Quien, I, coll. 851-852; Ruge, RE, XI, coll. 1526-1527; Laurent, *Sceaux*, V, 2, pp. 429-430; R. Janin, DHGE, XIII, coll. 938 940

Cyrus			Le Quien, I, col. 851
Domninus	(-431 iun. 22)	(431 iul. 22-)	ACO, I, I, II, p. 62; I, I, VII, p. 112
Marcianus	(-451 oct.)		ACO, II, I, II, p. 5
Cosmas	(-681 sept. 16)		Mansi XI, col. 681
...	(-691 sept.)		Mansi XI, col. 1001
Constantinus	(-787 sept. 26)	(787 oct. 13-)	Mansi XII, col. 1107; XIII, col. 396
Anthimus	(-879 nov.)		Mansi XVII-XVIII, col. 373
Epiphanius	saec. X		Laurent, *Sceaux*, V, 2, n. 1598
Stephanus	(-<996-998>)		Le Quien, I, col. 852
...	(-1066 apr. 26)		Grumel, I, n. 896; Le Quien, I, col. 852
...			Le Quien, I, col. 852
Niphon	(-1370 nov.)		Darrouzès, V, n. 2594
..., tr. ad Philadelphiam	(-1382 sept.)	1382 nov.	Darrouzès, VI, nn. 2741, 2745

...		(-1394 mar.)	Darrouzès, VI, n. 2952
...	(-1394 dec. 8)		Darrouzès, VI, n. 2976

18.10.3 **DAPHNOUDION**, Daphnudium — eccl. byzantina

Vescovado suffraganeo di Synada.

Fonti: *notitiae* 7, 9-10, 13: Darrouzès, pp. 281, 321, 360

Bibl.: Le Quien, I, coll. 857-858; Darrouzès, p. 77; R. Janin, DHGE, XIV, coll. 82-83

Damianus	(-879 nov.)		Mansi, XVII-XVIII, col. 376
Antonius	(-879 nov.)		Mansi, XVII-XVIII, col. 377

18.11.3 **DOKIMION**, Docimium, Escekarahisar — eccl. byzantina

Vescovado suffraganeo di Synada (*notitiae* 1-3), di Amorium (Galazia seconda: *notitiae* 4, 7, 9-10, 13).

Fonti: Hierocles, 677, 11: Honigmann, p. 28; *notitiae*: Darrouzès, p. 489

Bibl.: Le Quien, I, coll. 853-854; Ruge, RE, V, col. 1273; R. Janin, DHGE, XIV, col. 541

Eustathius	(-431 iun. 22)		ACO, I, I, II, p. 62; I, I, III, p. 35
Eustochius	(-448)	(451 oct.-)	ACO, II, II, I, p. 20; II, I, III, p. 92
Leo	(-787 sept. 26)	(787 oct. 13-)	Mansi, XII, col. 1107; XIII, col. 396
Nicolaus	(-870 febr. 28)		Mansi, XVI, col. 195
Ioannes	(-879 nov.)		Mansi, XVII-XVIII, col. 377

18.11.5 **DOCIMIUM** — eccl. semiariana

Antonius	(-342/343)		Hilarius: CSEL, 65, p. 75

18.12.3 **DORYLAION**, Dorylaeum, Şar Üyük — eccl. byzantina

Vescovado suffraganeo di Synada.

Fonti: Hierocles, 678, 2: Honigmann, p. 29; *notitiae* 1-4, 7, 9-10, 13: Darrouzès, pp. 211, 225, 238, 257, 281, 301, 320, 360

Bibl.: Le Quien, I, coll. 837-838; R. Janin, DHGE, XIV, coll. 698-699; Ruge, RE, V, coll. 1577-1578

Athenodorus	(-325 mai. 20)	(325 iun. 19)	Turner, I, pp. 68-69
Eusebius, dep., iter.	(-448) (-451 oct.)	449	ACO, II, I, I, p. 80; II, I, II, p. 12; M. Simonetti, DPAC, I, col. 1294
Thalassius	(-536)		ACO, III, p. 65
Genethlius	(-553 mai. 5)	(553 iun. 2-)	ACO, IV, I, pp. 6, 229
Leontius	(-691 sept.)		Mansi, XI, col. 1001
Ignatius	(-870 febr. 28)		Mansi, XVI, col. 195
Paulus	(-879 nov.)		Mansi, XVII-XVIII, col. 378

18.12.5 DORYLAION — eccl. semiariana

Eusebius	(-342/343)		Hilarius: CSEL, 65, p. 75

18.13.3 EUCARPIA, Kilandiraz — eccl. byzantina

Vescovado suffraganeo di Synada.

Fonti: Hierocles, 676, 8: Honigmann, p. 28; *notitiae* 1-4, 7, 9-10, 13: Darrouzès, pp. 211, 225, 238, 258, 281, 301, 321, 360

Bibl.: Le Quien, I, coll. 845-846; Ruge, RE, VI, coll. 995-996; R. Janin. DHGE, XV, col. 1309

Eugenius	(-325 mai. 20)	(325 iun. 19-)	Turner, I, pp. 68-69
Auxanianus, Eusanius	(-381 mai.)	(381 iul.-)	Turner, II, pp. 458-459
Cyriacus	(-451 oct.)		ACO, II, I, II, p. 167
Dionysius	(-536)		ACO, III, p. 185
Constantinus, Constans	(-787 sept. 26)	(787 oct. 13-)	Mansi, XII, col. 1107; XIII, col. 396
Constantinus	(-879 nov.)		Mansi, XVII-XVIII, col. 378

18.14.3 EULANDRA — eccl. byzantina

Vescovado suffraganeo della Frigia Salutare.

Bibl.: Jones, *Cities*, p. 531; Ruge, RE, VI, col. 1064; R, Janin, DHGE, XV, col. 1386

Mirus	(-451 oct.)		ACO, II, I, II, p. 149

18.15.3 GAIOUKOME — eccl. byzantina

Vescovado suffraganeo di Kotyaeion.

Fonti: *notitiae* 7, 9-10, 13: Darrouzès, pp. 287, 306, 331, 365

18.16.3 GORDORYNIA — eccl. byzantina

Vescovado suffraganeo di Synada.

Fonti: *notitiae* 7, 9-10, 13: Darrouzès, pp. 281, 301, 321, 360
Bibl.: Le Quien, I, coll. 855-856

Cericus	(-870 febr. 28)	Mansi, XVI, col. 195

18.17.2 HIERAPOLIS, Koç Hisar — eccl. primaeva et byzantina

Vescovado della Frigia Salutare; confuso con la sede omonima della Frigia Pacatiana (Le Quien).

Fonti: Hierocles, 676, 9: Honigmann, p. 28; *notitiae* 1-4, 7, 9-10, 13: Darrouzès, pp. 211, 225, 238, 258, 281, 301, 321, 360
Bibl.: Le Quien, I, coll. 831-838; Ruge, RE, VIII, col. 1588

Abercius, s.	saec. II med.	E. Josi, BS, I, coll. 68-74
Abercius, s.		M. V. Brandi, BS, I, coll. 74-75
Abercius	(-451 oct.)	ACO, II, I, III, p. 93
Philippus	(-457)	ACO, II, V, p. 24; Grumel, I, n. 141

18.18.3 IPSOS, Ipsus, Hypsos, Sipsin (?) — eccl. byzantina

Vescovado suffraganeo di Synada.

Fonti: Hierocles, 677, 9: Honigmann, p. 28; *notitiae* 1-4, 7, 9-10, 13: Darrouzès, pp. 211, 225, 238, 257, 281, 301, 321, 360
Bibl.: Le Quien, I, coll. 841-842; Ruge, RE, IX, col. 2031

Lucianus	(-451 oct.)	ACO, II, III, II, p. 167
Georgius	(-787 oct. 13)	Mansi, XIII, col. 396; Le Quien, I, col. 841
Thomas	(-879 nov.)	Mansi, XVII-XVIII, col. 375

18.19.3 KABORKION — eccl. byzantina

Vescovado suffraganeo di Synada.

Fonti: *notitiae* 7, 9-10, 13: Darrouzès, pp. 281, 301, 321, 360

Bibl.: Darrouzès, p. 77

Theodorus	(-879 nov.)	Mansi, XVII-XVIII, col. 376

18.20.3 KLEROI, Klera (?) — eccl. byzantina

Vescovado suffraganeo di Synada.

Fonti: *notitiae* 7, 9-10, 13: Darrouzès, pp. 281, 301, 321, 360

Bibl.: Darrouzès, p. 77

Photius	(-879 nov.)	Mansi, XVII-XVIII, col. 376
Nicephorus	(-879 nov.)	Mansi, XVII-XVIII, col. 377

18.21.3 KONA, Demetropolis — eccl. byzantina

Vescovado suffraganeo di Synada (*notitiae* 1-4), di Kotyaeion (*notitiae* 7, 9-10, 13).

Fonti: *notitiae* 1-4, 7, 9-10, 13: Darrouzès, pp. 211, 225, 239, 258, 287, 306, 331, 365

18.22.3 LYKAON, Lycaones, Kücük-Sincanli-Ovasi (?) — eccl. byzantina

Vescovado suffraganeo di Synada.

Fonti: Hierocles, 678, 4: Honigmann, p. 29; *notitiae* 1-4, 7, 9-10, 13: Darrouzès, pp. 211, 225, 238, 258, 281, 301, 321, 360

Bibl.: Ruge, RE, XIII, coll. 2257-2258

18.23.3 LYSIAS — eccl. byzantina

Vescovado suffraganeo di Synada.

Fonti: Hierocles, 845-846: Honigmann, p. 28; *notitiae* 1-4, 7, 9-10, 13: Darrouzès, pp. 211, 225, 258, 281, 301, 321, 360

Bibl.: Le Quien, I, coll. 845-846; Ruge, RE, XIII, col. 2530

Philippus	(-451 oct.)		ACO, II, I, III, p. 92
Constantinus	(-879 nov.)		Mansi, XVII-XVIII, col. 376

18.23.5 LYSIAS — eccl. semiariana

Theogenes, "ep. a Licia"	(-342/343)		Hilarius: CSEL, 65, p. 77

18.24.3 MEROS, Meirus, Mirus, Meri, Myri, Miri, Malatya — eccl. byzantina

Vescovado suffraganeo di Synada.

Fonti: Hierocles, 677, 13: Honigmann, p. 28; *notitiae* 1-4, 7, 9-10, 13: Darrouzès, pp. 211, 225, 238, 257, 281, 301, 321, 360

Bibl.: Le Quien, I, coll. 839-840; Ruge, RE, XV, col. 359

Theodorus	(-536)		ACO, III, p. 28
Megas	(-553 mai. 5)	(553 iun. 2-)	ACO, IV, I, pp. 6, 230
Damianus	(-787 sept. 26)	(787 oct. 13-)	Mansi, XII, col. 1107; XIII, col. 396

18.25.3 MIDAION, Medaion, Midaeum, Kara Hüyük — eccl. byzantina

Vescovado suffraganeo di Synada.

Fonti: Hierocles, 678, 3: Honigmann, p. 29; *notitiae* 1-4, 7, 9-10, 13: Darrouzès, pp. 211, 225, 238, 257, 281, 301, 321, 360

Bibl.: Le Quien, I, coll. 841-842; Ruge, RE, XV, coll. 1524-1526

Epiphanius	(-451 oct.)		ACO, II, III, II, p. 100
Ioannes	(-536)		ACO, III, p. 162
Constantinus	(-553 mai. 5)	(553 iun. 2-)	ACO, IV, I, pp. 6, 229
Theodorus	(-691 sept.)		Mansi, XI, col. 1001
Georgius	(-787 sept. 26)	(787 oct. 13-)	Mansi, XII, col. 1107; XIII, col. 396
Methodius	(-879 nov.)		Mansi, XVII-XVIII, col. 376

18.26.3 NAKOLEIA, Nacolia, Nacoleia, Seyitazi — eccl. byzantina

Vescovado suffraganeo di Synada (*notitiae* 1-4), arcivescovado della Frigia Salutare e metropoli senza suffraganei.

Fonti: Hierocles, 678, 1: Honigmann, p. 28; *notitiae*: Darrouzès, p. 504

Bibl.: Le Quien, I, coll. 837-840; W. Ruge, RE, XVI, coll. 1600-1604

Basilius	(-451 oct.)		ACO, II, I, II, p. 149
Alexander	(-681 sept. 16)	(691 sept.-)	Mansi, XI, coll. 677, 1001
Constantinus	(-723/725)		Grumel, II, nn. 328-329; Le Quien, I, col. 839
Nicetas	(-787 sept. 26)	(787 oct. 13-)	Mansi, XII, col. 1099; XIII, col. 396
Photius	(-870 febr. 28)		Mansi, XVI, col. 192
Aquilas	(-879 nov.)		Mansi, XVII-XVIII, col. 373; Le Quien, I, col. 840
...	(-1066 apr. 26)		Grumel, III, n. 896; Le Quien, I, col. 840

18.27.3 NIKOPOLIS — eccl. byzantina

Vescovado suffraganeo di Synada.

Fonti: *notitiae* 1-4: Darrouzès, pp. 211, 225, 239, 258

18.28.3 OTRUS, Otros, Itros, Çorhisar (?) — eccl. byzantina

Vescovado suffraganeo di Synada.

Fonti: Hierocles, 676, 10: Honigmann, p. 28; *notitiae* 1-4, 7, 9-10, 13: Darrouzès, pp. 211, 225, 238, 258, 301, 321, 360

Bibl.: Le Quien, I, coll. 847-848; W. Ruge, RE, XVIII, coll. 1884-1888

Basilius	(-451 oct.)		ACO, II, II, II, p. 44
Photinus	(-459)		Grumel, I, n. 143; Mansi, VII, col. 917
Stephanus	(-787 sept. 26)	(787 oct. 13-)	Mansi, XII, col. 1107; XIII, col. 396
Michael	(-879 nov.)		Mansi, XVII-XVIII, col. 376

18.29.3 PHYTEIA
eccl. byzantina

Vescovado suffraganeo di Synada, compare nelle *notitiae* fino al secolo XIII.

Fonti: *notitiae* 1-4, 7, 9-10, 13: Darrouzès, pp. 211, 225, 238, 258, 281, 301, 321, 360

Bibl.: Le Quien, I, coll. 843-844; Laurent, *Sceaux*, V, 1, pp. 397-398

Nicolaus	(-787 sept. 26)	(787 oct. 13-)	Mansi, XII, col. 1107; XIII, col. 396
Theodegetus	(-879 nov.)		Mansi, XVII-XVIII, col. 378
Basilius	saec. XII pars post.		Laurent, *Sceaux*, V, 1, n. 537

18.30.3 POLYBOTOS, Bolvadin
eccl. byzantina

Vescovado suffraganeo di Synada (*notitiae* 1-3), di Ierapoli (*notitia* 4), di Amorion (*notitiae* 7-13).

Fonti: Hierocles, 677, 10: Honigmann, p. 28; *notitiae*: Darrouzès, p. 510
Bibl.: Le Quien, I, coll. 841-844; E. Kirsten, RE, XXI, coll. 1594-1595

Strategius	(-451 oct.)	ACO, II, I, II, p. 149
Ioannes, s.	saec. IX	G. Lucchesi, BS, VI, coll. 909-910
...	(-787 oct. 13)	Mansi, XIII, col. 396

18.31.3 PROMISSOS
eccl. byzantina

Vescovado suffraganeo di Synada.

Fonti: Hierocles, 678, 7: Honigmann, p. 29; *notitia* 2: Darrouzès, p. 225

Bibl.: Le Quien, I, coll. 849-850

Auxanon	(-451 oct.)	ACO, II, III, II, p. 171

18.32.3 PRYMNESOS, Promesos, Süylün
eccl. byzantina

Vescovado suffraganeo di Synada.

Fonti: Hierocles, 677, 8: Honigmann, p. 28; *notitiae* 1, 3-4, 7, 9-10, 13: Darrouzès, pp. 211, 238, 257, 281, 301, 321, 360

Bibl.: Le Quien, I, coll. 843-844; E. Kirsten, RE, XXIII, coll. 1154-1156

Vitus	(-381 mai.)	(381 iul.-)	Turner, II, pp. 458-459
Iacobus	(-451 oct.)		ACO, II, II, II, p. 44

Acylas, Aquilas	(-518)		ACO, III, p. 66
Macarius	(-553 mai. 5)	(553 iun. 2-)	ACO, IV, I, pp. 6, 229
Domitius	(-681 sept. 16)		Mansi, XI, col. 680
Patricius	(-691 sept.)		Mansi, XI, col. 1001
Christophorus	(-787 sept. 26)		Mansi, XII, col. 1107

18.33.3 **SIBINDOS**, Sebindos — eccl. byzantina

Vescovado suffraganeo di Synada.

Fonti: *notitiae* 1-4, 7, 9-10, 13: Darrouzès, pp. 211, 225, 238, 257, 281, 301, 321, 360

18.34.3 **SKORDAPIA** — eccl. byzantina

Vescovado suffraganeo di Synada.

Fonti: *notitiae* 1-4: Darrouzès, pp. 211, 225, 239, 258

18.35.3 **SPORE** — eccl. byzantina

Vescovado suffraganeo di Synada.

Fonti: *notitiae* 7, 9-10, 13: Darrouzès, pp. 287, 306, 331, 365

Theodorus	(-879 nov.)	Mansi, XVII-XVIII, col. 376

18.36.3 **STECTORIUM**, Stektorion, Menteş — eccl. byzantina

Vescovado suffraganeo di Synada.

Fonti: Hierocles, 677, 1: Honigmann, p. 28; *notitiae* 1-4, 7, 9-10, 13: Darrouzès, pp. 211, 225, 238, 258, 281, 301, 321, 360

Bibl.: Le Quien, I, coll. 849-850; Ruge, RE, III A, col. 2306

Helladius	(-451 oct.)		ACO, II, I, II, p. 151
Paulus	(-553 mai. 5)	(553 iun. 2-)	ACO, IV, I, pp. 7, 230
...	(-787)		Le Quien, I, col. 850
Germanus	(-879 nov.)		Mansi, XVII-XVIII, col. 378
Georgius, "ep. Ectorii"	(-879 nov.)		Le Quien, I, col. 850

PROVINCIA LYDIAE

19.1.2 SARDES, Sardeis, Sardis, Sart, Sardai, Isardis — eccl. primaeva et byzantina

Sede metropolitana della provincia di Lidia; al concilio di Nicea contava 7 vescovadi suffraganei, al concilio di Calcedonia 11, all'inizio del secolo VII 22 e 26 nelle *notitiae* del secolo XIII; le *notitiae* si interrompono nel 1369.

Fonti: Hierocles, 669, 2: Honigmann, p. 25; *notitiae*: Darrouzès, p. 512

Bibl.: Le Quien, I, coll. 859-866; Bürchner, RE, I A, coll. 2475-2478; V. Laurent, EO, XXIX (1930), pp. 186-192; Laurent, *Sceaux*, V, 1, pp. 260-263; V, 2, pp. 438-439

Clemens			Le Quien, I, col. 859
...			*Apoc.*. 3, 1
Melito	saec. II med.		Eusebius, HE, IV, 21: I, p. 199; A. Hammann, DPAC, II, coll. 2207-2209
Artemidorus, Arthemidoros	(-325 mai. 20)	(325 iun. 19-)	Turner, I, pp. 66-67
Maeonius	(-431 iun.)	(431 iul. 22-)	ACO, I, I, II, p. 62; I, I, VII. p. 112
Florentius	(-449 aug. 8)	(451 oct.-)	Honigmann, *Lists*, p. 34; ACO, II, III, II, p. 98
Eutherius	(-457)		ACO, II, V, p. 57
Iulianus	(-553 mai. 5)	(553 iun. 2-)	ACO, IV, I, pp. 4, 225
Marinus	(-681 sept. 16)		Mansi, XI, col. 669
Euthymius	(-787 oct. 13)	(814-)	Mansi, XIII, col. 381; Laurent, *Sceaux*, V, 2, n. 1607; Grumel, II, n. 391
Ioannes			Le Quien, I, col. 863
Petrus	858 dec.	(912-)	Grumel, II, nn. 457,730
Theophylactus	(-879 nov.)		Mansi, XVII-XVIII, col. 373
Antonius	(912-925)		Grumel, II, n. 730; Laurent, *Sceaux*, V, 1, n. 365
Leo	945 c.	(<996-998>-)	REB, XIV (1956), pp. 92-93; Laurent, EO, p. 189
Stylianos	saec. X		Laurent, *Sceaux*, V, 1, n. 366
Ioannes	(-1071 nov. 9)	(1082 apr. 11-)	Laurent, *Sceaux*, V, 1, n. 368; Grumel, III, nn. 900, 927
Ioannes	(-1147 febr. 26)		Laurent, *Sceaux*, V, 1, n. 367
Nicetas	(-<1166 mai. 6-1167 iul.>)		Grumel, III, n. 1075
...	(-1192 aug.)		Laurent, EO, p. 188
Nicephorus Chrysoberges	(-1213 oct.)		
Alexius	(-1216 mai.)		
Andronicus	1250		

Iacobus Chalazas	1260/1261		
Andronicus, iter.	1283	1285	
Gerasimus	(-1285 aest.)		Laurent, EO, p. 191
Clemens	1286		Laurent, EO, p. 188
Nicephorus			
Cyrillus	(-1313 iun.)		Darrouzès, V, n. 2016; cfr. Laurent, EO, XXXII (1933), p. 323
Gregorius	(-1315 iul.)	(1343 apr.-)	Darrouzès, V, nn. 2032, 2243
Dionysius		1438 apr. 13	Laurent, EO, p. 188
Bessarion	1438		
Nicolaus	1450		
Ephraim	saecc. XVII-XVIII		Mystakides, p. 215

19.1.5 SARDES — eccl. semiariana

Heortasius			Sozomenus, HE, IV, 24: PG, 67, col. 1189

19.1.16 SARDES — eccl. jacobita

Elisaeus	567 c.	571	Honigmann, *Évêques*, pp. 230- 231

19.2.3 AKRASOS, Akarassos, Acrassos, Lipara, Elyesler (?) — eccl. byzantina

Vescovado suffraganeo di Sardi.

Fonti: Hierocles, 670, 7: Honigmann, p. 26; *notitiae* 1-4, 7, 9-10, 13: Darrouzès, pp. 208, 220, 235, 276, 298, 313, 356

Bibl.: Le Quien, I, coll. 891-892; G. Hirschfeld, RE, I, col. 1194; S. Pétridès, DHGE, I, coll. 368-369

Patricius	(-451 oct.)		ACO, II, I, III, p. 91
Basilius	(-787 sept. 26)	(787 oct. 13-)	Mansi, XII, col. 1102; XIII, col. 384
Constantinus	(-879 nov.)		Mansi, XVII-XVIII, col. 376
Samuel	(-879 nov.)		Mansi, XVII-XVIII, col. 377

19.3.3 **APOLLONIAS**, Apollonis, Lykastos eccl. byzantina

Vescovado suffraganeo di Sardi.

Fonti: Hierocles, 671, 4: Honigmann, p. 26; *notitiae* 1-4, 7, 9-10, 13: Darrouzès, pp. 208, 220, 235, 253, 276, 298, 313, 356

Bibl.: Le Quien, I, coll. 885-886; Hirschfeld, RE, II, col. 163; R. Janin, DHGE, III, coll. 1007-1008

Marcus (?)			Le Quien, I, coll. 885-886
Cyriacus	(-457)	(459-)	ACO, II, V, p. 57; Grumel, I, n. 143: Mansi, VII, col. 917

19.4.3 **APOLLONOS HIERON**, Apollonoshieron, Aetos, Teichos, Boz-Alan (?) eccl. byzantina

Vescovado suffraganeo di Sardi.

Fonti: Hierocles, 670, 8: Honigmann, p. 26; *notitiae* 1-4, 7, 9-10, 13: Darrouzès, pp. 208, 220, 235, 253, 276, 298, 313, 356

Bibl.: Le Quien, I, coll. 883-884; Hirschfeld, RE, II, col. 164 (2); R. Janin, DHGE, III, col. 1019

Lucius	(-451 oct.)	(457-)	ACO, II, I, II, p. 7; II, V, p. 57

19.5.3 **ATTALIA**, Attaleia, Alloira, Agroira, Yaran-tepe eccl. byzantina

Vescovado suffraganeo di Sardi.

Fonti: Hierocles, 670, 5: Honigmann, p. 26; *notitiae* 1-4, 7, 9-10, 13: Darrouzès, pp. 208, 220, 235, 253, 276, 298, 313, 356

Bibl.: Le Quien, I, coll. 885-888; Bürchner, RE, II, col. 2155 (1); Laurent, *Sceaux*, V, 1, pp. 683-685; M. T. Disdier, DHGE, V, coll. 147-150

Symmachus	(-449 aug. 8)		Honigmann, *Lists*, p. 36
Dionysius	(-451 oct.)	(458-)	ACO, II, III, III, p. 106; II, V, p. 57
Ioannes	(-<514-523>)		Le Quien, I, col. 888
Ioseph	(-787 sept. 26)	(787 oct. 13-)	Mansi, XII, col. 1102; XIII, col. 389
Symeon	(-879 nov.)		Mansi, XVII-XVIII, col. 375
...	saecc. X-XI		Laurent, *Sceaux*, V, 1, n. 873
Gregorius	saec. XI		Laurent, *Sceaux*, V, 1, n. 874
Nicolaus	(-1157 mai.)		Laurent, *Sceaux*, V, 1, n. 875; Grumel, III, n. 1045

19.6.3 **AURELIOPOLIS**, Perikome, Perikomma — eccl. byzantina

Vescovado suffraganeo di Sardi.

Fonti: Hierocles, 670, 4: Honigmann, p. 26; *notitiae* 1-4, 7, 9-10, 13: Darrouzès, pp. 207, 220, 235, 253, 276, 297, 313, 356

Bibl.: Le Quien, I, coll. 895-896; Bürchner, RE, II, col. 2431; G. Bardy, DHGE, V, col. 720

Antiochus	(-325 mai. 20)	(325 iun. 19-)	Turner, I, pp. 68-69
Ioannes	(-431 iun.)	(431 iul.-)	ACO, I, I, II, p. 63; I, I, VII, p. 115
Eutropius	(-458/459)		Grumel, I, n. 143: PG, 85, col. 1620
Theodotus	(-691 sept.)		Mansi, XI, col. 996
Nicolaus	(-787 sept. 26)	(787 oct. 13-)	Mansi, XII, col. 1101; XIII, col. 389
Arsenius	(-870 febr. 28)		Mansi, XVI, col. 193

19.7.3 **BAGIS**, Bage, Bageis — eccl. byzantina

Vescovado suffraganeo di Sardi.

Fonti: Hierocles, 671, 1: Honigmann, p. 26; *notitiae* 1-4, 7, 9-10, 13: Darrouzès, pp. 208, 220, 235, 253, 276, 298, 313, 356

Bibl.: Le Quien, I, coll. 889-890; Bürchner, RE, II, coll. 2767-2768; R. Janin, DHGE, VI, col. 201; Darrouzès, pp. 65, 105

Chrysanthius	(-449 aug. 8)		Honigmann, *Lists*, p. 36
Leonides	(-457)		ACO, II, V, p. 57
Basilius	(-879 nov.)		Mansi, XVII-XVIII, col. 373
Clemens	(-879 nov.)		

19.8.3 **BLAUNDUS**, Balandos, Blandos, Blandeis, Gaudeia, Trakoula, Mesotymolos — eccl. byzantina

Vescovado suffraganeo di Sardi.

Fonti: *notitiae* 1-4, 7, 9-10, 13: Darrouzès, pp. 208, 220, 235, 276, 298, 313, 356

Bibl.: Le Quien, I, coll. 889-890; R. Janin, DHGE, VI, coll. 306-307; Ruge, RE, III, col. 560; Darrouzès, pp. 105-106

Elias	(-451 oct.)		ACO, II, III, II, p. 165
Onesiphorus	(-457)		ACO, II, V, p. 57
Leo	(-787 sept. 26)	(787 oct. 13-)	Mansi, XII, col. 1102; XIII, col. 389
Constantinus	(-879 nov.)		Mansi, XVII-XVIII, col. 376

19.8.4 BALANDOS eccl. ariana

Phoebus	Socrates, HE, II, 40: PG, 67, col. 345

19.9.3 CERASAE, Kerasa, Keraseis, Satala eccl. byzantina

Vescovado suffraganeo di Sardi.

Fonti: Hierocles, 671, 2: Honigmann, p. 26; *notitiae* 1-4, 7, 9-10, 13: Darrouzès, pp. 208, 220, 235, 253, 276, 298, 313, 356

Bibl.: Le Quien, I, coll. 893-894; Bürchner, RE, XI, col. 264; R. Janin, DHGE, XII, col. 154

Menecrates	(-451 oct.)		ACO, II, III, II, p. 165
Philetus	(-449 aug. 8)		Honigmann, *Lists*, p. 36
Ioannes	(-553 mai. 5)	(553 iun. 2-)	ACO, IV, I, pp. 7, 229
Michael	(-787 oct. 13)		Mansi, XIII, col. 389
Agatho	(-879 nov.)		Mansi, XVII-XVIII, col. 376

19.10.3 DALDIS, Daldeia, Dalde eccl. byzantina

Vescovado suffraganeo di Sardi.

Fonti: *notitiae* 1-4, 7, 9-10, 13: Darrouzès, pp. 208, 220, 235, 253, 276, 298, 313, 356

Bibl.: Le Quien, I, coll. 891-892; Bürchner, RE, IV, col. 2021; Laurent, *Sceaux*, V, 1, p. 266; R. Janin, DHGE, XIV, col. 24

Paulus	(-431 iun.)	(457-)	ACO, I, I, II, p. 63; II, V, p. 57
Theodotus	(-681 sept. 16)		Mansi, XI, col. 677
Ioannes	(-787 sept. 26)	(787 oct. 13-)	Mansi, XII, col. 1102; XIII, col. 389
Epiphanius	(-879 nov.)		Mansi, XVII-XVIII, col. 377
Leo	saecc. X-XI		Laurent, *Sceaux*, V, 1, n. 372

19.11.3 GABALA, Tabala, Burgaz-Kale eccl. byzantina

Vescovado suffraganeo di Sardi.

Fonti: Hierocles, 670, 9: Honigmann, p. 26; *notitiae* 1-4, 7, 9-10, 13: Darrouzès, pp. 208, 221, 235, 253, 277, 298, 313, 356

Bibl.: Le Quien, I, coll. 893-896; Keil, RE, IV A, col. 1842; cfr. R. Janin, DHGE, XIX, col. 501

Polycarpus	(-449 aug. 8)	(458-)	Honigmann, *Lists*, p. 36; ACO, II, V, p. 57
Ioannes	(-787 sept. 26)	(787 oct. 13-)	Mansi, XII, col. 1102; XIII, col. 389

19.12.3 **GORDUS**, Gordos, Gördes — eccl. byzantina

Vescovado suffraganeo di Sardi.

Fonti: Hierocles, 671, 8: Honigmann, p. 26; *notitiae* 1-4, 7, 9-10, 13: Darrouzès, pp. 207, 220, 235, 253, 276, 297, 313, 356

Bibl.: Le Quien, I, coll. 881-882; Bürchner, RE, VII, col. 1594; D.-L. Stiernon, DHGE, XXI, coll. 750-752

Ioannes, tr. ad Proikoneson	saec. V in.		Socrates, HE, VII, 36; CXIX: PG, 67, coll. 821, 905
Theodotus	(-457)		ACO, II, V, p. 57
Theodorus	(-536)		ACO, III, p. 28
Gregorius	(-787 sept. 26)	(787 oct. 13-)	Mansi, XII, col. 1102; XIII, col. 390
Leo	(-879 nov.)		Mansi, XVII-XVIII, col. 378

19.13.3 **HERMOKAPELEIA**, Eirenopolis — eccl. byzantina

Vescovado suffraganeo di Sardi.

Fonti: Hierocles, 670, 6: Honigmann, p. 26; *notitiae* 1-4, 7, 9-10, 13: Darrouzès, pp. 208, 221, 235, 253, 277, 298, 313, 356

Bibl.: Le Quien, I, coll. 889-890

Theopistus	(-787 oct. 13)	Mansi, XIII, col. 389
Nicephorus	(-879 nov.)	Mansi, XVII-XVIII, col. 376

19.14.3 **HIEROCAESAREA**, Hierokaisareia, Hagia Hierakome — eccl. byzantina

Vescovado suffraganeo di Sardi.

Fonti: Hierocles, 671, 5: Honigmann, p. 26; *notitiae* 1-4, 7, 9-10, 13: Darrouzès, pp. 208, 220, 235, 253, 276, 298, 313, 356

Bibl.: Le Quien, I, coll. 889-892; Bürchner, RE, VIII, col. 1401

Cossinius	(-448)	(458-)	ACO, II, I, I, p. 122; II, V, p. 114
Zacharias	(-787 sept. 26)	(787 oct. 13-)	Mansi, XII, col. 1102; XIII, col. 389
Theodorus	(-879 nov.)		Mansi, XVII-XVIII, col. 378

19.15.3 **HYRKANIS**, Orkanis, Myron, Halipaşaköy — eccl. byzantina

Vescovado suffraganeo di Sardi.

Fonti: *notitiae* 1-4, 7, 9-10, 13: Darrouzès, pp. 208, 220, 253, 276, 298, 313, 356

Bibl.: Le Quien, I, coll. 887-890; RE, IX, col. 527; Laurent, *Sceaux*, V, 3, pp. 67-68

Asyncritus			Le Quien, I, col. 887
Ioannes	(-448)	(457-)	ACO, II, II, I, p. 20; II, V, p. 57
Eustathius	(-787 sept. 26)	(787 oct. 13-)	Mansi, XII, col. 1101; XIII, col. 389
Dionysius	(-1157 aug./sept.)		Grumel, III, n. 1045: PG, 140, col. 201
Ioannes	saecc. XI-XII		Laurent, *Sceaux*, V, 3, n. 1707

19.16.3 **MAIONIA**, Maeonia, Opsikion, Menye — eccl. byzantina

Vescovado suffraganeo di Sardi.

Fonti: Hierocles, 670, 1: Honigmann, p. 26; *notitiae* 1-4, 7, 9-10, 13: Darrouzès, pp. 208, 220, 235, 253, 276, 297, 313, 356

Bibl.: Le Quien, I, coll. 883-884; Ruge, RE, XIV, coll. 583-584

Ioannes	(-457)		ACO, II, V, p. 57
Anastasius, ep. Maenitopolis	(-691 sept.)		Mansi, XI, col. 996
Theophanes	(-787 sept. 26)	(787 oct. 13-)	Mansi, XII, col. 1102; XIII, col. 389
Georgius (?)	(-879 nov.)		Le Quien, I, col. 884
Theophilus Alindi	(-879 nov.)		Mansi, XVII-XVIII, col. 375
Nicolaus			Mystakides, p. 197

19.17.3 **MESOTYMOLOS**, Mysotimolus, Blandeis, Bey-Şehir (?) — eccl. byzantina

Vescovado suffraganeo di Sardi.

Fonti: Hierocles, 671, 3: Honigmann, p. 26; *notitiae* 1-4, 9-10: Darrouzès, pp. 208, 220, 235, 253, 298, 313

Bibl.: J. Keil, RE, XVI, col. 1194; Jones, *Cities*, p. 528

19.18.3 **MOUSTINE**, Moustene, Mostine, Hyrtakome, Boş-Köy (?) — eccl. byzantina

Vescovado suffraganeo di Sardi.

Fonti: Hierocles, 671, 6: Honigmann, p. 26; *notitiae* 1-4, 7, 9-10, 13: Darrouzès, pp. 208, 220, 235, 253, 276, 298, 313, 356

Bibl.: Le Quien, I, coll. 885-886; J. Keil, RE, XVI, coll. 379-380

Iulianus	(-448)	(457-)	ACO, II, II, I, p. 20; II, V, p. 57

19.19.2 **PHILADELPHIA**, Alaşehir — eccl. primaeva et byzantina

Vescovado di fondazione apostolica, compare come suffraganeo di Sardi nel concilio di Efeso; elevato a metropoli sotto Isacco II Angelo (1185- 1195).

Fonti: Hierocles, 669, 3: Honigmann, p. 25; *notitiae*: Darrouzès, p. 508

Bibl.: Le Quien, I, coll. 867-876; J. Keil, RE, XIX, coll. 2091-2093; Laurent, IV, n. 2559; Laurent, *Sceaux*, V, 1, pp. 263-265

Lucius			*Constitutiones apostolicae*, VII, 46: PG, I, col. 1053
Demetrius			
...			*Apoc.*, 3, 7
Hetaemasius, Thomasios	(-325 mai. 20)	(325 iun. 19-)	Turner, I, pp. 66-67
Theophanius	(-431 iul.)		ACO, I, I, VII, p. 100; I, IV, p. 38
Aphianus, Asianus	(-457)		ACO, II, V, p. 57
Eustathius	(-518)		ACO, III, p. 65
Ioannes	(-681 sept. 16)		Mansi, XI, col. 677
Stephanus	(-787 sept. 26)		Mansi, XII, col. 1110
Agapetus			Laurent, *Sceaux*, V, 1, n. 369
Ioannes			Laurent, *Sceaux*, V, 1, n. 370
Manuel	(-1197 febr. 24)		Grumel, III, n. 1185
Phocas	(-<1243-1254>)	1256	Le Quien, I, coll. 870-871; Laurent, IV, n. 1309
Ioannicius	1256		Laurent, IV, n. 1309
Theoleptus, Theopemptos	1283	1321 c.	Laurent, IV, n. 1462
Macarius Chrysokephalos	1343	1382	Darrouzès, V, p. 581
..., metr. de Kotyaeion	1382		Darrouzès, VI, n. 2745
Paulus (?)	(-1394 mai.)		Darrouzès, VI, n. 2959
...	saec. XV in.		Le Quien, I, col. 872
Gabriel	(-1561)		Mystakides, p. 221

Sophronius	(-1575)		Le Quien, I, col. 873
Gabriel Severus	1577	1616	M. Manussakas, in *La chiesa greca in Italia dall'VIII al XVI secolo*, I, Padova 1973, pp. 57-58
Theophanes Xenakis	1617	1632	
Nicodemus Metaxas, ren.	1632	1635	
Athanasius Velleriano	1635	1656	
Meletios Chortatsis	1657	1677	
Metodios Moronis	1677	1679	
Gerasimos Vlachos	1679	1685	
Meletius Typaldos	1685	1713	
Macarius	(-1721)		
Sophronius Cutuvalis	1780	1790	
Dorotheus	(-1806 nov.)		AA, II, p. 216

19.19.5 PHILADELPHIA — eccl. semiariana

Quirinus	(-342/343)	Hilarius: CSEL, 65, p. 76
Theodosius	(-359 sept. 27)	Epiphanius, AH: PG, 42, col. 453

19.20.3 SALA — eccl. byzantina

Vescovado suffraganeo di Sardi.

Fonti: *notitiae* 1-4, 7, 9-10, 13: Darrouzès, pp. 208, 220, 235, 253, 276, 297, 313, 356

Bibl.: Jones, *Cities*, p. 528; Bürchner, RE, I A, coll. 1817-1818

Anatolius	(-457)	ACO, II, V, p. 57
Stephanus	(-787 sept. 26)	Mansi, XII, col. 1102

19.21.3 SATALA, Adala, Keraseis — eccl. byzantina

Vescovado suffraganeo di Sardi.

Fonti: Hierocles, 671, 7: Honigmann, p. 26; *notitiae* 1-4, 7, 9-10, 13: Darrouzès, pp. 208, 221, 235, 253, 277, 298, 313, 356

Bibl.: Le Quien, I, coll. 895-896; Bürchner, RE, II A, col. 58

Andreas	(-451 oct.)	ACO, II, III, II, p. 145
Iulianus	(-457)	ACO, II, V, p. 57
Michael (?)	(-787 sept.)	Le Quien, I, col. 896

19.22.3 SETTAE, Saittae, Settai, Magidia, Sidas-Kale — eccl. byzantina

Vescovado suffraganeo di Sardi.

Fonti: Hierocles, 669, 6: Honigmann, p. 26; *notitiae* 1-4, 7, 9-10, 13: Darrouzès, pp. 207, 220, 235, 253, 276, 297, 313, 356

Bibl.: Le Quien, I, coll. 879-882; Bürchner, RE, I A, coll. 1767-1768

Limenius	(-431 iun.)	(431 iul.-)	ACO, I, I, II, p. 63; I, I, VII, p. 113
Amachius	(-451 oct.)		ACO, II, I, II, p. 147
Heraclidianus	(-457)		ACO, II, V, p. 57
Ioannes	(-681 sept. 16)	(691 sept.-)	Mansi, XI, coll. 677, 996
Ioannes	(-787 sept. 26)	(787 oct. 13-)	Mansi, XII, col. 1102; XIII, col. 389

19.23.3 SILANDUS, Silandos — eccl. byzantina

Vescovado suffraganeo di Sardi.

Fonti: *notitiae* 1-4, 7, 9-10, 13: Darrouzès, pp. 208, 220, 235, 253, 276, 297, 313, 356

Bibl.: Le Quien, I, coll. 881-884

Mareus, "ep. Standitanus"	(-325 mai. 20)	(325 iun. 19-)	Turner, I, pp. 66-67
Alcimedes	(-451 oct.)		ACO, II, III, II, p. 165
Andreas	(-680 sept. 16)		Mansi, XI, col. 648
Stephanus	(-787 sept. 26)	(787 oct. 13-)	Mansi, XII, col. 1102; XIII, col. 389
Eustathius (?)	(-879 nov.)		Le Quien, I, col. 884
...	(-<1350-1353, 1355-1363>)		Le Quien, I, col. 884

19.24.3 STRATONICEA, Stratonikeia, Kalamos, Siledik — eccl. byzantina

Vescovado suffraganeo di Sardi; si può confondere con l'omonima sede della Caria (Le Quien, I, coll. 911-912); nel secolo XIII compare assieme al vescovado di Kalandos.

Fonti: *notitiae* 1-2, 4, 7, 9-10, 13: Darrouzès, pp. 208, 220, 253, 276, 298, 313, 356

Bibl.: Le Quien, I, coll. 893-894; Ruge, RE, IV A, coll. 322-325; Schultze, II, p. 167; Laurent, *Sceaux*, V, 1, p. 267-268

Eutherius	(-431 iun.)	(431 iul.-)	ACO, I, I, II, p. 63; I, I, VII, p. 115
Gemellus	(-451 oct.)		ACO, II, III, II, p. 145
Sabbatius	(-520 iul. 9-)		Grumel, I, n. 217
Michael	(-787 sept. 26)		Mansi, XII, col. 1102
Dionysius	saecc. X-XI		Laurent, *Sceaux*, V, 1, n. 373
Georgius	saecc. X-XI		Laurent, *Sceaux*, V, 1, n. 374

19.25.2 THYATEIRA, Thyatira, Ak-Hisar — eccl. primaeva et byzantina

Vescovado suffraganeo di Sardi; sede metropolitana nel 1922.

Fonti: Hierocles, 669, 5: Honigmann, p. 26; *notitiae* 1-4, 7, 9-10, 13: Darrouzès, pp. 207, 220, 235, 253, 276, 297, 312, 356

Bibl.: Le Quien, I, coll. 875-878; J. Keil, RE, VI A, coll. 657-659; N. B. Tomadakes, EEBS, XLIII (1977-1978), p. 98

...			*Apoc.*, 11, 18
Carpus			M. V. Brandi, BS, III, coll. 878-880
Soron, Seras	(-325 mai. 20)	(325 iun. 19-)	Turner, I, pp. 65-67
Fuscus, Phoscus	(-431 iun.)	(431 iul.-)	ACO, I, I, II, p. 62; I, I, VII, p. 113
Diamonius	(-457)		ACO, II, V, p. 57
... (?)	(-787 sept.)		Le Quien, I, col. 878
Basilius	(-879 nov.)		Mansi, XVII-XVIII, col. 376
Germanos Strymopoulos	1922 mar. 22	1951 ian. 23	Tomadakes, p. 98

19.26.3 TRALLEIS, Tralles, Tralla — eccl. byzantina

Vescovado suffraganeo di Sardi.

Fonti: Hierocles, 670, 3: Honigmann, p. 26; *notitiae* 1-4, 7, 9-10, 13: Darrouzès, pp. 207, 220, 235, 253, 276, 297, 313, 356

Bibl.: Le Quien, I, coll. 881-882

Uranius	(-553 mai. 5)	(553 iun. 2-)	ACO, IV, I, pp. 7, 229
Michael	(-787 sept. 26)	(787 oct. 13-)	Mansi, XII, col. 1102, XIII, col. 389

19.27.3 TRIPOLIS, Kas Yenice — eccl. byzantina

Vescovado suffraganeo di Sardi, compare fino al secolo XIII.

Fonti: Hierocles, 669, 4: Honigmann, p. 25; *notitiae* 1-4, 7, 9-10, 13: Darrouzès, pp. 207, 220, 235, 253, 276, 297, 312, 355

Bibl.: Le Quien, I, coll. 877-880; Germain de Sardes, p. 84; Laurent, *Sceaux*, V, 1, pp. 265-266; J. Keil, RE, VII A, col. 203

Agogius	(-325 mai. 20)	(325 iun. 19-)	Turner, I, pp. 66-67
Commodus	(-431 iun.)		ACO, I, I, II, p. 63; I, I, VII, p. 113
Paulus	(-449 aug. 8)	(451 oct.-)	Honigmann, *Lists*, p. 36; ACO, II, I, II, p. 147
Ioannes	(-457)		ACO, II, V, p. 57
Anastasius	(-787 sept. 26)	(787 oct. 13-)	Mansi, XII, col. 1102; XIII, col. 389
Gregorius	(-870 febr. 28)		Mansi, XVI, col. 193
Sisinnius	(-879 nov.)		Mansi, XVII-XVIII, col. 376
Theophylactus (?)	saec. XI fin.		Laurent, *Sceaux*, V, 1, n. 371

19.27.5 TRIPOLIS — eccl. semiariana

Leontius	(-359)		Socrates, HE, II, 40: PG, 67, col. 345; Philostorgius, EH, VII, 6: PG, 65, col. 544

PROVINCIA CARIAE

20.1.3 APHRODISIAS, Stauropolis, Geyre — eccl. byzantina

Fino al secolo VII la località era chiamata Aphrodisias, quindi Stauropolis o Caria; sede metropolitana della provincia di Caria, rappresentata al concilio di Calcedonia con 16 vescovadi suffraganei, aumentati a 28 e quindi scesi a 26; scomparsi progressivamente con la conquista turca.

Fonti: Hierocles, 688, 10: Honigmann, p. 33; *notitiae*: Darrouzès, p. 514

Bibl.: Le Quien, I, coll. 899-904; Hirschfeld, RE, I, col. 2726; R. Janin, DHGE, III, coll. 943-944; XI, coll. 1035-1037; Laurent, *Sceaux*, V, 1, p. 377-381

Ammonius, Emmonius	(-325 mai. 20)	(325 iun. 19-)	Turner, I, pp. 76-77
Eudocius, Ecdicius	(-381 mai.)	(381 iul.-)	Turner, II, pp. 460-461
Cyrus	(-431 iun. 22)	(449 aug. 22-)	ACO, I, I, II, p. 3; Honigmann, *Lists*, p. 34
Critonianus	(-451 oct.)		ACO, II, III, II, p. 52
Severianus	(-553 mai. 5)	(553 iun. 2-)	ACO, IV, I, pp. 4, 225
Theodorus	(-681 sept. 16)		Mansi, XI, col. 672
Sisinnius, "ep. Stauropolitanus"	(-691 sept.)		Mansi, XI, col. 989
...	(-787 oct. 13)		Mansi, XIII, col. 381
Theodorus			Le Quien, I, col. 901
Nicephorus	(-879 nov.)		
Sergius	saec. X		Laurent, *Sceaux*, V, 1, n. 514
Ephraem			Le Quien, I, col.901
Ioannes	(-997 febr. 21)		Grumel, I, n. 804
Nicephorus			Laurent, *Sceaux*, V, 1, n. 515
Ioseph	saec. X		
Michael	saec. X pars post.		Laurent, *Sceaux*, V, 1, nn. 516-517
Ioannes	saec. XI pars pr.		Laurent, *Sceaux*, V, 1, n. 518
Eustratios	saec. XI		Laurent, *Sceaux*, V, 1, n. 519
Demetrius	(-1054 iul.)		Grumel, II, n. 869
Ioseph	(-1072 mar.)	(1092 iun. 14-)	Laurent, *Sceaux*, V, 1, n. 515; Grumel, III, n. 965
...	(-1150)		Le Quien, I, col. 902
Leo	(-1166 apr. 11)		Grumel, III, n. 1068; Le Quien, I, col. 902
...	(-1186 sept. 10)		Grumel, III, n. 1170
...	(-1274)		Mansi, XXIV, col. 75
...	(-1356 iul.)		Darrouzès, V, n. 2392
...	(-1369 sept. 3)	(<1370-1376>-)	Darrouzès, V, nn. 2560, 2603

...	(-1387 nov.)	(1394 iun.-)	Darrouzès, VI, nn. 2827, 2939
...	(-1401 mar./apr.)		Darrouzès, VI, n. 3191
Esaias	(-1437)	(1439-)	Syropoulos, pp. 184, 524
Theodorus	(-1450)		Le Quien, I, coll. 903-904: Mansi, XXXII, col. 105

20.1.15 **APHRODISIAS**, Stauropolis — eccl. monophysita

Bibl.: Honigmann, *Évêques*, p. 123

Euphemios		518	Honigmann, *Évêques*, p. 123

20.1.16 **APHRODISIAS** — eccl. jacobita

Paulus, tr. ad Antiochiam de Caria	558 c.	571	Honigmann, *Évêques*, pp. 173, 218-219; Grumel, I, n. 258; D. Stiernon, DPAC, II, col. 2626

20.2.3 **ALABANDA**, Labanda, Arabhisar, Arab Hissar — eccl. byzantina

Vescovado suffraganeo di Afrodisia, compare nelle *notitiae* fino al secolo XIII.

Fonti: Hierocles, 688, 4: Honigmann, p. 33; *notitiae* 1-4, 7, 9-10, 13: Darrouzès, p. 482

Bibl.: Le Quien, I, coll. 909-910; Hirschfeld, RE, I, coll. 1270, 2447 (2); S. Pétridès, DHGE, I, col. 1285; Laurent, *Sceaux*, V, 1, pp. 382-384; V, 3, p. 89

Theodoretus	(-451 oct.)		ACO, II, III, II, p. 146
Constantinus	(-787 oct. 13)		Mansi, XIII, col. 393
Ioannes	(-879 nov.)		Mansi, XVII-XVIII, col. 375
Sabbas	saec. X		Laurent, *Sceaux*, V, 1, n. 521
Nicephorus	saec. XI pars post.		Laurent, *Sceaux*, V, 1, n. 521 bis
...	saec. XI fin.		Laurent, *Sceaux*, V, 3, n. 1735

20.2.15 **ALABANDA** — eccl. monophysita

Bibl.: Honigmann, *Évêques*, p. 125

Zeuxis		518	Honigmann, *Évêques*, pp. 125, 147

20.2.16 ALABANDA — eccl. jacobita

Iulianus	558 c.	(568-)	Honigmann, *Évêques*, pp. 218, 220, 281

20.3.3 ALINDA, Demircidere — eccl. byzantina

Vescovado suffraganeo di Afrodisia.

Fonti: Hierocles, 688, 3: Honigmann, p. 33; *notitiae* 1-4, 7, 9-10, 13: Darrouzès, p. 482

Bibl.: Le Quien, I, coll. 911-912; Hirschfeld, RE, I, col. 1489; S. Pétridès, DHGE, II, col. 457

Promachius	(-431 iun. 22)	(431 iul. 22-)	ACO, I, I, II, p. 5; I, I, VII, p. 114
Ioannes	(-451 oct.)		ACO, II, III, II, p. 166
Theodoretus	(-536)		ACO, III, p. 126
Eustathius, "ep. Alandi"	(-879 nov.)		Mansi, XVII-XVIII, col. 377

20.3.15 ALINDA — eccl. monophysita

Bibl.: Honigmann, *Évêques*, p. 125

Petrus		518	Honigmann, *Évêques*, pp. 125, 147

20.4.3 AMYZON, Amazon, Meizos, Mazyn Kalesi — eccl. byzantina

Vescovado suffraganeo di Afrodisia, compare nelle *notitiae* fino al secolo XIII.

Fonti: Hierocles, 688, 2: Honigmann, p. 33; *notitiae* 1-4, 7, 9-10, 13: Darrouzès, p. 483

Bibl.: Le Quien, I, coll. 911-912; Hirschfeld, RE, I, col. 2014; S. Pétridès, DHGE, II, coll. 1382-1383; Laurent, *Sceaux*, V, 1, pp. 386-387

Philetus	(-431 iun. 22)	(431 iul. 22-)	ACO, I, I, II, p. 5; I, I, VII, p. 86
Ioannes	(-451 oct.)		ACO, II, III, I, p. 36
Andreas	(-536)		ACO, III, p. 127
...	(-787 sept. 24)		Mansi, XII, col. 998
...	saec. X med.		S. Vailhé, EO, XII (1909), p. 102
Timotheus	saec. XI pars pr.		Laurent, *Sceaux*, V, 1, n. 524

20.5.3 ANASTASIOPOLIS eccl. byzantina

Vescovado suffraganeo di Afrodisia.

Fonti: Hierocles, 689, 7: Honigmann, p. 33

Bibl.: Le Quien, I, coll. 913-914; Bürchner, RE, Suppl. I, col. 76; S. Pétridès, DHGE, II, col. 1491; Darrouzès, p. 8

Elpidophorus	(-553 mai. 5)	(553 iun. 2-)	ACO, IV, I, pp. 7, 207

20.6.3 ANOTETARTE, Anatetarte eccl. byzantina

Vescovado suffraganeo di Afrodisia.

Fonti: *notitiae* 1-4, 7, 9-10, 13: Darrouzès, p. 483

Bibl.: S. Pétridès, DHGE, II, coll. 1492-1493

20.7.3 ANTIOCHIA AD MAEANDRUM eccl. byzantina

Vescovado suffraganeo di Afrodisia; sede metropolitana (*notitiae* 15-19).

Fonti: Hierocles, 688, 9: Honigmann, p. 33; *notitiae* 1-4, 7, 9-10, 13, 15, 17-19: Darrouzès, p. 483

Bibl.: Le Quien, I, coll. 907-908; Hirschfeld, RE, I, coll. 2446-2447; R. Janin, DHGE, III, col. 703

Eusebius	(-325 mai. 20)	(325 iun. 19-)	Turner, I, pp. 74-75
Dionysius	(-451 oct.)		ACO, II, I, II, p. 32
Paulus, metr. Aphrodisiae, ex eccl. monoph.	571-	(-576/577)	Honigmann, *Évêques*, p. 219
Georgius	(-691 sept.)		Mansi, XI, col. 1001

20.7.15 ANTIOCHIA AD MAEANDRUM eccl. monophysita

Bibl.: Honigmann, *Évêques*, p. 124

Menophanes	518	Honigmann, *Évêques*, pp. 124, 147

20.8.3 **APOLLONIAS**, Medet — eccl. byzantina

Vescovado suffraganeo di Afrodisia.

Fonti: Hierocles, 689, 2: Honigmann, p. 33; *notitiae* 1-4, 7, 9-10, 13: Darrouzès, p. 484

Bibl.: Le Quien, I, coll. 905-906; Hirschfeld, RE, II, col. 116 (19); R. Janin, DHGE, III, col. 1007

Eugenius	(-325 mai. 20)	(325 iun. 19-)	Turner, I, pp. 76-77
Tynchanius	(-451 oct.)		ACO, II, III, I, p. 36

20.9.3 **BARBYLIA**, Bargylia — eccl. byzantina

Vescovado suffraganeo di Afrodisia.

Fonti: *notitiae* 1-4, 7, 9-10, 13: Darrouzès, p. 486;

Bibl.: Le Quien, I, coll. 913-914; Jones, *Cities*, p. 529; Bürchner, RE, III, coll. 15-16; R. Janin, DHGE, VI, col. 790

Ioannes	(-449)	(451 oct.-)	ACO, II, III, I, p. 132; II, I, II, p. 150
Sergius	(-787 oct. 13)		Mansi, XIII, col. 393
Ioannes	(-879 nov.)		Mansi, XVII-XVIII, col. 376

20.10.3 **CERAMUS**, Gereme, Keramos — eccl. byzantina

Vescovado suffraganeo di Afrodisia.

Fonti: Hierocles, 687, 13: Honigmann, p. 33; *notitiae* 1-4, 7, 9-10, 13: Darrouzès, p. 461

Bibl.: Le Quien, I, coll. 917-918; Bürchner, RE, XI, col. 255 (1); R. Janin, DHGE, XII, col. 153

Spudasius	(-431 iun. 22)	(431 iul. 22-)	ACO, I, I, II, p. 5; I, I, VII, p. 86
Maurianus, el.	(-787 oct. 13)		Mansi, XIII, col. 393
Nicetas	(-787 oct. 13)		
Symeon	(-879 nov.)		Mansi, XVII-XVIII, col. 376

20.11.3 **CIBYRA**, Kibyra — eccl. byzantina

Vescovado suffraganeo di Afrodisia, compare nelle *notitiae* fino al secolo XIII.

Fonti: Hierocles, 690, 1: Honigmann, p. 33; *notitiae* 1-4, 7, 9-10, 13: Darrouzès, p. 497

Bibl.: Le Quien, I, coll. 903-904; Ruge, RE, XI, coll. 374-377; Jones, *Cities*, p. 529; R. Janin, DHGE, XII, coll. 826-827; Laurent, *Sceaux*, V, 1, p. 382

Letodius, Letodorus	(-325 mai. 20)	(325 iun. 19-)	Turner, I, pp. 76-77
Leontius	(-381 mai.)	(381 iul.-)	Turner, II, pp. 460-461
Apellas	(-431 iun. 22)	(431 iul. 22-)	ACO, I, I, II, p. 5; I, I, VII, p. 86
Erasmus, Erasimus	(-553 mai. 5)	(553 iun. 2-)	ACO, IV, I, pp. 6, 228
Gregorius	(-787 oct. 13)		Mansi, XIII, col. 393
Stephanus	(-869 oct. 11)		Mansi, XVI, col. 44
Procopius	saec. X		Laurent, *Sceaux*, V, 1, n. 520

20.12.3 **CIDRAMUS**, Cidrama, Kindrama, Marcianopolis (?) eccl. byzantina

Vescovado suffraganeo di Stauropolis.

Fonti: Hierocles, 689, 6 (?): Honigmann, p. 33; *notitiae* 1-4, 7, 9-10, 13: Darrouzès, p. 497

Bibl.: Jones, *Cities*, p. 529; R. Janin, DHGE, XII, col. 828

20.13.3 **CNIDUS**, Knidos, Stadia, Gnidus eccl. byzantina

Vescovado suffraganeo di Afrodisia.

Fonti: Hierocles, 686, 12: Honigmann, p. 32; *notitiae* 1-4, 7, 9-10, 13: Darrouzès, p. 497

Bibl.: Le Quien, I, coll. 917-918; Bürchner, RE, XI, coll. 914-921; R. Janin, DHGE, XIII, col. 179

Ioannes	(-451 oct.)		ACO, II, III, I, p. 36
Evander	(-553 mai. 5)	(553 iun. 2-)	ACO, IV, I, pp. 7, 230
Stauratius	(-787 sept. 26)	(787 oct. 13-)	Mansi, XII, col. 1106; XIII, col. 393

20.14.3 **ERIZA**, Siza, Dere-Köy (?) eccl. byzantina

Vescovado suffraganeo di Afrodisia.

Fonti: Hierocles, 689, 5: Honigmann, p. 33; *notitiae* 1-4, 10: Darrouzès, p. 513

Bibl.: Le Quien, I, coll. 921-922; Ruge, RE, VI, coll. 469-470; R. Janin, DHGE, XV, coll. 720-721; Darrouzès, pp. 77, 107, 146

Papias	(-451 oct.)		ACO, II, III, II, p. 146
Ioannes	(-681 sept. 16)		Mansi, XI, col. 680
Magnus	(-691 sept.)		Mansi, XI, col. 1001

20.15.3 **HALICARNASSUS**, Halikarnassos, Bodrum — eccl. byzantina

Vescovado suffraganeo di Afrodisia.

Fonti: Hierocles, 687, 10: Honigmann, p. 32; *notitiae* 1-4, 7, 9-10, 13: Darrouzès, p. 492
Bibl.: Le Quien, I, coll. 913-916; Bürchner, RE, VII, coll. 2253-2264

Calandion	(-451 oct.)		ACO, II, I, II, p. 148
Theoctistus	(-553 mai. 5)	(553 iun. 2-)	ACO, IV, I, pp. 6, 228
...	(-787 sept. 26)	(787 oct. 13-)	Mansi, XII, col. 1110; XIII, col. 394

20.15.15 **HALICARNASSUS** — eccl. monophysita

Bibl.: Honigmann, *Évêques*, pp. 125-131

Iulianus	(-511)	518	Honigmann, *Évêques*, pp. 125 131

20.16.3 **HARPASA**, Harpassa, Arpaz, A. Kalesi — eccl. byzantina

Vescovado suffraganeo di Afrodisia.

Fonti: Hierocles, 688, 6: Honigmann, p. 33; *notitiae* 1-3, 7, 9-10, 13: Darrouzès, p. 492
Bibl.: Le Quien, I, coll. 907-910; Bürchner, RE, VII, col. 2404

Phanias	(-431 iun. 22)	(431 iul. 22-)	ACO, I, I, II, p. 5; I, I, VII, p. 86
Zoticus	(-451 oct.)		ACO, II, III, II, p. 167
Leo	(-879 nov.)		Mansi, XVII-XVIII, col. 378

20.16.15 **HARPASA** — eccl. monophysita

Bibl.: Honigmann, *Évêques*, pp. 124-125

Ireneos, Eirenaios	508 c.	511	Honigmann, *Évêques*, pp. 124 125

20.17.3 **HERACLEA LATMI**, Herakleia Lakymon, Kapukiri — eccl. byzantina

Vescovado suffraganeo di Afrodisia.

Fonti: Hierocles, 687, 9: Honigmann, p. 32; *notitiae* 1-4, 7, 9-10, 13: Darrouzès, p. 493

Bibl.: Le Quien, I, coll. 905-906; Bürchner, RE, VIII, coll. 431-432

Aphthonetus	(-431 iun. 22)	(431 iul. 22-)	ACO, I, I, II, p. 5; I, I, VII, p. 86
Dionysius	(-451 oct.)		ACO, II, III, II, p. 146
Theodorus	(-691 sept.)		Mansi, XI, col. 1002
Gregorius	(-787 sept. 26)	(787 oct. 13-)	Mansi, XII, col. 1106; XIII, col. 393
Gregorius	(-879 nov.)		Mansi, XVII-XVIII, col. 376

20.18.3 **HERACLEA SALBACES**, Herakleia de Salbake, Makif — eccl. byzantina

Vescovado suffraganeo di Afrodisia.

Fonti: Hierocles, 688, 11: Honigmann, p. 33; *notitiae* 1-4, 7, 9-10, 13: Darrouzès, p. 493

Bibl.:Le Quien, I, coll. 903-904; Bürchner, RE, VII, coll. 432-433

Polychronius	(-431 iun.)	(431 iul.-)	ACO, I, I, V, p. 123; I, IV, p. 29
Menander	(-451 oct.)		ACO, II, III, II, p. 166
Basilius	(-879 nov.)		Mansi, XVII-XVIII, col. 376

20.19.3 **HIERON**, Ieron — eccl. byzantina

Vescovado suffraganeo di Stauropolis.

Fonti: *notitiae* 1-4, 7, 9-10, 13: Darrouzès, p. 459

Bibl.: Jones, *Cities*, p. 529; Bürchner, RE, VIII, col. 1496

20.20.3 **HYLLARIMA**, Laryma, Loryma, Mesevli — eccl. byzantina

Vescovado suffraganeo di Stauropolis, compare nelle *notitiae* fino al secolo XIII.

Fonti: Hierocles, 688, 8: Honigmann, p. 33; *notitiae* 1-4, 7, 9-10, 13: Darrouzès, p. 494

Bibl.: Le Quien, I, coll. 915-916; Bürchner, RE, IX, col. 120; Jones, *Cities*, p. 529; Laurent, *Sceaux*, V, 1, pp. 385-386; L. Robert, *Villes d'Asie Mineure*, Paris 1962, pp. 147-148

Georgius	(-691 sept.)		Mansi, XI, col. 1001
Anthimus	(-787 sept. 24)		Mansi, XII, col. 998
Ioseph	(-879 nov.)		Mansi, XVII-XVIII, col. 376
Leo	saec. X		Laurent, *Sceaux*, V, 1, n. 523

20.21.3 IASSOS, Iasus, Asin-Kale — eccl. byzantina

Vescovado suffraganeo di Afrodisia.

Fonti: Hierocles, 689, 4: Honigmann, p. 33; *notitiae* 1-4, 7, 9-10, 13: Darrouzès, p. 494

Bibl.: Le Quien, I, coll. 913-914; Bürchner, RE, IX, coll. 785-790; Jones, *Cities*, p. 529

Themistius	(-431 iun. 22)	(431 iul. 22-)	ACO, I, I, II, p. 5; I, I, VII, p. 86
Flacillus	(-451 oct.)		ACO, II, III, I, p .36
David	(-787 sept. 26)	(787 oct. 13-)	Mansi, XII, col. 1106; XIII, col. 393
Gregorius	(-879 nov.)		Mansi, XVII-XVIII, col. 378

20.22.3 LARBA — eccl. byzantina

Vescovado suffraganeo di Stauropolis.

Fonti: *notitiae* 1-4, 7, 9-10, 13: Darrouzès, p. 499

Bibl.: Jones, *Cities*, p. 529; Bürchner, RE, XII, col. 796

20.23.3 METABA — eccl. byzantina

Vescovado suffraganeo di Stauropolis.

Fonti: *notitiae* 1-2, 4, 13: Darrouzès, p. 502

Bibl.: Jones, *Cities*, p. 529; Darrouzès, pp. 77, 140, 146

20.24.2 MILETUS, Balat, Palatia — eccl. primaeva et byzantina

Vescovado suffraganeo della provincia di Caria; arcivescovado nel 538 sotto Giustiniano; metropoli senza suffraganei verso la fine del regno di Manuele Comneno († 1180); scompare verso il 1370.

Fonti: Hierocles, 686, 8: Honigmann, p. 32; *notitiae*: Darrouzès, p. 503

Bibl.: Le Quien, I, coll. 917-920; H. V. Gaertringen - M. Mayer, RE, XV, coll. 1586-1587; Schultze, II, pp. 168-181; Laurent, *Sceaux*, V, pp. 643-644

Caesarius, s.			Le Quien, I, col. 917
Eusebius	(-325 mai. 20)	(325 iun. 19-)	Turner, I, pp. 76-77
Hyacinthus	(-536)		ACO, III, p. 115
Georgius	(-681 sept. 16)	(691 sept.-)	Mansi, XI, coll. 674, 992
Epiphanius	(-787 sept. 26)		Mansi, XII, col. 1095
Petrus, dep.		(843-847)	Grumel, II, n. 438
Ignatius	(-879 nov.)		Mansi, XVII-XVIII, col. 373; Le Quien, I, col. 920
Sophronius	saec. XI in.		Laurent, *Sceaux*, V, 1, n. 828
...	(-1166 apr. 11)		Grumel, III, n. 1068; Le Quien, I, col. 920
Nicetas	(-1170 ian. 30)		Grumel, III, n. 1126
Nicephorus	(-1170 febr. 21)		Grumel, III, n. 1112
Nicetas	(-1172 mai. 5)		Grumel, III, nn. 1125-1126
...	(-1186 sept. 10)		Grumel, III, n. 1170; Le Quien, I, col. 920
Nicander	(-1351)		Le Quien, I, col. 920
Nilus, tr. ad Sozopolim	(-1365 mar.)	1369 sept. 3	Darrouzès, V, nn. 2488, 2560

20.24.5 MILETUS eccl. semiariana

Ambracius	(-342/343)		Hilarius: CSEL, 65, p. 77

20.25.3 MYLASSA, Mylasa, Milâs eccl. byzantina

Vescovado suffraganeo di Afrodisia, compare nelle *notitiae* fino al secolo XIII.

Fonti: Hierocles, 687, 14: Honigmann, p. 33; *notitiae* 1-4, 7, 9-10, 13: Darrouzès, p. 504

Bibl.: Le Quien, I, coll. 921-922; W. Ruge, RE, XVI, coll. 1046-1064; Laurent, *Sceaux*, V, 1, pp. 384-385

Ephraem, s.			G. Lucchesi, BS, IV, coll. 950-951
Cyrillus			Le Quien, I, col. 921
Paulus			
Basilius	post saec. VI		A. Calmels, EO, II (1898 1899), p. 355
Gregorius	(-787 sept. 26)	(787 oct. 13-)	Mansi, XII, col. 1106; XIII, col. 393
Xenophon	(-870 febr. 28)		Mansi, XVI, col. 193
Philippus	(-879 nov.)		Mansi, XVII-XVIII, col. 376
Ioannes	saecc. X-XI		Laurent, *Sceaux*, V, 1, n. 522
Leo	saec. XI		Laurent, *Sceaux*, V, 1, n. 522 bis

20.26.3 **MYNDOS**, Myndus, Amindos, Gümüşlü-Liman — eccl. byzantina

Vescovado suffraganeo di Afrodisia.

Fonti: Hierocles, 686, 11: Honigmann, p. 32; *notitiae* 1-4, 7, 9-10, 13: Darrouzès, p. 504

Bibl.: Le Quien, I, coll. 915-918; W. Ruge, RE, XVI, coll. 1075-1079

Archelaus	(-431 iun.)	(431 iul.-)	ACO, I, I, II, p. 23; I, I, VII, p. 114
Alphius	(-451 oct.)		ACO, II, III, I, p. 37
Ioannes	(-681 sept. 16)		Mansi, XI, col. 680
Ioannes	(-787 oct. 13)		Mansi, XIII, col. 393

20.27.3 **NEAPOLIS**, Inebolu — eccl. byzantina

Vescovado suffraganeo di Afrodisia.

Fonti: Hierocles, 688, 7: Honigmann, p. 33; *notitiae* 1-4, 7, 9-10, 13: Darrouzès, p. 505

Bibl.: Le Quien, I, coll. 909-910; Ruge, RE, XVI, col. 2126 (12)

Andreas	(-681 sept.)		Mansi, XI, col. 653
Dorotheus	(-787 sept. 26)	(787 oct. 13-)	Mansi, XII, col. 1106, XIII, col. 393
Constantinus	(-879 nov.)		Mansi, XVII-XVIII, col. 376

20.28.3 **ORTHOSIAS**, Ortas — eccl. byzantina

Vescovado suffraganeo di Afrodisia.

Fonti: Hierocles, 688, 5: Honigmann, p. 33; *notitiae* 1-4, 7, 9-10, 13: Darrouzès, p. 469

Bibl.: Le Quien, I, coll. 907-908; W. Ruge, RE, XVIII, coll. 1491-1493

Diogenes	(-451 oct.)		ACO, II, III, I, p. 37

20.29.3 **STRATONICEAS**, Stratonica, Eski-Hisar — eccl. byzantina

Vescovado suffraganeo di Afrodisia.

Fonti: Hierocles, 688, 1: Honigmann, p. 33; *notitiae* 1-4, 7, 9-10, 13: Darrouzès, p. 514

Bibl.: Le Quien, I, coll. 911-912; Ruge, RE, IV A, coll. 322-325

Eupithius	(-451 oct.)		ACO, II, III, I, p. 36
Theopemptus	(-691 sept.)		Mansi, XI, col. 1001
Gregorius	(-787 sept. 26)	(787 oct. 13-)	Mansi, XII, col. 1106; XIII, col. 392

20.30.3 **TABAE**, Tabai, Tavas, Kale Davas — eccl. byzantina

Vescovado suffraganeo di Afrodisia.

Fonti: Hierocles, 689, 1: Honigmann, p. 33; *notitiae* 1-4, 7, 9-10, 13: Darrouzès, p. 515

Bibl.: Le Quien, I, coll. 905-906; Ruge, RE, IV A, coll. 1839-1840

Rufinus	(-431 iun. 22)	(431 iul. 22-)	ACO, I, I, II, p. 7; I, I, VII, p. 114
Severus	(-553 mai. 5)	(553 iun. 2-)	ACO, IV, I, pp. 6, 228
Basilius	(-787 sept. 26)	(787 oct. 13-)	Mansi, XII, col. 1106; XIII, col. 393

20.31.3 **TAPASA**, Tapassa — eccl. byzantina

Vescovado suffraganeo di Afrodisia.

Fonti: *notitiae* 1-4, 7, 9-10, 13: Darrouzès, p. 515

Bibl.: Jones, *Cities*, p. 529

PROVINCIA CYCLADUM INSULARUM

21.1.2 RHODUS

eccl. primaeva et byzantina

Sede metropolitana della provincia delle isole Cicladi; verso la metà del secolo VII e, ancora, nel 1142/1143 aveva 11 vescovadi suffraganei; verso il 900 Andros diventò suffraganea di Atene; nel 1083 Paros e Naxos formarono una sola eparchia e vennero separate dalla provincia; l'occupazione latina tolse alla metropoli le sedi suffraganee, restando indebolita nel suo rango.

Fonti: Hierocles, 686, 1: Honigmann, p. 32; *notitiae*: Darrouzès, p. 511

Bibl.: Le Quien, I, coll. 923-930; H. V. Gaertringen,RE, V Suppl., coll. 731-840; T. E. Evanghelides, EEBS, VI (1929), pp. 145-179: 163-173; N. Cappuyns, *Le Synodicon de l'Eglise de Rhodes, au XIII siècle*, EO, XXXIII (1934), pp. 196-217; Laurent, *Sceaux*, V, 1, pp. 528-530, V, 3, pp. 119-121

Euphranon			Praedestinatus: Le Quien, I, col. 923
Photinus		(284-305)	Evanghelides, p. 163
Euphrosinus, Eufrosinus	(-325 mai. 20)	(325 iun. 19-)	Turner, I, pp. 74-75
Hellanicus	(-431 iun. 22)	(431 iul. 22-)	ACO, I, I, II, p. 3; I, I, VII, p. 85
Ioannes	(-449 aug. 8)	(451 oct.-)	Honigmann, *Lists*, p. 34; ACO, II, I, II, p. 4
Agapetus	(-457)	(459-)	ACO, II, V, p. 65; Mansi, VII, col. 917
Esaias	513	528	Evanghelides, p .163
Theodosius	(-553 mai. 5)	(553 iun. 2-)	ACO, IV, I, pp. 4, 225
Isidorus	(-681 sept. 26)		Mansi, XI, col. 672
Leo	(-787 oct. 13)		Mansi, XIII, col. 384
Epiphanius	saec. VIII		Laurent, *Sceaux*, V, 3, n. 1770
Georgius	saecc. VIII-IX		Laurent, *Sceaux*, V, 1, n. 697
Theophanes	814	832	Evanghelides, p. 164
Nilos	833		
Michael	(-870 febr. 28)		Mansi, XVI, col. 191
Leontius	(-879 nov.)		Mansi, XVII-XVIII, col. 373
Ioannes	saecc. IX-X		Laurent, *Sceaux*, V, 1, n. 698
Theodorus	(-997)		Evanghelides, p. 164
Symeon	saec. XI med.		Laurent, *Sceaux*, V, 1, n. 699
Ioannes	saec. XI fin.		Laurent, *Sceaux*, V, 1, n. 698
Nicephorus	(-1143)		Le Quien, I, col. 926
Nicetas	1144 febr.	(1145 nov. 19-)	Grumel, III, n. 1019; Laurent, *Sceaux*, V, 3, nn. 1771-1772
...	(-1157)		Le Quien, I, col. 926
Ioannes	(-1166)		Evanghelides, p. 164
Leo	(-1166 mar./apr.)		Grumel, III, nn. 1064, 1077

Iacobus	(-1173)		Cappuyns, p. 215
Theodulus	(-1256)	(1261)	
...	(-1274)		Mansi, XXIV, col. 75
Ioannes Syropoulos	(-1350 sept.)	(1355 aug. 17-1357 apr.)	Darrouzès, V, nn. 2317, 2381, 2398
Nilus (?)	1357 apr.	(-1369 dec.)	Darrouzès, V, nn. 2398, 2565
...	(-1393)		Evanghelides, p. 165
Andreas	1432	1437	
Nathanael	1437	1439	
Macarius	1450	1455	
Nilus	1455	1470	
Metrophanes	1471	1498	Evanghelides, p. 166
Metrophanes	1498	1511	
Hieremias	1511	1522	
Elymis (?)			Le Quien, I, col. 928
Clemens	1522	1523	Evanghelides, p. 166
Euthimius	1524	1525	
Theodosius	1541	1548	
Callistus	1576	1594	Evanghelides, p. 167
Paisios	1595	1603	
Hieremias	1603	1604	Evanghelides, p. 168
Filotheus	1604	1610	
Ignatius	1610	1612	
Pacomius	1612	1637	
Meletius	1637	1639	
Paisios	1639	1643	
Meletius	1643	1651	
Gregorius	1651	1652	
Nathanael	1652	1655	
Ioachim	1656	1676	
Parthenius	1676	1691	Evanghelides, p. 170
Constantius	1692	1702	
Ignatius	1702	1722	Evanghelides, p. 171
Neophytus	1722	1733	
Hieremias	1733	1758	
Callinicus	1758	1792	
Agapius	1792	1829	Evanghelides, p. 172
Zacharias	1811	1823	

Paisios	1829	1831	
Methodius	1831	1832	
Paisios	1833	1836	
Callinicus	1836	1839	
Iacobus	1839	1856	
Ignatius	1856	1861	Evanghelides, p. 173
Cyrillus Papadakes	1861 febr. 15	1861 oct. 26	
Dorotheus Prasinos	1862	1865	
Sinesios	1865	1876	
Germanus	1876	1888	
Gregorius	1888	1893	
Constantinus Alexandrides	1893	1900	
Hierotheus Demetriades	1900 ian. 16	1900 sept. 7	
Ioachim Balasiades	1900	1910	
Gerasimus Tantalides	1910	1912	
Beniaminus	1912	1913	
Apostolos Triphonos	1913		
Spyridon Synodinos	1951		Orthodoxia, 1986-1987, p. 95

21.1.23 RODI — eccl. coptica

Bibl.: Muyser, p. 164

Anbā Sāwîrus, ep.	(-1508 dec. 25)	Muyser, p. 165
Anbā Mîḫā'îl, metr. Cypri	(1508 dec. 25)	

21.2.3 AMORGUS, Amorgos — eccl. byzantina

Vescovado delle isole Cicladi.

Fonti: Hierocles, 687, 5: Honigmann, p. 32

Bibl.: Darrouzès, p. 113, n. 3; Hirschfeld, RE, I, 1875-1876

Theodorus, "ep. Pari, Siphni et Amorgi"	(-536)	ACO, III, p. 119

21.3.3 ANDROS eccl. byzantina

Vescovado suffraganeo di Rodi (*notitiae* 1-4) all'inizio del secolo VII e fino almeno alla metà del secolo IX; verso l'anno 901 suffraganeo di Atene (*notitiae* 7, 9-10, 13, 21); nel 1207 i Latini allontanarono la gerarchia greca, che ritornò dopo la conquista turca (1566).

Fonti: Hierocles, 686, 10: Honigmann, p. 32; *notitiae* 1-4, 7, 9-10, 13, 21: Darrouzès, p. 483

Bibl.: Le Quien, I, coll. 943-944; Hirschfeld, RE, I, coll. 2196-2171; S. Vailhé, DHGE, II, coll. 1802-1804; D. P. Paschales, Ἡ Ἄνδρος, 2 voll., Athenes 1925-1927: II, pp. 352-361; D. P. Paschales, TH, IV (1926), pp. 81-110, 247-254, 283-302; V (1927), pp. 157-171, 202-223, 311-327; Laurent, *Sceaux*, V, 1, pp. 536-537; V, 2, pp. 417-418

Palladius	(-458/459)		Grumel, I, n. 143; Mansi, VII, col. 917
Constans	(-787 oct. 13)		Mansi, XIII, coll. 373-396
Philippus	(-879 nov.)		Mansi, XVII-XVIII, col. 376
Leo	saec. X pars pr.		Laurent, *Sceaux*, V, 1, n. 709
Nicetas	saec. XI		Laurent, *Sceaux*, V, 2, n. 1584
Arsenios	(-1575)		Mystakides, p. 159
Gabriel	(-1583)	(1599-)	Paschales, pp. 88-94
Beniaminus, dep.	(-1610 iul. 3)	1611	Vailhé, col. 1803
Neophitus, dep.		1612 ian.	
Beniaminus, iter.	1612 ian.	(1614 iul. 27-)	AA, II, pp. 186-187
Longines	1619	(1621-)	Paschales, pp. 109-110
Gregorius, dep.	(-1624 iul. 26)	1626 dec.	Vailhé, col. 1803; Paschales, pp. 247-250
Macarius, dep.	1626 dec. 19	1630 mar. 13	Vailhé, col. 1803
Cyrillus	1630 mar. 13	(1634 mai. 25-)	Paschales, pp. 252-254
Macarius	1638 febr. 21		Vailhé, col. 1803
Arsenius	(-1641)		Mystakides, p. 160
Auxentios Parodos	1657	1666	Paschales, pp. 283-285
Iacobus	1666 dec.	(1671 aug. 9-)	Paschales, pp. 285-288; Vailhé, col. 1803
Gerasimus, patr. CP, adm., dep.	1677 mar.	1678 mai.	Vailhé, col. 1803
Beniaminus	(-1680 iul. 3)		Paschales, p. 295
Nathanael	(-1691)		
Athanasius	(-1707)	(1712 febr. 20-)	Paschales, pp. 295-312
Gregorius	1713		Paschales, pp. 157-158
Dionysius Kaires	1719	1748	Paschales, p. 158
Gregorios	1748	1750	
Neophytos	1750	1758	
Auxentios	1758		Paschales, p. 159

Philotheos	1759	1768	
Ioasaph	1768	1774	Paschales, pp. 160-167
Dionysios Kaires	1775	1799	Paschales, pp. 167-171
Pancratius N. Karkakes	1799 aug.	1810 aug. 30	Paschales, pp. 202-207
Dionysius N. Karkakes	1810 sept. 14	1835 oct. 13	Paschales, pp. 207-214
Sophronios Pistes Rematouses	1836 mar. 16	1837 mar. 15	Paschales, pp. 214-216
Seraphim	1837 mai. 28	1842 oct. 4	Paschales, pp. 216-222
Procopius Oiconomos	1852 oct. 7	1854 nov. 3	Paschales, p. 223
Metrophanes Oikonomides	1856 iun. 26	1889 mar. 18	Paschales, pp. 311-327

21.4.3 **ASTYPALEA**, Astypalia — eccl. byzantina

Vescovado suffraganeo di Rodi.

Fonti: Hierocles, 687, 6: Honigmann, p. 32; *notitiae* 4, 7, 10: Darrouzès, p. 485

Bibl.: Oberhummer, RE, II, coll. 1873-1875

21.5.3 **BERBINON** — eccl. byzantina

Vescovado suffraganeo di Mitelene.

Fonti: *notitiae* 7, 9-10, 13: Darrouzès, p. 486

Bibl.: Darrouzès, p. 149

21.6.3 **CARPATHUS**, Carpathos, Karpathos — eccl. byzantina

Vescovado suffraganeo della provincia delle isole; sede arcivescovile.

Fonti: *notitiae* 1-21: Darrouzès, p. 496

Bibl.: Le Quien, I, coll. 947-948; Jones, *Cities*, p. 525; R. Janin, DHGE, XI, col. 1111

Zoticus	(-520 sept. 9)		Mansi, VIII, col. 493
Mennas, Menas	(-553 mai. 5)	(553 iun. 2-)	ACO, IV, I, pp. 7, 231
Ioannes	(-680 sept. 16)		Mansi, XI, col. 693
Leo	(-787 sept. 26)	(787 oct. 15-)	Mansi, XII, col. 1016; XIII, col. 368
Philippus	(-879 nov.)		Mansi, XVII-XVIII, col. 373 Grumel, III, n. 1112
Ioannes	(-1170 febr. 21)		
Macarius	(-<1572-1584>)		Janin, col. 1111

Theodolus	(-1590)		
Hierotheus		(-1622)	
Damascenus		1637	
Athanasius, dep.	1643	1669 mai.	
Leontius	1655 iun.		
Macarius	1674 aug.		
Neophytus	saecc. XVII fin.-XVIII in.		
Daniel	(-1766)	(1777-)	
Meletios, dep.	1839	1865	
Nicephorus	1865 febr. 17	1869 ian.	
Gerasimus, dep.	1869 ian.	1875 mar. 7	
Gerasimus	1875 mar. 7	1885	
Nilus Smyrneotopoulos, dep.	1866 iun. 23	1889 aug.	
Sophronius Argyropoulos	1889 aug. 5	1897 mai. 31	
Agathangelus Aschytas	1897 mai. 31	1908 iul. 31	
Eugenius Mastorakes	1908 iul. 31	1912 mai. 28	
Germanus Monodiades	1912 iun. 9		
Ambrosios Lavriotis	1983		*Orthodoxia, 1986-1987*, p. 96

21.6.5 CARPATHOS — eccl. semiariana

Bassus	(-324/343)	Hilarius: CSEL, 65, p. 77

21.7.3 CHIOS, Chius — eccl. byzantina

Vescovado suffraganeo di Rodi fino all'occupazione da parte dei cavalieri di S. Giovanni (1309), quando fu annesso alla metropoli di Smirne (1318); poco dopo venne eretto in sede metropolitana senza suffraganei (*notitiae* 17-21).

Fonti: Hierocles, 686, 4: Honigmann, p. 32; *notitiae*: Darrouzès, p. 488

Bibl.: Le Quien, I, coll. 931-934; P. Zerlentis, Ἱστορικαὶ ἔρευναι περὶ τῆς Ἐκκλησίας τῶν νήσων τῆς Ἀνατολικῆς Μεσογείου θαλάσσης, ἐν Ἑρμουπόλει 1913-1922, pp. 27-34; Bürchner, RE, III, coll. 2286-2297; K. Amantos, in *Silloge bizantina in onore di Silvio Giuseppe Mercati* ("Studi bizantini e Neoellenici", IX (1957)), pp. 9-13; R. Janin, DHGE, XII, coll. 743-746; Laurent, *Sceaux*, V, 1, pp. 534-536

Entrechius		ACO, I, III, p. 140; I, I, III, p. 43
Tryphon	(-451 oct.)	ACO, II, III, II, p.99
Georgius	(-681 sept. 16)	Mansi, XI, col. 680

Petrus	saec. VIII		Laurent, *Sceaux*, V, 1, n. 706
Theophilus	(-787 sept. 26)	(787 oct. 13)	Mansi, XII, col. 1095; XIII, col. 396
Constantinus	saecc. X-XI		Laurent, *Sceaux*, V, 1, n. 707
Nicolas	saec. XI		Laurent, *Sceaux*, V, 1, n. 708
Michael	(-1173 iul. 11)	(1177 sept. 2-)	Grumel, III, n. 1126, 1134
...	(-1315 <sept.-dec.>)		Darrouzès, V, n. 2040
...	(-1339 iun.)	(1344 iul.-)	Darrouzès, V, nn. 2191, 2246
Neophytus (?)	(-<1355-1363>)		Darrouzès, V, n. 2458
Dionysius	(-1518)	(1566-)	Janin, col. 745
Gabriel	(-1575)		Le Quien, I, col. 932
Hippolytus, dep.	(-1576 sept.)	1593	Janin, col. 745
Symeon	1593 mai.	1610	
Isaias	1610	1612	
Neophytus		1617	
Ignatius, dep.	1617	1634 oct. 4	
Matthaeus	1634 oct. 4		
Cirillus Amygdalos, interdictus		1639 nov.	
Parthenius	1639 nov.		
Hieremias	1641 febr.		
Gabriel		1652	
Parthenius, iter., dep.	1652	1655	
Gabriel, iter.	1655	1656	
Daniel	1656 c.		
Neophytus	1656 sept.	1657 iul.	
Gerasimus, dep.	1657 iul.	1658 mar.	
Theophanes, dep.	1659 mar. 30	1662 aug.	
Neophytus, iter.	1662		
Iacobus, patr. CP			
Ignatius Neochores	1684		
Gennadius		1696 mai. 31	
Gregorius Bestarches	1696	1714	
Gerasimus, dep.		1714 aug. 20	
Daniel	1726 dec.	1734 febr.	
Dionysius Samoucrases	(-1745 iun.)	1763	Actes, III, p.62; Janin, col. 745
Nicephorus	1763/1764		Janin, col. 745
Gabriel	(-1779 mai.)	(1789 mai. 1-)	
Plato	1810 c.	1822 mar.	

Daniel Contoudes	1823	1827	
Dionysius	1827 aug.		
Gregorius	(-1830 c.)	1837	
Cyrillus	(-1837 aug.)		
Cosmas	1837 aug.	1839 iun.	
Sophronius Meydandjoglou	1839	1855 sept. 27	
Gregorius	1855 sept. 27	1856 apr.	
Neophytus Drymades	1856 apr. 17	1860 dec. 24	
Gregorius	1860 dec. 24	1877 aug.	
Ambrosius	1877 aug. 24	1879	
Ioachim Coccodes	1879 apr.	1884 oct. 1	
Constantinus Delicanis	1899	1904	
Chrysostomus Baliades	1904	1909	
Hieronymus	1909	1931 febr.	
Polycarpus	1931 febr.	1934 ian.	
Ioachim	1936 ian.	1944	
Panteleimon	1945		
Dionysios Bairaktaris, "metr. de Chios, Psara et Oinousai"	1979 nov. 11		*Orthodoxia, 1986-1987*, p. 86

21.7.16 CHIOS — eccl. jacobita

Ioannes, Qašīš	558	562	Honigmann, *Évêques*, p. 217

21.8.3 COS, Kos — eccl. byzantina

Vescovado suffraganeo di Rodi, compare nelle *notitiae* fino al secolo XIII; promosso al rango di arcivescovado almeno dal 1326 (*notitiae* 15, 18, 20-21).

Fonti: Hierocles, 686, 2: Honigmann, p. 32; *notitiae*: Darrouzès, p. 498

Bibl.: Le Quien, I, coll. 933-936; Bürchner, RE, XI, coll. 1467-1480; R. Janin, DHGE, XVIII, coll. 927-928; Laurent, *Sceaux*, V, 3, p. 121

Meliphron, Melifron	(-325 mai. 20)	(325 iun. 19-)	Turner, I, pp. 74-75
Iulianus	(-448)	(457-)	ACO, II, III, I, p. 104; II, V, p. 66
Dorotheus	(-518)		ACO, III, p. 65
Georgius	(-681 sept. 16)		Mansi, XI, col. 680

Gregorius	saec. VIII		Laurent, *Sceaux*, V, 3, n. 1773
Constantinus	(-879 nov.)		Mansi, XVII-XVIII, col. 376
Athanasius	saec. XI		Janin, col. 928
...	(-1140 c.)		
Gerasimus	(-1330)		
Nicander		1584 febr. 20	
Dionysius	(-1590 mai.)		
Iacobus, dep.		1595	
Gabriel	1595	1616	
Metrophanes	saecc. XVI-XVII		F. Halkin, EEBS, XXXIX-XL (1972-1973), p. 112
Christophorus, dep.	1616 iun. 1	1616 iun.	Janin, col. 928
Antonius	1626 mar. 22		
Seraphium	1626 mai.	1637	
Ioachim	1638	(1639 sept.-)	Janin, col. 928; Leo Allatius, III, XI, col. 1069
Cosmas	(-1648 oct. 27)		Janin, col. 928
Zacharias	(-1660)		
Macarius	1670 febr.		
Cyrillus	1701	1720 ian. 25	
Neophytus	1720	1748	
Meletios	1748 aug. 22	1761	
Theoclitus	1761 mar. 27	1763	
Meletios	1763 mai.	1765	
Ioseph	1766 febr. 5	1768	
Callinicus	1768 iul. 28	1774	
Parthenius	1774 iul.	1790	
Zacharias	1790 apr.	1801	
Gerasimus	1801 mar.	1838	
Cyrillus	1838 mar. 16	1840 iun.	
Synesius	1840 ian.	1843	
Pancratius	1843 iul.	1845	
Seraphium	1845	1848	
Ambrosius	1848 aug.	1852	
Cyrillus	1853 febr. 25	1867 mar. 10	
Germanus Cabacopoulos	1867 mar. 10	1876 febr. 19	
Meletios	1876 febr. 19	1885	
Paulus Simonides, dep.	1885 oct. 14	1888 iun.	

Athanasius	1888 iun.	1893 iun.	
Callinicus Paleocrasas	1893 iun. 1	1900 febr. 11	
Ioachim Baxevanides	1900 febr. 13	1908 febr. 19	
Nicodemus Comnenos	1908 febr. 19	1908 iul.	
Agathangelos Archytes	1908 iul. 31	1924 iul. 10	
Paulus	1924		
Emmanuel	1946		
Emilianos Christophoros Zacharopulos	1982 dec. 14		*Orthodoxia, 1986-1987*, p. 95

21.8.5 COS — eccl. semiariana

Edesius	(-342/343)	Hilarius: CSEL, 65, p. 76

21.9.3 ERESSOS, Erissos, Eresus, Petelos — eccl. byzantina

Vescovado suffraganeo di Mitilene, compare nelle *notitiae* fino al secolo XIII.

Fonti: Hierocles, 686, 7: Honigmann, p. 32; *notitiae* 7, 9-10, 13: Darrouzès, p. 490

Bibl.: Laurent, *Sceaux*, V, 1, pp. 578-579; Bürchner, RE, VI, coll. 420-421; D. E. M., MEE, XI, p. 530; R. Janin, DHGE, XV, col. 699

Baslilius	saec. XI in.	Laurent, *Sceaux*, V, 1, n. 756
Theodorus	(-1324 sept.)	Janin, col. 699

21.10.3 HIERA, Gerra, Geras — eccl. byzantina

Vescovado suffraganeo di Mitilene, ricordato nel 1261.

Fonti: *notitiae* 10, 13: Darrouzès, p. 494

Bibl.: Darrouzès, p. 149; D.-L. Stiernon, DHGE, XX, col. 1047

21.11.3 IKARIA — eccl. byzantina

Vescovado suffraganeo di Rodi.

Fonti: *notitiae* 7, 9-10, 13: Darrouzès, p. 494

21.12.3 LEROS, Lerus — eccl. byzantina

Vescovado suffraganeo di Rodi.

Fonti: *notitiae* 1-4, 7, 9-10, 13, 21: Darrouzès, p. 508

Bibl.: Le Quien, I, coll. 945-946; Bürchner, RE, XII, coll. 2094-2098

Ioannes	(-553 mai. 5)	(553 iun. 2-)	ACO, IV, I, pp. 7, 230
Sergius	(-787 oct. 13)		Mansi, XII, col. 396
Ioseph (?)	(-870)		Le Quien, I, col. 946
Callistus	saec. XVI fin.		Martinus Crusius, p. 506
Nektarios Emanuel Chatzimichalis	1983 mai. 24		*Orthodoxia, 1986-1987*, p. 96

21.13.3 MELOS, Milo — eccl. byzantina

Vescovado suffraganeo di Rodi.

Fonti: Hierocles, 687, 2: Honigmann, p. 32; *notitiae* 1-4, 7, 9-10, 13: Darrouzès, p. 503

Bibl.: Le Quien, I, coll. 945-946; Zschietzschmann, RE, XV, coll. 567-568

Euthychius	(-681 sept. 16)	Mansi, XI, col. 680
Galatius, Galation	(-787 oct. 13)	Mansi, XIII, col. 396
Macarius		Le Quien, I, col. 945
Dionysius		Le Quien, I, col. 946
Gerasimus		
Meletios		Mystakides, p. 199
Dionysios	1643 mar. 31	
Gregorius	(-1721)	Le Quien, I, col. 946

21.14.3 METHYMNA, Molibos, Molyvos — eccl. byzantina

Vescovado nell'isola di Lesbo, dal secolo VII arcivescovado autocefalo, dal 1080 c. sede metropolitana senza suffraganei.

Fonti: Hierocles, 686, 6: Honigmann, p. 32; *notitiae*: Darrouzès, p. 503

Bibl.: Le Quien, I, coll. 961-964; Zschietzschmann, RE, XV, coll. 1391- 1395; E. Drakos, Λεσβιακά, II, Ἀθῆναι 1899, pp. 20-32; Laurent, *Sceaux*, V, 1, pp. 622-623, 646-648

Alexander, s.			Drakos, p. 20
Christodorus	(-520 iul. 9)		Grumel, I, n. 217
Andreas	(-681 sept. 16)		Mansi, XI, col. 673
Theophylactus	(-691 sept.)		Mansi, XI, col. 992
Eustachius, Eustrathius	(-787 sept. 26)	(787 oct. 13-)	Mansi, XII, col. 1095; XIII, col. 385
Iacobus	(-870 febr. 28)		Mansi, XVI, col. 991
Philaretus	saec. XI med.		Laurent, *Sceaux*, V, 1, n. 833
...	saec. XI fin.		Laurent, *Sceaux*, V, 3, n. 1797; cfr. V, 1, n. 832
Nicolaus	1070	1100	Drakos, p. 21
Georgius	(-1143 oct. 30)	(1147-)	Grumel, III, n. 1014; Le Quien, I, col. 962; Drakos, p. 21
Michael Bouches	(-1157 mai.)		Grumel, III, nn. 1041-1043; cfr. Laurent, *Sceaux*, V, 1, n. 806
Nicolaus	(-1166)		Drakos, p. 21
Theodorus	(-1177 ian. 10)		Grumel, III, n. 1132; cfr. Laurent, *Sceaux*, V, 3, n. 1798
Michael	(-1220)		Drakos, p. 22
Nicephorus	(-1225)		
Michael	(-1250)		
...	(-1310 oct.)		Darrouzès, V, n. 2005
Malachias	(-1315 iul.)	(1347 aug.-)	Darrouzès, V, nn. 2032, 2289
Chariton	(-1370 iun.)	(1371 mai. 31-)	Darrouzès, VI, nn. 2576, 2623
...	(-<1384-1387>)		Darrouzès, VI, n. 2780
...	(-1394 mai.)		Darrouzès, VI, n. 2962
Matthaeus	(-1484)		Drakos, p .23
Macarius	1527	1531	
Ignatius Agallianos	1531	1563	Drakos, pp. 24-25
Michael	(-1560)		Drakos, p. 25
Ignatius	(-1567)		Mystakides, p. 202
Ippolitus	(-1570)		Drakos, p. 25
Neophytus	(-1576)		
Raphael	(-1596)	1603	
Gregorius	(-1608)		
Constantios	(-1608)		
Gabriel	(-1616)		
Cornelius	1643	1652	Drakos, p. 26
Anthimus	1652		
Macarius			

Callinicus	(-1697)		
Anthimus	(-1699)		
Meletius			
Anthimus	(-1721)		
Arsenius	1737	1748	Drakos, p. 27
Dionisius Karametsas	1749	1751	
Dionisius	1774		
Panaretos	1801		
Parthenios Katsakules	1817	1831	Drakos, p. 28
Cirillus			
Iacobus Palaeologus			
Sophronius	1842		Drakos, p. 29
Auxentius	1849	1853	
Agathangelus	1853 sept.		Drakos, p.30
Paisios	1873 apr.	1881	Drakos, p. 31
Nicephorus Glykas			
Chrysostomos Kyriakos Kalamatianos, metr.	1984 mai. 6		*Orthodoxia, 1986-1987*, p. 82

21.15.3 MITYLENES

eccl. byzantina

Vescovado suffraganeo della provincia delle isole, quindi arcivescovado autocefalo, tra 850 e 900 sede metropolitana con 5 vescovadi suffraganei cui si aggiunse, nel 1157 c., quello di Serra.

Fonti: Hierocles, 686, 5: Honigmann, p. 32; *notitiae*: Darrouzès, p. 503

Bibl.: Le Quien, I, coll. 953-962; Bürchner, RE, XII, coll. 2107-2133; H.Leclercq, DACL, VIII, coll. 2627-2629; XII, coll. 573-576; E. Drakos, Λεσβιακά. Τοπογραφικὰ καὶ ἐκκλησιαστικά. Ἀθῆναι 1899; Laurent, *Sceaux*, V, 1, pp. 573-578; V, 3, pp. 127-128

Ioannes	(-431 iun.)	(431 iul.-)	ACO, I, I, II, p. 62; I, I, VII, p. 113
Florentius	(-451 oct.)		ACO, II, II, II, p. 76
Eunoius	(-459)		Grumel, I, n. 143; Mansi, VII, col. 917
Zacharias	(527-536)	(536 mai.-)	ACO, III, p. 154; D. Stiernon, DPAC, II, coll. 3623-3624
Georgius	(-681 sept. 16)		Mansi, XI, col. 673
Sisinnius	(-691 sept.)		Mansi, XI, col. 992
Christodulus	saecc. VII-VIII		Laurent, *Sceaux*, V, 1, n. 751
Damianus	(-787 oct. 13)		Mansi, XIII, col. 385
Georgius, s.	804 c.	820/821 apr. 7	J. M. Sauget, BS, VI, coll. 538-540; R. Aubert, DHGE, XX, coll. 644-646

Leo, haer.			Le Quien, I, col. 957
Georgius			
Michael	saec. IX med.		Photius: PG, 102, coll. 833, 860-861
Basilius	(-879 nov.)		Mansi, XVII-XVIII, col. 373; Le Quien, I, col. 957
Nicolaus			Le Quien, I, col. 958
Thomas	saec. X		Laurent, *Sceaux*, V, 1, n. 752
Elias	saec. XI pars pr.		Laurent, *Sceaux*, V, 3, n. 1780
Constantinus	(-1054 iul.)		Grumel, III, n. 869
Ioannes	saec. XI pars post.		Laurent, *Sceaux*, V, 1, n. 753
...	(-1066 apr. 26)		Grumel, III, n. 896
Nicetas	(-1089 apr.)	(1094-)	Grumel, III, nn. 951, 967
...	(-1166 apr. 11)		Le Quien, I, col. 958
Stephanus	saecc. XI-XII		Laurent, *Sceaux*, V, 1, n. 754
Pothos	(-1166 mar./apr.)	(1171 mar.-)	Laurent, *Sceaux*, V, 3, n. 1781
Constantinus	saec. XII fin.		Laurent, *Sceaux*, V, 1, n. 755
Ioannes	(-1205)		
Ioseph	(-1245)		Drakos, p. 6
Gregorius	(-1246)	(1260-)	
...	(-1310 oct.)		Darrouzès, V, n. 2005
Dionysius	(-1315)	(1324-)	Drakos, p. 7
Gregorius	1325	(1331-)	
Marcianus	(-1347 iul.)		Darrouzès, V, nn. 2280, 2291
Ioseph	(-1355)		Drakos, p. 7
Malachias	(-1370 ian.)		Darrouzès, V, nn. 2569, 2679
Leo	(-1381)		Le Quien, I, coll. 959-960
Ieremias	(-1389)	(1396-)	Drakos, p. 7
Dorotheus	(-1438)	(1439-)	
Menas	(-1450)		Drakos, p. 8
Leontius	(-1453)		
Methodius	(-1484)		
Anthimus	(-1546)		
Macarius	(-1564)		Le Quien, I, col. 960
Ignatius	(-1565)		Drakos, p. 9
Gregorius	(-1572)	(1579 mar.-)	Drakos, p. 9; Le Quien, I, coll. 960-961
Pachomius	1580 c.	1584	Drakos, p. 9
Paisios	(-1590)	1603	
Daniel	1603		Mystakides, p. 204

Sophronius	1604		Drakos, p. 9
Gregorius	(-1606)		
Parthenios	(-1608)		Drakos, p. 10
Constantios	(-1629 mai. 27)	(1639-)	
Iacobus (?)	(-1649)		Mystakides, p. 204
Gregorius	(-1666)		Drakos, p. 10
Zozimus	(-1672)		Le Quien, I, col. 962
Daniel	(-1696)		Drakos, p. 10
Macarius			Le Quien, I, col. 962
Nicodemus	(-1708)	(1721-)	Drakos, p. 10
Anthimus	(-1740)	(1767-)	
Paisios	(-1759)		Drakos, p. 11
Gerasimus	(-1769)	(1773-)	
Panaretos	1780	1783	Mystakides, p. 204
Hieremias	1783	1809	Drakos, p. 11
Callinicus	1809		
Porphyrius	1829	1839	Drakos, p. 12
Meletius	1839		
Callinicus	1842	1853	Drakos, p. 13
Gregorius Krates	1853	1858 ian. 26	
Meletios			Mystakides, p. 204
Methodius Arones	(-1867 nov.)		Drakos, p. 13
Constantinus Baliades	1876 ian. 30		Drakos, p. 17
Cirillus Mumtses			
Jakobos Evangelos Kleombrotos	1958		*Orthodoxia, 1986-1987*, p. 82

21.15.4 MITYLENES

eccl. ariana

Evagrius	(-359)		Epiphanius, haer. 73: PG, 42, col. 453; Socrates, HE, II, 40: PG, 67, col. 345
...			Philostorgius, VIII, 2: PG, 65, col. 557

21.16.34 MOSCHONESIA, Poroselene

eccl. orthodoxa

Vescovado suffraganeo da Mitilene dal 1760; dal 1922 sede metropolitana.

Bibl.: Darrouzès, p. 149; Mystakides, p. 203; N. B. Tomadakes, EEBS, XLIII (1977-1978), pp. 102-104

Gabriel	1767 nov.	1780 oct. 8	Tomadakes, p. 103
Cyrillus	1782 febr.		
Paisios			
Callinicos	1832 febr.		
Meletios			
Cyrillos			
Paisios			
Iacobos Lebentinos	1882 aug. 25	1897 aug.	
Neophytos Konzamanides		1906 apr. 27	
Nicodemos Papadopoulos	1906 mai. 23	1911	
Diodoros Karatzes	1912 ian. 26		Tomadakes, p. 104
Photios Marinakes	1913 apr. 30		
Ambrosios Pleianthides, metr.	1922 febr. 19		

21.17.3 NAXUS, Naxos, Naxia

eccl. byzantina

Vescovado suffraganeo di Rodi (*notitiae* 1-4, 7, 9-10), sede metropolitana (*notitiae* 11, 16); nel maggio 1083, unita a Paros, costituì la metropoli di Paronaxia.

Fonti: Hierocles, 686, 12: Honigmann, p. 32; *notitiae*: Darrouzès, p. 504

Bibl.: Le Quien, I, coll. 937-938; R. Herbst, RE, XVI, coll. 2064-2065

Barachus	(-451 oct.)		ACO, II, II, II, p. 76
Paulus	(-536)		ACO, III, p. 119
Georgius	(-681 sept. 16)		Mansi, XI, col. 676

21.17.31 NAXOS

eccl. latina

Ioannes Perris	1961		OC, p. 452

21.18.3 **NISYROS**, Nesyra, Nesoura, Nesouros — eccl. byzantina

Fonti: *notitiae* 4, 7, 9-10, 13: Darrouzès, p. 505

Bibl.: Jones, *Cities*, p. 525; R. Herbst, RE, XVII, coll. 761-767

21.19.3 **PAROS**, Paronaxia — eccl. byzantina

Vescovado suffraganeo di Rodi, compare nelle *notitiae* fino al maggio 1083,quando, unito a quello di Naxos, costituì la metropoli di Paronaxia (Grumel, III, n. 929); durante l'occupazione latina (1207-1537) la gerarchia greca venne abolita (Fedalto, II, pp. 163-164).

Fonti: Hierocles, 686, 13: Honigmann, p. 32; *notitiae*: Darrouzès, p. 507

Bibl.: Le Quien, I, coll. 937-942; V. Laurent, *La liste des métropolites de Paronaxia au XVIIe siècle*, EO, XXXVI (1937), pp. 190-201; O. Rubensohn, RE, XVIII, coll. 1781-1782; Laurent, *Sceaux*, V, 1, pp. 537-538

Athanasius	(-431 iun. 22)	(451 oct.-)	ACO, I, I, II, p. 5; II, III, I, p. 199
Theodorus, "ep. Pari, Siphni et Amorgi"	(-536)		ACO, III, p. 119
Stephanus	(-681 sept. 16)		Mansi, XI, col. 680
Constantinus	saecc. X-XI		Laurent, *Sceaux*, V, 1, nn. 710-711
...			Le Quien, I, col. 939
Ioannes	(-1157 mai. 13)		Grumel, I, n. 1043: PG, 140, col. 180
Constantinus	(-<1166 mai.-1167 iul.>)	(1172 mai. 5-)	Grumel, I, nn. 1075, 1125
...	(-1186 sept. 10)		Grumel, III, n. 1170
Aretas	1388	1406	Le Quien, I, col. 939
Theonas			Mystakides, p. 212
Benjamin	(-1560)	(1565-)	
Athanasius	(-1575)		
Athanasius	(-1603)		
Ioachim	1603		
Ioseph	1604		Laurent, pp. 198-200
Gabriel			
Nicephorus			
Hieremias	(-1623 sept. 22)		Laurent, pp. 192-193
Beniaminus	(-1632)	(1643-)	Mystakides, p. 212
Nicodemus	(-1652 aug. 6)		Laurent, p. 193
Macarius Dossa	(-1660)		Mystakides, p. 212; Laurent, p. 193
Theophanes	(-1667)	1671	Mystakides, p. 213; Laurent, pp. 193-194
Meletius, dep.		1673 iul.	Laurent, pp. 194-195, 200

Seraphin (?)			Laurent, p. 200
Gerasimus	(-1683)	(1684 dec. 8-)	Laurent, pp. 195, 200
Ioasaph, dep.	1686 iun.	1695 iun. 3	Laurent, pp. 195-197
Macarius	(-1703 dec. 26)		Laurent, p. 197
Hierotheus			Mystakides, p. 213
Neophytos	(-1798 mai.)		Actes, III, p. 83
Hierotheus	(-1819 sept.)		Actes, I, p. 90
Epiphanios Kalaphatis, metr.	1960		*Orthodoxia, 1986-1987*, p. 84

21.20.3 PERPERINE, Perperides — eccl. byzantina

Vescovado suffraganeo di Mitilene.

Fonti: *notitiae* 7, 9-10, 13: Darrouzès, p. 508

Bibl.: Darrouzès, p. 149

21.21.3 PISSINE, Pisyne, Amorgos — eccl. byzantina

Vescovado suffraganeo di Rodi.

Fonti: *notitiae* 1-4, 7, 9-10, 13: Darrouzès, p. 509

21.22.3 POROSELENE, Pirgos, Maden Ada — eccl. byzantina

Vescovado suffraganeo della provincia delle isole.

Fonti: Hierocles, 686, 9: Honigmann, p. 32

Bibl.: Jones, *Cities*, p. 525

Ioannes	(-431 iun.)	(431 iul.-)	ACO, I, I, VII, p. 13; I, V, p. 111
Florentius	(-451 oct.)		ACO, II, I, III, p. 91

21.23.3 SAMOS — eccl. byzantina

Vescovado suffraganeo di Rodi; nel 1418 compare assieme al titolo di Ikaria.

Fonti: Hierocles, 686, 3: Honigmann, p. 32; *notitiae* 1-4, 7, 9-10, 13: Darrouzès, p. 512

Bibl.: Le Quien, I, coll. 929-932; V. Geisau, RE, I A, coll. 2162-2220; Laurent, *Sceaux*, V, 1, pp. 530-534

Leo, s.			P. Viar, BS, VII, col. 1228; Le Quien, I, col. 929
...			Le Quien, I, col. 929
Ioannes	saec. VI fin.		Laurent, *Sceaux*, V, 1, n. 700
Isidorus			Ioannes Moschus, 108: PG, 87/3, col. 2969
Isidorus	(-691 sept.)		Mansi, XI, col. 1005
Timotheus	saec. VII		Laurent, *Sceaux*, V, 1, n. 701
Anastasius	saecc. VII- VIII		Laurent, *Sceaux*, V, 1, n. 703
Heraclius	(-787 oct. 13)		Mansi, XIII, col. 396
Georgius	saec. XI		Laurent, *Sceaux*, V, 1, n. 704
Michael	saec. XI		Laurent, *Sceaux*, V, 1, n. 705
Arsenios, "ep. Samou et Ikarias"	(-1417/1418)		Mystakides, p. 214
Anthimos	(-1638 sept. 24)	(1639 sept.-)	*Synod of Jerusalem*, p. 89; Leo Allatius, III, XI, col. 1069
Parthenios	(-1644)		Mystakides, p. 215
Christophorus			
Cornelius			
Neophytos			
Ioseph	saec. XVIII		Le Quien, I, col. 932
Panteleimon Bardakos, "metr. de Samos et Ikaria"	1974 iul. 15		*Orthodoxia, 1986-1987*, p. 84

21.24.3 **SIPHNUS**, Siphnos — eccl. byzantina

Vescovado suffraganeo della provincia delle isole.

Fonti: Hierocles, 687, 1: Honigmann, p. 32

Bibl.: Le Quien, I, coll. 949-952; Bürchner, RE, III A, coll. 264-265

Theodorus, "ep. Pari, Siphni et Amorgi"	(-536)		ACO, III, p. 119
Athanasius			Le Quien, I, coll. 951-952; Mystakides, p. 216
Timotheus	(-1674)		Mystakides, p. 216
Callinicus	(-1819 mar.)	(1819 sept.-)	AA, II, p. 222; Actes, I, p. 90

21.25.3 STRONGYLE — eccl. byzantina

Vescovado suffraganeo di Mitilene.

Fonti: *notitiae* 7, 9-10, 13: Darrouzès, p. 514

21.26.3 TENEDOS, Bozca-Ada — eccl. byzantina

Vescovado suffraganeo della provincia delle isole, quindi di Mitilene (*notitiae* 7, 9-10, 13, 17) fino al secolo XIV, quando, tra 1341 e 1355, fu elevato a metropoli (*notitiae* 17-19).

Fonti: Hierocles, 686, 8: Honigmann, p. 32; *notitiae* 7, 9-10, 13, 17-19: Darrouzès, p. 515

Bibl.: Le Quien, I, coll. 947-950; Fiehn, RE, V A, coll. 494-498; MEE, XXII, coll. 872-873; Laurent, *Sceaux*, V, 1, pp. 579-581

Diodorus	(-343 aut.)		Turner, I, pp. 552-553
Florentius	(-449 aug. 8)	(451 oct.-)	Honigmann, *Lists*, p. 36; ACO, II, III, I, p. 38
Georgius Chiotes	saec. XI		Laurent, *Sceaux*, V, 1, n. 758
Ioseph	(-1342 aug.)	(1355 <febr.-aug.>-)	Darrouzès, V, nn. 2235, 2378
Theophylactus, ep. de Boreia Potamia	1369 sept. 3	(1372 aug.-)	Darrouzès, V, nn. 2561, 2654

21.26.12 TENEDOS — eccl. nestoriana

Anastasius	(-431 iun.)		Grumel, I, n. 70; Le Quien, I, col. 949

21.27.3 THERA, Santorini — eccl. byzantina

Vescovado suffraganeo di Rodi.

Fonti: Hierocles, 687, 4: Honigmann, p. 32; *notitiae* 1-4, 7, 9-10, 13: Darrouzès, p. 516

Bibl.: Le Quien, I, coll. 941-942; R. Wilski - F. v. Hiller, RE, V A, coll. 2260-2302

Georgius	(-681 sept. 16)		Mansi, XI, col. 680
Germanus	(-1623 iun.)		V. Laurent, EO, XXXVI (1937), p. 198
Theophilus			
Andreas	(-1642)		Le Quien, I, coll. 941-942

Ioachim			Mystakides, p. 215
Ioseph			
Philotheus		1653 dec.	
Parthenios			
Zacharias	(-1712)		Le Quien, I, col. 942
Dionysius	(-1765)		Mystakides, p. 215
Panteleimon Christos Risos, "metr. de Thera, Amorgos, Anaphea et ins."	1984 mai. 5		*Orthodoxia, 1986-1987*, p. 79

21.27.31 SANTORINO — eccl. latina

Georgius Xenopulos	1947		OC, pp. 454-455

21.28.3 TENOS, Tinos — eccl. byzantina

Vescovado suffraganeo di Rodi, compare nelle *notitiae* fino al secolo XIII; per il periodo latino, cfr. Fedalto, II, pp. 228-229.

Fonti: Hierocles, 688, 11: Honigmann, p. 32; *notitiae* 1-4, 7, 9-10, 13: Darrouzès, p. 515

Bibl.: Le Quien, I, coll. 943-944; Fiehn, RE, V A, coll. 507-532; Laurent, *Sceaux*, V, 3, p. 122

Ecdicius	(-553 mai. 5)	(553 iun. 2-)	ACO, IV, I, pp. 7, 229
Demetrius	(-681 sept. 16)		Mansi, XI, col. 680
Eustathius	(-787 oct. 13)		Mansi, XIII, col. 396
Basilius	saec. XI pars post.		Laurent, *Sceaux*, V, 3, n. 1774
Arsenios	1716	1736	M. Foscolos, "Τηνιακὰ Ἀνάλεκτα", II (1981), p. 47
Cyrillus	1736	1742	
Ioachim	1742	1743	
Meletios	1743	1773	
Nilus	1773	(1790-)	
Macarios		1797	
Neophytus	1797	1809	
Gabriel	1810	1833	

21.28.5 TINOS eccl. semiariana

Agapius	(-342/343)	Hilarius: CSEL, 65, p. 77

21.29.3 TRACHEIA, Kalymos eccl. byzantina

Vescovado suffraganeo di Rodi.

Fonti: *notitiae* 10, 13: Darrouzès, p. 516

Bibl.: Darrouzès, pp. 113, 149-150

PROVINCIA LYCIAE

22.1.2 MYRA, Dembre — eccl. primaeva et byzantina

Sede metropolitana della provincia ecclesiastica di Lycia; nel secolo VII contava 36 vescovadi suffraganei, scesi a 33 dalla riforma di Leone il Saggio e quasi completamente scomparsi in epoca turca.

Fonti: Hierocles, 684, 2: Honigmann, p. 31; *notitiae*: Darrouzès, p. 501-502

Bibl.: Le Quien, I, coll. 965-970; W. Ruge, RE, XVI, coll. 1083-1089; Schultze, II, 2, pp. 198-203; Laurent, *Sceaux*, V, 1, pp. 370-374; V, 3, pp. 88-89

Nicander, mart., s.	saec. I		J. M. Sauget, BS, IX, col. 851
Nicolaus			Le Quien, I, col. 967
Nicolaus, s.	(-325)	343 dec. 6	N. Del RE, BS, IX, coll. 923-939; V. Saxer, DPAC, II, col. 2400
Tatianus	(-381 mai.)	(381 iul.-)	Turner, II, coll. 458-459; Basilius: PG, 32, col. 809
Erennianus	(-431 iun.)	(431 iul.-)	ACO, I, I, II, p. 59; I, I, VII, p. 85
Romanus	(-449 aug. 8)	(451 oct.-)	Honigmann, *Lists*, p.34; ACO, II, I, II, p. 131
Petrus	(-457)		ACO, II, V, p. 63; G. Ladocsi, DPAC, II, col. 2796
Philippus	(-553 mai. 5)	(553 iun. 2-)	ACO, IV, I, pp. 4, 225
Polyectus	(-681 sept. 16)		Mansi, XI, col. 672
Theophilus	saec. VIII in.		Laurent, *Sceaux*, V, 3, n. 1734
Theodorus	(-787 oct. 13)		Mansi, XIII, col. 381
Nicetas, haer.	(-821)		Le Quien, I, col. 969
Nicolaus	(-870 febr. 28)		Mansi, XVI, col. 191
Theodosius	(-879 nov.)		Mansi, XVII-XVIII, col. 373
Ignatius	saec. X		Laurent, *Sceaux*, V, 1, n. 503
Georgius	saecc. X-XI		Laurent, *Sceaux*, V, 1, n. 504
...	(-1019 sept. 12)		Grumel, II, n. 826
Timotheus	saecc. X-XI		Laurent, *Sceaux*, V, 1, n. 505
Leo	(-1054 iul.)		Grumel, III, n. 869; Laurent, *Sceaux*, V, 1, n. 506
Demetrius	(-1071)	(1079-)	Laurent, *Sceaux*, V, 1, n. 507
Constantinus	saec. XI		
Theodorus	(-1144 febr. 22)		Grumel, III, n. 1015; Leo Allatius, II, XII, col. 688

Nicolaus	saecc. XI-XII		Laurent, *Sceaux*, V, 1, n. 508
Christophorus	(-1166 mar. 20/apr. 6)	(1166 mai. 6/1167 iul.-)	Grumel, III, nn. 1064, 1075
Ioannes	saecc. XII-XIII		Laurent, *Sceaux*, V, 1, n. 509
Eustathius	(1143-1180)		Le Quien, I, col. 970
Lucas	(-1283 apr.)	1310 iun. 25	Laurent, IV, n. 1462
Matthaeus	(-1383 iun. 20)	(1394 ian.-)	Darrouzès, VI, nn. 2749, 2946
...	(-1397 mar. 22)		Darrouzès, VI, nn. 3042-3043

22.2.3 **ACALISSUS**, Akalissos, Asarköy — eccl. byzantina

Vescovado suffraganeo di Myra.

Fonti: Hierocles, 683, 4: Honigmann, p. 31; *notitiae* 1-4, 10: Darrouzès, p. 482

Bibl.: Jones, *Cities*, p. 532; Hirschfeld, RE, I, coll. 1142; S. Pétridès, DHGE, I, col. 253

Eudoxius	(-457)	ACO, II, V, p. 63

22.3.3 **ACARASSUS**, Acrassus, Agarassos, Akrasos, Akarassos — eccl. byzantina

Vescovado suffraganeo di Myra.

Fonti: *notitiae* 1-4, 7, 9-10, 13: Darrouzès, p. 482
Bibl.: Le Quien, I, coll. 981-982; Hirschfeld, RE, I, col. 1194; S. Pétridès, DHGE, I, col. 368

Nicolaus	(-451 oct.)	ACO, II, I, II, p. 6
Constantinus (?)	(-879)	Le Quien, I, col. 982

22.4.3 **AKANDA**, Acanda, Ascanda, Aucanda — eccl. byzantina

Vescovado suffraganeo di Myra.

Fonti: *notitiae* 1-4, 7, 9-10, 13: Darrouzès, p. 482

Bibl.: Le Quien, I, coll. 985-986; Jones, *Cities*, p. 532; S. Pétridès, DHGE, I, coll. 253-- 254

Pannychius	(-457)	ACO, II, V, p. 62

22.5.3 **ANTIPHELLOS**, Anthipellus, Andifli — eccl. byzantina

Vescovado suffraganeo di Myra.

Fonti: Hierocles, 684, 7: Honigmann, p. 31; *notitiae* 1-4, 10: Darrouzès, p. 484

Bibl.: Le Quien, I, coll. 985-986; Hirschfeld, RE, I, col. 2523; Jones, *Cities*, p. 532; R. Janin, DHGE, III, coll. 714-715

Theodorus	(-451 oct.)	(457-)	ACO, II, I, II, p. 6; II, V, p. 63

22.6.3 **APRILA**, Aperlae, Avasari — eccl. byzantina

Vescovado suffraganeo di Myra.

Fonti: Hierocles, 684, 5: Honigmann, p. 31; *notitiae* 1-4, 10: Darrouzès, p. 484

Bibl.: Jones, *Cities*, p. 532; Hirschfeld, RE, I, col. 2698

22.7.3 **ARAXA**, Euren — eccl. byzantina

Vescovado suffraganeo di Myra.

Fonti: Hierocles, 685, 2: Honigmann, p. 31; *notitiae* 1-4, 7, 9-10, 13: Darrouzès, p. 484

Bibl.: Le Quien, I, coll. 973-974; Hirschfeld, RE, II, col. 402; R. Janin, DHGE, III, col. 1448

Thoantinus	(-381 mai.)	(381 iul.-)	Turner, II, pp. 458-459
Leontius	(-451 oct.)	(457-)	ACO, II, III, I, p. 167; II, V, p. 63
Theodorus	(-691 sept.)		Mansi, XI, col. 1001
Stephanus	(-787 oct. 13)		Mansi, XIII, col. 393

22.8.3 **ARNEA**, Arneae, Ernes — eccl. byzantina

Vescovado suffraganeo di Myra.

Fonti: Hierocles, 684, 3: Honigmann, p. 31; *notitiae* 1-4, 10: Darrouzès, p. 485

Bibl.: Jones, *Cities*, p. 532; Hirschfeld, RE, II, col. 1203

22.9.3 **ARYCANDA**, Orycanda, Arykandos — eccl. byzantina

Vescovado suffraganeo di Myra.

Fonti: Hierocles, 683, 7: Honigmann, p. 31; *notitiae* 1-4, 7, 9-10, 13: Darrouzès, pp. 485, 506

Bibl.: Le Quien, I, coll. 993-994; Hirschfeld, RE, II, col. 1497; G. Bardy, DHGE, IV, coll. 857-859

...	(-787 oct. 13)		Mansi, XIII, col. 393
Theodorus	(-879 nov.)		Mansi, XVII-XVIII, col. 376

22.10.3 **BALBURA** — eccl. byzantina

Vescovado suffraganeo di Myra.

Fonti: Hierocles, 685, 5: Honigmann, p. 31; *notitiae* 1-4, 7, 9-10, 13: Darrouzès, p. 486

Bibl.: Le Quien, I, coll. 987-988; Ruge, RE, II, coll. 2819-2820; R. Janin, DHGE, VI, col. 322

Hermaeus	(-381 mai.)	(381 iul.-)	Turner, II, pp. 458-459
Philippus	(-451 oct.)		ACO, II, III, II, p. 145
Nicolaus	(-457)		ACO, II, V, p. 63
Iohannes	(-879 nov.)		Mansi, XVII-XVIII, col. 377

22.11.3 **BUBO**, Bobos, Sophianopolis, Bubon, Ebecik — eccl. byzantina

Vescovado suffraganeo di Myra.

Fonti: Hierocles, 685, 7: Honigmann, p. 31; *notitiae* 1-4, 10: Darrouzès, p. 487

Bibl.: Le Quien, I, coll. 991-992; Ruge, RE, III, col. 933; R. Janin, DHGE, X, col. 1007

Romanus	(-381 mai.)	(381 iul.-)	Turner, II, pp. 458-459
Romanus	(-451 oct.)	(457-)	ACO, II, I, II, p. 458; II, V, p. 63

22.12.3 **CANDYBA**, Kandyba, Kandaua, Kandera, Gendive — eccl. byzantina

Vescovado suffraganeo di Myra.

Fonti: Hierocles, 684, 8: Honigmann, p. 31; *notitiae* 2-4, 7, 9-10, 13: Darrouzès, p. 496

Bibl.: Le Quien, I, coll. 979-982; Ruge, RE, X, col. 1861; R. Janin, DHGE, XI, col. 739

Leontius	(-457)		ACO, II, V, p. 63
Constantinus, Constans	(-787 sept. 26)	(787 oct. 13-)	Mansi, XII, col. 1106; XIII, col. 393
Basilius	(-879 nov.)		Mansi, XVII-XVIII, col. 376

22.13.3 CAUNUS, Kaunos, Kannos, Skamna, Hagia — eccl. byzantina

Vescovado suffraganeo di Myra; all'inizio del secolo X compare col titolo di Scamno o Hagia.

Fonti: Hierocles, 685, 1: Honigmann, p. 31; *notitiae* 1-4, 7, 9-10, 13: Darrouzès, pp. 497, 492, 513

Bibl.: Le Quien, I, coll. 981-982; Bürchner, RE, XI, coll. 86-88; Laurent, *Sceaux*, V, 1, pp. 374-375; R. Janin, DHGE, XII, col. 17

Antipater	(-451 oct.)	ACO, II, I, II, p. 148
Nicolaus	(-457)	ACO, II, V, p. 63
Stephanus	(-787 sept. 26)	Mansi, XII, col. 1106
Leo	saec. XI pars post.	Laurent, *Sceaux*, V, 1, n. 510

22.13.5 CAUNUS — eccl. semiariana

Basilius	(-359 sept. 27)	Epiphanius, haer. 73: PG,42, col. 453

22.14.3 CHOMA — eccl. byzantina

Vescovado suffraganeo di Myra.

Fonti: Hierocles, 683, 9: Honigmann, p. 31; *notitiae* 1-4, 7, 9-10, 13: Darrouzès, p. 488

Bibl.: Le Quien, I, coll. 983-984; Ruge, RE, III, col. 2369; R. Janin, DHGE, XII, col. 760

Pionius	(-381 mai.)	(381 iul.-)	Turner, II, pp. 458-459
Eudoxius	(-431 iun. 22)	(457-)	ACO, I, I, II, p. 3; II, V, p. 63
Nicolaus	(-879 nov.)		Mansi, XVII-XVIII, col. 378

22.15.3 COMBA, Cömbe, Komba — eccl. byzantina

Vescovado suffraganeo di Myra.

Fonti: Hierocles, 684, 12: Honigmann, p. 31; *notitiae* 1-4, 7, 9-10, 13: Darrouzès, p. 498

Bibl.: Le Quien, I, coll. 991-992; Ruge, RE, XI, col. 1132; R. Janin, DHGE, XIII, col. 355

Ioannes, "ep. Sombi"	(-691 sept.)		Mansi, XI, col. 1001
Constantinus, Constans	(-787 sept. 26)	(787 oct. 13-)	Mansi, XII, col. 1106; XIII, col. 393
Constantinus	(-879 nov.)		Mansi, XVII-XVIII, col. 378

22.16.3 **CORYDALLA**, Korydala, Haci Veliler — eccl. byzantina

Vescovado suffraganeo di Myra.

Fonti: Hierocles, 683, 3a: Honigmann, p. 31; *notitiae* 1-4, 7, 9-10, 13: Darrouzès, p. 498
Bibl.: Le Quien, I, coll. 979-980; Ruge, RE, XI, col. 1446; R. Janin, DHGE, XIII, col. 926

Alexander			Basilius, ep. 218: PG, 32, col. 809
Palladius	(-451 oct.)		ACO, II, I, II, p. 151
Carponas	(-457)		ACO, II, V, p. 63
Leo	(-787 sept. 26)	(787 oct. 13-)	Mansi, XII, col. 1111, XIII, col. 393
Eustrathius	(-879 nov.)		Mansi, XVII-XVIII, col. 376

22.17.3 **CYANEAE**, Kyanea, Kainea, Kenea, Yavi — eccl. byzantina

Vescovado suffraganeo di Myra.

Fonti: Hierocles, 684, 4: Honigmann, p. 31; *notitiae* 1-4, 7, 9-10, 13: Darrouzès, pp. 495, 499
Bibl.: Jones, *Cities*, p. 532; Ruge, RE, XI, col. 2236 (2); R. Janin, DHGE, XIII, col. 1143

Daniel	(-879 nov.)		Mansi, XVII-XVIII, col. 376

22.18.3 **EUDOCIAS**, Eudokias, Iustinianopolis — eccl. byzantina

Vescovado suffraganeo di Myra.

Fonti: Hierocles, 684, 9: Honigmann, p. 31; *notitiae* 1-4, 7, 9-10, 13: Darrouzès, p. 490
Bibl.: Le Quien, I, coll. 987-988; Ruge, RE, VI, coll. 913-914; R. Janin, DHGE, XV, col. 1335

Photius	(-518)		ACO, III, p. 66

22.19.3 HAGIODOULA, Hagios Doula — eccl. byzantina

Vescovado suffraganeo di Myra.

Fonti: *notitiae* 7, 9-10, 13: Darrouzès, p. 492

Bibl.: Darrouzès, p. 76

...	(-879)	Darrouzès, p. 279, n. 337

22.20.3 LEBESSUS, Lebissos — eccl. byzantina

Vescovado suffraganeo di Mira

Fonti: *notitiae* 1-4, 7, 9-10, 13: Darrouzès, p. 500

Bibl.: *Index*, p. 22

22.21.3 LIMYRA — eccl. byzantina

Vescovado suffraganeo di Mira.

Fonti: Hierocles, 683, 6: Honigmann, p. 31; *notitiae* 1-4, 10: Darrouzès, p. 500

Bibl.: Le Quien, I, coll. 971-972; Ruge, RE, XIII, coll. 710-711

Diatimus	(-375)		Basilius, ep. 218: PG, 32, col. 809
Lupicinus	(-381 mai.)	(381 iul.-)	Turner, II, pp. 458-459
Stephanus	(-451 oct.)	(457-)	ACO, II, III, II, p. 145; II, V, p. 63
Theodorus	(-553 mai. 5)	(553 iun. 2-)	ACO, IV, I, pp. 6, 227
Leo	(-787 sept. 26)	(787 oct. 13-)	Mansi, XII, col. 1106; XIII, col. 393
Nicephorus	(-879 nov.)		Mansi, XVII-XVIII, col. 373

22.22.3 LORNAIA — eccl. byzantina

Vescovado suffraganeo di Myra.

Fonti: *notitiae* 7, 9-10, 13: Darrouzès, p. 501

22.23.3 **MAKRE**, Makres — eccl. byzantina

Vescovado suffraganeo di Myra.

Fonti: *notitiae* 7, 9-10, 13: Darrouzès, p. 502

22.24.3 **MARCIANA**, Markiane — eccl. byzantina

Vescovado suffraganeo di Myra.

Fonti: *notitiae* 1-4, 7, 9-10, 13: Darrouzès, p. 502
Bibl.: Le Quien, I, coll. 983-984; Jones, *Cities*, p. 532

Augustinus	(-459)	Grumel, I, n. 143: Mansi, VII, col. 920
Marcianus	(-518)	ACO, III, p. 66

22.25.3 **MASTAURA** — eccl. byzantina

Vescovado suffraganeo di Myra, da non confondere con la sede omonima nella provincia di Asia.

Fonti: Hierocles, 685, 6: Honigmann, p. 32; *notitiae* 1-4, 7, 9-10, 13: Darrouzès, p. 502
Bibl.: Ruge, RE, XIV, col. 2167; *Index*, p. 22; Jones, *Cities*, p. 532

22.26.3 **MELOETAI**, Miloitai, Meloes, Myla — eccl. byzantina

Vescovado suffraganeo di Myra, compare nelle *notitiae* fino al secolo XIII.

Fonti: *notitiae* 1-4, 7, 9-10, 13: Darrouzès, p. 503
Bibl.: Le Quien, I, coll. 993-994; Jones, *Cities*, p. 532; Laurent, *Sceaux*, V, 1, pp. 376-377

Nicetas	(-787 sept. 24)		Mansi, XII, col. 995
Paulus	(-870 febr. 28)	(879 nov.-)	Mansi, XVI, col. 159; XVII- XVIII, col. 376
Petrus	(-879 nov.)		Mansi, XVII-XVIII, col. 376
Sisoes	saecc. X-XI		Laurent, *Sceaux*, V, 1, n. 513

22.27.3 **NEISA**, Nesos, Nysa — eccl. byzantina

Vescovado suffraganeo di Myra.

Fonti: Hierocles, 684, 13: Honigmann, p. 31; *notitiae* 4, 7: Darrouzès. p. 505

Bibl.: Le Quien, I, coll. 987-988; W. Ruge, RE, XVI, col. 2188

Georgius	(-787 oct. 13)		Mansi, XIII, col. 392

22.28.3 **OENOANDA**, Oinianda, Oinoanda, Oiniada, Mokonda — eccl. byzantina

Vescovado suffraganeo di Myra.

Fonti: Hierocles 685, 4: Honigmann, p. 31; *notitiae* 1-4, 7, 9-10, 13: Darrouzès, p. 506

Bibl.: Le Quien, I, coll. 989-990; W. Ruge, RE, XVII, coll. 2230-2234

Patricius	(-381 mai.)	(381 iul.-)	Turner, II, pp. 458-459; Le Quien, I, col. 989
Cyrinus	(-457)		ACO, II, V, p. 63
Gorgonius	(-518)		ACO, III, p. 66
Palmatius	(-520 iul.)		Grumel, I, n. 217: Le Quien, I, coll. 989-990
Paulus	(-536)		ACO, III, p. 118
Georgius	(-681 sept. 16)	(691 sept.-)	Mansi, XI, coll. 677, 1001
Georgius	(-787 oct. 1)		Mansi, XIII, col. 148
Nicolaus	(-879 nov.)		Mansi, XVII-XVIII, col. 378

22.29.2 **OLYMPOS**, Olympus, Çirali — eccl. primaeva et byzantina

Vescovado suffraganeo di Myra.

Fonti: Hierocles, 683, 2: Honigmann, p. 31; *notitiae* 1-4, 10: Darrouzès, p. 506

Bibl.: Le Quien, I, coll. 975-978; Jones, *Cities*, p. 532

Methodius, s.			J.M. Sauget, BS, IX, coll. 380-382; C. Riggi, DPAC, II, coll. 2239-2240
Aristocritus	(-431 iun.)	(431 iul.-)	ACO, I, I, II, p. 64; I, I, VII, p. 117
Anatolius	(-457)		ACO, II, V, p. 63
Ioannes	(-536)		ACO, III, p. 66

22.30.3 **PALAIOTAI**, Paliotai, Palia, Iustinianopolis — eccl. byzantina

Vescovado suffraganeo di Myra.

Fonti: *notitiae* 1-4, 7, 9-10, 13: Darrouzès, p. 506

Bibl.: Jones, *Cities*, p. 532; W. Ruge, RE, XVIII, col. 98

22.31.3 **PATARA**, Gelemen — eccl. byzantina

Vescovado suffraganeo di Myra.

Fonti: Hierocles, 684, 10: Honigmann, p. 31; *notitiae* 1-4, 7, 9-10, 13: Darrouzès, p. 507

Bibl.: Le Quien, I, coll. 977-978; Hirschfeld, RE, II, col. 1279 (13)

Methodius			Le Quien, I, col. 977
Eudemus, Eudemos	(-325 mai. 20)	(325 iun. 19-)	Turner, I, pp. 72-73
Eudemus, Eudimus	(-381 mai.)	(381 iul.-)	Turner, II, pp. 458-459
Cyrinus	(-451 oct.)	(457-)	ACO, II, I, II, p. 5; II, V, p. 137
Lycinus	(-536)		ACO, III, p. 118; Le Quien, I, col. 978
Anastasius	(-787 sept. 26)		Mansi, XII, col. 1103
Theodulus	(-879 nov.)		Mansi, XVII-XVIII, col. 376

22.31.5 **PATARA** — eccl. semiariana

Eutychianus	(-359 sept. 27)		Epiphanius, haer. 73: PG, 42, col. 453

22.32.3 **PHASELIS**, Tekirova — eccl. byzantina

Vescovado suffraganeo di Myra.

Fonti: Hierocles, 683, 1: Honigmann, p. 31; *notitiae* 1-4, 10: Darrouzès, p. 508

Bibl.: Le Quien, I, coll. 985-986; Jones, *Cities*, p. 532; W. Ruge, RE, XIX, coll. 1874-1883

Phronto	(-451 oct.)		ACO, II, I, II, p. 6
Aristodemus	(-457)		ACO, II, V, p. 63
...	(-787 sept. 26)	(787 oct. 13-)	Mansi, XII, col. 1106; XIII, col. 393

22.33.3 PHELLUS, Phellos — eccl. byzantina

Vescovado suffraganeo di Myra.

Fonti: Hierocles, 684, 6: Honigmann, p. 31; *notitiae* 1-4, 7, 9-10, 13: Darrouzès, p. 508

Bibl.: Le Quien, I, coll. 983-986; W. Ruge, RE, XIX, coll. 1951-1954; Jones, *Cities*, p. 532

Lollianus	(-375)		Basilius, ep. 218: PG, 32, col. 809
Philippus	(-553 mai. 5)	(553 iun. 2-)	ACO, IV, I, pp. 6, 228
Constantinus	(-879 nov.)		Mansi, XVII-XVIII, col. 376

22.34.3 PHILETA — eccl. byzantina

Vescovado suffraganeo di Myra.

Fonti: *notitiae* 7, 9-10, 13: Darrouzès, p. 508

Bibl.: Darrouzès, p. 76

22.35.3 PINARA — eccl. byzantina

Vescovado suffraganeo di Myra.

Fonti: Hierocles, 684, 14: Honigmann, p. 31; *notitiae* 7, 9-10, 13: Darrouzès, p. 509

Bibl.: Le Quien, I, coll. 975-976; Jones, *Cities*, p. 532

Heliodorus	(-457)		ACO, II, V, p. 63
Zenas	(-691 sept.)		Mansi, XI, col. 1001
Theodosius, Theodorus	(-787 sept. 26)	(787 oct. 13-)	Mansi, XII, col. 1106; XIII, col. 392
Athanasius	(-879 nov.)		Mansi, XVII-XVIII, col. 378

22.35.5 PINARA — eccl. semiariana

Eustathius, "ep. Pinarorum et Didymorum"	(-359 sept. 27)		Epiphanius, haer. 73: PG, 42, col. 453

22.36.3 **PODALIA**, Podaleia, Pedaleia — eccl. byzantina

Vescovado suffraganeo di Myra.

Fonti: Hierocles, 683, 8: Honigmann, p. 31; *notitiae* 1-4, 7, 9-10, 13: Darrouzès, p. 510

Bibl.: Le Quien, I, coll. 973-974; Jones, *Cities*, p. 532

Aquilinus	(-457)		ACO, II, V, p. 63
Ioannes	(-536)		ACO, III, p. 117
Ioannes	(-879 nov.)		Mansi, XVII-XVIII, col. 376

22.37.3 **RHODIOPOLIS**, Rhodiapolis — eccl. byzantina

Vescovado suffraganeo di Myra.

Fonti: *notitiae* 1-4, 10: Darrouzès, p. 511

Bibl.: Le Quien, I, coll. 991-992; Jones, *Cities*, p. 532

Nicolaus	(-518)		ACO, III, p. 66

22.38.3 **SIDYMA**, Sydema, Todurga — eccl. byzantina

Vescovado suffraganeo di Myra.

Fonti: Hierocles, 684, 15: Honigmann, p. 31; *notitiae* 1-4, 7, 9-10, 13: Darrouzès, p. 513

Bibl.: Le Quien, I, coll. 973-974; Ruge, RE, II A, coll. 2239-2240; Jones, *Cities*, p. 532

Hypatius	(-457)		ACO, II, V, p. 63
Zemarchus	(-681 sept. 16)	(691 sept.-)	Mansi, XI, coll. 677, 1000
Nicodemus	(-787 sept. 26)	(787 oct. 13-)	Mansi, XII, col. 1106; XIII, col. 393

22.39.3 **TATA**, Tatla — eccl. byzantina

Vescovado suffraganeo di Myra.

Fonti: *notitiae* 1-4, 10: Darrouzès, p. 515

Ioannes, "ep. Tlattes"	(-691 sept.)		Mansi, XI, col. 1001; cfr. Laurent, *Sceaux*, V, 1, n. 511

22.40.3 TELMESSUS, Telmessos, Anastasiopolis, Fethiye, Meğri, Makri

eccl. byzantina

Vescovado suffraganeo di Myra.

Fonti: Hierocles, 684, 17: Honigmann, p. 31; *notitiae* 1-4, 10: Darrouzès, p. 515

Bibl.: Le Quien, I, coll. 971-972; W. Ruge, RE, V A, coll. 410-415; Jones, *Cities*, p. 532

Hilarius	(-375)	Basilius, ep. 218: PG, 32, col. 809
Timotheus, "ep. Termessi et Eudociadis"	(-431 iul.)	ACO, I, I, VII, pp. 63, 114
Zenodotus	(-451 oct.)	ACO, II, III, II, p. 165

22.41.3 TERGASOS

eccl. byzantina

Vescovado suffraganeo di Myra.

Fonti: *notitiae* 7, 9-10, 13: Darrouzès, p. 515

Sabas	(-879 nov.)	Mansi, XVII-XVIII, col. 376

22.42.3 TLOS, Tlon, Otlon

eccl. byzantina

Vescovado suffraganeo di Myra, compare nelle *notitiae* fino al secolo XIII.

Fonti: Hierocles, 684, 16: Honigmann, p. 31; *notitiae* 1-4, 7, 9-10, 13: Darrouzès, p. 516

Bibl.: Le Quien, I, coll. 979-980; W. Ruge- W. Brandenstein, RE, VI A, coll. 1621-1626; Schultze, II 2, pp. 206-207; Laurent, *Sceaux*, V, 1, pp. 375-376

Andreas	(-451 oct.)	ACO, II, III, II, p. 77
Eustathius	(-536)	ACO, III, p. 117
Constans	(-787 oct. 13)	Mansi, XIII, col. 393
Andreas	(-879 nov.)	Mansi, XVII-XVIII, col. 377
Theodorus	saec. XI in.	Laurent, *Sceaux*, V, 1, n. 512

22.43.3 **XANTHUS**, Xanthos, Kinik — eccl. byzantina

Vescovado suffraganeo di Myra.

Fonti: Hierocles, 684, 11: Honigmann, p. 31; *notitiae* 1-4, 7, 9-10, 13: Darrouzès, p. 517

Bibl.: Le Quien, I, coll. 981-984; P. Demargne-H. Metzger, RE, IX A, coll. 1375-1408

Macedon	(-381 mai.)	(381 iul.-)	Turner, II, pp. 458-459
Athanasius	(-457)		ACO, II, V, p. 63
Georgius	(-691 sept.)		Mansi, XI, col. 1001

22.44.3 **ZENOPOLIS**, Zenonos Polis — eccl. byzantina

Vescovado suffraganeo di Myra.

Fonti: *notitiae* 1-4, 10: Darrouzès, p. 518

Bibl.: Le Quien, I, coll. 993-994; Jones, *Cities*, p. 532

Stauracius	(-787 sept. 26)	(787 oct. 13-)	Mansi, XII, col. 1106; XIII, col. 393

PROVINCIA PAMPHYLIAE PRIMAE

23.1.2 SIDE, Eski-Antalya, Selimiye — eccl. primaeva et byzantina

Sede metropolitana della provincia di Panfilia prima, con 5 vescovadi suffraganei al concilio di Calcedonia, che aumentarono a 16 fino al secolo XIII.

Fonti: Hierocles, 682, 2: Honigmann, p. 30; *notitiae*: Darrouzès, pp. 506-507

Bibl.: Le Quien, I, coll. 995-1002; Ruge, RE, II A, coll. 2208-2209; Schultze, II, 2, pp. 215-217; Laurent, *Sceaux*, V, 1, pp. 293-297; V, 3, pp. 78-79

Nestor, mart.			Le Quien, I, coll. 995-997
Epidaurus	(-314)		Turner, II, p. 32
Ioannes			Socrates, HE, VII, 27: PG, 67, col. 800
Eustathius			Le Quien, I, coll. 998
Amphilochius	(-<406-425>)	(451 oct.-)	Grumel, I, nn. 47,49; ACO, II, I, II, p. 122
Conon	(-536)		ACO, III, p. 115
Petrus	(-553 mai. 5)	(553 iun. 2-)	ACO, IV, I, pp. 4, 226
Ioannes	(-681 sept. 16)	(691 sept.-)	Mansi, XI, coll. 669, 989
...	(-787 oct. 13)		Mansi, XIII, col. 381
Marcus	(-879 nov.)		Mansi, XVII-XVIII, col. 373
Theodorus			Le Quien, I, col. 1000
Anastasius	saecc. X-XI		Laurent, *Sceaux*, V, 1, nn. 405-406
Constantinus	(-1027 nov.)	(1028 ian.-)	Grumel, II, nn. 833, 835, 850
Anthimus	(-1054 iul.)		Grumel, III, n. 869
Ioannes	(-1071)	(1079 dec.-)	Laurent, *Sceaux*, V, 3, n. 1720; V, 1, nn. 407-408
Ioannes	(-1157 mai. 13)		Grumel, III, n. 1043: PG, 140, col. 180
Theodosius			Grumel, III, n. 1058
Nicetas	(-1166)		
Cyrillus	(-1338 fin.)	(1364 fin./ 1365 in.-)	Darrouzès, V, nn. 2184, 2470
...	(-1369 dec.)		Darrouzès, V, n. 2565
...	(-1372 apr.)	(1372 aug.-)	Darrouzès, V, nn. 2649, 2654

23.2.3 **ASPENDOS**, Aspendus, Primopolis — eccl. byzantina

Vescovado suffraganeo di Side.

Fonti: *notitiae* 1-4, 7, 9-10, 13: Darrouzès, p. 485

Bibl.: Le Quien, I, coll. 1001-1002; Ruge, RE, II, col. 1726; Jones, *Cities*, p. 536; A. Van Lantschoot, DHGE, IV, coll. 1073-1074

Domnus	(-325 mai. 20)	(325 iun. 19-)	Turner, I, pp. 74-75
Tribonianus	(-431 iun. 22)	(431 iul. 22-)	ACO, I, I, II, p. 6; I, I, VII, p. 87
Timotheus	(-448)	(451 oct.-)	ACO, II, II, I, p. 20; II, I, I, p. 81
Leo	(-787 oct. 13)		Mansi, XIII, col. 392

23.3.3 **CARALLIA**, Carallis, Caralia, Karalia, Bey-Chéhir-Gheul — eccl. byzantina

Vescovado suffraganeo di Side.

Fonti: Hierocles, 682, 10: Honigmann, p. 30; *notitiae* 1-4, 7, 9-10, 13: Darrouzès, p. 496

Bibl.: Le Quien, I, coll. 1005-1008; Ruge, RE, X, coll. 1926-1927; R. Janin, DHGE, XI, col. 995

Solon	(-431 iun. 22)	(431 iul. 22-)	ACO, I, I, II, p. 6; I, I, VII, p. 87
Marcellinus	(-451 oct.)		ACO, II, I, II, p. 151
Menas	(-681 sept. 16)		Mansi, XI, col. 677

23.4.3 **CASSAE**, Casae, Kasa, Kassa, Kasai, Casata — eccl. byzantina

Vescovado suffraganeo di Side, unito a Senna nel 431 e successivamente separato.

Fonti: Hierocles, 682, 5; Honigmann, p. 30; *notitiae* 1-4, 7, 9-10, 13: Darrouzès, p. 496

Bibl.: Le Quien, I, coll. 1005-1006; Ruge, RE, X, col. 2260; R. Janin, DHGE, XI, col. 1303; Laurent, *Sceaux*, V, 1, p. 297

Tuessianus, Tuisianus	(-381 mai.)	(381 iul.-)	Turner, II, pp. 450-451
Nectarius	(-431 iul.)		ACO, I, I, VII, p. 114; II, III, I, p. 231
Theodorus	(-536)		ACO, III, p. 117
Cyriacus	(-553 mai. 5)	(553 iun. 2-)	ACO, IV, I, pp. 7, 230
Leo	saecc. XI-XII		Laurent, *Sceaux*, V, 1, n. 409

23.5.3 **COLYBRASSUS**, Kolybrassos, Sarot-Yaylâ (?) eccl. byzantina

Vescovado suffraganeo di Side.

Fonti: Hierocles, 682, 11: Honigmann, p. 30; *notitiae* 1-4, 7, 9-10, 13: Darrouzès, p. 498
Bibl.: Le Quien, I, coll. 1011-1012; Ruge, RE, XI, coll. 1124-1125; R. Janin, DHGE, XIII, col. 351

Longinus	(-381 mai.)	(381 iul.-)	Turner, II, p. 450-451
Nesius	(-431 iun. 22)	(451 oct.-)	ACO, I, I, II, p. 6; II, III, I, p. 230
Tates	(-691 sept.)		Mansi, XI, col. 996

23.6.3 **COMANA**, Şeref-öyük eccl. byzantina

Vescovado suffraganeo della provincia di Panfilia.

Fonti: Hierocles, 680, 13: Honigmann, p. 30
Bibl.: Le Quien, I, coll. 1009-1010, 1025-1026; Ruge, RE, XI, col. 1126; Jones, *Cities*, p. 536; R. Janin, DHGE, XIII, col. 353

Cyrillus (?)	(-325 mai. 20)	(325 iun. 19-)	Turner, I, pp. 78-79
Zoticus			Eusebius, HE, V, 16: II, p. 51
Ephesius	(-457)		ACO, II, V, p. 60
Cosmas, "ep. Cantanorum"	(-680 sept. 16)		Mansi, XI, col. 649

23.7.3 **COMMACA (?)**, Hymatai (?) eccl. byzantina

Vescovado suffraganeo della provincia di Panfilia (?).

Bibl.: Honigmann, *Évêques*, pp. 135-136; R. Janin, DHGE, XIII, col. 367

Ioannes (?)	(-518)		Honigmann, *Évêques*, pp. 135- 136

23.8.3 **CARACESIUM**, Korakesion, Alanya, Alaiye eccl. byzantina

Vescovado suffraganeo di Side.

Fonti: Hierocles, 682, 8; Honigmann, p. 30; *notitiae* 1-4, 7, 9-10, 13: Darrouzès, p. 498
Bibl.: Le Quien, I, coll. 1007-1008; Ruge, RE, XI, col. 1371; R. Janin, DHGE, XIII, col. 804

Theodolus	(-381 mai.)	(381 iul.-)	Turner, II, pp. 450-451
Matidianus	(-431 iun. 22)	(431 iul. 22-)	ACO, I, I, II, p. 6; I, I, VII, p. 87
Obrimus	(-451 oct.)		ACO, II, I, II, p. 151
Nicetas	(-681 sept. 16)		Mansi, XI, col. 677
Conon	(-691 sept.)		Mansi, XI, col. 997

23.9.3 COTENNA, Kotaina, Gödene — eccl. byzantina

Vescovado suffraganeo di Side.

Fonti: Hierocles, 682, 6: Honigmann, p. 30; *notitiae* 7, 9-10, 13: Darrouzès, p. 498

Bibl.: Le Quien, I, coll. 1009-1010; Ruge, RE, XI, col. 1516; R. Janin, DHGE, XIII, col. 935

Hesychius, Ysicius	(-381 mai.)	(381 iul.-)	Turner, II, pp. 450-451
Acacius	(-431 iun. 22)	(431 iul. 22-)	ACO, I, I, II, p. 6; I, I, VII, p. 87
Eugenius	(-451 oct.)		ACO, II, III, I, p. 39
Flavianus	(-536)		ACO, III, p. 117
Macarius	(-879 nov.)		Mansi, XVII-XVIII, col. 376
Macarius	(-879 nov.)		Mansi, XVII-XVIII, col. 378

23.10.3 DALISANDOS — eccl. byzantina

Vescovado suffraganeo di Side, presente nelle *notitiae* fino al secolo XIII.

Fonti: *notitiae* 1-4, 7, 9-10, 13: Darrouzès, p. 488

Bibl.: R.Janin, DHGE, XIV, coll. 26-27; Mystakides, pp. 167-168; Laurent, *Sceaux*, V, 1, pp. 297-298; Ramsay, *Phrygia*, p. 417

Marinos		Mystakides, p. 167
Constantinos		Mystakides, p. 168
Leo	saecc. X-XI	Laurent, *Sceaux*, V, 1, n. 410

23.11.3 ETENNA — eccl. byzantina

Vescovado suffraganeo di Side.

Fonti: *notitiae* 1-4, 7, 9-10, 13: Darrouzès, p. 490

Bibl.: Le Quien, I, coll. 1003-1004; Ruge, RE, VI, coll. 706-707; Jones, *Cities*, p. 536; R. Janin, DHGE, XV, col. 1153

Troilus	(-381 mai.)	(381 iul.-)	Turner, II, pp. 450-451
Eutropius	(-431 iun. 22)	(431 iul. 22-)	ACO, I, I, II, p. 6; I, I, VII, p. 87
Eudoxius	(-451 oct.)		ACO, II, III, II, p. 107
Ioannes	(-787 sept. 26)		Mansi, XII, col. 1103
Petrus	(-879 nov.)		Mansi, XVII-XVIII, col. 373

23.12.3 IOUSTINIANOPOLIS, Myloma — eccl. byzantina

Vescovado suffraganeo di Side.

Fonti: *notitiae* 1-4, 7, 9-10, 13: Darrouzès, p. 495

Bibl.: Jones, *Cities*, p. 536

Theodorus	(-879 nov.)		Mansi, XVII-XVIII, col. 377

23.13.3 ISBA, Isbus — eccl. byzantina

Vescovado suffraganeo di Side.

Fonti: *notitiae* 1-4, 7, 9-10, 13: Darrouzès, p. 495

Bibl.: Jones, *Cities*, p. 536; Ruge, RE, IX, col. 2056

23.13.15 ISBA — eccl. monophysita

Bibl.: Honigmann, *Évêques*, p. 134

Agathodorus		518	Honigmann, *Évêques*, p. 134

23.14.3 LYRBA, Lyrbe — eccl. byzantina

Vescovado suffraganeo di Side.

Fonti: Hierocles, 682, 4: Honigmann, p. 30; *notitiae* 1-4, 7, 9-10, 13: Darrouzès, p. 501

Bibl.: Le Quien, I, coll. 1009-1010; Jones, *Cities*, p. 536; Ruge, RE, XIII, col. 2498

Zeuxius (?)	(-325 mai. 20)	(325 iun. 19-)	Turner, I, pp. 72-73
Caius, Gaius	(-381 mai./iul.)		Turner, II, pp. 450-451
Tarianus	(-431 iun. 22)	(431 iul. 22-)	ACO, I, I, II, p. 6; I, I, VII, p. 87

23.15.3 **MANAUA**, Manaba, Manausa, Banausa — eccl. byzantina

Vescovado suffraganeo di Side.

Fonti: *notitiae* 1-4, 7, 9-10, 13: Darrouzès, p. 502

23.16.3 **ORYMNA**, Erymna, Ormana — eccl. byzantina

Vescovado suffraganeo di Side.

Fonti: Hierocles, 682, 7: Honigmann, p. 30; *notitiae* 1-4, 7, 9-10, 13: Darrouzès, p. 506
Bibl.: Le Quien, I, coll. 1003-1004; *Index* p. 19

Paulus	(-431 iun.)	(461 iul.-)	ACO, I, I, II, p. 63; I, I, VII, p. 117
Theodorus	(-691 sept.)		Mansi, XI, col. 977
Stephanus	(-787 oct. 13)		Mansi, XIII, col. 396
Chilianus			Le Quien, I, col. 1004
Methodius (?)	(-879)		

23.17.3 **OUMANADA**, Ouamanada, Oumandra, Oumanda — eccl. byzantina

Vescovado suffraganeo di Side.

Fonti: *notitiae* 1-4, 7, 9-10, 13: Darrouzès, p. 506
Bibl.: Honigmann, *Évêques*, p. 135

Photinus	(-518 iul. 20)		Honigmann, *Évêques*, p. 135

23.18.3 **SELGA**, Selge, Serük Surk — eccl. byzantina

Vescovado suffraganeo di Side; arcivescovado autocefalo tra 806 e 815, fino al secolo XIV.

Fonti: Hierocles, 681, 13: Honigmann, p. 30; *notitiae*: Darrouzès, p. 513
Bibl.: Le Quien, I, coll. 1011-1012; Ruge, RE, II A, col. 1257; Laurent, *Sceaux*, V, 1, pp. 652-653

Nunechius	(-431 iun. 22)	(431 iul. 22-)	ACO, I, I, II, p. 6; I, I, VII, p. 87
Theophanes	(-870 febr. 28)		Mansi, XVI, col. 192

Gregorius	(-879 nov.)		Mansi, XVII-XVIII, col. 373
Basilius	saec. X in.		Laurent, *Sceaux*, V, 1, n. 840

23.19.3 **SENNEA**, Semnea — eccl. byzantina

Vescovado suffraganeo di Side.

Fonti: Hierocles, 682, 3: Honigmann, p. 30; *notitiae* 1-4, 7, 9-10, 13: Darrouzès, p. 513

Bibl.: Le Quien, I, coll. 1005-1006; Ruge, RE, II A, col. 1737; Jones, *Cities*, p. 536

Nectarius	(-431 iun. 22)	(431 iul. 22-)	ACO, I, I, II, p. 6; I, I, VII, p. 87
Ioannes	(-518)		ACO, III, p. 66; Honigmann, *Évêques*, pp. 135-136
Conon	(-553 mai. 5)	(553 iun. 2-)	ACO, IV, I, pp. 7, 230
Ignatius	(-870 mar. 1)		Mansi, XVI, col. 159
Athanasius (?)	(-879)		Le Quien, I, col. 1006
...			

23.20.3 **SYEDRA**, Synedra, Sedra, Sadra — eccl. byzantina

Vescovado suffraganeo di Side.

Fonti: Hierocles, 682, 9: Honigmann, p. 30; *notitiae* 1-4, 7, 9-10, 13: Darrouzès, p. 514

Bibl.: Le Quien, I, coll. 1007-1008; Jones, *Cities*, p. 536; Ruge, RE, IV A, coll. 1017-1018

Nestor	(-325 mai. 20)	(325 iun. 19-)	Turner, I, pp. 78-79
Seleucus			Le Quien, I, coll. 1007-1008
Gaius	(-451 oct.)		ACO, II, III, I, p. 31
Stratonicus	(-536)		ACO, III, p. 117
Georgius	(-691 sept.)		Mansi, XI, col. 997

PROVINCIA PAMPHYLIAE SECUNDAE

24.1.2 PERGES, Murtana — eccl. primaeva et byzantina

Comunità cristiana paolina tra le più antiche dell'Asia minore; sede metropolitana della provincia di Panfilia seconda con 18 vescovadi suffraganei fino al 1083-1084; le *notitiae* continuano fino alla fine dell'impero; alla fine del secolo XIV la sede era unita ad Attaleia.

Fonti: Hierocles, 679, 2: Honigmann, p. 29; *notitiae*: Darrouzès, p. 508

Bibl.: Le Quien, I, coll. 1013-1016; W. Ruge, RE, XIX, coll. 694-704; Schultze, II, 2, pp. 212-214; Laurent, *Sceaux*, V, 1, pp. 407-409; V, 3, p. 97

Epidaurus	(-314)		Turner, II, p. 32
Callinicus, Callidicus, Callices	(-325 mai. 20)	(325 iun. 19-)	Turner, I, pp. 72-73
Berinianus	(-426 mar.)	(431 iul.-)	Grumel, I, n. 49; ACO, I, I, VII, p. 85
Epiphanius	(-449 aug. 8)	(451 oct.-)	Honigmann, *Lists*, p. 35; ACO, II, III, II, p. 50
Hilarianus	(-536)		ACO, III, p. 114
Eulogius	(-553 mai. 5)	(553 iun. 2-)	ACO, IV, I, pp. 4, 225
Apergius, haer.	(-691 sept.)		Le Quien, I, col. 1018
Ioannes	(-681 sept. 16)	(691 sept.-)	Mansi, XI, coll. 672, 992
Sisinnius, haer.	(-787 oct. 13)		Laurent, *Sceaux*, V, 3, n. 1744; Mansi, XIII, col. 400
Constans	(-787 oct. 13)		Mansi, XIII, col. 381
Ioannes	(-870 febr. 28)		Mansi, XVI, col. 190; Le Quien, I, col. 1016
Euthymius	saec. X		Laurent, *Sceaux*, V, 1, n. 548
Theodorus	saec. XI		Laurent, *Sceaux*, V, 1, n. 549
Eustathius	(-1226 febr. 6)		Laurent, IV, n. 1240
Athanasius, "metr. de Perge et Attaleia", tr. ad Hongrovalachiam	(-1387 ian.)	1389 mai./iun.	Darrouzès, VI, nn. 2812, 2859
Theophylactus, "metr. de Perge et Attaleia"	1397 mar. 22	(1400 mai.-)	Darrouzès, VI, nn. 3042, 3132

24.1.15 PERGE — eccl. monophysita

Bibl.: Honigmann, *Évêques*, p. 132

Castor	(-516)	Honigmann, *Évêques*, p. 132

24.2.3 **ARIASSOS**, Ariassus, Bademağaci — eccl. byzantina

Vescovado suffraganeo di Perge.

Fonti: Hierocles, 681, 4: Honigmann, p. 30; *notitiae* 1-4, 7, 9-10, 13: Darrouzès, p. 484

Bibl.: Le Quien, I, coll. 1023-1024; Hirschfeld, RE, II, coll. 821-822; R. Janin, DHGE, IV, coll. 153-154

Pammenius	(-381 mai.)	(381 iul.-)	Turner, II, pp. 452-453
Theophilus	(-451 oct.)		ACO, II, I, I, p. 64
Ioannes	(-457)		ACO, II, V, p. 60

24.3.3 **ATTALEIA**, Attalia, Antalya, Adalia — eccl. byzantina

Vescovado suffraganeo di Perge; nel 1083/1084 elevato a sede metropolitana senza suffraganei (Grumel, III, n. 930).

Fonti: Hierocles, 679, 5: Honigmann, p. 29; *notitiae*: Darrouzès, p. 485

Bibl.: Le Quien, I, coll. 1027-1028: Ruge, RE, II, col. 2156 (3); M. T. Disdier, DHGE, V, coll. 148-150

Eustathius		431	ACO, I, I, VII, p. 123; Le Quien, I, col. 1027
Theodorus	(-431 iun.)	(431 iul.-)	ACO, I, I, II, p. 63; I, I, VII, p. 113
Ioannes	(-520 iul. 9)		Grumel, I, n. 217; Le Quien, I, col. 1028
Symeon (?)	(-879 nov.)		Le Quien, I, col. 1028
Nicolaus	(-1157 mai. 13)		Grumel, III, n. 1043; PG, 140, col. 180

24.4.3 **BARBE** — eccl. byzantina

Vescovado suffraganeo di Perge.

Fonti: *notitiae* 1-4, 7, 9-10, 13: Darrouzès, p. 486

Bibl.: R. Janin, DHGE, VI, col. 627

24.5.3 **CODRULA**, Korydala, Cordylus, Kodrula — eccl. byzantina

Vescovado suffraganeo di Perge.

Fonti: Hierocles, 681, 9: Honigmann, p. 30; *notitiae* 1-4, 7, 9-10, 13: Darrouzès, p. 498

Bibl.: Le Quien, I, coll. 1031-1032; Ruge, RE, XI, coll. 994-995: R. Janin, XIII, col. 190

Severus	(-431 iun.)	(431 iul.-)	ACO, I, I, VII, p. 138
Maras	(-451 oct.)	(457/458-)	ACO, II, I, I, p. 64; II, V, p. 58
Georgius	(-691 sept.)		Mansi, XI, col. 1004
Ioannes	(-787 oct. 13)		Mansi, XIII, col. 149

24.6.3 COLBASA, Kestel (?) — eccl. byzantina

Vescovado suffraganeo della provincia di Panfilia.

Fonti: Hierocles, 681, 1: Honigmann, p. 30

Bibl.: Le Quien, I, coll. 1029-1030; Ruge, RE, XI, col. 1070; R. Janin, DHGE, XIII, coll. 223-224; Jones, *Cities*, p. 536

Tryphon	(-536)		ACO, III, p. 118

24.7.3 CREMNA, Kremna, Kremnos — eccl. byzantina

Vescovado suffraganeo di Perge.

Fonti: Hierocles, 681, 2: Honigmann, p. 30; *notitiae* 1-4, 7, 9-10, 13: Darrouzès, p. 498

Bibl.: Le Quien, I, coll. 1025-1026; Ruge, RE, XI, col. 1708; R. Janin, DHGE, XIII, col. 1019; Jones, *Cities*, p. 536

Theodorus	(-787 sept. 26)	(787 oct. 13-)	Mansi, XII, col. 1111; XIII, col. 396

24.8.3 DIKITANAURA — eccl. byzantina

Vescovado suffraganeo di Perge.

Fonti: *notitiae* 1-4, 7, 9-19, 13: Darrouzès, p. 489

24.9.3 EUDOCIAS, Eudoxias, Evdir-Han — eccl. byzantina

Vescovado suffraganeo di Perge.

Fonti: Hierocles, 680, 2 b: Honigmann, p. 29; *notitiae* 1-4, 7, 9-10, 13: Darrouzès, p. 490

Bibl.: Le Quien, I, coll. 1021-1022; Ruge, RE, VI, col. 914; R. Janin, DHGE, XV, coll. 1335-1336

Timotheus	(-431 iun. 22)	(431 iul. 22-)	ACO, I, I, II, p. 63; I, I, VII, p. 114

Sabinianus	(-451 oct.)		ACO, II, III, I, p. 129
Innocentius	(-457)		ACO, II, V, p. 60
Constantinus	(-691 sept.)		Mansi, XI, col. 1004
Callistus	(-787 oct. 13)		Mansi, XIII, col. 396

24.10.3 **HADRIANA**, Adriana, Hadriani — eccl. byzantina

Vescovado suffraganeo di Perge.

Fonti: *notitiae* 1-4, 7, 9-10, 13: Darrouzès, p. 481

Bibl.: Le Quien, I, coll. 1023-1024

Micus	(-457)		ACO, II, V, p. 60
Ioannes	(-691 sept.)		Mansi, XI, col. 1004
Constans	(-787 sept. 26)	(787 oct. 13-)	Mansi, XII, col. 1111; XIII, col. 396
Sophronius (?)	(-879 nov.)		Le Quien, I, col. 1024

24.10.15 **HADRIANE**, Hadrianos, Hadrianopolis — eccl. monophysita

Bibl.: Honigmann, *Évêques*, pp. 133-134

Eusebius, Eusebianos, Eusebona		(518-)	Honigmann, *Évêques*, pp. 133- 134, 147

24.11.3 **ISINDA**, Isindos, Isindus, Kişla — eccl. byzantina

Vescovado suffraganeo di Perge.

Fonti: Hierocles, 680, 5: Honigmann, p. 29; *notitiae* 1-4, 7, 9-10, 13: Darrouzès, p. 495

Bibl.: Le Quien, I, coll. 1033-1034; Ruge, RE, IX, col. 2083; Jones, *Cities*, p. 536

Aedesius	(-431 iun.)	(431 iul.-)	ACO, I, I, II, p. 63; I, I, VII, p. 114
Marcellinus	(-451 oct.)		ACO, II, I, I, p. 64
Thallelaeus	(-553 mai. 5)	(553 iun. 2-)	ACO, IV, I, pp. 6, 228
Ignatius	(-879 nov.)		Mansi, XVII-XVIII, col. 376

24.12.3 LAGINA, Lagania, Anastiopolis (?) eccl. byzantina

Vescovado suffraganeo di Perge.

Fonti: Hierocles, 696, 9: Honigmann, p. 35; *notitiae* 1-2, 4, 7, 9-10, 13: Darrouzès, p. 499

Bibl.: Le Quien, I, coll. 1031-1032; Ruge, RE, XII, col. 454; I Suppl., col. 77

Zacharias	(-691 sept.)	Mansi, XI, col. 1004
Constans	(-787 oct. 13)	Mansi, XIII, col. 396
Elisaeus	(-879 nov.)	Mansi, XVII-XVIII, col. 376
Basilius	(-879 nov.)	Mansi, XVII-XVIII, col. 378

24.13.3 LYSINIA, Gâvur Ören, Karaca-Viran eccl. byzantina

Vescovado suffraganeo di Perge.

Fonti: Hierocles, 680, 12: Honigmann, p. 29

Bibl.: Le Quien, I, coll. 1029-1030; Ruge, RE, XIV, coll. 40-41; Jones, *Cities*, p. 536

Diodotus	(-451 oct.)	(457-)	ACO, II, III, II, p. 59; II, V, p. 60

24.13.5 LYSINIA eccl. semiariana

Eugenius	(-342/343)	Hilarius: CSEL, 65, p. 75

24.14.3 MAGYDOS, Mandos eccl. byzantina

Vescovado suffraganeo di Perge.

Fonti: Hierocles, 679, 4: Honigmann, p. 29; *notitiae* 2-4, 7, 9-10, 13: Darrouzès, p. 501

Bibl.: Le Quien, I, coll. 1025-1026; Ruge, RE, XIV, col. 521

Aphrodisius	(-325 mai. 20)	(325 iun. 19-)	Turner, I, pp. 74-75
Macedonius	(-451 oct.)	(459-)	ACO, II, I, II, p. 151; Mansi, VII, col. 917
Conon	(-553 mai. 5)	(553 iun. 2-)	ACO, IV, I, pp. 6, 227
Plato	(-681 sept. 16)	(691 sept.-)	Mansi, XI, coll. 680, 1004
Marianus	(-787 sept. 26)	(787 oct. 13-)	Mansi, XII, col. 1107; XIII, col. 396

24.14.15 MAGYDON, Mygdalon — eccl. monophysita

Bibl.: Honigmann, *Évêques*, pp. 132-133

Epiphanios	(-475/476)		Honigmann, *Évêques*, pp. 131 133

24.15.3 MAXIMIANOPOLIS — eccl. byzantina

Vescovado suffraganeo di Perge.

Fonti: Hierocles, 681, 5: Honigmann, p. 30; *notitiae* 1-4, 7, 9-10, 13: Darrouzès, p. 502

Bibl.: Le Quien, I, coll. 1021-1022; Ruge, RE, XIV, col. 2485 (3); Jones, *Cities*, p. 536

Patricius	(-325 mai. 20)	(325 iun. 19-)	Turner, I, pp. 74-75
Theosebius	(-457)		ACO, II, V, p. 60

24.16.3 PALAEOPOLIS, Palaioupolis, Aleos, Aleeros — eccl. byzantina

Vescovado suffraganeo di Perge, compare fino alla conquista turca del secolo XIV.

Fonti: Hierocles, 680, 11: Honigmann, p. 29; *notitiae* 1-4, 7, 9-10, 13: Darrouzès, pp. 506, 482

Bibl.: Le Quien, I, coll. 1021-1022; Hirschfeld, RE, I, col. 1293 (Alastos); col. 1480 (Alieros); Jones, *Cities*, p. 417, n. 38; Laurent, *Sceaux*, V, 3, pp. 147-148

Libanius	(-431 iun.)	(431 iul.-)	ACO, I, I, II, p. 63; I, I, VII, p. 114
Porphyrius	(-457)		ACO, II, V, p. 60
Eusebius	(-536)		ACO, III, p. 116
Theodulus (?)	saecc. IX-X		Laurent, *Sceaux*, V, 3, n. 1804

24.17.3 PANEMOTICHUS, Panemuteichus, Belören (?) — eccl. byzantina

Vescovado suffraganeo di Perge.

Fonti: Hierocles, 681, 3: Honigmann, p. 30

Bibl.: Le Quien, I, coll. 1031-1034; W. Ruge, RE, XVIII, coll. 586-588; Jones, *Cities*, p. 536

Faustus	(-325 mai. 20)	(325 iun. 19-)	Turner, I, pp. 76-77

Isaias	(-431 iul.)		ACO, I, I, VII, p. 138
Hierius	(-457)		ACO, II, V, p. 60
Helladius	(-536)		ACO, III, p. 117

24.18.3 **PEDNELISSUS**, Peltinissos, Peltenissos, Petnelissus, Kizilli (?) eccl. byzantina

Vescovado suffraganeo di Perge.

Fonti: Hierocles, 681, 12: Honigmann, p. 30; *notitiae* 1-4, 7, 9-10, 13: Darrouzès, p. 508

Bibl.: Le Quien, I, coll. 1023-1024; W. Ruge, RE, XIX, coll. 43-45; Jones, *Cities*, p. 536

Heraclides (?)	(-381 mai.)	(381 iul.-)	Turner, II, pp. 452-453
Marcianus	(-457)		ACO, II, V, p. 60

24.19.3 **POGLA**, Pougla, Phogla, Fuğla eccl. byzantina

Vescovado suffraganeo di Perge.

Fonti: Hierocles, 680, 4: Honigmann, p. 29; *notitiae* 1-4, 7, 9-10, 13: Darrouzès, p. 510

Bibl.: Le Quien, I, coll. 1027-1028; Jones, *Cities*, p. 536

Paulus	(-451 oct.)		ACO, II, III, II, p. 69
Nicephorus	(-787 oct. 13)		Mansi, XIII, col. 396

24.20.3 **SANDIDA**, Andida, Sibidunda, Zivint, Andia eccl. byzantina

Vescovado suffraganeo di Perge, compare nelle *notitiae* fino al secolo XIII.

Fonti: Hierocles, 680, 7: Honigmann, p. 29; *notitiae* 1-4, 7, 9-10, 13: Darrouzès, pp. 512-513, 483

Bibl.: Le Quien, I, coll. 1029-1030; Ruge, RE, IV A, col. 2071; Jones, *Cities*, p. 536; S. Pétridès, DHGE, II, coll. 1557-1558; Laurent, *Sceaux*, V, 1, pp. 410-411

Leo, "ep. Andidensium"	(-787 sept. 26)		Mansi, XII, col. 1107
Nicolaus	saec. XI pars post.		Laurent, *Sceaux*, V, 1, n. 552
Theodorus	saec. XII		Beck, p. 645

24.21.3 SILLYUM, Syllaion, Sylaion, Asarköy — eccl. byzantina

Vescovado suffraganeo di Perge, unito alla sede metropolitana tra 787 e 815, fino al secolo XIII.

Fonti: Hierocles, 679, 3: Honigmann, p. 29; *notitiae*: Darrouzès, pp. 514-515

Bibl.: Le Quien, I, coll. 1017-1020; Ruge, RE, III A, coll. 100-101; Laurent, *Sceaux*, V, 1, pp. 409-410; V, 3, p. 99

Theodulus	(-381 mai.)	(381 iul.-)	Turner, II, pp. 452-453
Neon	(-451 oct.)	(457-)	ACO, II, I, I, p. 64; II, V, p. 60
Plusianus	(-681 sept. 16)		Mansi, XI, col. 680
Paulus	(-691 sept.)		Mansi, XI, col. 1004
Constantinus, prom. patr. CP		754 aug. 8	Grumel, II, n. 345
Epiphanius	saec. VIII pars post.		Laurent, *Sceaux*, V, 3, n. 1746
Basilius	(-787 oct. 13)		Mansi, XIII, col. 384
Antonius, dep.		814 dec.	Grumel, II, n. 393
Petrus	(-847 fin./ 848)	(855-)	Grumel, II, nn. 445, 448
Ioannes	(-867 dec. 11)		Grumel, II, n. 499
Leo	(-<901-907, 912-925>)		Grumel, II, nn. 746-747
Ioannes	(-997 febr.)		Le Quien, I, col. 1019
Michael	(-1054 iul.)	(1079 dec.-)	Laurent, *Sceaux*, V, 1, n. 550; Grumel, III, n. 869
...	(-1186 sept. 10)		Grumel, III, n. 1170
...			Le Quien, I, col. 1020

24.22.3 TELMESSOS, Termessus, Göllük — eccl. byzantina

Vescovado suffraganeo di Perge.

Fonti: Hierocles, 680, 2a: Honigmann, p. 29; *notitiae* 1-4, 7, 9-10, 13: Darrouzès, p. 515

Bibl.: Le Quien, I, coll. 1019-1020; R. Heberdey, RE, IX A, coll. 732- 775

Evresius, Euresius	(-325 mai. 20)	(325 iun. 19-)	Turner, I, pp. 72-73
Timotheus	(-431 iun.)	(431 iul.-)	ACO, I, I, III, p. 19; I, I, VII, p. 112
Sabinianus	(-448)		ACO, II, II, I, p. 20
Auxentius	(-457)		ACO, II, V, p. 60

24.23.3 **TREBENNA**, Terbenna, Perbaina — eccl. byzantina

Vescovado suffraganeo di Perge.

Fonti: Hierocles, 679, 7: Honigmann, p. 29; *notitiae* 1-4, 7, 9-10, 13: Darrouzès, p. 508

Bibl.: Le Quien, I, coll. 1033-1034; W. Ruge, RE, VI A, coll. 2268-2269; Laurent, *Sceaux*, V, 3, p. 98

Polemon	(-458)	ACO, II, V, p. 60
Nicolaus	saecc. X-XI	Laurent, *Sceaux*, V, 3, n. 1745

PROVINCIA PISIDIAE

25.1.2 ANTIOCHIA, Yalvaç — eccl. primaeva et byzantina

Vescovado di fondazione paolina; sede metropolitana della provincia di Pisidia, con 16 vescovadi suffraganei al concilio di Calcedonia; verso il 640 ne contava 18 e, successivamente, 22.

Fonti: Hierocles, 672, 2: Honigmann, p. 26; *notitiae*: Darrouzès, p. 509

Bibl.: Le Quien, I, coll. 1035-1042; Hirschfeld, RE, I, col. 2446 (15); R. Janin, DHGE, III, coll. 704-705; Laurent, *Sceaux*, V, 1, pp. 400-402; V, 2, pp. 418-419; V, 3, pp. 94-95

Eudoxius			Le Quien, I, coll. 1035-1036
Optatus			Le Quien, I, col. 1037
Anthimus			
Cyprianus			
Sergianus	(-314)		Turner, II, p. 32
Optimus	(-381 mai.)	(381 iul.-)	Turner, II, pp. 454-455; Socrates, HE, V, 8: PG, 67, col. 581
Tranquillinus	(-431)		ACO, I, I, III, p. 13
Candidianus	(-449 aug. 8)		Honigmann, *Lists*, p. 35
Pergamius	(-449)	(457-)	ACO, II, I, I, p. 149; II, V, p. 24
Ioannes	(-518)		Le Quien, I, col. 1039
Polydectus	(-520 sept.)		Grumel, I, n. 218: Le Quien, I, col. 1039
Bacchus	(-536 mai. 10)		Grumel, I, n. 235: ACO, III, p. 169
Theodorus	(-553 mai. 5)	(553 iun. 2-)	ACO, IV, I, pp. 4, 225
Stephanus	(-681 sept. 16)	(691 sept.-)	Mansi, XI, coll. 672, 992
Georgius, s.	(-787 oct. 13)	816 c.	Mansi, XIII, col. 381; Le Quien, I, coll. 1039-1040; R. Aubert, DHGE, XX, coll. 591-592
Basilius	(-869 febr.28)		Mansi, XVI, col. 158
Georgius	(-879 nov.)		Mansi, XVII-XVIII, col. 373
Zacharias	(-879 nov.)		
Euthymius	(-<901-907, 912-925>)		Grumel, II, n. 743
Theophylactus	(-997 febr. 21)		Grumel, II, n. 804
Euthymius	(-950 c.)		Laurent, *Sceaux*, V, 1, n. 539; V, 3, n. 1742
Basilius	saec. X		Laurent, *Sceaux*, V, 1, nn. 539-540
Thomas	saecc. X-XI		Laurent, *Sceaux*, V, 2, nn. 1583, 1585
Stephanus	(-1072 mar. 14)		Laurent, *Sceaux*, V, 1, n. 541
Georgius	(-1082)		

Macarius			Le Quien, I, col. 1040
Eleutherius			
Michael	(-1144 febr. 22)		Leo Allatius, II, XII, col. 688; Le Quien, I, col. 1041
...	(-1157 mai. 13)		Le Quien, I, col. 1041
Macarius	(-1262 in.)		Laurent, IV, nn. 1362, 1365
...	(1310 oct.)		Darrouzès, V, n. 2005
Sabas	1285	(1301-1315)	V. Laurent, EO, XXXII (1933), p. 323
Gregorius	(-1315 dec.)	(1343 apr.- 1345)	Darrouzès, V, nn. 2051, 2243, 2257
..., ep. Sozopolis	1345 apr.		Darrouzès, V, n. 2259
...			Le Quien, I, col. 1041
Basilius	(-1541)		Laurent, *Sceaux*, V, 1, n. 539
Methodius	(-1671 iul.)		Janin, col. 705
Cosmas	(-1721)		Le Quien, I, col. 1042

25.1.15 ANTIOCHIA — eccl. monophysita

Erechthius	(-<434-447>)	Le Quien, I, col. 1038

25.1.20 ANTIOCHIA — eccl. armena-gregoriana

...	(-1179)	Ter Mikelean, p. 104
Ioseph	(-1198)	Langlois, *Trésor*, p. 65

25.2.3 ADADA, Kara Pavlu — eccl. byzantina

Vescovado suffraganeo di Antiochia, compare nelle *notitiae* fino al secolo XIII.

Fonti: Hierocles, 674, 4: Honigmann, p. 27; *notitiae* 1-4, 7, 9-10, 13: Darrouzès, p. 481

Bibl.: Le Quien, I, coll. 1053-1054; Hirschfeld, RE, I, coll. 339-340; S. Pétridès, DHGE, I, coll. 427-428; Laurent, *Sceaux*, V, 1, p. 405

Ananios, Amanius, Ananias	(-381 mai.)	(381 iul.-)	Turner, II, pp. 454-455
Eutropius	(-451 oct.)	(458-)	ACO, II, I, I, p. 63; II, V, p. 55
Ioannes	(-681 sept. 16)	(691 sept.-)	Mansi, XI, coll. 680, 1004
Nicephorus	(-787 oct. 13)		Mansi, XIII, col. 371

Basilius	(-870 febr. 28)	(879 nov.-)	Mansi, XVI, col. 195; XVII- XVIII, col. 378
...	saecc. XI-XII		Laurent, *Sceaux*, V, 1, n. 545

25.3.3 **ADRIANOPOLIS**, Hadrianopolis, Adaras eccl. byzantina

Vescovado suffraganeo di Antiochia.

Fonti: Hierocles, 672, 11: Honigmann, p. 27; *notitiae* 1-4, 7, 9-10, 13: Darrouzès, p. 482

Bibl.: Le Quien, I, coll. 1049-1050; Ruge, RE, VII, col. 2174

Olympius			Le Quien, I, col. 1049
Telemachus, Telemachos	(-325 mai. 20)	(325 iun. 19-)	Turner, I, pp. 70-71
Themistius, Theomistius	(-381 mai.)	(381 iul.-)	Turner, II, pp. 454-455
Florentius	(-451 oct.)	(458-)	ACO, II, I, I, p. 63; II, V, p. 51
Conon	(-518)		Le Quien, I, col. 1050
Thalelaeus	(-553 mai. 5)	(553 iun. 2-)	ACO, IV, I, pp. 5, 227
Sophronius (?)	(-879 nov.)		Le Quien, I, col. 1050

25.4.2 **AGRAI**, Seleukeia Sidera, Atabey eccl. primaeva et byzantina

Vescovado suffraganeo di Antiochia.

Fonti: Hierocles, 673, 8: Honigmann, p. 27; *notitiae* 1-4, 7, 9-10, 13: Darrouzès, pp. 482, 513

Bibl.: Le Quien, I, coll. 1053-1054; Ruge, RE, II A, coll. 1204-1205; S. Pétridès, DHGE, I, col. 1013; Laurent, *Sceaux*, V, 1, pp. 403-405; V, 3, pp. 96-97

Artemon, s.			G. Eldarov, BS, II, col. 491
Eutychius	(-325 mai. 20)	(325 iun. 19-)	Turner, I, pp. 70-71
Maximus			Theodoretus, V, 27: PG, 82, col. 1256
Alexander	(-451 oct.)	(458-)	ACO, II, III, II, p. 58; II, V, p. 55
Petrus	(-691 sept.)		Mansi, XI, col. 1004
Petrus	(-787 sept. 24)		Mansi, XII, col. 999
Leo	(-870 febr. 28)		Mansi, XVI, col. 195
...	saec. XI pars post.		Laurent, *Sceaux*, V, 3, n. 1743; V, 1, nn. 543-544

25.5.2 **APAMEA KIBOTOS**, Apamea Cibotus, Apamea Kelainai, Dinar
eccl. primaeva et byzantina

Vescovado suffraganeo di Antiochia, compare nelle *notitiae* fino al secolo XIII.

Fonti: Hierocles, 673, 4: Honigmann, p. 27; *notitiae* 1-4, 9-10, 13: Darrouzès, p. 484

Bibl.: Le Quien, I, coll. 825-826, 1045-1046; Hirschfeld, RE, I, coll. 2664-2665; Schultze, II, 1, pp. 450-461; R. Janin, DHGE, III, col. 918; H. Leclercq, DACL, I, coll. 2500-2523; Laurent, *Sceaux*, V, 1, pp. 402-403; V, 3, pp. 95-96

Iulianus	(161-180)		Eusebius, HE, V, 16: II, p. 51
Tarsicius	(-325 mai. 20)	(325 iun. 19-)	Turner, I, pp. 70-71
...	(-381 mai.)	(381 iul.-)	Turner, II, pp. 456-457
Paulinus	(-451 oct.)	(458-)	ACO, II, I, I, p. 63; II, V, p. 51
Conon	(-485)		Theophanes: PG, 108, col. 333
Ioannes	(-553 iun. 2)		ACO, IV, I, p. 231
Sisinnius	(-787 sept. 26)		Mansi, XII, col. 1107
Theognostus	(-879 nov.)		Mansi, XVII-XVIII, col. 376
Theodorus	(-879 nov.)		
Basilius	saec. X		Laurent, *Sceaux*, V, 1, n. 542
Euthymius	saec. X		Laurent, *Sceaux*, V, 3, n. 1742

25.6.3 **ATENIA**, Kirali (?)
eccl. byzantina

Vescovado suffraganeo di Antiochia.

Fonti: Hierocles, 672, 6: Honigmann, p. 26; *notitia* 2; Darrouzès, p. 226

Bibl.: Darrouzès, pp. 17-18; Ruge, RE, II, col. 2133; V A, col. 501; Jones, *Cities*, p. 535

25.7.3 **BARIS**, Bares, Isparta, Hamit-abat
eccl. byzantina

Vescovado suffraganeo di Antiochia.

Fonti: Hierocles, 6- 73, 7: Honigmann, p. 27; *notitiae* 1-4, 7, 9-10, 13: Darrouzès, p. 486

Bibl.: Le Quien, I, coll. 1049-1050; Ruge, RE, III, coll. 17-18; R. Janin, DHGE, VI, col. 808

Heraclius	(-325 mai. 20)	(325 iun. 19-)	Turner, I, pp. 72-73
Leo (vel Hellesponti)	(-787 oct. 1)		Mansi, XIII, col. 149
Stephanus (?)	(-879 nov.)		Le Quien, I, col. 1050

25.8.3 **BINDAIOS**, Bindeos, Bindaeum — eccl. byzantina

Vescovado suffraganeo di Antiochia.

Fonti: *notitiae* 2, 4, 7, 9-10, 13: Darrouzès, p. 486

Bibl.: Le Quien, I, coll. 1061-1062; Darrouzès, pp. 17, 41; Jones, *Cities*, p. 535; R. Janin, DHGE, VIII, coll. 1499-1500

Theodorus	(-691 sept.)		Mansi, XI, col. 1004
Stephanus	(-879 nov.)		Mansi, XVII-XVIII, col. 378
Paulus	(-879 nov.)		

25.9.3 **IOUSTINIANOPOLIS**, Konana, Gönem — eccl. byzantina

Vescovado suffraganeo di Antiochia; nel secolo VII il titolo era Konana o Iustinianopolis.

Fonti: Hierocles, 674, 2: Honigmann, p. 27; *notitiae* 1-4, 7, 9-10, 13: Darrouzès, pp. 495, 498

Bibl.: Jones, *Cities*, p. 535; Ruge, RE, X, col. 1310 (6); R. Janin, DHGE, XIII, coll. 416-417; Laurent, *Sceaux*, V, 1, pp. 406-407

Cosmas	(-681 sept. 16)		Mansi, XI, col. 677
Constantinus, "ep. Conanae"	(-787 sept. 24)	(787 oct. 1-)	Mansi, XII, col. 999; XIII, col. 149
Theodosius	saecc. X-XI		Laurent, *Sceaux*, V, 1, n. 546
Ioannes	saecc. XI-XII		Laurent, *Sceaux*, V, 1, n. 547

25.10.3 **LAODICEA ADUSTA**, Lâdik — eccl. byzantina

Vescovado suffraganeo di Antiochia.

Fonti: Hierocles, 672, 9: Honigmann, p. 26; *notitiae* 1-4, 7, 9-10, 13: Darrouzès, p. 499

Bibl.: Le Quien, I, coll. 1051-1052; Jones, *Cities*, p. 535; Ruge, RE, XII, coll. 721-722

Ammonius			Socrates, HE, VII: PG, 67, col. 1675
Messalinus	(-451 oct.)		ACO, II, I, II, p. 30
Theodorus	(-553 mai. 5)	(553 iun. 2-)	ACO, IV, I, pp. 7, 230
Conon	(-691 sept.)		Mansi, XI, col. 1004

25.11.3 LIMENAE — eccl. byzantina

Vescovado suffraganeo di Antiochia.

Fonti: Hierocles, 672, 4: Honigmann, p. 26; *notitiae* 1-4, 7, 9-10, 13: Darrouzès, p. 500

Bibl.: Le Quien, I, coll. 1051-1052; Ruge, RE, XIII, col. 569; Jones, *Cities*, p. 535

Uranius	(-325 mai. 20)	(325 iun. 19-)	Turner, I, pp. 70-71
Faustus	(-381 mai.)	(381 iul.-)	Turner, II, pp. 454-455
Musonius	(-451 oct.)		ACO, II, I, II, p. 150
Castinus	(-457)		ACO, II, V, p. 56
Patricius	(-691 sept.)		Mansi, XI, col. 1004
Arsenius (?)	(-879 nov.)		Le Quien, I, col. 1052
Michael	(-1197 febr. 24)		Grumel, III, col. 1185

25.12.3 MALOS, Mallus, Dadalia, Malik-Kalesi (?) — eccl. byzantina

Vescovado suffraganeo di Antiochia.

Fonti: Hierocles, 674, 3: Honigmann, p. 27; *notitiae* 4, 7, 9-10, 13: Darrouzès, pp. 502, 488

Bibl.: Le Quien, I, coll. 1055-1056; Ruge, RE, XIV, col. 920 (2); Jones, *Cities*, p. 535

Attalus, "ep. Malinopolis"	(-458)		ACO, II, V, p. 56
Sisinnius	(-691 sept.)		Mansi, XI, col. 1004
Methodius	(-879 nov.)		Mansi, XVII-XVIII, col. 377

25.13.3 METROPOLIS, Tatarli — eccl. byzantina

Vescovado suffraganeo di Antiochia.

Fonti: Hierocles, 673, 3: Honigmann, p. 27; *notitiae* 1-4, 7, 9-10, 13: Darrouzès, p. 503

Bibl.: Le Quien, I, coll. 1055-1058; Ruge, RE, XV, coll. 1495-1496; Jones, *Cities*, p. 535

Polycarpus	(-325 mai. 20)	(325 iun. 19-)	Turner, I, pp. 70-71
Eustathius, Eustatius	(-381 mai.)	(381 iul.-)	Turner, II, pp. 456-457
Heorticius	(-451 oct.)		ACO, II, I, II, p. 149
Minophilus	(-457)		ACO, II, V, p. 56
Ioannes	(-519)		Le Quien, I, col. 1058

25.14.3 NEAPOLIS eccl. byzantina

Vescovado suffraganeo di Antiochia (*notitiae* 1-3), arcivescovado dalla *notitia* 4 in poi.

Fonti: Hierocles, 672, 3: Honigmann, p. 26; *notitiae*: Darrouzès, p. 505

Bibl.: Le Quien, I, coll. 1047-1048; W. Ruge, RE, XVI, coll. 2126-2127

Hesychius	(-325 mai. 20)	(325 iun. 11-)	Turner, I, pp. 70-71
Lucius	(-381 mai.)	(381 iul.-)	Turner, I, pp. 456-457
Bassonas	(-451 oct.)	(457-)	ACO, II, I, I, p. 63; II, V, p. 51
Dorotheus	(-787 oct. 1)		Mansi, XIII, col. 148
Leontius, Leo	(-870 febr. 28)	(879 nov.-)	Mansi, XVI, col. 192; XVII- XVIII, col. 373

25.15.3 PAPPA, Yunuslar eccl. byzantina

Vescovado suffraganeo di Antiochia.

Fonti: Hierocles, 672, 7: Honigmann, p. 26; *notitiae* 1-4, 7, 9-10, 13: Darrouzès, p. 507

Bibl.: Le Quien, I, coll. 1057-1058: Jones, *Cities*, p. 535

Michael	(-787 sept. 26)	(787 oct. 13-)	Mansi, XII, col. 1107; XIII, col. 396
Nicolaus	(-879 nov.)		Mansi, XVII-XVIII, col. 378

25.16.3 PARLAOS, Parlais, Paralaes, Paralaim eccl. byzantina

Vescovado suffraganeo di Antiochia.

Fonti: *notitiae* 2, 4, 7, 9-10, 13: Darrouzès, p. 507

Bibl.: Le Quien, I, coll. 1057-1060; Jones, *Cities*, p. 535

Academius	(-325 mai. 20)	(325 iun. 19-)	Turner, I, pp. 70-71
Patricius	(-381 mai.)	(381 iul.-)	Turner, II, pp. 456-457
Libanius	(-451 oct.)	(457/458-)	ACO, II, I, I, p. 63; II, V, p. 51
Georgius	(-691 sept.)		Mansi, XI, col. 1004
Anthimus	(-879 nov.)		Mansi, XVII-XVIII, col. 378

25.17.3 PHILOMELION, Philomelium, Akşehir eccl. byzantina

Vescovado suffraganeo di Antiochia nelle *notitiae* 1-3, di Amorion (Galazia seconda) nelle *notitiae* 4, 7, 9-10, 13.

Fonti: Hierocles, 672, 12: Honigmann, p. 27; *notitiae*: Darrouzès, p. 509

Bibl.: Le Quien, I, coll. 1059-1060; W. Ruge, RE, XIX, coll. 2520-2523; Jones, *Cities*, p. 535; Darrouzès, p. 42

Theosebius	(-381 mai.)	(381 iul.-)	Turner, II, pp. 456-457
Paulus	(-451 oct.)		ACO, II, III, II, p. 100
Marcianus	(-457)		ACO, II, V, p. 51
Aristodemus	(-553 mai. 5)	(553 iun. 2-)	ACO, IV, I, pp. 5, 227
Marinus	(-681 sept. 16)	(691 sept.-)	Mansi, XI, coll. 680, 1004
Sisinnius	(-787 sept. 26)	(787 oct. 13-)	Mansi, XII, col. 1107; XIII, col. 396
Euthymius	(-879 nov.)		Mansi, XVII-XVIII, col. 378

25.18.3 PROSTAMA eccl. byzantina

Vescovado suffraganeo di Antiochia.

Bibl.: Le Quien, I, coll. 1055-1056; E. Kirsten, RE, XXIII, col. 899; Jones, *Cities*, p. 143

Attalus, "ep. Prostadum, Prostanon, Prostanensis"	(-381 mai.)	(381 iul.-)	Turner, II, pp. 454-455

25.19.3 SAGALASSOS, Agalassos, Ağlasum, Ağlasin eccl. byzantina

Vescovado suffraganeo di Antiochia.

Fonti: Hierocles, 673, 6: Honigmann, p. 27; *notitiae* 1-4, 7, 9-10, 13: Darrouzès, p. 512

Bibl.: Le Quien, I, coll. 1041-1044; Ruge, RE, I A, coll. 1732-1733; Schultze, II, 2, pp. 380-383; Jones, *Cities*, p. 535; Laurent, *Sceaux*, V, 2, p. 437

Tovius, Ioninus	(-381 mai.)	(381 iul.-)	Turner, II, pp. 454-455
Fonteianus	(-451 oct.)		ACO, II, I, I, p. 63
Theodorus	(-787 sept. 26)		Mansi, XII, col. 1107
Leo	(-870 febr. 28)	(879 nov.-)	Mansi, XVI, col. 195; XVII- XVIII, col. 376
Georgius	saecc. X-XI		Laurent, *Sceaux*, V, 2, n. 1606

25.20.3 **SINIANDOS**, Sisiandus, Kizilviran (?) eccl. byzantina

Vescovado suffraganeo di Antiochia.

Fonti: Hierocles, 672, 8: Honigmann, p. 26; *notitiae* 4, 7, 9-10, 13: Darrouzès, p. 513

Bibl.: Le Quien, I, coll. 1055-1056; Ruge, RE, III A, col. 231

Cyrus	(-451 oct.)	ACO, II, I, I, p. 63
Conon	(-691 sept.)	Mansi, XI, col. 1004
Basilius	(-879 nov.)	Mansi, XVII-XVIII, col. 378

25.21.3 **SOZOPOLIS**, Apollonia, Uluborlu eccl. byzantina

Vescovado suffraganeo di Antiochia.

Fonti: Hierocles, 673, 1: Honigmann, p. 27; *notitiae* 1-4, 7, 9-10, 13: Darrouzès, p. 514

Bibl.: Le Quien, I, coll. 1043-1044; Ruge, RE, III A, coll. 1256-1257; Hirschfeld, RE, II, col. 116; Jones, *Cities*, p. 535

Longianus, Lollianus	(-381 mai.)	(381 iul.-)	Turner, II, pp. 456-457
Severus	(-431 iul.)		ACO, I, I, VII, p. 113
Olympius	(-451 oct.)		ACO, II, I, II, p. 150
Pontianus	(-458)		ACO, II, V, p. 51
Diogenianus	(-553 mai. 5)	(553 iun. 2-)	ACO, IV, I, pp. 5, 227
Zoilus			Le Quien, I, col. 1044
Paulus	(-680 mar. 20)	(691 sept.-)	Mansi, XI, coll. 521, 1044
...	(-787 sept. 26)		Mansi, XII, col. 1107
Ignatius	(-879 nov.)		Mansi, XVII-XVIII, col.373
Nicolaus	(-879 nov.)		Mansi, XVII-XVIII, col. 376

25.22.3 **THEODOSIOPOLIS**, Eudoxiopolis eccl. byzantina

Vescovado suffraganeo di Antiochia.

Fonti: Hierocles, 673, 5: Honigmann, p. 27

Bibl.: Le Quien, I, coll. 1061-1062; Ruge, RE, VI, col. 929; Jones, *Cities*, p. 535

Theodorus	(-457)	ACO, II, V, p. 56

25.23.3 **TIMBRIAS**, Timamarias, Timbriada, Timambrias, Imrahor — eccl. byzantina

Vescovado suffraganeo di Antiochia.

Fonti: Hierocles, 673, 9: Honigmann, p. 27; *notitiae* 1-4, 7, 9-10, 13: Darrouzès, p. 516

Bibl.: Le Quien, I, coll. 1059-1062; W. Ruge, RE, VI A, coll. 1246-1247; Jones, *Cities*, p. 535

Constantinus	(-681 sept. 16)	(691 sept.-)	Mansi, XI, coll. 677, 1003
Ioannes	(-787 oct. 13)		Mansi, XIII, col. 396
Theodosius	(-879 nov.)		Mansi, XVII-XVIII, col. 378

25.24.3 **TITYASSOS**, Tityassus, Pityassus — eccl. byzantina

Vescovado suffraganeo di Antiochia.

Fonti: Hierocles, 674, 6: Honigmann, p. 27; *notitiae* 4, 7, 9-10, 13: Darrouzès, p. 516

Bibl.: Le Quien, I, coll. 1047-1048; W. Ruge, RE, VI A, coll. 1592-1593; Jones, *Cities*, p. 535

Stephanus	(-691 sept.)		Mansi, XI, col. 1004
Petrus	(-787 oct. 1)		Mansi, XIII, col. 149

25.25.3 **TYMANDOS**, Tymandus, Mandos-Kiri — eccl. byzantina

Vescovado suffraganeo di Antiochia.

Fonti: Hierocles, 673, 2: Honigmann, p. 27; *notitiae* 1-4, 7, 9-10, 13: Darrouzès, p. 517

Bibl.: Le Quien, I, coll. 1061-1062; W. Ruge, RE, VII A, coll.1733-1735; Jones, *Cities*, p. 535

Callinicus	(-381 mai.)	(381 iul.-)	Turner, II, pp. 454-455
Longinus	(-449)		ACO, II, I, I, p. 151
Eugenius	(-457)		ACO, II, V, p. 51

25.26.3 **TYRIAEUM**, Tyraion, Tyrus, Durağan, Turağan — eccl. byzantina

Vescovado suffraganeo di Antiochia.

Fonti: Hierocles, 672, 10: Honigmann, p. 26; *notitiae* 1-4, 7, 9-10, 13: Darrouzès, p. 517

Bibl.: Le Quien, I, coll. 1047-1050; W. Ruge, RE, VII A, col. 1908; Jones, *Cities*, p. 535

Theotecnus	(-451 oct.)		ACO, II, I, II, p. 149; II, V, p. 51
Ioseph	(-879 nov.)		Mansi, XVII-XVIII, col. 376
Constantinus	(-879 nov.)		
Anastasius	(-879 nov.)		Mansi, XVII-XVIII, col. 377

25.27.3 **ZARZELA**, Zorzela, Dyrzela — eccl. byzantina

Vescovado suffraganeo di Antiochia.

Fonti: Hierocles, 674, 5: Honigmann, p. 27; *notitiae* 1-4, 7, 9-10, 13: Darrouzès, p. 517

Bibl.: Le Quien, I, coll. 1063-1064; Ruge, RE, V, col. 1888; Jones, *Cities*, p. 535

Theodorus (?)	(-325 mai. 20)	(325 iun. 19-)	Turner, I, pp. 72-73
Maximinus	(-451 oct.)	(457/458-)	ACO, II, II, II, p. 75; II, V, p. 56

PROVINCIA LYCAONIAE

26.1.2 IKONION, Iconium, Konya — eccl. primaeva et byzantina

Sede metropolitana della provincia di Licaonia, presente al concilio di Calcedonia con 16 vescovadi suffraganei, di cui ne restarono 15 nelle *notitiae* fino al secolo XIII; con la conquista turca, dalla fine del secolo XI la città divenne la capitale di un sultanato.

Fonti: Hierocles, 675, 1: Honigmann, p. 27; *notitiae*: Darrouzès, p. 494

Bibl.: Le Quien, I, coll. 1065-1074; Ruge, RE, IX, coll. 990-991; Laurent, *Sceaux*, V, 1, p. 399; M. Forlin Patrucco-M. Simonetti, DPAC, II, col. 1737

Sosipater			Le Quien, I, col. 1067
Terentius, Terzius			J. M. Sauget, BS, XII, coll. 432-433
Caronatus, mart.			Le Quien, I, col. 1067
Celsus			Eusebius, HE, VI, 19: II, p. 118
Nicomas	(-264)		Eusebius, HE, VII, 28: II, p. 212
Petrus	(-314)		Turner, II, p. 32
Eulalius	(-325 mai. 20)	(325 iun. 19-)	Turner, I, pp. 70-71
Faustinus		372 c.	Basilius, ep. II, 128: PG, 32, col. 581
Ioannes			Le Quien, I, col. 1069
Amphilochius, s.	(373-374)	(398-404)	G. Eldarov, BS, I, coll. 1182-1183; S.J. Voicu, DPAC, I, coll. 194-195
Valerianus	(-431 iun. 22)	(431 iul. 22-)	ACO, I, I, II, p. 3; I, I, VII, p. 85
Onesiphorus	(-449 aug. 8)	(451 oct.-)	Honigmann, *Lists*, p. 36; ACO, II, III, II, p. 51
Palladius	(-457)		ACO, II, V, p. 24
Theodulus	(-536)		ACO, III, p. 114
Pastor	(-536 mar. 13)		Le Quien, I, col. 1071: Grumel, I, n, 232
Theodorus			Le Quien, I, col. 1071
Paulus	(-681 sept. 16)		Mansi, XI, col. 672
Elias	(-691 sept.)		Mansi, XI, col. 992
Leo	(-787 oct. 13)		Mansi, XIII, col. 381
Theophylactus, Stylianus	(-870 febr. 28)		Mansi, XVI, col. 191; cfr. Le Quien, I, coll. 1071- 1072
Theophilus	(-879 nov.)		Mansi, XVII-XVIII, col. 373
Longinus	saecc. IX-X		Laurent, *Sceaux*, V, 1, n. 538
...	(-921 aut.)		Grumel, II, n. 690
Basilius	(-997 febr. 21)		Grumel, II, n. 804
Ioannes	(-1027 nov.)		Le Quien, I, col. 1072; Grumel, II, n. 833

Phocas	(-<1025-1043>)		Grumel, II, n. 850
...	(-1078)		Le Quien, I, col. 1072
Eustathius	(-1082)		
Nicetas			
Ioannes	(-1166 mar. 6)	(1177 sept. 2)	Grumel, III, nn. 1059, 1134
...	(-1186 sept. 10)		Grumel, III, n. 1170
Nicolaus	(-1191 nov. 27)		Grumel, III, n. 1179
...	(-1274)		Mansi, XXIV, col. 75
...	(-<1283-1289>)		Laurent, IV, n. 1533
Marcellus, dep.	(-1370 nov.)	1380 iun.	Darrouzès, V, n. 2594; VI, n. 2706
Theodosius	(-1382 nov.)	(1393 sept.-)	Darrouzès, VI, nn. 2745, 2928
Theodorus	(-1450)		Mansi, XXXII, col. 105
Matthaeus			Le Quien, I, col. 1074
Parthenius	(-1639 sept.)		Leo Allatius, III, XI, col. 1069
Clemens			Le Quien, I, col. 1074
Sylvester	(-1721)		

26.1.20 ICONIUM — eccl. armena-gregoriana

Basilius	(-1345)		Mansi, XXV, col. 1187

26.2.3 AMBLADA — eccl. byzantina

Vescovado suffraganeo di Iconio.

Fonti: Hierocles, 675, 4: Honigmann, p. 27; *notitiae* 1-4, 7, 9-10, 13: Darrouzès, p. 483

Bibl.: Le Quien, I, coll. 1077-1078; Hirschfeld, RE, I, col. 1804; Jones, *Cities*, p. 534; S. Pétridès, DHGE, II, col. 1043

Patricius, Patricios	(-325 mai. 20)	(325 iun. 19-)	Turner, I, pp. 70-71
Severus	(-381 mai.)	(381 iul.-)	Turner, II, pp. 454-455
Diomedes	(-451 oct.)		ACO, II, III, II, p. 171
Petrus	(-536)		ACO, III, p. 117
Eustathius	(-691 sept.)		Mansi, XI, col. 1004
Constans	(-787 oct. 13)		Mansi, XIII, col. 396
Ioannes	(-879 nov.)		Mansi, XVII-XVIII, col. 376

26.3.3 **BARATA**, Bareta, Maden Şehri, Bin-Bir-Kilise eccl. byzantina

Vescovado suffraganeo di Iconio.

Fonti: Hierocles, 675, 10: Honigmann, p. 27; *notitiae* 1-4, 7, 9-10, 13: Darrouzès, p. 486

Bibl.: Le Quien, I, coll. 1079-1080; Ruge, RE. II, coll. 2852-2853; Jones, *Cities*, p. 534; R. Janin, DHGE, VI, col. 570

Eugenius	(-451 oct.)		ACO, II, III, II, p. 171
Martyrius	(-536)		ACO, III, p. 118
Constantinus	(-681 sept. 16)	(691 sept.-)	Mansi, XI, coll. 672, 1004
Georgius	(-879 nov.)		Mansi, XVII-XVIII, col. 378

26.4.3 **BERINOPOLIS**, Verinopolis, Psibela, Reginon (?) eccl. byzantina

Vescovado suffraganeo di Iconio.

Fonti: Hierocles, 676, 6: Honigmann, p. 28; *notitiae* 1-4, 7, 9-10, 13: Darrouzès, pp. 486, 511

Bibl.: Le Quien, I, coll. 1081-1084; R. Janin, DHGE, VIII, coll. 496- 497; Jones, *Cities*, pp. 137, 534; Laurent, *Sceaux*, V, 1, pp. 685-686

Theodosius	(-681 sept. 16)	(691 sept.-)	Mansi, XI, coll. 680, 1004
Leo	(-787 sept. 26)		Mansi, XII, col. 1110
Sisinnius	(-879 nov.)		Mansi, XVII-XVIII, col. 376
Andronicus (vel Galatiae primae)	saec. XI pars pr.		Laurent, *Sceaux*, V, 3, n. 1805
Ioannes (vel Galatiae primae)	saec. XI pars post.		Laurent, *Sceaux*, V, 1, n. 876

26.5.3 **CANA**, Canna, Kana, Kanos, Gene eccl. byzantina

Vescovado suffraganeo di Iconio.

Fonti: Hierocles, 676, 4: Honigmann, p. 28; *notitiae* 1-4, 7, 9-10, 13: Darrouzès, p. 496

Bibl.: Le Quien, I, coll. 1083-1084; Ruge, RE, X, col. 1868; Jones, *Cities*, p. 534

Eustathius, Eustratius	(-381 mai.)	(381 iul.-)	Turner, II, pp. 452-453
Eugenius	(-451 oct.-)		ACO, II, I, I, p. 63
Constantinus	(-787 sept. 26)		Mansi, XII, col. 1107

26.6.3 **CORNA**, Korna, Dinorna (?) — eccl. byzantina

Vescovado suffraganeo di Iconio.

Fonti: Hierocles, 676, 1: Honigmann, p. 27

Bibl.: Le- Quien, I, coll. 1083-1086; Ruge, RE, XI, coll. 1417-1418; R. Janin, DHGE, XIII, col. 885; Jones, *Cities*, p. 534

Inzus, Ininius	(-381 mai.)	(381 iul.-)	Turner, I, pp. 452-453
Neoptolemus	(-451 oct.)		ACO, II, I, I, p. 63

26.7.3 **DERBE**, Güdelisin (?) — eccl. byzantina

Vescovado suffraganeo di Iconio.

Fonti: Hierocles, 675, 9: Honigmann, p. 27; *notitiae* 1-4: Darrouzès, p. 489

Bibl.: Le Quien, I, coll. 1081-1082; Ruge, RE, V, col. 237; R. Janin, DHGE, XIV, col. 314; Jones, *Cities*, p. 534

Daphnus, Daphnes	(-381 mai.)	(381 iul.-)	Turner, II, pp. 452-453
Thomas	(-431 iun. 22)	(431 iul. 22-)	ACO, I, I, II, p. 5; I, I, VII, p. 86
Paulus	(-451 oct.)		ACO, II, I, I, p. 63
Cyricus, Quiricus	(-691 sept.)		Mansi, XI, col. 1004

26.8.3 **EUDOKIAS**, Eudoxias, Galbanon — eccl. byzantina

Vescovado suffraganeo di Iconio.

Fonti: *notitiae* 1-4, 7, 9-10, 13: Darrouzès, pp. 490-491

26.9.3 **HOMANADA**, Oumanada, Ouamanada — eccl. byzantina

Vescovado suffraganeo di Iconio.

Fonti: Hierocles, 675, 6: Honigmann, p. 27; *notitiae* 1-4, 7, 9-10, 13: Darrouzès, p. 506

Bibl.: Le Quien, I, coll. 1077-1080; Ruge, RE, VIII, col. 2265; Jones, *Cities*, p. 534

Curillus	(-381 mai.)	(381 iul.-)	Turner, II, pp. 452-453
Tyrannus	(-451 oct.)		ACO, II, I, I, p. 63

Photinus	(-518)		ACO, III, p. 66
Alexander	(-691 sept.)		Mansi, XI, col. 1004

26.10.3 HYDA, Hyde, Kara Pinar (?) eccl. byzantina

Vescovado suffraganeo di Iconio.

Fonti: Hierocles, 675, 11: Honigmann, p. 27; *notitiae* 2-4: Darrouzès, p. 494

Bibl.: Le Quien, I, coll. 1079-1080; Ruge, RE, IX, col. 43 (3); Jones, *Cities*, p. 534

Theodosius	(-381 mai.)	(381 iul.-)	Turner, II, pp. 452-453
Rufus	(-451 oct.)		ACO, II, I, I, p. 63
Ioannes	(-518 iul. 20)		Honigmann, *Évêques*, p. 136

26.11.3 ILISTRA, Ilisire eccl. byzantina

Vescovado suffraganeo di Iconio.

Fonti: Hierocles, 675, 7: Honigmann, p. 27; *notitiae* 1-4, 7, 9-10, 13: Darrouzès, p. 494

Bibl.: Le Quien, I, coll. 1087-1088; Ruge, RE, IX, col. 1068

Martyrius	(-431 iun.)	(431 iul. 22-)	ACO, I, I, II, p. 5; I, I, VII, p. 86
Onesimus	(-451 oct.)		ACO, II, III, II, p. 171

26.12.3 ISAUROPOLIS, Dorla eccl. byzantina

Vescovado suffraganeo di Iconio.

Fonti: Hierocles, 675, 12: Honigmann, p. 27

Bibl.: Le Quien, I, coll. 1085-1086; Ruge, RE, IX, coll. 2055-2056; Jones, *Cities*, p. 534

Hilarius, Illirius	(-381 mai.)	(381 iul.-)	Turner, II, pp. 454-455
Callistratus	(-404)		Ioannes Chrysostomus, ep.CC: PG, 52, col. 723
Aetius	(-451 oct.)		ACO, II, I, II, p. 152
Zenon			Le Quien, I, col. 1086

26.13.2 LARANDA, Karaman — eccl. primaeva et byzantina

Vescovado suffraganeo di Iconio.

Fonti: Hierocles, 675, 8: Honigmann, p. 27; *notitiae* 1-4, 7, 9-10, 13: Darrouzès, p. 499

Bibl.: Le Quien, I, coll. 1081-1082: Ruge, RE, XII, col. 793; Jones, *Cities*, p. 534

Neon			Eusebius, HE, VI, 19: II, p. 118
Paulus	(-325 mai. 20)	(325 iun. 19-)	Turner, I, pp. 78-79
Ascholius	(-451 oct.)		ACO, II, I, I, p. 63
Sabas	(-879 nov.)		Mansi, XVII-XVIII, p. 376

26.14.2 LYSTRA, Zoldera — eccl. primaeva et byzantina

Vescovado suffraganeo di Iconio.

Fonti: Hierocles, 675, 2: Honigmann, p. 27; *notitiae* 1-4, 7, 9-10, 13: Darrouzès, p. 501

Bibl.: Le Quien, I, coll. 1073-1076; Ruge, RE, XIV, coll. 71-72; Jones, *Cities*, p. 534

Artemas			Le Quien, I, col. 1075
Tiberius	(-325 mai. 20)	(325 iun. 19-)	Turner, I, pp. 78-79
Paulus	(-381 mai.)	(381 iul.-)	Turner, II, pp. 452-453
Plutarchus	(-451 oct.)		ACO, II, I, I, p. 63
Eubulus	saec. VII		D. Stiernon, DPAC, I, col. 1156
Basilius	(-879 nov.)		Mansi, XVII-XVIII, col. 378

26.15.3 MISTHEIA, Misthia, Misthium, Monastir (?), Fasillar (?) — eccl. byzantina

Vescovado suffraganeo di Iconio; arcivescovado autocefalo dal sec. IX fino all'inizio del sec. XIV; unito ad Antiochia di Pisidia nel 1369.

Fonti: Hierocles, 675, 3: Honigmann, p. 27; *notitiae*: Darrouzès, p. 503

Bibl.: Le Quien, I, coll. 1085-1088; Ruge, RE, XV, coll. 2129-2139; Laurent, *Sceaux*, V, 1, pp. 670-671

Darius	(-381 mai.)	(381 iul.-)	Turner, II, pp. 452-453
Armatius	(-451 oct.)		ACO, II, III, II, p. 171
Longinus	(-691 sept.)		Mansi, XI, col. 1004
Basilius	(-870 febr. 28)	(879 nov.-)	Mansi, XVII-XVIII, col. 373
Hieronymus	saec. IX		Laurent, *Sceaux*, V, 1, n. 862

26.16.20 MOLEVON eccl. armena-gregoriana

Bibl.: Le Quien, I, coll. 1437-1438

Nierses	(-1316)		Le Quien, I, coll. 1437-1438

26.17.3 PERTA, Peltai, Gemir, Gimir eccl. byzantina

Vescovado suffraganeo di Iconio.

Fonti: Hierocles, 676, 3: Honigmann, p. 27; *notitiae* 1-4, 7, 9-10, 13: Darrouzès, p. 508

Bibl.: Le Quien, I, coll. 1087-1088; W. Ruge, RE, XIX, coll. 1058-1059; Jones, *Cities*, p. 534

Leontius	(-381 mai.)	(381 iul-)	Turner, II, pp. 452-453
Conon	(-451 oct.)		ACO, II, III, II, p. 171
Epiphanius	(-787 sept. 26)		Mansi, XII, col. 1107

26.18.3 POSALA eccl. byzantina

Vescovado suffraganeo di Iconio.

Fonti: *notitiae* 1-4, 7, 9-10, 13: Darrouzès, p. 510

Bibl.: Darrouzès, p. 77

Eugenius	(-381 mai.)	(381 iul.-)	Turner, II, pp. 454-455

26.19.3 PYRGOI, Rhoina, Rhoinoi, Rhena, Eroine, Sultan-Han (?), Sakyatan (?) eccl. byzantina

Vescovado suffraganeo di Iconio; sede arcivescovile dalla *notitia* 4 in poi, fino al secolo XIV.

Fonti: Hierocles, 676, 6 (?): Honigmann, p. 28; *notitiae*: Darrouzès, p. 511

Bibl.: *Index*, p. 25; W. M. Ramsay-G. L. Bell, *The thousand and one Churches*, London 1909, p. 502; Laurent, *Sceaux*, v, 3, pp. 163- 164

Marinus	saec. VII		Laurent, *Sceaux*, V, 3, n. 1822
Stephanus	(-870 febr. 28)		Mansi, XVI, col. 192

26.20.3 SAVATRA, Sabatra, Synatra, Yağli Bayat — eccl. byzantina

Vescovado suffraganeo di Iconio.

Fonti: Hierocles, 676, 2: Honigmann, p. 27; *notitiae* 1-4, 7, 9-10, 13: Darrouzès, p. 512

Bibl.: Le Quien, I, coll. 1083-1084; Ruge, RE, II A, coll. 250-251; Jones, *Cities*, p. 534

Aristophanes	(-381 mai.)	(381 iul.-)	Turner, II, pp. 452-453
Eustathius	(-451 oct.)		ACO, II, III, II, p. 171

26.21.3 TIBASSADA — eccl. byzantina

Vescovado suffraganeo di Iconio.

Fonti: *notitiae* 7, 9-10, 13: Darrouzès, p. 516

Bibl.: Darrouzès, p. 77

26.22.3 VASADA, Basada, Onasada, Dereköy et Kestel Dağ — eccl. byzantina

Vescovado suffraganeo di Iconio.

Fonti: Hierocles, 675, 5: Honigmann, p. 27; *notitiae* 1-4, 7, 9-10, 13: Darrouzès, pp. 486, 506

Bibl.: Le Quien, I, coll. 1075-1078; Jones, *Cities*, p. 534

Theodorus	(-325)	(341-)	Le Quien, I, col. 1075
Severus			Basilius Magnus: Le Quien, I, col. 1076
Olympius	(-451 oct.)		ACO, II, III, II, p. 171
Gorgonius (?)	(-518 iul. 20)		Honigmann, *Évêques*, pp. 136- 137, 141
Conon	(-691 sept.)		Mansi, XI, col. 1004
Nicephorus, ep. Basadensis	(-879 nov.)		Mansi, XVII-XVIII, col. 376

DIOECESIS THRACICA

PROVINCIA EUROPAE

27.1.2 HERAKLEIA, Heraclea, Perinthos, Ereğli — eccl. primaeva et byzantina

Centro amministrativo della Tracia, eretto a metropoli verso il 300, con la riorganizzazione dell'impero da parte di Diocleziano; Bisanzio ne fu sottomessa anche dopo che Costantino ne pose la capitale; con la promozione ad arcivescovado (381), i diritti e il territorio di Eraclea furono ridotti; nel 640 c. la provincia ecclesiastica di Europa contava 5 vescovadi suffraganei e 15 verso il 901/902, fino al secolo XIII. Il vescovado era già attivo nel secolo II e si interruppe durante il periodo latino (cfr. Fedalto, II, pp. 129-130).

Fonti: Hierocles, 632, 2: Honigmann, p. 12; *notitiae*: Darrouzès, p. 493

Bibl.: Le Quien, I, coll. 1101-1102; E. Oberhummer, RE, VIII, col. 429; XIX, coll. 802-813; Stamoules, pp. 112-121; Laurent, *Sceaux*, V, 1, pp. 212-218

Domitius			Le Quien, I, col. 1101
Philippus			Le Quien, I, coll. 1101-1102
Phaedrius, Praederus	(-325 mai. 19)	(325 iun. 20-)	Turner, I, pp. 82-83
Paulus	380/382		Stamoules, p. 113
Serapion	(-402)		
Eugenius			Le Quien, I, coll. 1106-1107
Cyriacus	(-449 aug. 8)	(451 oct.-)	Honigmann, *Lists*, p. 35; ACO, II, I, II, p. 131
Ioannes	(-457)		ACO, II, V, p. 26
Theophilus	(-518)		ACO, III, p. 74
Ioannes	(-520)		Le Quien, I, col. 1108
Constantinus	(-536)		ACO, III, p. 127
Megethius	(-553 mai. 5)	(553 iun. 2-)	ACO, IV, I, pp. 3, 223
...			Le Quien, I, coll. 1108-1109
Sisinnius	(-681 sept. 16)		Mansi, XI, col. 669; cfr. XI, col. 989
..., haer.			Le Quien, I, col. 1109
Leo	(-787 oct. 13)		Mansi, XIII, col. 380; Laurent, *Sceaux*, V, 1, n. 300
Constantius, aep.	saec. IX in.		Laurent, *Sceaux*, V, 1, nn. 301-302; cfr. p. XXVIII ss.
Ioannes	(-861 <mai.-sept.>)	(879 nov.-)	Grumel, II, n. 468; Mansi, XVII-XVIII, col. 373
Ioannes	(-879 nov.)		Mansi, XVII-XVIII, col. 373
Demetrius, dep.	(-901)	912 iun.	Grumel, II, nn. 631-632, 706; Laurent, *Sceaux*, V, 1, n. 303

Anastasius	912	946	Laurent, *Sceaux*, V, 1, n. 304
Nicephorus	(-956)		Le Quien, I, col. 1110
Basilius	(-997 <mar.-sept.>)		Grumel, II, n. 805
Nicolaus	saec. XI		Laurent, *Sceaux*, V, 1, n. 305
...	(-1066 apr. 26)	(1067 mar. 19-)	Grumel, III, nn. 869, 897
Nicetas	(-1077 c.)		Le Quien, I, col. 1111-1112
Theodorus	(1050-1071 nov.)		Laurent, *Sceaux*, V, 1, n. 305
Theophilus		(1082 mar./apr.-)	Grumel, III, nn. 925-927
...	(-1084 aug.)		Grumel, III, n. 938
...	(-1143 aug. 20)		Grumel, III, n. 1011
Petrus	(-1157 mai. 12)		Grumel, III, n. 1041, cfr. 1038
Michael	(-1164 febr. 10)		Grumel, III, nn. 1055,1068; Laurent, *Sceaux*, V, 1, n. 880
...	(-1166 mai. 6)		Grumel, III, n. 1073
...	(-1169 mar. 10)		Grumel, III, n. 1085
Theodorus Critopoulos	(-1177 ian.)	(1189 febr.-)	Laurent, *Sceaux*, V, 1, n. 306; Grumel, III, n. 1132
Manuel	(-1191 nov. 27)	(1192 ian. 8-)	Grumel, III, nn. 1179-1180
Nicetas	(-1260)		Le Quien, I, coll. 1112-1113
Leo Pinacas	(-1265/1266)		Laurent, IV, n. 1381
Germanus-Gerasimus, dep.	(-1285/1289)	1286/1289	Laurent, IV, nn. 1494, 1499
Andreas	(-1294 iun. 2)		Laurent, IV, n. 1565; AA, III, p. 97
...	(-1310 oct.)		Darrouzès, V, n. 2005
Iohannes	(-1315 iul.)	(1335-)	Darrouzès, V, nn. 2032, 2172
Nicolaus			Le Quien, I, col. 1114
...	(-1341 mai.)		Darrouzès, V, n. 2207
Philotheus, prom. patr.	1347 (mai.-aug.)	1353 aug.	Darrouzès, V, nn. 2279, 2347
Metrophanes	(-1355 aug. 17)	(1370 iun. c.-)	Darrouzès, V, nn. 2381, 2567
Ioseph	(-1371 mar.)	(1393 fin./ 1394 in.-)	Darrouzès, V, n. 2605; VI, n. 2939
Theophanes	(-1399 oct./ nov.)	(1403-)	Darrouzès, VI, nn. 3077, 3263
Antonius	(-1409 aug.)	1450	Darrouzès, VI, n. 3284; Syropoulos, p. 557; Stamoules, p. 116
Ioseph	1450	1451	Stamoules, p. 116
Theophanes			
...	(-1453)		
Theoctistos	(-1465)		
...	(-1472)		
Galaction	(-1478)		

Neophytos	(-1480)		
Kallistos	1484	1497	Stamoules, p. 117
Ioseph	(-1499)		
Theodosios	1500	1501	
...	(-1502)		
Christodoulos			
Matthaeus	(-1541)		
Callistos	1546	1564	
Cyrillos			
Macarios			
Gerasimos	1572	(1591 iun.-)	Stamoules, p. 117; Actes, II, p. 49
Germanos			Stamoules, p. 117
Dionysios			
Gregorios			
Neophytos	(-1610)		
Germanos	(-1613)		
Cyrillos			
Ilarion			
Gabriel	(-1614)	(1615-)	
Timotheos	(-1616)	(1618-)	
Neophytos	1622	1635	Stamoules, p. 118
Hieremias	1635	1636	
Ioannicius	1636	(1638 sept. 24-)	Stamoules, p. 118; *Synod of Jerusalem*, p. 89
Meletios	1639		Stamoules, p. 118
Neophytos			
Ioannicius	1641	1646	
Methodius	1646	1667	
Matthaeus	1667	1668	
Bartolomeus	1668		
Antonius	(-1675)		
Sophronios	1678	1679	
Methodius			
Athanasius			
Bartholomaeus	(-1678 nov. 1)	1686	AA, II, p. 203; Stamoules, p. 118
Sophronios	1686	1688	Stamoules, p. 118
Macarios	1688		
Neophytos	1688	1690	Stamoules, p. 119

Callinicos	1690	1691	
Neophytos	1691	1698	
Nectarios	1698		
Neophytos			
Athanasios	1711	1713	
Neophytos	1713	1714	
Gennadios	1714	1718	
Manuel			
Callinicos	1718	1726	
Gerasimos	1726	1760	
Methodios	1760	1794	
Meletios	1794	1821	
Ignatius	1821	1830	Stamoules, p. 120
Dionysios	1830	1848	
Panaretos	1848	1878	
Ioannicius	1878	1879	
Gregorios	1879	1888	Stamoules, p. 121
Germanos	1888	1897	
Hieronymos	1897	1902	
Gregorios	1902	1928	
Philaretos	1928	1933	
Beniaminus	1933	1936	

27.1.4 HERACLEA eccl. ariana

Theodorus	(-342/343)	(351-)	Hilarius: CSEL, 65, p. 74; Sozomenus, HE, III, 7: PG, 67, col. 1049; M. Simonetti, DPAC, II, col. 3379
Hypatianus	(-356)		Sozomenus, HE, VI, 7: PG, 67, col. 1309
Dorotheus, tr. ad Antiochiam		375	Philostorgius, IX, 14: PG, 65, col. 580; M. Simonetti, DPAC, I, col. 1037

27.1.7 HERACLEA eccl. macedoniana

Sabinus	(-375)		Socrates, HE, I, 8: PG, 67, col. 65; M. Simonetti, DPAC, II, coll. 3046-3047

27.1.12 HERACLEA — eccl. nestoriana

Fritilas	(-431 iun.)	Grumel, I, n. 62

27.2.3 APHRODISIAS, Evreşe, Avrasa — eccl. byzantina

Vescovado suffraganeo di Eraclea.

Fonti: Hierocles, 634, 1: Honigmann, p. 12

Bibl.: Le Quien, I, coll. 1125-1126; Hirschfeld, RE, I, coll. 2726-2727; Jones, *Cities*, p. 524; R. Janin, DHGE, III, col. 944

Theophronius	(-458)	ACO, II, V, p. 26

27.3.3 APROS, Aprus, Kermian, Nova Theodosiopolis — eccl. byzantina

Vescovado della provincia di Europa; verso il 640 arcivescovado autocefalo fino alla seconda metà del secolo XII, quando diventò sede metropolitana senza suffraganei.

Fonti: Hierocles, 634, 2: Honigmann, p. 12; *notitiae*: Darrouzès, p. 484

Bibl.: Le Quien, I, coll. 1125-1128; Hirschfeld, RE, II, col. 272; R. Janin, DHGE, III, coll. 1075-1076; Laurent, *Sceaux*, V, 1, pp. 650-651

Chrysaphius	(-431 iul.)		ACO, I, I, VII, p. 138
Babylas	(-458)		ACO, II, V, p. 28
Ioannes	(-787 sept. 26)	(787 oct. 13-)	Mansi, XII, col. 1095; XIII, col. 385
Sabas	(-879 nov.)		Mansi, XVII-XVIII, col. 373
...	(-1019 sept. 12)		Grumel, II, n. 826
Strategius	(-1027 nov.)		Grumel, II, n. 833
Nicetas	(-1038)		Stamoules, p. 84
Michael	(-1072 mar. 14)		Laurent, *Sceaux*, V, 1, n. 838
...	(1084-1111)		Nicephorus Callistus: Le Quien, I, col. 1126
...	(-<1157-1169>)		Le Quien, I, col. 1126
...	(-1168 ian. 24)		Grumel, III, n. 1077
Romanus	(-1171 ian. 13)	(1179 iul. 30-)	Grumel, III, nn. 1119, 1152
Michael	(-1260)		Stamoules, p. 85
...	(-1274)		Mansi, XXIV, col. 75
Manuel	(-1285)	(1292-)	Stamoules, p. 85

...	(-1310 oct.)		Darrouzès, V, n. 2005
Ioseph	(-1317 aug.)	(1337 iun.-)	Darrouzès, V, nn. 2080, 2177
Chariton	(-1342 apr.)	(1347 aug.-)	Darrouzès, V, nn. 2227, 2289
Gabriel	(-1350 sept.)	(1354 iun. 30-)	Darrouzès, V, nn. 2317, 2363

27.4.3 **ARCADIOPOLIS**, Lüle Burgaz — eccl. byzantina

Negli anni 431-435, la località, unita alla diocesi di Bizya, non aveva un vescovo proprio; arcivescovado autocefalo nel 640 c.; sede metropolitana dal secolo XII.

Fonti: Hierocles, 632, 3: Honigmann, p. 12; *notitiae*: Darrouzès, p. 484

Bibl.: Le Quien, I, coll. 1135-1136; Hirschfeld, RE, II, coll. 1156-1157; R. Janin, DHGE, III, coll. 1484-1485; Stamoules, pp. 86-88; Laurent, *Sceaux*, V, 1, pp. 640-641

Euprepius	(-431 iun.)	(431 iul.-)	ACO, I, I, II, p. 63; I, I, VII, p. 138
Lucianus	(-451 oct.)		ACO, II, II, II, p. 41
Sabbatius, Sabatinus	(-553 iun. 2)		ACO, IV, I, p. 231
Ioanes, Nicephorus	(-787 sept. 26)		Mansi, XII, col. 1099; cfr. Le Quien, I, col. 1135
Basilius	(-879 nov.)		Mansi, XVII-XVIII, col. 373
Petrus	saecc. IX-X		Laurent, *Sceaux*, V, 1, n. 823
Ioannes	saec. XI fin.		Laurent, *Sceaux*, V, 1, n. 824
..., ep. Leontopolis			Nicephorus Callistus, XIV, 39: PG, 147, col. 1196
Nicephorus	(-1145)		Le Quien, I, col. 1136
Constantinus	(-1157 mai. 13)	(1168 ian. 24-)	Grumel, III, n. 1043: PG, 140, col. 179; Grumel, III, n. 1011
Malachias	(-1329 apr.)		Stamoules, p. 87
Gerasimos	(-1785)		Stamoules, p. 88
Seraphim	(-1787 apr.)		
Iannicios, Iohannes	(-1821 oct.)		
Dionysios	(-1821)		
Anthimos	(-1827 aug.)		
Seraphim	1840	1841	
Ambrosius	(-1846 ian.)		

27.5.3 **ATHYRA**, Büyük Čekmece — eccl. byzantina

Vescovado suffraganeo di Eraclea; nel secolo XII appare associato a Metrai e così dopo la conquista turca; durante il periodo latino compare col titolo di chiesa *Naturensis* (Fedalto, II, p. 163).

Fonti: *notitiae* 10, 13, 16, 21: Darrouzès, p. 485

Bibl.: Le Quien, I, coll. 1149-1150; Stamoules, pp. 77-79; Laurent, *Sceaux*, V, 1, pp. 236-237

Porphyras		Stamoules, p. 78
Leo	saec. XI	Laurent, *Sceaux*, V, 1, n. 334
Orestes	saec. XI pars post.	Laurent, *Sceaux*, V, 1, n. 333
...	(-1170)	Stamoules, p. 78
...	(-1190)	
...	(-1340)	
Dionysios	(-1369)	
...	(-1387)	
Theophanes	(-1399)	
Procopius		Martinus Crusius, p. 172

27.6.3 **BIZYA**, Bizye, Vize — eccl. byzantina

Vescovado suffraganeo di Eraclea; arcivescovado fino al secolo XIV, quando, tra 1341 e 1348, fu elevato a metropoli.

Fonti: Hierocles, 632, 4: Honigmann, p. 12; *notitiae*: Darrouzès, p. 487

Bibl.: Le Quien, I, coll. 1145-1150; Oberhummer, RE, III, col. 552; R. Janin, DHGE, IX, coll. 44-46; Mystakides, p. 167; Laurent, *Sceaux*, V, 1, p. 635; V, 3, pp. 151-152

Euprepius	(-431 iun. 22)	(431 iul. 22-)	ACO, I, I, II, p. 63; I, I, VII, p. 113
Lucianus	(-451 oct.)	(457/458-)	ACO, II, I, I, p. 56; II, V, p. 28
Ioannes	(-552)		ACO, IV, II, p. 169
Theodorus	(-553 iun. 2)		ACO, IV, I, p. 231
..., haer.			Le Quien, I, col. 1147
Georgius	(-681 sept. 16)	(691 sept.-)	Mansi, XI, coll. 673, 992
Theodorus	(-787 oct. 13)		Mansi, XIII, col. 384
...	saec. IX pars pr.		Laurent, *Sceaux*, V, 1, n. 817
Michael	(-870 febr. 28)		Mansi, XVI, col. 191
Petrus	(-879 nov.)		Mansi, XVII-XVIII, col. 373
...	saec. XI pars post.		Laurent, *Sceaux*, V, 3, n. 1807

Leo	(-1094)		Grumel, III, n. 967: PG, 127, col. 973
Nicolaus	saec. XI fin.		Laurent, *Sceaux*, V, 3, n. 1808
...	(-1144 febr. 22)		Grumel, III, n. 1015: Leo Allatius, II, XII, col. 688
Theodorus	1156	1166	Stamoules, p. 91
Ioannes	(-1173 iul. 11)		Grumel, III, n. 1126
Nicolaus	(-1192 ian. 8)		Grumel, III, n. 1180; Laurent, *Sceaux*, V, 3, n. 1808
Nicetas	(-1192)		Stamoules, p. 91
Demetrios	1200	1250	
Ioannes	1260		
...	(-1274)		Mansi, XXIV, col. 75
Ioannes	(-1278)		Stamoules, p. 91
Nicolaus	1283	1329	
Neophytus	1350	1355	Stamoules, p. 92
...	(-1365)		
...	(-1518)		
Ioachim	(-1565)		
Daniel	(-1572)		
Cyrillos	(-1575)		
Dionysios			
Hieremias	1578		
Laurentios		1616	
Anthimos	1616	1620	
Daniel	1621		
Callinicos	1623		
Anthimos	1631		
Damascenos	1631		
Chrysanthos	1647		
Gabriel		1648	
Gregorios	1648		
Daniel			
Cosmas	(-1668)	1674	
Gregorios vel Gerasimos	1674		
Zacharias			
Ioachim			
Nicolaus	(-1713)		Stamoules, p. 93
Parthenios	(-1720)		

Acacios	(-1723)		
Agapios	(-1726)		
Macarios	(-1728)		
Ioannicius	(-1738)		
Ioachim	(-1744)		
Callinicos	(-1747)		
Gerasimos	(-1748)		
Gennadios	1749	1751	
Gerasimos	1751	1752	
Agapios	1752		
Hieremias			
Gerasimos	1762	1783	
Parthenios	1783		
Hieronymos	1784		
Parthenios	1784	1792	
Daniel	1792	1813	
Neophytos	1813	1816	
Ioseph	1816	1819	
Elias			
Hieremias			
Ioasaph Marmaras	1821		
Ioseph	(-1826)		Stamoules, p. 94
Ioasaph	1826	1830	
Cosmas	1830	1837	
Iannikios			
Gregorios	1837	1855	
Matthaeus	1856	1863	
Plato	1863	1877	
Constantinos	1877	1888	
Hierotheus	1889	1900	
Dorotheus	1900	1904	
Nicodemus	1904	1908	
Anthimos	1908	1922	
Christophorus	1922		

27.7.3 **CALLIPOLIS**, Gelibolu

eccl. byzantina

Vescovado suffraganeo di Eraclea; sede metropolitana nelle *notitiae* 18 e 19.

Fonti: Hierocles, 633, 2: Honigmann, p. 12; *notitiae*: Darrouzès, p. 495

Bibl.: Le Quien, I, coll. 1123-1124; Oberhummer, RE, X, coll. 1659-1660; R. Janin, DHGE, XI, coll. 416-417; Stamoules, pp. 127-128

Harmonius	(-536)		ACO, III, p. 127
Melchisedech	(-787 sept. 26)		Mansi, XII, col. 1099
Ioseph	(-1351)		Le Quien, I, col. 1123
Paulus, el.			
Alexius	(-1508)		Stamoules, p. 122
Ioachim	(-1564)		
Meletios	(-1651)		
Macarios	(-1668)		
Philoteos	(-1676)		
Athanasios	1676		
Hieremias	(-1680)	(1728-)	
Ioasaph	(-1746)		
Gregorios	(-1776)		Stamoules, p. 123
...	(-1787)		
...	(-1812)		
Ioachim	1815	1835	
Gregorios Pampuras	1835	1881	
Abercios	1881	1891	
Photios	1891	1892	
Dorotheos	1892	1897	
Hieremias	1897	1909	
Panaretos	1909	1910	
Callinicos	1910	1912	
Constantinos	1912	1924	

27.8.3 **CHALCIS**, Mecik

eccl. byzantina

Vescovado suffraganeo di Eraclea, da distinguere dalla metropoli omonima, chiamata anche Euripos, in Grecia.

Fonti: *notitiae* 3, 7, 9-10, 13, 16: Darrouzès, p. 488

Bibl.: Le Quien, I, coll. 1149-1152; R. Janin, DHGE, XII, col. 278; Laurent, *Sceaux*, V, 1, pp. 232-234; V, 3, p. 63

Sisinnius	(-787 sept. 26)	(787 oct. 13-)	Mansi, XII, col. 1099; XIII, col. 388
Demetrius	saecc. VIII-IX		Laurent, *Sceaux*, V, 1, n. 328
Sisinnius	saec. IX pars post.		Laurent, *Sceaux*, V, 1, n. 329
Theodorus	saec. X-XI		Laurent, *Sceaux*, V, 1, n. 330
Ioannes	saec. XII pars post.		Laurent, *Sceaux*, V, 3, n. 1701 bis
...	(-1170 nov.)		Grumel, III, n. 1118

27.9.3 CHARIOPOLIS, Chariupolis, Hayrebolu — eccl. byzantina

Vescovado suffraganeo di Eraclea; dal 1341 al 1347 sede metropolitana.

Fonti: *notitiae* 3, 7, 9-10, 13, 16: Darrouzès, p. 488

Bibl.: Le Quien, I, coll. 1133-1134; Stamoules, pp. 185-187; Laurent, *Sceaux*, V, 1, pp. 237-238; R. Janin, DHGE, XII, coll. 415-416

Theophylactus	(-787 sept. 26)	(787 oct. 13)	Mansi, XII, col. 1099; XIII, col. 388
Cosmas	(-879 nov.)		Le Quien, I, col. 1133
Michael	saec. XI		Laurent, *Sceaux*, V, 1, n. 335
...	(-1289)		Stamoules, p. 186
...	(-1347)		Stamoules, p. 187
...	(-1351)		
...			Janin, col. 416
Gerasimus	(-1725)		
Ioasaph		1798 oct.	
Dionysius	1818 dec.		
Iacobus	1824 iun.	1827 iun.	
Daniel		1833	
Anthimus	1837 iun. 27		
Procopius		1855 dec. 3	
Dorotheus	1855 dec. 3	1866 ian. 11	
Callinicus	1863		
Gennadius Scholarios	1867 sept. 30	1894	
Germanus Caranvanghelis	1896 febr. 20	1901 oct. 21	
Philotheus Michaelides	1903 febr. 13	1908 mar. 11	
Constantinus	1908 mar. 16	1912 ian. 10	
Gennadius Zeziades	1926 mar. 27	1939 iul. 25	

27.10.3 **CHERSONESOS**, Hexamilion — eccl. byzantina

Vescovado suffraganeo di Eraclea fino almeno al 1388, quando divenne arcivescovado e metropoli poco prima del 1359; alla fine del secolo XIV scompare ogni ricordo della sede.

Fonti: *notitiae* 1-4, 7, 9-10, 13, 16-19: Darrouzès, pp. 488, 493

Bibl.: Le Quien, I, coll. 1127-1128, 1131-1132; R. Janin, DHGE, XII, col. 636; Laurent, *Sceaux*, V, 1, pp. 229-231, V, 3, pp. 62-63; Stamoules, pp. 111-188

Petrus	(-449 aug. 8)		Honigmann, *Lists*, p. 36
...	(-787 oct. 13)		Mansi, XIII, col. 388
Methodius	(-879 nov.)		Mansi, XVII-XVIII, col. 376
Ioannes	saec. X fin.-saec. XI in.		Laurent, *Sceaux*, V, 3, n. 1701
Ioannes	saec. XI pars post.		Laurent, *Sceaux*, V, 1, n. 324
Stylianus	saec. XI pars post.		Laurent, *Sceaux*, V, 1, nn. 325-326
...	(-1143)	(1146-)	Stamoules, p. 111
...	(-1338 febr.)	(1342 apr.-)	
...	(-1350)		
...	(-1392 febr.)		AA, X, p. 124

27.11.3 **COELA**, Coeles, Coela, Kyla, Koila, Kilitbahar, v. Madyta — eccl. byzantina

Vescovado suffraganeo di Eraclea, dal 787 compare unito nella persona del vescovo Leonida a quello di Madytos.

Fonti: Hierocles, 634, 3: Honigmann, p. 12; *notitiae* 1-4, 7: Darrouzès, p. 499

Bibl.: Le Quien, I, coll. 1121-1124; Oberhummer, RE, XI, coll. 1048- 1049; R. Janin, DHGE, XIII, col. 192; Laurent, *Sceaux*, V, 1, p. 552

Cyrillus	(-431 iun. 22)	(431 iul. 22-)	ACO, I, I, II, p. 4; I, I, VII, p. 86
Theotecnus	(-457)		ACO, II, V, p. 28

27.12.3 **DAONION**, Daonium — eccl. byzantina

Vescovado suffraganeo di Eraclea.

Fonti: *notitiae* 3, 7, 9-10, 13, 16: Darrouzès, p. 488

Bibl.: Le Quien, I, coll. 1133-1136; R. Janin, DHGE, XIV, col. 77; Stamoules, p. 102

Thomas	(-787 sept. 26)		Mansi, XII, col. 1099

Clemens	(-879 nov.)		Mansi, XVII-XVIII, col. 376
...	(-1330)		Stamoules, p. 102

27.13.3 **DRYZIPARA**, Druzipara, Drusipara, Mesene — eccl. byzantina

Vescovado della provincia di Europa; sede arcivescovile.

Fonti: *notitiae* 1-5, 12, 15: Darrouzès, p. 489

Bibl.: Le Quien, I, coll. 1131-1132; Oberhummer, V, coll. 1741-1742; Jones, *Cities*, p. 524; R. Janin, DHGE, XIV, coll. 798-799

Theodorus	(-553 mai. 5)	(553 iun. 2-)	ACO, IV, I, pp. 5, 226
Cyriacus	(-787 sept. 26)	(787 oct. 13-)	Mansi, XII, col. 1098; XIII, col. 385

27.14.3 **GANOS**, Ganus, Gannus, Gaziköy — eccl. byzantina

Sede metropolitana senza suffraganei.

Fonti: Hierocles, 633, 1: Honigmann, p. 12; *notitiae* 15, 17-18, 21: Darrouzès, p. 491

Bibl.: Le Quien, I, coll. 1151-1154; Oberhummer, RE, VII, col. 708; Darrouzès, pp. 160, 162, 167; Stamoules, pp. 98-101; Jones, *Cities*, p. 524; R. Janin - L. Stiernon, DHGE, XIX, col. 1105-1109

...	(-1275)	(1282-)	Janin-Stiernon, col. 1106
Constantinos	(-1324)		
Menas	(-1329 dec.)		
...	(-1342 aug.)	(1343 apr.-)	
Ioseph, dep.	(-1347)	1351 mai./iun.	Janin-Stiernon, col. 1107
...	(-1361 iul.)	(1367 iun.-)	
Nicander	(-1387 mai. 2)	(1389 sept.-)	
...	(-1394 dec. 8)		
Gennadius	(-1439 iul.)		
Gregorius	(-1450)		
Matthaeus	(-1467 ian. 15)		
Nicephorus	(-1499)		
Gabriel	(-1555)		
Theophanes	(-1561)		
Pachomius	(-1572 iun. 18)	(1576-)	
Dionysius	(-1585 febr. 27)		
Cyrillus	(-1590 mai.)		

Dionysius	(-1596 apr.)		
Hierotheus	(1597-)		
Melchisedech			
Laurentius			
...	(-1602 sept.)		
Macarius, dep.		1610	
Macarius	(-1616 sept. 2)		
Neophytus	1610		
Meletius	(-1611 mai.)		
Neophytus		1613	
Macarius	(-1618 mai. 6)	(1620 aug.-)	
Ignatius	(-1620 nov.)		
Ioannicius	(-1621 mai. 10)		
Ignatius, dep.	(-1622 mai.)	1624 apr.	
Ioannicius, tr. ad Heracleam	1624 apr.	(-1636 iun.)	
Iacobus	(-1637 aug. 7)	1639	Janin-Stiernon, col. 1108
Paisios, dep.	1639 sept. 18	1648 mar. 18	
Gabriel, dep.	1648 mar.	1651 nov. 26	
Gabriel	1654		
Anthimus	(-1662 iul.)		
Cosmas	(-1668 febr.)		
Christophorus, dep.		1672 ian.	
Leontius	(-1672)		
Arsenius	(1674-1681)		
Cosmas	1681		
Matthaeus	1682		
Germanus	1684	1690	
Cyrillus	1692		
Constantius	(-1692 mar.)	(1700 ian.-)	
Anthimus	1705	1716	
Gregorius	1716	1728	
Bartolomaeus	1728		
Hierotheus	1733		
Neophytus	1743		
Bartolomaeus		(-1744 mar.)	
Neophytus Pelekases	1744 mar.	1759 sept.	
Procopius Pelekases, tr. ad Smyrn.	1759 oct. 3	1770 ian.	

Dionysius			
Leontius			
Paisios, ep. Euripios, tr. ad Bosn.	1770	1780	
Matthaeus			
Cyrillus, dep.	1780 ian.	1798	
Gerasimus	1796 dec. 19	1821 mai. 28	
Leontius	1822 iul.	1823 febr.	
Macarius	1825 mai.	(-1837 apr.)	
Meletius, tr. ad Demetr.	1837 apr. 27	1841 mai.	
Mattheus, ep. Demetr., dep.	1841 mai. 12	1845 oct.	
Cyrillus Koutsas	1845 oct.	(-1848 aug.)	
Cyrillus Kyriakides, tr. ad Andrinopol.	1848 aug.	(-1853 mar. 15)	
Chrysanthus, dep.	1853 mar. 15	(-1873 apr. 17)	
Gregorius Mislianos	1873 apr. 17	(-1873 iul. 4)	
Timotheus Lamprides	1873 iul. 14		
Parthenios Papa Photeinou, tr. ad Sozouagathoupolim	1875 mai. 19		
Benedictus Adamantides, tr. ad Pisid.	1881 febr. 11	1886 febr.	
Polycarpus Chorenos, tr. ad Varn.	1886 mai.		
Dionysius	1891 aug. 1	1897 sept. 10	
Constantinus Mikroules, tr. ad Sozouagathoupolim	1897 sept. 27	1900 mai. 23	
Constantinus Ballioules, tr. ad Pisid.	1900 iun. 3		Janin-Stiernon, col. 1109
Constantinus Isaakides, tr. ad Anchial.	1906 iun. 3		
Seraphim Skaroules	1909 mai. 14	1913 aug.	
Timotheus Lamnes, tr. ad Metsovo	1913 sept. 10	1924 oct. 7	
Pancratius	1943 oct.	1952 mai. 30	

27.15.3 HAIMOS — eccl. byzantina

Vescovado suffraganeo di Eraclea.

Fonti: *notitia* 3: Darrouzès, p. 234

27.16.3 **LIZICUS**, Lizikos — eccl. byzantina

Vescovado suffraganeo di Eraclea.

Fonti: *notitiae* 2-3, 7, 9-10, 13, 16: Darrouzès, p. 500

Bibl.: Le Quien, I, coll.1133-1134; Stamoules, p. 129

Beniamin	(-787 sept. 26)	(787 oct. 13-)	Mansi, XII, col. 1099; XIII, col. 388
Georgius, Germanus	(-879 nov.)		Mansi, XVII-XVIII, col. 879; cfr. Le Quien, I, col. 1134

27.17.3 **MADYTA**, Madytos, Maïdos-Maïta — eccl. byzantina

Vescovado suffraganeo di Eraclea; nel 787 compare unito a Coeles o Koila; promosso sede metropolitana sotto Costantino X Ducas (1059-1067).

Fonti: *notitiae*: Darrouzès, p. 501

Bibl.: Le Quien, I, coll. 1141-1144; Lenk, RE, XIV, coll. 204-205; Stamoules, pp. 129-131; Laurent, *Sceaux*, V, 1, pp. 234-235, 552- 554; V, 3, pp. 135-138

Leo, Leonides, ep. Madyti sive Coeles	(-787 sept. 26)	(787 oct. 13)	Mansi, XII, col. 1099; XIII, col. 388
Constantinus	(-879 nov.)		Mansi, XVII-XVIII, col. 376
Euthymius	saec. X fin.		J. M. Sauget, BS, V, coll. 333-334
Clemens	saec. XI		Laurent, *Sceaux*, V, 3, n. 1790
Nicephorus, metr.	(-1053 c.)		Laurent, *Sceaux*, V, 1, n. 727; V, 3, n. 1791
Nicetas	saec. XI pars post.		Laurent, *Sceaux*, V, 1, n. 331
...		(1084 aug.-)	Grumel, III, n. 938
...	(-1143)	(1146-)	Stamoules, p. 131
Basilius	(-1170)	(1171-)	
Theophanes	(-1197)		
Constantinus	(-1204)	(1209 iun.-)	Laurent, *Sceaux*, V, 3, n. 1792
Ioannes, metr.	(-1274)		Mansi, XXIV, col. 75; Stamoules, p. 131
Gregorius	(-1285)	(1292-)	Stamoules, p. 131
Callinicus, metr.	(-1295 oct. 5)		Laurent, IV, n. 1567
Isaac	(-1329)		Stamoules, p. 131
...	(-1337)	(1345-)	
Iacobus	(-1354)		
Meletios			

27.18.3 MEDEIA eccl. byzantina

Vescovado suffraganeo di Eraclea; arcivescovado e sede metropolitana.

Fonti: *notitiae*: Darrouzès, p. 502

Bibl.: Le Quien, I, coll. 1143-1146; Stamoules, pp. 143-145

Euthymius	(-1351)		Le Quien, I, col. 1145
Michael	(-1379)	(1387-)	Stamoules, p. 144
...	(-1389)		
Mattheus	(-1390)	(1394-)	
...	(-1395)		
Stephanos	(-1431)		
Theophanes	(-1438)		
Ioseph	(-1467)		
Neophytos	(-1474 oct. 10)		
Theophanes	(-1487)		
...	(-1517 aug.)		
...	(-1564)		
Ioachim	(-1564)		
Gregorios	(-1567)		
...	(-1577 iul. 18)		
Parthenios			
Dorotheus	(-1590 mai.)		
Parthenios	(-1591 iun.)		
Germanos	(-1593 mai.)		
Gabriel	(-1601)		Stamoules, p. 145
Arsenios	(-1602)		
Theodosios	(-1623)		
Metrophanes	(-1636)		
Meletios			
Neophytos			
Christophoros	1651	1656	
Nicephoros	1656		
Daniel	1662		
Laurentios	(-1674 iun. 9)	(1675 iul. 9-)	
...	(-1678)		
Paisios	(1708-1714)	(1721-)	
Theodosios	(-1728)		

27.19.3 METRA eccl. byzantina

Vescovado suffraganeo di Eraclea.

Fonti: *notitiae* 3, 7, 9-10, 13, 17, 21: Darrouzès, p. 503

Bibl.: Le Quien, I, coll. 1149-1150; Stamoules, pp. 141-143

Constantinus	(-787 oct. 13)		Mansi, XIII, col. 388
Gregorius	(-879 nov.)		Mansi, XVII-XVIII, col. 373
...	(-1466)		Stamoules, p. 141
...	(-1490)		
Procopios	(-1557)	(1579-)	
...	(-1581)		
Germanos	1582	1587	Stamoules, p. 142
Theonas	(-1590)		
Mathousalas	(-1593)		
Manasses	(-1598)		
Ioseph, Ioasaph	1600	1612	
Mathousalas	(-1613)		
Parthenios	(-1614)		
Mathousalas	1616	1618	
Neophytos			
Hierotheos	(-1637)	(1646-)	
Neophytos	(-1648)		
Ignatius		1650	
Daniel	1650		
Pancratios	(-1653)		
Timotheos			
Raphael	(-1675 aug.)	(1676-)	
Anthimos	(-1683)		
Dionysios	1685	1691	
Gedeon	1691	1695	
Macarios	1695	1697	
Nilos	1697	1711	
Macarios			
Metrophanes	1711		
Gerasimos			
Silvestros	1723		

Gedeon			
Anthimos	(-1741)		
...	(-1743)		
Dorotheos	1744	1746	
Methodios	1746	1761	Stamoules, p. 143
Gerasimos	1761	1783	
Sophronios	1783		
Meletios		1822	
Gabriel	1822	1832	
Theocletos	1832	1853	
Zacharias	1853	1861	
Theocletos	1861	1865	
Anthimos	1865	1874	
Dositheos	1874	1879	
Athanasios	1879	1888	
Neophytos	1888	1890	
Anthimos	1890	1899	
Ioachim	1899	1909	
Gregorios	1909	1914	
Ioachim	1914	1923	

27.20.3 MYRIOPHYTON, Myriophytum, v. Peristasis — eccl. byzantina

Vescovado suffraganeo di Eraclea; compare unito a Peristasis nella lista sinodale del 1032.

Bibl.: Le Quien, I, col. 1151-1152; Darrouzès, p. 104, n. 1

27.21.3 ORNI — eccl. byzantina

Vescovado suffraganeo di Eraclea.

Fonti: Hierocles, 632, 1: Honigmann, p. 12

Bibl.: Jones, *Cities*, p. 524

...	(-431 iul. 22)	ACO, I, I, VII, p. 122

27.22.3 **PAMPHILON**, Pamphylon — eccl. byzantina

Vescovado suffraganeo di Eraclea.

Fonti: *notitiae* 3, 7, 9-10, 13, 16: Darrouzès, p. 506

Bibl.: Le Quien, I, coll. 1133-1134; Stamoules, pp. 153-154

Michael	(-787 sept. 26)	(787 oct. 13-)	Mansi, XII, col. 1110; XIII, col. 397
Petrus	(-879 nov.)		Mansi, XVII-XVIII, col. 376
Georgius	saec. XII		Stamoules, p. 154
Constantios	(-1260)		
...	(-1351)		
...	(-1365)	(1367-)	

27.23.3 **PANION**, Panium, Panados, Theodosiopolis — eccl. byzantina

Vescovado suffraganeo di Eraclea; esistente già nel 536, compare fino alla fine dell'impero; sotto Isacco II Angelo (1185-1195) era unito a Rodosto.

Fonti. Hierocles, 632, 5: Honigmann, p. 12; *notitiae* 1-4, 6-7, 9-10, 13, 16, 21: Darrouzès, p. 507

Bibl.: Le Quien, I, coll. 1119-1122; J. Schmidt, RE, XVIII, col. 601; Stamoules, pp. 154-156; Laurent, *Sceaux*, V, 1, pp. 222-229

Andreas, "ep. Theodosiopolis"	(-536)		ACO, III, p. 185
Rheginus	(-681 sept. 16)		Mansi, XI, col. 676
Ioannes	(-787 sept. 26)	(787 oct. 13-)	Mansi, XII, col. 1099; XIII, col. 388
Strategius (?)	(-879)		Le Quien, I, coll. 1119-1120
Akindynos	saecc. IX-X		Laurent, *Sceaux*, V, 1, n. 313
Ioannes	saec. XI in.		Laurent, *Sceaux*, V, 1, n. 314
Paulus	saec. XI in.		Laurent, *Sceaux*, V, 1, nn. 315-316
Michael	saec. XI pars pr.		Laurent, *Sceaux*, V, 1, n. 317
Theodorus	saecc. XI-XII		Laurent, *Sceaux*, V, 1, n. 318
Nicephorus	saecc. XI-XII		Laurent, *Sceaux*, V, 1, n. 319
Ioannes	saecc. XI-XII		Laurent, *Sceaux*, V, 1, n. 320
Leo	saecc. XI-XII		Laurent, *Sceaux*, V, 1, n. 321
Constantinus Manasses, prom. ad Naupactum et Artam	(-1170)	(1172 mai.-)	Laurent, *Sceaux*, V, 1, n. 322
...	(-1306)		Stamoules, p. 155
Ignatius	(-1351)		
Gregorius	(-1564)		Le Quien, I, col. 1121

Gabriel	(-1564)		
Clemens			Le Quien, I, coll. 1121-1122
Dionysius	(-1590)		Stamoules, p. 155
Leontios	1674	1676	Stamoules, p. 156
Symeon	(-1721)		Le Quien, I, col. 1122

27.24.3 **PERISTASIS**, Şarköy, cfr. Myriophytum eccl. byzantina

Vescovado suffraganeo di Eraclea; nella *notitia* 21 compare unito a Myriophyton; titolo vescovile durante il periodo latino.

Fonti: *notitiae* 10, 13, 21: Darrouzès, p. 508

Bibl.: Laurent, *Sceaux*, V, 1, pp. 231-232; Stamoules, pp. 147-148

Gregorius, ep. Peristaseos et Myriophytou	(-1032 apr.)		Grumel, II, n. 840
Dionysios	(-1368)		Stamoules, p. 147
Metrophanes	(-1453)		
...	(-1565)	(1572-)	
Sergios	1580	1590	
Euthimios	1590		
Gabriel		1622	
Laurentios	1622	1636	
Symeon	(-1640)	(1659-)	
Neophytos			
Theodosios	1661	1675	
Ioasaph	1708	1714	
Iacobus	(-1725)	(1728 oct.-)	
Nicodemos	(-1743)	(1754-)	
Callinicos	1767	1784	
Meletios	(-1788)	(1794-)	
Neophytos	1795	1821	
Seraphim	1822	1864	
Gregorios Leontopoulos	1864	1882	
Gregorios Photeinos	1882	1891	
Nicodemos	1891	1895	Stamoules, p. 148
Constantinos	1895	1900	
Smaragdos	1900	1908	

Philotheos	1908	1917	
Sophronios	1918	1923	
Callinicos	1923	1924	
Sophronios	1924		

27.25.3 **RHAIDESTOS**, Rodosto — eccl. byzantina

Vescovado suffraganeo di Eraclea, almeno dagli inizi del sec. VII; sede metropolitana nel sec. XIV, per breve tempo, prima di ricadere sotto la giurisdizione di Eraclea; per il periodo latino cfr. Fedalto, II, p. 195.

Fonti: *notitiae*: Darrouzès, p. 511

Bibl.: Le Quien, I, coll. 1127-1130; Stamoules, pp. 161-163; Laurent, *Sceaux*, V, 1, pp. 218-222; V, 3, pp. 61-62

Ioannes	(-787 sept. 26)	(787 oct. 13-)	Mansi, XII, col. 1099; XIII, col. 388
Nicolaus	(-879 nov.)		Mansi, XVII-XVIII, col. 376
...	(-1044)		Le Quien, I, col. 1129
Theod.	saec. XI med.		Laurent, *Sceaux*, V, 1, n. 308
Ioannes	saec. XI pars post.		Laurent, *Sceaux*, V, 1, n. 309
Pothos	saec. XI pars post.		Laurent, *Sceaux*, V, 3, n. 1700
Nicetas	saec. XII pars post.		Laurent, *Sceaux*, V, 1, n. 310
Michael	saec. XII pars post.		Laurent, *Sceaux*, V, 3, n. 1700 bis
Ioannes	(-1212 iul. 14)	(1216 c.-)	Laurent, *Sceaux*, V, 1, n. 311
...	(-1280)	1296	Stamoules, p. 162
...	(-1453)		
Macarius	(-1499)		
...	(-1572)		
Ignatios	(-1590)		
Melchisedech	1615		
Methodios	(-1622 apr.)		
Theophanes	(- 1632)		
Cyrillos	1655	1661	Stamoules, p. 163
Athanasios	1663	1671	
Theophanes			
Leontios	(-1674 oct.)		
Athanasios			
Theophilos	(-1683)		
Pachomios	1694	1702	
Ioasaph			
Gabriel			

27.26.3 **SAUSADIA**, Sanadia, Kavak (?), Şedeli (?) eccl. byzantina

Vescovado suffraganeo di Eraclea.

Fonti: Hierocles, 633, 5: Honigmann, p. 12

Bibl.: Le Quien, I, coll. 1123-1126; E. Honigmann, "Byzantion", XI (1936), pp. 556-558; Jones, *Cities*, p. 524; Stamoules, p. 165

...	(-431 iul.)	ACO, I, I, VII, p. 123
Nicolaus (?)	(-879 nov.)	Le Quien, I, col. 1126

27.27.3 **SELYBRIA**, Selymbria, Eudoxiopolis, Silivri eccl. byzantina

Località chiamata Eudoxiopolis dall'imperatore Arcadio (395-408) dal nome della moglie; vescovado suffraganeo di Eraclea; arcivescovado dal 640 c., eretto in metropoli verso il 1180; per il periodo latino, v. Fedalto, II, pp. 196-197.

Fonti: Hierocles, 632, 1: Honigmann, p. 12; *notitiae*: Darrouzès, p. 513

Bibl.: Le Quien, I, coll. 1137-1140; Oberhummer, RE, II A, coll. 1324- 1327; Stamoules, pp. 166-170; Laurent, *Sceaux*, V, 1, pp. 645-646

Theophilus, ep. Apameae			Socrates, HE, VII, 36: PG, 67, col. 821
Romanus	(-451 oct.)		ACO, II, I, I, p. 58
Auxentius	(-536)		ACO, III, p. 154
Sergius	(-681 sept. 16)		Mansi, XI, col. 673
Georgius	(-691 sept.)		Mansi, XI, col. 992
Epiphanius			Le Quien, I, col. 1138
Symeon	(-879 nov.)		Mansi, XVII-XVIII, col. 373
Iacobus	saec. X in.		Laurent, *Sceaux*, V, 1, n. 831
...	(-1067 mar. 19)		Grumel, III, n. 897
Artemios	(-1090)		Stamoules, p. 166
...	(-1151)	(1153-)	
Ioannes	(-1156)		
Theodulus	(-1168 ian. 24)		Grumel, III, nn. 1077, 1112
Theodorus	(-1170 febr. 21)		Grumel, III, n. 1112
...	(-1209)	(1210-)	Stamoules, p. 167
Nicephoros	(-1260)		
Thomas	(-1262)		
...	(-1274)		Mansi, XXIV, col. 75
Ilarion	(-1283)	(1303 iun.-)	Stamoules, p. 167; AA, III, p. 96

Gregorios	1315	1327	Stamoules, p. 167
Ignatios	(-1330)		
Methodios	(-1347)		
Isaias	1347	1355	
Philotheos	1355	1375	
...			
Theophilos	(-1389)		
...	(1425-)		
Ignatios	(-1431)		
Iacobos	saec. XV med.		
Ioseph	(-1474)	(1484-)	
...	(-1490)		
...	(1498-1510)		
Athanasios	(-1514)	(1541-)	Stamoules, p. 168
Anthimos	(-1564)		
Athanasios	(-1584)	(1591 iun.-)	Stamoules, p. 168; Actes, II, p. 49
Theophanes	(-1608)		Stamoules, p. 168
Hieremias	(-1618)		
Iacobos	(-1618 nov.)		
Laurentios	(-1622)		
Macarios	(-1623)		
Daniel	1624		
Parthenios	1632		
Laurentios	1632	1638	
Sophronios	1638	1645	
Macarios	1645	1646	
Meletios	1646		
Metrophanes	(-1665)		
Iacobos	(-1671)		
Laurentios	(-1675)		
Anthimos	(-1677)		
Metrophanes	(-1680)		
Nectarios	(-1681)		
Gregorios	(-1684)		
Moises	(1688-1689)		
Arsenios			
Macarios	(-1701)		

Leontios	1701	1724	Stamoules, p. 169
Parthenios	1725		
Alexios Kyprios			
Laurentios	(-1728)		
Macarios		1744	
Gregorios	1745		
Theocletos			
Parthenios	1764		
Cyrillos			
Chrysanthos	1777	1790	
Callinicos	1790	1816	
Beniamin	1816		
Paisios	1816	1818	
Ioannikios	1818	1819	
Agathangelos	1819		
Macarios			
Dyonisios			
Hierotheos			
Mattheos	1834	1838	
Sophronios	1838	1849	
Nicephoros			
Ioannikios	1849	1853	
Meletios	1853	1861	
Zacharias	1861	1877	
Cirillos	1877	1881	
Germanos	1881	1892	
Constantios	1892	1900	
Dionysios	1900	1913	
Beniamin	1913		
Eugenius	1913	1934	

27.28.3 SERGENTZE

eccl. byzantina

Vescovado suffraganeo di Eraclea.

Fonti: *notitiae* 7, 9-10, 13: Darrouzès, p. 513

Bibl.: Le Quien, I, coll. 1131-1132; Stamoules, p. 165

Ioannes	(-879 nov.)		Mansi, XVII-XVIII, col. 378
...			Le Quien, I, col. 1132

27.29.3 **THEODOROPOLIS**, Euchania — eccl. byzantina

Vescovado suffraganeo di Eraclea, compare fino al secolo XIV.

Fonti: *notitiae* 2, 7, 9-10, 13, 16: Darrouzès, p. 515

Bibl.: Le Quien, I, coll. 1143-1144; Stamoules, p. 121; Jones, *Cities*, p. 524; R. Janin, DHGE, XV, coll. 1313-1314; Laurent, *Sceaux*, V, 1, p. 218

Gregorius	(-787 sept. 26)	(787 oct. 13-)	Mansi, XII, col. 1099; XIII, col. 388
Ioannes	(-879 nov.)		Le Quien, I, col. 1143
Ioseph	saec. XI		Laurent, *Sceaux*, V, 1, n. 307
Nicolaus	(-1054 iul.)		Grumel, III, n. 869
Ioannes	(-1092 mai. 15/iun. 14)		Grumel, III, nn. 963, 965
Leo	(-1173 iul. 11)		Grumel, III, n. 1126

27.30.3 **TZURULON**, Tzorule, Tzorullus, Torulon, Turulon, Čorlu — eccl. byzantina

Vescovado suffraganeo di Eraclea, promosso arcivescovado nel sec. XIV e nel 1364 nuovamente suffraganeo di Eraclea.

Fonti: *notitiae* 2-3, 7, 9-10, 13, 16-18: Darrouzès, p. 517

Bibl.: Le Quien, I, col- l. 1129-1130; E. Oberhummer, RE, VII A, col. 2012; Stamoules, pp. 178-180; Laurent, *Sceaux*, V, 1, pp. 235-236

Sisinnius	(-787 oct. 13)		Mansi, XIII, col. 388
Basilius	(-870 febr. 28)	(879 nov.-)	Mansi, XVI, col. 194; XVII- XVIII, col. 376
Nicephorus	saec. XI pars post.		Laurent, *Sceaux*, V, 1, n. 332
...	(-1344)		Stamoules, p. 178
...	(-1364)		
...	(-1512)		
...	(-1572)		
Theonas	1579	1580	
...	(-1610)		Stamoules, p. 179
Anthimos	(-1616)		
Chariton	(-1630)		

...	(-1675)		
Daniel	(1708-1714)		
Neophytos	(-1720)		
Cyprianos	1725	1736	
Gerasimos	(-1763)		
Porphirios	(-1776)		
Neophytos	1781	1808	Stamoules, p. 180
Seraphim	1808		
Dionysios	1830		
Gregorios Pumpuri	1831	1835	
Nicodemos	1835	1840	
Meletios	1840	1843	
Nicephoros	1907	1911	
Chrisostomos	1911		

PROVINCIA THRACIAE

28.1.2 PHILIPPOPOLIS, Plovdiv — eccl. primaeva et byzantina

Seconda città del tema di Macedonia, eretta in tema distinto all'inizio del sec. XI da Basilio II; sede metropolitana della provincia di Tracia con 10 vescovadi suffraganei, che hanno subito leggere variazioni nel loro numero.

Fonti: Hierocles, 635, 4: Honigmann, p. 12; *notitiae*: Darrouzès, pp. 508-509

Bibl.: Le Quien, I, coll. 1155-1162; Germanos, pp. 183-189; Stamoules, pp. 180-184; Mystakides, pp. 222-229; Laurent, *Sceaux*, V, 1, pp. 518-521; V, 3, pp. 114-115; J. Dujčev, DPAC, II, coll. 3486-3490

Hermas, s.			F. Spadafora, BS, V, col. 9
Brison, Briso			Socrates, HE, VI, 18: PG, 67, col. 717
Silvanus, tr. ad Troadem			Socrates, HE, VII, 36: PG, 67, col. 821
Francion	(-451 oct.)		ACO, II, I, II, p. 25
Valentio	(-458)		ACO, II, V, p. 24
Nicolaus (?)	(-879 nov.)		Le Quien, I, col. 1157
...	saecc. X-XI		Laurent, *Sceaux*, V, 1, n. 686
Basilius	(-1092 mai. 15/iun. 14)		Grumel, III, nn. 963, 965; Laurent, *Sceaux*, V, 1, n. 687
Noe			Laurent, *Sceaux*, V, 1, n. 688
Michael Italikos	(-1146/1147)		Laurent, *Sceaux*, V, 3, n. 1765
Theodorus	(-1157 mai.)		
Basilius	(-1170 febr. 21)		Grumel, III, n. 1112
Constantinos	(-1191 nov. 27)	(1192 ian. 8-)	Grumel, III, nn. 1179, 1180
Euphemianus	(-1197 febr. 24)		Grumel, III, n. 1185
...	(-1205)		Le Quien, I, col. 1159
Georgius	(-1272)		Stamoules, p. 181
...	(-1274)		Mansi, XXIV, col. 75
...	(1283-132- 8)		Stamoules, p. 181
...			
Gerasimos	(-1285)		
Maximos	(-1329)		Stamoules, p. 182
Noe			
Manuel	(-1360)		
Damianos	(-1378)		
...	(-1387)		
Metrophanes	(-1393)		

Damianos	(-1410)		
Ioseph	(-1440)		
Ioasaph	(-1450)		
Dionysios			
Gennadios	1474		
Ioasaph	1497		
Arsenios	(-1500)		
Callistos	(-1511)		
Theodosios	(-1541)		
Gennadios	(-1546)		
Arsenios	(-1560)		
Theolectos	(-1578/1580)		
Theophanes	(-1585)		
Chariton	(-1591 iun.)		Actes, II, p. 49
Damascenos			Stamoules, p. 183
Daniel	(-1604)		
Parthenios	(-1606)		
Ioasaph	(-1608)		
Clemens	(-1611)		
Kaisarios	(-1621)		
Meletios	(-1627)		
Christophoros	1628	1636	
Gabriel	1636		
Cyrillos	(-1637)		
Seraphim	(-1663)		
Abercios	(-1673)		
Dionysios			
Cyrillos			
Dionysios	(-1679)		
Gabriel	(-1680)		
Neophytos			
Nectarios	1682	1688	
Clemens	1689		
Damascenos			
Neophytos	1689	1711	
Callinicos	1711	1718	
Macarios			
Theocletos			

Neophytos	(-1721)		
Anthimos	(-1723)		Stamoules, p. 184
Constantios	(-1725)		
Demetrios	(-1733)		
Theophanes			
Neophytos	(-1746)		
Theocletos	(-1746 mai.)		Actes, III, p. 171
Seraphim			Stamoules, p. 184
Dionysios	(-1757)		
Auxentios	1757	1765	
Samuel	1765	1780	
Cyrillos	1780		
Eugenios	(-1807)		
Ioasaph	(-1808)		
Ioannikios	(-1809)		
Eugenios	(-1817)		
Paisios	1818	1822	
Samuel	1822	1824	
Nicephoros	1824	1850	
Chrysanthos	1850	1857	
Paisios	1857	1861	
Panaretos	1861	1872	
Neophytos	1872	1880	
Gregorios	1880	1884	
Ioachim	1884	1889	
Photios	1889	1910	
Smaragdos	1910	1912	
Timotheos	1912	1913	
Beniamin	1913	1925	
Varlaam Kiril Stojanov Pešev	1969 mar. 9		*Orthodoxia, 1986-1987*, p. 52

28.1.5 PHILIPPOPOLIS — eccl. semiariana

Eutychius	(-342/343)		Hilarius: CSEL, 65, p. 78

28.2.3 ACHRIDOS — eccl. byzantina

Il vescovado non compare nelle liste, pur essendo la località nominata nelle fonti tra i secoli XI e XIII; Laurent riteneva che dipendesse da Filippopoli, con la quale formava un solo tema; il vescovado dovette sussistere fino alla costituzione del secondo stato bulgaro e riprendere vita sotto i Paleologi; probabilmente comprendeva dei Turchi trasferiti dall' Anatolia e cristianizzati, senza escludere la presenza di Ungheresi e Greci.

Bibl.: Stamoules, p. 89; Laurent, *Sceaux*, V, 1, pp. 522-523

Constantinus	saecc. XI-XII	Laurent, *Sceaux*, V, 1, n. 691

28.3.3 AGATHONIKEIA, Agathoniceia, Belaštitsa — eccl. byzantina

Vescovado suffraganeo di Filippopoli, non anteriore ai primi anni del secolo X; compare fino al sec. XIII e scompare per circostanze sconosciute: fino al 1860 il titolo veniva dato ad un vescovo ausiliare del metropolita di Filippopoli, che risiedeva a Tatar-Bazardjik.

Fonti: *notitiae* 7, 9-10, 13: Darrouzès, p. 482

Bibl.: S. Pétridès, DHGE, I, col. 921; Germanos, p. 111; Stamoules, p. 65; Laurent, *Sceaux*, V, 1, p. 521

Basilius	saec. XI pars post.		Laurent, *Sceaux*, V, 1, n. 689
Dionysios	1804 dec.		Germanos, p. 111
...	(-1850 sept.)		
Gregorios	(-1860 mar.)	(1863 febr.-)	
Orestes	(1938)		Stamoules, p. 65

28.4.3 BELIKEIA — eccl. byzantina

Vescovado suffraganeo di Filippopoli.

Fonti: *notitiae* 7, 9-10, 13: Darrouzès, p. 486

Bibl.: R. Janin, DHGE, VII, col. 768; Darrouzès, p. 89

28.5.2 BEROE, Berrhoea, Augusta Trajana, Eski Sagra, Stara-Zagora — eccl. primaeva et byzantina

Località contesa tra Greci e Bulgari, che la tennero tra la fine del secolo IX e l'inizio dell'XI, per riprenderla all'inizio del XIII fino al 1255 e nuovamente nel 1363, e cederla ai Turchi nel 1363/1364. Vescovado suffraganeo di Filippopoli; al concilio di Calcedonia compare come vescovado autocefalo; arcivescovado dalla *notitia* 1 in poi; sede metropolitana della chiesa ortodossa bulgara (v. 43.6.2 Berrhoea).

Fonti: Hierocles, 635, 5: Honigmann, p. 12; *notitiae* 1-5: Darrouzès, p. 486

Bibl.: Le Quien, I, coll. 1165-1168; Oberhummer, RE, III, coll. 306-307; R. Janin, DHGE, VIII, coll. 877-878; Stamoules, pp. 89-90; Laurent, *Sceaux*, V, 3, pp. 155-156

Pankratij Penčo Nikolov Dončev	1967 iul. 12		*Orthodoxia, 1986-1987*, p. 53

28.6.3 **BLEPOS**, Bleptos — eccl. byzantina

Vescovado suffraganeo di Filippopoli.

Fonti: *notitiae* 7, 9-10, 13: Darrouzès, p. 487

Bibl.:R. Janin, DHGE, IX, col. 187

28.7.3 **BOUKOUBA** — eccl. byzantina

Vescovado suffraganeo di Filippopoli.

Fonti: *notitiae* 7, 9-10, 13: Darrouzès, p. 487

Theodorus	(-879 nov.)		Mansi, XVII-XVIII, col. 376

28.8.3 **DERKOS**, Dercos, Delcum, Delcos, Dercus, Terkos — eccl. byzantina

Vescovado suffraganeo di Filippopoli; nel 787 aveva il rango di arcivescovado e così nelle *notitiae* successive; elevato a metropoli tra 1365 e 1379, si mantenne tale fino all'epoca moderna.

Fonti: *notitiae*: Darrouzès, p. 489

Bibl.: Le Quien, I, coll. 1163-1166; R. Janin, DHGE, XIV, coll. 314-317; Oberhummer, RE, IV, col. 2447; Stamoules, pp. 103-106; Laurent, *Sceaux*, V, 3, pp. 159-160

Gregorius	(-787 sept. 26)	(787 oct. 13-)	Mansi, XII, col. 1099; XIII, col. 385
Macarius	(-879 nov.)		Mansi, XVII-XVIII, col. 373
Neophytus	(-879 nov.)		Mansi, XVII-XVIII, col. 373; Laurent, *Sceaux*, V, 3, n. 1817
Ioannes	(-917 febr. 21)		Grumel, II, n. 804
...	(-1082 mar. 20)		Grumel, III, n. 925
Ioannes	(-1166 mai. 6)		Leo Allatius, II, XII, col. 690
...	(-1171 ian. 13)		Grumel, III, n. 1119
Michael	(-1177 ian. 10)		Grumel, III, n. 1132

Gregorius	(-1197 febr. 24)		Grumel, III, n. 1185
...	(-1274)		Mansi, XXIV, col. 75
Constantinos	(-1276 aug.)		Janin, col. 315
Macarios	(-<1289 c.- 1293>)		AA, III, p. 96
Theodulos	(-1316 apr.)		Janin, col. 315
Lucas	(-1324 mar. 23)	(1329-)	
...	(-1365)	(1371 mai.-)	
Paulus	(-1379 sept.)	(1381 nov. 23-)	
...	(-1384)	(1387 nov.-)	Janin, col. 316
Ioseph	(-1389 nov.)		
...	(-1393)	(1401-)	
Acacius	(-1443)	(1452 nov.-)	
...	(-1466 mai.)		
...	(-1629)		
Daniel	(-1634)		
Athanasius		1640	
Chrysantus	1640 dec.		
Athanasius	(-1655 iun.)	(1660 mai.-)	
Chrysantus, dep.	1660 dec.	1673 sept.	
Macarius	1673 sept. 11	1688 oct.	
Nicodemus	1689		
Neophytus	(-1707)		
Nicodemus	(-1710 iul.)		
Cyrillus	(-1715)		
Nicodemus	1719	1720	
Antimus	(-1721)		
Nicodemus	1722 sept.	1731 dec.	
Samuel Chantzeres	1731 dec.	1763 mai. 24	
Ioannicius			
Dionysius Samoucrasas	1763 aug.	1773 oct.	
Ananias	1774 mar. 7	1791 mar. 25	
Samuel			
Gerasimus	1791 mai.	1794 mar. 3	
Macarius	1794 mar. 4	1801 iul.	
Gregorius	(-1804 oct.)	1821 iun. 3	
Hieremias, dep.	1821	1824 iul.	
Nicephorus	1824 nov. 17	1835 nov.	
Germanus	1835 nov.	1842 iun. 14	

Neophytus Barudes	1842 iun.	1853 mar. 15	
Panaretos			
Gerasimus Pournaras	1853 mai. 15	1865 mar. 12	
Neophytus Drymades	1865 mar. 15	1875 aug. 5	
Ioachim Kokkodes, dep.	1875 aug. 8	1884 nov. 1	
Callinicus Photiades	1884 dec. 20	1924 mai. 8	
Photios Maniates	1925 ian. 17	1929 oct. 7	
Ambrosius Xenakes	1929 oct. 24	1931 dec. 7	
Ioachim Pelekanos	1931 dec. 12	1950 ian. 23	
Iacobus	1950 mai. 23		
Konstantinos Harisiadis	1977 mar. 15		*Orthodoxia, 1986-1987*, p. 93

28.9.3 DIOCLETIANOPOLIS, Čirpan — eccl. byzantina

Vescovado suffraganeo di Filippopoli.

Fonti: Hierocles, 635, 6: Honigmann, p. 12; *notitiae* 1-4: Darrouzès, p. 489

Bibl.: Le Quien, I, coll. 1161-1164; Kazarow, RE, Suppl. III, col. 336; Jones, *Cities*, p. 524; R. Janin, DHGE, XIV, col. 495

Cyriacus	(-431)		ACO, I, IV, p. 67
Epictetus	(-451 oct.)	(458-)	ACO, II, I, I, p. 58; II, V, p. 30

28.10.3 DIOSPOLIS — eccl. byzantina

Vescovado suffraganeo di Filippopoli.

Fonti: Hierocles, 635, 8: Honigmann, p. 13; *notitiae* 1-4: Darrouzès, p. 489

Bibl.: Le Quien, I, coll. 1163-1164; Kazarow, RE, Suppl. III, col. 338; R. Janin, DHGE, XIV, col. 515; Oberhummer, RE, X, coll. 1455- 1456; Stamoules, p. 110, Jones, *Cities*, p. 524

Alexander			Stamoules, p. 110
Meletios	(-1812 mai. 29)		
Callinicos			
Auxentios		1837	

28.11.3 DRAMITZA — eccl. byzantina

Vescovado suffraganeo di Filippopoli.

Fonti: *notitiae* 7, 9-10, 13: Darrouzès, p. 489

28.12.3 GARELLA, Gariella, Garielus, Karayli-Güne — eccl. byzantina

Vescovado suffraganeo di Traianopoli nella *notitia* 3; arcivescovado di Europa all'inizio del sec. X, sede metropolitana tra 1341 e 1354.

Fonti: *notitiae*: Darrouzès, p. 491

Bibl.: Le Quien, I, coll. 1169-1170; Stamoules, pp. 101-102; R. Janin-L. Stiernon, DHGE, XIX, coll. 1257-1259; Laurent, *Sceaux*, V, 1, pp. 653-655; V, 3, pp. 158-159

Sisinnius	(-787 sept. 26)	(787 oct. 13-)	Mansi, XII, col. 1110; XIII, col. 397
Hypatios	(-870 febr. 28)		Mansi, XVI, col. 158
Basilius	(-879 nov.)		Mansi, XVII-XVIII, col. 373
Leo	saecc. X-XI		Laurent, *Sceaux*, V, 1, n. 841
Theodorus	saec. XI med.		Laurent, *Sceaux*, V, 1, n. 843
Nicetas	saec. XI pars post.		Laurent, *Sceaux*, V, 1, n. 842; V, 3, n. 1816
...	(-1066 apr. 26)		Grumel, III, n. 896: PG, 119, coll. 756-757
...	(-1089 sept.)		Janin-Stiernon, col. 1258
...	(-1143 oct.)		Grumel, III, nn. 1012, 1014
...	(-1186 sept. 10)		Grumel, III, n. 1170
Constantinus	(-1256 mar. 31)		Janin-Stiernon, col. 1258
..., «aep. Gatilleris»	(-1274)		Mansi, XXIV, col. 75
Paulus	(-1315)	(1332-)	Stamoules, p. 102
Hierotheos	(-1329)	(1331-)	
Ioannikios	(-1351)	(1355-)	

28.13.3 IOANNITZA — eccl. byzantina

Vescovado suffraganeo di Filippopoli, ancora ricordato nel 1339.

Fonti: *notitiae* 7, 9-10, 13: Darrouzès, p. 494

Bibl.: Le Quien, I, coll. 1167-1168; Stamoules, pp. 121-122; Laurent, *Sceaux*, V, 1, pp. 521-522

Joanneses, Jovanesius	(-879 nov.)		Mansi, XVII-XVIII, col. 377
Symeon	saec. XI med.		Laurent, *Sceaux*, V, 1, n. 690

28.14.3 KONSTANTEIA

eccl. byzantina

Vescovado suffraganeo di Filippopoli.

Fonti: *notitiae* 7, 9-10, 13: Darrouzès, p. 498

Bibl.: Germanos, p. 144

Ioannes	1909 nov. 24	1924 oct. 16	Germanos, p. 144

28.15.3 LEUCA

eccl. byzantina

Vescovado suffraganeo di Filippopoli.

Fonti: *notitiae* 7, 9-10, 13: Darrouzès, p. 500

Bibl.: Le Quien, I, coll. 1167-1168; Germanos, pp. 145-146; Stamoules, p. 128

Germanus	(-879 nov.)		Mansi, XVII-XVIII, col. 378
Nectarios	1786		Germanos, p. 145
Callinicos	1794		
Seraphim	1815 iun.		
Acacios	1838 iun.		
Ilarios	1851 dec. 28	1867 mar. 16	Germanos, pp. 145-146
Abercios	1874 oct. 22		Germanos, p. 146
Leontios	1866 mar.	1894 febr. 15	
Policarpos	1894 iun. 4	1900 oct. 21	
Germanos	1903 febr. 11	1908 iul. 31	
Constantinos	1914 mar. 4	1922 oct. 13	
Pancratios	1926 oct. 28		

28.16.3 LITHOPROSOPON

eccl. byzantina

Vescovado suffraganeo di Filippopoli.

Fonti: *notitia* 3: Darrouzès, p. 500

Bibl.: Darrouzès, p. 28

Ioannes	(-787 oct. 13)		Mansi, XIII, col. 388

28.17.3 LYOUTIZA, Lytitza, Lititza — eccl. byzantina

Vescovado suffraganeo di Filippopoli; sede metropolitana (*notitiae* 17-19).

Fonti: *notitiae*: Darrouzès, p. 501

Bibl.: Le Quien, I, coll. 1167-1168; Gregorios, pp. 146-151; Stamoules, pp. 128-129.

...	(-1342)	(1351-)	Stamoules, p. 128
Theodosios	1652	1681	Stamoules, p. 128; AA, II, p. 203
Palladios	(-1688)	(1689-)	Stamoules, p. 128
...	(-1712)		Stamoules, p. 129
Methodios	1721	1731	
Anthimos		1759	
Athanasios	1759	1788	
Ignatios	1788	1796	
Gregorios	1796	1811	
Sophronios	1811	1827	
Ioannikios	1827	1853	
Gregorios	1853	1855	
Ioseph	1855	1861	
Ignatios	1861	1892	
Constantinos	1892	1894	
Basileios	1894	1897	
Nicephoros	1897	1907	
Nicodemos	1907	1930	

28.18.3 MARKELA — eccl. byzantina

Vescovado suffraganeo di Filippopoli.

Fonti: *notitia* 3: Darrouzès, p. 502

Bibl.: Darrouzès, p. 28

28.19.34 NEVROKOP — eccl. orthodoxa

Sede metropolitana della chiesa ortodossa bulgara.

Bibl.: *Orthodoxia, 1986-1987*, p. 52

Pimen Nedelčev Enev	1953 ian. 4	*Orthodoxia, 1986-1987*, p. 52

28.20.3 NICOPOLIS, Nikopol, Hisarlik — eccl. byzantina

Arcivescovado della provincia di Tracia.

Fonti: Hierocles, 635, 1: Honigmann, p. 12; *notitiae* 1-5: Darrouzès, p. 505

Bibl.: Le Quien, I, coll. 1169-1170; E. Oberhummer, RE, XVII, col. 518; Stamoules, p. 150

Polycarpus, ep. Sexantapristi		Socrates, HE, VII, 36: PG, 67, col. 821
Ioannes, "ep. Nicaeae Thraciae"	(-787 oct. 13)	Mansi, XIII, col. 388
Nicolaus	(-879 nov.)	Mansi, XVII-XVIII, col. 378
Nicolaus	(-1144 febr. 22)	Grumel, III, n. 1015: Leo Allatius, II, XII, col. 688
Basilius	(-1157 aug.)	Grumel, III, n. 1045: PG, 140, col. 200
Theodosius (vel Mesiae, vel Epiri, vel Armeniae)	(-1388 mai.)	Actes, V, p. 340

28.21.3 SEBASTOPOLIS, Hisar — eccl. byzantina

Vescovado suffraganeo di Filippopoli.

Fonti: Hierocles, 635, 7: Honigmann, p. 13; *notitiae* 1-4: Darrouzès, p. 512

Bibl.: Jones, *Cities*, p. 524; Oberhummer, RE, II A, col. 956 (4)

28.22.3 SKOUTARION — eccl. byzantina

Vescovado suffraganeo di Filippopoli.

Fonti: *notitiae* 7, 9-10, 13: Darrouzès, p. 514

28.23.34 SLIVEN — eccl. orthodoxa

Sede metropolitana della chiesa ortodossa bulgara.

Bibl.: *Orthodoxia, 1986-1987*, p. 52

Joanikij Nedelčev	1980 apr. 13	*Orthodoxia, 1986-1987*, p. 52

PROVINCIA HAEMIMONTI

29.1.3 HADRIANOPOLIS, Adrianopolis, Edirne — eccl. byzantina

Vescovado già durante l'impero di Costantino, alla fine del secolo IV era sede metropolitana della provincia ecclesiastica di Emimonto; nonostante la sua importanza, dall'inizio del secolo IX, come residenza dello stratega comandante il tema di Macedonia, e quindi come centro amministrativo della Tracia turca, la sede vescovile retrocedette costantemente. Conobbe la migliore fortuna sotto i primi Paleologi e durante la guerra civile (1341-1354); la conquista turca (1361) ne fece la capitale del sultanato, mentre la metropoli conservava un solo suffraganeo.

Fonti: Hierocles, 635, 10: Honigmann, p. 13; *notitiae*: Darrouzès, p. 481

Bibl.: Le Quien, I, coll. 1171-1180; Oberhummer, RE, VII, col. 2174- 2175; V. Laurent, EO, XXXVIII (1939), pp. 12-30; Laurent, *Sceaux*, V, 1, pp. 543-546; Stamoules, pp. 71-77; C. Asdracha, *Deux actes inédits concernant l'Épire. La métropole de Janina et l'évêché de Bouthrôtou- et Glykéos*, REB, XXXV (1977), pp. 159-177

Eutropius			Stamoules, p. 71
Lucius			
Philippus			
Telemachus			
Ammon	(-394)	(399-)	ACO, I, I, V, p. 67; E. Prinzivalli, DPAC, I, col. 161
Gregorius	(-451 oct.)	(458-)	ACO, II, I, II, p. 155; II, V, p. 24; D. Bundy, DHGE, XXI, coll. 1463-1469
Longinus (?)	(-536)		ACO, III, p. 162
Emmanuel, Manuel, s., mart.	(-787 oct. 13)		Mansi, XIII, col. 384; G. Eldarov, BS, VIII, coll. 636-637
Theophylactus	(-845)		Le Quien, I, col. 1174
Cosmas	(-870 febr. 28)		Mansi, XVI, col. 159
Philippus	(-879 nov.)		Mansi, XVII-XVIII, col. 373
Nicolaus	(-976 ian. 10)		Laurent, *Sceaux*, V, 1, n. 717
Michael			Stamoules, p. 72
Agapetus	(-1027 nov.-)		Grumel, III, n. 833
Eusebius	(-1054 iul.)		Grumel, III, n. 869
Pantherios	(-1072 mar.)		Laurent, *Sceaux*, V, 1, n. 718
Nicephorus	(-1082 mar.)		Laurent, *Sceaux*, V, 1, nn. 718-719
Nicolaus	(-1092 mai. 15)		Grumel, III, nn. 963, 968
Leo	(-1157 mai. 12)	(1170 febr. 21-)	Grumel, III, nn. 1041, 1043, 1112
Georgius	(-1177 ian. 10)		Grumel, III, n. 1132
Germanos Markoutzas, prom. patr. CP	(-1250 mai. 25)	1265 mai. 28	Asdracha, p. 293
Basilius, Barlaam, dep.	1265 aest.	(1278 nov.- 1282 dec.)	Asdracha, pp. 294-295
Theoctistus, dep.	(1278-1282)	1283 mar.	Asdracha, p. 295

Arsenius	(-<1289 iul.- 1293 iul.>)	(1295 oct. 5-)	Asdracha, p. 296
...	(-1317)		Stamoules, p. 72
Theodulos	(-1324)		
Ignatios	(-1324)		
...	(-1327)		Stamoules, p. 73
Polycarpos	(-1360)		
Matthaeos	1380	1389	
Gerasimos	(1390-1397)		
Melanion	(-1401)		
Nicephoros	(-1428)		
Dionysios			
Policarpos	(-1440)		
Gerasimos	(-1443)		
Macarios	(-1450)		
Leo Melissenos	(-1462)		
Marcos	(-1465)		
Macarios	(-1467)		
Theophanes	(-1474)		
Matthaeos	(-1499)		
Sophronios	(-1517)		
Theoleptos	(-1517)		
Ioachim	(-1520)		Stamoules, p. 74
Ioasaph	(-1540)		
Arsenios	(-1555)		
Hieremias	(-1569)		
Clemens	(-1580)		
Ioachim	(-1587)		
Callistos	(-1590)		
Callinicos	(-1591 iun.)		Actes, II, p. 49
Anthimos	(-1600)		Stamoules, p. 74
Parthenios	(-1621)		
Anthimos	(-1623)		
Parthenios	(-1623)		
Neophytos	(-1635)		
Alexandros	(-1639)		
Parthenios	(-1639)		
Gabriel			

Anthimos			
Photios	(-1645)		
Neophytos			
Neophytos	(-1651)		
Theophilos	(-1681)		
Gerasimos	(-1683)		
Neophytos	(-1688)		
Clemens	(-1688)		Stamoules, p. 75
Athanasios	(-1692)		
Agapios	(-1702)		
Athanasios	(-1709)		
Panaretos	(-1721)		
Parthenios	(-1728)		
Dionysios	(-1739)		
Cyrillos	(-1742)		
Dionysios	(-1745 iun.)		Actes, III, p. 62
Gabriel	(-1753)		Stamoules, p. 75
Gerasimos	(-1757 nov.)		
Callinicos	(-1774)		
Nicephoros Smirneos	1774	1780	
Callinicos	1780	1792	
Gabriel	1792	1810	
Cyrillos	1810	1811	
Daniel	1811		
Cyrillos	1811	1813	
Dorotheos	1813	1821	
Nicephoros Pelusiotes	1821	1824	
Gerasimos	1824		
Gregorios	1830	1840	
Gerasimos	1840	1857	
Cyrillos			Stamoules, p. 76
Cyrillos	1857	1873	
Dionysios	1873	1880	
Neophytos	1880	1886	
Dionysios	1886	1887	
Matthaeos	1887	1890	
Cyrillos	1890	1908	

Callinicos	1908	1910	
Policarpos	1910	1922	

29.2.3 AGATHOPOLIS

eccl. byzantina

Vescovado suffraganeo di Adrianopoli.

Fonti: *notitiae* 7, 9-10, 13, 21: Darrouzès, p. 482

Bibl.: Stamoules, pp. 65-68; S. Pétridès, DHGE, I, col. 992

Ignatios	(-1315)		Stamoules, p. 65
Macarios	(-1355 aug.)		
...	(-1381 oct.)		
Ioachim	1433	1448	Stamuoles, p. 66
Metrophanes	(-1554 nov.)		
...	(-1555 aug.)		
...	(-1579)		
...	(-1580)		
Ignatios	(-1584)		
Antonios	(-1590)		
Metrophanes	(-1591 iun.)		Actes, II, p. 49
Antonios	(-1596)		Stamoules, p. 66
Euthymios	(-1604)		
Anthimos	(-1608 mai.)		
Metrophanes	(-1620 nov.)		
Gregorios	1628	1651	
Philoteos	1651	1660	
Macarios	1660	1673	Stamoules, p. 67
Laurentios	1673		
Sophronios	1673		
Ioannikios			
Romanos			
Athanasios	(-1702 sept.)		
Gabriel	(-1725)		
Theodulos	1759	1767	
Neophytos	1767	1784	
Macarios	1784	1799	

Gabriel	1799	1813	
Dionysios	1813	1815	
Anthimos	1815	1821	Stamoules, p. 68
Isaias	1821	1828	
Ioseph	1828	(1831-)	
Demetrius	(-1834)		

29.3.3 ANASTASIOPOLIS — eccl. byzantina

Vescovado suffraganeo di Adrianopoli, da non confondere con la sede omonima nella provincia di Rodope.

Fonti: *notitiae* 1-2: Darrouzès, p. 483

Bibl.: Jones, *Cities*, p. 525; Darrouzès, p. 414; S. Pétridès, DHGE, II, col. 1490

29.4.2 ANCHIALOS, Anhialo, Anhial — eccl. primaeva et byzantina

Vescovado suffraganeo di Adrianopoli; verso il 640 arcivescovado autocefalo fino alla metà del secolo XIV, quando fu eretto in metropoli.

Fonti: Hierocles, 635, 11: Honigmann, p. 13; *notitiae*: Darrouzès, p. 483

Bibl.: Le Quien, I, coll. 1189-1190; Hirschfeld, RE, I, col. 2103 (1); S. Vailhé, DHGE, II, coll. 1511-1513; Stamoules, pp. 68-71; Laurent, *Sceaux*, V, 1, pp. 663-664: V, 3, pp. 164-166

Sotas			Eusebius, HE, V, 19: II, p. 60
Sebastianus	(-381 mai.)	(381 iul.-)	Turner, II, pp. 462-463
Sabbatius	(-459)		Grumel, I, n. 143; Mansi, VII, col. 920
Paulus	(-553 iun. 2)		ACO, IV, I, p. 231
Iacobus			Le Quien, I, coll. 1190-1191
Nicolaus	(-879 nov.)		Mansi, XVII-XVIII, col. 376
Theo...	saecc. XI-XII		Laurent, *Sceaux*, V, 1, n. 854
Nicephorus	saecc. XI-XII		Laurent, *Sceaux*, V, 3, nn. 1823-1824
Stephanus	(-1166 apr. 11)		Grumel, III, n. 1068
Ioannes	(-1197 febr. 24)		Grumel, III, n. 1185
...	(-1274)		Mansi, XXIV, col. 75; Le Quien, I, col. 1191
Ciprianos	(-<1289 c.- 1293>)		AA, III, p. 96
Antonios	(-1357)		Stamoules, p. 68
Ioseph	(-1381)		Stamoules, p. 69

...	1392 febr.		AA, X, p. 124
Sophronios	(-1438)		Stamoules, p. 69
...	(-1460)		
Sophonias	(-1467)		
Ignatios	1474	1477	
Neophytos	1484		
Ioannikios	(-1523)		
Alypios	(-1541)		
...	(-1555)		
Xenophon	(-1565)		
Hieremias	(-1580)		
Parthenios			
Theoleptos	(-1590 mai.)		
Parthenios	(-1594)		
Athanasios		1609	
Parthenios	1609	1623	
Christophoros	1623	1628	
Metrophanes	1628		
Ioachim	(-1653)		
Callistos	1662		
Parthenios			
Daniel		1700	
Macarios	1700	1713	
Callinicos	1713	1732	
Laurentios			Stamoules, p. 70
Sophronios			
Nathanael	1739	1753	
Ananias	1753		
Hieremias			
Anthimos	(-1766 mai.)		
Dionysios			
Daniel			
Gabriel	1773	1775	
Ioachim	1775		
Callinicos	(-1785)		
Philoteos	(-1793)		
Ioasaph	1795		

Paulos	(-1803 aug.)		
Gabriel	1808	1813	
Eugenios	1813		
Agathangelos			
Anthimos	1821	1831	
Sophronios	1831		
Neophytos			
Sophronios	1847	1865	
Neophytos			
Basileios	1865	1877	
Benedictos	1877	1881	
Basileios	1881	1884	
Gregorios	1885	1888	
Anthimos	1888		Stamoules, p. 71
Sophronios	1888	1889	
Basileios	1889	1906	
Constantinos	1909	1923 iul. 10	

29.4.5 ANCHIALOS — eccl. semiariana

Timotheus	(-342/343)	Hilarius: CSEL, 65, p. 78

29.5.3 BOUKELLON, Bucellum, Bucellus — eccl. byzantina

Vescovado suffraganeo di Adrianopoli.

Fonti: *notitiae* 7, 9-10, 13: Darrouzès, p. 487

Bibl.: Le Quien, I, coll. 1189-1190; Laurent, *Sceaux*, V, 1, pp. 549-550

Ioannes	(-879 nov.)	Mansi, XVII-XVIII, col. 376
Theodorus	saecc. X-XI	Laurent, *Sceaux*, V, 1, n. 724
...	(-1403 iul. 2)	Laurent, *Sceaux*, V, 1, p. 549

29.6.3 BRYSIS — eccl. byzantina

Vescovado suffraganeo di Adrianopoli, arcivescovado, sede metropolitana senza suffraganei (*notitiae* 17-18, 20).

Fonti: *notitiae*: Darrouzès, p. 487

Bibl.: Le Quien, I, coll. 1187-1188; R. Janin, DHGE, X, coll. 999-1001; Stamoules, pp. 94-98

Ioannes	(-787 sept. 26)		Mansi, XII, col. 1099
Nicetas	(-879 nov.)		Mansi, XVII-XVIII, col. 373
Stephanos	(-909)		Stamoules, p. 95
Leo	(-1027 nov.)		Grumel, II, n. 833
...	(-1143)		Stamoules, p. 95
...	(-1155)		
Constantinos	(-1166 apr.)	(1170 febr. 20-)	
...			
Ioannes	(-1272)		Stamoules, p. 96
...	(-1308 apr.)		
Gerasimos	(-1315)	(1347 aug.-)	
Theodoretos	1353		Stamoules, p. 97
Antonius	(-1590)		Stamoules, p. 98

29.7.3 BULGAROPHYGON — eccl. byzantina

Vescovado suffraganeo di Adrianopoli.

Fonti: *notitiae* 3, 7, 9-10, 13: Darrouzès, p. 487

Bibl.: Le Quien, I, coll. 1185-1186; Stamoules, p. 94; R. Janin, DHGE, X, col. 1199

Theodorus	(-787 sept. 26)	(787 oct. 13-)	Mansi, XII, col. 1110; XIII, col. 397
Constantinus	(-879 nov.)		Mansi, XVII-XVIII, col. 376

29.8.2 DEBELTUS, Develtus, Colonia Deultus, Stari-Delbet — eccl. primaeva et byzantina

Vescovado suffraganeo di Adrianopoli, nel 431 portava il doppio titolo di Debeltos-Sozopolis; compare nelle *notitiae* fino al secolo XIII.

Fonti: Hierocles, 635, 12: Honigmann, p. 13; *notitiae* 3, 7, 9-10, 13: Darrouzès, p. 489

Bibl.: Le Quien, I, coll. 1183-1184; Oberhummer, RE, V, col. 260; Stamoules, pp. 102-103; Laurent, *Sceaux*, V, 1, pp. 548-549; R. Janin, DHGE, XIV, coll. 141-142

Aelius Publius Iulius	saec. II fin.		Eusebius, HE, V, 19: II, p. 60
Athanasius, ep. "Debelti et Sozopolis" ad eccl. nest.	(-431 iul.)		ACO, I, I, II, p. 62
Iovianus	(-448)	(451 oct.-)	ACO, V, I, I, p. 146; II, I, II, p. 203
Eustratius	(-787 sept. 26)	(787 oct. 13-)	Mansi, XII, col. 1110; XIII, col. 396
Georgius, s., mart.	812	814/815	Stamoules, p. 105; I. Dujčev, DHGE, XX, coll. 615-616
Symeon	(-879 nov.)		Mansi, XVII-XVIII, col. 378
Constantinus	saecc. X-XI		Laurent, *Sceaux*, V, 1, n. 723
...			Le Quien, I, col. 1184
Basilios, aep.	1186	1204	Stamoules, p. 103

29.9.3 GOLOE — eccl. byzantina

Vescovado suffraganeo di Adrianopoli.

Fonti: *notitia* 13: Darrouzès, p. 492

Bibl.: Darrouzès, p. 149

29.10.3 KARABOS — eccl. byzantina

Vescovado suffraganeo di Adrianopoli.

Fonti: *notitiae* 7, 9-10, 13: Darrouzès, p. 496

Bibl.: Stamoules, p. 125

29.11.3 LIMA — eccl. byzantina

Vescovado suffraganeo di Adrianopoli.

Fonti: *notitia* 13: Darrouzès, p. 500

Bibl.: Darrouzès, p. 149

29.12.3 MESEMBRIA, Mesambria, Mezivria — eccl. byzantina

Vescovado suffraganeo di Adrianopoli, probabilmente dal 640 arcivescovado autocefalo; già prima del 1147 metropoli senza suffraganei.

Fonti: *notitiae*: Darrouzès, p. 503

Bibl.: Le Quien, I, coll. 1179-1182; Lenk, RE, XV, coll. 1072-1074; Stamoules, pp. 137-140; Laurent, *Sceaux*, V, 1, pp. 666-667

Petrus	(-681 sept. 16)		Mansi, XI, coll. 628, 673
Mamalus	(-691 sept.)		Mansi, XI, col. 992
Leo	(-787 sept. 26)	(787 oct. 13-)	Mansi, XII, col. 1098; XIII, col. 385
Timotheus	(-879 nov.)		Mansi, XVII-XVIII, col. 373
David	saec. IX fin.		Laurent, *Sceaux*, V, 1, n. 857
Gregorius	(-1054 iul.)		Grumel, III, n. 869
Theodorus	(-1157 mai. 13)	(1166 mai. 6-)	Grumel, III, n. 1043: PG, 140, col. 180: Leo Allatius, II, XII, col. 690
...	(-1274)		Mansi, XXIV, col. 75
Constantios	(-1278)		Stamoules, p. 138
Theodoros	(-1285)		
Antonios	(-1357)		
...	(-1372)		
...	(-1392 iun.)		
Paisios	(-1393)		
...	(-1443)		
Pacomios	(-1475)		
Dositheos	(-1488)		
...	(-1559)		
Matthaeos	(-1564)		Stamoules, p. 139
Agapios (?)			
Ignatios	(-1572)		
Christophoros	(-1593)		
Cyprianos	(-1606 mai. 28)		
Achillios	(-1615 sept.)		
Acacios	1622	1641	
Damascenos	1641	1668	
Theophanes	(-1672)		
Christophoros			
Macarios	(-1712 mai.)	(1718 mai.-)	
Nicodemos			
Gregorios			
Anthimos	1749	1768	
Macarios	1768	1779	
Constantios	1779	1791	
Theocletos	1791	1799	
Zacharias	1799	1801	
Gregorios	1801	1814	

Ioseph	1814	1820	
Cyrillos	1820	1825	
Callinicos	1825	1835	
Anthimos			
Sophronios			
Samuel	1835	1836	
Paisios	1836 mar.	1836 iun.	
Callinicos	1836	1839	
Gregorios	1839	1846	
Nicephoros	1846	1867	
Sophronios	1867	1895	
Anthimos	1895	1896	
Gennadios	1896		Stamoules, p. 140
Chariton	1896	1906	
Timotheus	1906	1911	
Nicephoros	1911	1931 mar. 21	

29.13.3 NIKAIA

eccl. byzantina

Vescovado suffraganeo di Adrianopoli; dalla *notitia* 4 sede arcivescovile.

Fonti: *notitiae*: Darrouzès, p. 505

Bibl.: Stamoules, pp. 148-150

29.14.3 PLOTINOPOLIS

eccl. byzantina

Vescovado suffraganeo di Adrianopoli.

Fonti: Hierocles, 635, 13: Honigmann, p. 13; *notitiae* 1-4: Darrouzès, p. 510

Bibl.: Le Quien, I, coll. 1185-1186; E. Oberhummer, RE, XXI, col. 471; Stamoules, p. 160

Hierophilus, ep. Trapezopolis			Socrates, HE, VII, 36: PG, 67, col. 821
Georgius	(-787 sept. 26)	(787 oct. 13-)	Mansi, XII, col. 1110; XIII, col. 397

29.15.3 **PROBATON**, Probandos, Probata, Provadia (?) — eccl. byzantina

Vescovado suffraganeo di Adrianopoli; sede metropolitana nelle *notitiae* 17 e 18.

Fonti: *notitiae* 3, 7, 9-10, 13, 17-18: Darrouzès, p. 510

Bibl.: Le Quien, I, coll. 1185-1186; Stamoules, p. 161; Laurent, *Sceaux*, V, 1, pp. 550-551

Leo	(-879 nov.)	Mansi, XVII-XVIII, col. 376
Manuel	(-879 nov.)	
Constantinus	saecc. X-XI	Laurent, *Sceaux*, V, 1, n. 725

29.16.3 **SCOPELOS** — eccl. byzantina

Vescovado suffraganeo di Adrianopoli dagli inizi del secolo X (da non confondere con la sede omonima nel mar Egeo); nella *notitia* 3 suffraganeo della provincia di Rodope; sede metropolitana tra 1341 e 1355 (*notitiae* 17-18).

Fonti: *notitiae* 3, 7, 9-10, 13, 17-18: Darrouzès, pp. 513-514

Bibl.: Le Quien, I, coll. 1185-1186; N. Bees, "Oriens Christianus", n. s., IV (1915), pp. 247-249; Stamoules, p. 170; Laurent, *Sceaux*, V, 1, pp. 551-552

Rheginus, s.	(-343)	362	D. Stiernon, BS, XI, coll. 79-80
Ruben	(-787 sept. 26)	(787 oct. 13-)	Mansi, XII, col. 1110; XIII, col. 398
Bardanes (?)	(-879)		Le Quien, I, col. 1188
Constantinus	saec. X		Laurent, *Sceaux*, V, 1, n. 726

29.17.3 **SOZOPOLIS**, Apollonia, Sizebolou — eccl. byzantina

Vescovado suffraganeo di Adrianopoli; nel 431 portava il doppio titolo di Sozopolis e Debeltos, nel sec. XIV sede metropolitana; da non confondere con un vescovado omonimo suffraganeo di Antiochia di Pisidia.

Fonti: *notitiae*: Darrouzès, p. 514

Bibl.: Le Quien, I, coll. 1181-1184; Oberhummer, RE, V A, col. 1257; Germanos, pp. 169-173; Stamoules, pp. 171-173; Laurent, *Sceaux*, V, 1, pp. 546-548

Athanasius (v. Debeltos)	(-431 iul.)	ACO, I, I, II, p. 62
Petrus	(-680 apr. 5)	Mansi, XI, col. 586
Euthymius	(-787 oct. 13)	Mansi, XIII, col. 397
Ignatius (?)	(-879)	Le Quien, I, col. 1183
Ioannes	saec. XI	Laurent, *Sceaux*, V, 1, n. 720

Theodorus	saec. XI pars post.		Laurent, *Sceaux*, V, 1, n. 721
Matthaeus	saecc. XII-XIII		Laurent, *Sceaux*, V, 1, n. 722
Ioannes	(-1294)		Stamoules, p. 171
Ignatios	(-1315)		
Iacobos	(-1343)		
...	(-1345)		
Theodosios	(-1350)		
Ioannikios	(-1354)		
Macarios	(-1355)		
...	(-1357 iun.)		
...	(-1365)		Stamoules, p. 172
Athanasios	(-1369 aug.)		
Nilos	(-1370)		
Macarios	(-1389)		
Ioseph	(-1389)		
...	(-1392 febr.)		AA, X, p. 124
Athanasios	(-1467)	(1475-)	Stamoules, p. 172
...	(-1484)		
Gregorios	(-1497)	(1508 nov.-)	Stamoules, p. 172; Germanos, p. 170
Ioannikios	(-1520)		Stamoules, p. 172
Gregorios	(-1541)		
Dionysios	(-1546)		
...	(-1555)		
Philotheos	(-1564)		
Metrophanes	(-1572)		
Macarios	(-1585)		
Euthymios	(-1591 iun.)		Actes, II, p. 49
Callinicos	(-1605 ian.)		Stamoules, p. 172
Parthenios	(-1621)		
Callinicos	(-1623)		
...			
Metrophanes	(-1624)		
Clemens	(-1628)		
Theodosios		1636	

Meletios	1636		
Metrophanes	1648	1660	
Theocletos	1660		Stamoules, p. 173
Theophanes	1672		
Laurentios	1673		
Macarios	1673		
Sophronios	1673		
Gerasimos		1701	
Callinicos	1701		
Romanos	1703		
Damascenos	1708	1714	
Ioasaph	1721		
Theophanes	1741	1745	
Philaretos	1745	1753	
Mattheos	1753	1767	
Neophytos	1767		
Anthimos	1767	1781	
Macarios			
Ioannikios	1781	1798	
Chrysanthos	1798	1806	
Gabriel	1806	1807	
Paisios			
Dionysios	(-1810)		
Constantios	1821	1834	
Procopios	1834	1836	
Neophytos	1836	1842	
Procopios	1842	1852	
Dorotheos	1852	1858	
Procopios	1858	1872	
Theophilos	1872	1881	
Parthenios	1881	1900	
Constantinos	1900	1904	
Dorotheos	1904	1917	

29.18.3 **TRAPOBIZYE**, Trabizya eccl. byzantina

Vescovado suffraganeo di Adrianopoli.

Fonti: *notitiae* 7, 9-10, 13: Darrouzès, p. 517

Bibl.: Le Quien, I, coll. 1189-1190; Stamoules, pp. 177-178

Constantinus	(-879 nov.)	Mansi, XVII-XVIII, col. 376
Manuel	saecc. X-XI	Laurent, *Sceaux*, V, 3, n. 1776

29.19.3 **TZOIDA**, Zoida, Tzoides eccl. byzantina

Vescovado suffraganeo di Adrianopoli.

Fonti: Hierocles, 635, 14: Honigmann, p. 13; *notitiae* 1-4, 7, 9-10, 13: Darrouzès, p. 517

Bibl.: Jones, Cities, p. 525; Stamoules, pp. 173-174

PROVINCIA RHODOPES

30.1.3 TRAIANOPOLIS

eccl. byzantina

Sede metropolitana della provincia di Rodope, ricordata dal secolo V con 3 vescovadi suffraganei, quindi con 8 fino alla metà del secolo XIV; nel 1347 la sede era trasferita a Mosynopolis; nel 1371 il rango della metropoli era trasferito a Serres.

Fonti: Hierocles, 634, 7: Honigmann, p. 12; *notitiae*: Darrouzès, pp. 516-517

Bibl.: Le Quien, I, coll. 1193-1196; E. Oberhummer, RE, V, coll. 1566- 1567; VI A, coll. 2082-2085; Stamoules, pp. 174-177; Laurent, *Sceaux*, V, 1, pp. 523-525; V, 3, pp. 115-117; C. Asdracha, *Les Rhodopes dans la deuxième moitié du XIIIe siècle: prosopographie*, REB, XXI (1973), pp. 275-298: 290-291

Theodulus			Le Quien, I, col. 1193
Syncletius	(-400)	(401-)	Grumel, I, nn. 16, 20
Petrus	(-431 iul.)		ACO, I, I, VII, p. 139; J. Irmscher, DPAC, II, col. 2799
Basilius	(-449 aug. 8)	(458-)	Honigmann, *Lists*, p. 35; ACO, II, V, p. 24
Flaccianus	(-483)		Le Quien, I, col. 1195
Abundantius	(-521)		
Eleusius, Eleusinus	(-553 iun. 2)		ACO, IV, I, p. 231
...	saecc. VII-VIII		Laurent, *Sceaux*, V, 3, n. 1766
Leo	(-787 sept. 26)		Mansi, XII, col. 1107
Nicephorus	(-879 nov.)		Mansi, XVII-XVIII, col. 373
Georgius	(-997 febr. 21)		Grumel, II, n. 804
Procopius	saec. XI pars post.		Laurent, *Sceaux*, V, 1, n. 693
Michael Barys	saec. XI fin.		Laurent, *Sceaux*, V, 1, nn. 692; V, 3, n. 1767
Nicephoros	(-1084)		Stamoules, p. 175
...	(-1134)		Stamoules, p. 176
Nicephoros	(-1147)		
...	(-1169)		
...	(-1228)		
Ioannes Kondoumnes, ep. Peritheriou	(1260-1261)	(1268-1275 mai.)	Asdracha, p. 290
Ioannes	(-1285)		
Niphon	(1311-1319)		Stamoules, p. 176
Ioannikios	(-1329)		
Germanos	1347	1365	
...	1365		Stamoules, p. 177
Gabriel	(-1565)		

Ioasaph	(-1575)		Mystakides, p. 219
Nicanor	(-1580)		Stamoules, p. 177
Ioasaph	(-1583)		
Parthenios	(-1795)		
Anthimos	(-1831 oct.)		
Iacobos	(-1857 iul.)		
Dionysios Romanoph	(-1861 dec.)		

30.2.3 **AINOS**, Aenus, Enos, Enez — eccl. byzantina

Vescovado suffraganeo di Traianopoli; verso il 640 arcivescovado autocefalo; sede metropolitana già nel 1032.

Fonti: Hierocles, 634, 5: Honigmann, p. 12; *notitiae*: Darrouzès, p. 482

Bibl.: Le Quien, I, coll. 1199-1202; Hirschfeld, RE, I, coll. 1028-1029; Mystakides, p. 156; S. Pétridès, DHGE, I, coll. 660-661; Stamoules, pp. 79-82; Laurent, *Sceaux*, V, 1, pp. 614-615, 664-666; V, 3, pp. 134-135

Olympius	(-325)	(365-)	Pétridès, col. 660
Macarius	(-451 oct.)		ACO, II, I, II, p. 5
Paulus	(-553 iun. 2)		ACO, IV, I, p. 226
Georgius	(-691 sept.)		Mansi, XI, col. 992
Ioannes	saecc. VIII-IX		Laurent, *Sceaux*, V, 1, n. 855
Ioannes	(-879 nov.)		Mansi, XVII-XVIII, col. 373
Michael	saec. XI		Laurent, *Sceaux*, V, 1, n. 856
Ioannes	(-1032 apr.)		Grumel, II, nn. 839-840
Ioannes	(1032-1054)		Laurent, *Sceaux*, V, 1, n. 798
Michael	(-1094)		Laurent, *Sceaux*, V, 3, n. 1789; Grumel, III, n. 967; PG, 127, col. 973
Michael	(-1145 nov. 19)		Grumel, III, n. 1019
...	(-1158)		Le Quien, I, col. 1202
Ioannes	(-1166 mai. 6)	(1173 iul. 11-)	Leo Allatius, II, XII, col. 690; Grumel, III, nn. 1111, 1126
...	(-1192)		Stamoules, p. 80
Georgios	(-1250)		
Basileios	(-1260)		
Michael	(-1292)		
Sabas	(-1301)		
Arsenios	(-1315)		
Theodoros	(-1329)		
...	(-1340)		

Daniel	(-1350)		
Dionysios	(-1369)		
Marcos	(-1381)		
Athanasios	(-1393)		
...	(-1395)		
...	(-1400)		
Athanasios	(-1425)		
Dorotheos	(-1476)		
Niphon	(-1484)		
Daniel	saec. XV		Stamoules, p. 81
Isidoros	(-1567)		
Matthaeos	(-1575)		
Meletios	(-1580)		
Pachomios	(-1601)		
Parthenios	(-1601)		
Meletios	(1602-1611)		
Daniel	(-1613)		
Gabriel	(-1614)		
Athanasios	(-1615)		
Daniel	(-1620)		Mystakides, p. 156
Ignatios	(-1624)		
Antonios	(-1626)		Stamoules, p. 81
Parthenios	(-1630)		
Paisios	(-1634)		
Parthenios	(-1640 oct.)		AA, II, p. 199
Nicephoros	1652	1655	Stamoules, p. 81; Mystakides, p. 156
Macarios	(-1658)		Stamoules, p. 81
Nicephoros	(-1659)		
Gedeon	(-1672)		
Hieremias	(-1706)		
Ioachim	(-1708)		
Neophytos	(-1713)		
Daniel	(-1716)		
Hieremias	(-1721)		
Ioachim	(-1727)		
Methodios	(-1725)		
Matthaeos	(-1740)		Stamoules, p. 82
Timotheos	(-1760)		

Philaretos		
Dionysios		
Hierotheos	(-1798 mar.)	
Matthaeos	1807	1821
Gregorios	1821	1831
Cyrillos	1831	1847
Anthimos		
Sophronios	1847	1850
Ignatios	1850	1851
Sophronios	1851	1855
Gabriel	1855	1867
Meletios	1867	1872
Meletios	1872	1873
Dorotheos	1873	1877
Anthimos	1877	1888
Lucas	1888	1899
Germanos	1899	1903
Leontios	1903	1907
Ioachim	1907	1923
Germanos	1936 sept. 3	

30.3.34 ALEXANDROUPOLIS

eccl. orthodoxa

Bibl.: *Orthodoxia, 1986-1987*, p. 75

Anthimos Dionysios Roussas, metr.	1974 iul. 14	*Orthodoxia, 1986-1987*, p. 75

30.4.3 ANASTASIOPOLIS

eccl. byzantina

Vescovado suffraganeo di Traianopoli.

Fonti: *notitiae* 1-4, 7, 9-10, 13: Darrouzès, p. 483

Bibl.: Le Quien, I, coll. 1207-1208; Jones, *Cities*, p. 525; S. Pétridès, DHGE, II, col. 1490; Darrouzès, pp. 164-165

Marianus (vel Galatiae primae)	(-879 nov.)	Mansi, XVII-XVIII, col. 376
Synesius	(-787 sept. 26)	Mansi, XII, col. 1099

30.5.3 **DIDYMOTEICHON**, Didymotichos, Demotika — eccl. byzantina

Vescovado suffraganeo di Traianopoli; dal secolo XII sede arcivescovile (*notitiae* 12, 15, 17), elevata a sede metropolitana durante l'impero di Nicea poco prima del 1261.

Fonti: *notitiae*: Darrouzès, p. 489

Bibl.: Le Quien, I, coll. 1207-1208; R. Janin, DHGE, XIV, coll. 427- 429; Stamoules, pp. 106-110; Laurent, *Sceaux*, V, 1, pp. 525-526; C. Asdracha, REB, XXXI (1973), pp. 292-293

Nicephoros (?)	(-879)		Le Quien, I, col. 1207
...	saec. XI		Laurent, *Sceaux*, V, 1, n. 694
Georgius	(-1232)		Le Quien, I, col. 1207
Ioannes	(-1260)	(1272-)	Asdracha, p. 292
...	(-1274)		Mansi, XXIV, col. 75
Macarios	(-1285)		Asdracha, p. 293
...	(-1304)		Stamoules, p. 106
Theodulos	(-1315)		
Ilarion	(-1340 (?)		
...	(-1340)		
Theoleptos	(-1347)		Stamoules, p. 107
Macarios	(-1393)		
Sophronios	(-1565)		
Matthaeos vel Macarios	(-1580)		
Paphnutios	(-1584/1587)		
Matthaeos	(-1591)		
Ioasaph	(-1596 sept.)		
Sophronios	(-1601)		
Ioasaph	(-1605)		
Daniel	(-1606)		
Ioasaph	(-1611)		
Anthimos	(-1614)		
Daniel	(-1616 sept.)	(1617 sept.-)	
Anthimos	(-1620 nov.)		
Parthenios			
Laurentios	(-1621)		
Anthimos	1621	1631	
Laurentios	1631	1633	
Daniel	1633		
Ananias	1635		

Dionysios	(-1636 apr.)		Stamoules, p. 108
Daniel	1638	(1640 oct.)	Stamoules, p. 108; AA, II, p. 199
Clemens	(-1641)		Stamoules, p. 108
Iacobos			
Iacobos	1651	1669	
Neophytos			
Gregorios			
Nectarios	(-1679)		
Neophytos	(-1687)		
Nectarios	(-1689)		
Hieremias	(-1692)		
Nectarios			
Paisios	(-1708)		
Ioachim			
Neophytos	(-1720)		Stamoules, p. 109
Misael	(-1726)		
Paisios	(-1727)		
Misael			
Auxentios	(-1746 mai.)		Actes, III, p. 74
Alexios			Stamoules, p. 109
Neophytos	(-1757 iul.)		
Methodios	(1764)		
Paisios	(-1779)		
Hierotheos	(-1798)		
Zacharias			
Paisios	(-1803)		
Meletios	1803	1814	
Anthimos	1814	1821	
Callinicos	1821	1835	
Abercios	1835	1841	
Bessarion	1841	1847	
Meletios	1847		
Dionysios	(-1853)		
Meletios			
Meletios	(-1860)		Stamoules, p. 110
Dionysios	1868	1873	
Sophronios	1873	1874	
Meletios	1874	1877	

Sophronios	1877	1878	
Methodios	1878	1893	
Philotheos	1893	1896	
Constantinos	1896	1899	
Philaretos	1899	1928	
Ioachim	1928		
Agathangelos Antonios Tamburatsakis, metr.	1974 iul. 15		*Orthodoxia, 1986-1987*, p. 77

30.6.3 **KARABIZYA**, Carabizya — eccl. byzantina

Sede arcivescovile (*notitiae* 7-18), sede metropolitana (*notitia* 21).

Fonti: *notitiae*: Darrouzès, p. 496

Bibl.: Le Quien, I, coll. 1209-1210; Stamoules, pp. 123-125; R. Janin, DHGE, XI, coll. 975-976; Darrouzès, pp. 72-73, 126, 133; Laurent, *Sceaux*, V, 1, pp. 655-656; V, 3, pp. 123-124

Cosmas	saec. X		Laurent, *Sceaux*, V, 1, n. 844
Leontius	(-1054 iul.)		Grumel, III, n. 869
Ioannes	(-1094)		Grumel, III, n. 967: PG, 127, col. 973; Laurent, *Sceaux*, V, 1, n. 845
...	(-1140 mai.)	(1143 oct. 30-)	Grumel, III, nn. 1007, 1014
Gregorius, "ep. Arabizyae"	(-1157 mai.)		Grumel, III, nn. 1041, 1043: PG, 140, col. 180

30.7.3 **KYPSALA**, Kypsela, Iustinianocypsela, Cypsela Iustiniana Nova, Apsilar — eccl. byzantina

Vescovado suffraganeo di Traianopoli; arcivescovado autocefalo fino al secolo XIII; vescovado suffraganeo di Brysis durante l'occupazione latina; dopo la riconquista bizantina rientrava nella metropoli di Rhosion.

fonti: *notitiae*: Darrouzès, p. 499

Bibl.: Le Quien, I, coll. 1203-1204; R. Janin, DHGE, XIII, coll. 1161- 1167; Jones, *Cities*, p. 525; Stamoules, pp. 126-127; Darrouzès, pp. 126, 133, 168; Laurent, *Sceaux*, V, 1, pp. 651-652; V, 2, p. 431

Georgius	(-553 mai. 5)	(553 iun. 2-)	ACO, IV, I, pp. 5, 226
Ioannes, "ep. Novae Iustinianopolis" (?)	(-691 sept.)		Mansi, XI, col. 989
Theophylactus	(787 sept. 26)	(787 oct. 13-)	Mansi, XII, col. 1095; XIII, col. 385
Stephanus	(-870 febr. 28)	(879 nov.-)	Mansi, XVI, col. 192; XVII- XVIII, col. 373

Leo	(-997 febr. 21)	Laurent, *Sceaux*, V, 1, n. 839; V, 2, n. 1599; Grumel, II, n. 804: PG, 119, col. 741
Petrus	(-1027 nov.)	Grumel, II, n. 833
Ioannes	(-1166 mai. 6)	Leo Allatius, II, XII, col. 690
Constantinos	(-1256)	Stamoules, p. 127
...	(-1274)	Mansi, XXIV, col. 75
Ioseph	(-1285)	Stamoules, p. 127
Theodosios	(-1330)	

30.8.3 MAKRE — eccl. byzantina

Vescovado suffraganeo di Traianopoli presente nelle *notitiae* fino al secolo XIII, elevato a metropoli tra 1341 e 1354.

Fonti: *notitiae* 7, 9-10, 13, 17-20: Darrouzès, p. 502

Bibl.: Le Quien, I, coll. 1203-1204; Stamoules, pp. 132-133; Laurent, *Sceaux*, V, 1, pp. 526-527; V, 3, p. 118

Antiochus	(-879 nov.)	Mansi, XVII-XVIII, col. 378
Theodorus	(858-867, 877-886)	Grumel, II, n. 546
Nicon	(858-867, 877-886)	
Nicolaus	(-879 nov.)	Mansi, XVII-XVIII, col. 376
Basilius	saec. XI	Laurent, *Sceaux*, V, 1, n. 695
Michael		Laurent, *Sceaux*, V, 1, n. 696
Nicephorus	saecc. XI-XII	Laurent, *Sceaux*, V, 3, n. 1769
Theodulos, Theodoros	(-1170 c.)	Stamoules, p. 132
...	(-1343)	

30.9.3 MARONEIA, Maronea, Maroneia — eccl. byzantina

Vescovado suffraganeo di Traianopoli; arcivescovado autocefalo, compare nelle *notitiae* fino al secolo XIII c.; elevato a metropoli tra 1341 e 1354, arcivescovado nel 1365.

Fonti: Hierocles, 634, 8: Honigmann, p. 12; *notitiae*: Darrouzès, p. 502

Bibl.: Le Quien, I, coll. 1195-1198; Oberhummer, RE, XIV, coll. 1912- 1913; Stamoules, pp. 134-137; Laurent, *Sceaux*, V, 1, pp. 636-637; C. Asdracha, REB, XXXI (1973), pp. 296-297

Alexander (?)	(-344)	Le Quien, I, coll. 1195-1197
Timotheus	(-404)	Le Quien, I, col. 1197

Docimasius	(-431 iun. 22)	(449 aug. 22-)	ACO, I, I, II, p. 4; Honigmann, *Lists*, p. 35
Innocentius	(-532)		Honigmann, *Évêques*, p. 150
Ioannes	(-553 iun. 2)		ACO, IV, I, p. 226
Nicetas	(-879 nov.)		Mansi, XVII-XVIII, col. 373
Theodorus	saec. XI		Laurent, *Sceaux*, V, 1, n. 819
...	(-1066)		Stamoules, p. 134
Nicetas	(-1166)		
Nicetas	(-1177)		
Constantinos			
Pentailas vel Pentactines	(-1186)		
Ioannes	(-1191/1192)		
...	(-1228 dec.)		
Stephanos	(-1260)		Asdracha, p. 297
Thomas	(-1285)		
Cyrillus	(-1295 oct. 5)		
Daniel	saec. XIV		Stamoules, p. 135
Theodulos	(-1324)		
Leo	(-1340)		
...	(-1364)		
Symeon	(-1393)		
Dionysios	(-1497)		
Gabriel	(-1564)		Stamoules, p. 136
Arsenios			
...			
...	(-1580)		
Callinicos	(-1619)		
Pancratios	(-1646 dec. 12)		
Ananias	(-1667)		
Neophytos	(-1690)		
Callinicos	(-1696)		
Gabriel	(-1721)		
Daniel	(-1721)		
Athanasios	(-1725 nov.)		
...	(-1735 iun.)		
Anthimos	(-1737 mar.)		
Anthimos	(-1756 oct.)		
Callinicos	1756	1771	

Neophytos	1771	1789	
Neophytos	1789	1810	
Constantios	1810	1821	Stamoules, p. 137
Daniel	1821	1838	
Ioannikios	1838	1839	
Anthimos	1839	1845	
Cyrillos	1845	1863	
Theocletos Theodosiades	1863	1865	
Anthimos	1865	1877	
Hieronymos	1877	1885	
Constantinos Bapheides	1885	18-88	
Chrisanthos Hierocles	1888	1893	
Gabriel Iatroudakes	1893		
Ioachim	1894	1900	
Constantinos	1900		
Nicolaos Sacopoulos	(-1902)		
Melissenos	(-1914)	1921	
Chrisanthos	1922		
Anthimos	1922	1939	
Spyridon	1939		
Damaskinos Petros Roumeliotis, "metr. de Maroneia et Komotini"	1974 mai. 30		*Orthodoxia, 1986-1987*, p. 81

30.10.3 MAXIMIANOPOLIS, Gümülcine — eccl. byzantina

Vecovado suffraganeo di Traianopoli; arcivescovado nelle *notitiae* 1-5.

Fonti: Hierocles, 634, 6: Honigmann, p. 12; *notitiae* 1-5: Darrouzès, p. 502

Bibl.: Le Quien, I, coll. 1199-1200; Jones, *Cities*, p. 525; Darrouzès, pp. 27, 73

Eunepius	(-431 iun. 22)	(431 iul. 22-)	ACO, I, I, II, p. 5; I, I, VII, p. 86
Serenus	(-451 oct.)		ACO, II, I, I, p. 60
Eustathius	(-553 mai. 5)	(553 iun. 2-)	ACO, IV, I, pp. 5, 226

30.11.3 MOSYNOPOLIS — eccl. byzantina

Vescovado suffraganeo di Traianopoli.

Fonti: *notitiae* 7, 9-10, 13: Darrouzès, p. 504

Bibl.: Le Quien, I, coll. 1205-1206; Stamoules, p. 146

Paulus	(-879 nov.)		Mansi, XVII-XVIII, col. 376

30.12.3 PERBERIS — eccl. byzantina

Vescovado suffraganeo di Traianopoli, compare nella *notitia* 3.

Fonti: *notitia* 3: Darrouzès, p. 240

Bibl.: Darrouzès, p. 27

Basilius	(-787 sept. 26)		Mansi, XII, col. 1109

30.13.3 PERITHEORION, Theodorion, Datos — eccl. byzantina

Vescovado suffraganeo di Traianopoli; metropoli senza suffraganei.

Fonti: *notitiae*: Darrouzès, p. 508

Bibl.: Le Quien, I, coll. 1205-1206, 1209-1210; Stamoules, pp. 157-159

Iacobus	(-879 nov.)		Mansi, XVII-XVIII, col. 376
...	(-1032)		Stamoules, p. 157
Theophanes	saec. XIV		Stamoules, p. 157; AA, XI, p. 35
Dorotheus, dep., exc.	(1354 mar.-1355 aug. 17)	1381 nov. 23	AA, X, p. 76
Ignatios	(-1467)		Stamoules, p. 159
Ioseph	(-1477)		
Matthaeos	(-1488)		
Pachomios	(-1498)		
Theodosios	(-1541)		
Dositheos	(-1564)		
Philippos	(-1570)		
Gregorios	(-1575)		

Philemon	(-1580)
Parthenios	(-1590)

30.14.3 **PEROS**, Piros, Topiros, Topeiros, Toperus, Rhusium — eccl. byzantina

Vescovado suffraganeo di Traianopoli.

Fonti: Hierocles, 634, 9: Honigmann, p. 12; *notitiae* 1-4: Darrouzès, p. 508

Bibl.: Le Quien, I, coll. 1199-1200; E. Oberhummer, RE, VI A, coll. 1721-1722; Stamoules, pp. 164-165, 174

Lucianus	(-431 iun. 22)	(431 iul. 22-)	ACO, I, I, II, p. 5; I, I, VII, p. 86
Basilius	(-869)		Stamoules, p. 164
Ioannes	(-869)		
Tryphon	(-879 nov.)		Mansi, XVII-XVIII, col. 373
Euthymius	(914-924)		Stamoules, p. 164
Leo	1030	1038	
...	(-1067)		
...	(-<1084-1111>)		
Ilarion	(-1250)		
Ioseph	(-1285)		
...	(-1316)		
...	(-1340)		
Theodulus	(-1347)	(1355 aug. 17-)	Stamoules, p. 165

30.15.3 **POROI**, Toxotai, Oxilar — eccl. byzantina

Vescovado suffraganeo di Traianopoli.

Fonti: *notitiae* 7, 9-10, 13: Darrouzès, p. 510

Bibl.: Le Quien, I, coll. 1209-1210; RE, VI A, coll. 1721.1722; Laurent, *Sceaux*, V, 3, pp. 117-118

Nicephorus	(-879 nov.)	Mansi, XVII-XVIII, col. 376
Clemens (?)	saecc. XI-XII	Laurent, *Sceaux*, V, 3, n. 1768

30.16.3 **XANTHEIA**, Xanthia

eccl. byzantina

Vescovado suffraganeo di Traianopoli, arcivescovado e metropoli (*notitiae* 17 e 18)

Fonti: *notitiae* 7, 9-10, 13, 17-20: Darrouzès, p. 517

Bibl.: Le Quien, I, coll. 1205-1206; Stamoules, pp. 150-153

Georgius	(-879 nov.)	Mansi, XVII-XVIII, col. 376
Philemon	(-1580)	Le Quien, I, col. 1206
Cyrillus	(-1721)	
Metrophanes	(-1746 mai.)	Actes, III, p. 71
Nathanael	(-1804 oct.)	Actes, III, p. 89
Gabriel		Mystakides, p. 209
Dorotheus	(-1891 iul. 3)	
Antonios Anargiros Klaudatos, metr.	1954 mar. 28	*Orthodoxia, 1986-1987*, p. 83

PROVINCIA SCYTHIAE

31.1.2 TOMIS, Tomi, Anadolkiöj — eccl. primaeva et byzantina

Arcivescovado; metropoli non ecclesiastica della provincia di Scizia; attualmente vescovado del patriarcato ortodosso di Romania.

Fonti: Hierocles, 637, 1: Honigmann, p. 13; *notitiae* 1-5: Darrouzès, pp. 514, 516

Bibl.: Le Quien, I, coll. 1211-1216; J. Barnea, DPAC, II, coll. 3135-3138, 3476-3478

Evangelicus			Le Quien, I, col. 1211
Philius			Le Quien, I, coll. 1211-1212
...	(-325)		Eusebius, *Vita Constantini*, III, 7: Le Quien, I, col. 1213
Bretanio, s.	(-368)		G. Eldarov, BS, III, col. 411
Terentius, Gerontius	(-381 mai.)	(381 iul.-)	Turner, II, pp. 462-463
Theotimus	(-392)	(403-431)	A. Amore, BS, XII, col. 365
Timotheus	(-431 iun.)	(431 iul.-)	ACO, I, I, II, p. 62; I, I, VII, p. 116
Ioannes	(-448)		Le Quien, I, col. 1215; E. Prinzivalli, DPAC, II, col. 1579
Alexander	(-449)	(451 oct.-)	ACO, II, II, I, p. 56; II, III, II, p. 78
Theotimus	(-457)		ACO, II, V, p. 24; G. Ladocsi, DPAC, II, col. 3411
Paternus			Le Quien, I, coll. 1215-1216
Valentinianus	(-550 mar. 18)		ACO, IV, I, pp. 11-12, 184, 186, 195
Antim Nica	1975 nov. 11		*Orthodoxia, 1986-1987*, p. 112

PROVINCIA MOESIAE INFERIORIS

32.1.3 **MARKIANOPOLIS**, Marcianopolis, Devna — eccl. byzantina

Sede metropolitana della provincia di Mesia inferiore o di Emimonto secondo.

Fonti: Hierocles, 636, 2: Honigmann, p. 13; *notitiae* 1-6: Darrouzès, p. 502

Bibl.: Le Quien, I, coll. 1217-1220; Fluss, RE, XIV, coll. 1505-1511; Stamoules, p. 133; J. Dujčev, DPAC, II, coll. 2274-2280

Pistos	(-325 mai. 20)	(325 iun. 19-)	Turner, I, pp. 84-85
Martyrius	(-381 mai.)	(381 iul.-)	Turner, II, pp. 462-463
Epagathus	(-394)		Le Quien, I, col. 1218
Saturninus	(-448)	(449-)	ACO, II, I, I, pp. 145, 150
Valerianus	(-457)		ACO, II, V, p. 24
Leo	(-1040)		Stamoules, p. 133
...	(-1204)		Le Quien, I, col. 1220
Ioannicius	(-1721)		

32.1.4 **MARCIANOPOLIS** — eccl. ariana

Domninus			Philostorgius: Le Quien, I, col. 1217

32.1.12 **MARCIANOPOLIS** — eccl. nestoriana

Dorotheus	(-431)	(434-)	Grumel, I, nn. 71, 77

32.2.3 **ABRYTUS**, Abritum, Abtat-Kalesi — eccl. byzantina

Vescovado suffraganeo della Mesia inferiore (*notitia* 3).

Fonti: Hierocles, 636, 8: Honigmann, p. 13; *notitia* 3: Darrouzès, pp. 481, 504

Bibl.: Le Quien, I, coll. 1219-1222; Tomaschek, RE, I, col. 116; Patsch, RE, VII, coll. 72-73; M. Fluss, RE, Suppl. VI, coll. 1, 22, 30; S. Vailhé, DHGE, I, coll. 197-198

Ursus	(-787 oct. 13)		Mansi, XIII, col. 388

32.2.12 ABRITUS — eccl. nestoriana

Marcianus	(-431)	(458-)	ACO, I, IV, p. 38; II, V, p. 32

32.3.3 APPIARIA, Rahovo, Orehovo — eccl. byzantina

Vescovado suffraganeo della Mesia inferiore (*notitia* 3).

Fonti: Hierocles, 636, 7: Honigmann, p. 13; *notitia* 3: Darrouzès, p. 484

Bibl.: Le Quien, I, coll. 1225-1226; Tomaschek, RE, II, col. 237; R. Janin, DHGE, III, col. 1058

Lupicinus	(-404)		Palladius, *Dialogus*: Le Quien, I, coll. 1225-1226
Martialis	(-458)		ACO, II, V, p. 32

32.4.1 AXIOPOLIS, Hinog-Cernavoda — eccl. primaeva

Località inclusa nella provincia di Scizia (Hierocles).

Fonti: Hierocles, 637, 9: Honigmann, p. 14

Bibl.: Le Quien, I, coll. 1231-1232; Tomaschek, RE, II, coll. 2628-2629; G. Bardy, DHGE, V, coll. 1256-1257; J. Barnea, DPAC, I, coll. 460-462

Cyrillus			D. Guillaume, BS, III, coll. 1326-1327; Le Quien, I, coll. 1231-1232

32.4.34 AXIOPOLIS — eccl. orthodoxa

Bibl.: Germanos, p. 125

Ilarion	(-1850 aug.)		Germanos, p. 125

32.5.34 BRATSA — eccl. orthodoxa

Vescovado suffraganeo della metropoli di Tirnovo; attualmente sede metropolitana della chiesa ortodossa bulgara.

Bibl.: Germanos, pp. 135-136

...			Germanos, p. 135
Timotheos	(-1827 sept.)		
Agapios			
Parthenios	1849 oct. 26		
Dorotheus	1854 (?)		
Paisios	1860 nov.		
Neophytos	1872 oct. 23		Germanos, p. 136
Kalinik Dimitri Alexandrov Raičev	1974 nov. 10		*Orthodoxia, 1986-1987*, p. 53

32.6.2 **DOROSTOLON**, Dorostorum, Durostorum, Drystra, Dystra, Silistria
eccl. primaeva et byzantina

Vescovado suffraganeo della Mesia inferiore, chiamato col nome slavo di Drystra o Dystra a partire dal secolo XI; unito nel 1707 a Naissa o Nyssa; nel 1870, quando la chiesa bulgara ottenne l'indipendenza, fu sottoposto al metropolita di Rousse (Roustchouk), passando dai Greci ai Bulgari; attualmente sede metropolitana della chiesa ortodossa bulgara.

Fonti: Hierocles, 636, 4: Honigmann, p. 13; *notitiae* 3, 12-14: Darrouzès, p. 489

Bibl.: Le Quien, I, coll. 1227-1230; Patsch, RE, V, coll. 1863-1864; R. Janin, DHGE, XIV, coll. 683-684, 826-827; Germanos, pp. 136-141; Mystakides, p. 170

Dasius, s.			A. Amore, BS, IV, coll. 483- 484; Le Quien, I, col. 1227
Monophilus	(-458)		ACO, II, V, p. 32
Iohannes	(-553 iun. 2)		ACO, IV, I, p. 229
Leontius	(-1071 nov. 9)		Janin, col. 826
Christophorus	(-1080 mar./ apr.)		
Leo	(-1147)	(1170-)	
Callistus	(-1437)	(1450-)	Syropoulos, p. 184; Mansi, XXXII, col. 105
Parthenius	(-1564)	(1580 apr.-)	Janin, col. 826
Gregorius	(-1590 mai.)	(1591 iun.-)	Janin, col. 826; Actes, III, p. 49
Ioachim	(-1618)		Janin, col. 826
Metrophanes	(-1618 aug. 12)		
Meletios	(-1622)		
Antonius	1623 aug. c.		
Meletius, iter., dep.		1626 ian.	
Ioachim	1626 ian.		
Antonius	(-1628 sept. 24)		*Synod of Jerusalem*, p. 89
Gregorios	(-1631)		Janin, col. 826

Antonius, iter., dep.	1633 mar. 22	1637 aug.	
Hieremias	1637 oct.	1638	
Antonius, iter., dep.		1643 aug.	
Paisios	1647 fin.		
Antonius, iter.		1650 mar. 16	
Macarios, dep.	1651 iun.	1674 mar.	Janin, col. 827
Methodios (?)			
Dionysios	1674 mar. 21		
Gennadios	(-1683)		
Macarios	(-1684 oct.)		
Parthenios	(-1687 febr.)	(1689 mar. 7-)	
Athanasios	(-1691)	(1710 oct.-)	
Germanos			
Hierotheus Comnenus	1710	1719	
Seraphim	1719	1725	
Constantios	1725	(1727-)	
Bartholomaeus	1734 nov.	(1761 febr.-)	
Cyrillos	(-1764 febr.)		
Parthenios	(-1769 mar.)	(1787 oct. 11-)	
Gregorios	(-1792 oct. 15)	(1798-)	
Cyrillos	1806 ian.		
Callinicos	1813 apr.	(1821 ian.-)	
Anthimos		1836 nov.	
Gregorios	1836 nov.	1840 ian. c.	
Hieronymos	1840 febr. 21		
Dionysios	1849 mar.	1867	
Matthaeos	1867 sept.	1876 oct.	
Sofronij Koev Stoichev	1962 mar. 4		*Orthodoxia, 1986-1987*, p. 52

32.6.4 DUROSTORUM — eccl. ariana

Aussentius	(-380c.)	M. Simonetti, DPAC, I, col. 449

32.6.12 DUROSTORUM — eccl. nestoriana

Iacobus	(-431 iun.)	ACO, I, IV, p. 38

32.7.2 GOTTHIA

eccl. primaeva et byzantina

Dal secolo IV venne istituita la gerarchia ecclesiastica tra i Goti di Crimea; la prima *notitia* che ricorda la provincia con tale titolo è del secolo VIII, con Doros come metropoli non ecclesiastica e 7 vescovadi suffraganei.

Fonti: *notitiae*: Darrouzès, p. 492

Bibl.: Le Quien, I, coll. 1239-1246; Laurent, *Sceaux*, V, 1, pp. 668-670; D.-L. Stiernon, DHGE, XXI, coll. 862-918

Ephrem	300/304 c.		Stiernon, col. 911
Theophilus	(-325 mai. 20)	(325 iun. 19-)	Turner, I, pp. 90-91; Le Quien, I, coll. 1241-1242
Godda	(-354/355)		Stiernon, col. 912
Silouanos	(-370)		
...	(-376)		
Unilas	398	(-404)	Ioannes Chrysostomus, ep. XIV: PG, 52, col. 618
Sigesarios	(-410)		Stiernon, col. 912
...		(-548/549)	Procopius, *De Bello Gothico*: Stiernon, col. 912
...	548/549		Stiernon, col. 912
...(?)	(-692)		
...	(-754)		
Ioannes, s.	(-780)		G. D. Gordini, BS, VI, voll. 814-815
Nicetas	(-787 sept. 26)	(787 oct. 13-)	Mansi, XII, col. 1095; XIII, col. 383
Ioannes	saec. IX		Laurent, *Sceaux*, V, 1, n. 859
Ioannes	saec. XI in.		Laurent, *Sceaux*, V, 1, nn. 859-860
...	(-1066 apr. 26)	(1067 mar. 19-)	Grumel, III, n. 897; Mansi, XIX, coll. 1044, 1060
Caesar (?)	saecc. XI-XII		Laurent, *Sceaux*, V, 1, n. 861
...	(-1140 mai.)		Grumel, III, n. 1007
Constantinus	(-1143 oct.)	(1157-)	Grumel, III, nn. 1014-1015; Le Quien, I, col. 1245
Ioannes	(-<1166 mai.6/1167 iul.>)		Grumel, III, n. 1075; Stiernon, col. 914
Constantinus	(-1173 iul. 11)	(1177 sept. 2-)	Grumel, III, nn. 1126, 1134
Ioannes	saec. XII		Laurent, IV, n. 859
Arsenius (?)			Stiernon, col. 914
Sophronius	(-1292 aug.)		
...	(-1317 sept.)	(1318 aug.-)	Stiernon, col. 915
Petrus	(-1347 iul.)		
...	(-1368 oct. 4)	(-1371 aug. 16)	

Theodorus	(-1377/1378)	(1384-1385)	
Antonius	1385 aug.	(1396 nov.-)	
Iacobus, Ioannes Holobolos	1399 (mai.- oct.)	1403 (iul.- aug.)	
...	(-1424)		Stiernon, col. 916
Ioannes	(-1427)		Laurent, *Sceaux*, V, 1, n. 860
Damianus	(-1427 sept. 10)		Stiernon, col. 916
Gregorius	(-<1483 sept. -1484 aug.>)	(1484 iul.-)	
...	(-1576/1577)		
Kallinikos	(1586 sept.- 1587 aug. 31)		
Constantius	(-1587 nov.)		
...	(-1624/1626)		
Seraphim (?)	(-1637)		
Anthimus, dep.	1642 oct. 28	1652	Stiernon, col. 917
Daniel	1652 oct.		
David	(-1672 oct.)	(-1673 aug. 30)	
Methodius, "metr. de Gotthia et Kapha"	1673	1692	
Neophytus	(-1697 sept. 27)	(1698 aug. 28-)	
Macarius	(-1707)		
Parthenios	(-1710)		
Gedeon, ex.	(-1725 nov. 25)	1750	Stiernon, col. 918
iter.	1760	1769	
Ignatius Chozadinov	1771	1786 febr. 16	

32.7.4 GOTTHIA

eccl. ariana

Ulfila		383	Stiernon, DHGE, XXI, col. 912
Selenas, Selinas	383		Socrates, HE, V, 23: PG, 67, col. 648; Sozomenus, HE, VII, 17: PG, 67, col. 1468

32.8.34 LOPHTZOS

eccl. orthodoxa

Vescovado suffraganeo di Tirnovo (*notitia* 21).

Fonti: *notitia* 21: Darrouzès, p. 420

Bibl.: Germanos, pp. 151-152

Theophanes	(-1590 mai.)	Germanos, p. 151
Laurentios	(-1620)	
Symeon	(-1639 sept.)	
Cyrillos	(-1651 dec.)	
Ioachim	saec. XVII fin./ saec. XVIII in.	
Gennadios		Germanos, p. 152
Paisios	(-1749 febr. 25)	
Anthimos	1757 apr.	
Dionysios	1827 iul.	
Meletios	1845 sept.	
Meletios	1848 iul. 16	
Ilarion	(-1868 dec. 20)	

32.9.34 LOVEČ — eccl. byzantina

Sede metropolitana della chiesa ortodossa bulgara.

Bibl.: *Orthodoxia, 1986-1987*, p. 52

Grigorij Ivanov Uzunov	1972 febr. 13	*Orthodoxia, 1986-1987*, p. 52

32.10.3 NICOPOLIS, Stari (Eski)-Niküp — eccl. byzantina

Vescovado suffraganeo della provincia di Mesia inferiore.

Fonti: Hierocles, 636, 5: Honigmann, p. 13; *notitia* 3: Darrouzès, p. 241

Bibl.: Le Quien, I, coll. 1223-1224; G. Kazarow, RE, XVII, coll. 518-533

Marcellus	(-458)	ACO, II, V, p. 32
Amantius	(-518)	ACO, III, p. 66
... (?)	(-787 sept. 26)	Mansi, XII, col. 1110
Nicolaus, "ep. Nicopoleos" (?)	(-879 nov.)	Mansi, XVII-XVIII, col. 376
...		Le Quien, I, col. 1224

32.11.3 NOVAE, Noba, Novai, Bobai, Stâklen — eccl. byzantina

Vescovado suffraganeo di Marcianopoli.

Fonti: Hierocles, 636, 6: Honigmann, p. 13; *notitiae* 1-4: Darrouzès, p. 505

Bibl.: Le Quien, I, coll. 1221-1222; E. Polaschek, RE, XVII, coll. 1125- 1129

Laurentius	saec. V pars pr.		J. Gribomont, DPAC, II, col. 2026
Secundinus	(-448)	(449-)	ACO, II, II, I, p. 20; II, I, I, p. 170
Petrus	(-458)		ACO, II, V, p. 32
...			Le Quien, I, col. 1222

32.12.2 ODESSOS, Odyssus, Barna, Varna — eccl. primaeva et byzantina

Arcivescovado della Mesia inferiore; ritenuta metropoli.

Fonti: Hierocles, 636, 3: Honigmann, p. 13; *notitiae* 1-4: Darrouzès, pp. 506, 486

Bibl.: Le Quien, I, coll. 1223-1226, 1239-1240; E. Diehl, RE, XVII, coll. 1883-1885; Darrouzès, p. 190, n. 2; A. Treidler, RE, VIII A, col. 414; Germanos, pp. 125-130

Amplias			Le Quien, I, col. 1225
Dizas	(-458)		ACO, II, V, p. 32
Ioannes	(-518)		Le Quien, I, col. 1226
Leo (?)	(-787)		
Basilius	(-879)		
Alexios	(-1380)		Mystakides, p. 164
Gabriel	(-1389)		
Gabriel	(-1565 ian.)		Germanos, p. 126
Parthenios	(-1568 oct.)		
Acacios	(-1590 mai.)		
Theoleptos	(-1601 iun.)		
Matthaeos	1605 ian. 12		
Meletios			
Parthenios	(-1620)	(1631 mai.-)	Mystakides, p. 164; Germanos, p. 126
Meletios	(-1635 apr. 8)		Mystakides, p. 165
Agathangelos	1637 apr.		Germanos, p. 127
Meletios			

Parthenios	1639 dec.		
Meletios	(-1646)	1649 aug. 25	
Anthimos			Mystakides, p. 165
Daniel	1655 mai.		
Daniel	1657 iul.		
Nicodemos	1658 iun. 20		Germanos, p. 127
Metrophanes	1662 iun. 11		
Macarios	1674 aug. 15		Germanos, p. 128
Seraphim	(-1680 apr.)		Mystakides, p. 165
Leontios			Germanos, p. 128
Cyrillus	(-1712 mai.)		
Callinicos	(-1713 mar.)	(1723 sept.-)	
Athanasios	(-1726 dec.)	(1727-)	
Ioachim	(-1742 iul.)	1754	Germanos, p. 128; Mystakides, p. 165
Callinicos	1754 sept.		Germanos, p. 128
Neophytos	1761 oct. 8	1783 sept.	Germanos, p. 128, Mystakides, p. 166
Philotheos	1783 sept.		Germanos, p. 128
Gregorios	1797 febr.		
Gregorios	1797 apr.		
Paisios	1800 sept.		Germanos, p. 129
Chrysanthos	1806 oct.		
Zacharias	1817 iun.	1821 ian.	
Philotheos	1821 ian.		
Callinicos			
Ioseph	1835 febr.		
Abercios	1846 oct.		
Porphyrios	1847 mar. 5		
Ioachim	1864 dec. 10		
Callinicos	1874 ian. 12		
Cyrillos	1875 mar. 22		Germanos, p. 130
Callinicos	1882 nov. 27		
Gabriel	1887 oct. 15		
Gregorios	1889 oct. 10		
Alexander	1891 febr. 5		
Polycarpos	1891 aug. 1		
Neophytos	1906 apr. 27		

Ioannes	1911 febr. 15		
Nicodemos	1913 iun. 18	1924 mai. 24	
Josif Ivan Lazarov Iliev	1937		*Orthodoxia, 1986-1987*, p. 53

32.13.34 PRESLAVA

eccl. orthodoxa

Vescovado suffraganeo di Tirnovo.

Fonti: *notitia* 21: Darrouzès, p. 420

Bibl.: Germanos, pp. 157-159

Spyridon	(-1590 mai.)		Germanos, p. 157
Gregorios	(-1620 nov. 4)		
Callinicos	(-1623 sept.)	(1636 sept.-)	
Nectarios	1680 dec. 15		Germanos, p. 158
Sophronios	saec. XVII fin./saec. XVIII in.		
Parthenios			
Gedeon	1747 nov. 9		
Anthimos			
Gregorios	1831 iul.		
Gerasimos	1833 apr.		
Porphyrios	1840 iun.		Germanos, p. 159
Dionysios	1847 mar. 5		
Beniamin	1850 dec. 17		
Anthimos	1861 mai. 23		
Procopios	1872 oct. 23		

32.14.34 RHODOSTOLON

eccl. orthodoxa

Vescovado suffraganeo di Marcianopoli.

Fonti: *notitiae* 1-4, 12-14: Darrouzès, p. 511

Bibl.: Germanos, p. 159

Constantinos	1896 mar. 5		Germanos, p. 159

Anthimos	1899 nov. 20	1905 mar. 31	
Alexander	1907 sept. 25	1922 aug. 26	

32.15.3 **SEXANTAPRISTA**, Tyra — eccl. byzantina

Vescovado della provincia di Mesia inferiore.

Bibl.: Le Quien, I, coll. 1221-1222; Fluss, RE, II A, col. 2026

Polycarpus, tr. ad Nicopolim Thraciae			Socrates, HE, VII, 36: PG, 67, col. 821; Le Quien, I, coll. 1221-1222

32.16.3 **SKARIA** — eccl. byzantina

Vescovado suffraganeo di Marcianopoli.

Fonti: *notitiae* 1-4: Darrouzès, p. 513

32.17.3 **SOUGDIA**, Sougdaia, Sugdaea, Sucidava — eccl. byzantina

Arcivescovado della Zichia; metropoli senza suffraganei (unita a Phoulloi).

Fonti: *notitiae*: Darrouzès, p. 514

Bibl.: Le Quien, I, coll. 1229-1232; Fluss, RE, IV A, col. 560

Stephanus	767-(?)	(787 oct. 13-)	Grumel, II, n. 341, Mansi, XIII, col. 384
Constantinus	(-997 febr. 21)		Grumel, II, n. 804
Arsenius	(-1027 nov.)		Grumel, II, n. 833
...	(-1086/1101 nov. 5)		Grumel, III, n. 942
...	(-1158 mar. 10)		Le Quien, I, coll. 1229-1230
Theodorus	(-<1275-1282>)		Le Quien, I, col. 1230
Eusebius	(-<1350-1353, 1355-1363>)		
...	(-1392 febr.)		AA, X, p. 124
Theophanes	(-1484/1485)		Le Quien, I, coll. 1230-1232

32.18.3 TORNOBON, Tornovon, Tirnovo, Ternobus — eccl. byzantina

Sede patriarcale dal 1204 al 1393; sede metropolitana della Bulgaria orientale con 3 vescovadi suffraganei.

Fonti: *notitia* 21: Darrouzès, p. 420

Bibl.: Le Quien, I, coll. 1231-1238; Germanos, pp. 176-183; *Index*, p. 13

Basilius	1204		Le Quien, I, coll. 1233-1234
Germanus			Le Quien, I, coll. 1234-1235
Ioachim	(-1291)	(1295-)	Georgius Pachymeres, *De Andronico*: Le Quien, I, col. 1235
Ignatius	(-1437)	(1439-)	Syropoulos, pp. 184, 463
Gerasimos	(-1467 ian.)		Germanos, p. 178
Pancratios	(-1474 oct.)		
Theophilos	(-1528)		AA, II, p. 172
Ioachim	(-1561)		Germanos, p. 178
Arsenius	(-1564)	(1567 aug.-)	Le Quien, I, col. 1236; Germanos, p. 178
Dionysios	(-1590 mai.)	(1600 iul.-)	Germanos, p. 179
Hieremias	(-1606 mar.)		
Gabriel	(-1613 mar.)		
Macarius	1626 apr. 18		
Dionysios	1646 aug. 23		
Cyrillos	1650 mar.		
Anthimos	1653 ian.		
Dionysios	1654		
Gerasimos	1658 nov. 23		
Iezechiel	1673 aug. 16		
Athanasios			
Ioseph	(-1692)		
Theodosios	(-1697 mai.)		Germanos, p. 180
Dionysios	(-1708 mar.)		
Ioseph	1714		
Nicephoros	(-1724 ian.)	(1737 ian.-)	
Anthimos	(-1748 iun.)		Actes, III, p. 72
Nicephoros			
Theophylos	1751 ian.		
Parthenios	1763		
Callinicos	1770 ian.		

Matthaeos	1791 dec.	
Daniel	1802 mar.	Germanos, p. 182
Macarios	1806 ian.	
Ioannikios	1817 iun.	
Ilarion	1821 iun.	
Constantios	1827 iun. 25	
Panaretos	1838 febr.	Germanos, p. 183
Neophytos	1840 apr. 26	
Athanasios	1846 iun. 26	
Neophytos	1848 aug. 29	
Gregorios	1858 ian. 26	

32.19.3 TRAMARISKA — eccl. byzantina

Vescovado suffraganeo di Marcianopoli.

Fonti: *notitiae* 1-4: Darrouzès, p. 517

32.20.3 TZERBENON — eccl. byzantina

Vescovado suffraganeo di Tirnovo.

Fonti: *notitia* 21: Darrouzès, p. 420
Bibl.: Germanos, pp. 173-176

Hieremias	(-1590 mai.)		Germanos, p. 173
Gregorios	(-1616)		
Callinicos	(-1620 nov. 4)		
Gregorios	(-1635 mai.)		Germanos, p. 174
Gabriel	(-1638 sept. 24)	(1653 iun.-)	*Synod of Jerusalem*, p. 89; Germanos, p. 174
Ioseph	(-1668 iul.)	(1671 ian.-)	Germanos, p. 174
Dionysios	saec. XVII fin./saec. XVIII in.		
Neophytos	(-1769)		
Theocletos	(-1829 mai.)		
Neophytos			
Cyrillos	1840 mai.		

Synesios	1842 oct.	(1855 apr.-)	Germanos, p. 174; Rhalles, p. 514
Paisios	1865 mai. 1		

32.21.34 VIDIN — eccl. orthodoxa

Sede metropolitana della chiesa ortodossa bulgara.

Bibl.: *Orthodoxia, 1986-1987*, p. 53

Filaret Slavco Zekov Ignatov	1971 mai. 23	*Orthodoxia, 1986-1987*, p. 53

32.22.3 ZEKEPEDA — eccl. byzantina

Vescovado suffraganeo di Marcianopoli.

Fonti: *notitiae* 1-4: Darrouzès, p. 518

PROVINCIA VALACHIAE

33.1.34 TERGOVITZIUM

eccl. orthodoxa

Sede metropolitana della provincia di Valacchia, suddivisa in Ungrovalacchia e Moldovalacchia.

Bibl.: Le Quien, I, coll. 1247-1250

Theodosius	(-1701)		Le Quien, I, coll. 1247-1248
Anthimus	(-1710)		Le Quien, I, coll. 1248-1249
Daniel	(-1719)	(1721-)	Le Quien, I, coll. 1249-1250

PROVINCIA MOLDOBLACHIAE

34.1.34 **SOTZABA**, Sotzava, Soizowa — eccl. orthodoxa

Sede metropolitana della provincia di Moldovalacchia.

Bibl.: Le Quien, I, coll. 1251-1254

Hieremias, metr. Moldoblachiae	(-1366)	(1387 c.-)	AA, IV, n. 3; Le Quien, I, col. 1251
Anthimus			Le Quien, I, col. 1251
Gregorius	(-1435 mar. 10)		P.S. Năsturel, DHGE, XXII, coll. 4-6
Damianus	(-1437)	(1450-)	Syropoulos, p. 162; Mansi, XXXII, col. 105
Anastasius			Le Quien, I, col. 1254
Barlaam	(-1642 mai.)		*Synod of Jerusalem*, p. 102
Gedeon	(-1721)		Le Quien, I, col. 1254

34.2.34 **CHUSIUM**, Chotza, Chotziroi (?) — eccl. orthodoxa

Vescovado suffraganeo della provincia di Moldovalacchia.

Bibl.: Le Quien, I, coll. 1253-1254

Georgius	(-1642 mai.)		*Synod of Jerusalem*, p. 102
Metrophanes	(-1683)	(1690-)	Le Quien, I, coll. 1253-1354

34.3.34 **RHANDEOUTZON**, Rhadautzium — eccl. orthodoxa

Vescovado suffraganeo della provincia di Moldovalacchia.

Fonti: *notitia* 20: Darrouzès, p. 511

Bibl.: Le Quien, I, coll. 1255-1256

Anastasius	(-1642 mai.)		*Synod of Jerusalem*, p. 102

34.4.34 **RHOMANOS**, Romanum, Roman — eccl. orthodoxa

Vescovado suffraganeo della provincia di Moldovalacchia, attualmente del patriarcato ortodosso di Romania.

Fonti: *notitiae* 20-21: Darrouzès, p. 511

Eulogius	(-1642 mai.)	*Synod of Jerusalem*, p. 102
Eftimie Luca	1978 apr. 23	*Orthodoxia, 1986-1987*, p. 112

PROVINCIA UNGROVALACHIAE

35.1.34 UNGROVALACHIA, Hongrovalachia, Bogdania, Bucureşti — eccl. orthodoxa

Sede metropolitana dell'Ungrovalacchia; nel 1955 la chiesa romena ortodossa contava 12 eparchie e 5 province ecclesiastiche (Ungrovalacchia, Moldavia, Ardeal, Oltenia e Banat); nel 1885 era stata riconosciuta autocefala e il 4 febbraio 1925 si era costituita in patriarcato.

Fonti: *notitiae* 15, 20-21: Darrouzès, p. 506

Bibl.: Janin, *Églises*, pp. 249, 235-254; C. G. Patrinelis, EEBS, XXXII (1963), pp. 314-317

Chariton	(-1378 iul.)		AA, II, n. 36
Anthimos	(-1386 oct.)		AA, II, p. 145
Theodosios	1668	1672	Patrinelis, pp. 314-317
Dionysios Iberites	1672 iun. 24	1672 dec.	
Miron Cristea	1925	1939	Janin, *Églises*, p. 242
Nicodim Munteanu	1939	1948	
Justinian Marina	1948	1977	
Iustin Moisescu	1977 iun. 19	1986	*Orthodoxia, 1986-1987*, p. 111

35.1.20 BUCURESTI — eccl. armena-gregoriana

Bibl.: *Orthodoxia, 1986-1987*, p. 45

Tirair Martikian	1964	*Orthodoxia, 1986-1987*, p. 45

35.2.34 ALBA IULIA — eccl. orthodoxa

Vescovado del patriarcato ortodosso di Romania.

Bibl.: Janin, *Églises*, p. 249; *Orthodoxia, 1986-1987*, p. 113

Emilian Birdaş	1976 ian. 25	*Orthodoxia, 1986-1987*, p. 113

35.3.34 ARAD — eccl. orthodoxa

Vescovado del patriarcato ortodosso di Romania.

Bibl.: *Orthodoxia, 1986-1987*, p. 114

Timotei Seviciu	1984 sept. 30	*Orthodoxia, 1986-1987*, p. 114

35.4.34 **BOZEON**, Buzau — eccl. orthodoxa

Vescovado suffraganeo della provincia di Ungrovalacchia, attualmente del patriarcato ortodosso di Romania.

Fonti: *notitia* 21: Darrouzès, p. 421

Epifanie Norocel	1982 iul. 4	*Orthodoxia, 1986-1987*, p. 112

35.5.34 **CRAIOVA** — eccl. orthodoxa

Vescovado del patriarcato ortodosso di Romania.

Bibl.: *Orthodoxia, 1986-1987*, p. 113

Nestor Vornicescu	1978 apr. 23	*Orthodoxia, 1986-1987*, p. 113

35.6.34 **IAŞI** — eccl. orthodoxa

Vescovado del patriarcato ortodosso di Romania.

Bibl.: Janin, *Églises*, p. 249; *Orthodoxia, 1986-1987*, p. 112

Teoctist Arâpaş	1977 oct. 9	*Orthodoxia, 1986-1987*, p. 112

35.7.34 **ORADEA** — eccl. orthodoxa

Vescovado del patriarcato ortodosso di Romania.

Bibl.: *Orthodoxia, 1986-1987*, p. 113

Vasile Coman	1971 ian. 10	*Orthodoxia, 1986-1987*, p. 113

35.8.34 **RHIMNIKON**, Rimnic, Ramnic-Arges — eccl. orthodoxa

Vescovado suffraganeo della provincia di Ungrovalacchia, attualmente del patriarcato ortodosso di Romania.

Fonti: *notitia* 21: Darrouzès, p. 511
Bibl.: Cf. R. Janin, DHGE, IV, col. 75

Grigoire Râmniceanue, ep. de Arges	1826	1828	J. Dura, DHGE, XII, coll. 220-221
Gherasim Cristea	1984 dec. 2		*Orthodoxia, 1986-1987*, p. 114

35.9.34 SIBIU

eccl. orthodoxa

Vescovado del patriarcato ortodosso di Romania.

Bibl.: Janin, *Églises*, pp. 249, 240-241; *Orthodoxia, 1986-1987*, p. 112

Antonie Plâmâdeala	1982 febr. 7	*Orthodoxia, 1986-1987*, p. 112

35.10.34 TIMIŞOARA

eccl. orthodoxa

Vescovado del patriarcato ortodosso di Romania.

Bibl.: *Orthodoxia, 1986-1987*, p. 114

Nicolae Corneanu	1962 mar. 4	*Orthodoxia, 1986-1987*, p. 114

35.11.34 VAD

eccl. orthodoxa

Vescovado del patriarcato ortodosso di Romania.

Bibl.: *Orthodoxia, 1986-1987*, p. 113

Teofil Herineanu	1973 iun. 11	*Orthodoxia, 1986-1987*, p. 113

PROVINCIA RUSSIAE

36.1.34 KIEV, Kiovia, Kyebon — eccl. orthodoxa

L'origine della chiesa russa risale al battesimo del principe Vladimiro (989); sede metropolitana con residenze diverse (Kiev, Perejaslav, Vladimir, Mosca (1354) e col titolo di arcivescovado «di Russia» o «di tutta la Russia». Con l'accettazione del concilio di Firenze da parte del metropolita Isidoro, cominciava il periodo di unione con la chiesa romana, non seguito dalla chiesa moscovita, che si distaccò diventando autocefala (1448), mentre una dieta tenuta a Brest nell'aprile 1460 riconobbe ufficialmente Gregorio, metropolita della Lituania, a metropolita di Kiev e di tutta la Russia. I successori di Gregorio rimasero in comunione con Roma fino al metropolita Giuseppe Soltan (1507-1521), quindi tornarono a chiedere l'investitura canonica ai patriarchi di Costantinopoli. Il sinodo dei vescovi «ruteni» (furono chiamati così dalla curia romana i prelati di rito bizantino-slavo ad ovest della linea che corre all'incirca dall'alto Dvina al basso Dniepr), celebrato a Brest Litovsk dal 6 al 10 ottobre 1596 proclamò l'unione della metropolia di Kiev con la chiesa romana (per la vicende posteriori v. la bibliografia citata). Con l'erezione di Mosca a sede patriarcale (23 gennaio 1589) il metropolita Job ne divenne il primo titolare. Il patriarca di Gerusalemme, Teofane (1608-1644), di ritorno da Mosca, consacrò a Kiev dei vescovi per le diocesi già passate all'obbedienza cattolica.

Fonti: *notitiae* 10, 17, 20: Darrouzès, p. 499

Bibl.: Le Quien, I, coll. 1257-1282; M. Gordillo, DTC, XIV, coll. 207- 371; E. Honigmann, *Studies in Slavic Church History*, «Byzantion», XVII (1944-1945), pp. 128-130; A. M. Ammann, *Storia della chiesa russa e dei paesi limitrofi*, Torino 1948; N. Andrusiak, DTC, XIV, coll. 382-407; Janin, *Églises*, pp. 287-289; A. Raes, EC, X, coll. 1482-1492; Laurent, *Sceaux*, V, 1, pp. 599-608; A. Poppe, *The Rise of Christian Russia*, London 1982; G. Podskalsky, *Christentum und theologische Literatur in der Kiever Rus' (988-1237)*, München, 1982; OC, pp. 283-312, 325-340

Theophylactus	988		Poppe, App.
Ioannes	(-1018)	1030	Poppe, App.; Laurent, *Sceaux*, V, 1, n. 781
Theopemptus	1035 c.	1040	Poppe, App.; Laurent, *Sceaux*, V, 1, n. 782
Hilarion	1051	1053/1054	
Ephraim	1054/1055	1065 c.	Poppe, App.; Laurent, *Sceaux*, V, 1, n. 783
Georgius	1065 c.	1076 c.	Poppe, App.; Laurent, *Sceaux*, V, 1, n. 784
Ioannes Prodromos	1076/1077	(1089 aug.-)	Poppe, App.; Laurent, *Sceaux*, V, 2, n. 1605
Ioannes	1090 aest.	(-1091 aug. 14)	Poppe, App.
Nicolaus	1093 c.		Poppe, App.; Laurent, *Sceaux*, V, 1, n. 786
Nicephorus	1104 dec.	1121 apr.	Poppe, App.; Laurent, *Sceaux*, V, 1, n. 787
Nicetas	1122 aut.	1126 mar. 9	
Michael	1130 aest.	1145	Poppe, App.; Laurent, *Sceaux*, V, 1, n. 788
Clemens Smoljatic	1147 iul. 27	1155	Podskalsky, p. 282
Constantinus	1156	1158/1159	Podskalsky, p. 282; Laurent, *Sceaux*, V, 1, n. 789

Theodorus	1160 aug.	1163 iun.	Podskalsky, p. 282
Ioannes	1164	1166	
Constantinus	1167	1169/1170	
Michael	1171		
Nicephorus	(-1183)	(1201-)	Podskalsky, p. 282; Laurent, *Sceaux*, V, 1, n. 791
Matthaeus	(-1210)	1220 aug. 19	Podskalsky, p. 282
Cyrillus	1224/1225	1233	Podskalsky, p. 282; Laurent, *Sceaux*, V, 1, n. 792
Ioseph	1236		Podskalsky, p. 282
Cyrillus	1242/1247	1281 nov. 27	
Maximus	1283	1305	Ammann, p. 594
Petrus	1308	1326 dec. 21	
Theognostus	1328	1353	
Alexius, ep. Vladimir	1354 iun.	1378 febr. 13	
Michael	1378	1379	
Ciprianus Tsamblak	1381	1406	Ammann, pp. 88, 594
Poemen, simul	1382	1389	Ammann, pp. 89, 594
Dionysius, simul	1384	1385 oct. 15	Ammann, pp. 88, 594; cf. C. Hannick, DHGE, XXI, coll. 1486-1487
Photius	1408	1431	Ammann, p. 594
Gerasimus	1432	1435	
Isidorus, ad eccl. cath.	1436	1439	
Iob Borecki	1620	1631	Ammann, p. 595
Isaccus Boryszkewicz	1633		
Petrus Mogila	1633	1647	
Silvester Kossov	1648	1657	
Dionysius Balaban	1663		
Ioseph Tukalski	1676		
Antonius Winnicki	1679		
Gedeon Czetwertynski, "metr. de Kiev et Halič"	1685	1690	
Warlaam Jasinski, "metr. de Kiev et Halič"	1690	1707	
Flavianus Gorodetski	1903		Hamberger, p. 227
Filaret Denisenko	1966 mai. 4		*Orthodoxia, 1986-1987*, p. 119

36.1.36 KIEV

eccl. ruthena – catholica

Con il concilio di Firenze, accettato dal metropolita Isidoro iniziava un periodo di unione con la chiesa latina.

Bibl.: Ammann, pp. 594-595; N. Andrussiak, DTC, XIV, coll. 382-407; G. Olšr-A. Raes, EC, X, coll. 1482-1492

Isidorus, ex eccl. orthodoxa	1439	1458	Ammann, p. 594
Gregorius Bulhar, metr. Lituaniae	1458	1472 dec.	C. Hannick, DHGE, XXI, coll. 1511-1512
Misail Prucki, ep. Smolensk	1475	1480	Amman, p. 595
Simeon, ep. Polotsk	1481	1488	
Ionas Glezna	1488	1494	
Macarius	1495	1497	
Ioseph Bulgarynowicz	1498	1501	
Ionas	1502	1507	
Ioseph Soltan	1507	1521	
Ioseph	1522	1534	
Macarius	1534	1556	
Silvester Belkewicz	1556	1567	
Ionas	1568	1577	
Elias	1577	1579	
Onesiphorus Djevocka	1579	1588	
Michael Rahoza	1588	1599	
Ipatius Pociej	1600	1613	
Ioseph IV vel Rutski	1614	1637	
Raphael Korsak	1637	1641	
Antonius Sjelava	1642	1655	
Gabriel Kolenda	1666	1674	
Cyprianus Zochowski	1674	1693	
Leo I Slubicz Zaleski	1694	1708	
Georgius II Winnicki	1708	1713	
Leo II Kiszka	1714	1729	
Athanasius Szepticki	1729	1746	
Florianus Hrebnicki	1748	1762	
Philippus Wolodkowicz	1762	1778	
Leo III Szepticki	1778	1779	
Iason Junosza Smogoszevski	1780	1786	
Theodosius Rostocki	1787	1805	

36.1.35 KIEV eccl. ruthena-orthodoxa

Chiesa autocefala ucraina costituita il 1° gennaio 1919 e soppressa nel 1928.

Bibl.: N. Andrusiak, DTC, XIV, coll. 394-395; Janin, *Églises*, pp. 189- 190; Ammann, pp. 548-549

Basilius Lypkivskyj	1921 oct. 21/23	1930 febr.	Andrusiak, col. 394

36.2.34 MOSCA, Moschovia eccl. orthodoxa

Con l'accettazione del concilio di Firenze da parte di Isidoro, metropolita di Kiev (con sede a Mosca), fu promosso Giona, che nel sinodo di Mosca del 1459 venne dichiarato «metropolita di Kiev e di tutta la Russia»: fu anche riconosciuta la legittimità della sua sede, non fu accettato il concilio di Firenze e dichiarata l'indipendenza da Costantinopoli; i suoi successori portarono il titolo di «metropoliti di Mosca». Il 26 gennaio 1589, il patriarca Geremia II elevò la sede a patriarcato, mentre furono promossi a metropoli gli arcivescovadi di Novgorod, Kazan, Rostov e Krutitsy, e ad arcivescovadi i vescovadi di Vologda, Sousdal, Nijni-Novgorod, Smolensk, Riazan, Tver. Sopresso da Pietro il Grande, il patriarcato fu ricostituito nel novembre 1917. Nel 1955 oltre alla diocesi patriarcale di Mosca si contavano 3 metropoli (Kroutitzy, Kiev-Galitch, Leningrado-Novgorod) e 70 diocesi.

Bibl.: Ammann, pp. 126 ss.,200; Janin, *Églises*, pp. 173-186; J. Hamberger, *La hiérarchie de l'église russe en 1905*, EO, VIII (1905), pp. 226-232

Ionas	1448 fin.	1461 mar. 31	Ammann, p. 126
Theodosius	1461	1465	Ammann, p. 594
Philippus	1467	1473	
Gerontius	1473	1489	
Zosimus	1490	1494	
Simeon	1495	1511	
Barlaam	1511	1522	
Daniel	1522	1539	
Iosaphat	1539	1543	
Macarius	1543	1564	
Athanasius	1564	1566	
Germanus	1566		
Philippus	1566	1569	
Cyrillus	1570	1577	
Antonius	1577	1580	
Dionysius	1581	1586	
Iob, archiep. de Rostov	1586 dec. 11	1605	
Ignatius	1605	1606	
Hermogenes	1606	1612	

Philaretus	1619	1633	
Ioasaph	1634	1640	
Ioseph	1642	1652	
Nicon, ex.	1652	1667	
Ioasaph	1667	1672	
Pityroun	1672	1673	
Ioachim	1674	1690	
Hadrianus	1690	1700 oct. 15	
Vladimir Bogoiavlensky	1898		Hamberger, p. 227
Tychon	1918	1925 apr.	
Serghij	1943		
Aleksij	1945 feb.	1970	
Pimen Sergej Izvekov	1971 iun. 3		*Orthodoxia, 1986-1987*, p. 116

36.3.34 ALEOUT — eccl. orthodoxa

Tychon Bellavin	1898		Hamberger, p. 229

36.4.34 ALMA-ATA — eccl. orthodoxa

Bibl.: *Orthodoxia, 1986-1987*, p. 117

Evsevij Nikolaj Savvin	1984 apr. 1		*Orthodoxia, 1986-1987*, p. 117

36.5.34 ARCHANGELOPOLIS, Arkhangel, Archangelsk — eccl. orthodoxa

Bibl.: Le Quien, I, coll. 1319-1320; *Orthodoxia, 1986-1987*, p. 117

Ioannicius Kasansky	1901		Hamberger, p. 228
Isidor Nikolaj Kiričenko	1977 iun. 19		*Orthodoxia, 1986-1987*, p. 117

36.6.22 ARTVIN — eccl. armena-catholica

Vescovado cattolico eretto il 30 aprile 1850 per gli Armeni cattolici di Russia.

Bibl.: F. Tournebize, DHGE, IV, coll. 843-844; Janin, *Églises*, pp. 359- 360

Timotheus Astardjian	1850		Tournebize, col. 843
Antonius Haladjian	1859		
Ioannes Saccharian	1878 dec. 28		Tournebize, col. 844

36.7.34 ASTRAKHAN et ENOTAIEV, Astrachan et Jenotajevska — eccl. orthodoxa

Bibl.: Le Quien, I, coll. 1323-1324; *Orthodoxia, 1986-1987*, p. 118

Georgius Orlov	1902		Hamberger, p. 228
Feodosij Mitrofan Dikun	1979 dec. 27		*Orthodoxia, 1986-1987*, p. 118

36.8.34 BIELGOROD, Bielo-Gorodia — eccl. orthodoxa

Vescovado suffraganeo di Kiev fondato nel 988.

Bibl.: Le Quien, I, coll. 1323-1324; Poppe, VIII, pp. 172-174

Nicetas	(-1072 mai. 20)		Poppe, VIII, p. 172
Lucas	(-1088)	(1089-)	

36.9.34 ČEBOKSARY — eccl. orthodoxa

Bibl.: *Orthodoxia, 1986-1987*, p. 118

Varnava Kedrov	1984 sept. 7		*Orthodoxia, 1986-1987*, p. 118

36.10.34 ČERNOVCI — eccl. orthodoxa

Bibl.: *Orthodoxia, 1986-1987*, p. 118

Varlaam Aleksej Iljuščenko, "ep. de Černovci et Bukovina"	1977 mar. 1		*Orthodoxia, 1986-1987*, p. 118

36.11.34 CHOLME, Chelm, Chelma — eccl. orthodoxa

Vescovado suffraganeo di Kiev fondato dopo il 1230.

Fonti: *notitia* 17: Darrouzès, p. 403

Bibl.: Le Quien, I, coll. 1285-1286

Cyrillus, prom. ad Kiev		1243	Ammann, p. 49
...	1440		Ammann, p. 125
Dionysius	(-1594)		Le Quien, I, coll. 1285-1286
Hieronymus Exemplarski, "aep. de Chelm et Varsovie"	1898		Hamberger, p. 227

36.11.36 CHELM, — eccl. ruthena-catholica

Il vescovado fu soppresso dal governo russo nel 1875.

Bibl.: Janin, *Églises*, p. 290

Dionysius	1594	Janin, *Églises*, p. 290

36.12.34 DON — eccl. orthodoxa

Athanasius Parkhomovitch, "aep. de Don et Novotcherkask"	1894	Hamberger, p. 227

36.13.34 EKATERINBOURG — eccl. orthodoxa

Vladimir Sokolovski, "ep. de Ekaterinbourg et Irbitsk"	1903	Hamberger, p. 228

36.14.34 EKATERINOSLAV — eccl. orthodoxa

Simeon Pokrovski, "ep. de Ekaterinoslav et Taganrog"	1896	Hamberger, p. 228

36.15.34 GALITZA, Halič — eccl. orthodoxa

Vescovado in Galizia suffraganeo di Kiev (*notitiae* 13, 17), fondato tra 1147 e 1156 dal principe russo Vladimiro e sede del principato omonimo dal sec. XII al XIV; compare in una *notitia* del regno di Manuele I Comneno e perdura con grande fortuna nel secolo XIV; sede metropolitana nel 1302/1303 e nuovamente nel 1334-1347.

Fonti: *notitiae*: Darrouzès, p. 491

Bibl.: Laurent, *Sceaux*, V, 1, pp. 612-613, Poppe, VIII, pp. 170-171

Alexis		1141	Laurent, *Sceaux*, V, 1, n. 796
Cosmas	1157	(1165-)	
Niphon	1303	1305	Ammann, pp. 77, 595
Petrus	1308	1326	Ammann, p. 595
Gabriel	1331		
Theodorus	1337	1347	
Antonius	1370	1391	
Simeon	1391		
Ioannes, ep. de Lutsko	1393	1403 (?)	
Ioseph Soltan	1507	1521	

36.16.34 GORKIJ — eccl. orthodoxa

Bibl.: *Orthodoxia, 1986-1987*, p. 118

Nikolaj Nikolaj Kutjepov, "aep. de Gorkij et Arzamas"	1977 iun. 11		*Orthodoxia, 1986-1987*, p. 118

36.17.34 GRODNO — eccl. orthodoxa

Nicanor Kamienski, "ep. de Grodno et Brest"	1903		Hamberger, p. 228

36.18.34 IAKOUTSK — eccl. orthodoxa

Macarius Pavlov, "ep. de Iakoutsk et Viliousk"	1905		Hamberger, p. 228

36.19.34 IAROSLAV, Jaroslav — eccl. orthodoxa

Bibl.: *Orthodoxia, 1986-1987*, p. 119

Iacobus Piatnitsky	1904	Hamberger, p. 227
Platon Vladimir Udovenko	1984 dec. 17	*Orthodoxia, 1986-1987*, p. 119

36.20.34 IENISSEISK — eccl. orthodoxa

Euthimius Stchastnev, "ep. de Ienisseisk et Krasnoiarsk"	1898	Hamberger, p. 228

36.21.34 IRKUTIA, Irkutsk — eccl. orthodoxa

Bibl.: Le Quien, I, coll. 1321-1322; *Orthodoxia, 1986-1987*, p. 118

Tychon Troitsky, "aep. de Irkoutsk et Verkholen"	1894	Hamberger, p. 227
Chrisostom Martiškin, "ep. de Irkutsk et Chita"	1984 dec. 17	*Orthodoxia, 1986-1987*, p. 118

36.22.34 IVANO-FRANKOVSK — eccl. orthodoxa

Bibl.: *Orthodoxia, 1986-1987*, p. 118

Makarij Leonid Svitum, "ep. de Ivano-F. et Kolomyja"	1985 sept. 20	*Orthodoxia, 1986-1987*, p. 118

36.23.34 IVANOVO — eccl. orthodoxa

Bibl.: *Orthodoxia, 1986-1987*, p. 119

Ambrosij Anatolij Ščurov, "ep. de Ivanovo et Kinesma"	1977 oct. 16	*Orthodoxia, 1986-1987*, p. 119

36.24.34 JURJEV

eccl. orthodoxa

Vescovado suffraganeo di Kiev fondato dopo il 1036.

Bibl.: Podskalsky, p. 281

36.25.34 KALININ

eccl. orthodoxa

Bibl.: *Orthodoxia, 1986-1987*, p. 119

Aleksij Viktor Konoplev, "metr. de Kalinin et Kašin"	1978 apr. 10	*Orthodoxia, 1986-1987*, p. 119

36.26.34 KALUGA

eccl. orthodoxa

Bibl.: *Orthodoxia, 1986-1987*, p. 119

Banjamin Mouratovski, "ep. de Kaluga et Borovsk"	1901	Hamberger, p. 228
Ilian Vostrjakov, "ep. de Kaluga et Borovsk"	1982 iul. 16	*Orthodoxia, 1986-1987*, p. 119

36.27.34 KAZAN, Casanum

eccl. orthodoxa

Bibl.: Le Quien, I, coll. 1317-1318; *Orthodoxia, 1986-1987*, p. 119

Hermogenes, prom. patr.		1606	Le Quien, I, col. 1317
...	(-1667)		Le Quien, I, col. 1318
Dimitri Kovalnitski, "aep. de Kazan et Sviiajsk"	1903		Hamberger, p. 227
Panteleimon Sergej Mitriukovskoj	1975 aug. 19		*Orthodoxia, 1986-1987*, p. 119

36.28.34 KHARKOV, Charkov

eccl. orthodoxa

Bibl.: *Orthodoxia, 1986-1987*, p. 118

Arsenius Briantsev, "aep. de Kharkov et Akhtyrka"	1903	Hamberger, p. 227

Irinej Serednij, "aep. de Charcov et Bogoduchov"	1984 mar. 28	*Orthodoxia, 1986-1987*, p. 118

36.29.34 KICHINEV, Kišinev — eccl. orthodoxa

Bibl.: *Orthodoxia, 1986-1987*, p.120

Vladimir Senekov, "ep. de Kichinev et Khotin"	1904	Hamberger, p. 228
Ionafan Ivan Kopolovic, "aep. de Kišinev et Moldavia"	1972 oct. 11	Hamberger, p. 120

36.30.34 KIROV — eccl. orthodoxa

Bibl.: *Orthodoxia, 1986-1987*, p. 120

Chrysanf Iakov Čepil, "ep. de Kirov et Slobodskoj"	1978 apr. 23	*Orthodoxia, 1986-1987*, p. 120

36.31.34 KIROGRAD — eccl. orthodoxa

Bibl.: *Orthodoxia, 1986-1987*, p. 120

Sevastian Simeon Pilipčuk, "ep. de Kirograd et Nikolajev"	1977 oct. 16	*Orthodoxia, 1986-1987*, p. 120

36.32.34 KOSTROMA — eccl. orthodoxa

Bibl.: *Orthodoxia, 1986-1987*, p. 120

Bessarion Netchaiev, "ep. de Kostroma et Galitch"	1894	Hamberger, p. 228
Kassian Sergej, "aep. de Kostroma et Galič"	1964 mai. 20	*Orthodoxia, 1986-1987*, p.

36.33.34 KURSK eccl. orthodoxa

Bibl.: *Orthodoxia, 1986-1987*, p. 121

Pitirime Oknov, "ep. de Koursk et Béliograd"	1904	Hamberger, p. 228
Juvenaly Spiridon Tarasov, "aep. de Kursk et Belgorod"	1984 dec. 17	*Orthodoxia, 1986-1987*, p. 121

36.34.34 KRASNODAR eccl. orthodoxa

Bibl.: *Orthodoxia, 1986-1987*, p. 120

Vladimir Vladimir Kotljarov, "aep. de Krasnodar et Kuban"	1980 apr. 24	*Orthodoxia, 1986-1987*, p. 120

36.35.34 KUJLYŠEV eccl. orthodoxa

Bibl.: *Orthodoxia, 1986-1987*, p. 121

Ioann Ivan Snyčev, "aep. de Kujlyšev et Syzran"	1976 sept. 9	*Orthodoxia, 1986-1987*, p. 121

36.36.34 LENINGRAD, Saint-Petersburg eccl. orthodoxa

Bibl.: *Orthodoxia, 1986-1987*, p. 121

Antonius Vadkovski, "metr. de Saint-Petersburg et de Lagoda"	1898	Hamberger, p. 226
Antonij Anatolij Melnikov, "metr. de Leningrad et Novgorod"	1978 oct. 10	*Orthodoxia, 1986-1987*, p. 121

36.37.34 LEOPOLIUM, Leopolis, Lvov eccl. orthodoxa

Vescovado suffraganeo di Kiev.

Bibl.: Le Quien, I, coll. 1283-1284; *Orthodoxia, 1986-1987*, p. 121

Gedeon	(-1595)		Le Quien, I, col. 1283
Arsenius Zeliborscius	(-1642 mai.)		*Synod of Jerusalem*, p. 101
Nikodim Nikolaj Rusnak	1983		*Orthodoxia, 1986-1987*, p. 121

36.37.36 LEOPOLIUM, eccl. ruthena-catholica

Gedeon	1595		Janin, *Églises*,, p. 290

36.37.22 LVOV, Leopoli — eccl. armena-catholica

Dal secolo XI gli Armeni si stabilirono in Galizia; unitisi a Roma nel 1630, fino al 1808 l'arcivescovo aveva autorità sugli Armeni cattolici di Russia Bianca, Polonia, Lituania, Podolia, Volhynia.

Bibl.: Janin, *Églises*, pp. 358-359

36.37.41 LEOPOLI et HALIČ — eccl. graeca-catholica

Metropoli di Halič unita all'arcivescovado di Leopoli, eretta nel 1808 da Pio VII per i Ruteni della Galizia con una provincia ecclesiastica comprendente le 2 diocesi di Peremychl (Przemysl) e Stanislavov.

Bibl.: N. Andrusiak, DTC, XIV, col. 392; Janin, *Églises*, pp. 291-294

Andreas Szeptyckij	1900	1944	Janin, *Églises*, p. 291
Josyf Slipyj, card.	1963		OC, p. 341
Myroslan Ivan Lubachivsky, card.			

36.38.34 LUCEORIUM, Luceoria — eccl. orthodoxa

Vescovado suffraganeo di Kiev.

Bibl.: Le Quien, I, coll. 1281-1282

Cyrillus	(-1595)		Le Quien, I, col. 1281
Athanasius Pusinas, "ep. Luceorii et Hostrogii"	(-1642 mai.)		*Synod of Jerusalem*, p. 101

36.38.36 LUCEORIUM — eccl. ruthena-catholica

Cyrillus	1595	Le Quien, I, col. 1281
Hieronymus	(-<1623-1643>)	

36.39.34 MINSK — eccl. orthodoxa

Bibl.: *Orthodoxia, 1986-1987*, pp. 121-122

Michael Temnorousov, "ep. de Minsk et Tourov"	1899	Hamberger, p. 228
Filaret Kirill Vachromejev	1978	*Orthodoxia, 1986-1987*, pp. 121-122

36.40.34 MOHELA, Mogila, Mohilaw — eccl. orthodoxa

Vescovado suffraganeo di Kiev.

Bibl.: Le Quien, I, coll. 1287-1288

Hilarius, s.		Le Quien, I, col. 1287
Silvester	(-1642 mai.)	*Synod of Jerusalem*, p. 101
Stephanus Arkhangelsky, "ep. de Mohilev et Mstislav"	1904	Hamberger, p. 229

36.41.34 MSCISLAVIA, Mscislaw — eccl. orthodoxa

Vescovado suffraganeo di Kiev.

Bibl.: Le Quien, I, coll. 1287-1288

Silvester, "ep. Msteslaviae, Orsiae et Mogilaviae"	(-1642 mai.)	*Synod of Jerusalem*, p. 101

36.42.34 MUKAČEVO — eccl. orthodoxa

Bibl.: N. Andrussiak, DTC, XIV, coll. 382-407; *Orthodoxia, 1986-1987*, p. 122; cfr. OC, pp. 307-308

Basilius Tarassovyč	1638	1648	Andrussiak, col. 389
Damaskin Bodryj, "ep. de Mukačevo et Užgorod"	1985 apr. 19		*Orthodoxia, 1986-1987*, p. 122

36.43.34 NIJEGOROD — eccl. orthodoxa

Nazarus Kirillov, "ep. de Nijegorod et Arzamass"	1901		Hamberger, p. 228

36.44.34 NOVGOROD, Novogradion, Neuogradion — eccl. orthodoxa

Vescovado suffraganeo di Kiev fondato nel 988-990, al primo posto nelle *notitiae* più antiche; arcivescovado nel 1165; vescovi russi si alternarono con vescovi greci, perdurando anche durante l'invasione mongola.

Fonti: *notitiae* 13, 17: Darrouzès, p. 505

Bibl.: Le Quien, I, coll. 1303-1308; Laurent, *Sceaux*, V, 1, pp. 610-611; V, 3, p. 134; Poppe, VIII, p. 174-176; Ammann, pp. 33 s., 48 s., 57 s., 73-75

Ioachim (?)		1030	Poppe, VIII, p. 175
Ephrem (?)			
Lucas Jidiata	1036	1060 oct. 15	Poppe, VIII, p. 174
Stephanus	1061	1068	Poppe, VIII, p. 175
Theodorus	1069	1077	Poppe, VIII, p. 175; Ammann, p. 57
Germanus	1078		Poppe, VIII, p. 175
Nicetas	(-1069)	1109 ian. 31	
Ioannes Popynin	(-1110 dec. 20)	1130	Laurent, *Sceaux*, V, 3, n. 1788
Niphon, prom. aep.	1130	1156 apr. 21	Laurent, *Sceaux*, V, 1, n. 794
Arcadius	1156	1163	Poppe, VIII, p. 175; Ammann, p. 57
Elias	1163	1186	Ammann, p. 57
Gabriel	1187	1193	Ammann, p. 48
Martyrij	1193	1199	
Metrophanes	1199		
Antonius Jadrejkovic exp.	1211	1219	
Antonius Jadrejkovic, iter.		1225	
Antonius Jadrejkovic, ter	1225	1229	
Spiridion	1230	1249	Ammann, pp. 49, 58
Teotistus	1300	1307	Ammann, p. 73
Moises	1324	1329	

Basilius	1330	1351	
Moises, iter.	1352	1359	Ammann, p. 82
Iohannes	(-1401)		Ammann, p. 92
Euthimius	1432		Ammann, p. 111
Ionas	1459		Ammann, p. 133
Gennadius, aep.	1484 dec. 12	1504 iun.	C. Hannick, DHGE, XX, coll. 480-483
Theophilus			Le Quien, I, col. 1304
Cyprianus			Le Quien, I, coll. 1304- 1307
Alexander			Le Quien, I, col. 1307
...			
Theodosius	(-1718)		Le Quien, I, col. 1308
Theophanes Procopowiz			
Goury Okhotin "aep. de Novgorod et Staraïa Roussa"	1900		Hamberger, p. 227

36.45.34 NOVOSIBIRSK

eccl. orthodoxa

Bibl.: *Orthodoxia, 1986-1987*, p. 122

Gedeon Aleksandr Dokukin, "aep. de Novosibirsk et Barnaul"	1977 sept. 2		*Orthodoxia, 1986-1987*, p. 122

36.46.34 ODESSA

eccl. orthodoxa

Bibl.: *Orthodoxia, 1986-1987*, p. 122

Sergij Petrov, "metr. de Odessa et Cherson"	1965 mai. 25		*Orthodoxia, 1986-1987*, p. 122

36.47.34 OLONETS

eccl. orthodoxa

Anastasius Opotsky, "ep. de Olonetes et Petrozavodsk"	1901		Hamberger, p. 227

36.48.34 OMSK — eccl. orthodoxa

Bibl.: *Orthodoxia, 1986-1987*, p. 122

Michael Ermakov, "ep. de Omsk et Semipalatinsk"	1903	Hamberger, p. 229
Maksim Krocha, "ep. de Omsk et Tjumen"	1984 sept. 7	*Orthodoxia, 1986-1987*, p. 122

36.49.34 OREL — eccl. orthodoxa

Bibl.: *Orthodoxia, 1986-1987*, p. 122

Kyrion Sadzagélov, "ep. de Orel et Cievsk"	1904	Hamberger, p. 229
Gleb Ivan Smirnov, "aep. de Orel et Briansk"	1978 sept. 7	*Orthodoxia, 1986-1987*, p. 122

36.50.34 ORENBURG — eccl. orthodoxa

Bibl.: *Orthodoxia, 1986-1987*, p. 122

Joachim Levintsky, "ep. de Orenbourg et Oural"	1903	Hamberger, p. 228
Leontij Leonid Bondar, "ep. de Orenburg et Buzuluk"	1963 mai. 14	*Orthodoxia, 1986-1987*, p. 122

36.51.34 OUFA, Ufa — eccl. orthodoxa

Bibl.: *Orthodoxia, 1986-1987*, p. 125

Christophorus Smirnov, "ep. de Oufa et Mensélinsk"	1903	Hamberger, p. 228
Anatolij Evgenij Kuznecov, "ep. de Ufa et Sterlitamak"	1979	*Orthodoxia, 1986-1987*, p. 125

36.52.34 PENZA — eccl. orthodoxa

Bibl.: *Orthodoxia, 1986-1987*, p. 122

Tychon Nicanorov, "ep. de Penza et Saransk"	1902		Hamberger, p. 228
Serafim Tichonov, "ep. de Penza et Saransk"	1978 oct. 18		*Orthodoxia, 1986-1987*, p. 122

36.53.34 **PERISTHLABOS**, Perejaslav, Peristhlabe, Pereaslaviae — eccl. orthodoxa

Vescovado suffraganeo di Kiev fondato nel 988 o 1036, sede metropolitana nel sec. XI (pars post.).

Fonti: *notitiae* 13, 17: Darrouzès, p. 508

Bibl.: Le Quien, I, coll. 1287-1288; Poppe, VIII, pp. 177-184

Petrus	(-1072)		Poppe, VIII, p. 180
Leo	saec. XI pars post.		
Ephraem	1077/1078	(1096-)	
Simon	(-1101)		

36.54.34 **PERMIA**, Perm — eccl. orthodoxa

Bibl.: Le Quien, I, coll. 1313-1314; *Orthodoxia, 1986-1987*, p. 123

...		Le Quien, I, col. 1313
Stephanus		Le Quien, I, coll. 1313-1314
...		Le Quien, I, col. 1314
Nicanor, "ep. de Perm et Solikamsk"	1905	Hamberger, p. 229
Afanasij Aleksandr Kudjuk, "ep. de Perm et Solikams"	1984 mar. 28	*Orthodoxia, 1986-1987*, p. 123

36.55.36 **PINSCIUM**, Pinsko — eccl. ruthena-catholica

Bibl.: Le Quien, I, coll. 1285-1286; Janin, *Églises*, p. 290

Leontius	1595	Le Quien, I, col. 1285
Ionas		
Raphael		Le Quien, I, col. 1286
Pachomius		

36.56.34 **PLESCOVIA**, Pskovia, Pskow — eccl. orthodoxa

Bibl.: Le Quien, I, coll. 1317-1320; *Orthodoxia, 1986-1987*, p. 123

Theophanes			Le Quien, I, coll. 1319-1320
...	(-1725)	(1726-)	Le Quien, I, col. 1320
Arsenius Stadnitsy, "ep. de Pskov et Porkhov"	1904		Hamberger, p. 229
Ioann Razumov, "ep. de Pskov et Porchov"	1972 sept. 9		*Orthodoxia, 1986-1987*, p. 123

36.57.34 **PLOTSK** — eccl. orthodoxa

Seraphim Mechtchériakov, "ep. de Plotsk et Vitebsk"	1902		Hamberger, p. 229

36.58.34 **PODOLIE** — eccl. orthodoxa

Parthenios Levitsky, "ep. de Podolie et Bratslav"	1904		Hamberger, p. 229

36.59.34 **POLOTSKA**, Polotsk, Polotzika, Poloca, Polosko — eccl. orthodoxa

Vescovado suffraganeo di Kiev fondato nel 988 o 1015/1024.

Fonti: *notitiae* 13, 17: Darrouzès, p. 510

Bibl.: Le Quien, I, coll. 1281-1284; Poppe, VIII, pp. 18- 4-189

Mina	1105 dec. 13	1116 iun. 20	Poppe, VIII, p. 184
Gregorius	(-1594)		Le Quien, I, col. 1281
Smotricius			Le Quien, I, col. 1281
Anastasius			Le Quien, I, col. 1284
Nicolaus Loloscius			
Nicephorus Gonsoscius			

36.59.36 POLOTSKA eccl. ruthena-catholica

Bibl.: G. Olšr-A. Raes, EC, X, coll. 1482-1492

Gregorius	1595		Le Quien, I, col. 1281
Gedeon			
Iosaphat Comovicius (Kuncewycz), mart., s.	1617	1623 nov. 12	P. Naruszewicz-G. Fini, BS, VI, coll. 545-548
Jason Junoša-Smogoževskij		1779	Olšr, EC, X, col. 1487
Eraclius Lisdovskij	1785		

36.60.34 POLTAVA eccl. orthodoxa

Bibl.: *Orthodoxia, 1986-1987*, p. 123

Iohannes Smirnov, "ep. de Poltava et Pereiaslov"	1904		Hamberger, p. 229
Savva Aleksandr Babinets, "ep. de Poltava et Krenenčug"	1985 apr. 19		*Orthodoxia, 1986-1987*, p. 123

36.61.34 PREMISLE, Przmysl, Peremisle eccl. orthodoxa

Vescovado suffraganeo di Kiev fondato nel 1219/1220; attualmente vescovado della chiesa ortodossa di Polonia.

Fonti: *notitia* 17: Darrouzès, p. 510

Bibl.: Le Quien, I, coll. 1283-1284; *Orthodoxia, 1986-1987*, p. 109

...	1445		Ammann, p. 125
Michael	(-1595)		Le Quien, I, col. 1283
Silvester, "ep. Premilai et Samborii"	(-1642 mai.)		*Synod of Jerusalem*, p. 101
Adam Aleksander Dubec	1983 sept. 29		*Orthodoxia, 1986-1987*, p. 109

36.61.36 PREMISLE eccl. ruthena-catholica

Michael	1595		Le Quien, I, col. 1283

36.61.41 PEREMYSL — eccl. graeca-catholica

Vescovado suffraganeo del metropolita di Halič ed arcivescovo di Leopoli per i Ruteni.

Bibl.: N. Andrusiak, DTC, XIV, coll. 392-393; Janin, *Églises*, p. 291

36.62.34 PRIAMOUR — eccl. orthodoxa

Nicodeme Bokov, "ep. de Priamour et Blagoviéchtchensk"	1900		Hamberger, p. 228

36.63.34 RHAZANE, Riazan, Rezanum, Razan et Muromea — eccl. orthodoxa

Vescovado suffraganeo di Kiev fondato dopo il 1190.

Fonti: *notitia* 17: Darrouzès, p. 511

Bibl.: Le Quien, I, coll. 1311-1312

Ionas	(-1430)		Ammann, p. 111
Protasius	(-1498)		Le Quien, I, col. 1311
Stephanus		1723	Le Quien, I, coll. 1311-1312
Arcadius Karpinsky, "ep. de Riazan et Zaraïsk"	1902		Hamberger, p. 228
Simon Sergej Novikov, "aep. de Riazan et Kasimov"	1978 sept. 7		*Orthodoxia, 1986-1987*, p. 124

36.64.34 ROSTOVIUM, Rostovia, Rostov et Jeroslawia — eccl. orthodoxa

Vescovado suffraganeo di Kiev fondato nel 1073/1076.

Fonti: *notitia* 17: Darrouzès, p. 403

Bibl.: Le Quien, I, coll. 1307-1310; Poppe, VIII, pp. 193-197

Leontius	(1073-1076)		Poppe, VIII, p. 195
Isaias	1077/1078	1093 c.	Poppe, VIII, pp. 193-197
Nestor	(-1161)		Grumel, III, nn. 1050-1053
Leontius	(-1162)		Grumel, III, n. 1053
...	1168/1169		Grumel, III, n. 1084

Tychon	(-1498)		Le Quien, I, col. 1309
Iob, prom. patr.		1589	
Theodorus			Le Quien, I, col. 1310
Nicon			
Barlaam			
Georgius			
Vladimir Viktor Sabodan, "metr. de Rostov et Novocerkask"	1982 iul. 16		*Orthodoxia, 1986-1987*, p. 124

36.65.34 SAMARA eccl. orthodoxa

Constantin Boulytchev, "ep. de Samara et Stavropol"	1904	Hamberger, p. 229

36.66.34 SARATOV eccl. orthodoxa

Bibl.: *Orthodoxia, 1986-1987*, p. 124

Hermogenes Dolganev, "ep. de Saratov et Tsaritsyn"	1903	Hamberger, p. 229
Pimen Evgenij Chmelevskoj, "ep. de Saratov et Volgograd"	1977 sept. 2	*Orthodoxia, 1986-1987*, p. 124

36.67.34 SIMBIRSK eccl. orthodoxa

Goury Bourtasovsky, "ep. de Simbirsk et Cyzran"	1904	Hamberger, p. 227

36.68.34 SIMFEROPOL eccl. orthodoxa

Bibl.: *Orthodoxia, 1986-1987*, p. 124

Leontij Ivan Gudimov, "aep. de Simferopol et Krim"	1973 mai. 31	*Orthodoxia, 1986-1987*, p. 124

36.69.34 **SMOLESKON**, Smolensk, Smolencum et Dorogobonja — eccl. orthodoxa

Vescovado suffraganeo di Kiev, creato il 26 aprile 1137; la successione continua fino all'invasione mongola (1249).

Fonti: *notitiae* 13, 17: Darrouzès, p. 514

Bibl.: Le Quien, I, coll. 1313-1314; Laurent, *Sceaux*, V, 1, pp. 611-612; Poppe, VIII, p. 170; *Orthodoxia, 1986-1987*, p. 124

Manuel Laurent, *Sceaux*, V, 1, n. 795	1137	(1168/1169-)
Misail Prucki, prom. metr. Kiev	1476	Ammann, p. 157
...	1582	Le Quien, I, col. 1313
Laurentius		
Andreas	(-1648)	Le Quien, I, col. 1314
Petrus Drougov, "ep. de Smolensk et Dorogobonj"	1899	Hamberger, p. 228
Kyrill Gundjajev, "ep. de Smolensk et Vjazma	1984 dec. 17	*Orthodoxia, 1986-1987*, p. 124

36.70.34 **SOUSDALIS**, Souzdal — eccl. orthodoxa

Vescovado suffraganeo di Kiev creato nel 1213/1214.

Fonti: *notitia* 13: Darrouzès, p. 514

Bibl.: Le Quien, I, coll. 1315-1316; Poppe, VIII, pp. 195-197

Dionysius		1180	Le Quien, I, col. 1315
... (?)			
...			Le Quien, I, col. 1316
Dionysius	(-1378)		Ammann, p. 88
Abraham	(-1437)		Ammann, p. 121
Niphon	(-1498)		Le Quien, I, col. 1316
Ignatius	(-1721)		

36.71.41 **ŠTANYSLAVIV** — eccl. graeca-catholica

Vescovado dipendente dal metropolita di Halič ed arcivescovo di Leopoli per i Ruteni.

Bibl.: N. Andrusiak, DTC, XIV, col. 393; Janin, *Églises*, p. 291

36.72.34 STAVROPOL eccl. orthodoxa

Bibl.: *Orthodoxia, 1986-1987*, p.8 124

Agathodorus Preobrajensky, "ep. de Stavropol et Ekaterinodar"	1893	Hamberger, p. 228
Antonij Aleksandr Zavgorodnij, "ep. de Stavropol et Baku"	1975 aug. 3	*Orthodoxia, 1986-1987*, p. 124

36.73.34 SVERDLOVSK eccl. orthodoxa

Bibl.: *Orthodoxia, 1986-1987*, p. 124

Melkisedek Vasilij Lebedev, "aep. de Sverdlovsk et Kurgan"	1984 dec. 17	*Orthodoxia, 1986-1987*, p. 124

36.74.34 TAMBOV eccl. orthodoxa

Bibl.: *Orthodoxia, 1986-1987*, p. 25

Innocent Bieliaev, "ep. de Tambov et Chatsk"	1903	Hamberger, p. 229
Valentin Timofei Miščuk, "ep. de Tambov et Mičurin"	1985 apr. 19	*Orthodoxia, 1986-1987*, p. 125

36.75.34 TAŠKENT eccl. orthodoxa

Bibl.: *Orthodoxia, 1986-1987*, p. 125

Varfolomej Nikolaj Gondarovskij, "ep. de Taskent et Central Asia"	1973 sept. 9	*Orthodoxia, 1986-1987*, p. 125

36.76.34 TAURIDE eccl. orthodoxa

Nicolas Ziorov, "ep. de Tauride et Simferopol"	1898	Hamberger, p. 228

36.77.34 TCHERNIGOWIA, Tchernigov, Czernigovia, Cernigov — eccl. orthodoxa

Vescovado suffraganeo di Kiev fondato nel 988; sede metropolitana circa nel 1060.

Bibl.: Le Quien, I, coll. 1319-1320; Poppe, VIII, pp. 177-184; *Orthodoxia, 1986-1987*, p. 118

Antonius Sokolov, "ep. de Tchernigov et Niéjin"	1893	Hamberger, p. 228
Antonij Onufrij Vakarik	1974 sept. 6	*Orthodoxia, 1986-1987*, p. 118

36.78.34 TOBOLSK, Siberia et Tobolium, Tobolsca, Tobolsko — eccl. orthodoxa

Bibl.: Le Quien, I, coll. 1321-1322

Antonius Karjavin, "ep. de Tobolsk et Siberia"	1897	Hamberger, p. 228

36.79.34 TOMSK — eccl. orthodoxa

Macarius Nevsky, "ep. de Tomsk et Barnaoul"	1894	Hamberger, p. 227

36.80.34 TOUROBOS, Tourov — eccl. orthodoxa

Vescovado suffraganeo di Kiev, fondato nel 1088.

Fonti: *notitiae* 13, 17: Darrouzès, p. 516

Bibl.: Le Quien, I, coll. 1285-1286; Poppe, VIII, pp. 197-201

Cyrillus	1114 nov. 6	Poppe, VIII, pp. 199-200

36.80.36 TOUROBOS — eccl. ruthena-catholica

Leontius		Le Quien, I, col. 1285
Ionas		
Alexius		Le Quien, I, col. 1286

36.81.34 TULA — eccl. orthodoxa

Bibl.: *Orthodoxia, 1986-1987*, p. 125

Laurentius Nekrosov, "ep. de Tula et Belev"	1904	Hamberger, p. 228
German Timofejev, "aep. de Tula et Belev"	1983 sept. 9	*Orthodoxia, 1986-1987*, p. 125

36.82.34 TURKESTAN — eccl. orthodoxa

Paise Vinogradov, "ep. de Turkestan et Tachkend"	1903	Hamberger, p. 228

36.83.34 TWERIA, Tver — eccl. orthodoxa

Vescovado suffraganeo di Kiev fondato dopo il 1250.

Bibl.: Le Quien, I, coll. 1311-1312; Podskalsky, p. 281

...	(-1347)	Ammann, p. 74
Wasianus	(-1498)	Le Quien, I, col. 1311
Theophylactus Potanski	(-1725)	Le Quien, I, coll. 1311-1312
Dimitri Sambikine, "aep. de Tver et Kaschin"	1898	Hamberger, p. 227

36.84.34 VARSAVIA — eccl. orthodoxa

Sede metropolitana, autocefala dal 1924 con 3 diocesi suffraganee ucraine (Varsavia e Kholm, Volhynia, Polesia) e 2 diocesi rutene (Vilna, Grodno); soppressa nel 1948, fu ricostituita nel 1951 dal patriarcato di Mosca con 4 eparchie oltre a Varsavia (Bielostock, Lodz, Breslau, Dantzig).

Bibl.: N. Andrusiak, DTC, XIV, coll. 394-395; Janin, *Églises*, pp. 265-267; *Orthodoxia, 1986-1987*, pp. 109-110

Bazyli Wlodzimierz Doroszkevicz	1970 ian. 24	*Orthodoxia, 1986-1987*, p. 109

36.85.34 VIATKA — eccl. orthodoxa

Philarete Nikolsky, "ep. de Viatka et Slobodka"	1904	Hamberger, p. 228

36.86.34 VILNA, Lithuania — eccl. orthodoxa

Vescovado suffraganeo di Kiev.

Bibl.: Le Quien, I, coll. 1289-1290; *Orthodoxia, 1986-1987*, p. 125

Nicander Moltchanov, "aep. de Lithuania et Vilna"	1904	Hamberger, p. 227
Viktorin Vladimir Beljajev	1978 apr. 10	*Orthodoxia, 1986-1987*, p. 125

36.87.34 VINNICA — eccl. orthodoxa

Bibl.: *Orthodoxia, 1986-1987*, p. 126

Agafangel Alexej Savvin, "aep. de Vinnica et Braslav"	1981 sept. 1	*Orthodoxia, 1986-1987*, p. 126

36.88.34 VITEPESCIA, Vitepsko — eccl. orthodoxa

Vescovado suffraganeo di Kiev.

Bibl. Le Quien, I, coll. 1287-1288

...		Le Quien, I, col. 1287
Gregorius	(-1594)	Le Quien, I, coll. 1287-1288

36.89.34 VLADIKAVKAZE — eccl. orthodoxa

Gedeon Pokrovsky, "ep. de Vladikavkaze et Mosdok"	1904	Hamberger, p. 228

36.90.34 VLADIMIR

eccl. orthodoxa

Vescovado suffraganeo di Kiev, fondato tra 1078 e 1085; non è diventato sede metropolitana (cfr. Grumel, III, n. 1052).

Fonti: *notitiae* 13, 17: Darrouzès, p. 486

Bibl.: Le Quien, I, coll. 1309-1312; Laurent, *Sceaux*, V, 1, pp. 609-610; Poppe, VIII, pp. 189-192; *Orthodoxia, 1986-1987*, p. 126

Stephanus	1086/1087		Poppe, VIII, pp. 190-192
Moises	saec. XII pars post.		Laurent, *Sceaux*, V, 1, n. 793
Hypatius			Le Quien, I, coll. 1309-1312
Elias			Le Quien, I, col. 1312
Alexius, prom. metr.Kiovien.		1354 iun.	Ammann, p. 82
Daniel	1446/1447	(1452-)	Ammann, pp. 125, 127
Nicon Sofiisky, "ep. de Vladimir et Souzdal"	1904		Hamberger, p. 228
Serapion Fadejev, "ep. de Vladimir et Suzdal"	1980 apr. 24		*Orthodoxia, 1986-1987*, p. 126

36.91.34 VLADIVOSTOK

eccl. orthodoxa

Eusebius Nikolsky, "ep. de Vladivostok et Kamtchatka"	1899		Hamberger, p. 228

36.92.34 VOLHYNIE

eccl. orthodoxa

Bibl.: *Orthodoxia, 1986-1987*, p. 126

Antonius Khrapovitsky, "ep. de Volhynie et Jitomir"	1903		Hamberger, p. 228
Damian Marčuk	1965 oct. 8		*Orthodoxia, 1986-1987*, p. 126

36.93.34 VOLOGDA

eccl. orthodoxa

Bibl.: *Orthodoxia, 1986-1987*, p. 126

Alexis Sobolev, "ep. de Vologda et Totma"	1895		Hamberger, p. 228

Michail Mudjugin, "aep. de Vologda et Velikoustjug"	1980 dec. 27	*Orthodoxia, 1986-1987*, p. 126

36.94.34 VORONEJE, Voroneš — eccl. orthodoxa

Bibl.: *Orthodoxia, 1986-1987*, p. 126

Anastasius Dobradin, "aep. de Voroneje et Zadou"	1902	Hamberger, p. 126
Mefodij Nikolaj Njemcov, "aep. de Voroneš et Lipetsk"	1985 aug. 16	*Orthodoxia, 1986-1987*, p. 126

36.95.34 ZABAÏKAL — eccl. orthodoxa

Methodius Gerasimus, "ep. de Zabraïkal et Nertchiusk"	1898	Hamberger, p. 228

36.96.34 ŽITOMIR — eccl. orthodoxa

Bibl.: *Orthodoxia, 1986-1987*, p. 126

Ioann Bodnarčuk, "ep. de Žitomir et Ovruč"	1977 oct. 23	*Orthodoxia, 1986-1987*, p. 126

APPENDICE

36.97.34 CECOSLOVACCHIA — eccl. orthodoxa

Il 9 dicembre 1951 la chiesa ortodossa cecoslovacca venne riconosciuta come autocefala; nel 1955 contava 4 diocesi: Praga (arcivescovado), Olomuc-Brno, Prechov-Priachev, Michailovsky.

Bibl.: Janin, *Églises*, pp. 267-268; *Orthodoxia, 1986-1987*, p. 64

Sabbazd	1923 mai. 25	Janin, *Églises*, p. 267
Dorothej Dimitrij Filipp	1964 oct. 24	*Orthodoxia, 1986-1987*, p. 64

36.98.34 ESTONIA, Eestimaa — eccl. orthodoxa

Nel luglio 1923 la chiesa estone comprendeva una metropoli e tre diocesi (Tallin, Sarina e Petchery); nel 1926 restavano due diocesi (Tallin e Narva). Il 6 marzo 1945 il territorio rientrava sotto la giurisdizione del patriarcato di Mosca.

Bibl.: Janin, *Églises*, pp. 262-263; *Orthodoxia, 1986-1987*, p. 125

Aleksij Ridiger, "metr. de Tallin et Estonia"	1961 sept. 3		*Orthodoxia, 1986-1987*, p. 125

36.99.34 FINLANDIA — eccl. orthodoxa

Comprende attualmente 4 diocesi: Karelia, Helsinki, Oulu e Joensuu.

Bibl.: Janin, *Églises*, p. 264; *Orthodoxia, 1986-1987*, p. 71

Nicolas Nahinov, "aep. de Finlandia et Vyborg"	1899		Hamberger, p. 227
Paavali Yrzo Olmari, "aep. de Karelia et Finlandia"	1960 sept. 16		*Orthodoxia, 1986-1987*, p. 71

36.100.34 LETTONIA, Riga — eccl. orthodoxa

Sede vescovile dal 1850; eparchia il cui titolare era considerato metropolita "di Riga e di tutta la Lettonia" (1936); soppressa nel 1945.

Bibl.: Janin, *Églises*, p. 263; *Orthodoxia, 1986-1987*, p. 123

Agathangelus Preobrajensky, "aep. de Riga et Mitava"	1904		Hamberger, p. 227
Ioannes Pommers		1934 oct.	Janin, *Églises*, p. 263
Augustinus Peterson			
Leonid Lev Poljakov	1966 oct. 8		*Orthodoxia, 1986-1987*, p. 123

PROVINCIA ZICHIAE

37.1.3 **ZECHIA**, Zecchia, Zichia, Tamatarcha, Matarcha, Matracha — eccl. byzantina

Eparchia degli arcivescovadi di Cherson, Bosporos, Nikopsis (*notitiae* 1- 5, 8); vescovado attestato nel 536; tra 972 e 976 un vescovo residenziale portava il titolo di Matracha o Zichia; arcivescovado nel 1039 e successivamente (*notitiae* 8, 11, 15); metropoli senza suffraganei (*notitiae* 17-20).

Fonti: *notitiae*: Darrouzès, p. 517

Bibl.: Le Quien, I, coll. 1325-1326; E. Honigmann, *Studies in Slavic Church History*, «Byzantion», XVII (1944-1945), pp. 128-182: 133- 134; Laurent, *Sceaux*, V, 3, pp. 166-167

Domitianus	(-536)	ACO, III, p. 28
Paulus	(-879 nov.)	Mansi, XVII-XVIII, col. 378
Antonius	(-1054 iul.)	Le Quien, I, coll. 1325-1326
...	saec. XI pars post.	Laurent, *Sceaux*, V, 3, n. 1825
...	(-<1081-1084>)	Le Quien, I, col. 1326
...	(1157-1169/1170)	
Paulos	(-1378 nov.)	Actes, V, p. 334
Matthaeos	(-1388 mai.)	Actes, V, p. 340

37.2.3 **BOSPORUS**, Bosporos, Kertsch — eccl. byzantina

Vescovado suffraganeo della Zichia, arcivescovado autocefalo, metropoli senza suffraganei.

Fonti: *notitiae*: Darrouzès, p. 487

Bibl.: Le Quien, I, coll. 1327-1328; R. Janin, DHGE, IX, coll. 1330-1331

Cadmus	(-325 mai. 20)	(325 iun. 19-)	Turner, I, pp. 90-91
...		358 aug. 24	Sozomenus, HE, IV, 16: PG, 67, col. 1156
Eudoxius	(-448)	(449 aug. 22-)	ACO, II, III, I, p. 130; Honigmann, *Lists*, p. 36
Ioannes	(-536)		ACO, III, p. 126
Andreas	(-787)		Le Quien, I, col. 1328
Lucas	(-879 nov.)		Mansi, XVII-XVIII, col. 373
Ioannes	(-1027 nov.)		Grumel, II, n. 833
...	(-1066 apr. 26)		Grumel, III, n. 896
...			Le Quien, I, col. 1328

37.3.2 **CHERSONESOS**, Cherson, Khorsun — eccl. primaeva et byzantina

Vescovado della provincia di Zichia, arcivescovado autocefalo, metropoli senza suffraganei.

Fonti: *notitiae*: Darrouzès, p. 488

Bibl.: Le Quien, I, coll. 1329-1332; *Index*, p. 31; R. Janin, DHGE, XII, coll. 636-638

Basilius, s.	300 c.		T. F. Bossuyt, BS, II, col. 945
Eugenius			Le Quien, I, col. 1329
Elpidius			
Agathodorus			
Capito			
Aetherius	(-381 mai.)	(381 iul.-)	Turner, II, coll. 462-463
Stephanus	(-553 iun. 2)		ACO, IV, I, p. 231
Ephraem, s.			Le Quien, I, col. 1330
Georgius	(-691 sept.)		Mansi, XI, col. 992
Georgius, aep.	(-<860-861>)		J. Dujčev, DHGE, XX, coll. 610-614
Paulus	(-879 nov.)		Mansi, XVII-XVIII, col. 373
Theodorus			Le Quien, I, coll. 1331-1332
Theophanes	(-1144 febr. 22)		Leo Allatius, II, 12, col. 689
Leo	(-1280 mai. 3)		Laurent, IV, n. 1447
Ieremias	1340 c.		Janin, col. 638
Ignatius, ep. Nyssae	1365 iul.	1368 oct.	
Thaddaeus	(-1390 aug.)		
Macarius	1400 c.		
...	1440 mai. 1		Syropoulos, p. 554
Justin Okhotin, "aep. de Kherson et Odessa"	1893		Hamberger, p. 227

37.4.3 **NICOPSIS**, Tuapssé, Weliaminowskij-Possad — eccl. byzantina

Arcivescovado della eparchia di Zichia (*notitiae* 1-3), di Abasgia (*notitiae* 4-5).

Fonti: *notitiae*: Darrouzès, p. 505

Bibl.: Le Quien, I, coll. 1327-1328; *Index*, p. 31

37.5.3 **PHANAGOREA**, Phanagoria, Phanagoreia — eccl. byzantina

Vescovado della provincia di Zichia.

Bibl.: Le Quien, I, coll. 1325-1328; E. Diehl, RE, XIX, coll. 1751-1757

Ioannes	(-519)		ACO, III, p. 66

DIOECESIS IBERIAE

PROVINCIA IBERIAE

38.1.1 IBERIA, Georgia, Tiphlis — eccl. primaeva (georgiana)

Regione a sud del Caucaso; sede arcivescovile probabilmente dal secolo IV, sede di un catholicos-arcivescovo dal secolo V, di un catholicos-patriarca dal secolo XI, attualmente a Tiflis. Dal 1811 al 1917 l'autocefalia della chiesa georgiana fu soppressa dalla Russia: la riottenne il 25 marzo 1917. Per i vescovadi suffraganei, cfr.Janin, DTC, VI, col. 1263; *Orthodoxia, 1986-1987*, pp. 72-73. Dal 1330 fu sede di un vescovo latino missionario (cfr. Fedalto, II, pp. 220-221).

Bibl.: Le Quien, I, coll. 1333-1340; R. Janin, DTC, VI, coll. 1239-1289; *Églises*, pp. 255-259, cfr. 310-311; N. Salia, «Bedi-Kartlisa», XIII-XIV (1962), pp. 14-16; R. Aubert, DHGE, XX, col. 681-683; M. Falla Castelfranchi, DPAC, II, coll. 1454-1459; A. Di Berardino, DPAC, II, col. 1736

Ioané	335	363	Salia, p. 14
Iakobi	363	375	
Iobi	375	390	
Elia	390	400	
Svimon I	400	410	
Mossé	410	425	
Iona	425	429	
Ierémia	429	433	
Grigol I	433	434	
Basili I	434	436	
Mobidani	436	443	
Iovel I	443	452	
Mikhel I	452	467	
Petré I	467	474	
Samoël I	474	502	
Gabriel I	502	510	
Tavpetchag I	510	516	
Tchirmag	516	523	
Saba I	523	532	
Evlavi	533	544	
Samoël II	544	553	Salia, p. 15
Makari	553	569	
Svimon II	569	575	

Samoël III	575	582
Samoël IV	582	591
Bartholomé	591	595
Kirion II	595	610
Ioané II	610	619
Babyla	619	629
Thabori	629	634
Samoël V	634	640
Evnoni	640	649
Tavpetchag II	649	664
Evlalé	664	668
Iovel II	668	670
Samoël VI	670	677
Ghiorghi I	677	678
Kirion II	678	683
Izid-Bozidi	683	685
Theodoré I Theodosi	685	689
Petré (Sivmon) II	689	720
Thalalé	720	731
Mamaî	731	744
Ioané III	744	760
Grigol II	760	767
Sarmeané	767	774
Mikhel II	774	780
Samoël VII	780	790
Kyrillé	791	802
Grigol III	802	814
Samoël VIII	814	826
Ghiorghi II	826	838
Gabriel II	838	850
Ilarion	850	860
Arsen I	860	887
Evsoukhi	887	908
Klimentos	908	914
Basili II	914	930
Mikhel III	930	944
Davith I	944	955
Arsen II	955	980

Okropiri (Ioané) I	980	1001	
Svimoni III	1001	1012	
Melkisedek	1012	1030	
Okropiri (Ioané) II	1031	1039	
Melkisedek, iter.	1039	1045	
Okropiri (Ioané) II, iter.	1045	1049	
Ekvtimé I	1049	1055	
Ghiorghi III de Tao	1055	1065	
Gabriel III de Saphara	1065	1080	
Dimitri	1080	1090	
Basili III Karitchisdzé	1090	1110	
Ioané IV de Saphara	1110	1142	
Svimon IV Goulaberidzé	1142	1146	
Saba II	1146	1150	
Nicoloz I Goulaberidzé	1150	1178	
Mikhel IV Mirianisdzé	1178	1186	
Théodoré II Mirianisdzé	1186	1206	
Basili IV	1206	1208	
Ioané V	1208	1210	
Epiphané	1210	1220	
Ektvimé II	1220	1222	
Arseni III	1222	1225	
Ghiorghi IV	1225	1230	
Arseni IV Boulmaisisdzé	1230	1240	
Nicoloz II	1240	1280	
Abram I	1280	1310	
Ekvtimé III	1310	1325	
Mikhel V	1325	1330	
Basili V	1330	1350	
Dorothéos I	1350	1356	
Chio I	1356	1364	
Nicoloz III	1364	1380	
Ghiorghi V	1380	1399	
Elioz Gobirakhisdzé	1399	1411	
Mikhel VI	1411	1425	Salia, p. 16
Davith II	1425	1430	
Théodoré III	1430	1435	
Davith III Gobeladzé	1435	1439	

Chio II	1440	1443
Davith III Gobeladzé, iter.	1443	1459
Markoz	1460	1466
Davith IV	1466	1479
Evagré	1480	1492
Abram II Abalaki	1492	1497
Ephrem I	1497	1500
Dorothéos II	1503	1510
Dionissé	1510	1511
Dorotheos II, iter.	1511	1516
Basili VI	1517	1528
Malakhia	1528	1538
Melkisedek II Bagration	1538	1541
Ghermané	1541	1547
Svimon V	1547	1550
Zebedé I	1550	1557
Domenti I	1557	1562
Nicoloz IV Baratasvili	1562	1584
Nicoloz V	1584	1591
Dorothèos III	1592	1599
Domenti I	1599	1603
Zebedé II	1603	1610
Ioné VI Avalisıvili	1610	1613
Zakharia Djordjadzé	1613	1630
Evdemoz I Diasamidzé	1630	1643
Kristéphoré Amilakvari	1643	1660
Domenti II Kaîhosro Moukhran-Batoni	1660	1675
Nicoloz VI Amilakhori	1675	1676
Nicoloz VII Amilakhori	1676	1687
Ioané VII Diasamidzé	1687	1691
Nicoloz VII Amilakhori, iter.	1691	1696
Ioané VII Diasamidzé, iter.	1696	1700
Evdemoz II Diasamidzé	1700	1703
Domenti III	1704	1729
Bessarion Orbeliani	1730	1735
Domenti III, iter.	1735	1742
Nicoloz VIII Kherkheoulidzé	1742	1744

Anton I	1744	1756	
Iosseb Djandieri	1756	1763	
Anton I, iter.	1763	1788	
Anton II	1788	1810	
Kirion III Sadzaglisıvili	1917	1918	
Leonide Okropiridzé	1918	1921	
Ambrossi Khelai%a	1921	1927	
Kristephoré II Tsitskišvili	1927	1932	
Kalistraté Tsintsadzé	1932	1952	
Melkisedek III Phkaladzé	1952	1960	
Ephrem II Sidamonidzé	1960 febr. 20		
Ilia Erekle Gudušauri Šiola-švili	1977 dec. 25		*Orthodoxia, 1986-1987*, p. 72

38.1.20 TIPHLIS — eccl. armena-gregoriana

...	(-1179)		Ter Mikelean, p. 104
Georg (Kevork) Seraydarian	1973		*Orthodoxia, 1986-1987*, p. 45

38.2.34 ACHALTSIKHE — eccl. orthodoxa

Bibl.: *Orthodoxia, 1986-1987*, p. 73

Anania Caparidzé	1983		*Orthodoxia, 1986-1987*, p. 73

38.3.34 AGARAK TSALKA — eccl. orthodoxa

Bibl.: *Orthodoxia, 1986-1987*, p. 73

Vahtangi Ahvlediani	1982		*Orthodoxia, 1986-1987*, p. 73

38.4.34 ALAVERDI — eccl. orthodoxa

Bibl.: *Orthodoxia, 1986-1987*, p. 72

Grigori Tsertsvadzé	1978 ian. 4		*Orthodoxia, 1986-1987*, p. 72

38.5.34 ALBANIA — eccl. orthodoxa

Bibl.: Le Quien, I, coll. 1339-1342

Gregorius		Le Quien, I, coll. 1339-1340
Petrus		Le Quien, I, coll. 1340-1342
Gregorius		
Apas		

38.6.34 BATUM — eccl. orthodoxa

Bibl.: *Orthodoxia, 1986-1987*, p. 73

Shio Avalisvili	1978 iul. 27	*Orthodoxia, 1986-1987*, p. 73

38.7.34 BODBE — eccl. orthodoxa

Bibl.: *Orthodoxia, 1986-1987*, p. 73

Atanasi Cakhvasvili	1978 dec. 25	*Orthodoxia, 1986-1987*, p. 73

38.8.34 GOURIE-MINGRELIE — eccl. orthodoxa

Dimitri Abachidze	1903	Hamberger, p. 229

38.9.34 IMERETHIE — eccl. orthodoxa

Leonide Okropiridze	1900	Hamberger, p. 229

38.10.34 KUTAISI — eccl. orthodoxa

Bibl.: *Orthodoxia, 1986-1987*, p. 72

Kalistrate Margalatasvili	1983	*Orthodoxia, 1986-1987*, p. 72

38.11.34 MANGLISI — eccl. orthodoxa

Bibl.: *Orthodoxia, 1986-1987*, p. 73

Tadeosi Joramasvili	1979	*Orthodoxia, 1986-1987*, p. 73

38.12.34 MARGUETI — eccl. orthodoxa

Bibl.: *Orthodoxia, 1986-1987*, p. 73

Kristepore Camalaidse	1979 aug. 19	*Orthodoxia, 1986-1987*, p. 73

38.13.34 NIKORTSMINDA — eccl. orthodoxa

Bibl.: *Orthodoxia, 1986-1987*, p. 73

Ambrosi Katamadze	1983	*Orthodoxia, 1986-1987*, p. 73

38.14.34 SUKHUM AVKHAS — eccl. orthodoxa

Bibl.: *Orthodoxia, 1986-1987*, p. 72

Arsenius Izotov	1895	Hamberger, p. 229
David Ckadua	1983 iul. 26	*Orthodoxia, 1986-1987*, p. 72

38.15.34 TSHKONDIDE — eccl. orthodoxa

Bibl.: *Orthodoxia, 1986-1987*, p. 72

Zosimi Shiosvili	1983 oct. 11	*Orthodoxia, 1986-1987*, p. 73

38.16.34 TSILKA — eccl. orthodoxa

Bibl.: *Orthodoxia, 1986-1987*, p. 73

Kristepore	1983	*Orthodoxia, 1986-1987*, p. 73

38.17.34 URBNISI — eccl. orthodoxa

Bibl.: *Orthodoxia, 1986-1987*, p. 73

Konstantine Meliktsidse	1980 apr. 14	*Orthodoxia, 1986-1987*, p. 73

PROVINCIA LAZICAE

39.1.3 **PHASIS**, Poti — eccl. byzantina

Sede metropolitana della provincia di Lazica, Colchide o Georgia occidentale dalla *notitia* 1 alla 4; dalla *notitia* 6 in poi subentrava Trapezous (v.provincia Ponti Polemoniaci).

Fonti: *notitiae* 1-4: Darrouzès, pp. 212, 227, 241, 259

Bibl.: Le Quien, I, coll. 1341-1346; Grumel, I, n. 319; E. Diehl, RE, XIX, coll. 1893-1895; R. Janin, DTC, VI, coll. 1260-1262, 1271

Georgius			Theophylactus Simocatta: Le Quien, I, col. 1343
Cyrus, prom. patr. Alexandrin.	(-626)	631	Grumel, I, n. 285; E. Prinzivalle, DPAC, I, col. 699
Theodorus	(-691 sept.)		Mansi, XI, col. 992
Christophorus	(-787 oct. 1)		Mansi, XIII, col. 137
Gennadius			Le Quien, I, col. 1344
Arsenius	1300		Janin, col. 1271
Ioachim	1470	1474	
Malachias	1519	1533	
Evdemon	1558	1578	
Malachias	1605	1639	
Maximus	1640		
Zacharias	1656	1659	
Symeon	1659	1666	
Evdemon	1666	1675	
Hilarion	1672		
David	1682	1696	
Gregorius	1696		
Nicolaus	1705		
Gregorius	1712	1742	
Germanus	1742	1750	
Bassarion	1750	1761	
Ioseph	1761	1776	
Maximus	1776	1795	

39.2.3 **ANDAKOS**, Andakta — eccl. byzantina

Vescovado suffraganeo di Trebizonda (Lazica) nelle *notitiae* 9-10, 13.

Fonti: *notitiae* 9-10, 13: Darrouzès, pp. 303, 326, 363

39.3.3 **BIZANA**, Derdjan, Vrdjan — eccl. byzantina

Vescovado suffraganeo di Trebizonda (Lazica) nelle *notitiae* 7, 9-10, 13.

Fonti: *notitiae* 7, 9-10, 13: Darrouzès, pp. 284, 303, 326, 362

Bibl.: Darrouzès, p. 110; R. Janin, DHGE, IX, col. 40

39.4.3 **CHABTZITZIN** — eccl. byzantina

Vescovado suffraganeo di Trebizonda (Lazica) nelle *notitiae* 9-10, 13.

Fonti: *notitiae* 9-10, 13: Darrouzès, pp. 303, 326, 362

39.5.3 **CHACHAION**, Chalchaion — eccl. byzantina

Vescovado suffraganeo di Trebizonda (Lazica) nelle *notitiae* 7, 9-10, 13.

Fonti: *notitiae* 7, 9-10, 13: Darrouzès, pp. 284, 303, 326, 362

39.6.3 **CHAMATZOUR** — eccl. byzantina

Vescovado suffraganeo di Trebizonda (Lazica) nella *notitia* di Leone il Saggio e nelle successive fino al secolo XIII, epoca nella quale il vescovado era già scomparso.

Fonti: *notitiae* 7, 9-10, 13: Darrouzès, pp. 284, 303, 326, 362

Bibl.: Laurent, *Sceaux*, V, 1, p. 501· V, 2, p. 421

Theodorus	saec. X	Laurent, *Sceaux*, V, 2, n. 1588
Ioannes	saec. XI	Laurent, *Sceaux*, V, 1, n. 666

39.7.3 **CHANTIERZ**, Chantzierz — eccl. byzantina

Vescovado suffraganeo di Trebizonda (Lazica) nelle *notitiae* 9-10, 13.

Fonti: *notitiae* 9-10, 13: Darrouzès, pp. 303, 326, 362

39.8.3 **CHERIANA** — eccl. byzantina

Vescovado suffraganeo di Trebizonda (Lazica) nelle *notitiae* 7, 9-10, 13; probabilmente al tempo della conquista turca fu unito al vescovado di Chaldia.

Fonti: *notitiae* 7, 9-10, 13: Darrouzès, pp. 284, 303, 326, 362

Bibl.: R. Janin, DHGE, XII, coll. 632-633

39.9.3 KANIN — eccl. byzantina

Vescovado suffraganeo di Trebizonda (Lazica) nella *notitia* 21.

Fonti: *notitia* 21: Darrouzès, p. 421

39.10.3 KERAMEIS, Kerameon — eccl. byzantina

Vescovado suffraganeo di Trebizonda (Lazica) nelle *notitiae* 7, 9-10, 13.

Fonti: *notitiae* 7, 9-10, 13: Darrouzès, pp. 284, 303, 326, 362

39.11.3 LERION — eccl. byzantina

Vescovado suffraganeo di Trebizonda (Lazica) nelle *notitiae* 7, 9-10, 13.

Fonti: *notitiae* 7, 9-10, 13: Darrouzès, pp. 284, 303, 326, 362

39.12.3 MANANALIS, Sembataberd — eccl. byzantina

Vescovado suffraganeo di Trebizonda (Lazica) nella *notitia* 9.

Fonti: *notitia* 9: Darrouzès, p. 303

Bibl.: Honigmann, RE, XIV, coll. 971-972; Laurent, *Sceaux*, V, 1, pp. 502-503; Darrouzès, pp. 91, 110

Michael	saecc. X-XI	Laurent, *Sceaux, V, 1, n. 668*

39.13.3 MESUNE — eccl. byzantina

Vescovado suffraganeo di Trebizonda (Lazica) nella *notitia* 9.

Fonti: *notitia* 9: Darrouzès, p. 303

Bibl.: Darrouzès, pp. 91, 110

39.14.3 OLNUTIN — eccl. byzantina

Vescovado suffraganeo di Trebizonda (Lazica) nelle *notitiae* 9-10, 13.

Fonti: *notitiae* 9-10, 13: Darrouzès, pp. 303, 326, 362

39.15.3 OPHIS — eccl. byzantina

Vescovado suffraganeo di Trebizonda (Lazica) nella *notitia* 21.

Fonti: *notitia* 21: Darrouzès, p. 421

39.16.3 PAIPERT, Baiburt — eccl. byzantina

Vescovado suffraganeo di Trebizonda (Lazica) nella *notitia* di Leone il Saggio e nelle successive fino al secolo XIII.

Fonti: *notitiae* 7, 9-10, 13: Darrouzès, pp. 284, 303, 326, 362

Bibl.: N. A. Bees, «Byzantion», I (1924), pp. 125-127; Laurent, *Sceaux*, V, 1, p. 502

Nicolaos	saec. IX	Bees, p. 126
David	saec. XI	Laurent, *Sceaux*, V, 1, n. 667
Ioannes	(-<1023-1027>)	Bees, p. 127
Chrysanthos	(-1624)	

39.16.20 PAPERTUM — eccl. armena-gregoriana

Bibl.: Le Quien, I, coll. 1441-1442

Isaac	(-1307 mar. 19)	Mansi, XXV, col. 140

39.17.3 PETRA — eccl. byzantina

Vescovado suffraganeo di Phasis (Lazica) nelle *notitiae* 1-4.

Fonti: *notitiae* 1-4: Darrouzès, pp. 212, 227, 241, 259

Bibl.: Le Quien, I, coll. 1345-1346; Jones, *Cities*, p. 538

Ioannes	(-691 sept.)	Mansi, XI, col. 1005
Ioannes, "ep. Petrae" (?)	(-1248 apr. 12)	AA, VIII, p. 30

39.17.20 PETRA — eccl. armena-gregoriana

Vescovado della provincia di Lazica.

Bibl.: Le Quien, I, coll. 1441-1442

Ioacim	saec. XV pars pr.	Le Quien, I, coll. 1441-1442

39.18.3 PHASIANE — eccl. byzantina

Vescovado suffraganeo di Trebizonda (Lazica) nelle *notitiae* 9-10, 13.

Fonti: *notitiae* 9-10, 13: Darrouzès, pp. 303, 326, 362

39.19.3 RHIZAION, Rize — eccl. byzantina

Vescovado suffraganeo di Lazica nella *notitia* 3, di Ponto Polemoniaco nella 7 e seguenti; elevato ad arcivescovado (*notitiae* 7-15) dal patriarca Germano I (715-730) (Grumel, II, n. 333) e ridotto a vescovado tra 921 e 923; riconosciuto come autocefalo nel 1143 e durante l'impero di Nicea (1206-1261) elevato a metropoli (*notitia* 20).

Fonti: *notitiae* 3, 7, 10, 13, 20: Darrouzès, pp. 241, 279, 317, 358, 418

Bibl.: Le Quien, I, coll. 517-520; Bürchner, RE, I A, col. 935; Laurent, *Sceaux*, V, 1, pp. 363-364, 667-668

Nicetas vel Ioannes	saec. VII		Laurent, *Sceaux*, V, 1, n. 496
Nicetas, Nectarios	(-787 sept. 26)	(787 oct. 13-)	Mansi, XII, col. 1103; XIII, col. 392
Ioannes	(-879 nov.)		Mansi, XVII-XVIII, col. 373
Nicephorus	saec. X med.		Laurent, *Sceaux*, V, 1, n. 858
Ioachim			Martinus Crusius, II, p. 174; Le Quien, I, col. 520

39.20.3 RHODOPOLIS, Vartzike — eccl. byzantina

Vescovado suffraganeo di Phasis (Lazica) nelle *notitiae* 1-4, abolito dalla riforma di Leone il Saggio.

Fonti: *notitiae* 1-4: Darrouzès, pp. 212, 227, 241, 259

Bibl.: Laurent, *Sceaux*, V, 1, pp. 503-504

Ioannes	saecc. X-XI	Laurent, *Sceaux*, V, 1, n. 669

39.21.3 SAISENOI, Saisena (?), Abissenoi eccl. byzantina

Vescovado suffraganeo di Phasis (Lazica) nelle *notitiae* 1-4.

Fonti: *notitiae* 1-4: Darrouzès, pp. 212, 227, 241, 259

39.22.3 SAKABOS eccl. byzantina

Vescovado suffraganeo di Trebizonda (Lazica) nelle *notitiae* 9-10, 13.

Fonti: *notitiae* 9-10, 13: Darrouzès, pp. 303, 326, 362

39.23.3 SERMANTZOS, Sermatzos eccl. byzantina

Vescovado suffraganeo di Trebizonda (Lazica) nelle *notitiae* 9-10, 13.

Fonti: *notitiae* 9-10, 13: Darrouzès, pp. 303, 326, 363

39.24.3 ZARINAKA, Zarimaka eccl. byzantina

Vescovado suffraganeo di Trebizonda (Lazica) nelle *notitiae* 9-10, 13.

Fonti: *notitiae* 9-10, 13: Darrouzès, pp. 303, 326, 363

39.25.3 ZYGANA eccl. byzantina

Vescovado suffraganeo di Phasis (Lazica) nelle *notitiae* 1-4.

Fonti: *notitiae* 1-4: Darrouzès, pp. 212, 227, 241, 259
Bibl.: Le Quien, I, coll. 1345-1346

Faustinus	(-691 sept.)	Mansi, XI, col. 1005; cfr. Le Quien, I, coll. 1345-1346

PROVINCIA ALANIAE

40.1.3 ALANIA — eccl. byzantina

Gli Alani, al nord del Caucaso, ricevettero il battesimo nel secolo X (903 c.) e sarebbe stato fondato un arcivescovado per loro, rifondato a fine secolo; sede metropolitana nel 1032, unita a Soteriopolis (*notitiae* 11-20), nel secolo XIV compare entro l'impero di Trebisonda.

Fonti: *notitiae*: Darrouzès, p. 482

Bibl.: Le Quien, I, coll. 1347-1350, V. Grumel, *La date de la conversion des Alains et l'archevêché d'Alanie*, EO, XXXIII (1934), pp. 57- 58; S. Vailhé, DHGE, I, coll. 1334-1338; Darrouzès, pp. 78, 122- 123; Laurent, *Sceaux*, V, 1, pp. 613-614

Petrus	(-906/907)		Grumel, II, nn. 610, 618, 622
...	(-998)		Laurent, *Sceaux*, V, 1, p. 613
Eustratius	saec. XI in.		Laurent, *Sceaux*, V, 1, n. 797
Clemens	(-1030 mai.)	(1032 apr.-)	Grumel, II, nn. 839-840; Laurent, *Sceaux*, V, 1, n. 797
...	(-1143 aug. 20)		Grumel, III, n. 1011
Georgius	(-1170 nov.)		Grumel, III, n. 1118
...	saec. XII fin.		Le Quien, I, coll. 1347-1348
Theodorus	(-1226 febr. 6)		Vailhé, col. 1337
...	(-1281 c.)		Le Quien, I, col. 1348
...	(-1317)	(1318-)	Vailhé, col. 1337
..., tr. ad Soteriopolim			Nicephorus Callistus: Le Quien, I, coll. 1348-1349
Laurentius	(-1347)		Le Quien, I, coll.1349-1350
Symeon, dep., iter.	1364 sept.	1356	iul. Vailhé, col. 1337
...	(-1400 c.)		
Pachomius	(-1590)		Vailhé, col. 1338

40.2.3 BITZINA, Bitzines, Soteriopolis — eccl. byzantina

Sede arcivescovile (*notitia* 15); sede metropolitana (*notitiae* 15-19); nel 1359 la sede venne trasferita ad Argesch in Valacchia e il titolo cambiato in quello di Ungrovalacchia.

Fonti: *notitiae*: Darrouzès, p. 487

Bibl.: Le Quien, I, coll. 1349-1350; Darrouzès, pp. 162, 165, 170, 181- 182, 186, 194; R. Janin, DHGE, IX, coll. 35-36

Theodorus	1283	(1285-)	Janin, col. 36
Lucas	(-1304)		
...	(-1317/1318)		
Macarius	(-1338)	(1348 sept.-)	
Hyacinthus Critopoulos, tr. ad Argesch		1359 mai.	

40.3.3 **KAUKASION**, Kaukasos, Caucasus — eccl. byzantina

Sede metropolitana senza suffraganei.

Fonti: *notitiae* 17-19: Darrouzès, p. 497

Bibl.: Le Quien, I, coll. 1349-1350; Darrouzès, pp. 176, 181-182

Basilius	Le Quien, I, coll. 1349-1350

PROVINCIA ABASGIAE

41.1.3 SEBASTOPOLIS

eccl. byzantina

Sede arcivescovile autocefala della provincia di Abasgia.

Fonti: *notitiae* 1-5: Darrouzès, p. 481

Bibl.: Le Quien, I, coll. 1351-1352; *Index*, p. 31; Jones, *Cities*, p. 538

DIOECESIS ARMENIAE MAIORIS

42.1.21 ARMENIA MAIOR

eccl. primaeva et armena-gregoriana

S. Gregorio Illuminatore ricevette la consacrazione vescovile dall'arcivescovo di Cesarea, da cui dipendeva il territorio ecclesiastico della Grande Armenia o Armenia Maggiore, divenendone il primo capo religioso. Indipendente verso la fine del secolo IV, col sinodo nazionale di Vagharchapat (491) la chiesa armena compariva come ufficialmente anticalcedonese. Con la costituzione del regno di Cilicia e il trasferimento di una comunità armena in tale territorio, dietro l'influsso crociato, nel 1198 la chiesa si unì a quella romana, fino al 1375. In un primo tempo, la residenza del catholicos era ad Achtichat, per fissarsi, dopo altri spostamenti, a Sis in Cilicia (1293); la sua autorità fu fortemente ridotta con l'erezione del catholicato di Etchmiadzin, che gli sottrasse l'Armenia del nord (1440). Nel 1461, in seguito alla creazione di un patriarca a Costantinopoli con giurisdizione anche civile, diminuì l'importanza di quello di Sis, che nel 1922 si rifugiò ad Aleppo (Siria) e quindi ad Antelias (Beirut): la sua giurisdizione si estende sulle provincie di Adana, Aleppo, una parte di quella di Ankara, di Sivas e di Mamouret-el-Aziz. Nel 1914 contava 14 divisioni ecclesiastiche, 2 archidiocesi e 10 diocesi. Per il periodo posteriore al 1440, v. Etchmiadzin.

Bibl.: Le Quien, I, coll. 1371-1416; H. Leclercq, DACL, IX, coll. 1576- 1599; L. Petit, DTC, I, coll. 1888-1968; F. Tournebize, DHGE, IV, coll. 290-391; Janin, *Églises*, pp. 334-345, 349-350; M. Ormanian, *The Church of Armenia*, London 1955 (2a ed.), pp. 195-203; M. Falla Castelfranchi, DPAC, I, coll. 367-373, 392-393

Thaddaeus, s.		66 c.	Ormanian, p. 195
Bartholomaeus, s.		68	
Zacharias, s.		72	
Zementus, s.		76 c.	
Atrnerseh, s.		92	
Mooshe		123 c.	
Shahen		150 c.	
Shavarsh, s.		171 c.	
Ghevondius, s.		190 c.	
Mehroojan, s.	230	260	
Grigor Loosavorich, s.	314	328 c.	P. Ananian, BS, VII, coll. 180-190; R. Aubert, DHGE, XXI, coll. 1508-1509
Aristakes, coad., s.	320	327	P. Ananian, BS, II, coll. 416-417
Vrtanes, s.	333	341	Ormanian, p. 196
Hoosik, s.	341	347	
Pharen d'Ashtishat	348	352	
Nerses, s.	353	373 iul. 25	P. Ananian, BS, IX, coll. 742-746; S.J. Voicu, DPAC, II, col. 2390
Shahahk	373	377	Ormanian, p. 196
Zaven de Manazkert	377	381	
Aspoorakes de Manazkert	381	386	
Sahak, s., ex.	387	425	S.J. Voicu, DPAC, II, coll. 3062-3063
Hovseph de Hoghotzim, s., ex.	444	451	Ormanian, p. 197

Melitus de Manazkert	452	456	
Movses	456	461	
Gut de Arahez, s., ex.	461	471	
Hovhannes de Mandakooni, s.	478	490	
Babguen d'Othmoos	490	516	
Samuel d'Ardzke	516	526	
Mooshe d'Ailaberk	526	534	
Sahak d'Ooghki	534	539	
Kristaphor de Tiraridj	539	545	
Ghevond d'Erast	545	548	
Nerses de Bagrevand	548	557	
Hovhannes de Gabeghian	557	574	
Movses d'Eghivard	574	604	
Abraham d'Aghbatank	607 apr. 30	615	Ormanian, p. 198; S.J. Voicu, DPAC, I, col. 16
Comitas d'Aghtzik	615	628	Ormanian, p. 198
Kristaphor Apahooni, res.	628	630	
Yezr de Parajenakert	630	641	
Nerses de Ishkhan	641	661	
Anastasius de Akori	661	667	
Israel d'Othmoos	667	677	
Sahak de Tsoraphor	677	703	
Eghia d'Artjesh	703	717	
Hovhannes, s.	717	728	
David d'Aramonk	728	741	
Trdat d'Othmoos	741	764	
Trdat de Dasnavork	764	767	
Sion de Bavonk	767	775	
Yessai d'Eghipatroosh	775	788	
Stephanos de Dwin	788	790	
Hovab de Dwin	790	791	
Soghomon de Garni	791	792	
Gueorg de Burakan	792	795	
Hovsep de Pharpi	795	806	
David de Gagagh	806	833	
Hovhannes de Ova	833	855	
Zacharias de Tsak	855	876	
Gueorg de Garni	877	897	B. L. Zekiyan, DHGE, XX, coll. 619-620

Mashtotz de Eghivard, s.	898	898 oct. 13	Ormanian, p. 198
Hovhannes, tr. ad Tsorovank	898	928	Ormanian, p. 199
Stephanos Rshtooni	929	930	
Theodoros Rshtooni	930	941	
Yeghishe Rshtooni	941	946	
Anania de Moks, tr. ad Arkina	946		
Vahan de Suni, dep.	968	969	
Stephanos de Sevan	969	972	
Khachik de Arsharooni	973	992	
Sarkis de Sevan, tr. ad Ani	992 mar. 29	992	
Petros Guetadarts	1019	1058	
Khachik de Ani, tr. ad Thavbloor	1058	1062	
Grigor Vkayaser	1066	1105 iun. 3	L. Khosdeghian, DHGE, XXI, coll. 1472-1473
Barsegh de Ani	1105	1113	Ormanian, p. 199
Grigor Pahlavooni, ren.	1113	1166 aug. 17	L. Khosdeghian, DHGE, XXI, coll. 1473-1474
Nerses Shnorhali, s.	1116	1173 aug. 13	Ormanian, p. 199
Grigor Tgha	1173	1193 mai. 16	L. Khosdeghian, DHGE, XXI, coll. 1474-1475
Grigor Karavej, dep.	1193 iul.	1194	R. Aubert, DHGE, XXI, coll. 1475-1476
Grigor Apirāt	1194	1203	Ormanian, p. 200; R. Aubert, DHGE, XXI, coll. 1476-1477
Hovhannes Medzabaro	1203	1221	Ormanian, p. 200
Constantinus de Bartsrberd	1221	1267 apr. 9	
Hacob de Gla	1268	1286	
Constantinus Pronagordz, dep.	1286 apr. 13	1289	
Stephanos de Rhomkla	1290	1292	
Grigor de Anavarza	1293	1307	R. Aubert, DHGE, XXI, coll. 1477-1478
Constantinus de Caesarea	1307 mar. 19	1322	Ormanian, p. 200
Constantinus de Lambron	1323	1326	
Hacob de Tarsus	1327	1341	
Mkhitar de Grner	1341	1355	
Hacob de Tarsue, iter.	1355	1359	
Mesrop de Artaz	1359	1372	
Constantinus de Sis	1372	1374	
Poghos de Sis	1374	1382	

Theodoros de Cilicia	1382	1392	
Karapet de Kghy	1392	1404	
Hacob de Sis 1404	1411		
Grigor Khantsoghat, dep.	1411	1418	R. Aubert, DHGE, XXI, col. 1479
Poghos de Garni	1418	1430	Ormanian, p. 200
Constantinus de Vahka	1430	1439	
Grigor Moosabeguian	1440	1452 (?)	R. Aubert, DHGE, XXI, col. 1479

42.1.17 **ARMENIA**, Madīntā de Armeniā, Armīniya al-Kubrā, Hilāṭ (?) eccl. syro-occidentalis/jacobita

Vescovado suffraganeo.

Bibl.: Honigmann, *Couvent*, p. 114

Marā 'Abdā	(-752)	Honigmann, *Couvent*, p. 102
Gabriel	(798 aug. 8-817 aug. 19)	Chabot, IV, p. 451
Gabriel	(798 aug. 8- 817 aug. 19)	
Iohannes	(818 aug. 1- 845 aug. 22)	Chabot, IV, p. 496
Bacchus	(818 aug. 1- 845 aug. 22)	Chabot, IV, p. 497
Ignatius	(846 nov. 21- 873 dec. 3)	Chabot, IV, p. 499
Basilius	(887 febr. 5- 896 iun. 4)	Chabot, IV, p. 502
Daniel	(897 apr. 23- 909 apr. 18)	Chabot, IV, p. 503
Isaac	(897 apr. 23-909 apr. 18)	Chabot, IV, p. 504
Stephanus	(923 aug. 15-935 mar. 25)	Chabot, IV, p. 506
Abraham	(936 aug. 28-953 iul. 3)	Chabot, IV, p. 507
Cyrillus	(986 oct. 21-1002/1003)	Chabot, V, p. 605
Daniel	(986 oct. 21-1002/1003)	Chabot, V, p. 606
Gregorius	(1031 (?) oct. 14-1042 (?) mar. 21)	Chabot, V, p. 609

42.2.20 AGHTAMAR, isola nel lago Van eccl. armena-gregoriana

Catholicato indipendente sorto nel 1113, vacante dal 1895; scomparso con la prima guerra mondiale.

Bibl.: Janin, *Églises*, p. 354; F. Tournebize, DHGE, I, coll. 954-955; IV, coll. 374-375; Le Quien, I, coll. 1417-1420

David Thournikian	1113	1135 (?)	Tournebize, col. 374
Grigor			
Hovhannes d'Hagdjin			
Stephanos	1165	1185	
Stephanos Sefetinian		1272	
Stephanos	1276	1286 (?)	
Khatchatour de Tiarpeqir			
Stephanos Tghah Sefetinian	1288	1292	
Eghische de Aghbak	1292	1300	
Zacharias Sefetinian	1301	1336	
Nerses, coad.		1312	
David Sefetinian	1326		
Stephanos Ardzrouni	1336	1346	
David Sefetinian	1346	1368	
Nerses Bolat	1369	1378	
Zacharias Nahatak, mart.	1378	1393	
Nerses (?)	1393	1395	
David de Aghthamar	1394	1433	
Zacharias de Aghthamar	1434	1464	
Stephanos Kourdjibeghian	1464	1487	
Nerses Kourdji	1487	1489	
Zacharias	1489	1495	
Atom	1496	1509	
Hovhannes	1510	1-512	
Grigoris de Aghathmar	1513	1534	
Grigoris	1542	1586	
Grigoris	1586	1612 (?)	R. Aubert, DHGE, XXI, col. 1464
Stephanos	1612		Tournebize, col. 374
Baghtasar			
Karapet Qrdschadz	1661		
Martiros de Mokq	1663		

Petros		1670	
Hovhannes Touthoundji	1663	1683	
Stephanos	1671 (?)		
Karapet	1677		
Thomas Toghlabeghian	1683	1698	
Sahak de Ardzke	1698	1699	
Hovhannes Pidzak	1699	1704	Tournebize, col. 375
Hairapet Vrdanessian	1705	1707	
Grigor de Gavache	1707	1711	
Hovhannes de Haiots-Tzor	1720		
Thomas de Amouq			
Ghazari de Mokq			
Grigor de Khizan	1725		
Baghtassar de Bitlis	1735	1736	
Sahak de Aghbak			
Hakob de Aimit	1738		
Nikoghaios de Sparkert	1738	1751	
Grigor	1751	1762	
Thomas de Aghthamar	1762	1783	
Karapet de Van	1783	1787	
Markos de Chatak	1788	1791	
Hovhannes de Sparkert, antipatr.			
Theodoros	1792	1794	
Mikhael de Van	1796	1810	
Karapet de Chatak, dep.		1803	
Khatchatour	1803	1814	
Karapet de Chatak	1814	1816	
Harouthioun de Taron	1816	1823	
Hovhannes de Chatak	1825	1843	
Khatchatour de Mokq	1844	1851	
Gabriel Chiroian	1851	1857	
Petros Pulpulian	1858	1864	
Khatchatour Chiroian	1864	1895	

42.3.20 ANI — eccl. armena-gregoriana

Antica capitale di un piccolo regno di Armenia; vescovado nell'Armenia maggiore; sede dei patriarchi dal 991 al traferimento della residenza nella regione dell'Eufrate.

Bibl.: Le Quien, I, coll. 1427-1428; F. Tournebize, DHGE, III, coll. 270-271

Vartanus	(-1307 mar. 19)	Mansi, XXV, col. 135

42.4.20 ARARAT — eccl. armena-gregoriana

Bibl.: *Orthodoxia, 1986-1987*, p. 44

Karelian Nersessian	1983	*Orthodoxia, 1986-1987*, p. 44

42.5.20 ARGEUS, Arcis, Arciscurvani — eccl. armena- gregoriana

Vescovado nell' Armenia maggiore.

Bibl.: Le Quien, I, coll. 1447-1448

Zacharias		Le Quien, I, coll. 1447-1448

42.6.20 DARON, Taron — eccl. armenia-gregoriana

Vescovado nell'Armenia maggiore.

Bibl.: Le Quien, I, coll. 1423-1426

Nersapo		Le Quien, I, coll. 1423-1425
Ioannes		Le Quien, I, col. 1426
David	(-1345)	Mansi, XXV, col. 1187

42.7.20 ETCHMIADZIN eccl. armena-gregoriana

Catholicato con primato d'onore, sorto alla morte di Giuseppe II (1440), quando quattro vescovi dell'Armenia del nord, che non si erano recati a Sis per eleggere il successore, lo invitarono a risiedere a Etchmiadzin (vicino Erivan). Al suo rifiuto elessero Kirakos de Virap come primo catholicos della città. Questi è teoricamente considerato l'unico primate degli Armeni gregoriani, con una giurisdizione estesa immediatamente agli Armeni di Russia e Transcaucasia, Persia, India, Europa ed America. La sua giurisdizione comprende 29 divisioni territoriali ecclesiastiche, 9 archidiocesi, 12 diocesi, 7 regioni amministrative.

Bibl.: Janin, *Églises*, pp. 345-349; Tournebize, DHGE, IV, coll. 373-374; M. Ormanian, *The Church of Armenia*, London 1955 (2a ed.), pp. 208-209

Kirakos de Virap	1441	1443	Tournebize, col. 373
Grigor de Macou	1443	1466	R. Aubert, DHGE, XXI, coll. 1479-1480
Aristakes, coad.	1448	1466	Tournebize, col. 373
Zacharias de Agh., anticath.	1461	1462	
Sarguis, coad.	1462	1470	
Aristakes	1466	1470	
Stephanos de Agh., anticath.	1467	1468	
Sarguis Adchatar	1470	1474	
Hovhannes, coad.	1470	1474	
Hovhannes	1474	1484	
Sarguis, coad.	1474	1515	
Aristakes de Edschm	1484	1499	
Houssik de Gougarq, coad.		1488	
Thaddeos de Vagharsch., coad.	1499	1504	
David Eghiche, coad.			
Hovhannes, coad.			
Nerses, coad.			
Zacharias, coad.		1515	
Zacharias de Vagharsh	1515	1520	
Sarguis de Vraston, coad.	1515	1520	
Sarguis de Georgia	1520	1537	
Grigor de Byzantio	1537	1532	
Stephanos de Salmast, coad.	1540	1542	
Stephanos	1542	1564	
Mikael de Sebaste, coad.	1542	1564	
Barsegh de Edschm., coad.	1555	1567	
Grigor de Vagharchapat, coad.	1557	1567	

Aristaches de Vagh., coad.	1558	1568	
Mikael de Sebaste	1564	1570	
Stephanos de Armdsch	1567	1585	
Grigor de Vagharchapat	1570	1587	
Thadeos de Polonia, coad.	1571	1576	
Araqel de Vagharsch	1579	1587	
David de Vagharchapat, coad.	1579	1587	
David de Vagh	1587	1629	
Melchissedech de Garni, coad.	1593	1628	
Grigor Srapion, de Ourha, coad.	1603	1605	R. Aubert, DHGE, XXI, col. 1480
Avetiq, coad.	1605	1620	Tournebize, col. 373
Sahak de Garni, coad.	1624	1628	
Movses de Tathev	29 ian. 13	1632 mai. 14	Ormanian, p. 201
Philippos de Aghbak	1633 ian. 13	1655 mar. 25	
Hakob de Djoulfa	1655 apr. 8	1680 aug. 1	
Eghiazar de Ainthab, antipatr.	1663	1682	
Eleazar de Ainthab	1682	1691 aug. 8	
Nahapet de Edessa	1691 aug. 10	1705 iun. 13	Ormanian, p. 202
Alexander de Djoulfa	1706	1714 nov. 22	
Astvadzatour de Hamatan	1715 mai. 7	1725 oct. 10	
Karapet de Zeytoon	1726 febr. 27	1729 oct. 9	
Abraham de Khoschab	1730	1734 nov. 11	
Abraham de Creta	1734 nov. 25	1737 apr. 18	
Ghazar de Dschahouk	1737	1751	
Minas de Akn	1751 sept. 15	1753 mai. 12	
Alexander Karakashian	1753	1755	
Sahak de Keghi	1755	1759	
Hakob de Shamakhi	1759 nov. 24	1763 iul.	
Simon de Erivan	1763	1780 iul. 26	
Ghoukas de Karin	1780 aug. 2	1799 dec. 27	
Hovseph Arghouthian	1800	1801	
David Ghorganian, anticath.	1801 apr. 28	1804	
Daniel de Sourmari	1804	1808 aug. 21	
Ephrem de Tzoraguegh	1809 dec. 26	1830 oct. 8	
Hovhannes de Karbi	1831 mar. 20	1842 mar. 26	
Nerses de Ashtarak	1843 mai. 18	1857 febr. 13	Ormanian, p. 203
Mattheos Choohatjian	1858 mai. 18	1865 aug. 22	

Gueorg Kerestejian	1866 sept. 17	1882 dec. 6	
Nerses de Constantin	1884		
Makar Ter-Petrossian	1885 apr. 21	1891 apr. 16	
Mertich Khrimian	1892 mai. 5	1907 oct. 29	
Mattheos Izmirlian	1908 nov. 1	1910 dec. 11	
Gueorg Soorenian	1911 dec. 13	1930 mai. 8	
Khoren Mooratbeguian	1932 nov. 12	1938 apr. 6	
Gueorg Cheorektjian	1941 apr. 12	1954 mai. 9	
Vazken Baldjian	1955		*Orthodoxia, 1986-1987*, p. 44

42.8.20 **GANDZAK**, Gantzak, Gandija, Gence — eccl. armena-gregoriana

Località situata all'estremità nord-est della Grande Armenia.

Bibl.: P. Dadijad Yardemian, DHGE, XIX, coll. 1088-1089

42.9.20 **GORIS**, Gores, Kores — eccl. armena-gregoriana

Vescovado nella provincia Haband o Zangezour della regione storica di Siwnik', attualmente nella Repubblica sovietica di Armenia.

Bibl.: L. Zekiyan, DHGE, XXI, col. 766

42.10.17 **HESNĀ DE-ZĀID**, Ḥesnā de Ziyād, Ḥiṣn Ziyād, Ḫarpūt — eccl. syro-occidentalis/ jacobita

Vescovado giacobita nell' Armenia maggiore (?).

Bibl.: Honigmann, *Couvent*, pp. 63, 131, 184

Moises, Mūsā	(-969)	Honigmann, *Couvent*, p. 57
Moîses	(1004 iul. 6-1030 febr. 2)	Chabot, V, p. 608
Ioannes Bar-Cauma	(1031 (?) oct. 14-1042 (?) mar. 21)	Chabot, V, p. 609
Athanasius	(1074 ian. 6-1075 iul.)	Chabot, V, p. 613
Basilius	(1090 dec. 1-1129 iun. 8)	Chabot, V, p. 615

Dionysius, "ep de Hesnā"	(1090 dec. 1-1129 iun. 8)	Honigmann, *Couvent*, p. 131
Ioannes	(1090 dec. 1-1129 iun. 8)	Chabot, V, p. 616
Basilius	(1090 dec. 1-1129 iun. 8)	
Iwanis	(1138 dec. 4-1166 iul. 14)	Chabot, V, p. 618
Ioannes, Iosue	1180 (?)	Honigmann, *Couvent*, p. 111
Basilius	(1166 oct. 18-1199 nov. 7)	Chabot, V, p. 621
Iulius, "metr. regionis Hartbert et Hesenziat et Seemesghesegh"	(-1579/1580)	Honigmann, *Couvent*, p. 177

42.11.17 **KELAT**, Hilāt, Aẖlaṭ — eccl. syro-occidentalis/jacobita

Località sul lago Van; sede vescovile.

Bibl.: Honigmann, *Couvent*, pp. 115, 134; M. Thierry, *Notes de géographie historique sur le Vaspurakan*, REB, XXXIV (1976), pp. 159-173

Ioannes	(798 aug. 8-817 aug. 19)	Chabot, IV, p. 449

42.12.3 **KE... PHANOS** (Vaspouragan) — eccl. byzantina

Vescovado nell'antico regno armeno di Vaspouragan occupato nel 1021/1022 da Basilio II e dove tra 1030/1036 e 1054 i Greci avrebbero organizzato una provincia ecclesiastica.

Bibl.: Laurent, *Sceaux*, V, 1, pp. 676-677; Honigmann, *Ostgrenze*, pp. 169 ss., 203

Stephanus	(1030/1036-1054)	Laurent, *Sceaux*, V, 1, n. 870

42.13.20 **MANESGUERDUM**, Miesghiertum — eccl. armena-gregoriana

Sede arcivescovile al nord del lago Van nell' Armenia maggiore.

Bibl.: Le Quien, I, coll. 1435-1436

Praecursor	(-1307 mar. 19)	Mansi, XXV, col. 135
Nierses	(-1353)	Le Quien, I, coll. 1435-1436

42.14.20 **MARANTUNIA**, Marant, Marantouniq — eccl. armena-gregoriana

Città e distretto del Vaspouragan; vescovado.

Bibl.: Le Quien, I, coll. 1435-1436

Ioannes	(-1307 mar. 19)		Mansi, XXV, col. 135
Constantinus	(-1316)		Le Quien, I, col. 1436

42.15.20 **NAXIVAN**, Nakhitchevan — eccl. armena-gregoriana

Vescovado nell' Armenia maggiore, ricordato fino al 1915; per il periodo della chiesa latina, cfr. Fedalto, II, pp. 161-162.

Bibl.: Le Quien, I, coll. 1439-1440; F. Tournebize, DHGE, IV, col. 368

Zacharias	(-1321)		Le Quien, I, coll. 1439-1440
Friton Azarias	1604 mar.	1607 ian. 7	R. Aubert, DHGE, XIX, coll. 115-116
Tiran Gureghian, "aep de Nor-Nachičevan"	1972		*Orthodoxia, 1986-1987*, p. 45

42.16.20 **SALMASTA**, Salmastum, Salmastrum — eccl. armena-gregoriana

Vescovado nell'Armenia maggiore.

Bibl.: Le Quien, I, coll. 1443-1444

Iacobus	(-1316)		Le Quien, I, coll. 1443-1444

42.17.20 **S. THADDAEUS**, Macu — eccl. armena-gregoriana

Vescovado nell' Armenia maggiore, con residenza nel monastero di Zorzor ai piedi dell' Ararat; per il periodo latino, cfr. Fedalto, II, p. 197.

Bibl.: Le Quien, I, coll. 1445-1446

Ioannes	saec. XIV		Le Quien, I, col. 1445
Zacharias de S. Thaddaeo, ad eccl. arm.-cath.	(-1321)	(1345-)	Le Quien, I, coll. 1445- 1446; Pelliot, p. 224

42.18.20 SHIRAK — eccl. armena-gregoriana

Bibl.: *Orthodoxia, 1986-1987*, p. 45

Narek Shakarian	1973	*Orthodoxia, 1986-1987*, p. 45

42.19.22 SIUNIA, Suniq — eccl. armena-catholica

Vescovado nella provincia del nord-est dell'Armenia maggiore.

Bibl.: Le Quien, I, coll. 1443-1446; F. Tournebize, *Histoire politique et religieuse de l'Arménie*, Paris (1910), p. 864

Stephanus		Le Quien, I, coll. 1443-1445
Orbelus		Le Quien, I, coll. 1445-1446

42.20.17 TELA DE-ARSĪNŌS, d'Arsanios, Tall Arsenās, Til Arsenios, Çermik — eccl. syro-occidentalis/jacobita

Vescovado giacobita nell'Armenia maggiore.

Bibl.: Honigmann, *Couvent*, pp. 140, 151-152

Dionysius	(1004 iul. 6-1030 febr. 2)	Chabot, V, p. 608
Ignatius	(1138 dec. 4-1166 iul. 14)	Chabot, V, p. 618
Ignatius, Bar-Çauma	1171	Honigmann, *Couvent*, p. 110

42.21.3 THEODOSIOPOLIS ARMENIAE, Qālînqalā, Erzerūm — eccl. byzantina

Vescovado suffraganeo di Cesarea di Cappadocia prima nelle *notitiae* 1-4, 7; per il periodo latino, cfr. Fedalto, II, pp. 50-51.

Fonti: *notitiae* 1-4, 7: Darrouzès, pp. 67-68, 206, 219, 233, 251, 274

Bibl.: Le Quien, I, coll. 437-438; Jones, *Cities*, pp. 224-225

Petrus	(-449)		ACO, II, III, I, p. 132
Manasses	(-451 oct.)	(458-)	ACO, II, I, II, p. 150; II, V, p. 145; cfr. Le Quien, I, col. 438

42.21.17 QĀLĪNQALĀ, Ōlōnîqalā, Garnokagak, Theodosiopolis Armeniae, Arzan ar-Rūm, Erzerūm

eccl. syro-occidentalis/jacobita

Bibl.: Honigmann, *Couvent*, pp. 114, 139

Athanasius	(798 aug. 8-817 aug. 19)	Chabot, IV, p. 449

42.21.20 THEODOSIOPOLIS, Erzerum, Karin

eccl. armena-gregoriana

Gregorius	1321 ian. 29	R. Aubert, DHGE, XXI, coll. 1509-1510

42.22.17 VASTAN, Qāsṭan, Qāsṭin, Vastink, Ostan

eccl. syro-occidentalis/jacobita

Località a sud del lago Van.

Bibl.: Honigmann, *Couvent*, pp. 142, 154

Ioannes, "ep. de Qāstan"	(936 aug. 28-953 iul. 3)	Chabot, IV, p. 507
Timotheus, "ep. de Wastan"	(936 aug. 28-953 iul. 3)	
Ioannes, "ep. de Wastan"	(936 aug. 28-953 iul. 3)	Chabot, IV, p. 508

DIOECESIS ILLYRICI ORIENTALIS

PROVINCIA MACEDONIAE

43.1.2 THESSALONICA — eccl. primaeva et byzantina

Sede metropolitana della provincia di Tessalia prima. Dopo il 379, la Macedonia era unita all'impero d'Oriente, restando parte del patriarcato di Roma; dal 382 al 389 i metropoliti di Tessalonica fungevano da vicari apostolici dell' Illiria orientale; nel 732, Leone III Isaurico separò definitivamente l'Illirico da Roma, unendolo al patriarcato di Costantinopoli; nel 904 la città fu devastata dai Saraceni e nel 1185 fu presa dai Normanni. Dopo la parentesi crociata (regno di Tessalonica), nel 1246 era parte dell'impero greco di Nicea; ceduta a Venezia nel 1423, fu occupata dai Turchi nel 1430 fino al 1912, quando passò alla Grecia.

Fonti: Hierocles, 638, 2: Honigmann, p. 14; *notitiae*: Darrouzès, p. 516

Bibl.: Le Quien, II, coll. 27-66; E. Oberhummer, RE, VI A, coll. 143- 164; O. Volk, LTK, X, coll. 110-111; L. Petit, *Les évêques de Thessalonique*, EO, IV (1901), pp. 136-145, 212-221; V (1902), pp. 26-33, 90-97, 150-156, 212-219; *Nouveaux évêques de Thessalonique*, EO, VI (1903), pp. 292-298; *Macaire de Thessalonique*, EO, VIII (1905), pp. 272-274; *Le synodicon de Thessalonique*, EO, XVIII (1916-19), pp. 236-254; V. Laurent, *La liste épiscopale du synodicon de Thessalonique*, EO, XXXII (1933), pp. 300-310; *La succession épiscopale de la métropole de Thessalonique dans la première moitié du XIIIe siècle*, BZ, LVI (1963), pp. 284-296; Mystakides, pp. 174-176; Laurent, *Sceaux*, V, 1, pp. 324-341; V, 3, pp. 82-84; E. Pelekanidou, DPAC, II, coll. 3429-3435

Aristarchus (?)			R. Aigrain, DHGE, IV, coll. 185-186; Petit, IV, pp. 137-138; T. Garcia de Orbiso, BS, II, coll. 417-418
Caius, Gaius			*Rom.*, XVI, 23; Origenes, *Commentaria in ep. ad Romanos*, X, 41: PG, 14, col. 1289; Petit, IV, p. 138
Achilleus, Achilius (?)			Le Quien, II, col. 28; Petit, IV, pp. 138-139
Nicolaus (?)			Petit, IV, p. 139
Alexander	(-325 mai. 20)	(335 sept. 17-)	Gelzer, pp. 52, 217; A. Lehaut, DHGE, II, col. 184
Iohannes (?)			Le Quien, II, col. 29; cfr. Petit, IV, p. 140
Aetius	(-343 aut.)		Turner, I, pp. 552-553; cfr. Petit, IV, p. 140
Heremius, Eremius	(-355)		Athanasius, *Apologia ad Constantium imperatorem*, 27: ed. J.M. Szymusiak, (SC, 56), Paris 1958, p. 119
Ascholius, Acholius	(-380)	383	Socrates, HE, V, 6: PG, 67, col. 1424; A. Regnier, DHGE, IV, col. 901; Petit, IV, pp. 140-141; E. Prinzivalli, DPAC, I, coll. 36-37
Anysius, s.	383	410 c.	R. Aigrain, DHGE, III, coll. 909-910; E. Prinzivalli, DPAC, I, col. 210
Rufus	(-412 iun. 17)	434	Jaffé, n. 300; Petit, IV,pp. 141-142; cfr. Grumel, I, n. 37

Anastasius	(-435)	452	R. Aigrain, DHGE, II, coll. 1444-1446; D. Stiernon, DPAC, I, coll. 183-184
Euxitheus	(-452 aest.)	(457 sept. 13-)	Grumel, I, n. 132; Jaffé, n. 525; ACO, II, V, pp. 24, 17
...	(-479)		Malchus Rhetor Philadelphiensis, *Historia*, 1: edd. I. Bekkerus-B. G. Niebuhrii, CSHB, XIV, Bonnae 1829, p. 245
Andreas	(-483)	(498-)	R. Aigrain, DHGE, II, col. 1607; Petit, IV, p. 144
Dorotheus, exc.	(-514)	(521 apr. 26-535)	V. Laurent, DHGE, XIV, col. 691; M. van Esbroeck, DPAC, I, col. 1039
Aristides	(-535)		Petit, IV, p. 145
Elias	(-553 ian. 6)	(553 iun. 2-)	Petit, IV, p. 145; ACO, IV, I, pp. 3, 202
Thalelaeus			Ioannes Moschus, 43: PG, 87/ 3, col. 2897
Eusebius	(-597 nov.)	(603 nov.-)	Jaffé, nn. 1497, 1921: S. Gregorius Magnus, *Registrum epistolarum*, ed. D. Norberg, CCL, 140-140 A, Turnholti 1982: VIII, 10; XIV, 8: pp. 527, 1076; Petit, IV, p. 213; G. Ladocsi, DPAC, I, col. 1299
Ioannes	605	630 c.	J. Laurent, BZ, IV (1895), pp.424-431; Laurent, *Sceaux*, V, 1, pp. 325-326; D. Stiernon, DPAC, II, col. 1578
Paulus, monoth.	(-649 nov.)		Jaffé, n. 2071: PL, 87, col. 181
Ioannes	(-681 sept.)		Mansi, XI, col. 688
Sergius (?)	(-691 sept.)		Mansi, XI, col. 989; Petit, IV, p. 214
Anastasios	saec. VIII		Zacos-Veglery, II, n. 1701; Laurent, *Sceaux*, V, 3, pp. 83-84
...	(-716)	718	Nicephorus Constantinopolinus, *Breviarium*, ed. C. de Boor, Lipsiae 1880, pp. 56, 19-23; cfr. Theophanes, p. 400, 28
Petrus	saec. VIII		Laurent, *Sceaux*, V, 1, pp. 326-327
Theophilus	(-787 oct.)		Mansi, XIII, col. 133
Thomas	(-797 mar. 25)	(806 apr. 12-)	Theophanes, p. 461, 4; Petit, IV, pp. 215-216
Ioseph, dep.	807	809 ian.	H. J. Schulz, LTK, V, col. 1136; Le Quien, II, coll. 43-45
Ioannes			Petit, XVIII, pp. 240-241
Theodorus			
Ioannes			
...	809	811	Petit, IV, p. 216
Ioseph, iter., ex.	811	815	Petit, IV, p. 216; AA, VII, p. 12, n. 85
Leo Philosophus, dep.	840 (mar.-apr.)	843	Petit, IV, p. 217; Grumel, II, n. 423

Antonius, ep. Dyrrachien.	843	843 nov. 2	Grumel, II, n. 423
Plotinus	855		Petit, XVIII, pp. 240-241
Basilius, ep. Creten.	(-858)	(865 nov.-)	Grumel, II, n. 453; Jaffé, n. 2796: PL. 119, col. 956
Theodorus	866	(879 nov.-)	Petit, IV, p. 219; Mansi, XVII-XVIII, col. 373; cfr. Grumel, II, n. 530
Sergius			Petit, XVIII, col. 242
Neophytus			
Paulus	880		Petit, IV, pp. 219-220; Grumel, II, n. 530; cfr. III, p. 200; Laurent, *Sceaux*, V, 1, pp. 327-328
Gregorius	(-882 aug.)		Grumel, III, p. 200
Methodius	(-885)	889/890	Petit, IV, p. 220
Ioannes	(-892 aug. 29)	(904-)	Petit, IV, pp. 220-221; cfr. Schlumberger, p. 106; Laurent, *Sceaux*, V, 1, pp. 328- 329
Basilius			Petit, IV, p. 221
Anatolius (?)			J. M. Hoeck, LTK, I, coll. 497-498; R. Janin, DHGE, II, col. 1501; cfr. Petit, XVIII, p. 242
..., ep. Lemn.	(925 iun. 29-928 iul. 18)		Grumel, II, n. 785
Gregorius	(-942 mai.)	(950-)	AA, VII, n. 4, p. 191; Laurent, *Sceaux*, V, 1, pp. 329-330; V, 2, n. 1609
Isidorus (?)	(-1016)		Petit, VI, p. 293
Iacobus			Laurent, *Sceaux*, V, 1, p. 330
Nicetas de Maronea	saec. XI		Petit, V, p. 26; cfr. XVIII, pp. 242-245
Georgius	saec. XI in.		Laurent, *Sceaux*, V, 2, n. 1610
Theophanes, dep., ex.	(-1027 ian.)	1038	Grumel, II, nn. 831, 848
Prometheus, Romanus (?)	1038 c.		Georgius Cedrenus: II, p. 498; Petit, V, pp. 26-27; Laurent, *Sceaux*, V, 1, pp. 330-331; V, 3, n. 1728
...	(-1060 iun.)		AA, I, p. 73
Michael	(-1071 nov.)	(1079 dec.-)	Petit, XVIII, p. 243; Laurent, *Sceaux*, V, 1, pp. 331- 332; AA, VI, n. 4, p. 51
...			Petit, V, p. 27; PG, 122, coll. 1161-1169
Ioannes	(-1094 (?) febr.)		AA, I, p. 127
Theodulus	(-1095 mar.)	(1107-)	Petit, V, p. 27; Laurent, *Sceaux*, V, 1, pp. 332-333
Euphemianus			Petit, XVIII, p. 243
Michael Chumnos	(-1122)		H. G. Beck, LTK, VII, col. 393; Petit, V, pp. 27-28
Constantinus Bestes			Petit, VI, p. 293; XVIII, p. 243; Laurent, *Sceaux*, V, 1, p. 334

Nicetas de Mytilene	(-1132 sept.)	(<1147-1151>-)	Petit, V, p. 28; XVIII, p. 244; Grumel, III, n. 1034
Leo			Petit, XVIII, p. 245; cfr. Schlumberger, p. 106; Laurent, *Sceaux*, V, 1, pp. 334- 335
Romanus			Petit, XVIII, p. 245
Basilius de Achrida	(-1155)	(1157 aug./sept.-)	Petit, V, pp. 28-29; Grumel, III, n. 1045; R. Janin, DHGE, VI, coll. 1160-1161; Laurent, *Sceaux*, V, 1, pp. 335-336
Michael			Laurent, EO, XXXII, p. 301, n. 43; Petit, XVIII, p. 245
Constantinus	(-1169 mar. 10)	(1174 dec.-)	Grumel, III, nn. 1085, 1128; Laurent, *Sceaux*, V, 1, p.333
Eustathius Gataphloros	1175	1195/1196	F. Dölger, LTK, III, col. 1204; Grumel, III, n. 1128; Laurent, *Sceaux*, V, 1, pp. 337-338
Constantinus Mesopotamites, dep.	1196/1197	1197 apr./mai.	Laurent, *La succession*, pp. 285-286; Grumel, III, nn. 1186, 1187
Ioannes Chrysanthus, adm.	1198		Laurent, *La succession*, pp. 287-288; Grumel, III, n. 1187; Laurent, *Sceaux*, V, 1, pp. 337-338
Constantinus Mesopotamites, iter., ex.	1204	1227 aest.	Laurent, *La succession*, pp. 288-292; cfr. Laurent, IV, nn. 1243, 1249; *Sceaux*, V, 1, pp. 338-339
Nicolaus	1228 c.	1234	Laurent, *La succession*, p. 292
Ioseph	1234 fin./1235		Laurent, *La succession*, p. 293; Laurent, IV, n. 1281
Basilius Glykis	(-1250 mai. 4)		Laurent, *La succession*, p. 295
Michael Pratanos, dep.			cfr. Laurent, IV, n. 1280; Petit, V, pp. 31-32; AA, VII, p. 269
Manuel Disypatos, dep.		1260/1261	Laurent, IV, nn. 1280, 1349; Petit, V, p. 32; XVIII, p. 246
Ioannicius Cydones	1260/1261	(1270 iun.-)	Laurent, IV, n. 1349; Petit, V, p. 32; XVIII, p. 246; Actes, IV, p. 24
Theodorus Kerameus, dep.			AA, VIII, n. 75, pp. 27-33
Ignatius	1282/1283	(1285-)	Petit, V, pp. 32-33; XVIII, p. 247
Iacobus	1295 ian.	(1306 iul.-)	Laurent, *Sceaux*, V, 1, p. 340; AA, III, p. 96
Malachias, dep.		1310 (oct.-)	Darrouzès, V, n. 2006
Hieremias	(-1315 sept.)	(1325 sept. 27-)	Darrouzès, V, nn. 2038, 2128
Gregorius Koutales	1332 iun.	1334	Petit, V, pp. 90-91; XVIII, p. 248
Ioannes Calecas, prom. patr. CP	1334	1334 febr.	Darrouzès, V, n. 2168
Ignatius Glabas	1336	1342	Petit, V, pp. 91-92; XVIII, p. 248; Darrouzès, V, nn. 2176, 2202

Macarius	1342 apr./iun.	1343	Darrouzès, V, nn. 2228, 2242; Petit, V, p. 92; XVIII, p. 248
Hyacinthus Chypriota	1343 apr.		Darrouzès, V, nn. 2242, 2256
Gregorius Palamas	1347 mai./aug.	1359 nov. 14	Darrouzès, V, n. 2279; Petit, V, pp. 92-93; R. Janin, LTK, IV, col. 1214
Nilus Cabasilas	1360	1361	Darrouzès, V, nn. 2429, 2438; Petit, V, pp. 93-94
Antonius, metr. Caesarae	1363 mar.	(1371 mar.-mai.)	Darrouzès, V, n. 2453; Petit, XVIII, pp. 248-249
Dorotheus Blates	1371	1379	Darrouzès, V, n. 2617; Petit, V, p. 94; XVIII, p. 249
Isidorus Glabas, dep. iter.	1380 mai. 25-1385 sept.	1384 sept.-1396 ian. 11	Darrouzès, VI, nn. 2703, 2772, 2790; cfr. Laurent, *La liste*, p. 309; J. M. Hoeck, LTK, V, col. 788; J. Loenertz, REB, VI (1948), pp. 181-187
Gabriel	1397	(1416-)	Darrouzès, VI, nn. 3055, 3262; Petit, V, p. 95, AA, IV, n. 19, p. 111
Symeon	1416/1417	1429 sept.	Petit, XVIII, p. 250; B. Kotter, LTK, IX, col. 1217; AA, IV, n. 19, p. 111; AA, XI, p. 60
Gregorius	1430	(1437-1439 aug. 19)	Petit, VI, p. 96; XVIII, pp. 250-251
Niphon (?)	1439	(-1458)	Petit, V, p. 96; XVIII, p. 251; cfr. Laurent, *La liste*, p. 309
Methodius	(-1467)		Petit, VI, p. 295
Parthenius		1481 c.	Petit, V, pp. 96-97
Niphon, prom. patr. CP	1482	1486 fin.	Petit, V, p. 97
Maximus	1486/1487	(1511/1512-)	AA, IV, n. 41, pp. 190-191
Macarius, metr. Corynthi	1517 apr. 4		Petit, VIII, p. 273
Ioasaph	(-1527 iun. 10)	(1531 iun.-)	Petit, VIII, p. 273; V, p. 151
Theonas	1537/1538	(1541 mai.-1542 apr.)	Petit, V, p. 151; VI, pp. 295-296; AA, XI, p. 404
Macarius Chiensis	(-1551 oct. 23)		*Concilii Tridentini acta*, IV, I, Friburgi Brisgoviae 1961, p. 259
Theonas, ep. Philippi	1559	1565	Petit, V, p. 152; cfr. S. Vailhé, EO, III (1900), p. 268
Ioasaph Argyropoulos	(-1565 sept.)	(1577-)	Petit, V, pp. 152-153
Dorotheus	(-1578 oct.)		Petit, V, p. 153
Metrophanes	(-1585 febr. 27)	(1590 mai.-)	
Gabriel, prom. patr. CP.	(-1593 mai.)	1596 mar.	Petit, V, pp. 153-154
Cosmas, exp.	(-1598 nov. 2)		Petit, V, p. 154
Sophronius, dep.	1605 dec. 5	1607 sept. 3	
Zosimas, ep. Citrensis	1607 sept. 12		
Paisios	1611	(1629-)	Petit, V, pp. 154-155
Athanasius Patellaros, prom. patr. CP	1630/1631	1634 mar.	Petit, V, p. 155

Damascenus, dep.	1634 mar. 16		Petit, V, pp. 155-156
Callinicus, ep. Polyan.	1636 ian. 27	(1638 sept. 24-)	Petit, V, p. 156; *Synod of Jerusalem*, p. 89
Athanasius Patellaros, patr. CP, iter., adm., ren.	1643 iul. 16	1643	Petit, V, p. 156
Theocletus	1646 iul. 21	1651 ian. 21	
Ioachim	1651 ian./1654 ian.	1665	
Dionysius Bardalis, patr. CP, adm.	1665 oct.	1670	Petit, V, p. 212
Anastasius Pantodynamos, non conf.	1671 mar. 11		
Meletius	1671	(1680 apr.-)	Petit, V, p. 213
Neophytus, exp.	1680 iul.	1686 aug. 20	
Methodius, dep.	1687 febr.	(1689-)	Petit, V, p. 213
Ignatius	1696 (?)	1704	Petit, VI, p. 297
Ignatius	1704	1725 febr. 26	
Ananias	1725 mar.	1733	Petit, V, p. 214; VI, p. 297
Ioachim	(-1734 febr.)	1745 apr. 7	Petit, V, pp. 214-215; VI, p. 297
Gabriel Callimachi, dep.	1745 apr.	1760 ian. 19	Petit, V, p. 215; VI, p. 297; cfr. Actes, IV, p. 149
Spyridon	1760 febr.	1762	
Theodosius Maridakes, ep. de Hierissos et de monte Athos	1762 ian. 21	1769 apr. 16	Petit, V, pp. 215-216; VI, pp. 297-298
Damascenus, metr. de Melnic, dep.	1769 apr.	1780 iun. 27	Petit, V, p. 216; VI, p. 298
Iacobus	1780 iul.	1788 aug. 16	
Gerasimus, prom. ad Chalcedon.	1788	(1806 nov.-)	Petit, V, pp. 216-217, AA, II, p. 216
Ioseph	1811		Petit, V, p. 217
Matthaeus, prom. ad Cyzicen.	1821/1822	1824	
Macarius, ep. Lemni, dep.	1824 ian.	1831	
Meletius Pancalos, metr. Amaseae, prom. ad Cyzicen.	1831 nov.	1841 mai.	
Hieronymus		1853	
Callinicus, prom. patr. Alexandriae	1853 mar.	1858 ian. 26	Petit, V, p. 218
Neophytus, metr. Tirnovi, dep.	1858 ian. 26	1874 ian. 9	
Ioachim Demetriades, metr. de Varna	1878 sept. 4		
Callinicus Photiades, exp.	1878 sept. 6	1883	
Gregorius Callidis, metr. Trapezunden., dep., prom. ad Ioanninam	1884 dec. 20	1889 sept. 29	Petit, V, p. 218

Sophronius, ep. Ioanninae, dep.	1889 sept. 29	1893 apr. 6	
Athanasius Megacles, "metr. de Sisanion"	1893 mai. 4	(1902-)	Petit, V, p. 219
Panteleimon Nikolaos Chrysophakis, metr.	1974 aug. 3		*Orthodoxia, 1986-1987*, p. 78

43.1.20 THESSALONICA — eccl. armena-gregoriana

Bibl.: Le Quien, I, coll. 1445-1446

Isaias	(-1307 mar. 19)		Mansi, XXV, col. 140

43.2.3 AMPHIPOLIS, Chrysopolis — eccl. byzantina

Vescovado suffraganeo di Tessalonica.

Fonti: Hierocles, 640, 1: Honigmann, p. 15; *notitia* 3: Darrouzès, p. 236

Bibl.: Le Quien, II, coll. 83-86; Hirschfeld, RE, I, coll. 1949-1952; S. Vailhé, DHGE, II, coll. 1348-1350

Alexander	(-553 mai. 5)		ACO, IV, pp. 5, 227
Andreas	(-691 sept.)		Mansi, XI, col. 993
..., "ep. Chrysopolis"	(-809)		Theodorus Studita, I, ep.48: PG, 99, col. 1073
Philippus, "ep. Chrysopolis	(-879 nov.)		Mansi, XVII-XVIII, col. 376

43.3.3 ARDAMERIUM, Ardameri, Herculia — eccl. byzantina

Vescovado suffraganeo di Tessalonica.

Fonti: *notitiae* 7, 10, 13, 21: Darrouzès, pp. 278, 317, 371, 420

Bibl.: Le Quien, II, coll. 97-98; AA, V, I, p. 231; Laurent, *Sceaux*, V, 1, pp. 344-345

Elias	saec. X		Laurent, *Sceaux*, V, 1, n. 470
Iohannes, "ep. Ercoulou"	(-943)		AA, V, p. 231; VII, n. 6; I, n. 5
Demetrius	(-1081 iul.)	(1091/1106-)	AA, I, pp. 94, 123
Demetrius	(-1196 oct.)		AA, V, pp. 231, 360

Theodosius		(1325-)	AA, III, n. 16, p. 127
Gregorius	(-1503/1504)		AA, IV, n. 44
Samuel, "ep. Sisaniou et Ardameriou"	(-1619 dec.)		AA, II, p. 189
Meletius	(-1638 sept. 24)		Le Quien, II, coll. 97-98; *Synod of Jerusalem*, p. 89

43.4.3 BARGALA, Bargallus — eccl. byzantina

Località inclusa nella provincia di Macedonia seconda; vescovado suffraganeo di Tessalonica (*Index*, p. 7).

Fonti: Hierocles, 641, 6: Honigmann, p. 16

Bibl.: Le Quien, II, coll. 89-92; R. Janin, DHGE, VI, coll. 785-786

Dardanius, Dardanios	(-451 oct. 8)	ACO, II, I, p. 64
Heremias		B. Aleksova, *The Presbyterium of the Episcopal Basilica at Stobi and Episcopal Basilica at Bargala*, in *Studies in the antiquities of Stobi*, III, edd. B. Aleksova-J. Wiseman, Titov Veles 1981, p. 34

43.5.3 BELIKEIA, Belicia, Vilikios — eccl. byzantina

Vescovado suffraganeo di Filippi; durante il periodo latino non è ricordato nessun prelato (cfr. Fedalto, II, p. 238).

Fonti: *notitiae* 7, 9-10, 13: Darrouzès, pp. 285, 304, 329, 364

Bibl.: R. Janin, DHGE, VII, col. 768; Lemerle, *Philippes*, pp. 258-260; Laurent, *Sceaux*, V, 1, pp. 540-541

Stephanus	saec. XI pars post.	Laurent, *Sceaux*, V, 1, n. 714
Iohannes	saecc. XI-XII	Laurent, *Sceaux*, V, 3, n. 1775

43.6.2 BERRHOEA, Beroia, Beria, La Verre, Verria, Karaferia, Ber — eccl. primaeva et byzantina

Sede arcivescovile dalla *notitia* 1 alla 5; nelle *notitiae* 7, 9-10, 13 vescovado suffraganeo di Tessalonica e nella 17 di Acrida; nelle *notitiae* 12 e 15 risultava ancora sede arcivescovile e nelle *notitiae* 11, 17-21 metropoli senza suffraganei (v. 28.5.2 Beroe).

Fonti: Hierocles, 638, 6: Honigmann, p. 14; *notitiae*: Darrouzès, p. 486

Bibl.: Le Quien, II, coll. 69-74; Oberhummer, RE, III, coll. 304-306; R. Janin, DHGE, VIII, coll. 885-887; Laurent, *Sceaux*, V, 1, pp. 342-343

Carpus, s. (?)			T. Garcia de Orbiso, BS, III, coll. 876-877
Onesimus			*Constitutiones apostolorum*, VII, 46: ed. F. X. Funk, Paderbornae 1905, I, p. 454
Gerontius, Geroncius	(-343 aut.)		Turner, I, pp. 558-559
Lucas	(-449 aug. 8)		Honigmann, *Lists*, p. 35
Sebastianus	(-451 oct. 13)		ACO, II, III, II, p. 74
Timotheus	(-536 mai. 2)		ACO, III, pp. 127, 154, 162
Ioseph	(-870 febr. 28)		Mansi, XVI, col. 194
Basilius	saec. XI		Laurent, *Sceaux*, V, 1, p. 343
Christophorus	saec. XII		Laurent, *Sceaux*, V, 3, n. 1812
...	(-1274)		Mansi, XXIV, col. 75; cfr. Laurent, IV, n. 1410
Leo	(-1280 mai. 3)		Leo Allatius, III, I, col. 897
Antonius Malakes	(-1285 aug.)		V. Laurent, EO, XXVI (1927), pp. 129-149: 148
Maximus	(-1326)		Darrouzès, V, n. 2156
Dionysius	(-1330 apr.)	(1351/1352-)	Darrouzès, V, nn. 2156, 2323; Miklosich-Müller, I, pp. 157, 300
..., ep. Tzouroulou	1364 fin.		Darrouzès, V, n. 2466: Miklosich-Müller, I, p. 454
Daniel	1393	(1394 mai.-)	Darrouzès, VI, n. 2959; Janin, col. 887
Eustathius	(-1403)	(1409 aug.-)	Darrouzès, VI, nn. 3263, 3284
Methodius	(-1506 mai. 25)		AA, IV, n. 3, p. 53; II, p. 166
Neophytus	1538		Péchayre, p. 322
Ignatius	1550		Janin, col. 887
Matthaeus	1554		
Neophytus	1555		
Metrophanes, vic. patr. CP	1572	1578	Janin, col. 887; Le Quien, II, col. 73
Cyrillus	1579		
Arthemius	(-1591 iun.)		Actes, II, p. 49
Paisius	1606	1607	Janin, col. 887
Ioasaph	1610		
Abercius	1613		
Timotheus	1621		
Cyrillus	1630	1633	
Cyrillus	1634		
Ioachim	1638		
Ioannicius, prom. patr. Alexandrin.	(-1638 sept. 24)	1645	Janin, col. 887; *Synod of Jerusalem*, p. 88

Ioseph	1645		Janin, col. 887
Ioachim	1649	1689	
Leontius	1705		
Macarius	1715	1721	
Agapius	1725		
Ioachim de Chio	1727		
Macarius	1730	1735	
Ioachim	(-1745 iun.)		Actes, III, p. 62
Samuel	1746		Janin, col. 887
Dorotheus	1763		
Daniel	1766	1799	
Chrysanthus	1799	1811	
Zacharias	1811	(1819 sept.-)	Janin, col. 887; Actes, I, p. 90
Methodius	1823	1831	Janin, col. 887
Dionysius	1831	1848	
Theocritus	1848	1863	
Sophronius	1863	1869	
Benedictus	1869	1877	
Procopius	1877	1892 apr.	
Cosmas	1892 apr.	1895 aug.	
Constantius Isaacides	1895 aug.	1906 iul.	
Apostolus Christodoulos	1906 iul. 12	1909 sept. 7	
Lucas Petrides	1909 sept. 9	1911 iul. 7	
Callinicus Delicanes	1911 iul. 7	1922 febr. 5	
Apostolus	1924 febr. 5	1924 apr. 15	
Chrysostomus	1924 apr. 15	1924 oct. 7	
Sophronius Stamoules	1924 oct. 7	1927 nov. 19	
Polycarpus Kellaropoulos	1927 nov. 19		
Paulos Giannikopulos, "metr. de Berrhoea et Naoussa"	1968 nov. 24		*Orthodoxia, 1986-1987*, p. 76

43.6.5 BERRHOEA eccl. semiariana

Demophilus, prom. patr. CP	(-343/344)	370	H. de Riedmatten, DHGE, XIV, coll. 212-215; M. Simonetti, DPAC, I, coll. 909-910

43.6.9 BERRHOEA eccl. apollinarista

Eunomius	saec. IV fin.	R. Aubert, DHGE, XV, col. 1399

43.7.3 CAMPANIA, Castrium, Castrion eccl. byzantina

Vescovado suffraganeo di Tessalonica dalla *notitia* 7 e quindi nelle *notitiae* 10, 13, 21; sede metropolitana dal 1923 al 1931, quando venne divisa tra le metropoli di Tessalonica e Verria.

Fonti: *notitiae*: Darrouzès, p. 496

Bibl.: Le Quien, II, coll. 91-92; R. Janin, DHGE, XI, coll. 628-629

...	(-1315 mai./iul.)		Darrouzès, V, n. 2324
(Macarius ?), tr. ad Smyrn.		1360/1361	Darrouzès, V, nn. 2429, 2214
Melitus	(-1421 apr.)		Janin, col. 628; Dölger, n. 3387
Acacius	(-1569 ian.)	(1590-)	Janin, col. 628
Constantius	1700 c.		Janin, col. 629
Macarius	1716		
Ananias	(-1720 c.)		Le Quien, II, col. 92
Christophorus	1725		Janin, col. 629
Theophilus	1749	(179- 3-)	
Neophytus		1828	
Gregorius	1828	1853 mar.	
Hierotheus	1853 mar.	1861 mai. 13	
Iacobus	1861 mai. 27		
Gregorius, dep.		1878	
Neophytus, dep.	1882 iul.	1892	
Parthenius	1892	1904	
Hilarion Macarones	1904	1907 iun. 19	
Diodorus, prom. ad Sisan.	1912 febr. 20	1931	

43.8.3 **CASSANDRIA**, Cassandreia eccl. byzantina

Vescovado suffraganeo di Tessalonica nelle *notitiae* 7, 9-10, 13, 21; arcivescovado autocefalo nel 1715 e metropoli nel 1855.

Fonti: *notitiae*: Darrouzès, p. 496

Bibl.: Le Quien, II, coll. 77-78; Oberhummer, RE, IV, Suppl., coll. 877- 878; R. Janin, DHGE, XI, coll. 1305-1306; Laurent, *Sceaux*, V, 1, pp. 343-344

Hermogenes	(-449 aug. 8)	(451 oct. 8)	Honigmann, *Lists*, p. 35; ACO, II, III, I, p. 55
Ignatius	(-879 nov.)		Mansi, XVII-XVIII, col. 373
Ioannicius			Le Quien, II, coll. 77-78
...	(-1074 apr.)		AA, V, I, pp. 208-211
Leontius	saec. XI		Laurent, *Sceaux*, V, 1, p. 344
Adam, "ep. Cassandriae et Bryae"	(-<1191-1198>)		Grumel, III, n. 1188
Michael	saec. XII fin.		AA, V, I, p. 231
Basilius	(-1259 ian.)		AA, VIII, p. 5
Callistus	1560 sept. 7		Janin, col. 1306
Cosmas	1565 ian.		
Callinicus	1569		
Cosmas	(-1591)		Actes, II, p. 50
Euthymius, dep.		1607 dec.	Janin, col. 1306
Damascenus	1607 dec.		
Ionas	1611 mai.		
Sisoes	1622/1623		
Laurentius	1639 oct.		Janin, col. 1306; cfr. Le Quien, II, col. 78
Damascenus	1640 (?)	(1643-)	Janin, col. 1306; Mistakides, p. 182
Theophanes	1651 iun.		Janin, col. 1306
Philotheus	1659 febr.		
Meletius, dep.		1680 apr. 15	
Melchisedech	1680 iun. 5		
Ioannicius	saec. XVII fin.		
Ignatius	1706		
Arsenius	(-1720 c.)		Le Quien, II, col. 78
Sophronius	1725		Janin, col. 1306
Ioachim	(-1727)	(1734-)	

Daniel			
Iacobus, tr. ad Serren.	1832 nov.	1846 iun.	
Hieremias	1846		
Ignatius	1850 aug.	1860 dec.	
Neophytus Drymides	1860 dec. 24	1865 mar. 14	
Chrysantus, dep.	1865 mar. 15	1867 dec.	
Gregorius	1867 dec.	1873 apr.	
Constantinus Gazes	1873 apr. 21	1892 apr. 14	
Procopius	1892 apr. 14	1901 ian. 21	
Leontius	1901 febr. 15	1903 aug. 8	
Iohannes	1903 aug. 8	1907 iul. 26	
Ireneus Hadji Apostolou	1907 iul. 26	(1939-)	
Synesios Visvinis, metr.	1960 mai. 25		*Orthodoxia, 1986-1987*, p. 80

43.9.3 **CHRISTOUPOLIS**, Cavala, Kabala — eccl. byzantina

Vescovado suffraganeo di Filippi nelle *notitiae* 7, 9-10, 13, 20; arcivescovado e metropoli senza suffraganei nelle *notitiae* 17 e seguenti; nel periodo latino non compaiono vescovi residenti (Fedalto, II, p. 83), nell'aprile 1395 la metropoli venne ceduta al vescovo di Eleutheropolis, e nel 1675 al metropolita di Drama.

Fonti: *notitiae*: Darrouzès, p. 488

Bibl.: Lemerle, *Philippes*, pp. 257-263

Nicetas	(-1260 ian.)		Lemerle, *Philippes*, p. 262
Babilas, proedros, metr. Ancyrae	saec. XIII		
Hierotheus	(-1305)	(1315 sept.-)	
Markellos, metr. Varnae et proedros Christoupolis	(-1327)		
...	(-1340)		
Macarios	(-1350)	(1358 aug.-)	AA, XII, n. 12, pp. 100-105
Gregorios	(1358-)		
Petrus, ep. Polystylou	1363	(1374-)	
Daniel	(-1746 mai.)		Actes, III, p. 71
Hieremias	(-1782 mai.)		Actes, III, p. 76

43.10.3 **DEABOLIS**, Diabolis, Debole, Devol — eccl. byzantina

Vescovado della provincia di Nuova Epiro dipendente da Ocrida; la località è ricordata la prima volta nel 1020, nella novella di Basilio II che istituiva l'arcivescovado di Ocrida (Gelzer, BZ, II, 1893, p. 42) come una delle cinque città dipendenti da Castoria; nella *notitia* 13 è inclusa tra le sedi di Giustiniana prima o di Bulgaria; nel 1676, l'eparchia fu unita a quella di Corytsa, che divenne metropoli col titolo di Corytsa e Selasphoros.

Fonti: *notitia* 13: Darrouzès, p. 371

Bibl.: Le Quien, II, coll. 99-100; P. N. P., MEE, IX, p. 175; R. Janin, DHGE, col. 141

Theodosius	(-1078)		Iohannes Scylitza Curopalata, *Excerpta ex breviario historico*, ed. I. Bekkerus (CSHB, 24), Bonnae 1839, p. 739
...	(-1199 febr.)		Grumel, III, nn. 1192, 1193: PG, 119, coll. 889-893
Michael	saec. XII fin.		Janin, col. 141
Gregorius	(-1361 aug. 25)	(1365-)	
Parthenius	(-1676)		

43.11.3 **DIUS**, Dium, Dium colonia, Dion — eccl. byzantina

Vescovado della provincia di Macedonia prima e suffraganeo di Larissa nella *notitia* 3.

Fonti: Hierocles, 638, 5: Honigmann, p. 14; *notitia* 3: Darrouzès, p. 243

Bibl.: Le Quien, II, coll. 73-76; Philippson, RE, V, col. 833 (1); R. Janin, DHGE, XIV, col. 522

Palladius	(-343 aut.)		Turner, I, pp. 558-559

43.12.3 **DOBEROS**, Daborus, Dojran — eccl. byzantina

Nel secolo V risultava vescovado della provincia di Macedonia prima, nel secolo XIII di Giustiniana prima.

Fonti: Hierocles, 639, 4: Honigmann, p. 14

Bibl.: Le Quien, II, coll. 75-78; Philippson, RE, V, coll. 1249-1250; R. Janin, DHGE, XIV, coll. 534-535

Eusebius, "ep. Dobirorum, Doberitanus"	(-449 aug. 8)	(451 oct.-)	Honigmann, *Lists*, p. 35; ACO, II, III, I, p. 181; II, III, II, p. 108

..., "ep. Debrenus"	(-1283 mar.)		Nicephorus Gregoras, *Historia Byzantina*, VI, 1, ed. L. Schopeni (CSHB, XIX, I), Bonnae 1829, pp. 164-165

43.13.3 DRAMA

eccl. byzantina

Vescovado suffraganeo da Filippi; sede arcivescovile nelle *notitiae* 15, 17-18, metropoli senza suffraganei nelle *notitiae* 17-18, 20-21.

Fonti: *notitiae*: Darrouzès, p. 489

Bibl.: Le Quien, II, coll. 97-98; R. Janin, DHGE, XIV, coll. 784-786; Lemerle, *Philippes*, pp. 259-260

...	(-1315 sept./dec.)		Darrouzès, V, n. 2043
Callinicus	1316		Janin, col. 784
..., metr. Christoupolis	1317 mai.		Darrouzès, V, n. 2078
...	(-1342 aug.)	(1343 apr.-)	Darrouzès, V, nn. 2235, 2243
Sophronius	(-1344 nov. 4)		Darrouzès, V, n. 2250
..., metr. Philippi	(-1371 mai.)	(1379-)	Darrouzès, V, n. 2614; VI, n. 2692
... (?)	(-1386/1387)		Darrouzès, VI, n. 2807
..., metr. Ainou, adm.	1395 febr.		Darrouzès, VI, n. 2981
Ioasaph, tr. ad Larissam	(-1389 febr.)	1392/1393	Darrouzès, VI, nn. 2847, 2915
..., metr. Ainou, adm.	(-1395 febr.)		Darrouzès, VI, n. 2981
..., el., tr. ad Sougdaiam		1403 aut.	Darrouzès, VI, nn. 3132, 3265
Dositheus	(-1437 nov.)	(1439 iul. 21-)	Syropoulos, pp. 184, 514
...	(-1467 ian. 15)		Janin, col. 785
Iacobus	(-1474)	(1483-)	
...	(-1488 iul.)		
Ioachim		1498	Le Quien, II, coll. 97-98
Athanasius	(-1548)		Janin, col. 785
Ioachim	(-1555)		
Neophytus	(-1591 iun.)		Actes, II, p. 49
Nicanor			Janin, col. 785
Athanasius	(-1593 mai.)		
Neophytus	(-1611 mai.)	1619	
Clemens	1619	(1622 mar.-)	
Neophytus, prom. ad Nicomediam		1623 (?)	
Germanus, dep.	1663 dec. 6	1673 oct.	

Neophytus	1674 mar. 13		
Antonius	1682		
Damascenus	1688	1689 mar. 9	
Gregorius	1692	1700	
Anthimus	1701 mai.	1710 iun.	
Ioachim	(-1721 febr.)		
Parthenios	1721 aug.		
Iacobus	1739 mai.		
Callinicus	1739 oct. 26	(1753 apr.-)	
Bartholomaeus	1761 nov.		Janin, col. 786
Gregorius	1781 oct.	1786 oct.	
Ioseph	1808 aug. 12	1809 mai.	
Parthenios		1817 iun.	
Chrysanthus	1817 iun.		
Nicodemus	1817	1819	
Dionysius		1831 mai.	
Germanus	1831 mai.	1835 nov. 22	
Neophytus	1835 nov. 22	1842 iun.	
Athanasius	1842 iun.	1848	
Meletios Staraveros, dep.	1848	1861 mai. 13	
Agathangelus Scholarios	1861 mai. 13	1872 mai.	
Tarasius	1872	1879	
Germanus Michaelides	1879 ian. 25	1896 iul. 25	
Philotheus Constantinides	1896 aug. 1	1902 mai. 18	
Chrysostomus Kalaphates	1902 mai. 18	1910 mar. 11	
Agathangelus Constantinides	1910 mar. 13	1922 oct. 24	
Laurentius Papadopoulos	1922 nov. 7	1928 iul. 24	
Basilius Combopoulos	1930 aug. 12	1942	
Georgius	1942		
Dionysios Panagiotis Kiratsos, metr.	1965 nov. 21		*Orthodoxia, 1986-1987*, p. 77

43.14.3 **DRYGOBITIA**, Dragobitia — eccl. byzantina

Vescovado suffraganeo di Tessalonica.

Fonti: *notitiae* 7, 9-10, 13: Darrouzès, pp. 278, 299, 316, 358

Bibl.: Le Quien, II, coll. 93-96, R. Janin, DHGE, XIV, coll. 782-783

Petrus	(-879 nov.)		Mansi, XVII-XVIII, col. 376

43.15.3 **EDESSA**, Bodena, Bodona, Vodena — eccl. byzantina

Vescovado suffraganeo di Tessalonica nella *notitia* 3, di Giustiniana prima o di Bulgaria nella *notitia* 13 (Edessa o Moglena); il titolo di chiesa metropolitana fu ristabilito il 1° novembre 1922 e la sede fu unita a Pella.

Fonti: Hierocles, 638, 8: Honigmann, p. 14; *notitiae*: Darrouzès, pp. 236, 372

Bibl.: Le Quien, II, coll. 79-80; I. S. S., MEE, IX, pp. 706-707; Oberhummer, RE, V, col. 1933; Hirschfeld, RE, I, col. 944; R. Janin, DHGE, XIV, coll. 1420-1421

Isidorus	(-691 sept.)		Mansi, XI, col. 993
...	(-<1169-1177>)		Theodorus Balsamon, *Commentaria in canones SS. Apostolorum*, 74: PG, 137, col. 187; L. Bréhier, DHGE, VI, coll. 419-421
Sophronius	(-1642)		Leo Allatius, III, 11, col. 1089
Daniel	(-1672)		Le Quien, II, col. 80
Nicephorus	(-1721)		
Agathangelus	1922 nov. 1	1924 febr. 5	Janin, col. 1421
Constantius, Constantinus Capitzoglou	1924 febr. 5	1939	
Panteleimon Papageorgiou	1941 oct. 24	1951 mar. 27	
Dionysius	1951 sept. 25		
Chrysostomos Chrystos Kakoulidis, metr.	1984 oct. 7		*Orthodoxia, 1986-1987*, p. 77

43.16.3 ELEUTHEROPOLIS, Alectoropolis, Alectryopolis, Anaktoroupolis, Eîon, Leftero, Praison

eccl. byzantina

Vescovado suffraganeo di Filippi incluso nelle *notitiae* 7, 9-10, 13; nella *notitia* 21 compare come il solo suffraganeo; dopo la fine della metropoli di Filippi fu sottoposto alla metropoli di Drama e nel febbraio 1889 promosso sede metropolitana, soppressa nel 1926 e ristabilita nel 1933.

Fonti: *notitiae*: Darrouzès, pp. 285, 304, 329, 364, 421

Bibl.: Oberhummer, RE, V, coll. 2116-2117; S. Pétridès, DHGE, II, coll. 79-80; R. Janin, DHGE, XV, coll. 153-154; Lemerle, *Philippes*, pp. 267-268; Laurent, *Sceaux*, V, 1, pp. 541-542

Theodosius	(-879 nov.)		Mansi, XVII-XVIII, col. 376
Georgius	saec. XI		Laurent, *Sceaux*, V, 1, p. 542
Nicander	(-1351 aug. 15)		Darrouzès, V, n. 2326; cfr. E. Honigmann, *Die Unterschriften des Tomos des Jahres 1351*, BZ, XLVII (1954), pp. 104-115: 113-114
...	(-1395 apr.)		Darrouzès, VI, n. 2985
Sophronius	1580 apr.		Janin, col. 154
Damianus	1615		
Macarius			
Paisios	1808 febr.		
Dionysius		1814 ian.	
Ioseph	1815 ian. 8	1826 oct.	
Anthimus	1826 oct.		
Hierotheus	1841 nov.		
Anthimus		1863 mar. 28	
Meletios	1864 febr. 3	1867 nov. 30	
Neophytus	1867 nov. 30	1871 ian. 31	
Agathangelus, dep.	1872		
Dionysius	1875 iul. 17	1882 iun.	
Gennadius	1882 iun.	1885	
Macarius, dep.	1885	1888 iul.	
Dionysius Stavrides	1883 oct. 18	1900 oct. 3	
Panaretus Petrides	1900 oct. 10	1909 iul.	
Germanus	1909 iul.	1920	
Constantinus Mingreles	1922 oct. 6	1924 febr. 9	
Emilianus Dragoules	1924 mar. 13	1927 dec. 11	
Sophronius Stamoules, ren.	1927 dec. 19		
Sophronius			
Ambrosius	1956 mar. 4		
Evdokimos Kokkinakis, metr.	1984 oct. 6		*Orthodoxia, 1986-1987*, p. 77

43.17.3 **EZEVA**, Ezova, Ezevai, Azeva, Eziova, Stephaniana — eccl. byzantina

Vescovado suffraganeo di Serrai, ad est del fiume Strymon, ricordato dal 1062, incluso nelle *notitiae* 13 e 21, e in quest'ultima anche come sede arcivescovile; il vescovado compare unito a Stephaniana.

Fonti: *notitiae*: Darrouzès, pp. 151, 366, 420, 421

Bibl.: P. N. Papageorgiu, BZ, III (1894), pp. 299-300; AA, II, p. 66

Ioannicius		(-1358 febr.)	AA, VI, n. 25
Matthaeus	(-1358 febr.)		AA, III, p. 36
Theodosius	(-1378 nov.)		Actes, V, p. 334
Matthaeus	(-1393 febr.)		AA, VI, n. 30

43.18.3 **HERACLEA PELAGONIAE**, Heraclea Sintica, Bitolia, Monastir — eccl. byzantina

Vescovado suffraganeo di Tessalonica nella *notitia* 3, di Giustiniana prima o di Bulgaria nella *notitia* 13.

Fonti: Hierocles, 639, 9: Honigmann, p. 15; *notitiae*: Darrouzès, pp. 236, 372

Bibl.: Le Quien, II, coll. 81-84; Oberhummer, RE, VIII, col. 429; Collart, *Philippes*, pp. 504-507; Laurent, *Sceaux*, V, 2, pp. 334-335

Evagrius	(-343 aut.)		Turner, I, pp. 550-551
Quintillus	(-449 aug. 8)	(451 oct.)	ACO, II, I, I, p. 78; II, III, II, p. 139
...	(474-491)		Malchus Rhetor, pp. 246, 248
Benignus	(-553 mai.)		ACO, IV, I, pp. 3, 222
...	(1090-1108)		Theophylactus, Bulgariae archiepiscopus, ep. 32: PG, 126, col. 432
Stephanus	saec. XII		Laurent, *Sceaux*, V, 2, n. 1506
Theodosius	(1328-1341)		Le Quien, II, col. 84
Ioannicius	(-1639 sept.)		Leo Allatius, III, XI, col. 1069

43.19.3 **HIERISSUS**, Hierissos, Apollonia, Hagion Oros — eccl. byzantina

Vescovado suffraganeo di Tessalonica, compare nella *notitia* 3 come Apollonia e dalla *notitia* 7 come Hierissos; nelle *notitiae* 17 e 18 sede metropolitana.

Fonti: Hierocles, 640, 3: Honigmann, p. 15; *notitiae*: Darrouzès, pp. 236, 279, 317, 371, 402, 409, 420

Bibl.: Le Quien, II, coll. 99-102; Hirschfeld, RE, III, col. 114; Laurent, *Sceaux*, V, 1, pp. 345-346; D. Papachryssanthou, *Hierissos, metropole ephemere au XIVe s.*, «Travaux et memoires», IV (1970), pp. 395-410

Elias	saecc. X-XI		Laurent, *Sceaux*, V, 1, pp. 345-346
Georgius	(-1008/1009)	(1018-)	Actes, V, I, pp. 134, 172
Nicephoros	(-1013)	(1014 febr.-)	AA, I, n. 17, p. 49; Actes, V, I, p. 151
Georgius	(-1032 dec.)		AA, III, n. 4, p. 53
Nicolaus	(-1032 dec.)		AA, III, n. 4, p. 52
Georgius	(-1071 iun. 22)	(1085 dec.-)	Actes, V, I, pp. 53, 203-207; AA, III, n. 7, pp. 66-8 67
...	(-<1092-1096 / 1108>)		Grumel, III, n. 960
Basilius	(-1165 oct. (?))		AA, VII, p. 266
Nicolaus	(-1196 oct.)		Actes, V, I, p. 231
...	(-1235 c.)		Laurent, IV, n. 1279
Theodosius	(-1290 apr.)		AA, VI, p. 78; Actes, III, p. 31; AA, VIII, p. 60
Gregorius	(-1304)		AA, VII, p. 266
...	(-<1306-1309>)		Laurent, IV, n. 1657
Niphon	(-1314 iun.)		AA, III, p. 131
Theodosius	(-1317 c.)	(1323-)	AA, IX, p. 38
Niphon	(-1323)	(1325 mai.-)	AA, VII, p. 137, nn. 258- 259, VIII, p. 4
Isaac	(-1328 mar.)		Actes, IV, p. 64
Iacobus	(-1330)	(1334 sept.-)	AA, II, p. 79, Actes, III, pp. 24-25; cfr. Papachryssanthou, p. 410
Iacobus	1339/1340	(1356 aut.-1365)	AA, XI, p. 396; Darrouzès, V, nn. 2317, 2396
Sergius (?)			Darrouzès, V, n. 2312; AA, VII, p. 137, n. 261
David	(-1368)	(1371 sept.-)	Darrouzès, V, nn. 2539, 2632; AA, II, p. 115
Isaac	(-1377 iun.)	(1380 mai.-)	Actes, IV, p. 113; AA, II, p. 134; XI, p. 396; Darrouzès, VI, n. 2700
	1389 iul.		Darrouzès, VI, n. 2860
	1391 mar.		Darrouzès, VI, n. 2884
	1393 iun.		Darrouzès, VI, n. 2922
	1396 febr.	1396 apr.	Darrouzès, VI, nn. 3018, 3024
Nicander (?)	(-1441 sept.)		AA, III, p. 238
Methodius	(-1499 mar.)		AA, XI, p. 50
Gregorius	saec. XVI		AA, VII, p. 266
Macarios	(-1527)	(1543-)	AA. IX, p. 99
Hilarion	(-1555 aug. 7)		AA, II, p. 178
David	(-1564)		Martinus Crusius, II, p. 174

Eugenius	(-1569 mar. 20)	Le Quien, II, coll. 100-102
Daniel	(-1720 c.)	Le Quien, II, col.- 102
Iacobus	(-1768 iul.)	Actes, V, p. 368
Nikodemos Anagnostou, "metr. de Ierissos, Agion Oros Athos et Ardamerion"	1981 mar. 29	*Orthodoxia, 1986-1987*, p. 79

43.20.3 **IMBROS**, Imroz adasi — eccl. byzantina

Sede arcivescovile (*notitia* 18) creata da Manuele Paleologo, sede metropolitana (*notitia* 21).

Fonti: Hierocles, 649, 2: Honigmann, p. 19; *notitiae*: Darrouzès, p. 494
Bibl.: Le Quien, I, coll. 951-952; Fredrich, RE, IX, coll. 1105-1107; Darrouzès, p. 188

Ioachim		Martinus Crusius, pp. 318, 509
Athanasius	(-1619 dec.)	AA, II, p. 189
Gregorius	(-1721)	Le Quien, I, col. 952
Nicephorus	(-1879 mai. 31)	Actes, II, p. 60
Photios Savvaidis, "metr. de Imbros et Tenedos"	1972	*Orthodoxia, 1986-1987*, p. 92

43.21.3 **KAISAROPOLIS**, Caesaropolis — eccl. byzantina

Vescovado suffraganeo di Filippi.

Fonti: *notitiae* 7, 9-10, 13: Darrouzès, pp. 285, 304, 329, 364

Bibl.: R. Janin, DHGE, XII, coll. 250-251; Lemerle, *Philippes*, pp. 263- 268; Laurent, *Sceaux*, V, 1, pp. 542-543

Methodius	(-879 nov.)		Mansi, XVII-XVIII, col. 376
Agapios	saecc. XI-XII		Laurent, *Sceaux*, V, 1, p. 543
Meletius	(-1320)	(1321-)	Lemerle, *Philippes*, pp. 265- 266
Theoleptos	(-1333)(?)		
Hierotheus	(-1357 iun.)	(1358-)	Lemerle, *Philippes*, p. 266
Gabriel	(-1378 nov.)		Actes, V, p. 334

43.22.3 **KITROS**, Pidna, Citrum — eccl. byzantina

Vescovado suffraganeo di Tessalonica.

Fonti: *notitiae* 3, 7, 9-10, 13, 21: Darrouzès, pp. 236, 278, 299, 316, 358, 371, 420

Bibl.: Le Quien, II, coll. 79-82; R. Janin, DHGE, XII, coll. 998-999; Laurent, *Sceaux*, V, 1, p. 341; V, 2, p. 429

Germanus	(-870 febr. 28)	(879 nov.-)	Mansi, XVI, col. 194; XVII- XVIII, col. 377
...	(-<1090-1108>)		Theophylactus, Bulgariae archiepiscopus, ep. 11: PG, 126, coll. 324-325
...	saecc. XI-XII		Laurent, *Sceaux*, V, 1, p. 342
Leo	saec. XII in.		Laurent, *Sceaux*, V, 2, n. 1597
Ioannes	saec. XII in.		Rhalles, V, pp. 403-410
Georgius, ep. Citren.		(1329-)	AA, X, n. 118
Neophytus	1486		Janin, col. 998
Damascenus	(-1564)		Martinus Crusius, II, p. 174
Zosimas	(-<1548-1580>)		Martinus Crusius, IV, p. 338
Lucianus	1589 ian.		Janin, col. 999
Zosimus	1607 sept.		
Hieremias	(-1613)		
Hieremias	1617 nov.		
Maximus			Le Quien, II, col. 82
Iohannes (?)			Janin, col. 999
Ioachim	1671		
Athanasius	1700	1715	
Ambacum, Habacuc, Abacum	(-1720)		Le Quien, II, col. 82
Ciprianus	1821		Janin, col. 999
Meletius, dep.		1846 nov.	
Gregorius	1846 nov. 9	1856	
Meletius, dep.	1856 oct. 15	1876 mar.	
Philaretes			
Ioachim	1882		
Nicolaus	1893	1896 aug. 16	
Parthenius Papaioannou, dep.	1896 aug.	1904 febr.	
Parthenius Bardacas	1904 febr.	1933 ian. 26	
Constantinus Coidakes	1934 mar.	1954	
Barnabas Zorzatos	1954 mar. 28	1985 aug. 18	
Agathonikos Phaturas	1985 nov. 24		*Orthodoxia, 1986-1987*, p. 80

43.23.34 LANGADAS

eccl. orthodoxa

Bibl.: *Orthodoxia, 1986-1987*, p. 81

Spyridon Tradelis, metr.	1967 iun. 26	*Orthodoxia, 1986-1987*, p. 81

43.24.3 LEMNOS, Lemnus

eccl. byzantina

Vescovado suffraganeo della provincia delle isole nell'Illirico orientale e quindi compreso nel patriarcato romano fino al secolo VIII; sede arcivescovile dalla *notitia* 7 alla 18; durante l'occupazione latina era unito ad Imbros; tra 1321 e 1354 elevato a sede metropolitana, senza suffraganei (*notitiae* 19 e 21), per tornare sede arcivescovile fino al 1453.

Fonti: Hierocles, 649, 1: Honigmann, p. 19; *notitiae*: Darrouzès, p. 500

Bibl.: Le Quien, II, coll. 85-88; I, coll. 951-954; Fredrich, RE, XII, coll. 1928-1930; Laurent, *Sceaux*, V, 1, pp. 657-658; V, 3, pp. 161-162; A. Ateses, AEKD, XII (1957), pp. 74-89, 145-160

Strategius, Stratedius	(-325 mai.)	(325 iun.-)	Turner, I, pp. 75-76
Silvanus	(-691 sept.)		Mansi, XI, col. 993
Iohannes, "ep. Limbi"	(-787 oct. 13)		Mansi, XIII, col. 392; cfr. Le Quien, II, col. 85
Arsenius	(-879 nov.)		Mansi, XVII-XVIII, col. 373; Laurent, *Sceaux*, V, 3, n. 1819
Stephanus	(900-925)		Laurent, *Sceaux*, V, 3, n. 1820
..., tr. ad Thessalonicam		(925 iun. 29-928 iul. 18)	Grumel, II, n. 785
Basilius	saecc. XI-XII		Laurent, *Sceaux*, V, 1, n. 846
Nicolaus	(-1027 nov.)		Grumel, II, n. 833: Rhalles, V, p. 24
Paulus	(-1054 iul./aug.)		Grumel, III, n. 869: PG, 120, col. 740
...	(-1066 apr. 26)		Grumel, III, n. 896: Rhalles, V, p. 51
Penctatenes, Pentaclas, Pentailas, ep. Rhousian.	(1084-1111)		Grumel, III, n. 990, cfr. 991: Rhalles, V, p. 393
Michael	(-1157 mai. 12)		Grumel, III, n. 1041: PG, 140, col. 201
...	(-1168 ian. 24)		Grumel, III, n. 1077
Constantinus	(-1172 mai. 5)	(1173 iul. 11-)	Grumel, III, nn. 1125, 1126
Basilius	(-1197 febr. 24)		Grumel, III, n. 1185: Rhalles, V, p. 101
Leo	(-1209 iun. 17)		Laurent, *Sceaux*, V, 1, n. 847
...	(-1310 oct.) 1316 iun.		Darrouzès, V, nn. 2005, 2071-2072
Iacobus	1321 febr.	(1331 apr.-)	Darrouzès, V, nn. 2101, 2131; V. Laurent, REB, XII (1954), pp. 190-193

Gregorius	(-1351 aug.)	(1365 iul.-)	Darrouzès, V, nn. 2326, 2488, 2499, 2521
...	(-1381 iul.)		Darrouzès, VI, n. 2718
	(1391-1392)		Darrouzès, VI, n. 2898; AA, IV, pp. 147, 158
	(1394-1395)		Darrouzès, VI, nn. 2978, 2986
Ioseph	(-1425)		AA, IV, n. 22
Iacobus	(-1447)		Ateses, pp. 80-81
Ioasaph	(-1499)	(1500 c.)	AA, IV, n. 40
Neophytus	(-1564)		Martinus Crusius, II, p. 174
Zacharias	(-1575)		Martinus Crusius, VII, p. 506; II, p. 179
Ioasaph	1575	1578	Ateses, p. 84
Anthimus	(-1591 iun.)		Actes, II, p. 49; AA, IV, p. 49
Metrophanes	(-1593)		Ateses, p. 84
Constantios	1604	1605	Ateses, p. 85
Metrophanes	(-1606)		
Clemens	1610	1621 (?)	Ateses, pp. 85-86
Gerasimos	1632		Ateses, pp. 86-87
Ignatius	(-1642 mai.)		Leo Allatius, III, XI, col. 1085; *Synod of Jerusalem*, p. 102
Paisios	(-1653)		Ateses, p. 88
Clemens	1653		Ateses, pp. 88-89
Ioachim	1654		Ateses, pp. 145-146
Parthenios	1655	1661	Ateses, p. 146
Philotheos	1661		
Parthenios		1697	
Galaction	1697		
Hilarion	1698		Ateses, pp. 147-148
Ioannicius	1707	1733 (?)	Ateses, pp. 148-153
Dionysius			
Parthenios	1746	1756	Ateses, pp. 153-156
Hierotheos	1756	1764	Ateses, pp. 156-157
Hieremias	1764		Ateses, pp. 157-158
Ioachim	1770		Ateses, pp. 158-159
Panteleimon	1960 mai. 29		Orthodoxia, 1986-1987, p. 81

Mertyris, metr.

43.25.3 LYCOSTOMIUM, Thessala Tempe, Lykostomion, Thettalika Tempe

eccl. byzantina

Vescovado suffraganeo di Tessalonica.

Fonti: *notitiae* 7, 13: Darrouzès, pp. 279, 358, 371

Bibl.: Le Quien, II, coll. 101-102

Pharebius, ep. Thessalonicensium saltuum	(-431 iun.)		Mansi, V, col. 587

43.26.3 MELENICUS, Melenicos

eccl. byzantina

Vescovado suffraganeo di Serrai nel 1274; sede metropolitana nel 1285 (*notitiae* 15, 17-19, 21); nel 1371 al metropolita venne conferito lo stesso rango di Rodi (Darrouzès, V, n. 2613); nella *notitia* 20 compare ancora come vescovado di Serrai (Darrouzès, V, p. 417)

Fonti: *notitiae*: Darrouzès, p. 502

Bibl.: Le Quien, II, coll. 95-96; Ẹ. Tapeinos, E A, XII (1892), pp. 143-144, 151-152, 159-160, 167-168, 182-184

...	(-1274 febr.)		Mansi, XXIV, col. 75
Iohannes	(-1315 sept.)	(1316 mai.-)	Darrouzès, V, nn. 2038, 2070
...	(-1318 aug./oct.)		Darrouzès, V, nn. 2085-2087
...	(-1327 ian.)		Darrouzès, V, n. 2133
Metrophanes	(-1347 oct.)	(1354 ian.-)	Darrouzès, V, nn. 2294, 2356
Cyrillus	(-1355 iun.)		Actes, V, p. 304
Spyridon, tr. ad Peć		(1377 oct.-1379 iul.)	Darrouzès, VI, nn. 2692,- 2802
Metrophanes	(-1379 iul.)	(1386 aug.-)	
Athanasius (?)	(-1394 mai.)		Darrouzès, VI, n. 2959
Matthaeus	(-1437 oct.)		Syropoulos, p. 184; cfr. Leo Allatius, col. 1388
...	(-1564 ian.)		Martinus Crusius, II, pp. 174, 179
Methodius	(-1578 mai. 18)	(? oct. 20-)	Martinus Crusius, IV, pp. 509, 341-342
Matthaeus (?)			Le Quien, II, col. 96
Anastasius, tr. ad Philippen.		1589/1590	S. Vailhé, EO, III (1900), p. 268
Philaretus	(-1591 iun.)		Actes, II, p. 49
Anthimus	(-1721)		Le Quien, II, col. 96
Leontius	(-1793 aug.)		Actes, III, p. 80
Dionysios	(-1856 oct.)	(1875 mar. 25-)	AA, II, p. 224; Tapeinos, pp. 143, 160
Procopius			Tapeinos, p. 168

43.27.3 NIKE — eccl. byzantina

Vescovado suffraganeo di Tessalonica.

Fonti: *notitia* 3: Darrouzès, p. 236

Theodorus	(-879 nov.)	Mansi, XVII-XVIII, col. 373

43.28.3 PARTHICOPOLIS, Paroecopolis — eccl. byzantina

Vescovado suffraganeo di Tessalonica.

Fonti: Hierocles, 639, 8: Honigmann, pp. 14-15; *notitia* 3: Darrouzès, p. 236

Bibl.: Le Quien, II, coll. 75-76; cfr. Honigmann, pp. 14-15, n.8

Ionas, Ionan	(-343 aut.)	Turner, I, pp. 554-555
Ioannes	(-451 oct. 25)	ACO, II, I, II, p. 150

43.29.2 PHILIPPI — eccl. primaeva et byzantina

Città della provincia di Macedonia prima; con la sottrazione dell'Illirico alla chiesa romana e l'attribuzione al patriarcato di Costantinopoli diventò sede metropolitana della Macedonia prima e come tale compare dalla *notitia* 1 in poi; nel maggio 1371, la sede, da lungo tempo priva di titolare a causa della dominazione serba nella penisola balcanica, fu ceduta al metropolita di Drama (Darrouzès, V, n. 2614); nel 1616, Cavala, antico vescovado di Christoupolis o Neapolis, venne unita a Filippi; nel 1619, il metropolita Clemente unì la metropoli di Drama a Filippi, tenendo i due titoli.

Fonti: Hierocles, 640, 1: Honigmann, p. 15; *notitiae*: Darrouzès, p. 508

Bibl.: Le Quien, II, coll. 65-70; P. Collart, *Philippes ville de Macédoine, depuis les origines jusqu'à la fin de l'époque romaine*, Paris 1937; S. Vailhé, EO, III (1900), pp. 262-272; Lemerle, *Philippes*, pp. 268-280; Laurent, *Sceaux*, V, 1, pp. 538-539; E. Pelekanidou, DPAC, I, coll. 1359-1364

Epaphroditus		Theodoretus, *Interpretatio epistolae ad Philippenses*, I, 2: PG, 82, col. 560; cfr. *Phil.* 1, 1; 2, 25; 4, 18
Erastus		Martyrologium Adonis, ad diem 26 iul.: H. Quentin, *Les martyrologes historiques du moyen age*, Paris 1908 (2a ed.), p. 592; cfr. F. Spadafora, BS, IV, col. 1293
Olympas		Le Quien, II, col. 67
Vitalis (?)	(-107 c.)	Vailhé, p. 266; cfr. Tertul- lianus, *De praescriptione haereticorum*, 36, 2: ed. R. F. Refoulé, (CCL, I), Turnholti 1954, p. 216

Porphyrius	(-343 aut.)		Turner, I, pp. 548-549
Flavius	367 c.		Vailhé, p. 266
Flavianus	(-430 aug. 11)	(431 iul. 22)	Jaffé, n. 373; ACO, I, I, VII, p. 85; S. Leanza, DPAC, I, col. 1384
Sozon	(-449 aug. 8)	(451 oct. 25-)	Honigmann, *Lists*, p. 35; ACO, II, I, II, p. 150
Demetrius	(-532/533)	(534 mar. 24-)	ACO, IV, II, p. 169; Grumel, I, n. 224; Jaffé, n. 884
Andreas	(-691 sept.)		Mansi, XI, col. 993
Nicander	717		Vailhé, p. 266
Bonifacius		761	
Nicolaus	(-879 nov.)		Mansi, XVII-XVIII, col. 373
Basilius, s.			H. O. Coxe, *Catalogi codicum manuscriptorum Bibliothecae Bodleianae*, I, Oxford 1853, p. 400: cod. Barocc. n. 234, 18
Methodius			S. P. Lambros, *Catalogue of the Greek Manuscripts on mount Athos*, Cambridge 1895, mss. 1579, n. 7, p. 136
Auxentius	975		Vailhé, p. 267
Euthymius	(-997 febr. 21)		Grumel, II, n. 834: Rhalles, V, p. 19
Iohannes	(-1028 ian. 21)		Grumel, II, n. 834; Rhalles, V, p. 32
...	(-<1025-1043>)		Grumel, II, n. 847
Innocentius, ep. Amphipolis	1053 c.		Vailhé, pp. 267, 264
...	(-1066 apr. 26)		Grumel, III, n. 896: Rhalles, V, p. 51
Damianus	1072		Vailhé, pp. 267, 264
Nicetas, ep. Ancyrae	1098		
...	(-1140)		Grumel, III, n. 1007: Rhalles, V, p. 76
...	(-1157 mai. 12)		Grumel, III, n. 1041
Ioannes	(-1166)		Leo Allatius, II, XII, col. 690; cfr. Laurent, *Sceaux*, V, 1, p. 539
Epiphanius	(-1171 mar. 24)		Grumel, III, n. 1120; Vailhé, p. 267
Stephanus	saec. XII		Lemerle, *Philippes*, p. 273
Hyacinthus, dep.		1196	Vailhé, pp. 267, 264
Hilarion	1213 c.		
Gregorius (?)	(-1235 c.)		Vailhé, p. 267; cfr. Laurent, IV, n. 1282; AA, VII, pp. 269-270
Theodorus	(-1260 ian. 1)		Vailhé, pp. 267, 264; Lemerle, *Philippes*, p. 273
...	(-1274)		Mansi, XXIV, col. 75; cfr. Laurent, IV, n. 1410
Macarius	(-1294 iun. 2)		Laurent, IV, n. 1565
Babilas	(-1298 iun.)	(1303-)	Lemerle, *Philippes*, p. 273

Callinicus	(-1315 iul.)	(1317-)	Darrouzès, V, nn. 2032, 2044; AA, V, 1, p. 283
..., dep.		1335/1336	Darrouzès, V, n. 2172, cfr. n. 2190
Neophytus	(-1342 aug.)	(1347 aug.-)	Darrouzès, V, nn. 2235, 2289
..., "metr. Dramae et Philippi"	(-1371 mai.)	(1379-)	Darrouzès, V, nn. 2614, 2692
Matthaeus, Serrae, ren.		1395 febr.	Darrouzès, VI, nn. 2981, 2989
Athanasius (?), metr. Ainou	1395 febr.		Darrouzès, VI, n. 2981, cfr. n. 2959; Vailhé, p. 267
...	(-1474)		Vailhé, pp. 267-268
Samuel, ep. Nicopolis			Vailhé, pp. 268, 264
Thedosius	(-1514)		Lemerle, *Philippes*, p. 275
Gennadius, metr. Serrae	1537		
Theonas, tr. ad Thessalonicam		1564	Vailhé, p. 268
Aristarcus	1564		
Nectarius	(-1567)		Martinus Crusius, II, p. 282; Vailhé, p. 268; Lemerle, *Philippes*, p. 275
Anastasius, ep. Melenikou	1589/1590		Vailhé, pp. 268, 264
Parthenios	(-1600)	(1606-)	Lemerle, *Philippes*, p. 276
Clemens, metr.	1607 ian. 29	(1624-)	Vailhé, p. 276
Abercius	1625 ian.		Vailhé, pp. 268, 265
Ioasaph		1627 mar.	
Meletius, ep. Drystrae	1627 mar.		Vailhé, p. 268
Abercius	(-1632 apr.)		Lemerle, *Philippes*, p. 277
Theocletus	1636 apr.	1640 ian.	Vailhé, p. 269
Gerasimus, dep.	1640 ian.	1651 aug.	
Sophronius	1651 aug.	1653 mai.	
Laurentius	1653 mai.	1663	Lemerle, *Philippes*, p. 278
Athanasius			Vailhé, pp. 269, 265
Germanus, "metr. Philippi et Dramae" dep.	(-1663 dec.)	1673 oct.	Vailhé, pp. 269, 265
Neophytus, ep. Petrae	1674 mar. 13		
Pachomius, "metr. Philippi et Dramae"			Vailhé, pp. 269-270
Antonius, "metr. Philippi et Dramae", dep.		1682	Vailhé, p. 270
Damaskinos			Lemerle, *Philippes*, p. 279
Meletius		1692 oct.	
Gregorius	1692 oct.	(1700 iun.-)	Vailhé, p. 270
Anthimus	(-1707 iun.)	(1715-)	
Ioachim			

Parthenius, tr. ad Serren.	(-1721)	1728 febr. 5	Le Quien, II, col. 70; Vailhé, p. 270; Lemerle, *Philippes*, p. 279
Iacobus			Vailhé, p. 271
Agapius	(-1740)		Le Quien, II, col. 70
Callinicus			Vailhé, p. 271
Prokopios Mihail Tsakumakas, "metr. de Philippi, Neapolis et Thason"	1975 mai. 25		*Orthodoxia, 1986-1987*, p. 86

43.30.34 POGOIANA — eccl. orthodoxa

Sede arcivescovile non anteriore al 1453; compare in due manoscritti della *notitia* 18 e nella *notitia* 21, ugualmente in epoca turca.

Fonti: *notitiae* 18, 21: Darrouzès, pp. 188, 410, 420, 197-198

Bibl.: Le Quien, II, coll. 93-94

Gabriel	(-<1548-1580> iun. 27)	(1591 iun.-)	Martinus Crusius, IV, p. 337; Actes, II, p. 49
Sophronios	(-1619 dec.)		AA, II, p. 189
Ioachim	(-1720 c.)		Le Quien, II, col. 94
Euthymius	(-1721)		

43.31.34 POLIANA, Polyana, Bardoritae — eccl. orthodoxa

Vescovado suffraganeo di Tessalonica.

Fonti: *notitiae* 7, 10, 13, 21: Darrouzès, pp. 279, 317, 371, 420

Bibl.: Le Quien, II, coll. 91-94

Macarios, "ep. Vardariou et Poleaniae"	(-1503/1504)		AA, IV, n. 43
Macarius	(-1564)		Martinus Crusius, II, p. 173
Gerasimus	(-1579 febr.)		Martinus Crusius, IV, p. 337
Porphyrius	(-1638 sept. 24)		Leo Allatius, III, XI, col. 1069; *Synod of Jerusalem*, p. 89
Ambrosios Nikolaos Stamenas, "metr. de Polyane et Kilkis"	1974 iul. 15		*Orthodoxia, 1986-1987*, p. 84

43.32.3 POLYSTYLOS — eccl. orthodoxa

Vescovado suffraganeo di Filippi, ceduto prima del 1371 al metropolita di Drama.

Fonti: *notitiae* 7, 9-10, 13: Darrouzès, pp. 285, 304, 329, 364

Bibl.: Lemerle, *Philippes*, pp. 260-262; Stamoules, p. 160

Demetrius	(-879 nov.)	Mansi, XVII-XVIII, col. 377; Stamoules, p. 160
Petrus, tr. ad Christoupolim	(-1363)	Lemerle, *Philippes*, p. 262

43.33.3 **RHENDINA**, Rhentina, Lite — eccl. byzantina

Vescovado suffraganeo di Tessalonica: compare dalla *notitia* 7 (inizio del secolo X) nelle *notitiae* 10, 13, 21 col titolo di Lite.

Fonti: *notitiae*: Darrouzès, pp. 279, 317, 358, 371, 420, cfr. 68-69, 152

Bibl.: Le Quien, II, coll. 97-100

..., ep. Platamon., adm.	(-<1357-1359>)	Darrouzès, V, n. 2454
..., "ep. Lites et Rhenthinae"	(-1420 ian.)	AA, X, p. 174
Acacios, "ep. Lites et Rhentinae"	(-1503/1504)	AA, IV, n. 44
Damascenus	(-1564)	Martinus Crusius, II, p. 174; Le Quien, II, coll. 97-98
..., vic. patr.	(-1574)	Martinus Crusius, VII, p. 487

43.34.3 **SERRA**, Serrae, Serrha, Siris, Sirra, Seres — eccl. byzantina

Sede arcivescovile nelle *notitiae* 7-8, 11, 15; sede metropolitana senza suffraganei nella *notitia* 8 e dalla 10 in poi.

Fonti: Hierocles, 639, 9: Honigmann, p. 15; *notitiae*: Darrouzès, p. 513

Bibl.: Le Quien, II, coll. 87-90; Oberhummer, RE, III A, coll. 313-314; P. N. Papageorgios, BZ, III (1894), pp. 225-329: 260-276; Mystakides, p. 216; Laurent, *Sceaux*, V, 1, pp. 595-598; V, 3, p. 133

Maximinus, Maximianus	(-449 aug. 8)	(451 oct.-)	Honigmann, *Lists*, p. 35; ACO, II, I, I, p. 64
Georgius	(750-850)		Zacos-Veglery, II, n. 1914; Laurent, *Sceaux*, V, 3, n. 1818
Leontius	(-997 febr. 21)		Grumel, II, n. 804; Rhalles, V, p. 19
...	(-1019 sept. 12)		Grumel, II, n. 826

Gregorius	saec. XI pars post.		Laurent, *Sceaux*, V, 1, n. 1787
Stephanus	(-1071 aug.)		Laurent, *Sceaux*, V, 1, n. 777
Nicetas	(-1077)		Le Quien, II, coll. 88-89
Theodorus	(-1166 mar./apr.)		Leo Allatius, col. 690; Laurent, *Sceaux*, V, 1, n. 778
Iohannes	(-1191 nov. 22)	(1192 ian. 8-)	Grumel, III, n. 1180; Laurent, *Sceaux*, V, 1, n. 779
Basilius	(-1232 aug.)		Le Quien, II, col. 89; Laurent, IV, n. 1261
...	(-1274)		Mansi, XXIV, col. 75
Nicolaus	(-1315 iul.)	(1318/1319-)	Darrouzès, V, nn. 2032, 2093; AA, II, p. 59
Niphon			Darrouzès, V, n. 2135
Macarius	(-1327 sept.)	(1331 apr.-)	Darrouzès, V, nn. 2135, 2164
Iacobus	(-1348)	(1360-)	AA, VI, p. 156
Savas, Sava	(-1365 aug.)	(1371 mai.-)	Darrouzès, V, nn. 2503, 2612; AA, VI, n. 27
Theodorus	(-1375 aug.)		AA, II, n. 33
Matthaeus Phakrases	1375 fin./1376	(1409 aug.-)	Darrouzès, V, n. 2667; VI, n. 3284; AA, VI, p. 173
Nicolaus (?)	(-1394 mai.)		Darrouzès, V, n. 2959
...	(-1410)		Le Quien, II, col. 90
Maximus Manasses, prom. patr. CP	1487	1491 in.	AA, IX, p. 103; Martinus Crusius, II, p. 142
...			Martinus Crusius, p. 179
Gennadius	1517	1537	Lemerle, *Philippes*, p. 275
Theophanes	1603	1613	Papageorgios, p. 262
Damascenos	1613	1617	
Timotheus	1617	1625	
Achilleus	1625	1628	
Daniel	1628	1650	
Cyrillus	1650	1678	
Anthimus	1678	1706	
Stephanus	1706	1728	
Parthenius, metr. Philippi	1728 febr. 5	1735	
Gabriel	1735	1745	
Ioannicius	1745		
Meletios	(-1768 iul.)		Actes, V, p. 368
Anthimus	1769	1779	Papageorgios, p. 262
Matthaeus	1779	1791	
Constantius	1791	1811	

Chrysantus	1811	1824	Papageorgios, p. 263
Porphyrius	1824	1829	
Anthimus, tr. ad Prusam	1829	1833	
Gregorius, prom. patr. CP	1833	1835 sept. 27	
Iacobus, ep. Cassandriae, adm.	1834	1836	
Neophytus, ep. Dramae, adm.	1836	1838	
Athanasius, tr. ad Tornovum	1838	1846	
Iacobus, ep. Cassandriae	1846 iun.	1860	
Nicodemus, ep. Lampsacensis, tr. ad Cyzicum	1860	1861	
Meletius, ep. Selymbriae, tr. ad Cyzicum	1861	1867	
Neophytus	1867	1875	
Philotheus, tr. ad Nicomediam	1875	1877	
Gregorius, ep. Chiensis	1877	1879	
Nathanael, tr. ad Prusam	1879	1886	
Lucas, tr. ad Aenum	1886	1888	
Constantinus, ep. Maroneae, tr. ad Nicopolim	1888	1892	
Gregorius	1892		
Maximos Georgios Xydas, "metr. de Serrai et Nigrita"	1984 mai. 3		*Orthodoxia, 1986-1987*, p. 85

43.35.34 SIDEROKASTRON — eccl. orthodoxa

Bibl.: *Orthodoxia, 1986-1987*, p. 85

Ioannis Papalis, metr.	1967 iun. 7	*Orthodoxia, 1986-1987*, p. 85

43.36.3 SERVIA, Serbia — eccl. byzantina

Vescovado suffraganeo di Tessalonica.

Fonti: *notitiae* 7, 9-10, 13: Darrouzès, pp. 278, 299, 316, 358, 371

Bibl.: Le Quien, II, coll. 101-102; Laurent, *Sceaux*, V, 3, pp. 84-85

Iohannes	saec. X in.	Laurent, *Sceaux*, V, 3, p. 85
Nicetas	saecc. XI-XII	Laurent, *Sceaux*, V, 3, pp. 85-86

Damianus	(-1720)	Le Quien, II, coll. 101-102
Dionysios Nikolaos Psarianos, "metr. de Serbia et Kozani"	1957	*Orthodoxia, 1986-1987*, p. 84

43.37.3 **SLANITZA**, Pella — eccl. byzantina

Vescovado suffraganeo di Giustiniana prima o di Bulgaria, incluso nella *notitia* 13, diverso da Sthlanitza; il vescovado di Pella come suffraganeo di Tessalonica compare nella *notitia* 3.

Fonti: *notitiae*: Darrouzès, pp. 372, 236

Bibl.: AA, X, p. 106

Michael	(-1230 iun.)	AA, X, p. 106
...	(-1375 mai.)	AA, X, p. 107

43.38.3 **STOBI**, Starachino, Sturaci, Pustogradsko — eccl. byzantina

Vescovado della provincia di Macedonia seconda, in epoca giustinianea di Giustiniana prima, compare nella *notitia* 13 tra le sedi di Bulgaria.

Fonti: Hierocles, 641, 2: Honigmann, p. 15; *notitiae*: Darrouzès, pp. 372, 152-153

Bibl.: Le Quien, II, coll. 75-76; Saria, RE, IV A, coll. 47-54; B. Saria, *Neue Funde in der Bischofskirche von Stobi*, «Oesterreichisches Archäologisches Institut im Wien. Jahreshefte», XXVIII (1933), pp. 112-139; *Studies in the antiquities of Stobi*, edd. B. Aleksova-T. Wiseman, Titov Veles 1981; J.R. Wiseman, DPAC, II, coll. 3313-3314

Bunius, Bodius	(-325)	Mansi, II, col. 696
Nicolaus	(-451 oct.)	ACO, II, III, I, p. 96; II, I, II, p. 150
Philippus	saec. V fin.	Saria, col. 50; pp. 132-133
Phocas	(-553 mai.)	ACO, IV, I, pp. 18, 185
Ioannes	(-680)	Mansi, XI, col. 673
Margarites	(-691 sept.)	Mansi, XI, col. 993

43.39.3 **THASSUS**, Thasus — eccl. byzantina

Isola del mar Egeo; la *notitia* 18 ricorda che la sede fu creata arcivescovado da Manuele II Paleologo (1391-1425) (Darrouzès, pp. 410, 188); nel 1365 e nel 1371 ne venne affidata l'amministrazione rispettivamente all'arcivescovo di Maronea e al metropolita di Cristopoli (Darrouzès, V, nn. 2496, 2610; VI, n. 3034)

Fonti: Hierocles, 640, 9: Honigmann, p. 15; *notitiae*: Darrouzès, p. 515

Bibl.: Le Quien, II, coll. 87-88; F. v. Hiller, RE, V A. coll. 1310- 1327; Mystakides, p. 174

Honoratus	(-451 oct.)	ACO, II, I, I, p. 64; II, III, II, p. 169
Alexander	saec. VIII	Mystakides, p. 174

43.40.3 **THEORIUM**, Theorina — eccl. byzantina

Vescovado suffraganeo di Filippi.

Fonti: *notitiae* 10, 13: Darrouzès, pp. 329, 364

Bibl.: Le Quien, II, coll. 91-92

Georgius	(-691 sept.)	Mansi, XI, col. 1005

43.41.3 **TURCHIA**, Turchi (vescovado di o dei) — eccl. byzantina

Si tratterebbe di un vescovado creato tra 972 e 980, e prolungatosi almeno fino all'epoca comnena, per ungheresi fatti prigionieri durante le guerre del secolo X e colonizzati nel corso medio del Vardar; il vescovado compare nelle *notitiae* 7, 10, 13 tra i suffraganei di Tessalonica.

Fonti: *notitiae* 7, 10, 13: Darrouzès, pp. 279, 317, 371

Bibl.: G. Konidaris, T H, XXIII (1952), pp. 87-94; Laurent, *Sceaux*, V, 1, pp. 346-347; V, 2, p. 441

Antonius	saec. XI	Laurent, *Sceaux*, V, 1, n. 472
Theophylactus	saec. XI pars pr.	Laurent, *Sceaux*, V, 1, n. 473
Demetrius	saecc. XI-XII	Laurent, *Sceaux*, V, 2, n. 1611

43.42.3 **ZICHNAE** — eccl. byzantina

Vescovado suffraganeo di Serrai, elevato a metropoli tra giugno 1328 e gennaio 1329 dal basileus Andronico II Paleologo (Darrouzès, V, n. 2147); compare entro la metà del secolo XIV, a partire dalla *notitia* 17 e nelle *notitiae* 18, 20, 21; nel dicembre 1663, il patriarca Dionigi lo unì alla sua sede, dopo che nel 1655 era già stato riunito a quello di Nevrocop (S. Vailhé, EO, III (1900), p. 269).

Fonti: *notitiae*: Darrouzès, p. 518

Bibl.: Le Quien, II, coll. 93-94

Antonius	(-1039 sept.)	Grumel, II, n. 846

...	(-<1081-1084>)		Grumel, II, n. 933: PG, 119, col. 860
Zenobius	(-1196)		Lemerle, *Philippes*, p. 273
...	(-1276 aug. 12)		Laurent, IV, n. 1427, n. 15
Ioachim	(-1324 dec.)	(1329 ian.-)	Darrouzès, V, nn. 2121, 2147
Isaac, adm.	1371 (mar.-mai.)		Darrouzès, V, n. 2608
Paulus	(-1372)	(1386-1388)	Darrouzès, VI, nn. 2692, 2807, 2854
Matthaeus	(-1388 nov.)	1405	Darrouzès, VI, nn. 2807, 3269
Pachomius, el. patr. CP		1503	Martinus Crusius, II, p. 145
Gregorius	(-1564)		Martinus Crusius, II, p. 174; IV, p. 282
Spyridon Kyvetos, metr.	1974 mai. 27		*Orthodoxia, 1986-1987*, p. 78

PROVINCIA THESSALIAE

44.1.3 LARISSA

eccl. byzantina

Sede metropolitana della provincia di Tessalia seconda.

Fonti: Hierocles, 642, 2: Honigmann, p. 16; *notitiae*: Darrouzès, pp. 499-500

Bibl.: Le Quien, II, coll. 102-112; Stählin, RE, XII, coll. 845-871; N. J. Giannopoulos, EP, X (1914), pp. 253-280; Laurent, *Sceaux*, V, 1, pp. 508-511: L. Deriziotis, DPAC, II, coll. 3424-3429

Achilius			Le Quien, II, coll. 103-104; Georgius Cedrenus, II, p. 436; Stählin, col. 865
Alexander	(-343 aut.)		Turner, I, p. 552
Basilius	(-431 iul.)		ACO, I, I, III, p. 13
Vigilantius	(-449 aug. 8)	(458-)	ACO, II, I, I, p. 79; Le Quien, II, p. 105
Proclus			PL, 65, col. 34
Stephanus, dep., exc.		531 dec.	Grumel, I, nn. 220-222: PL, 65, coll. 34-40; A. De Nicola, DPAC, II, coll. 3308-3309
Ioannes	(-592 oct.)	(597 nov.-)	Jaffé, nn. 1211, 1497
Constantinus	(-865 nov.)		Jaffé, n. 2796: PL, 119, col. 956
Euthymius	(-870 febr. 28)		Mansi, XVI, col. 191
Basilius	(-879 nov.)		Mansi, XVII-XVIII, col. 373
Ioannes, tr. ad Synadam	(858-867, 877-886)		Grumel, II, n. 546: PG, 119, col. 905
Iacobus			Grumel, II, n. 726
Philippus			Grumel, II, n. 745
Stylianus	(-997 febr. 21)		Grumel, II, n. 804: Rhalles, V, p. 19
Stephanus	saec. XI in.		Laurent, *Sceaux*, V, 1, n. 674
Leo	(-1032)		Laurent, *Sceaux*, V, 1, n. 675
Basilius	(-1092)		Grumel, III, n. 967: PG, 127, col. 973
Georgius	(-1144 febr. 22)	(1157 mai. 12-)	Leo Allatius, II, XII, col. 688; Grumel, III, n. 1041
Ioannes	(-1166 mar.)	(1166 mai. 6-)	Grumel, III, n. 1064; Leo Allatius, II, XII, col. 690
Basilius			Laurent, *Sceaux*, V, 1, n. 676
...	(1185-1195, 1203-1204)		Le Quien, II, col. 108
Kalospites	1212/1213	(1222 febr.-)	Laurent, IV, nn. 1227, 1230, cfr. 1292
...	(-<1252/1254>)		Laurent, IV, n. 1318
Thomas	(-1264 apr.)		Laurent, IV, n. 1367: Georgius Pachymeres, IV, 6: I, p. 266; cfr. Laurent, IV, n. 1355

	1273 aug.		Laurent, IV, n. 1403
Nicander	(-1280 mai. 3)	(1285-)	Laurent, IV, n. 1447: Leo Allatius, III, I, col. 897; Mystakides, p. 189
...	(-1318 oct.)		Darrouzès, V, n. 2089
Nilus	(-1348)		Mystakides, p. 189
Antonius	(-1362)	(1366-)	Darrouzès, V, n. 2639; Mystakides, p. 190
...	1371 sept.		Darrouzès, V, n. 2628
Nilus	(-1372/1373)		Darrouzès, V, nn. 2432, 2630; Laurent, IV, n. 1588
Symeon	(-1394 mai.)		Darrouzès, VI, n. 2959
...	saec. XV		Le Quien, II, col. 109
Galaction	saec. XV		
Marcus	(-1499)		Mystakides, p. 190
Bessarion	1520	1541	Mystakides, p. 191
Neophytus	(-1544)	(1564-)	Martinus Crusius, II, p. 172; III, p. 257; Mystakides, p. 191
Hieremias	(-1571)		Martinus Crusius, II, pp. 177, 179
Daniel	(-1573)		Mystakides, p. 192
Demetrius	1575	1578	
Ioasaph	(-1581)		
Pachomius			
Neophytus		1584	
Dionysios	1593	1601	
Theonas	1601 mai.		
Leontios	1606		
Timotheos	1612		
Gregorios	(-1619 dec.)	(1646-)	AA, II, p. 189; Mystakides, p. 193
Paisius, prom. patr. CP		1652 iul.	Mystakides, p. 193
Dionysios, prom. patr. CP	(-1660)	1671 nov. 8	
Iacobus	(-1672)	1679	AA, II, p. 203; Mystakides, 194
Macarios	(-1680)		Mystakides, p. 194
Parthenios	(-1687)		
Dionysios	1688	1700	
Meletios	(-1702)		
Parthenios	(-1707)		Mystakides, p. 195
Gabriel	(-1721)		
Iacobos	(-1742)	(1748-)	
Dionysios	(-1763)		

Meletios	(-1768 iul.)		Actes, V, p. 368
Meletios	(-1788 aug. 6)	1792 iul.	AA, II, p. 209; Mystakides, p. 195
Dionysios	(-1798 mai.)	(1800 iul.-)	Actes, III, p. 83; AA, II, p. 213
Raphael	(-1803 sept.)	(1804-)	Mystakides, p. 196
Gabriel	(-1806)	(1810-)	
Cyrillus	(-1819 sept.)		Actes, I, p. 90
Polycarpos			Mystakides, p. 196
Theodosios			
Damascenos	(-1821 nov.)		
Meletios			
Seraphim Pasion Orphanos	1976 iul. 16		*Orthodoxia, 1986-1987*, p. 81

44.2.34 ALMYROS eccl. orthodoxa

Vescovado suffraganeo di Larissa.

Fonti: *notitia* 10: Darrouzès, p. 339

Bibl.: Mystakides, p. 156

Onesimos			Mystakides, p. 156
Zosimos			
Sophronios	(-1636)		
Neophytos	(-1665)		
Anthimos	(-1721)		
Nicephoros	(-1755)		
Hierotheos	1782	1802	
Anthimos	(-1892)		

44.3.3 BELESTENON eccl. byzantina

Vescovado suffraganeo di Larissa.

Fonti: *notitia* 13: Darrouzès, p. 486

Bibl.: Mystakides, p. 166

Michael	saecc. XIV-XV		Mystakides, p. 166

44.4.3 BEZENA, Besena, Besaina — eccl. byzantina

Vescovado suffraganeo di Larissa

Fonti: *notitiae* 10, 13: Darrouzès, pp. 327, 339, 363

Bibl.: Le Quien, II, coll. 131-132; R. Janin, DHGE, VIII, col. 1351

...	(-1371 sept.)		Darrouzès, V, n. 2630: Miklosich-Müller, I, p. 588

44.5.3 CAESAREA — eccl. byzantina

Vescovado suffraganeo di Larissa.

Fonti: Hierocles, 642, 11: Honigmann, p. 16; *notitia* 3: Darrouzès, p. 243

Bibl.: Le Quien, II, coll. 113-114; N. A. Bees, *Zum makedonischen Bistum Kaesareia*, «Byzantinisch-neugriechische Jahrbücher», X (1933), pp. 346-348; R. Janin, DHGE, XII, col. 211

Theoctistus	(-431 iun.)	(431 iul.-)	ACO, I, IV, pp. 29, 38, 67
Timotheus	(-531 ian. 25)		Jaffé, n. 881: PL, 65, col. 40

44.6.3 DEMETRIAS — eccl. byzantina

Vescovado suffraganeo di Larissa, unito al vescovado di Almyros nel secolo XIII e a quello di Zagora nel XV, arcivescovado nel 1757 e metropoli nel 1794; dopo l'annessione della Tessalia alla Grecia (1881) passò alla chiesa di Atene (1882) col rango di vescovado; ridiventò metropoli nel 1922; per il periodo latino, cfr. Fedalto, II, pp. 113-114.

Fonti: Hierocles, 642, 3: Honigmann, p. 16; *notitiae*: Darrouzès, p. 489

Bibl.: Le Quien, II, coll. 111-114; F. Stählin-E. Meyer-A. Heidner, *Pegasai und Demetrias*, Berlin-Leipzig 1934, p. 205 ss.; Philippson, RE, IV, coll. 2764-2765; R. Janin, DHGE, XIV, coll. 195-198; Mystakides, pp. 168-169; Laurent, *Sceaux*, V, 1, p. 511; V, 3, pp. 110-111

Maximus, Maximinus, exc., dep.	(-431 iun.)	(431 iul.-)	ACO, I, IV, pp. 38, 204
Constantinus	(-449 aug. 8)	(451 oct. 25-)	Honigmann, *Lists*, p. 35; ACO, II, III, II, p. 148
Abundantius	(-531)		Jaffé, n. 881: PL, 65, coll. 40, 35
Probianus			
Sabas, tr. ad Athenas			Laurent, *Sceaux*, V, 3, n. 1760
Xenophon	(-879 nov.)		Mansi, XVII-XVIII, col. 376
Leo			Laurent, *Sceaux*, V, 1, n. 677

Ioannes	(-1157 mai. 12)		Grumel, III, n. 1041: PG, 140, col. 180
Nicephorus	(1157-1200)		Laurent, *Sceaux*, V, 1, n. 678
... (?)	(-1208 dec. 8)		Potthast, n. 3553: PL, 215, col. 1505; cfr. Le Quien, II, col. 112
...	(1223-1240)		Laurent, IV, n. 1- 293
Nicolaus Blattes	(-1256 oct.)		Laurent, IV, n. 1333: Miklosich-Müller, IV, p. 354
Neophytus			
Arsenius	(-1271 febr.)		Miklosich-Müller, IV, pp. 382-383
Michael Panaretos, "ep. Demetriad. et Halmyrou"	(-1272 dec.)	(1273 aug.-)	Laurent, IV, nn. 1397, 1403, cfr. 1394: Miklosich-Müller, IV, nn. 366-371
...	(-1371 sept.)		Darrouzès, V, n. 2630
Bessarion		1490	Janin, col. 196
Ioseph	1557		Janin, col. 197
Theophilus	(-1565 ian.)		
Ioasaph	1571 apr. 2		
Pachomius	1572	1592	
Theophilus	1595 mai.		
Philotheus	(-1596 apr.)		
Marcus	saec. XVI		
Athanasius	1601 c.		
Agapios	1610	1613	
Callistus	1639		
Ioseph	1655	1660	
Dionysios	1666	1678 ian.	
Ioannicius	1678 mar. 8	1687	
Ioannicius	1711	1719	
Parthenius			
Nectarius	(-1721)		Le Quien, II, col. 114
Theocletos	(-1725)		Janin, col. 197
Iacobus			
Theocletus	(-1735)	(1741-)	
Gregorius	1757 iul.		
Gregorius	(-1777 iun.)	1780 febr. 1	
Athanasius, dep.	1780 sept.	1794 iul. 23	
Athanasius	1794	1821 iul.	
Bartholomaeus	1821 iul.	1832	
Neophytus	1832	1836 mar.	

Ioseph, exc.	1836 mar.	1837 nov.	
Gregorius	1837 nov.		
Matthaeus	1838 oct.	1841 mai. 12	
Meletios	1841 mai.	1846 ian.	
Gabriel	1846 ian.	1855 iun. 11	
Gregorius Horologas	1855 iul.		
Dorotheus Scholarios	1858 sept. 23	1870 apr. 10	
Constantinus Gazes	1870 apr. 10	1873 apr. 22	
Gregorios Phourtouniades, dem.	1873 apr. 22	1904 nov.	
Germanos Mavromates, dep.	1907 aug. 10	1936 oct. 1	
Ioachim	1937		
Christodoulos Paraskevaîdis, "metr. de Demitrias et Almyros"	1974 iul. 14		*Orthodoxia, 1986-1987*, p. 76

44.7.3 DOMENIKON, Domenicum, Demonicon, Demenicon et Elissium, Elasson, Oloosson, Leuca eccl. byzantina

Vescovado suffraganeo di Larissa nelle *notitiae* 10 e 13, arcivescovado nella *notitia* 17; unito ad Elasson probabilmente nel 1513, compare con tale titolo nelle *notitiae* 18 e 21.

Fonti: *notitiae*: Darrouzès, p. 489

Bibl.: Le Quien, II, coll. 125-128; R. Janin, DHGE, XIV, col. 588

Symeon	(-879 nov.)		Mansi, XVII-XVIII, col. 376
Demetrius, tr. ad Stagoi	(-1250 iul.)		Laurent, IV, n. 1314
...	(-1371 sept.)		Darrouzès, VI, n. 2630
Gregorius	(-<1555-1565>)		Martinus Crusius, II, p. 171
Damascenus	(-1580)		Martinus Crusius, IV, p. 327
Arsenius	(-1590)	(1591 iun.-)	Janin, col. 588; Actes, II, p. 49
Galaction	(-1593 mai.)		
Meletios	(-1625 iun. 2)		AA, II, p. 193
Callistus, dep.		1646	Janin, col. 588
Germanus, dep.	1646 mai. 22	1655 sept.	
Athanasius	1655 sept.	(1657-)	
Athanasius	1711 nov. 21	(1721-)	Janin, col. 588; Le Quien, II, col. 128
Anthimus	(-1736 mar./iun.)		Janin, col. 588
Ioannicius	(-1806 nov.)		AA, II, p. 216
Sebastianos Aspiotis, "metr. de Elasson"	1967 dec. 4		*Orthodoxia, 1986-1987*, p. 77

44.8.3 **ECHINUS**, Echinos, Achinos eccl. byzantina

Vescovado suffraganeo di Larissa.

Fonti: Hierocles, 642, 5: Honigmann, p. 16; *notitiae* 3, 7, 9-10, 13: Darrouzès, p. 490

Bibl.: Le Quien, II, coll. 115-116; Philippson, RE, V, col. 1921; R. Janin, DHGE, XIV, col. 1359

Theodorus	(-431 iun.)	(431 iul.-)	ACO, I, I, II, p. 5; I, I, VII, p. 86; G. Ladocsi, DPAC, II, col. 3379
Petrus	(-451 oct.)		ACO, II, I, I, p. 64
Aristoteles	(-458/459)		Grumel, I, n. 143: PG, 85, col. 1620
Theodosius	(-531 dec.)		Jaffé, n. 881: PL, 65, col. 40

44.9.3 **EZERUS**, Ezeros, Nezeros, Kallipenke eccl. byzantina

Vescovado suffraganeo di Larissa; per il periodo latino, cfr. Fedalto, II, pp. 166-167.

Fonti: *notitiae* 7, 9-10, 13: Darrouzès, p. 491

Bibl.: Le Quien, II, coll. 125-126; MEE, XVIII, col. 163; R. Janin, DHGE, XVI, coll. 292-293

Damianus	(-879 nov.)		Mansi, XVII-XVIII, col. 376
Ioannes Apokaukos, tr. ad Neupacten.		(-1219)	Laurent, IV, n. 1224
Ioannes Xeros, tr. ad Naupacten.	(-1250 iul. 10)	(1250-1254)	Laurent, IV, nn. 1316-1317: Rhalles, V, n. 117
...	(-1371 sept.)		Darrouzès, V, n. 2630

44.10.3 **GARDIKION**, Gardiki, Gardichia eccl. byzantina

Vescovado suffraganeo di Larissa (*notitiae* 10, 13, 21), arcivescovado, metropoli senza suffraganei (*notitiae* 15, 17-19); per il periodo latino, cfr. Fedalto, II, pp. 68-69.

Fonti: *notitiae*: Darrouzès, p. 491

Bibl.: D.-L. Stiernon, DHGE, XIX, coll. 1239-1248; Mystakides, p. 167

Epiphanius	(-<1191-1204>)		Stiernon, col. 1246
...	(-1222 febr.)		Laurent, IV, n. 1230
Iohannes	(-1228)		Stiernon, col. 1244
Krimpabos, tr. ad Phanarion		1460 c.	Stiernon, col. 1246

Neophytus	1542 oct.		
Metrophanes, dep.	(-1621 iun.)	1623 (?)	
Gregorius	(-1623 sept. 1)	(1626 mai.-)	Stiernon, col. 1247
Sophronius, tr. ad Monembasiam	1626 (?)	1649 mai. 2	
Sophronius	(-1659 apr. 17)	(1663 oct. 2-)	
Pancratius		1674	
Anthimus	1674 mar. 14	1685/1686	
Philotheus	1686 ian.	1695 c.	
Gregorius, dep.	1699	1707	
Pancratius, dep.	1707 sept.	1729	
Meletius	1729 nov.	1751	
Ananias	1751 dec. 19	1783	
Paisios, ep. de Rodobisdion	1783 mai. 7	(1794 aug.-)	
Ananias, dep.		1808 iun. 17	
Hieronymus, tr. ad Elasson	1808 iun. 27	1824	
Ambrosius	1826/1827	1839	
Anthimus	1839 aug. 8	1860	
Hierotheus, tr. ad Thaumakos	1860 mar.	1875/1876	Stiernon, col. 1248
Gregorius	1877	1884	
Chrysostomus, tr. ad Peristerion	1976 febr. 22	1978 oct. 12	

44.11.3 **GOMPHI**, Gomphus, Palio-Episcopi — eccl. byzantina

Vescovado suffraganeo di Larissa.

Fonti: Hierocles, 642, 10: Honigmann, p. 16; *notitia* 3: Darrouzès, p. 243

Bibl.: Le Quien, II, coll. 113-116; Stählin, RE, VII, coll. 1584-1585

Eustathius	(-531 ian. 25)	Grumel, I, nn. 220-222; Jaffé, n. 881; PL, 65, col. 36

44.12.34 **KARPENISION** — eccl. orthodoxa

Bibl.: *Orthodoxia*, 1986-1987, p. 79

Nikolaos Drosos, metr.	1979 ian. 23	*Orthodoxia, 1986-1987*, p. 79

44.13.3 LAMIA, Zituni — eccl. byzantina

Vescovado suffraganeo di Larissa.

Fonti: Hierocles, 642, 6: Honigmann, p. 16; *notitia* 3: Darrouzès, p. 243

Bibl.: Le Quien, II, coll. 117-118; Stählin, RE, XII, coll. 547-560

Secundianus	(-431 iun.)	(431 iul.-)	ACO, I, I, II, p. 5; I, I, VII, p. 86
Stephanus	(-531 ian. 25)		Jaffé, n. 881: PL, 65, coll. 36, 41
Damaskinos Nikolaos Papachristou, "metr. de Phtiotis"	1960 mai. 15		*Orthodoxia, 1986-1987*, p. 86

44.14.3 LIDORICIUM, Lidhorikion, Loidorikion, Loedoricium — eccl. byzantina

Vescovado suffraganeo di Larissa.

Fonti: *notitiae* 7, 9-10, 13, 21: Darrouzès, pp. 284, 304, 327, 363,421

Bibl.: Le Quien, II, coll. 129-130

...	(-1371 sept.)		Darrouzès, V, n. 2630

44.15.34 LITZA et Agrapha — eccl. orthodoxa

Vescovado suffraganeo di Larissa.

Fonti: *notitiae* 13, 21: Darrouzès, pp. 363, 421

Bibl.: Le Quien, II, coll. 129-130

...	(-1564)		Martinus Crusius, II, p. 174
Ioseph	(-1721)		Le Quien, II, col. 130

44.16.3 MARMARITZIUM — eccl. byzantina

Vescovado suffraganeo di Novae Patrae.

Fonti: *notitiae* 7, 9-10, 13: Darrouzès, pp. 287, 306, 332, 365, cfr.339

Bibl.: Le Quien, II, coll. 129-132

...	(-1303)		Georgius Pachymeres, IV, 33: II, p. 356

44.17.3 METROPOLIS

eccl. byzantina

Vescóvado suffraganeo di Larissa.

Fonti: Hierocles, 642, 8: Honigmann, p. 16; *notitia* 3: Darrouzès, p. 243

Bibl.: Le Quien, II, coll. 121-122; F. Stählin, RE, XV, coll. 1491-1494

Marcus	(-325 mai.)	(325 iun.-)	Turner, I, pp. 84-85

44.18.3 NOVAE PATRAE, Patrae Thessalicae, Neae Patrae, Hypata, Ypata

eccl. byzantina

Vescovado suffraganeo di Larissa nella *notitia* 3, sede metropolitana; il 16 maggio 1371, la metropoli, con quella di Tebe e l'arcivescovado di Egina, venne affidata al metropolita di Atene (Darrouzès, V, n. 2616; VI, nn. 2835, 2921).

Fonti: Hierocles, 642, 7: Honigmann, p. 16; *notitiae*: Darrouzès, p. 505

Bibl.: Le Quien, II, coll. 119-120, 123-126; Stählin, RE, IX, coll. 236-240; N. I. Giannopoulos, TH, XIV (1936), pp. 148-150; Laurent, *Sceaux*, V, 1, p. 581

Himenaeus	(-343 aut.)		Hilarius: CSEL, 65, p. 134
Pausianus	(-431 iun.)	(431 iul.-)	ACO, I, IV, pp. 29, 38
Herodion			Le Quien, II, col. 123; *Rom.* 16, 11
Leo	(-879 nov.)		Mansi, XVII-XVIII, col. 376
Symeon, tr. ad Laodiceam Phrygiae		(858-867)	Grumel, II, nn. 487, 488: Rhalles, V, p. 393
Cosmas	saec. XI in.		Laurent, *Sceaux*, V, 1, p. 581
Nicolaus	(-997 febr. 21)		Grumel, II, n. 804: Rhalles, V, p. 19
Constantinos	(-1027)		Mystakides, p. 206
Michael	saecc. XI-XII		Laurent, *Sceaux*, V, 1, p. 582
...	saecc. XI-XII		
...	saec. XII med.		Laurent, *Sceaux*, V, 1, p. 583
Georgius	(-1157 mai. 13)	(1157 aug./sept.)	Grumel, III, nn. 1043, 1045: PG, 140, coll. 180, 200
Euthymius Malakes	(-1166 mar./apr.)	(1185 c.-)	Grumel, III, nn. 1064, 1164; Laurent, *Sceaux*, V, 1, pp. 583-584
...	(-1278)		Rinaldi, a. 1278, n. 14
Nicodemus (?), metr. Athenien., adm.	(-1371 mai. 16)		Darrouzès, V, n. 2616
Dorotheus, metr. Athenien., adm.	(1380-1388)	(1393 mar.-)	Darrouzès, V, n. 2616; VI, nn. 2835, 2921
Abraam Mesapas			Leo Allatius, III, XI, col. 1092

Parthenios	(-1602 mai. 29)		Mystakides, p. 206
Seraphim	(-1604 febr. 12)		
Gabriel	(-1605 ian.)		
Anthimos	(-1623/1624)		
Neophytos	(-1639)		
Ioasaph	(-1640)	(1644 mar.-)	
Ioseph			Mystakides, p. 207
Ioasaph	(-1657 iun.-)		
Athanasios	(-1660)	(1669-)	
Ioasaph	(-1691)		
Gregorios			
Nicephoros	(-1720 c.)		Le Quien, II, col. 126
Neophytos	(-1725 c.)		Omont, p. 317
Neophytos	(-1752 ian.)		Mystakides, p. 207
Hierotheos			
Gerasimos	1757 mar.		
Chrysanthos	(-1783)		
Eugenios		1785 oct.	
Laurentios			
Polycarpos	(-1807)		
Dositheos	(-1818)	(1819 mai.-)	Mystakides, p. 207; Actes, III, p. 108
Germanos			Mystakides, p. 207

44.19.3 **PEPARETHUS**, Peparethos — eccl. byzantina

Vescovado suffraganeo di Larissa.

Fonti: Hierocles, 643, 5: Honigmann, p. 16; *notitia* 3: Darrouzès, p. 243

Bibl.: Le Quien, II, coll. 131-132; R. Herbst, RE, XIX, coll. 551-558

44.20.3 **PHARSALUS**, Pharsala, Phersala, Pharsalon — eccl. byzantina

Vescovado suffraganeo di Larissa fino alla *notitia* 10, arcivescovado dalla *notitia* 8 alla 16 e metropoli senza suffraganei dalla 17 alla 19.

Fonti: Hierocles, 642, 13: Honigmann, p. 16; *notitiae*: Darrouzès, p. 508

Bibl.: Le Quien, II, coll. 115-116; F. Stählin, *Das hellenische Thessalien*, Stuttgart 1924, pp. 135-141

Perrebius	(-431 iun.)	(431 iul.-)	ACO, I, I, II, p. 3; I, I, VII, p. 85
Stephanus	(-879 nov.)		Mansi, XVII-XVIII, col. 373
...	(-1371 sept.)		Darrouzès, V, n. 2630
Michael	(-1721)		Le Quien, II, col. 116
Nicodemus	(-1768 iul.)		Actes, V, p. 368

44.21.3 PHERAS, Pherae — eccl. byzantina

Località della Tessalia; Giovanni Cantacuzeno ne ricordava il metropolita.

Bibl.: Le Quien, II, coll. 129-130

...	(-<1347-1354>)		Ioannes Cantacuzenus, II, 1: I, p. 313; III, 37: II, p. 228

44.22.3 SCIATHUS, Skiathos — eccl. byzantina

Vescovado suffraganeo di Larissa incluso nelle *notitiae* 3 e 21; dal secolo XVII i vescovi portavano il titolo di Skiathos e Scopelos, risiedendo in quest'ultima isola.

Fonti: Hierocles, 643, 3: Honigmann, p. 16; *notitiae* 3, 21: Darrouzès, pp. 243, 421

Bibl.: Le Quien, II, coll. 123-124; Fredrich, RE, III A, coll. 520-521; J. Pargoire, EO, VI (1903), pp. 386-389

Demetrius	(-531)		Jaffé, n. 881: PL, 65, col. 35
Ignatius	(-1621 mar. 7)		Pargoire, p. 386
Clemens	1700 febr. 3	1729/1730	Pargoire, pp. 387, 388
Ioseph			Le Quien, II, col. 124
Dionysius	1730 oct. 26	1776 oct. 26	Pargoire, p. 389
Matthaeus	1777 dec. 5		Pargoire, p. 387
Eugenius	(-1821)		Pargoire, pp. 386-387
Eugenius, iter.	1833		

44.23.3 **SCOPELOS**, Scopulo — eccl. byzantina

Vescovado suffraganeo di Larissa (v. Sciathus).

Fonti: Hierocles, 643, 4: Honigmann, p. 16; *notitiae* 3, 10, 13: Darrouzès, pp. 243, 339, 363

Bibl.: Le Quien, II, coll. 117-118; Bürchner, RE, III A, col. 581; J. Pargoire, EO, VI (1903), pp. 386-389

Rheginus, s.	(-343 (?))	D. Stiernon, BS, XI, coll. 79-80
Bardanes	(-879 nov.)	Mansi, XVII-XVIII, col. 376
...	(-1016)	AA, V, p. 159
Theodulos, "ep. Scopelou et Skiatou"	(-1333 (?) ian.)	Actes, IV, p. 71

44.24.3 **STAGAE**, Stagoi, Calabaca — eccl. byzantina

Vescovado suffraganeo di Larissa.

Fonti: *notitiae* 7, 9-10, 13, 21: Darrouzès, pp. 284, 304, 327, 363, 421

Bibl.: Le Quien, II, coll. 127-128; Mystakides, pp. 217-218

Demetrius	(1250 iul.-)		Laurent, IV, n. 1314
Xenophon			Mystakides, p. 217
Nilus	(-1362/1377)		
Bessarion	(-1367)		
...	(-1393 mar.)		Darrouzès, VI, n. 2919
Neophytos	(-1541)		Mystakides, p. 217
...	(-<1561-1570>)		Martinus Crusius, III, p. 257
Ioasaph	(-1573)		Martinus Crusius, p. 217
Bessarion			Mystakides, p. 217
Hieremias			
Timotheos			
Dionysios			
Timotheos			
Hieremias			
Abraam			Mystakides, p. 218
Arsenios	(-1719)		
Parthenios	(-1768)	(1784-)	
Paisios	(-1892)		

44.25.3 **THAUMACUS**, Thaumacia, Damocos, Domokos — eccl. byzantina

Vescovado suffraganeo di Larissa.

Fonti: *notitiae* 7, 9-10, 13, 21: Darrouzès, pp. 284, 304, 326, 363, 421

Bibl.: Le Quien, II, coll. 127-130; Stählin, RE, V A, coll. 1331-1337; Mystakides, p. 174

Symeon	1218	1228	Mystakides, p. 174
Porphyrios	1237		
Methodios	1244		
Ioasaph	1556		
Germanos	1560		
...	(-1564)		Le Quien, II, coll. 127-128
Cyrillus	(-1572)		Martinus Crusius, VII, p. 506, cfr. p. 153
Iacobus	1624		Mystakides, p. 174
Arsenios	(-1710)		
Hilarion	(-1721)		Le Quien, II, col. 130
Seraphim	1763	1767	Mystakides, p. 174
Iacobus	1796	1799	

44.26.3 **THEBAE PHTHIOTICAE**, Nea Anchialus — eccl. byzantina

Vescovado suffraganeo di Larissa.

Fonti: Hierocles, 642, 4: Honigmann, p. 16; *notitia* 3: Darrouzès, p. 243

Bibl.: Le Quien, II, coll. 121-122; F. Stählin, RE, V A, coll. 1582-1593

Cleonicus, Cleonius	(-325 mai.)	(325 iun.-)	Turner, I, p. 89
Moystus, Mostus, Moschus	(-343 aut.)		Turner, I, pp. 550-551
Dion	(-431 iun.)	(431 iul.-)	ACO, I, I, II, p. 5; I, I, VII, p. 86
Elpidius	(-531 ian. 25)		Jaffé, n. 881: PL, 65, col. 40
Hadrianus	(-592 oct.)		Jaffé, n. 1210

44.27.34 **THESSALIOTIS** — eccl. orthodoxa

Bibl.: *Orthodoxia, 1986-1987*, p. 78

Kleopas Thomopoulos, "metr. de Thessaliotis et Phanariophersala"	1974 iul. 15	*Orthodoxia, 1986-1987*, p. 78

44.28.3 TRICCA, Trica, Triccala — eccl. byzantina

Vescovado suffraganeo di Larissa.

Fonti: Hierocles, 642, 9: Honigmann, p. 16 *notitiae* 3, 7, 9-10, 13: Darrouzès, p. 517

Bibl.: Le Quien, II, coll. 117-120; F. Stählin, *Das hellenische Thessalien*, Stuttgart 1924, pp. 118-119

Heliodorus	saec. V	Socrates, HE, V, 22: PG, 67, col. 640
Oecumenius	saec. VI	Le Quien, II, coll. 119-120; Mystakides, p. 220
...	(-1278 nov.)	Laurent, IV, n. 1441; Rinaldi, a. 1278, n. 14
...	(-1371 sept.)	Darrouzès, V, n. 2630
Alexios Theodoros Michalopulos, "metr. de Trikke et Stagai"	1976 aug. 22	*Orthodoxia, 1986-1987*, p. 85

44.29.3 ZETUNIUM, Zetounion — eccl. byzantina

Vescovado suffraganeo di Larissa

Fonti: *notitiae* 7, 9-10, 13,21: Darrouzès, p. 518

Bibl.: Le Quien, II, coll. 113-114; C. M. Danoffi, RE, X A, col. 248; Mystakides, pp. 173-174

Georgius	(-870 febr. 28)	Mansi, XVI, col. 195
Gregorius	(-879 nov.)	Mansi, XVII-XVIII, col. 373
...	(-1094 c.)	Grumel, III, n. 972
...	(-1371 sept.)	Darrouzès, V, n. 2630
Sabas	(-1396 nov.)	Darrouzès, VI, nn. 3029, 3030
Iacobus	(-1466)	Le Quien, II, col. 114
Anthimus	(-1721)	

PROVINCIA VETERIS EPIRI

45.1.3 NICOPOLIS, Palio-Preveza — eccl. byzantina

Sede metropolitana della provincia di Epiro vecchio nelle *notitiae* 3-6, assieme a Naupacto nelle *notitiae* 7-10, 13-14, 21.

Fonti: Hierocles, 651, 4: Honigmann, p. 19; *notitiae*: Darrouzès, p. 505

Bibl.: Le Quien, II, coll. 133-138; F. Schober, RE, XVIII, coll. 511- 518; E. Kitzinger, *Studies on late antique and early byzantine floor mosaics*, I. *Mosaics at Nicopolis*, DOP, VI (1951), pp. 81- 122: 87-92; Laurent, *Sceaux*, V, 1, pp. 504-506; V, 3, pp. 112-113; D. I. Pallas, DPAC, I, coll. 1178-1182

Heliodorus	(-343 aut.)		Turner, I, pp. 554-555
Donatus	(-431 iun.)	(431 iul.-)	ACO, I, I, II, p. 3; I, I, VII, p. 85
Atticus	(-446 (?) aug. 10)	(451 oct.-)	Jaffé, n. 411: PL, 54, col. 666; Honigmann, *Lists*, p.35; ACO, II, I, II, p. 231
Eugenius	(-458)	(516 nov. 19-)	ACO, II, V, p. 95; Jaffé, n. 781: PL, 63, col. 391
Alcison, Alkison			Evagrius, HE, III, 31; Marcellinus comes, a. 516, p. 99; Kitzinger, pp. 89-90
Dometios	saec. VI		Kitzinger, pp. 87-91
Dometios	saec. VI pars post.		Kitzinger, pp. 87-92
Ioannes	(-516 nov. 15)	(517 apr. 12-)	Jaffé, nn. 780, 799: PL, 63, coll. 388, 407
Andreas	595 sept.	(-603 nov.)	Jaffé, nn. 1387, 1920: Gregorius I, Reg., VI, 7; XIV, 7
Sotericus			Jaffé, n. 2010: PL, 80, col. 478
Hypatios	625		Laurent, *Sceaux*, V, 3, n. 1762
Anastasius	(-787 oct. 13)		Mansi, XIII, col. 381
Ioannes	saecc. VII-VIII		Laurent, *Sceaux*, V, 3, n. 1763
Basilius	saecc. VIII-IX		Laurent, *Sceaux*, V, 1, n. 671
Leo	saecc. VIII-IX		Laurent, *Sceaux*, V, 1, n. 670
Daniel, tr. ad Ancyram Galatiae		(858-867, 877-886)	Grumel, II, n. 546: PG, 119, col. 905
Antonius	saecc. IX-X		Laurent, *Sceaux*, V, 1, n. 672
Meletios Kalamaras, "metr. de Nikopolis et Preveza"	1980 mar. 1		*Orthodoxia, 1986-1987*, p. 83

45.2.3 **ACHELOOS**, Achelous — eccl. byzantina

Vescovado suffraganeo di Naupacto Nicopoli.

Fonti: *notitiae* 7, 9-10, 13, 21: Darrouzès, pp. 284, 304, 327, 363, 431

Bibl.: Le Quien, II, coll. 153-154; S. Pétridès, DHGE, I, col. 308

Ioachim	(-533)		Pétridès, col. 308
Iohannes	1220 c.		
Eustathius			
...	(-1282)		Georgius Pachymeres, I, 14: II, p. 45
..., tr. ad Corinthum	(-1370 nov.)	1370 dec. 4	Darrouzès, V, nn. 2599, 2602

45.3.3 **ADRIANOUPOLIS**, Drynoupolis, Drynopolis, Hadrianopolis, Iustinianopolis, Libochovo — eccl. byzantina

Vescovado suffraganeo di Nicopoli nella *notitia* 3, di Naupacto Nicopoli nelle *notitiae* 7, 9-10, 13; Alessio I Comneno conferì al vescovado il titolo arcivescovile accordandogli dei privilegi; quando Nicopoli fu distrutta, divenne vescovado suffraganeo di Naupacto e quindi di Ioannina; unito al vescovado di Argyrocastron a più riprese, ed infine nel 1810; dal 1928 fa parte della chiesa di Grecia.

Fonti: Hierocles, 651, 8: Honigmann, p. 19; *notitiae*: Darrouzès, p. 482

Bibl.: Le Quien, II, coll. 141-142; Bürchner, RE, VII, coll. 2173, 2174; R. Janin, DHGE, XIV, coll. 824-826

Eutychius	(-449 aug.)		Honigmann, *Lists*, p. 35
Hypatius	(-458)		ACO, II, V, p. 95
Constantinus	(-516)		PL, 63, col. 390
Cosmas	(-870 febr. 28)		Mansi, XVI, col. 194
Methodius	(-<1081-1084>)		Grumel, III, n. 194
Thomas	(-1235 iul.)		Laurent, IV, n. 1283: Rhalles, V, p. 107
Alexius	1278 nov.		Janin, col. 825
Nicodemus	1343 c.		
...	(-1367 iul.)		Darrouzès, n. 2530
Macarius	(-1564 ian.)		Martinus Crusius, II, p. 174
Nectarius, dep.			Janin, col. 825
Iacobus			
Gabriel			
Nectarius			
Neophytus	(-1602 apr.)	(1610 mar.-)	

Matthaeus	1610	1612
Callinicus, dep.		1632
Callistus, dep.	1632	1634
Daniel	1634	1636
Callistus, iter., dep.	1636	1639
Gabriel, dep.	1639	
Callistus, iter.	1640	
Gabriel	1643 nov.	
Nicephorus	1651	1663
Parthenios	1663	1667
Callinicus de Ianina, adm.	1667	1678
Raphael	1678	1708 (?)
Ioachim, dep.	1708	1724
Stephanus	1724	1731
Nicodemus		
Manuel	1758	
Dositheus	1781	
Dositheus	1810	1815
Gabriel	1819	1828
Ioachim	1828 aug.	1835 iul.
Paisios	1835 iul.	1835 nov.
Neophytus	1835 nov.	1841 nov.
Nicodemus	1841 nov.	1848 ian.
Panteleimon, dep.	1848 ian.	1857 sept.
Matthaeus	1857 sept.	1876 oct.2
Anthimus Apolloniou, dep.	1876 oct.	1880 ian.
Clemens	1880 ian. 14	1888 mai. 14
Cosmas Eumorphopoulos	1888 iun. 9	1892 apr. 14
Constantios	1892 apr. 30	1894 apr. 30
Gregorius, dep.	1894 iun. 4	1899 mai.
Lucas Petrides	1899 mai. 22	1909 aug. 27
Basilius Papachrestou	1909 aug. 27	1936 febr. 26
Demetrius	1940 febr.	1956 apr. 18
Christophorus	1956 apr. 18	

45.4.3 **AËTUS**, Aëtos, Echinos eccl. byzantina

Vescovado suffraganeo di Naupacto Nicopoli.

Fonti: *notitiae* 7, 9-10, 13, 21: Darrouzès, pp. 284, 304, 327, 363, 421

Bibl.: Le Quien, II, coll. 149-150; S. Pétridès, DHGE, I, col. 670

Nicodemus	(-1235 iul.)		Laurent, IV, n. 1283: Rhalles, V, p. 107
Ioasaph	(-1587)	(1599(?)-)	Pétridès, col. 670

45.5.34 **AITOLIA** eccl. orthodoxa

Bibl.: *Orthodoxia, 1986-1987*, p. 75

Theoklitos Lukas Avrantinis, "metr. de Aitolia et Akarnia"	1965 nov. 11		*Orthodoxia, 1986-1987*, p. 75

45.6.3 **ANCHIASMUS**, Anchiasmos, Oncheasmus, Onchismus, Saranda, Santi Quaranta, Hagioi Seranta eccl. byzantina

Sede vescovile ricordata tra i secoli V e VI.

Fonti: Hierocles, 652, 3: Honigmann, p. 13

Bibl.: Le Quien, II, coll. 137-140; S. Vailhé, DHGE, II, coll. 1513-1514

Claudius	(-449 aug. 8)	(458-)	Honigmann, *Lists*, p. 35; ACO, II, I, I, p. 62; II, V, p. 95
Christodorus, Christophorus	(-516)		PL, 63, col. 390

45.7.3 **BUTHROTON**, Buthrotum, Vathroto, Butrinto, et Glykys, Phanarion, Splantza eccl. byzantina

Dopo il 1204 la località faceva parte del despotato d'Epiro, quindi passava agli Angioini di Napoli, ai principi di Taranto, ai Veneziani (1386), che la fortificarono per la difesa dello stretto di fronte a Corfù; vescovado suffraganeo di Nicopoli nella *notitia* 3, di Naupacto Nicopoli nelle *notitiae* 7, 9-10, 13, di Ioannina nel secolo XIV. Glykys compare associato a Buthroton nella *notitia* 21.

Fonti: Hierocles, 652, 4: Honigmann, p. 19; *notitiae*: Darrouzès, p. 487

Bibl.: Le Quien, II, coll. 139-142; Oberhummer, RE, III, coll. 1084-1085; R. Janin, DHGE, X, coll. 1437-1438; DHGE, XXI, coll. 233-234; C. Asdracha, REB, XXXV (1977), pp. 159-177; D.-L. Stiernon, DHGE, XX, coll. 1005-1007

Stephanus	(-458)		ACO, II, V, p. 95
Matthaeus	(-516)		PL, 63, col. 390
Demetrius	(-1235 iul.)		Laurent, V, n. 1283: Rhalles, V, p. 107
Seraphim	1544		Stiernon, col. 1007
Neophytus	(-1572 iun.)		Janin, col. 234
Porphyrius	saec. XVII pars post.		
Euthymius	(-1749)		
Parthenios	1760 (?)		Stiernon, col. 1007

45.8.2 CORCYRA, Kerkyra, Corfù — eccl. primaeva et byzantina

Ducato indipendente del despotato d'Epiro, occupato da Carlo d'Angiò nel 1274; nel 1386 gli abitanti si misero sotto la protezione dei Veneziani; alla fine del secolo XVII l'isola fu disputata da Francesi, Russi, Turchi e venne costituita una repubblica indipendente con le sette isole ioniche sotto protettorato russo-turco. Durante il periodo della chiesa latina (cfr. Fedalto, II, pp. 93-96) dal 1367 al 1799 i Greci furono governati da protopapates; la sede venne restaurata nel 1800; dopo l'annessione alla Grecia (1864) ridivenne arcivescovado e metropoli dal 1922. Al concilio di Nicea (325), il vescovado era suffraganeo di Nicopoli e fino al 733 c. faceva parte del patriarcato romano, come tutto l'Illirico; arcivescovado dalla *notitia* 3 alla 15, metropoli senza suffraganei dalla *notitia* 11 alla 19.

Fonti: Hierocles, 652, 6: Honigmann, p. 19; *notitiae*: Darrouzès, p. 497

Bibl.: Le Quien, II, coll. 145-150; Bürchner, RE, XI, coll. 1400-1409; R. Janin, DHGE, XIII, coll. 829-831; Laurent, *Sceaux*, V, 1, pp. 507, 618-621, 672-676

Iason, s., mart.			G. Lucchesi, BS, VI, coll. 443-444
Aletodorus, Apollodorus, Alpodorios	(-325 mai.)	(325 aug.-)	Gelzer, p. 216
Soterichus	(-451 oct.)	(458-)	ACO, II, I, I, p. 62; II, V, p. 95
Chrysippus	(-516)		PL, 63, col. 390
Stephanus	saec. VI		Le Quien, II, col. 147
Alcysonus	(-603 nov.)	(604 ian.-)	Jaffé, nn. 1920, 1990: Gregorius I, Reg. XIV, 7, 13
Iohannes	saec. VIII in.		Laurent, *Sceaux*, V, 1, n. 673
Philippus	(-787 oct. 13)		Mansi, XIII, col. 392
Arsenius	933	953	G. Eldarov, BS, II, coll. 475-476
Cosmas	saec. X fin.		Laurent, *Sceaux*, V, 1, n. 864
Iohannes	saec. XI in.		Schlumberger, p. 209; Laurent, *Sceaux*, V, 1, nn. 866-867
...	saec. XI		Laurent, *Sceaux*, V, 1, n. 865
Basilius	saecc. XI-XII		Laurent, *Sceaux*, V, 1, n. 802
...	saec. XI med.		Laurent, *Sceaux*, V, 1, nn. 868-869

...	(-1088 sept.)		Grumel, III, n. 950
Nicolaus	(-1092)		Grumel, III, n. 967: PG, 127, col. 973
Theophanes	saec. XII		Janin, col. 830
Georgius Choniates	1146 (?)		G. Stadtmüller, *Michael Cho- niates, Metropolit von Athen (ca. 1138-ca. 1222)*, (OC, XXXIII, 2), Roma 1934, pp. 182, 192, 254
Constantinus, dep.	(-1157 mai. 12)	1170 ian. 30	Grumel, III, n. 1041: PG, 140, col. 180; n. 1109, cfr. nn. 1111-1113, 1148; cfr. Le Quien, II, coll. 149-150; Laurent, *Sceaux*, V, 1, n. 803
Constantinus, iter.	(1170-1178)		
Iohannes (?)			Laurent, *Sceaux*, V, 3, n. 1794
Georgius Coupharas	1177	1181	Janin, col. 830; cfr. D. Bundy, DHGE, XX, col. 615
Basilius Pediadites	(-1202)	(-1219 sept.)	Laurent, *Sceaux*, V, 3, n. 1795
Georgius Bardanes	1219 dec.	1236 c.	R. J. Loenertz, *Byzantina et franco-graeca*, I, Roma 1970, p. 467 ss.; Laurent, *Sceaux*, V, 1, n. 804; R. Aubert, DHGE, XX, coll. 593-595
Hierotheus Tzigalas	1800	1813	Janin, col. 830
Macarius	1824	1827	
Chrysanthus Masselos	1833	1848	
Athanasius Politis	1848	1870	
Antonius Chariates	1870	1881	
Eustathius Boulismas	1884	1895	
Sebastianus Nicocabouras	1899	1921	
Athenagoras Spirou	1922 dec.	1931 aug.	
Alexander Demoglou	1931 nov.	1942 sept.	
Methodius	1942 sept. 20		
Timotheos Andreas Trivizas, "metr. de Kerkyra et Paxos"	1984 mai. 4		*Orthodoxia, 1986-1987*, p. 80

45.8.31 CORFU' — eccl. latina

Antonius Varthalitis	1962		OC, pp. 451-452

45.9.3 **DODONE**, Dodona, Bonditza — eccl. byzantina

Vescovado suffraganeo di Naupacto Nicopoli, compare col titolo di Bonditza nelle *notitiae* 7, 9-10, 13, 21.

Fonti: Hierocles, 651 5: Honigmann, p. 19; *notitiae*: Darrouzès, p. 487

Bibl.: Le Quien, II, coll. 139-140; Kern, RE, V, coll. 1257-1264; R. Janin, DHGE, XIV, col. 550; Laurent, *Sceaux*, V, 1, pp. 515-516

Theodorus	(-431 iun.)	(431 iul.-)	ACO, I, I, II, p. 4; I, I, VII, p. 86
Filoctetos, Philotheus	(-451 oct.)		ACO, II, VI, p. 65
Uranius	(-458)		ACO, II, V, p. 95
Iulianus	(-516)		PL, 63, col. 390
...	saecc. X-XI		Laurent, *Sceaux*, V, 1, n. 681
Michael	saec. XI pars post.		Laurent, *Sceaux*, V, 1, n. 682
Ioannes	(-1235 iul.)		Laurent, IV, n. 1283: Rhalles, V, p. 107
Nicolaus, dep., iter.	(-<1261-1264>)		Darrouzès, V, n. 1369
Panaretus, ep. aux. Ioaninae	1912 febr. 23		Janin, col. 550
Demetrius Euthymiou, ep. aux. Ioaninae	1926 mai. 25	1930 febr.	

45.10.34 **DRYINOUPOLIS** — eccl. orthodoxa

Bibl.: *Orthodoxia, 1986-1987*, p. 77

Sebastianos Soterios Oikonomidis, "metr. de D. et Konitsa"	1967 iun. 11		*Orthodoxia, 1986-1987*, p. 77

45.11.3 **EVROEA**, Euroia, Evria, Paramythia — eccl. byzantina

Vescovado suffraganeo di Nicopoli.

Fonti: Hierocles, 651, 6-7: Honigmann, p. 19; *notitia* 3; Darrouzès, p. 236

Bibl.: Le Quien, II, coll. 143-146; Philippson, RE, VI, col. 1285; R. Janin, DHGE, XV, coll. 1424-1425; D.-L. Stiernon, DHGE, XX, coll. 1005-1007

Donatus, s.		387 c.	R. Aubert, DHGE, XIV, coll. 650-651; P. Bertocchi, BS, IV, coll. 786-787
Marcus, Marcianus	(-449 aug. 8)	(451 oct.-)	Honigmann, *Lists*, p. 35; ACO, II, I, I, p. 79

Eugenius	(-458)		ACO, II, V, p. 95
Theodotus	(-536 mai.)		ACO, III, pp. 162, 171
Ioannes			Le Quien, II, coll. 145-146
Ioannes	(-603 nov.)	(604 ian.-)	Jaffé, nn. 1920, 1990: Gregorius I, Reg., XIV, 7, 13
Chrysanthus Kouphalas, "ep. de Paramythia"	1803	1805	Stiernon, col. 1007
Procopius, "ep. de Paramythia"	1808	1820	
Dionysius, "ep. de Paramythia"	1863	1867	
Titos Sotirios Papanakos, metr.	1974 iul. 17		*Orthodoxia, 1986-1987*, p. 83

45.12.34 GEROMERION, Geromeri — eccl. orthodoxa

Monastero nella provincia di Epiro vecchio, nel maggio 1800 fu elevato al rango di vescovado suffraganeo di Ioannina; unito nel giugno 1803 al vescovado di Paramythia, separato nell'agosto 1809, vi fu nuovamente riunito nel giugno 1863.

Bibl.: D.-L. Stiernon, DHGE, XX, coll. 1005-1007

Samuel, dep.	1800 mai.	1803 iun.	Stiernon, col. 1007
Agathangelus	1821 ian.		

45.13.3 IOANNINA — eccl. byzantina

Vescovado suffraganeo di Naupacto Nicopoli, incluso nelle *notitiae* 7, 9-10, 13; tra novembre 1318 e febbraio 1319 diventava sede metropolitana senza suffraganei (dalla *notitia* 11 in poi) (Darrouzès, V, n. 2094); nella *notitia* 21 chiesa arcivescovile con 4 vescovadi già di Naupacto.

Fonti *notitiae*: Darrouzès, p. 494

Bibl.: Le Quien, II, coll. 149-152; C. Asdracha, REB, XXXV (1977), pp. 159-177

Zacharias	(-879 nov.)		Mansi, XVII-XVIII, col. 378
...	(-<1318 nov./1319 febr.>)		Darrouzès, V, n. 2094
...	(-1337 nov.)		Darrouzès, V, n. 2181
Sebastianus, tr. ad Cyzicen.	1365 mar.	(1380 iun.-)	Darrouzès, V, n. 2488; VI, nn. 2706, 2714, 2861
Matthaeus, ep. Tzernicen.	1381 mar.		Darrouzès, VI, n. 2714

Gabriel	1389 febr./mar.		Darrouzès, VI, nn. 2850, 2969
Parthenius	(-1638 sept. 24)		*Synod of Jerusalem*, p. 88

45.14.3 **LEUCADIA**, Leucas, Neritus — eccl. byzantina

Sede arcivescovile dalla *notitia* 7 in poi (Darrouzès, VI, nn. 2870, 2969).

Fonti: *notitiae*: Darrouzès, p. 500

Bibl.: Le Quien, II, coll. 151-154; Laurent, *Sceaux*, V, 1, pp. 658-659; V, 3, pp. 162-163

Antonius	saec. IX		Laurent, *Sceaux*, V, 1, n. 848
Sabas	saecc. IX-X		Laurent, *Sceaux*, V, 3, n. 1821
Ioannes	(-997 febr. 21)		Grumel, II, n. 804: Rhalles, V, p. 19
...	(-1144 febr. 22)		Grumel, III, n. 1015: Rhalles, V, p. 90
...	(-1186 sept. 10)		Grumel, III, n. 1170: Rhalles, V, p. 320
...	(-1235 iul.)		Laurent, IV, n. 1283: Rhalles, V, p. 108
Alypius			Nicolaus Comnenus Papadopoli, IV, II, p. 227
Sebastianus, metr. Ioanninae, adm.	1365 mai.		Darrouzès, V, n. 2490
Matthaeus, tr. ad Naupacten.		1367 iul.	Darrouzès, V, nn. 2530, 2529
Nathanael	(-1640 c.)		Leo Allatius, III, XI, col. 1092
Anthimus	saec. XVIII in.		Le Quien, II, col. 154
Eugenius	(-1720 c.)		
Nikiphoros Nikolaos Dedousis, metr.	1968 iul. 7		*Orthodoxia, 1986-1987*, p. 81

45.15.3 **PHOENICES**, Phoenice, Finiki — eccl. byzantina

Vescovado della provincia di Epiro vecchio.

Fonti: Hierocles, 652, 2: Honigmann, p. 19

Bibl.: Le Quien, II, coll. 139-140; L. M. Ugolini, *L'acropoli di Fenice*, (Albania antica, II), Milano-Roma 1932, p. 124 ss.

Peregrinus	(-451 oct.)		ACO, II, I, I, p. 62
Valerianus	(-458)		ACO, II, V, p. 95
Philippus	(-516)		PL, 63, col. 390

45.16.3 **PHOTICE**, Photike, Bella, Bela, Limboni eccl. byzantina

Vescovado suffraganeo di Naupacto Nicopoli.

Fonti: Hierocles, 652, 5: Honigmann, p. 19; *notitiae* 7, 9-10, 13; Darrouzès, p. 509

Bibl.: Le Quien, II, coll. 143-144; E. Oberhummer, RE, XX, coll. 660-662; Ep. Chr., XII (1937), pp. 19-31; Laurent, *Sceaux*, V, 1, p. 516

Ioannes, "ep. Pruticen."	(-451 oct.)		ACO, II, II, II, p. 70
Diadochus	(-458)		D. Stiernon, DHGE, XIV, coll. 374-378; ACO, II, V, p. 95
Hilarius	(-516)		PL, 63, col. 390
Thomas	saec. XI		Laurent, *Sceaux*, V, 1, n. 684
Constantinus	saec. XI pars post.		Laurent, *Sceaux*, V, 1, n. 683
Manuel, "ep. Bellae"	(-1235 iul.)	(1250 iul.-)	Laurent, IV, nn. 1283, 1315: Rhalles, V, pp. 107, 114
Antonius	(-1564 ian.)		Martinus Crusius, II, p. 174
Nicolaus	(-1720 c.)		Le Quien, II, col. 144
Florentios			Mystakides, p. 230

PROVINCIA HELLADIS

46.1.2 CORINTHUS

eccl. primaeva et byzantina

Sede metropolitana di tutta l'Ellade; metropoli ecclesiastica del Peloponneso, compare in tutte le *notitiae*.

Fonti: Hierocles, 646, 7: Honigmann, p. 18; *notitiae*: Darrouzès, p. 498

Bibl.: Le Quien, II, coll. 155-168; Lenschau, RE, Suppl., IV, coll. 991-1036; F. J. de Waele, RE, Suppl., VI, coll. 182-199; R. Janin, DHGE, XIII, coll. 876-880; Mystakides, pp. 183-185; Zakythinos, II, p. 291 ss.: Bon, *Péloponnèse*, pp. 104-110; Laurent, *Sceaux*, V, 1, pp. 411-423; V, 3, pp. 100-102; D. I. Pallas, DPAC, I, coll. 24-27; 781-784

Apollo (?)			Le Quien, II, coll. 155-157; cfr. *Act.*, 18, 1 ss.; 19, 1 ss.; 1-2 *Cor.*
Sosthenes (?)			F. Spadafora, BS, XI, coll. 1323-1324; Le Quien, II, col. 157
Apollonius	saec. II		Praedestinatus, I, 23: PL, 53, col. 594
Primus			Eusebius, HE, IV, 22: I, p. 200
Dionysius	(-171)		Eusebius, HE, IV, 23: I, p. 202; P. Burchi, BS, IV, coll. 638-639; P. Nautin, DPAC, I, coll. 981-982
Bacchyllus	(-<189-199 c.>)		Eusebius, HE, V, 22-23: II, pp. 65, 67; Hieronymus, *De viris illustribus*, XXVII: PL, 23, col. 678; ep. LXX: PL, 22, col. 667; E. Prinzivalli, DPAC, I, col. 465
Hesiodus			Praedestinatus, I, 49: PL, 53, col. 605; Hieronymus, De viris illustribus, XLIV: PL, 23, col. 691
Epictetus			Athanasius, ep.: PG, 26, coll. 1049-1070
Dionysius	(-<337-352>)		Jaffé, n. 190; PL, 54, coll. 718-720
Alexander	(-406)		Ioannes Chrysostomus, ep. 164: PG, 52, col. 707
Perigenes	(-419 sept. 19)	(435 iul. 8-)	Jaffé, n. 351: PL, 20, col. 761; n. 393: PL, 50, col. 610; G. Ladocsi, DPAC, II, coll. 2753-2754
Erasistratus	(-449 aug. 22)		Honigmann, *Lists*, p. 34
Petrus	(-451 oct.)	(457/458-)	ACO, II, I, I, p. 115; II, V, p. 89; cfr. PL, 54, coll. 1120-1121
Theodorus	saec. VI		Laurent, *Sceaux*, V, 1, n. 554
Photius	(-536 iun. 4)		ACO, III, p. 29
Anastasius, dep.	(-591 febr.)		Jaffé, n. 1095: Gregorius I, *Reg.*, I, 26
Iohannes	(-595 iul./aug.)		Gregorius I, *Reg.*, V, 57, 62
Stephanus	(-681 sept. 16)		Mansi, XI, col. 669
Iohannes	787	815	Zacos-Veglery, II, n. 1335

Gabriel	saecc. VIII-IX		Laurent, *Sceaux*, V, 1, n. 555; Schlumberger, p. 183
Hilarius, Hilarion	(-870 febr. 28)		Mansi, XVI, col. 191
Iohannes	(-879 nov.)		Mansi, XVII-XVIII, col. 373; Laurent, *Sceaux*, V, 3, n. 1747
Paulus	(-<901-907>)		R. Janin, BS, X, coll. 231-232; Laurent, *Sceaux*, V, 1, nn. 556-557
...			PG, 111, col. 453
Athanasius		957	R. Janin, DHGE, IV, col. 1381; N. Di Grigoli, BS, II, col. 550; Janin, col. 878
Basilius	(950-970)		Laurent, *Sceaux*, V, 1, n. 558
Nicetas	saecc. XI-XII		Schlumberger, p. 183
Nicodemus Hagiorita	saec. XI pars pr.		Janin, col. 878; Laurent, *Sceaux*, V, 1, n. 559
Georgius	(-1027 ian.)		Rhalles, V, p. 32
Sergius	(-1027 nov.)	(1028 ian.-)	Grumel, II, n. 833; Rhalles, V, p. 24
Nicetas	(-1030 mai.)	(1032 apr.-)	Laurent, *Sceaux*, V, 1, n. 560
...	(-1051/1052)		Grumel, III, n. 858
Sergius	(-1092)		Grumel, III, n. 967: PG, 127, col. 973; Laurent, *Sceaux*, V, 1, n. 564
Iohannes	saec. XI pars pr.		Laurent, *Sceaux*, V, 1, n. 562
Georgius Gregorius Pardos			Le Quien, II, coll. 164-165; A. Kominis, *Gregorio Pardos metropolita di Corinto e la sua opera*, Roma 1960; Laurent, *Sceaux*, V, 1, nn. 563, 566
Theodorus	1154/1155	1173/1174	Laurent, *Sceaux*, V, 3, n. 1749
Stephanus Chrysoberges	1173/1175		Laurent, *Sceaux*, V, 3, n. 1749
...	(-1186)		Kominis, *Gregorios Pardos*, p. 56
Nicolaus		1205	Janin, col. 878
Manuel	(-1230)		Mystakides, p. 183
Theoleptus	saec. XIV		Janin, col. 878
Hyacinthus, aep. "de Kos"	1343 apr.		Darrouzès, V, n. 2242
..., aep. "de Acheloos"	1370 dec. 4		Darrouzès, V, n. 2602
Isidorus		(1386 mai.-)	Darrouzès, VI, nn. 2798, 2949
Theognostus	1394 ian./febr.	(1397 oct.-)	Darrouzès, VI, nn. 2944, 2949, 3059
Marcus	1454	1466	Janin, col. 878
Malachias	1467		
Ioachim	(-1477)		Mystakides, p. 183
Macarius	1507 oct.	1517 apr. 4	Janin, col. 878
Constantinus Resinos			
Ioasaph			Martinus Crusius, IV, pp. 323-324

Sophronius	(-1564 ian.)	(1565-)	Martinus Crusius, II, p. 172; Mystakides, p. 183
Neophytus	1579		Janin, col. 878
Laurentius	(-1580)		Mystakides, p. 183
Anthimus	1601	(1619 dec.-)	Janin, col. 878; AA, II, p. 189
Athanasius	1620 mai.		Janin, col. 878
Anthimus	1620	1622 mai.	
Neophytus	1622 mai.	1624 iul.	
Daniel	1624 sept.	1628 apr. 18	
Ezechiel	1628 iul.	1635 iul.	
Cyrillus	1635 iul.	1637 (?)	
Ezechiel	1637	1638 iul.	
Ioasaph	1638 aug. 31	(1639 sept.-)	Janin, col. 878; Leo Allatius, III, XI, col. 1069
Gregorius	(-1642 mai.)		Leo Allatius, III, XI, col. 1089; *Synod of Jerusalem*, p. 102
Cyrillus, prom. patr. CP	1652		Le Quien, II, coll. 166-167
Parthenius	1668 iul.		Janin, col. 878
Callistus	1668 nov.	1672	Janin, col. 879
Zacharias	1678	1684	
Gregorius Notaras	1695	1712	
Metrophanes	1719		
Dionysius	1730 c.		
Parthenius	1734	1750	
Macarius Notaras	1764	1776	
Gabriel	1776	1783 febr. 15	
Zacharias	1792	1801	
Cyrillus Rhodopoulos		1836 febr.	
Ionas	1852 iul. 10	1853 nov. 29	
Amphilochius Gardales	1854 aug. 23	1875 febr.	
Socrates Coliatsos	1884 febr. 2	1899 febr.	
Bartholomaeus Georgiades	1899 sept. 26	1921 (?)	
Damascenus	1922	1938	
Michael	1939		
Panteleimon Karanikolas, metr.	1965		*Orthodoxia, 1986-1987*, p. 80

46.1.11 CORINTHUS — eccl. tritheita

...	saec. VI		Iohannes Ephesinus, HE, V, 1-2: pp. 191-192

46.2.2 AEGINA, Aigina — eccl. primaeva et byzantina

Vescovado suffraganeo di Atene, sede arcivescovile nella *notitia* 2 e seguenti; il 16 maggio 1371 la sede arcivescovile fu ceduta al metropolita di Atene (Darrouzès, V, n. 2616); nel 1833 era nuovamente vescovado, soppresso con la riforma del 1852.

Fonti: Hierocles, 645, 15: Honigmann, p. 17; *notitiae*: Darrouzès, p. 482

Bibl.: Le Quien, II, coll. 226-227; Hirschfeld, RE, I, coll. 964-968; Mystakides, p. 155; R. Janin, DHGE, XV, coll. 15-16; Laurent, *Sceaux*, V, 1, p. 671

Crispus			*Constitutiones apostolicae*, VII, 46
Paschasius	(-553 mai.)	(553 iun.-)	ACO, IV, I, pp. 6, 228
Gabriel	(-787 sept.)	(787 oct.-)	Mansi, XII, col. 1110; XIII, col. 392
Thomas	(-879 nov.)		Mansi, XVII-XVIII, col. 377
Theodorus	saec. IX		G. Schlumberger, REG, II (1889), p. 248; Laurent, *Sceaux*, V, 1, n. 863
Dionysius Seguros Sguros			Legrand, *Bibl. Hell. XVII*, III, pp. 176-179
Niphon	1608 iun. 18		Janin, col. 15
Neophytus	1625		
Dorotheus, dep.	1627 oct. 24	1651 oct.	Janin, col. 16
Meletius	1651 dec.		
Callinicus	(-1693 ian.20)	(1721-)	Janin, col. 16; Le Quien, II, col. 227
	1725 c.		Omont, p. 325
Damascenus, dep.	saec. XVIII		Janin, col. 16
Paisios	1787 aug. 5		
Ioachim, dep.			
Ambrosius	1803 sept.		
Gerasimus	1813 iul.		
Neophytus	1821		
Samuel	1826	(1827 mai. 23-)	
Niphon	1831		
Gerasimus, tr. ad Hydr.		1833 nov. 22	
Samuel, dep.	1833 nov. 21	1852 iul. 19	

46.3.3 **AMYCLAE**, Amykleion

eccl. byzantina

Vescovado suffraganeo di Patrasso; sulle vicende del vescovado tra le metropoli di Lacedemonia, Eraclea e Patrasso, cfr. Laurent, IV, n. 1521; Darrouzès, V, nn. 2081, 2138, 2202.

Fonti: *notitiae* 7, 13, 21: Darrouzès, pp. 284, 362, 421

Bibl.: Le Quien, II, coll. 228-229; Mystakides, pp. 158-159; S. Vailhé, DHGE, II, coll. 1376-1377

Nicolaus Mouzalon	(-<1157-1169>)	(<1170-1178>-)	Grumel, III, nn. 1096, 1137
...	(-1326)		Laurent, IV, n. 1521
...	(-1340 nov.)		Vailhé, col. 1376
...	(-1368 oct.)		Darrouzès, V, n. 2545
Callinicus	1601		Vailhé, col. 1376
Cyrillus, dep.		1611 mai.	
Macarius			Papadopoulos-Kerameus, IV, p. 195
Parthenios	(-1725 c.)		H. Omont, ROL, I (1893), p. 319
Cyrillus	(-1771)		Mystakides, p. 159
Nicephorus	(-1798)	(1804 apr.-)	Vailhé, col. 1376

46.4.34 **ANDRUSA**

eccl. orthodoxa

Vescovado suffraganeo di Monembasia incluso nella *notitia* 21; Giorgio Phrantzes (*Chronicon maius*, I, 4: PG, 156, col. 656; cfr. Laurent, IV, n. 1560), narra che il patriarca Atanasio (1289-1293, 1304-1310) era originario di Andrusa e divenuto patriarca eresse la città in vescovado, sottoponendolo alla metropoli di Monembasia; nel 1821 il vescovado esisteva ancora; nel 1833 fu incluso nel vescovado di Messenia (cfr. M. Thèarvic, EO, III, p. 286, n. 14).

Fonti: *notitia*: Darrouzès, p. 421

Bibl.: Le Quien, II, coll. 236-237; S. Vailhé, DHGE, II, coll. 1804-1805

Parthenios	1717 febr.	1718	Vailhé, col. 1805
Euthymios, Gabriel	1718 ian.		
Theodosius	(-1725 c.)	(1734 aug. 9-)	
Nicephorus			
Daniel	1756 dec. 1	(1769-)	
Constantinus, dep.	(-1802)	1806 mar. 15	
Ioseph	1806 apr.	(1811-)	
Neophytus Cophiniotes	(-1820)		
Ioseph	(-1833)		

46.5.3 **ARGOS**, Argiae, Argivae — eccl. byzantina

Dopo la IV crociata, Guglielmo di Villehardouin conquistò la località e ne fece un feudo del ducato di Atene; occupata dai Turchi nel 1397, i Veneziani la tennero dal 1686 al 1706; vescovado suffraganeo di Corinto compare nelle *notitiae* 7, 9-10, 13 e come metropoli senza suffraganei nelle *notitiae* 12, 15, 17-19, 21; sotto regime turco fu unito a Nauplia.

Fonti: Hierocles, 647, 4: Honigmann, p. 18 *notitiae*: Darrouzès, p. 484

Bibl.: Le Quien, I, coll. 183-186; Hirschfeld, RE, II, coll. 788-789; Mystakides, pp. 161-163; R. Janin, DHGE, IV, coll. 80-81; Laurent, *Sceaux*, V, 1, pp. 426-430; V, 2, p. 419

Perigenes			Praedestinatus, 19: PL, 53, col. 593
Genethlius	(-448 nov. 22)		Grumel, I, n. 100: Mansi, VI, col. 752
Onesimus	(-451 oct.)		ACO, II, I, II, p. 75
Thalis, Thales	(-457/458)		ACO, II, V, p. 89
Ioannes	(-681 sept. 16)		Mansi, XI, col. 628
Theotimus	(-879 nov.)		Mansi, XVII-XVIII, col. 377
Petrus	(-<912-920>)	922 (?)	Grumel, II, n. 666; R. Janin, BS, X, coll. 731-733; Laurent, *Sceaux*, V, 1, n. 571
Nicolaus			Laurent, *Sceaux*, V, 1, n. 573
Theodorus	saec. X fin.		Laurent, *Sceaux*, V, 1, n. 574
Iohannes, metr.	(-1089)		PG, 157, col. 1167; Laurent, *Sceaux*, V, 1, n. 575
Constantinus	saec. XII pars pr.		Laurent, *Sceaux*, V, 2, n. 1586
Leo Anzas	(-1143 oct.)	(1157 mai. 13-)	Grumel, III, n. 1043: PG, 140, col. 180; Laurent, *Sceaux*, V, 1, n. 576

46.6.3 **ARTA**, Larta, Ambracia (?) — eccl. byzantina

Vescovado suffraganeo di Naupacto Nicopolis, compare nelle *notitiae* 10 e 13; nel luglio 1367, Matteo, arcivescovo di Leucade, venne trasferito alla metropoli di Naupacto con sede ad Arta (Darrouzès, V, n. 2530); il metropolita di Naupacto ed Arta ebbe 8 vescovadi suffraganei, di cui Giovanni I Paleologo ne attribuì 4 alla sede di Ioannina.

Fonti: *notitiae*: Darrouzès, pp. 327, 363

Bibl.: Le Quien, II, coll. 199-202; F. Remy, DHGE, IV, col. 766; Ep. Chr., XII (1937), pp. 11-16; Laurent, *Sceaux*, V, 3, pp. 113-114

Paulus	saec. XI med.	Laurent, *Sceaux*, V, 3, n. 1764
Basilius	(-1157 mai. 13)	Grumel, III, n. 1043: PG, 140, col. 180
...	(-1232 iun.)	Laurent, IV, n. 1259: Rhalles, V, p. 106
Ioannes	(-1235 iul.)	Laurent, IV, n. 1283: Rhalles, V, p. 106

Gabriel			Nicolaus Comnenus Papadopoli, VI, VII, p. 397
Ioachimus, ep. Naupacti et Artae	(-1564 ian.)		Martinus Crusius, II, p. 174
Damascenus, ep. Naupacti et Artae	(-1576)		Martinus Crusius, IV, p. 497
Parthenius, ep. Naupacti et Artae	(-1579 mar.)		Martinus Crusius, IV, p. 282
Metrophanes, ep. Naupacti et Artae	(-1580)		Remy, col. 766
Zacharias Gerganus, metr. Artae	(-1620)		Le Quien, II, col. 202
Theophilus Corydalius			
Bartholomaeus	(-1672)		
Iohannes			
Parthenios	(-1725 c.)		Omont, p. 317
Neophytos	(-1741)		AA, XI, p. 325
Macarios	(-1787 sept. 14)	(1793 aug. 9-)	AA, II, pp. 207, 209; Actes, III, p. 80
Ignatios Tsingris, metr.	1958 sept. 25		*Orthodoxia, 198- 6-1987*, p. 75

46.7.2 ATHENAE, Setines — eccl. primaeva et byzantina

Vescovado della provincia di Acaia, suffraganeo di Corinto. L'Acaia faceva parte dell'Illirico orientale con capitale a Tessalonica: il 14 luglio 421, Teodosio II unì l'Illirico alla chiesa di Costantinopoli, ma senza ottenerne effetto fino a Leone III Isaurico, verso il 733. Il vescovado di Atene fu elevato al rango di metropoli dell'Ellade forse poco dopo il 765; venne comunque confermato durante il patriarcato di Tarasio (784-806) e da allora compare in tutte le *notitiae*. Durante la dominazione latina (cfr. Fedalto, II, pp. 51-54) i metropoliti greci furono assenti, mentre Costantinopoli nominava dei titolari che solitamente governavano un'altra sede metropolitana col titolo di proedros; Nerio Acciaiuoli permise a Doroteo, nominato nel 1387, a risiedere in città. Il 27 luglio 1833 l'assemblea dei vescovi proclamò l'indipendenza della chiesa di Grecia: Atene aveva allora 7 vescovadi sotto la propria giurisdizione. Fino al 1922 era la sola sede metropolitana per tutta la Grecia, la cui chiesa autocefala comprende 34 eparchie o diocesi; vi sono soggette altre 32 metropoli del patriarcato ecumenico, oltre alle diocesi di Creta.

Fonti: Hierocles, 645, 11; Honigmann, p. 17; *notitiae*: Darrouzès, p. 485

Bibl.: Le Quien, II, coll. 167-178; Wachsmuth, RE, Suppl., I, coll. 159-219; R. Janin, DHGE, V, coll. 15-42; V. Laurent, *L'érection de la métropole d'Athènes et le statut ecclésiastique de l'Illyricum au VIIIe siècle*, EB, I (1943), pp. 58-72; Mystakides, p. 151-155; Laurent, *Sceaux*, V, 1, pp. 437-453; Janin, *Églises*, pp. 128-130; D. I. Pallas, DPAC, I, coll. 436-438; J. E. Amastasiou, DHGE, XXI, coll. 1349-1371

Dionysius Areopagita	53	(81-96)	Eusebius, HE, IV, 23: I, p. 203
Narcisus	125 c.		cfr. Janin, col. 17
Publius	170 c.		G. Ladocsi, DPAC, II, coll. 2953-2954
Quadratus			Eusebius, HE, IV, 23: I, p. 203
Leonides		250 c.	Janin, coll. 17-18; cfr. Le Quien, II, col. 171

Pistus	(-325 mai.)	(325 iun.-)	Turner, I, pp. 86-87
Clematius (?)			Janin, col. 40; cfr. Le Quien, II, col. 170
Athanasius	(-457/458)		ACO, II, V, p. 89
Anatolius	(-459)		Janin, VII, col. 917
Ioannes			Janin, col. 40
Theophylactus	saec. VII		Laurent, *Sceaux*, V, 1, n. 585
Ioannes	(-680 sept.)	(681 sept. 16-)	Mansi, XI, coll. 614, 672
Andreas		693 oct. 19	Laurent, p. 63; *Sceaux*, V, 1, n. 586
Theocharistus	702		Janin, col. 40
Theodosius	saec. VIII in.		Laurent, *Sceaux*, V, 1, n. 587
Marinus	704		Janin, col. 40; Zacos-Veglery, I, n. 925
Iohannes		713 nov. 24	Laurent, *Sceaux*, V, 1, n. 588
Gregorius	780		Janin, col. 40
Adamantius	810		
Iohannes		819	Laurent, p. 63
Germanus		841 dec. 1	Laurent, *Sceaux*, V, 1, n. 589
Demetrius			PG, 111, col. 329
Gabriel			Laurent, p. 63
Gregorius			
Cosmas			
Nicetas	(-870 febr. 28)		Mansi, XVI, col. 191
Sabas, ep. Demetriadis	(-879 nov.)		Mansi, XVII-XVIII, col. 373
Anastasius		889	Janin, col. 40
Sabas	(-894/895)	913 dec. 3	Grumel, II, n. 706; Laurent, *Sceaux*, V, 1, n. 590
Georgius		921 sept. 9	Grumel, II, n. 706
Nicetas, metr.	(-922 ian./iun.)	926 nov. 2	Grumel, II, n. 706; Laurent, *Sceaux*, V, 1, nn. 591-593
Constantinus		945/975 iun. 29	Laurent, *Sceaux*, V, 1, n. 594
Philippus		981 febr.	Laurent, p. 63
Theodegius	(-997 febr. 21)	1006 sept. 17	Grumel, II, n. 804; Laurent, *Sceaux*, V, 1, n. 595
Metranandre	saecc. XI-XII		Laurent, *Orghidan*, p. 189
Michael syncellus	(-1027 nov.)	1030 aug. 13	Grumel, II, n. 834; Laurent, *Sceaux*, V, 1, n. 596
Leo syncellus	(-1038 apr. 17)	1060 oct. 14	Grumel, II, n. 843; III, n. 869; Laurent, *Sceaux*, V, 1, n. 597
Leo syncellus		1069 oct. 14	Laurent, *Sceaux*, V, 1, n. 597

Iohannes Blachernites		1086 nov.	Laurent, *Sceaux*, V, 1, n. 600
Nicetas Courtes	(-1089 apr. 20)	1103 apr. 28	Grumel, III, n. 952; Laurent, *Sceaux*, V, 1, n. 601
Nicephorus		1121	Janin, col. 41
Leo Xeros		1153 ian. 18	Laurent, *Sceaux*, V, 1, n. 602
Georgius Bourtzes	(-1157 mai./aug.)	1160 mai. 16	Grumel, III, nn. 1043, 1045: PG, 140, coll. 180, 200; Laurent, *Sceaux*, V, 1, n. 603
Nicolaus Hagiotheodorites	(-1166 apr. 11)	1175	Grumel, III, nn. 1068, 1127; Laurent, *Sceaux*, V, 1, n. 604
Iohannes	1180	1182	Laurent, *Sceaux*, V, 1, n. 606
Michael Acominatos Choniates	1182	1222 c.	Laurent, *Sceaux*, V, 1, n. 607
...	(-1274)		Mansi, XXIV, col. 75
Meletios, proedros Madytou	(-1280 mai. 3)		Laurent, IV, nn. 1446-1447; Janin, col. 26
Anthimos, proedros	1300 c.		Janin, coll. 26, 41
Lazarus	1320 c.		Janin, col. 41
Anthimos, tr. ad Creten.	(-1364 oct.)	(1365 fin.-1366 mai.)	Darrouzès, V, nn. 2463, 2507
Neophytus, adm.	1366 mai.		Darrouzès, V, n. 2512
Nicodemus (?), "adm. Athen. et Euripi, Theban., Neopatren. et Aeginen".	(-1371 mar.)		Darrouzès, V, n. 2605
Dorotheus, metr., "proedros Theban. et Neopatren".	1387		Darrouzès, VI, n. 2835; Janin, col. 26
Macarius (?)	(-1395 aug.)		Darrouzès, VI, n. 3010; Janin, coll. 27, 41
Gervasius	1432		Janin, coll. 27, 41
Phantinos	1440 c.		Janin, col. 41
Isidorus	(-1458 aug.)		Janin, col. 27
Dorotheus	1472 (?)		Janin, col. 41
Anthimus	1489		
Neophytus	1498		
Laurentius	1528	1550	
Callistus	1550	1564	
Sophronius	(-1564 ian.)	1570	Janin, coll. 28, 41; Martinus Crusius, II, p. 174
Nicanor	1570	1592	Janin, coll. 28, 41; Martinus Crusius, IV, p. 325
Theophanes Carykes, prom. patr. CP	1592	1596 sept.	Janin, coll. 28, 41
Neophytus, prom. patr. CP	1596	1602 febr.	Janin, coll. 29, 41
Samuel Primpetos	1602		Janin, col. 41

Nathanael Emporos	1602	1606	
Anthimus	1606		
Cyrillus	1611 c.		
Metrophanes	1619 c.		
Theophanes	1620	1633	
Sophronius, dep.	1633	1636	Janin, coll. 41, 29
Daniel, ep. Diauleias et Talantiou	1636	1655	Janin, coll. 41, 29-30
Iacobus	1676	1686	
Athanasius, dep.	1687	1689	
Macarius Pelecanos, dep.	1689	1693	
Anthimus	1693	1699	
Cyrillus	1699	1703	
Meletios	1703	1713	
Iacobus	1713	1734	
Zacharias	1734	1740	
Anthimus	1741 ian. 4	1764	Janin, coll. 41, 31
Bartholomaeus	1764	1780	
Neophytus			
Gabriel			
Benedictus, dep., ex.	1781	1785	Janin, coll. 41, 31-32
Athanasius	1785	1799 sept. 17	
Gregorius, prom. metr. Calcedonen.	1799	1820	Janin, coll. 41, 32
Dionysius	1820	1823 mai. 23	
Daniel, adm.	1823		Janin, col. 32
Neophytus, ep. Talantiou, adm.	1824		
Samuel, metr. Elasson., adm.	1826		
Gregorius, ep. Euripi	1828		Janin, coll. 41, 32
Anthimus	1828	1830	
Neophytus Metaxas, ep. Talantiou	1833	1861 dec. 29	Janin, coll. 41, 34
Misael Apostolides	1861 dec. 30	1862 iul. 21	
Theophilus Vlakhopapadopoulos	1862 aug. 8	1871	Janin, coll. 41, 34-35
Antonius Chariates, aep. Corphien., non conf.	1871 iul. 28		Janin, coll. 41, 35
Procopius Georgiades, aep. Messenien.	1874 mar. 27	1889	

Germanus Calligas, aep. Cephalonien.	1889 iul. 5	1896 ian. 18	
Procopius Economides, dep.	1896 oct.	1901	Janin, coll. 41, 35-36
Theoclitos, ep. Monembasien. et Lacedaemonien., dep.	1902 nov. 1	1917	Janin, coll. 41, 36
Theoclitos, iter., dep.	1920	1922 nov. 16	
Meletios Metaxakis, metr. Kitiou	1918	1920	
Chrysostcmus Papadopoulos	1923 mar. 8		Janin, coll. 41, 36-37
Seraphim Vissarion Tikas	1974 ian. 12		*Orthodoxia, 1986-1987*, p. 74

46.7.11 ATHENAE — eccl. tritheita

...	saec. VI		Iohannes Ephesinus, HE, V, 1-2; pp. 191-192

46.7.20 ATHEN — eccl. armena-gregoriana

Bibl.: *Orthodoxia, 1986-1987*, p. 49

Sahag Ayvazian	1958		*Orthodoxia, 1986-1987*, p. 49

46.7.30 ATHENAI — eccl. catholica

Hyacinthus Gad	1958		OC, p. 206

46.7.31 ATHEN — eccl. latina

Nicolaos Foscolos	1973		OC, p. 451

46.8.34 ATTIKA — eccl. orthodoxa

Bibl.: *Orthodoxia, 1986-1987*, p. 76

Dorotheos Dionysios Giannaropulos, metr.	1974		*Orthodoxia, 1986-1987*, p. 76

46.9.3 **AULON**, Avlonari, La Vallonee, Eubea — eccl. byzantina

Vescovado suffraganeo di Atene nelle *notitiae* 3, 7, 9-10, 13, della metropoli di Euripo nella *notitia* 21.

Fonti: *notitiae*: Darrouzès, p. 485

Bibl.: Le Quien, II, coll. 226-227; R. Janin, DHGE, V, coll. 671-672

Theodorus	(-1208 dec. 8)		Potthast, n. 3552: PL, 215, coll. 1492-1493
Laurentius, ep. Aulonis	(-1564 ian.)		Martinus Crusius, II, p. 174
Meletius	(-1720)		Le Quien, II, col. 227

46.10.34 **BRESTENE**, Bresthena — eccl. orthodoxa

Vescovado suffraganeo di Lacedemonia nella *notitia* 21; il 21 novembre 1833, il vescovado prese il nome di Sellasia.

Fonti: *notitia* 21: Darrouzès, p. 421

Bibl.: Le Quien, II, coll. 236-237; R. Janin, DHGE, X, col. 618

Parthenius	(-1645)		Janin, col. 618
Agathangelus	(-1703 c.)		Le Quien, II, coll. 236-237
...			Janin, col. 618
Theodoretus	1813	1843	

46.11.3 **CARYSTUS**, Carystos, Karystos — eccl. byzantina

Vescovado suffraganeo di Corinto, quindi di Atene (*notitiae* 3, 7, 9-10, 13), nella *notitia* 21 di Euripo in Eubea.

Fonti: Hierocles, 645, 8: Honigmann, p. 17; *notitiae*: Darrouzès, p. 496

Bibl.: Le Quien, II, coll. 197-198; Geisau, RE, X, coll. 2256-2259; R. Janin, DHGE, XI, coll. 1245-1247

Cyriacus	(-457/458)		ACO, II, V, p. 89
Vardanes	(-1204 c.)		Janin, col. 1246
...	(-1590 c.)		
Isaac	(-1606 c.)		
Ioel	(-1720 c.)		Le Quien, II, col. 198
Neophytus	1817	1833 nov. 21	Janin, col. 1246

Daniel Countoudes, metr. Chien.	1833 nov. 21	1844	
Macarius Calliarches	1854	(1888-)	
Panteleiomon	1922		

46.12.1 CENCHREAE, Kechries — eccl. primaeva

Porto orientale di Corinto sul golfo saronico; l'unica testimonianza di un vescovado, che risalirebbe all'età apostolica, è quella riportata sotto.

Bibl.: Le Quien, II, coll. 177-178; R. Janin, DHGE, XII, col. 135; Bölte, RE, XI, coll. 167-170

Lucius	*Constitutiones apostolicae*, VII, 46

46.13.3 CEOS, Kea, Cea, Zia, Tzia — eccl. byzantina

L'isola fu possesso veneziano dal 1207 al 1537, unita al ducato di Naxos nel 1541, annessa alla Turchia nel 1566, incorporata nel regno di Grecia nel 1833. Vescovado suffraganeo di Atene, compare nella *notitia* 3; incluso nella lista di Nilo Doxapatris tra i suffraganei di Atene; il vescovado, scomparso durante l'occupazione latina, venne ristabilito dopo la conquista turca e annesso a Syra nel 1594; nel 1623 il patriarca Cirillo Lukaris lo eresse in arcivescovado, nel 1819 diventò metropoli, ridivenne sede vescovile nel 1833, fu unito al vescovado di Andros nel 1852 e soppresso nel 1900.

Fonti: *notitia* 3: Darrouzès, p. 243

Bibl.: Le Quien, II, coll. 238-239; Bürchner, RE, XI, coll. 182-189; Mystakides, p. 219; R. Janin, DHGE, XII, coll. 147-148; Laurent, *Sceaux*, V, 2, pp. 427-428

Thomas	saecc. XI-XII		Laurent, *Sceaux*, V, 2, n. 1595
Symeon		1594 ian. 15	Janin, col. 148
Nectarius	(-1622)	1630 iun. 8	
Daniel	1630 iun. 8		
Nilus, dep.	1646 dec. 5	1650 sept. 15	
Germanus, dep.	1651 iul.	1661 aug. 14	
Gregorius	1661 aug. 14		
Germanus, iter.	1675 mar.		
Macarius	(-1721)		Le Quien, II, coll. 238-239
Bartholomeus Deangelis	1730 c.		Janin, col. 148
Ananias Bradyglossos	1740 c.		
Gregorius Migadas		1792 mai.	
Sophronius	1792	1796	
Nicodemus Roussos	1796	1842	

46.14.3 CEPHALONIA, Cephalenia — eccl. byzantina

Sede metropolitana nella *notitia* 3, vescovado suffraganeo di Corinto nelle *notitiae* 7, 9-10, 13, 21; centro del tema delle isole ionie fino al 1185, dopo il 1204 diventò feudo di Matteo Orsini, nel 1357 cadde in potere dei Tocco, nel 1479 dei Turchi, nel 1503 dei Veneziani; l'isola fu ceduta alla Francia col trattato di Campoformido, diventò inglese dal 1809 al 1863, quando venne riunita al regno di Grecia; per il periodo latino, v. Fedalto, II, pp. 71-74.

Fonti: Hierocles, 648, 5: Honigmann, p. 18; *notitiae*: Darrouzès, p. 497

Bibl.: Le Quien, II, coll. 234-235; Bürchner, RE, XI, coll. 193-215; MEE, XIV, coll. 300-308; R. Janin, DHGE, XII, coll. 150-153; Laurent, *Sceaux*, V, 1, p. 434

...	(-787 oct. 13)		Mansi, XIII, col. 392
Antonius	(-879 nov.)		Mansi, XVII-XVIII, col. 376
..., tr. ad Naupacten.		1362 sept.	Miklosich-Müller, I, pp. 413-415
...	(1448-1479)		Janin, col. 151
Philotheus Loberdos	1567	1580	
Anthimus Antipas	1605 c.		
Nicephorus Metaxas	(-1621)		Le Quien, II, col. 234
Parthenius	1622 (?)		Janin, col. 151
Pachomius Dozaras	1624		
Nicodemus Metaxas	1628 mai.	1646	
Hieremias	1646	1651	
Paisios Choidas	1664	1672	
Timotheus Typaldos	1684	1718	Janin, col. 152
Cyprianus			Le Quien, II, col. 235
Agapius			
Sophronius	1721		Janin, col. 152
Seraphim, "ep. Cephaloniae et Zacynthi"	(-1725 c.)		Omont, p. 319
Abraamius Melissenus	1756		Janin, col. 152
Sophronius Coutoubales, dep.	1762		
Ioannicius	1784		
Parthenius Macres	1824 mar.	1842 iul.	
Constantinus Typaldos, el., non. conf.	1842 nov.		
Spyridon Contomichales	1842 dec.	1873 iul.	
Spyridon Combothecras, dep.	1874 nov.	1876 mai.	
Germanus Calligas, tr. ad Athenien.	1883 oct.	1889 iun. 5	
Gerasimus Dorigas, Dorizas	1893 febr. 5	1901 ian. 24	
Damascenus Polydorou	1901 iul. 9	1934	

Germanus	1934 iul. 14		
Spyridon Spyridon Kalafatakis	1984 iun. 3		*Orthodoxia, 1986-1987*, p. 80

46.15.3 CHALCIS, Euripus, Negroponte eccl. byzantina

Vescovado suffraganeo di Eraclea di Europa; nel 1833 ricevette il nome di Eubea e nel 1852 quello di Chalcis; nel 1900 vi fu annessa l'eparchia di Carystos; nel 1923 diventò sede metropolitana.

Fonti: Hierocles, 645, 6: Honigmann, p. 17; *notitiae* 3, 7, 9-10, 13, 16: Darrouzès, p. 488

Bibl.: Le Quien, II, coll. 212-215; Oberhummer, RE, III, coll. 2078- 2088; R. Janin, DHGE, XII, coll. 278-279; Mystakides, pp. 171- 173; Laurent, *Sceaux*, V, 1, p. 454; V, 3, pp. 167-168

Constantinus	(-457/458)		ACO, II, V, p. 89
Dometius	(-553 mai.)	(553 iun.-)	ACO, IV, I, pp. 5, 226
Iohannes			Le Quien, II, coll. 214
Theodorus	(-870 febr. 28)		Mansi, XVI, col. 193
Theophylactus	(-879 nov.)		Mansi, XVII-XVIII, col. 373
Lucas	saec. X		Laurent, *Sceaux*, V, 1, n. 608
Georgius	(-943)		Le Quien, II, col. 214; cfr. Laurent, *Sceaux*, V, 3, n. 1826
Constantinus	saecc. XI-XII		Laurent, *Sceaux*, V, 1, n. 609
...	(-<1081-1084>)		Grumel, III, col. 933; Rhalles, V, p. 57
...	(-1170 nov.)		Grumel, III, col. 1118; Rhalles, III, pp. 440-444
Theodorus	(-1209 dec. 8)		Potthast, n. 3552: PL, 215, coll. 1492-1493
Daniel	(-1591 iun.)		Actes, II, p. 49
Neophytos	(-1593)		Mystakides, p. 171
Ioasaph			
Iezechiel		1641	
Daniel	(-1650)		
Gregorios			Mystakides, p. 172
Laurentios			
Daniel	(-1654)		
Gregorios	(-1671)		
Daniel	(-1672)		Le Quien, II, col. 215
Gabriel	(-1713)		Mystakides, p. 172
Nectarios	(-1721)		Le Quien, II, col. 215

Sophronios	(-1725 c.)		Omont, p. 318
Gregorios	(-1752 mai.)		Mystakides, p. 172
Procopios			
Paisios	(-1753 sept. 1)	(1758 febr.-)	
Paisios			
Anthimos	(-1766)		
Gedeon			
Gennadios	(-1776)		
Hierotheos	(-1798 mai.)		Actes, III, p. 83
Gregorios	(-1827)		Mystakides, p. 172
Gedeon			Mystakides, p. 173
Christophoros Stamatiades, non acc.	1882 febr.		Janin, col. 279
Eugenius Depastas	1882	1902 iul.	
Panteleimon	1906 oct. 12	1907	
Chrysostomus Probatas	1907 iul.	1917	
Gregorius	1922		
Chrysostomos Nikolaos Vergis, "metr. de Chalkis, Istiaia et Sporades"	1974		*Orthodoxia, 1986-1987*, p. 86

46.16.3 **CHRISTIANOUPOLIS**, Christiano, Megalopolis — eccl. byzantina

Vescovado suffraganeo di Corinto nella *notitia* 3; nel 1080 il vescovado venne unito a Megalopolis fino al 1283; sede metropolitana senza suffraganei dalla *notitia* 11 in poi.

Fonti: *notitiae*: Darrouzès, pp. 245, 488

Bibl.: Le Quien, II, coll. 187-190; Hiller, RE, XV, coll. 127-140; Zakythinos, II, p. 286 ss.; Bon, *Péloponnèse*, pp. 111-113; R. Janin, DHGE, XII, coll. 773-774; Laurent, *Sceaux*, V, 1, pp. 623-624; V, 3, p. 143

Timotheus	(-457/458)	ACO, II, V, p. 89, cfr. p. XII
Stephanus	saec. IX	Laurent, *Sceaux*, V, 3, n. 1799
Eustratios	(-1080 mar.)	Janin, col. 773
...	(-1087 nov. 15)	Le Quien, II, col. 187; Rhalles, V, p. 60
Nicephorus	saec. XII	Laurent, *Sceaux*, V, 1, n. 807
Constantinus	(-1152 febr. 26)	Leo Allatius, II, XII, col. 688
...	(-1186 sept. 10)	Grumel, III, n. 1170; Rhalles, V, pp. 314-320
...	1187	Janin, col. 773

...	(-1274)		Mansi, XXIV, col. 75
Georgius	(-1278 sept. 7)		Janin, col. 773
...	(-1360 nov.)	(1367 nov. 9-)	Darrouzès, V, nn. 2427, 2532, cfr. p. 573
Isidorus, "metr. Corinthien. et Christian."	1386 mai.		Darrouzès, VI, n. 2798
Theognostus	1394 febr.		Darrouzès, VI, n. 2949
...	(-1428)		Zakythinos, II, p. 287
...	(-1460)		
Callistus	(-1475 oct.)		Janin, col. 773
Athanasius	(-1550)		Mystakides, p. 234
Macarius	(-1564 ian.)		Martinus Crusius, II, p. 174
Dionysius, adm.	1585		Janin, col. 773
Nectarius	(-1593 mai.)		
Symeon, dep.		1602	
Dionysius			
Sophronius			
Nicodemus Gorgorycius Arcas	1613 iun. 2		Tsirpanlis, p. 314
Ignatius, dep.		1645 ian. 1	Janin, col. 773
Eugenius	1645 mar. 8	(1672-)	Janin, col. 773; Le Quien, II, col. 190
Athanasius	1700 c.		Janin, col. 773
Gregorius	(-1718 dec.)	(1720 c.)	
Parthenius	1725 c.	1732	
Neophytus, dep.		1734	
Daniel	1734 apr. 18	1772	Janin, col. 773; Mystakides, p. 234
Hieremias	1772 febr.	1783	Janin, col. 774
Macarius	1783 febr.	1784	
Gerasimos	(-1793 apr.)	1807	Mystakides, p. 234
Germanus	1807	1821	

46.17.3 CORONE

eccl. byzantina

Vescovado suffraganeo di Corinto nelle *notitiae* 3 e 21, di Patrasso nelle *notitiae* 7, 9-10, 13; alla metropoli di Patrasso il vescovado era stato attribuito nell'806 c. ed alla metropoli di Monembasia nell'aprile 1300 (Laurent, IV, n. 1580); nel 1833 con la riorganizzazione della chiesa greca il vescovado scomparve; per il periodo veneziano, cfr. Fedalto, II, pp. 99-103.

Fonti: Hierocles, 677, 15: Honigmann, p. 18; *notitiae*: Darrouzès, p. 498

Bibl.: Le Quien, II, coll. 193-196; Pieske, RE, XI, coll. 1422-1424; D. C. Loukaris, E A, XXX (1910), pp. 147, 156; R. Janin, DHGE, XIII, coll. 913-914; Zakythinos, II, pp. 275-276, 280; Laurent, *Sceaux*, V, 1, pp. 486-491; V, 3, pp. 108-109

Procopius	saec. IX pars post.	Laurent, *Sceaux*, V, 1, n. 646
Gerasimus	saec. X pars post.	Schlumberger, p. 184; Laurent, *Sceaux*, V, 1, n. 647
Stephanus	saec. X fin.	Laurent, *Sceaux*, V, 1, n. 648
Iohannes	saecc. X-XI	Laurent, *Sceaux*, V, 1, n. 649; V, 3, n. 1757
Theodosius	saec. XI pars pr.	Laurent, *Sceaux*, V, 1, nn. 650-651
Constantinus	saecc. XII-XIII	Schlumberger, p. 185; Laurent, *Sceaux*, V, 1, nn. 653- 654
Georgius	saec. XI med.	Laurent, *Sceaux*, V, 1, n. 652
Athanasius	1230 c.	Janin, col. 913
Iohannes Asanes	saec. XIII fin.	Loukaris, p. 147
...	(-1318 iun. 13)	Zakythinos, II, p. 280
...	(-1341)	Ioannes Cantacuzenos, III, 11: II, p. 74
Marcus	(-1361/1362)	Zakythinos, II, p. 280
...	(-1395 aug.)	
...	(-1436 nov. 28)	Zakythinos, II, p. 275
Macarius	(-1437 nov.)	Zakythinos, II, p. 280
Bessarion Statharios	(-1499 apr.)	Zakythinos, II, pp. 280, 398
Courouvalis		Zakythinos, II, p. 398
Benedictos	(-1532)	Loukaris, p. 147
Macarios	1565	Loukaris, p. 156
Arsenius	1572	Martinus Crusius, IV, pp. 322-323; Loukaris, p. 156
Cyrillus	1585 c.	Janin, col. 913
Euthymius	(-1718 ian.)	Loukaris, p. 156
Bessarion	(-1720 c.)	Le Quien, II, col. 194
Silvester	(-1725 c.)	Omont, p. 319
Sophronius	1731	Loukaris, p. 156
Paisios Karakalos	1733	
Iacobos Stathopoulos	1744	
Macarios	1750	
Athanasios		
Gregorios	1821	

46.18.2 CORONEA

eccl. primaeva et byzantina

Vescovado suffraganeo di Atene.

Fonti: Hierocles, 644, 6: Honigmann, p. 17; *notitiae* 3, 7, 9-10, 13: Darrouzès, pp. 244, 283, 302, 324, 361

Bibl.: Le Quien, II, coll. 191-194; Pieske, RE, XI, coll. 1425-1431; R. Janin, DHGE, XIII, col. 914

Onesiphorus, s.			J. M. Sauget, BS, IX, coll. 1177-1180
Agathocles	(-431 iun.)	(431 iul.-)	ACO, I, I, II, p. 4; I, I, VII, p. 86
Afobius, Aphobius	(-457/458)		ACO, II, V, p. 89
Dionysius	(-1786)		Janin, col. 914

46.19.3 DAULIA, Diaulia, Daulis, Daulis, Dauleia

eccl. byzantina

Vescovado suffraganeo di Atene incluso nella *notitia* 3 e dalla *notitia* 7 in poi; verso la fine del secolo XIV, il vescovado fu scisso in due dal metropolita di Atene, Doroteo, per formare il vescovado di Talantion; i due vescovadi continuarono però parallelamente fino a quando il patriarca Geremia II, nel giugno 1592, li unì, determinandone i confini; sede arcivescovile nel 1653, vescovado nuovamente nel 1655, quando Talantion era unito ad Atene, quindi ancora a Daulia, e separato definitivamente nel gennaio 1759. Il vescovado cessò nel 1833, per far posto a quello di Focide.

Fonti: Hierocles, 643, 10: Honigmann, p. 16 *notitiae*: Darrouzès, pp. 243, 489

Bibl.: Le Quien, II, coll. 234-237; Philippson, RE, IV, col. 2233, n. 1; J. van den Gheyn, *La siège épiscopale de Diaulia en Phocide*, BZ, VI (1897), pp. 92-95; A. Papadopoulos-Kerameus, BZ, VII (1898), pp. 50-56; R. Bosquet, *L'évêché de Daulia-Talantion*, EO, X (1907), pp. 295-299; R. Janin, DHGE, XIV, coll. 94-96; Laurent, *Sceaux*, V, 1, pp. 456-458; V, 3, p. 104

Basilius	saecc. X-XI		Laurent, *Sceaux*, V, 1, n. 610; V, 3, n. 1751
Germanus		919 mai. 7	Bosquet, p. 296
Theodorus	saec. XI		Laurent, *Sceaux*, V, 1, nn. 611-612
Theognostus, ep. Thermopilen., adm.	(-1422)		Bosquet, p. 296
Nilus	(-1492/1493)		
...	(-1537)		
Neophytus	1562	(1567 mar. 19-)	Bosquet, p. 296; Janin, col. 95
Sophronius	(-1572 iun.)	(1590 mai.-)	
Daniel		(1611-)	Bosquet, p. 297
Metrophanes	(-1611 mai.)	1616	Janin, col. 95
Daniel, iter., tr. ad Athenien.	1616	(1636 iun.-)	
Metrophanes, iter., dep.	1636	1653	
Isaac, dep.		1653 dec.	
Metrophanes, iter.			

Anthimus, tr. ad Athenien.	1654	1655 apr. 8	Janin, col. 95
Macarius	1671 iun. 19		
Metrophanes	1675 iun. 19		
Chrysanthus	(-1721)		Le Quien, II, col. 204
	1725 c.		Omont, p. 315
...	1798 ian.		v. d. Gheyn, p. 94
Gabriel		1803	Janin, col. 95
Neophytus Metaxas	1803	1833	

46.20.3 DELPHOI — eccl. byzantina

Vescovado suffraganeo di Atene (*notitia* 3), diverso da Aulon (cfr. Le Quien, II, coll. 226-227).

Fonti: Hierocles, 643, 13: Honigmann, p. 17; *notitia* 3: Darrouzès, p. 244

Bibl.: H. Pomtow, RE, IV, coll. 2517-2700; Suppl. IV, coll. 1189-1432; F. Schober, Suppl. V, coll. 61-152

...	saec. XV	Laonicus Chalcondylas, *De origine ac rebus gestis Turcorum*, II: PG, 156, col. 76
Pantamianos		Mystakides, p. 168

46.21.3 ELATEA, Elateia — eccl. byzantina

Vescovado suffraganeo di Atene.

Fonti: Hierocles, 643, 8: Honigmann, p. 16; *notitia* 3: Darrouzès, p. 243

Bibl.: Le Quien, II, coll. 205-206; Philippson, RE, V, coll. 2236-2237; R. Janin, DHGE, XV, col. 115

Alexander	(-457/458)	ACO, II, V, p. 89

46.22.3 ELIS, Helos, Elos — eccl. byzantina

Vescovado suffraganeo di Corinto nella *notitia* 3, nelle *notitiae* 7, 9-10, 13 ricordato come Elos e suffraganeo di Patrasso, nella *notitia* 21 suffraganeo di Monembasia; nel 1833, con la riorganizzazione della chiesa in Grecia, fu riunito all'arcivescovado di Patrasso; vescovado indipendente nel 1899 e metropoli nel 1922.

Fonti: Hierocles, 648, 2: Honigmann, p. 18; *notitiae*: Darrouzès, pp. 244, 284, 303, 326, 362, 421

Bibl.: Le Quien, II, coll. 224-225, 195-196; Philippson, RE, V, coll. 2432-2433; Athenagoras metr., TH, VIII (1930), p. 235; R. Janin, DHGE, XV, coll. 214-215; Laurent, *Sceaux*, V, 1, pp. 493-494

Dionysius	(-343 aut.)		Turner, I, pp. 556-557
Georgius, "ep. Alei"	(-879 nov.)		Mansi, XVII-XVIII, col. 376
Lucas	saec. XI pars post.		Laurent, *Sceaux*, V, 1, n. 657
Theodorus	saec. XI pars post.		Laurent, *Sceaux*, V, 1, n. 658
Marcos, Macarius	1262		Athenagoras, p. 235
...	(-<1503-1504, 1504-1513>)		Martinus Crusius, II, p. 147
Dionysios	1630		Athenagoras, p. 235
Nicodemos	1700		
Ioachim	1727		
Parthenios	1747		
Callinicos	1769		
Anthimos			
Ionas, dep.	1833 nov.		Janin, col. 214
Damascenus Speleotopoulos	1901 aug. 21	1917	
Antonius Politis, dep.	1922 dec.	1945 apr. 12	
Germanus	1945 apr. 12		
Germanos Ioannis Paraskevopulos, metr.	1981 oct. 3		*Orthodoxia, 1986-1987*, p. 78

46.23.3 EZERA, Ezeron, Ezeras — eccl. byzantina

Vescovado suffraganeo di Lacedemonia ricordato in un atto sinodale del novembre 1340; per il periodo franco, cfr. Bon, *Morée*, pp. 70, 93-94, 99, 108 s., 132, 224, 448, 474, 497-498.

Bibl.: Darrouzès, V, n. 2202; Bon, *Péloponnèse*, p. 63, n. 2; p. 163, n. 5; pp. 108-113

46.24.34 GORTYNA — eccl. orthodoxa

Bibl.: *Orthodoxia, 1986-1987*, p. 76

Theophilos Athanasios Kanavos, "metr. de Gortyna et Megalopolis"	1970 mai. 17		*Orthodoxia, 1986-1987*, p. 76

46.25.34 GYTHEION

eccl. orthodoxa

Bibl.: *Orthodoxia, 1986-1987*, p. 76

Sotirios Kitsos, "metr. de Gytheion et Oitylon"	1965 nov. 21	*Orthodoxia, 1986-1987*, p. 76

46.26.34 HYDRA

eccl. orthodoxa

Bibl.: *Orthodoxia, 1986-1987*, p. 86

Hierotheus Spyridon Tsantilis	1967 iun. 26	*Orthodoxia, 1986-1987*, p. 86

46.27.34 KAISARIANE

eccl. orthodoxa

Bibl.: *Orthodoxia, 1986-1987*, p. 79

Georgios Prokopis, metr.	1974 mai. 26	*Orthodoxia, 1986-1987*, p. 79

46.28.34 KALAVRITA

eccl. orthodoxa

Bibl.: *Orthodoxia, 1986-1987*, p. 79

Ambrosios Athanasios Lenis, metr.	1978 oct. 12	*Orthodoxia, 1986-1987*, p. 79

46.29.34 KARYSTIA

eccl. orthodoxa

Bibl.: *Orthodoxia, 1986-1987*, p. 79

Seraphim Sokrates Roris, metr.	1968 nov. 24	*Orthodoxia, 1986-1987*, p. 79

46.30.3 KERNITSA, Tzernitza, Bura — eccl. byzantina

Nel 1377/1378, un atto sinodale confermò l'elevazione imperiale del vescovado a metropoli (Darrouzès, VI, n. 2686); nel 1380 sotto la pressione imperiale, il patriarca Nilo approvò la promozione, annullandola nel marzo 1381 e, al tempo stesso, il metropolita venne trasferito alla metropoli di Ioannina (Darrouzès, VI, nn. 2704, 2714); il vescovado tornò ad essere suffraganeo di Patrasso; nel periodo franco era ricordato come vescovado (cfr. Fedalto, II, p. 194).

Malotaras	(-1316)		Zakythinos, II, p. 289
Matthaeus, tr. ad Ianninam	(-1377/1378)	1381 mar.	Darrouzès, VI, nn. 2686, 2714
Neophitos	(-1555)		Mystakides, p. 182
Arsenios	(-1654 sept.)		
Constantios			
Leontius			Le Quien, II, coll. 238-239
Elias Miniati			
Parthenius	(-1723 ian. 2)		
Daniel	(-1725 c.)		Omont, p. 319

46.31.3 KYTHERON, Kythera — eccl. byzantina

Vescovado suffraganeo di Corinto nelle *notitiae* 9 e 13, di Monembasia nella *notitia* 21.

Fonti: *notitiae*: Darrouzès, p. 499

Bibl.: Laurent, IV, n. 1580; Zakythinos, II, pp. 276-277; *Orthodoxia, 1986-1987*, p. 80

Iakovos Theophilos Korotsis	1980 mar. 2		*Orthodoxia, 1986-1987*, p. 80

46.32.3 LACEDAEMON, Lacaedemonia, Sparta — eccl. byzantina

Vescovado suffraganeo di Corinto; la città, distrutta dalle invasioni slave, fu ricostruita e ripopolata nell'805: da allora compare come vescovado suffraganeo di Patrasso (Grumel, II, n. 371) e dalla *notitia* 11 come metropoli senza suffraganei; l'erezione del vescovado a metropoli avvenne poco prima o poco dopo il 1° gennaio 1083 (Laurent, *La date*, p. 139). Nel 1207 la città fu presa da Guglielmo di Villehardouin e ripresa sotto Michele VIII Paleologo nel 1263/1264; nella *notitia* 21 sono indicati tre vescovadi suffraganei (Darrouzès, p. 421; cfr. Laurent, IV, n. 1521).

Fonti: Hierocles, 647, 8: Honigmann, p. 18; *notitiae*: Darrouzès, p. 499

Bibl.: Le Quien, II, coll. 189-192; Bölte-Ehrenberg-Ziehen-Lippold, RE, III A, coll. 1265-1528; R. J. H. Jenkins-C. Mango, *A Synodicon of Antioch and Lacedaemonia*, DOP, XV (1961), pp. 225-242; V. Laurent, *La liste épiscopale du synodicon de la métropole de Lacédémone*, REB, XIX (1961), pp. 208-226; *La date de l'érection des métropoles de Patras et de Lacédémone*, REB, XXI (1963), pp. 129-141; Mystakides, pp. 186-189; Zakythinos, II, p. 281 ss.; Laurent, *Sceaux*, V, 1, pp. 478-482, 624-625; V, 2, pp. 431-432

Ossius, Hosius	(-457/458)		ACO, II, V, p. 89
Pithanus	(-649 nov.)		Jaffé, n. 2072: PL, 87, col. 194
Theodosius	(-681 sept. 16)		Mansi, XI, col. 673
Iohannes	saec. IX		Laurent, pp. 218, 225
Irenaeus			
Basilius			
Theoclitus, Theokletos	(-870 febr. 28)		Mansi, XVI, col. 195; R. Janin, BS, XII, coll. 204-205
Antonius	(-879 nov.)		Mansi, XVII-XVIII, col. 376
Basileus	(-900)	(900-)	Laurent, pp. 219, 226
Nicodemus			Laurent, pp. 220, 226
Eustathius			
Leontius			Laurent, pp. 220, 226; *Sceaux*, V, 1, n. 637
Iohannes			Laurent, pp. 220, 226
Theodoretus (?)	(-964/966)		Grumel, II, n. 791; Laurent, p. 220; *Sceaux*, V, 1, nn. 638-639
Theopemptos	(-998 nov. 26)		Laurent, pp. 219-220, 222; *Sceaux*, V, 1, n. 640
Theodosius			Laurent, p. 221
Lucas			
Iohannes			
Leontios	(-1050)		Mystakides, p. 187
Theodoros	(-1050)		
Theodosius, metr.	(-1082/1083)		Laurent, p. 221
Michael			
Sotherichos			
Basilius			
Iohannes			
Iohannes			
Constantinus	saec. XII		Laurent, *Sceaux*, V, 1, n. 808
Nicetas	(-1166 mai. 6)	(1168 mar. 11-)	Leo Allatius, II, XII, col. 690; Laurent, *Sceaux*, V, 2, n. 1600; Laurent, p. 221
Iohannes	(-1173 iul. 11)	(1177 ian. 10-)	Laurent, p. 222; Grumel, III, nn. 1127, 1132
Nicetas			Laurent, pp. 222, 226
Theodosius	(-1272 nov.)		Laurent, p. 222
Iohannes	1283	(1285 aug.-)	Laurent, p. 223; Laurent, IV, n. 1260
Nicephorus Moschopulos, metr. Creten., adm.	(-1289 aug.)	1316 c.	Laurent, p. 223; Laurent, IV, n. 1620

Michael, metr. Patracen., proedros	1316		Laurent, p. 226
Gregorius Boutas	(-1324 mai. 9)		Darrouzès, V, nn. 2110, 2152
Lucas, metr. Sougdaiae, proedros	(-1329 apr.)		Darrouzès, V, nn. 2149, 2152
	1335/1336		Darrouzès, V, n. 2172
Nilus	(-1340 mai.)	(1341 aug.-)	Darrouzès, V, nn. 2197, 2214
	1344 nov.-dec.		Darrouzès, V, n. 2256
	1367 nov. 9		Darrouzès, V, n. 2532
Gregorius	1382 iul. 24/26		Darrouzès, VI, n. 2739
Neophytus	(-1393)	(1394 (?)-)	Mystakides, p. 187; Darrouzès, VI, n. 2959
Nilus	(-1409)		Zakithinos, II, p. 286
Methodius	(-1437/1439)		
Matthaeus	saec. XIV		
Iohannes Eugenicus	(-1452)		
...	(-1460)		Le Quien, II, col. 191
Dorotheus	(-1539 c.)		
Gregorius	(-1564 ian.)		Martinus Crusius, II, p. 174
Theodosios	(-1575)		Mystakides, p. 187
Iezechiel			
Chrysanthos	1601	(1612-)	
Dionysius	(-1619 dec.)		AA, II, p. 189
Ioasaph	(-1640 oct.)		AA, II, p. 199
Gabriel	(-1643)		Le Quien, II, col. 192
Chrysanthus	(-1648)		Leo Allatius, III, XI, 7, col. 1092; Le Quien, II, col. 192
Zosimas	(-1656)		Mystakides, p. 188
Theodoretus	(-1672)		Le Quien, II, col. 192
Ioseph	(-1721)		
Parthenios	(-1725 c.)		Omont, p. 319
Ananias	(-1767)		Mystakides, p. 188
Neophitos	(-1777 febr.)		Mystakides, p. 189
Gregorios	(-1791)	1801	
Daniel	1801		
Chrysanthos			

46.33.3 **MAINE**, Magne — eccl. byzantina

Vescovado suffraganeo di Corinto; nel settembre 1348 (?) venne conferito alla metropoli di Monembasia (*notitia* 21: Darrouzès, V, n. 2298, cfr. n. 2372; Darrouzès, p. 421); nel marzo-aprile 1397 fu restituito alla metropoli di Corinto (Darrouzès, VI, n. 3044).

Fonti: *notitiae* 7, 9-10, 13, 21: Darrouzès, p. 501

Bibl.: Bon, *Péloponnèse*, pp. 107 ss., 157; Mystakides, p. 197; Laurent, IV, n. 1580; Laurent, *Sceaux*, V, 1, pp. 435-437

Michael	saec. XI fin.	Laurent, *Sceaux*, V, 1, n. 583
Theodosius	saecc. XI-XII	Laurent, *Sceaux*, V, 1, n. 584
...	(-1426)	Zakythinos, II, p. 274
	1429 dec. 17	Zakythinos, I, p. 219
	1435 oct. 25	Zakythinos, II, p. 274
Daniel		Mystakides, p. 197

46.34.34 **MANTINEIA** — eccl. orthodoxa

Bibl.: *Orthodoxia, 1986-1987*, p. 81

Theoklitos Nikolaos Philippaios, "metr. de Mantineia et Kynouria"	1965 nov. 21	*Orthodoxia, 1986-1987*, p. 81

46.35.3 **MEGARA** — eccl. byzantina

Vescovado suffraganeo di Atene.

Fonti: Hierocles, 645, 12: Honigmann, p. 17; *notitiae* 3, 13: Darrouzès, pp. 244, 361

Bibl.: Le Quien, II, coll. 205-206; E. Meyer, RE, XV, coll. 152-205

Alypius	(-343 aut.)		Turner, I, pp. 554-555
Nicias	(-451 oct.)		ACO, II, I, II, p. 102
Agathemerus, Agathodorus, Agatherus	(-457/458)		ACO, II, V, p. 89
Dionysius	(-553 mai.)	(553 iun.-)	ACO, IV, I, pp. 6, 228
Bartholomaios Katsouris, "metr. de Megara et Salamis"	1974 mai. 27		*Orthodoxia, 1986-1987*, p. 81

46.36.34 MENDENITZA, Mountinitza, Bendinitza — eccl. orthodoxa

Vescovado suffraganeo di Atene.

Fonti: *notitiae* 13, 21: Darrouzès, pp. 361, 421

Bibl.: Le Quien, II, coll. 238-239

Iacobus	(-1720 c.)		Le Quien, II, coll. 238-239
	1725 c.		Omont, p. 316

46.37.34 MESOGAIA — eccl. orthodoxa

Bibl.: *Orthodoxia, 1986-1987*, p. 81

Agathonikos Philippotis, "metr. de Mesogaia et Laureotika"	1974 mai. 26		*Orthodoxia, 1986-1987*, p. 81

46.38.3 MESSENE, Mesaniga, Moseniga — eccl. byzantina

Vescovado suffraganeo di Corinto, compare nella *notitia* 3; nell'agosto 1317 era ricordato un arcivescovo, cui era stata ceduta la metropoli di Arkadioupolis (Darrouzès, V, n. 2080).

Fonti: Hierocles, 647, 14: Honigmann, p. 18; *notitia* 3: Darrouzès, p. 245

Bibl.: Le Quien, II, coll. 195-198; Reincke, RE, XV, coll. 1231-1242; Stamoules, pp. 140-141

Alexander, ep. "de Moremis"	(-343 aut.)		Turner, I, pp. 558-559; cfr. Le Quien, II, coll. 195-197
Ioannes	(-449 aug. 8)	(457/458-)	Honigmann, *Lists*, p. 35; ACO, II, V, p .89
Philippus	(-879 nov.)		Mansi, XVII-XVIII, col. 373
Ioannes	(-1084)		Stamoules, p. 140
Ioannes	(-1144)	(1152 febr. 26-)	Stamoules, p. 140; Leo Allatius, II, XII, col. 688
Nicetas	(-1170 febr. 21)		Grumel, III, n. 1112
...	(-1194)		Stamoules, p. 140
Meletios	(-<1289 c.- 1293>)		AA, III, p. 96
...	(-1316 oct./1317 mai.)	(1318 nov./1319 febr.-)	Darrouzès, V, nn. 2076, 2093
Malachia de Arkadioupolis, proedros	(-1329 apr.)		Darrouzès, V, n. 2149
Chrysostomos Adam Themelis, metr.	1957 nov. 21		*Orthodoxia, 1986-1987*, p. 82

46.39.3 METHONE, Mothon, Modon eccl. byzantina

Vescovado suffraganeo di Patrasso nelle *notitiae* 7, 9-10, 13, di Monembasia nella *notitia* 21.

Fonti: Hierocles, 647, 17: Honigmann, p. 18; *notitiae*: Darrouzès, pp. 284, 303, 326, 362, 421

Bibl.: Le Quien, II, coll. 228-233; E. Meyer, RE, XV, coll. 1381-1384, n. 4; Athenagoras metr., TH, VIII (1930), pp. 241-249, 250-251; Zakythinos, II, pp. 275-277; Laurent, *Sceaux*, V, 1, pp. 482-486; V, 3, pp. 107-108

Euthicius, Thicius, Tychicus	(-343 aut.)		Turner, I, pp. 558-559; cfr. Le Quien, II, col. 230
Athanasius, s.	(-879 nov.)	880 c.	Mansi, XVII-XVIII, col. 376; M. Japundžić, BS, II, coll. 551-552
Nicetas	saec. X		Laurent, *Sceaux*, V, 1, n. 642; V, 3, n. 1756
Theodorus	saec. X		Laurent, *Sceaux*, V, 1, n. 643
Theodorus	saec. XI		Laurent, *Sceaux*, V, 1, n. 644
Nicolaus	(-1166)		Leo Allatius, II, XII, col. 690; cfr. Beck, p. 624; Grumel, III, n. 1035
Meletius	saec. XII		Laurent, *Sceaux*, V, 1, n. 645
Demetrius Panaretos	saec. XIV in.		Zakythinos, II, p. 279
Akyndinos, dep.	1309 oct. 14		
Basilius Mandylas			
Antonius	(1259-1328)		Le Quien, II, col. 231
Michael	(1354-1355, 1364-1376)		Le Quien, II, col. 231: Nicolaus Comnenus Papadopoli, IV, II, p. 226
Kalogenites			Darrouzès, V, n. 2657
Niphon Mandylas	(-1373/1374)	(1389-)	Darrouzès, V, nn. 2657, 2658
Macarius	(-1437 dec. 21)	(1440 nov. 16-)	Syropoulos, IV, 8; XI, 14: pp. 204, 536-537, n. 8
Anthimus	(-1450)		Athenagoras, p. 239
Iosephus-Iohannes Plusiadenos	(-1492)	1500	T. Niggl, LTK, V, coll. 1128-1129; M. Manoussakas, REB, XVII (1959), pp. 28-51
Parthenios Psomas	(-1556)		Athenagoras, p. 239
Anthimus			Le Quien, II, col. 231: Nicolaus Comnenus Papadopoli, III, VI, p. 191
Theophanes	(-1648)		Leo Allatius, III, XI, col. 1092
Gregorius	(-1725 c.)		Omont, p. 319
Neophytos	1827		Athenagoras, p. 240
Gregorios	1830		
Paisios	1833		
Macarios	1837		

46.40.3 MONEMBASIA eccl. byzantina

Vescovado suffraganeo di Cefalonia nella *notitia* 3, di Corinto nelle *notitiae* 9-10, 13; Michele Paleologo elevò il vescovado a metropoli e il sinodo lo ratificò nel 1261-1262 c. (Laurent, IV, n. 1361, cfr. n. 1560); sede metropolitana dalla *notitia* 12 in poi.

Fonti: notitiae: Darrouzès, p. 504

Bibl.: Le Quien, II, coll. 216-223; Mystakides, pp. 199-201; V. Laurent, *La liste épiscopale du synodicon de Monembasie*, EO, XXXII (1933), pp. 129-161; *Les faux de la diplomatique patriarcale: un prétendue acte synodale en faveur de la métropole da Monembasie*, REB, XXI (1963), pp. 142-158; Zakythinos, II, pp. 277-279; Laurent, *Sceaux*, V, 1, pp. 430-434

Petrus	(-787 sept.)	(787 oct.-)	Mansi, XII, col. 1110; XIII, col. 392
Iohannes	(-815)		Laurent, *La liste*, pp. 143- 144
Georgius	saec. IX fin.		Laurent, *Sceaux*, V, 1, n. 577
Athanasius	saec. X		Laurent, *Sceaux*, V, 1, n. 579
Paulus	(-955 dec. 15)	(959-)	Laurent, *La liste*, pp. 144-145; *Sceaux*, V, 1, n. 578
Constantinus			Laurent, La liste, p. 145
Nicetas			
Christophorus			
Iohannes			
Basilius			
Nicolaus	saec. XI med.		Laurent, *La liste*, p. 145; cfr. p. 45; *Sceaux*, V, 1, n. 580
Anastasius			Laurent, *La liste*, p. 145
Sabas			
Nicolaus			
Constantinus			
Damianus			
Anastasius			
Arsenius			
Constantinus			
Gregorius	(-1261)		Laurent, *La liste*, pp. 146-147
Nicolaus	1283	(1304-)	Laurent, *La liste*, pp. 147-148; IV, n. 1580; cfr. AA, VIII, p. 72
Atoumanos		(1310 oct.-)	Darrouzès, V, nn. 2006, 2016 (?)
Sophronius	(-1315 iul.)	(1317 aug./1318 aug.-)	Darrouzès, V, nn. 2032, 2081
Iohannes	(-1326 nov.)	(1329 apr.-)	Darrouzès, V, nn. 2135, 2149; AA, VIII, p. 299
Gregorius Palamas, non acc.	1341		Laurent, *La liste*, p. 149
Isidorus, prom. patr. CP	1341 sept.	1347 mai.	Darrouzès, V, nn. 2216,2273

Iacobus Koukounares		1347	Darrouzès, V, n. 2297; Laurent, *La liste*, p. 150
Dorotheus (?)	1348 sept.		Darrouzès, V, nn. 2297, 2354
	1354 ian.		Darrouzès, V, n. 2354
	1367 nov. 9		Darrouzès, V, n. 2532
Ioseph	(-1368 oct.)		cfr. Darrouzès, VI, p. 520; AA, II, p. 145
Ioseph	(-1387 iun.)	(1390 aug. 1-)	Darrouzès, VI, nn. 2756, 2823, 2879
Clemens (?)	(-1394 mai.)		Darrouzès, VI, n. 2959; cfr. Laurent, *La liste*, p. 149
Acacius	1395 ian.	(1408 sept. 1-)	Darrouzès, VI, nn. 3035, 3282
Cyrillus, Isidorus (?)	1412/1413	(1429-)	Laurent, *La liste*, pp. 151- 152; Zakythinos, II, p. 278
Dositheus	(-1437)	(1440-)	Laurent, *La liste*, pp. 154- 158
Ioseph	(-1453)		Laurent, *La liste*, p. 158
Cyrillus			
Marcus Mousouros		1517	Mystakides, p. 200
Iohannes			
Hieremias		1572	
Ioasaph			
Arsenius			
Hierotheus	(-1591 iun.)		Actes, II, p. 49
Laurentius	(-1593)		Mystakides, p. 200
Paulus	(-1600)		
Leontius	(-1606)		
Ioasaph			
Germanus	(-1611)		
Achilleus	(-1616)		
Metrophanes	(-1618 iul. 14)		
Neophytus	1627	1649	Mystakides, p. 201
Sophronius			
Dorotheus	(-1650)		
Sophronius	(-1669)		
Laurentius	(-1674)		
Paisios	(-1723)		
Nicephorus	(-1725 c.)		Omont, p. 329
Ignatius	1775		Mystakides, p. 201
Ambrosius	(-1801 aug.)		

Chrysanthus	(-1821)		
Anthimus			
Eustathios Konstantinos Spiliotis, "metr. de Monembasia et Sparta"	1980 aug. 31		*Orthodoxia, 1986-1987*, p. 82

46.41.3 **MOREAS**, Moraias — eccl. byzantina

Vescovado suffraganeo di Patrasso.

Fonti: *notitiae* 7, 13: Darrouzès, pp. 284, 362

Bibl.: V. Laurent, *L'évêché de Morée (Moréas) au Péloponnèse*, REB, XX (1962), pp. 181-189; Laurent, *Sceaux*, V, 1, pp. 492-493

Theodorus	(-1100)		Laurent, p. 182 ss.; *Sceaux*, V, 1, n. 656

46.42.3 **NAUPACTUS**, Lepantus — eccl. byzantina

Sede metropolitana, compare dalla *notitia* 7 in poi col titolo di Naupacto Nicopoli.

Fonti: Hierocles, 643, 12: Honigmann, p. 17; *notitiae*: Darrouzès, p. 504

Bibl.: Le Quien, II, coll. 197-200; M. L. Trowbridge-W. A. Oldfather, RE, XVI, coll. 1979-2002; EK, XXVII (1950), pp. 152-153, 226-227, 241-242; Laurent, *Sceaux*, V, 1, pp. 513-515

Martyrius	(-343 aut.)		Hilarius: CSEL, 65, p. 138
Callicrates	(431 iun.-)	(431 iul.-)	ACO, I, I, II, p. 4; I, I, VII, p. 86
Irenaeus	(-451 oct.)		ACO, II, I, II, p. 37
Antonius	(-879 nov.)		Mansi, XVII-XVIII, coll. 373, 376 (?)
Eustratius	saec. X pars post.		Schlumberger, p. 175; Laurent, *Sceaux*, V, 1, n. 679
Basilius	(-1157 mai. 12)		Grumel, III, n. 1041: PG, 140, col. 180
Leo	(-1172 mai. 5)		Grumel, III, n. 1125; Laurent, *Sceaux*, V, 1, n. 680
...	(-1185 (?))		Le Quien, II, col. 199; cfr. H. O. Coxe, Bodleian Library. Quartus catalogus. *Catalogi codicum manuscriptorum*, I. *Greek Manuscripts*, Oxford 1969, p. 223
Iohannes Tziros	saec. XII fin.		Laurent, IV, nn. 1316, 1263
Ioannes Apokaukos	(-1219 dec.)	1233/1234	Laurent, IV, nn. 1224, 1266
Nicetas Choniates	1233/1234		Laurent, IV, n. 1283

Iohannes Xerus, eo. Ezerou	1250/1254	(1257-)	Laurent, IV, n. 1317; cfr. Georgius Acropolita, 49: p. 98; Schlumberger, p. 175
Ioannes	(-1266)		Georgius Pachymeres, IV, 6: p. 266
	1274		Mansi, XXIV, col. 75
..., ep. Cephaloniae	1362 sept.		Darrouzès, V, n. 2446
	1365		Darrouzès, V, 2446
Matthaeus, ep. Leucad., metr.	1367 iul.		Darrouzès, V, n. 2530
	1371 sept.		Darrouzès, V, n. 2629
Martyrios	(-1437 febr.)		Mystakides, p. 205
Euthymios	(-1507)		
Parthenios	(-1602)		
Sophronios	(-1607)		
Macarios	(-1654)		
Theophanes	(-1665)		
Gerasimos	(-1669)		
Gregorios	(-1697)		
Neophytos	1706	1724	
Nicodemos	(-1776)		Mystakides, p. 206
Alexandros Papadopulos, "metr. de Navpaktos et Agios Blasios"	1984 mai. 5		*Orthodoxia, 1986-1987*, p. 82

46.43.3 NAUPLIUM, Nauplia, Napoli di Romania — eccl. byzantina

Il vescovado compare come metropoli associata ad Argos nella *notitia* 21, mentre Argos cessava come sede vescovile.

Fonti: *notitiae*: Darrouzès, p. 420

Bibl.: Le Quien, II, coll. 185-186; Mystakides, pp. 161-163

Andreas	(-879 nov.)	Mansi, XVII-XVIII, col. 377
Dionysius, "metr. Nauplii et Argorum"	(-<1548-1580>)	Martinus Crusius, IV, pp. 320-321
	1579 febr.	Martinus Crusius, IV, pp. 285-287; Le Quien, II, col. 186
Parthenios	(-1599)	Mystakides, p. 162
Anthimos	(-1602 nov. 23)	
Theophanes	(-1624 apr.)	
Macarios	(-1654 oct. 7)	
Gerasimos	(-1667 mai.)	Mystakides, p. 163

...	(-1676)		Le Quien, II, col. 186
Ambrosius	(-1711)		Mystakides, p. 163
Gabriel	(-1720)		Le Quien, II, col. 186
Meletios	(-1725 c.)		Omont, p. 319
Neophytus	1741	1747	Mystakides, p. 163; Actes, III, p. 71
Nicodemos			Mystakides, p. 163
Meletios	(-1771 apr.)	1787	Mystakides, p. 163; Actes, I, p. 86
Iacobos			Mystakides, p. 163
Gerasimos	(-1800 ian.)		
Gregorios	(-1821)		
Iakovos Pachis, "metr. de Argolis"	1985 nov. 23		*Orthodoxia, 1986-1987*, p. 75

46.44.34 NEA IONIA — eccl. orthodoxa

Bibl.: *Orthodoxia, 1986-1987*, p. 82

Timotheos Stavros Matthaiakis, metr.	1951 mar. 1		*Orthodoxia, 1986-1987*, p. 82

46.45.34 NEA SMYRNA — eccl. orthodoxa

Bibl.: *Orthodoxia, 1986-1987*, p. 83

Chrysostomos Voultsos, metr.	1970 iun. 28		*Orthodoxia, 1986-1987*, p. 83

46.46.34 NEAPOLIS — eccl. orthodoxa

Bibl.: *Orthodoxia, 1986-1987*, p. 82; EEE, 1986, pp. 642-645

Dionysios Ioannis Ladopoulos, "metr. de Neapolis et Stavropolis"	1974 mai. 26		*Orthodoxia, 1986-1987*, p. 82

46.47.34 NIKAIA — eccl. orthodoxa

Bibl.: *Orthodoxia, 1986-1987*, p. 83

Georgios Pavlidis, metr.	1961 mai. 21		*Orthodoxia, 1986-1987*, p. 83

46.48.3 **OLENA**, Bolaena, Oleni, Olenus, Caminitza, Tsoukaleîka — eccl. byzantina

Vescovado suffraganeo di Patrasso.

Fonti: *notitiae* 7, 9-10, 13, 21: Darrouzès, pp. 284, 303, 326, 362, 421

Bibl.: Le Quien, II, coll. 228-229; R. Janin, DHGE, IX, col. 596; Laurent, *Sceaux*, V, 1, pp. 491-492

Petrus	saec. X		Laurent, *Sceaux*, V, 1, n. 655
Sisoes	(-1564 ian.)		Martinus Crusius, II, p. 174

46.49.3 **OPUS**, Kastraki — eccl. byzantina

Vescovado suffraganeo di Atene.

Fonti: Hierocles, 664, 8: Honigmann, p. 17; *notitia* 3: Darrouzès, p. 243

Bibl.: Le Quien, II, coll. 205-208; Oldfather, RE, XIII, col. 1138

Dominos, Domnus	(-431 iun.)	(431 iul.-)	ACO, I, I, II, p. 4; I, I, VII, p. 86
Athanasius	(-449 aug. 8)	(457/458-)	Honigmann, *Lists*, p. 45; ACO, II, I, I, p. 62; II, V, p. 89
Callinicus	(-553 mai.)	(553 iun.-)	ACO, IV, I, pp. 6, 228

46.50.3 **OREUS**, Hestiaea, Istiaea — eccl. byzantina

Vescovado suffraganeo di Cefalonia nella *notitia* 3, di Atene nelle *notitiae* 7, 9-10, 13, di Euripo di Eubea nella *notitia* 21.

Fonti: *notitiae* 3, 7, 9-10, 13, 21: Darrouzès, pp. 245, 283, 302, 324, 361, 421

Bibl.: Le Quien, II, coll. 203-204; Laurent, *Sceaux*, V, 1, pp. 458-459

Philetus	(-787 oct. 13)		Mansi, XIII, col. 392
Basilius, "ep. Oreianiton"	(-879 nov.)		Mansi, XVII-XVII, col. 377
Constantinus	saec. X		Schlumberger, p. 176; Laurent, *Sceaux*, V, 1, n. 613
Michael	saec. XII		Laurent, *Sceaux*, V, 1, n. 614
Daniel, tr. ad Theban.		1626	Mystakides, p. 234
Dorotheus			

46.51.2 PATRAE VETERES, Patras — eccl. primaeva et byzantina

Metropoli dell'Acaia, compare in tutte le *notitiae*; l'inizio della metropoli risale all'806 (Laurent, pp. 135-136) e in tale periodo le furono attribuite le sedi vescovili di Lacedemonia, Modone e Corone (Grumel, II, n. 371).

Fonti: Hierocles, 648, 3: Honigmann, p. 18; *notitiae*: Darrouzès, p. 507

Bibl.: Le Quien, II, coll. 177-182; E. Gerland, *Neue Quellen zur Geschichte des Lateinischen Erzbistums Patras*, Leipzig 1903, pp. 3- 8, 247-255; Hirschfeld, RE, I, col. 2362, n. 3: II, coll. 1209- 1210; E. Meyer, RE, XV, coll. 1075-1076; XVIII, coll. 2191-2222; J. Pargoire, *Sur une liste épiscopale de Patras*, EO, VII (1904), pp. 103-107; Mystakides, pp. 209-212; V. Laurent, *La date de l'érection des métropoles de Patras et de Lacédémone*, REB, XXI (1963), pp. 129-141; Zakythinos, II, p. 288 ss.; Laurent, *Sceaux*, V, 1, pp. 423-424, 471-478; V, 2, p. 434; V, 3, pp. 106-107

Stratocles (?)	37 c.		Pargoire, p. 106
Herodion (?)			
Plutarchus, Plotarcus	(-343 aut.)		Turner, I, pp. 554-555
Alexander	(-457/458)		ACO, II, V, p. 89
Georgius	saecc. VI-VII		Laurent, *Sceaux*, V, 1, n. 568
Athanasius	(784-806)		Gerland, p. 247
Georgius	(-826/827)		Laurent, p. 134; *Sceaux*, V, 1, n. 627
Theodorus	(843-847)		Laurent, *Sceaux*, V, 1, n. 628
Theodorus	(-826/863)	(878/879-)	Grumel, II, nn. 474, 513; cfr. Laurent, p. 136
Sabas	(-879 nov.)		Mansi, XVII-XVIII, col. 373
Andreas	(-<901-907, 912-925>)		Grumel, II, nn. 734-735; Laurent, *Sceaux*, V, 3, n. 1754
...(Gabriel) (?)	(-964/966)		Grumel, II, n. 791; Gerland, p. 248
...	(-1019 sept. 12)		Grumel, II, n. 826
Constantinus	(-1028 ian.)	(1038 apr. 17-)	Grumel, II, nn. 835, 844; Laurent, *Sceaux*, V, 1, n. 631; V, 3, n. 1755
Philippus	saecc. X-XI		Laurent, *Sceaux*, V, 1, n. 629
Gregorius	saecc. X-XI		
Nicetas	(-1067 mar. 19)		Grumel, III, n. 897; Laurent, *Sceaux*, V, 1, n. 633
Petrus	(-1084)		Le Quien, II, col. 181; Grumel, III, n. 938
Leo	1100 c.		Le Quien, II, col. 180; Gerland, p. 248
Constantinus	(-1157 aug.-sept.)		Grumel, III, n. 1045: PG, 140, col. 200; Laurent, *Sceaux*, V, 1, n. 635
Theodorus	(-1162 apr.)	(1172 mai. 5-)	Leo Allatius, II, XII, col. 690; Grumel, III, n. 1125; Laurent, *Sceaux*, V, 1, n. 1603
Iohannes			Laurent, *Sceaux*, V, 1, n. 636
...		1209	Gerland, p. 249
Tornikes	(-1217)		Laurent, *Sceaux*, V, 1, n. 636

Michael	(-1315 iul.)	(1316 apr.-)	Darrouzès, V, nn. 2032, 2064
Metrophanes	(-1327 dec.)	1347 aug.	Darrouzès, V, nn. 2138, 2153, 2289, 2297
Dorotheus (?), tr. ad Monembasien.		1348 sept.	Darrouzès, V, n. 2297
Macarius	1354 c.		Gerland, p. 250
Meletius	1365		
Ignatius, "ep. de Pamphilon"	1366 mai.	(1374-)	Darrouzès, V, nn. 2516, 2658
Maximus	(-1380)	(1395 aug.-)	Darrouzès, V, nn. 2658, 2704, 3009
Niphon	1397 ian.		Darrouzès, VI, n. 3037
Ioachim, el., non acc.	1403		Darrouzès, VI, nn. 3258, 3265
...	(-1426)		Zakythinos, II, p. 291
Cyrillus	(-1467 ian. 15)		Pargoire, p. 103
Gregorius	1545		Pargoire, p. 107
Germanus	(-1561)	1571	Pargoire, p. 103; Martinus Crusius, II, p. 174
Methodius, dep.	1572		Pargoire, p. 103
Arsenius	1575	1578	Mystakides, p. 210
Dionysius			
Methodius, iter.	1578		
Parthenios	1578	1579	
Arsenius, iter.	(-1579 mai.)	1580	
Methodius, iter.	1583		
Arsenius, iter.	1583	1885	Pargoire, p. 104
Nectarius	(-1585)	(1592-)	Gerland, p. 252
Gabriel, dep.	(-1593 febr. 12)		Pargoire, p. 104
Timotheus, prom. patr. CP	1601	1612 oct./nov.	
Theophanes Phlorias	1612	1638	
Parthenios	1639	1641	Pargoire, p. 107
Theophanes Pokamistas, dep.	1641	1646	
Parthenios, iter.	1646	1649	
Theophanes Pokamistas, iter.	1649 iun. 16		
Antonius	1650	1653	
Daniel, dep.	1653	1674	
Parthenios	1674		
Daniel, iter.	(-1676 ian. 9)	(1678 nov. 1-)	Pargoire, p. 107; AA, II, p. 203
Paisius		1678	Pargoire, p. 107
Germanus	1678		
Paisios	1688		

Arsenius Demetropoulos	(-1710 mar. 25)		Pargoire, pp. 105-106
Christophorus Antonopoulos	1715 (?)		Pargoire, p. 107
Paisios	(-1717 oct. 23)		Gerland, p. 253
Daniel	(-1721)		Le Quien, II, col. 182
Paisios, iter.	(-1722)		Gerland, p. 254
Gerasimos	(-1725 c.)	(1746 mai.-)	Omont, p. 319; Actes, III, p. 71
Parthenios	1759		Pargoire, p. 106; Gerland, p. 254
Gregorius		1767	Pargoire, p. 107
Germanus	1767 apr.		Pargoire, p. 106
Gabriel	1771	1780	Gerland, p. 254
Gregorius	1781	1799	
Macarius	1799	1806	
Germanus	1806 mar.	1826	C. G. Patelos, DHGE, XX, coll. 925-927
Gregorius, locumtenens	1826	1828	Gerland. p. 254
Agathangelus, locumtenens	1828	1832	
Meletius, ep. Achaias	1832	1837	Pargoire, p. 107; Gerland, p. 255
Theodoretus, ep. Achaias	1841	1842	
Gregorius, ep. Achaias	1842	1852	
Misael Apostolides, aep. Patracen. et Eleias	1852	1862	
Cyrillus Khoeronides, aep. Patracen. et Eleias	1866 mai. 22	1874	Gerland, p. 255
Abercius Lampines, aep. Patracen. et Eleias	1874	1883	
Nicephorus Calogeras, ren., aep. Patracen. et Eleias	1883 iun. 6		
Damascenus Khrestopoulos, aep. Patracen. et Eleias	1886 iun. 15		
Hierotheus Metropoulos, aep. Patracen. et Eleias	1892	1903	Pargoire, p. 107
Nikodemos Nikolaos Vallindras, metr.	1974		*Orthodoxia, 1986-1987*, p. 84

46.52.34 PERISTERION

eccl. orthodoxa

Bibl.: *Orthodoxia, 1986-1987*, p. 84

Chrysostomos Gerasimos Zaphris, metr.	1978		*Orthodoxia, 1986-1987*, p. 84

46.53.3 PHLIUS — eccl. byzantina

Vescovado suffraganeo di Corinto.

Fonti: *notitia* 3: Darrouzès, p. 244

Bibl.: Le Quien, II, coll. 327-328

(?)			Le Quien, II, coll. 327-328

46.54.34 PIRAIUS — eccl. orthodoxa

Bibl.: *Orthodoxia, 1986-1987*, p. 84

Kallinikos Karusos, metr.	1978		*Orthodoxia, 1986-1987*, p. 84

46.55.3 PISSA — eccl. byzantina

Vescovado suffraganeo di Lacedemonia, ricordato in un atto sinodale del novembre 1340.

Bibl.: Darrouzès, V, n. 2202

46.56.3 PLATEAE, Platea — eccl. byzantina

Vescovado suffraganeo di Atene.

Fonti: Hierocles, 645, 9: Honigmann, p. 17; *notitia* 3: Darrouzès, p. 244

Bibl.: Le Quien, II, coll. 207-208; E. Kirsten, RE, XX, col. 2255 ss.

Athenodorus, "ep. de Blatena"	(-343 aut.)		Turner, I, pp. 552-553
Domninus	(-449 aug. 8)	(451 oct.-)	Honigmann, *Lists*, p. 36; ACO, II, I, II, p. 37
Plutarchus	(-457/458)	(458/459-)	ACO, II, V, p. 90; PG, 85, col. 1620

46.57.3 PORTHMUS eccl. byzantina

Vescovado suffraganeo di Cefalonia nella *notitia* 3, di Atene dalla *notitia* 7 in poi.

Fonti: Hierocles, 645, 7: Honigmann, p. 17 *notitiae*: Darrouzès, p. 510

Bibl.: Le Quien, II, coll. 203-204

Theodorus	(-553 mai.)	(553 iun.-)	ACO, IV, I, pp. 7, 230
Leo	(-787 sept.)	(787 oct.-)	Mansi, XII, col. 1110; XIII, col. 392

46.58.34 PYLUS, Barinus, Abarinus, Navarino, Rheon (?) eccl. orthodoxa

Se il vescovado di Pylus è lo stesso di Rheon, compare nella *notitia* 21 tra i suffraganei di Monembasia (v. Rheon).

Fonti: *notitia* 21 (?): Darrouzès, p. 421

Bibl.: Le Quien, II, coll. 236-237, E. Mayer, RE, XXIII, coll. 2114-2128

Nicolaus "ep. Pyli"	(-1578 nov. 2)		Martinus Crusius, IV, p. 321

46.59.34 RHEON, Tzakonia eccl. orthodoxa

Vescovado suffraganeo di Monembasia

Fonti: *notitia* 21: Darrouzès, p. 421

Bibl.: Laurent, IV, n. 1580, Zakythinos, II, p. 276

Dionysius	(-1641 mai.)		Mystakides, p. 214
Nicodemus, "ep. Reontos et Prastou"	(-1768 iul.)		Actes, V, p. 368

46.60.3 SCARPHIA, Scarpheia eccl. byzantina

Vescovado suffraganeo di Atene.

Fonti: Hierocles, 643, 7: Honigmann, p. 16; *notitia* 3: Darrouzès, p. 243

Bibl.: Le Quien, II, coll. 212-213; Oldfather, RE, III A, coll. 460-465; cfr. XIII, col. 1140

Zoilus	(-457/458)		ACO, II, V, p. 89

46.61.3 SCYRUS, Skyros

eccl. byzantina

Vescovado suffraganeo di Atene.

Fonti: Hierocles, 646, 5: Honigmann, p. 17; *notitiae* 3, 7, 9-10, 13, 21: Darrouzès, pp. 243, 283, 302, 324, 361, 421

Bibl.: Le Quien, II, coll. 232-233; Fredrich, RE, III A, coll. 690-691; Laurent, *Sceaux*, V, 3, pp. 104-105; B. Ateses, EEBS, XV (1939), pp. 101-141

Irenaeus, Irenius, "ep. de Secoro"	(-343 aut.)	Turner, I, pp. 556-557
Michael	saec. VII	Laurent, *Sceaux*, V, 3, n. 1752
...	(-1012 mar.)	AA, V, p. 143
	1016	AA, V, pp. 155-161
Ioseph	(-<1548-1580>)	Martinus Crusius, IV, pp. 317-318
...	(-1708)	Le Quien, II, col. 233
Parthenios	(-1725 c.)	Omont, p. 315

46.62.34 SYRA, Syros

eccl. orthodoxa

Vescovado nelle isole Cicladi suffraganeo di Atene, da non confondere con il vescovado nell'isola di Skyros o Scyrus.

Fonti: *notitiae* 7, 9-10, 13: Darrouzès, pp. 283, 302, 324, 361

Bibl.: Le Quien, II, coll. 167-168; Martinus Crusius, IV, p. 325; Zschietzschmann, RE, IV A, coll. 1789-1794; *Orthodoxia, 1986-1987*, p. 85

Dorotheos Stekas, "metr. de Siros, Tinos, Andros, Kea et Melos"	1965 nov. 21	*Orthodoxia, 1986-1987*, p. 85

46.63.34 TALANTION

eccl. orthodoxa

Verso la fine del secolo XIV, il metropolita di Atene, Doroteo, costituì il vescovado, scindendolo dal vescovado di Daulia; i due vescovadi continuarono parallelamente fino al 1592, quando furono riuniti; nel 1655 fu annesso ad Atene, quindi ancora a Daulia e separato definitivamente nel 1759. Compare nella *notitia* 21 come suffraganeo di Atene.

Fonti: *notitia* 21: Darrouzès, p. 421

Bibl.: R. Janin, DHGE, XIV, coll. 94-96

Dorotheus	(-1638 sept. 24)	Leo Allatius, III, XI, col. 1069; *Synod of Jerusalem*, p. 89

46.64.3 TANAGRA, Tanagrea, Panagra — eccl. byzantina

Vescovado della provincia di Ellade seconda, suffraganeo di Tebe (*Index*, p. 11).

Fonti: Hierocles, 645, 5: Honigmann, p. 17

Bibl.: Le Quien, II, coll. 212-213; Fiehn, RE, IV A, coll. 2154-2162

Isychius, Hesychius	(-457/458)	ACO, II, V, p. 89

46.65.3 TEGEA, Palio-Episcopi — eccl. byzantina

Vescovado suffraganeo di Corinto.

Fonti: Hierocles, 647, 5: Honigmann, p. 18; *notitia* 3: Darrouzès, p. 245

Bibl.: Le Quien, II, coll.195-196; Hiller v. Gaertringen, RE, V A, coll. 107-108

Ophelimus	(-451 oct.)	ACO, II, I, I, p. 64

46.66.2 THEBAE — eccl. primaeva et byzantina

Arcivescovado dell'Ellade, sede metropolitana dalla *notitia* 8 in poi; il 16 maggio 1371, la sede fu affidata al metropolita di Atene (Darrouzès, V, n. 2616, cfr. nn. 2835, 2921).

Fonti: Hierocles, 645, 4: Honigmann, p. 17; *notitiae*: Darrouzès, p. 515

Bibl.: Le Quien, II, coll. 207-211; F. Schober-L. Ziehen, RE, V A, coll. 1423-1553; A. D. Komines, EESM, I (1968), pp. 87-100; G. D. Tsebas, EEBS, XII(1936), pp. 177-178; XIII (1937), pp. 397-399; Laurent, *Sceaux*, V, 1, pp. 591-595; V, 3, pp. 131-133

Rufus, s., mart.			J. M. Sauget, BS, XI, coll. 489-491
Iulius	(-343 aut.)		Turner, I, pp. 550-551
Anysius	(-431 iun.)	(431 iul.-)	ACO, I, I, VII, p. 112; I, I, II, p. 4
Architimus	(-457/458)		ACO, II, V, p. 89
Symeon	513	518	Komines, p. 91
Elpidios	(-531)		
...	590	604	
Germanus	saecc. VIII-IX		G. Schlumberger, REG, II (1889), p. 248
Marcianus	(-870 febr. 28)		Mansi, XVI, col. 192
...	(-912/913)		Grumel, II, nn. 636, 744
Iohannes Kossithes	(-1072)		Laurent, *Sceaux*, V, 1, n. 775

Petrus	(-1079)		Komines, p. 91; Laurent, *Sceaux*, V, 1, n. 774; V, 3, n. 1785
Constantinus	(-1080)		Schlumberger, p. 176; Laurent, *Sceaux*, V, 1, nn. 771-772
...	(-<1081-1084>)		Grumel, III, n. 933: Rhalles, V, p. 57
Nicetas	saec. XI fin.		Laurent, *Sceaux*, V, 1, n. 773
Ioannes Kaloktenes	(-1166 mar./apr.)	(1182-)	G. Schlumberger, REG, II, loktenes (1889), pp. 248-249; Grumel, III, n. 1144; Laurent, *Sceaux*, V, 1, n. 775; V, 3, n. 1786
Manuel	(-1204)		Komines, p. 92
Dorotheus	1371		Komines, p. 93
...	(-1437 iul. 30)		
Ioasaph	(-1542)		
Ioasaph	(-1564 ian.)		Martinus Crusius, II, p. 174; Leo Allatius, III, XVII, coll. 1308
Laurentius	(-1591 iun.)	(1593-)	Actes, II, p. 49; Komines, p. 99
Ioasaph	1604	1606	Komines, p. 94
Metrophanes	1621	1625	
Daniel	1626		
Parthenios	1626		
Clemens	1634	1637	
Gabriel, Daniel	1648		Komines, p. 95
Parthenios	1648	1657	
Iezechiel	1657	1666	
Hierotheus	1666	1687	
Athanasius	1700		Komines, p. 100
Damianus	(-1720)		Le Quien, II, col. 211
Athanasius	(-1725 c.)		Omont, p. 318
Philaretos	1729		Komines, p. 100
Gerasimos	1733	1734	
Ananias	1734 febr.		
Athanasios	1740		
Metrophanes	1744		
Panaretos	(-1746 mai.)		Actes, III, p. 71
Anthimos	(-1758)	1764	Komines, p. 96
Agapios	1764	1773	Komines, p. 100
Athanasios	1773 mai.	1790	
Timotheus	1790	1793	Komines, p. 97
Cyrillus	1793 sept.	1812	

Ananias	1812 aug.	1820	
Paisios	1820 aug.		
Agathangelus	1826	1830	Komines, p. 100
Abraham	1852	1858	
Dositheus	1858	1885	
Hieronymus	1901	1909	
Sinesius	1912	1944	
Policarpus	1944	1957	
Dorotheus	1957	1966	
Nicodemus	1967		
Hieronymos Ioannis Liapis, "metr. de Theben et Levadeia"	1981 oct. 4		Orthodoxia, 1986-1987, p. 78

46.67.3 THESPIAE, Thespe, Zaratova — eccl. byzantina

Vescovado suffraganeo di Atene nella *notitia* 3, di Tebe col titolo di Zaratova nella *notitia* 13.

Fonti: Hierocles, 645, 3b: Honigmann, p. 17; *notitiae* 3, 13: Darrouzès, pp. 244, 366

Bibl.: Le Quien, II, coll. 210-211; Fiehn, RE, VI A, coll. 287-291

...	(-446 ian. 6)	Jaffé, n. 409: PL, 54, col. 665
Rufinus	(-457/458)	ACO, II, V, p. 89

46.68.34 TRIPHYLIA — eccl. orthodoxa

Bibl.: *Orthodoxia, 1986-1987*, p. 86

Stephanos Stylianos Matakoulias, metr.	1960 mai. 20	*Orthodoxia, 1986-1987*, p. 86

46.69.3 TROEZEN, Troezene, Troizene, Damalas — eccl. byzantina

Vescovado suffraganeo di Cefalonia nella *notitia* 3, di Corinto nelle *notitiae* 7, 9-10, 13, 21 (con Pedias); unito a Polyphengous nel 1565 ed a Pedias nel 1591; sede arcivescivle nel 1717 (Janin, col. 40).

Fonti: *notitiae*: Darrouzès, pp. 488, 517

Bibl.: Le Quien, II, coll. 224-225; E. Meyer, RE, VII a, col. 646; Zakythinos, II, pp. 293-294; R. Janin, DHGE, XIV, col. 40; Laurent, *Sceaux*, V, 3, pp. 102-103; V, 1, pp. 424-426

Iohannes	saec. IX pars pr.		Zacos-Veglery, II, n. 2003; Laurent, *Sceaux*, V, 3, n. 1750
Antonius	(-787 sept. 26)	(787 oct. 13-)	Mansi, XII, col. 1009; XIII, col. 392
Symeon	saec. XI fin.		Laurent, *Sceaux*, V, 1, n. 569
Nicetas	saec. XIII		Zakythinos, II, p. 294; Laurent, *Sceaux*, V, 1, n. 570
Lucas	(-1257)		Zakythinos, II, pp. 294, 400
Ioasaph	(-1564 ian.)		Martinus Crusius, II, p. 174
Dorotheus	1577		Janin, col. 40
Silvester	1590 mai.		
Athanasius, dep.	1601/1602	1608 mai.	
Iacobus	(-1701)	(1713-)	
Sophronius	(-1719)	(1734-)	
Ioachim	(-1725 c.)		Omont, p. 319
Euthymius	1751		Janin, col. 40
Neophytus, dep.		1801	
Ionas, tr. ad Athenien.	1801 aug.	1833 nov. 21	

46.70.3 ZACYNTHUS, Zante — eccl. byzantina

Vescovado suffraganeo di Cefalonia nella *notitia* 3, di Corinto nelle *notitiae* 7, 9-10, 13, 21.

Fonti: Hierocles, 648, 7: Honigmann, p. 18; *notitiae*: Darrouzès, p. 517

Bibl.: Le Quien, II, coll. 232-235; Laurent, *Sceaux*, V, 1, pp. 434-435

Leo	(-787 oct. 13)	Mansi, XIII, col. 392
Nicephorus	(-870 febr. 28)	Mansi, XVI, col. 195
Iohannes	saecc. XI-XII	Schlumberger, p. 187; Laurent, *Sceaux*, V, 1, n. 582
...	(-1207 sept. 18)	Potthast, n. 3182: PL, 215, col. 1225
Seraphim, "ep. Cephaloniae et Zacynthi"	(-1725 c.)	Omont, p. 319
Panteleimon Antonios Besenitis, metr.	1977 oct. 4	*Orthodoxia, 1986-1987*, p. 78

46.71.3 ZEMAINA — eccl. byzantina

Vescovado suffraganeo di Corinto; nel settembre 1348 (?) il vescovado fu conferito alla metropoli di Monembasia (Darrouzès, V, nn. 2298, 2372), ma nel marzo-aprile 1397 venne restituito alla metropoli di Corinto (Darrouzès, VI, n. 3044).

Fonti: *notitiae* 7, 9-10, 13, 21: Darrouzès, p. 518

Bibl.: Bon, *Péloponnèse*, pp. 107 ss., 161; Laurent, IV, n. 1580; Zakythinos, II, p. 276

46.72.34 ZEUNAI, Kalamata — eccl. orthodoxa

Vescovado suffraganeo di Monembasia.

Fonti: *notitia* 21: Darrouzès, p. 421

PROVINCIA EPIRI NOVAE

47.1.2 DYRRACHIUM, Dyrrachion, Dures, Durazzo — eccl. primaeva et byzantina

Capitale del tema bizantino omonimo, la città fu presa dai Bulgari sotto Michele III (842-867), da Roberto il Guiscardo nel 1082, dai Normanni nel 1185; dopo la IV crociata fu degli Hohenstaufen, degli Angioini, dei Serbi, dei Veneziani dal 1392 al 1501, dei Turchi. Sede metropolitana dalla *notitia* 3 in poi; nelle *notitiae* 7, 9, 13 aveva 4 vescovadi suffraganei (Stephanakia, Chounavia, Kroae et Elissos), nella *notitia* 10, 15 vescovadi (Stephanakia, Chounavia, Kroae, Elissos, Diocleia, Scodra, Drivast, Polathon, Glavinitza o Acrokeranneia, Avloneia, Lychnida, Antibaris, Tzerenicon, Polycheropolis, Graditzion); fino al secolo VIII dipendeva dal patriarcato romano, come tutto l'Illirico orientale, quando passò al patriarcato di Costantinopoli; dal 1020 al 1393 fece parte dell'arcivescovado greco-bulgaro di Acrida, e dal 1393 al 16 gennaio 1767 dell' arcivescovado bulgaro, per passare nuovamente al patriarcato di Costantinopoli; dal 1209 al 1505 si sussegui una lista di arcivescovi latini, che dovettero lasciare la città all'arrivo dei Turchi (cfr. Fedalto, II, pp. 116-118). Nel settembre 1922 un congresso nazionale riunito a Berat proclamò l'autocefalia della chiesa albanese, riconosciuta dal patriarcato di CP nel 1937: il capo di detta chiesa doveva risiedere a Tirana col titolo di «arcivescovo di Durazzo, Tirana, Elbasan e di tutta l'Albania»; altre 3 sedi metropolitane erano a Berat, Corytza-Premeti e Argirocastro.

Fonti: Hierocles, 653, 1: Honigmann, p. 20; *notitiae*: Darrouzès, pp. 489-490

Bibl.: Le Quien, II, coll. 240-247; Farlati, VII, pp. 335-384; Philippson, RE, V, coll. 1882-1887; R. Janin, DHGE, XIV, coll. 1248-1252; XV, coll. 637-638; Laurent, *Sceaux*, V, 1, pp. 560-561; V, 2, p. 424; V, 3, pp. 124-125; G. Fedalto, *Problemi di cronotassi e di giurisdizione dei vescovadi del ducato di Durazzo fino alla dominazione occidentale*, in *Studi albanologici balcanici, bizantini e orientali in onore di Giuseppe Valentini, s. J.*, Firenze 1986, pp. 49-64

Caesar			Farlati, VII, pp. 341-342
Apollo			
Astius		100 c. iul. 5	A. Koren, BS, II, col. 512
Eucharius	(-431 iun.)	(431 iul.-)	ACO, I, I, II, p. 3; I, I, VII, p. 85
Lucas	(-449 aug.)	(458-)	Honigmann, *Lists*, p. 35; ACO, II, V, p. 96
...	(-<484-515>)		Mansi, VIII, col. 451; cfr. col. 439
Marianus, Marinianus	saec. VI		Farlati, VII, pp. 347-348
Urbicius, Urbicus	(-597 nov.)	(599 nov.-)	Gregorius I, Reg. VIII, 10; IX, 156: II, pp. 12, 157
Sisinnius	(-691 sept.)		Mansi, XI, col. 989
Philippus	(750-850)		Zacos-Veglery, II, n. 2322; Laurent, *Sceaux*, V, 1, n. 1591
Nicephorus	(-787 sept. 26)	(787 oct. 13-)	Mansi, XII, col. 994; XIII, col. 381
Antonius	(-822 c.)		Theodorus Studita, II, ep. 157: PG, 99, coll. 1489-1493; cfr. coll. 1628-1629
Lucianus	(-879 nov.)		Mansi, XVII-XVIII, col. 373
Antonius (?)	saec. X		Laurent, *Sceaux*, V, 1, n. 736
...	(-<912-923>)		Nicolaus, patr. Constantinopolitanus, ep. 151: PG, 111, coll. 377-380; cfr. Grumel, II, n. 639

Laurentius	(-1030 mai.)	(1054 iun.-)	G. Ficker, *Erlasse des Patriarchen von Konstantinopel Alexios Studites*, Kiel 1911, p. 26; Grumel, III, nn. 844, 869; Mansi, XIX, col. 812
Gregorius	(-1141)	(1143 aug. 20-)	Le Quien, II, col. 1141; Grumel, III, n. 1011; Leo Allatius, II, XII, col. 674
Eustathius, dep.		1156	Grumel, III, nn. 1038-1039; S. P. Lampros, *Catalogue of the Greek Manuscripts on Mount Athos*, I, Cambridge 1859, n. 3102, p. 277
Michael	(-1166)	(1168 ian. 24-)	PG, 140, coll. 260,281; Grumel, III, n. 1077; Laurent, *Sceaux*, V, 1, n. 737
...	(-<1185-1195>)		Janin, col. 1250
Constantinos Apokaukos	1186	saec. XIII in.	Grumel, III, nn. 1180, 1193; Laurent, *Sceaux*, V, 1, n. 738; V, 3, n. 1777
Dokeianos	1212	(1222 febr.-)	Laurent, IV, nn. 1227, 1230
Constantinos Cabasilas	1230 c.	1234	J. Gouillard, DHGE, XI, coll. 13-14; Laurent, *Sceaux*, V, 3, p. 125
Romanus	(-1250 iul.)		Laurent, IV, n. 1315; Rhalles, V, p. 116
Chalcutze			Georgius Pachymeres, *De Michaele Palaeologo*, I, 10: p. 26
Nicetas	(-1297)		Laurent, IV, n. 1569
...	(-1304 oct.)		Laurent, IV, n. 1607: Rhalles, V, p. 122
Gregorius, hypertimos	(-1315 iul.)	1347	Darrouzès, V, nn. 2032, 2243
Dominicus Thopias	1359		Janin, col. 1250
Paulus	(-1450)		Janin, col. 1250; Le Quien, II, col. 247
Parthenios	(-1580 apr.)		Janin, col. 1250
Chariton	1614	1620	Péchayre, p. 323
Hieremias	1624	1643	
Symeon Lascaris	1658		
Daniel	1691 mai.	1694 ian. 24	Janin, col. 1250
Cosmas	1694 ian. 24	1699 iun.	
Philotheus	(-1720 c.)		Le Quien, II, col. 247
Nicetas	1740		Janin, col. 1250
Neophytus	1761		
Meletius			
Gregorius	1767	1772	Janin, col. 1251
Constantinus	1777	1782	
Euthymius	1782	1809	
Samuel	1809	(1819 sept.-)	Janin, col. 1251; Actes, I, p. 90
Chrysanthus		1833	Janin, col. 1251

Gerasimus	1833 iul.	1837 oct.
Anthimus	1837 oct.	1844 mar.
Anthimus	1844 mar.	1845 iul.
Ioannicius	1845 iul.	1858 nov. 6
Gennadius	1858 nov. 10	1859 ian. 21
Auxentius, dep.	1859 ian. 21	
Iosephus	1859 ian. 21	1867 ian. 12
Bessarion	1867 mar. 8	1899 apr. 12
Procopius Lazarides	1899 mai. 1	1906 oct. 10
Iohannes Diacoumides	1906 oct. 10	1911 febr. 15
Iacobus Nicolaou	1911 febr. 11	1925 ian. 20

47.2.3 **ACROCERAUNIA**, Glabinitza, Mouzaki — eccl. byzantina

Vescovado suffraganeo di Durazzo e, successivamente, del vescovado greco bulgaro di Acrida; Roberto il Guiscardo vi sbarcò nel 1081; con la quarta crociata cadde in mano ai Veneziani, quindi fu parte del despotato di Epiro e di diversi principati albanesi, prima della conquista turca del secolo XV.

Fonti: *notitiae* 3, 10: Darrouzès, pp. 236, 330

Bibl.: Farlati, VII, pp. 434-436; Le Quien, II, coll. 240-241; R. Janin, DHGE, XXI, col. 179

...	(-1019)	*Acta et diplomata*, I, n. 58, p. 15
...	(-<1092-1106>)	*Acta et diplomata*, I, n. 70,
Theodorus, "ep. de Glavinitza et Berat"	(-1438)	Janin, col. 179

47.3.3 **AMANTIA**, Amatria, Pljoka, Pliocia — eccl. byzantina

Vescovado suffraganeo di Durazzo.

Fonti: Hierocles, 653, 5: Honigmann, p. 20; *notitia* 3: Darrouzès, p. 236

Bibl.: Le Quien, II, coll. 250-251; Farlati, VII, pp. 394-395; Tomaschek, RE, I, coll. 1724-1725; S. Vailhé, DHGE, II, coll. 953-954

47.4.3 **ANTIBARIS**, Antivari — eccl. byzantina

Nell'877 il concilio di Dalmita ristabilì la provincia ecclesiastica di Dioclea con 12 suffraganei, tra i quali Antivari; il vescovado compare come suffraganeo di Durazzo nella *notitia* 10; i vescovi che si susseguirono dal 1060 erano latini.

Fonti: *notitia* 10: Darrouzès, pp. 114, 330

Bibl.: Farlati, VII, p. 17 ss.; P. Richard, DHGE, III, coll. 717-724

47.5.3 **APOLLONIA et BULLIS**; Apollonia, Gylaceia, Polina, Polona; Bullis, Graditza
eccl. byzantina

Vescovado suffraganeo di Durazzo; Bullis è incluso nella *notitia* 3.

Fonti: Hierocles, 653, 3-4: Honigmann, p. 20; *notitia* 3: Darrouzès, p. 236

Bibl.: Le Quien, II, coll. 248-249; cfr. coll. 269-270; Hirschfeld, RE, II, coll. 111-113; Tomaschek, RE, III, coll. 1105-1106; Farlati, VII, pp. 395-396, 407-408; R. Janin, DHGE, III, coll. 1006-1007; X, col. 1211

Felix, "ep. Apolloniadis et Bellidos"	(-424 c.)	(431 iul. 22-)	Jaffé, n. 366; ACO, I, I, VII, p. 86
Eusebius	(-451 oct. 8)	(458-)	ACO, II, I, I, p. 64; II, V, p. 96
Philocaris, "ep. Vallidis"	(-458)		ACO, II, V, p. 96

47.6.3 **ATRADOS**
eccl. byzantina

Vescovado suffraganeo di Durazzo incluso nella *notitia* 3; non è ricordato nessun vescovo.

Fonti: *notitia* 3: Darrouzès, p. 236

47.7.3 **AULON**, Aulona, Aulonia, Vlora, Valona
eccl. byzantina

Vescovado suffraganeo di Durazzo incluso nelle *notitiae* 3 e 10; da non confondere col vescovado di Aulon nella provincia di Atene.

Fonti: Hierocles, 653, 7: Honigmann, p. 20; *notitiae* 3: Darrouzès, pp. 236, 330

Bibl.: Le Quien, II, coll. 252-253; Farlati, VII, pp. 397-401; Tomaschek, RE, II, coll. 2414, 2415, n. 16

Nazarius	(-458)		ACO, II, V, p. 96
...	(-<484-519>)		Mansi, VIII, col. 451
Soterus	(-553 mai.)	·(553 iun.-)	ACO, IV, I, pp. 6, 228

47.8.3 **CANOVIA**, Canovium, Chounabia, Candavia, Konavlije
eccl. byzantina

Vescovado suffraganeo di Durazzo; per il periodo latino, cfr. Fedalto, II, pp. 110-111.

Fonti: *notitiae* 7, 9-10, 13: Darrouzès, pp. 286, 305, 330, 364

Bibl.: Le Quien, III, coll. 957-958; Farlati, VII, pp. 408-411; R. Janin, DHGE, XI, col. 716

47.9.3 **CRUA**, Croia, Croja, Kruje — eccl. byzantina

Vescovado suffraganeo di Durazzo; per il periodo latino, cfr. Fedalto, II, pp. 109-110.

Fonti: *notitiae* 7, 9-10, 13: Darrouzès, pp. 286, 305, 330, 364

Bibl.: Farlati, VII, pp. 411-432; Le Quien, III, coll. 953-956

David (?)	(-879 nov.)		Mansi, XVII, col. 377; cfr. *Acta et diplomata*, I, n. 57, p. 14

47.10.3 **DECATERA**, Cataro — eccl. byzantina

Vescovado di Dalmazia, incluso nella *notitia* 3 come suffraganeo di Filippopoli.

Fonti: *notitia* 3: Darrouzès, pp. 242, 28

Bibl.: Le Quien, II, coll. 250-251

Iohannes	(-787 sept.)	(787 oct.-)	Le Quien, II, col. 250
Nicephorus	(-1141)		Le Quien, II, coll. 250-251

47.11.3 **DRIVASTUM**, Drinnastrum, Drivost, Drishti, Drivasto — eccl. byzantina

Vescovado suffraganeo di Durazzo.

Fonti: *notitia* 13: Darrouzès, p. 330

Bibl.: Le Quien, II, coll. 252-253; Farlati, VII, pp. 232-248; J. Valentini, DHGE, XIV, coll. 796-798

...	(-877)		Farlati, VII, p. 234
...	(-1062)		
...	(-1122 sept. 28)		Farlati, VII, p. 235
Petrus	1141		
...	(-1153 dec. 24)		*Acta et documenta*, n. 88, pp. 29-30
Martinus	(-1166)	(1167-)	Farlati, VII, p. 235
Petrus	(-1199 sept.)		*Acta et documenta*, n. 120, p. 39

47.12.3 EPIDAMNOS

eccl. byzantina

Vescovado suffraganeo di Durazzo.

Fonti: *notitiae* 3, 13: Darrouzès, pp. 236, 364

47.13.3 POLATUM, Pulatum, Polathoi, Pilot, Philot

eccl. byzantina

Vescovado suffraganeo di Durazzo.

Fonti: *notitia* 10: Darrouzès, p. 330
Bibl.: Farlati, VII, pp. 261-269

...	(-877)	Farlati, VII, p. 263
...	(-1062)	
...	(-1121)	
Theodorus	1142	Farlati, VII, pp. 263-264
Iohannes	(-1199)	Farlati, VII, p. 264

47.14.3 PULCHERIOPOLIS, Polychairepolis

eccl. byzantina

Vescovado suffraganeo di Durazzo.

Fonti: Hierocles. 653, 6: Honigmann, p. 20; *notitia* 10: Darrouzès, p. 330
Bibl.: Farlati, VII, p. 436; *Acta et diplomata*, I, p. 15 b

47.15.3 SCAMPES, Scappa, Elbasan

eccl. byzantina

Vescovado suffraganeo di Durazzo.

Fonti: Hierocles, 653, 2: Honigmann, p. 20; *notitia* 3: Darrouzès, p. 236
Bibl.: Le Quien, II, coll. 246-249; Fluss, RE, II A, col. 351; Farlati, VII, pp. 433-434

Artemius	(-458)	ACO, II, V, p. 96
Troius	(-<484-519>)	Mansi, VIII, col. 451
Nectarius	(-1264)	Péchayre, p. 323

47.16.3 **STEPHAN**, Stiefan, Stephaniaka — eccl. byzantina

Vescovado suffraganeo di Durazzo.

Fonti: *notitiae* 7, 9-10, 13: Darrouzès, pp. 286, 305, 330, 364
Bibl.: Le Quien, II, coll. 254-255; Farlati, VII, coll. 401-407

Cosmas	(-879 nov.)	Mansi, XVIII, col. 377

47.17.3 **TZERENIKON**, Tzernikon, Tzernicus — eccl. byzantina

Vescovado suffraganeo di Durazzo; per il periodo latino, cfr. Fedalto, II, pp. 74-75.

Fonti: *notitia* 10: Darrouzès, p. 330
Bibl.: *Acta et documenta*, p. 264; Darrouzès, pp. 112-113; cfr. Le Quien, II, coll. 238-239

...	(-1020)	*Acta et documenta*, n. 59, pp. 15-16
Theodorus, "ep. Cernicensis"	(-1210)	Tafel-Thomas, II, p. 120

PROVINCIA CRETAE INSULAE

48.1.2 **GORTYNA**, Gortyn, Creta — eccl. primaeva et byzantina

Occupata dagli Arabi (824), l'isola fu riconquistata da Niceforo Focas nel 961-962; con la IV crociata fu di Bonifacio, marchese di Monferrato, e quindi dei Veneziani, fino alla conquista turca (1645-1669); nel 1912 fu unita alla Grecia. Sede metropolitana, col nome di Gortina compare nelle *notitiae* 2, 3, 13, col nome di Creta in tutte: nella *notitia* 13 sembrano sedi distinte; nel 1725 un vescovo di Gortina è distinto da quello di Creta.

Fonti: Hierocles, 649, 4: Honigmann, p. 19; *notitiae*: Darrouzès, pp. 221, 235, 361, 498-499

Bibl.: Le Quien, II, coll. 256-265, Bürchner, RE, VII, coll. 1665-1671; Corner, Creta, II, pp. 42-105; V. Laurent, *Le synodicon de Sybrita et les métropolites de Crète aux Xe-XIIIe siècles*, EO, XXXII, (1933), pp. 385-412; R. Janin, DHGE, XIII, coll. 1033-1038; E. Petrakes, Ἱστορία τῆς Ἐκκλησίας ἐν Κρήτῃ, Heraclion 1925; G. de Sardes, EF, XXXIV (1935), pp. 80-89, 292-300; G. Konidaris, KC, VII (1953), pp. 462-478; Laurent, *Sceaux*, V, 1, pp. 463-464, V, 3, pp. 105-106; N. B. Tomadakes, EEBS, XXIV (1954), pp. 67-107; D.-L. Stiernon, DHGE, XXI, coll. 786-811; D. Stiernon-C. Nardi-M. Falla Castelfranchi, DPAC, I, coll. 834-837

Titus, s.	67	106 c.	T. Stramare, BS, XII, coll. 503-505; Eusebius, HE, III, 4, 6: I, p. 100; Stiernon, coll.802-803
Philippus, s.	saec. II pars post.		Eusebius, HE, IV, 25: I, p. 207; P. Sfair, BS, V, col. 728; Stiernon, col. 803; E. Prinzivalli, DPAC, I, col. 1365
Dioscorus			Praedestinatus, 20, 12: PL, 53, coll. 593, 551; Stiernon, coll. 803-804
Myro, s. (?)	255	288	J. M. Sauget, BS, IX, coll. 503-504; Stiernon, col. 803
Cyrillus, s.	280 c.	304 iul. 9	J. M. Sauget, BS, III, coll. 1321-1322
Petrus, s.(?)			Stiernon, col. 804
Paulus	325 c.		
Ailianus, Elianus	(-343)		
Basilius	381	(382-)	
Eumenius, s.	saecc. IV fin./ V in.		G. Lucchesi, BS, V, coll. 225-227; Stiernon, col. 804
Iconius	(-431 iun.)	(431 iul.-)	ACO, I, I, II, p. 3; I, I, VII, p. 85
Martyrius	(-449 aug.)	(457 dec. 1-)	Honigmann, *Lists*, p. 36; ACO, II, V, pp. 24, 97
Theodorus	(-536 iun. 4)	(553 iun.-)	ACO, III, p. 115; IV, I, p. 204
Synesios (?)	saecc. V-VI		Stiernon, col. 806
Ioannes	(-597 nov.)	(599 mai.-)	Gregorius I, Reg., VIII, 10; IX, 156: II, pp. 12, 157
Ekklesiodoros		624 iul. 15	Stiernon, col. 806
Paulus	(-668 ian. 27)		Jaffé, n. 2092
Basilius	(-681 sept. 16)	(691 sept.-)	Mansi, XI, coll. 669, 989
Stephanus	saec. VIII in.		Stiernon, col. 806
Georgius	saec. VIII		Zacos-Veglery, II, n. 1913; Stiernon, col. 806

Andreas, s.	710 c.	740 iul. 4	Beck, pp. 500-502; Laurent, *Sceaux*, V, 1, n. 619; Stiernon, coll. 806-807; J. Irmscher, DPAC, I, coll. 192-193
Elias	(-787 oct. 13)		Mansi, XIII, col. 381
Georgius	saec. VIII fin.		Laurent, *Sceaux*, V, 3, n. 1753
Cyrillus		824 (?)	Janin, col. 1036
Basilius, tr. ad Thessalonicam		(847-858)	Grumel, II, n. 453
Basilius	(-880 ian. 26)		Mansi, XVII-XVIII, col. 496
Iohannes			Laurent, p. 398; *Sceaux*, V, 1, n. 620
Iohannes			
Stephanus	(-1027 nov.)	(1030 apr.-)	Laurent, p. 398; *Sceaux*, V, 1, n. 621
Nicetas			Laurent, p. 400
Nicetas			
Basilius			
Nicetas			
Iohannes	(-1089 apr.)		Grumel, III, nn. 951-952
Leo			Laurent, p. 400
Michael			
Constantinus			
Elias	1120 c.	1130	Laurent, pp. 400-401
Basilius			
Constantinus			
Nicolaus			Le Quien, II, col. 263
Iohannes	1166	(1172 mai. 5-)	Grumel, III, n. 1125
Manuel			Laurent, p. 402; *Sceaux*, V, 1, n. 623
Manuel			
Nicolaus	(-1195)	(1221-)	
Nicephorus	1285		Janin, col. 1036
Antonius Homologetes	(-1306)		
Nicephorus	(-1312)	(1318-)	
Elias			
Macarius	(-1357 apr.)		Darrouzès, V, n. 2399
Anthimus, metr. Athenien.	1365/1366	1370	Darrouzès, V, n. 2507; Janin, col. 1036; Laurent, p. 412
Neophytus Patelarios, dep.	1652	1679	Janin, col. 1036
Nicephorus Scotakes, dep.	1679	1683	
Callinicus, dep.	1683	1687	
Arsenius, dep.	1687	1688	
Athanasius	1688	1697 febr. 3	

Callinicus, dep.	1697 febr.	1699 (?)	
Arsenius, dep.	1699	1701 (?)	
Ioasaph, dep.	1701 (?)	1710 c.	
Constantios Chalkiopoulos	1716 apr.	1722 (?)	
Daniel, dep.	1722	1725	
Gerasimus Letitzes, dep.	1725		Janin, col. 1036; Omont, p. 316
Gregorius, ep. Gortines	(-1725 c.)		Omont, p. 316
Gerasimus	1756 ian.	1769	Janin, col. 1036
Zacharias Maridakes, dep.	1769 iul.	1786	
Maximus Pragannacopoulos	1786 mai.	1800 mai. 4	
Gerasimus Pardales	1800 mai.	1821 iun.	
Methodius	1823		
Callinicus	1824 mai.	1830	
Meletios Nicolitakes	1831 ian.	1839	
Porphyrius Photiades, dep.	1839 aug.	1839 sept.	
Callinicus Gargalados, dep.	1839 sept.	1842 febr. 12	
Callinicus Chorigias, dep.	1842 mar. 1	1843 dec.	
Chrysanthus	1843 dec.	1850 aug.	
Sophronius, dep.	1850 aug. 24	1850 dec. 15	
Dionysius	1850 dec. 17	1856 aug. 26	
Ioannicius	1856 aug. 28 1858 iul. 26	1868 nov. 16	
Dionysius Charitoniades, dep.			
Meletios, dep.	1868 nov. 16	1873 nov. 23	
Sophronius, dep.	1873 nov. 23	1877 iun. 6	
Meletios	1877 iun. 6	1882 aug. 13	
Timotheus Castrinoyannakes	1882 sept. 20	1897 febr. 19	
Eumenius Xeroudakes, ex.	1898 mai. 12		
Titus Zographides	1922 febr. 22	1933 apr. 25	
Timotheus Beneres, dep.	1933 iul. 22	1941 ian.	
Basilius	1941 apr. 8	1950	
Eugenius	1950 mai. 25		
Timotheus Papoutsakes, ep. de Arkadia, "metr.de Gortyna et Arkadia", tr. ad Creten.	1962 iul. 17		D.-L. Stiernon, DHGE, XXI, col. 811
Cyrillus Kypriotakis, ep. de Kisamos, "metr. de Gortyna et Arkadia"	1975 febr. 16		*Orthodoxia, 1986-1987*, p. 94

48.2.3 **AGRION**, Arion, Arium, Aria — eccl. byzantina

Vescovado suffraganeo di Gortina; per il periodo veneziano, cfr. Fedalto, II, pp. 46-49.

Fonti: *notitiae* 10, 13: Darrouzès, pp. 325, 362

Bibl.: R. Janin, DHGE, IV, col. 207; Darrouzès, p. 148, n. 1; Corner, *Creta*, II, pp. 168-173

48.3.3 **ALYNGOS** — eccl. byzantina

Vescovado suffraganeo di Gortina.

Fonti: Hierocles, 650, 2: Honigmann, p. 19; *notitia* 2: Darrouzès, p. 221

Bibl.: Darrouzès, p. 15; Hirschfeld, RE, I, col. 1588; Bürchner, RE, Suppl. I, col. 63; E. Kirsten, RE, XVII, coll. 2504-2508, n. 2

48.4.3 **APTERA**, Palaiocastron — eccl. byzantina

Vescovado suffraganeo di Gortina.

Fonti: Hierocles, 650, 11: Honigmann, p. 19; *notitia* 2: Darrouzès, p. 221

Bibl.: Darrouzès, p. 15; Hirschfeld, RE, II, coll. 286-287

48.5.3 **ARCADIA**, Arcades, Azi-Kefala — eccl. byzantina

Vescovado suffraganeo di Gortina; per il periodo veneziano, cfr. Fedalto, II, pp. 42-44.

Fonti: Hierocles, 650, 5: Honigmann, p. 19; *notitiae* 2-3, 10, 13: Darrouzès, pp. 221, 235, 324, 361

Bibl.: Le Quien, II, coll. 266-267; Hirschfeld, RE, II, col. 1137; R. Janin, DHGE, III, col. 1483; Corner, *Creta*, I, p. 240; II, pp. 127, 132-137; Laurent, *Sceaux*, V, 1, p. 470; D.-L. Stiernon, DHGE, XXI, coll. 808-810

Ioannes	(-787 oct. 13)		Mansi, XIII, col. 392
Georgius	saec. X fin.		Laurent, *Sceaux*, V, 1, n. 626
Gregorius	(-1725 c.)		Omont, p. 316
Theophanes, tr. ad Chien.			Stiernon, col. 810
Parthenios	(-1681 apr.)		
Athanasius, dep.	1706	1734	
Gerasimos			
Gabriel	(-1757)		
Cyrillus, tr. ad Monembasiam		1758 mai.	

Methodius	(-1763)	
Cyrillus		
Gerasimos, dep.		1803 iun. 20
Theophylactus	1803 iun. 20	1809 aug. 20
Neophytus	1809 aug. 22	1823 mai. 6
Maximus de Siteia	1825	1844 oct. 20
Ioachim de Anchialos	1845 ian. 15	1854 dec. 28
Gregorius	1855 mar. 19	1877 iun. 25
Nicephorus Zachariades	1879 febr. 4	1887 apr. 29
Nicodemus Katsapakes	1887 apr. 6	1900 dec. 12
Basilius Markakes	1902 iun.	
Eugenius Psalidakes, tr. ad Creten.	1946	1950 mai. 23
Timotheus Papoutsakes, prom. metr. "de Gortyna et Arkadia", tr. ad Creten.	1956 apr. 26 1962 iul. 17	1962 iul. 17 1978 dec. 15

48.6.3 **AXIOS**, Oaxios, Axos, Oaxos — eccl. byzantina

Vescovado suffraganeo di Gortina.

Fonti: Hierocles, 650, 8: Honigmann, p. 19; *notitia* 2: Darrouzès, p. 222

Bibl.: Darrouzès, p. 15; Oberhummer, RE, II, col. 2636, n. 1; Bürchner, RE, Suppl., I, col. 233, n. 3 a; E. Kirsten, RE, XVII, coll. 1687-1692

48.7.3 **BIENNA**, Biennos — eccl. byzantina

Vescovado suffraganeo di Gortina.

Fonti: Hierocles, 649, 6: Honigmann, p. 19; *notitia* 2: Darrouzès, p. 221

Bibl.: Darrouzès, p. 15; Oberhummer, RE, III, col. 457

48.8.3 **CHANDAKOS** — eccl. byzantina

Vescovado nell'isola di Creta.

Fonti: *notitia* 13: Darrouzès, p. 361

Bibl.: Darrouzès, p. 147

48.9.3 CHERSONESUS, Chersonisos, Chersonico, Cherronesos — eccl. byzantina

Vescovado incluso nelle *notitiae* 2, 3, 10, 13; il vescovado continua dopo la conquista turca; unito alla metropoli nel 1838, ristabilito nel 1842, venne soppresso nel 1900; per il periodo veneziano, cfr. Fedalto, II, pp. 77-80.

Fonti: Hierocles, 650, 3: Honigmann, p. 19; *notitiae*: Darrouzès, p. 488

Bibl.: Le Quien, II, coll. 269-272; Bürchner, RE, III, col. 2251, n. 4; R. Janin, DHGE, XII, coll. 635-636

Andreius	(-431 iun.)	(431 iul.-)	ACO, I, I, II, p. 4; I, I, VII, p. 86
Longinus	(-449 aug.)	(451 oct.-)	Honigmann, *Lists*, p. 36; ACO, II, I, I, p. 69
Euphrata	(-457)		ACO, II, V, p. 97
Sisinnius	(-691 sept.)		Mansi, XI, col. 996
Sisinnius	(-787 oct. 13)		Mansi, XIII, col. 392
Raphael, prom. patr. Achriden.		1699 iun. 8	Janin, col. 635
Nicephorus	(-1701)		
Nectarius	(-1725 c.)		Omont, p. 316
Gerasimus Calognomon	1788		Janin, col. 635
Meletios			
Timotheus Castrinoyoannakes	1870 ian. 20	1882 sept. 20	
Dionysius	1882 dec.	1896 mar. 11	
Agathangelus	1896 mar. 11	1900 sept.	

48.10.3 CISAMUS, Cissamus, Kisamo-Castelli — eccl. byzantina

Vescovado incluso nelle *notitiae* 2, 3, 10, 13; per il periodo veneziano, cfr. Fedalto, II, pp. 80-82; dopo la conquista turca, il vescovado fu ristabilito col titolo di Cisamus et Selinos, fino al 1831, quando venne unito a Cydonia per 10 anni.

Fonti: Hierocles, 650, 13: Honigmann, p. 19; *notitiae*: Darrouzès, p. 497

Bibl.: Le Quien, II, coll. 271-272; Bürchner, RE, XI, col. 516, n. 1; R. Janin, DHGE, XII, coll. 844-845; Laurent, *Sceaux*, V, 2, p. 428

Theopemptus	(-691 sept.)		Mansi, XI, col. 996
Leo	(-787 oct. 13)		Mansi, XIII, col. 392
Gerasimus Paleocapas		1590	Janin, col. 844
Philotheus	(-1684)		
Gerasimus	1711 mai. 18	1725	
Parthenius	1725	1731 iul. 5	Janin, col. 844; Omont, p. 316
Anthimus (?)			Janin, col. 844

Parthenius	1751	1770	
Sophronius	1777 nov.	1796	
Gedeon (?)			
Ignatius (?)			
Seraphim			
Melchisedech	1818 ian.	1821 mai. 19	
Callinicus	1850		
Gerasimus	1860 apr.		
Misael, dep.	1868 iun. 28	1875 iun. 28	
Panaretos	1875 iun. 28		
Parthenios	1886 nov. 30		
Dorotheus	1893	1903	
Anthimus Seledakes	1903 iul. 20	1935 aug. 17	
Chrysostomus Angelidakes	1936 ian. 18	1937 iun. 13	
Eudocimus Syngkelakes	1938 mar.		
Irinaios Galanakis	1981 ian. 26		*Orthodoxia, 1986-1987*, p. 95

48.11.2 CNOSSUS, Knossos, Gnossus, Macro-Teikno — eccl. primaeva et byzantina

Vescovado suffraganeo di Gortina incluso nelle *notitiae* 2-3, 10, 13; non compaiono vescovi durante l'occupazione veneziana; il vescovado fu soppresso nel 1831.

Fonti: Hierocles, 650, 6: Honigmann, p. 19; *notitiae*: Darrouzès, p. 497

Bibl.: Le Quien, II, coll. 264-267; Burchner, RE, XI, coll. 922-929; R. Janin, DHGE, XIII, coll. 179-180; Corner, *Creta*, II, pp. 159-167; Laurent, *Sceaux*, V, 1, pp. 468-470

Pynitus	(161-177)		Hieronymus, *De viris illustribus*, 28: PL, 23, col. 679; J. M. Sauget, DPAC, II, coll. 2802-2803
Zenobius	(-431 iun.)	(431 iul.-)	ACO, I, I, II, p. 5; I, I, VII, p. 86
Gennadius	(-449 aug. 8)	(457-)	Honigmann, *Lists*, p. 36; ACO, II, V, p. 97
Anastasius	(-787 oct. 13)		Mansi, XIII, col. 389
Constantinus	saec. X fin.		Laurent, *Sceaux*, V, 1, n. 624
Nicephorus	saec. XI		Laurent, *Sceaux*, V, 1, n. 625
...	(-1700 c.)		Janin, col. 180
Methodius	(-1725 c.)		Omont, p. 316
Gerasimus	1812 mar. 29	1819 apr.	Janin, col. 180
Neophytus	1819 apr.	1821 iun. 24	

48.12.3 **ELEUTHERNA**, Eleuthernai, Eleuthera, Eleutherai, Lefterna, Mylopotamos, Aulopotamos eccl. byzantina

Vescovado incluso nelle *notitiae* 2-3, 10 (Aulopotamos), 13 (Mylopotamos)

Fonti: Hierocles, 650, 9: Honigmann, p. 19; *notitiae*: Darrouzès, p. 490

Bibl.: Le Quien, II, coll. 269-270; Bürchner, RE, V, coll. 2351-2353; R. Janin, DHGE, XV, col. 153; Darrouzès, p. 15

Euphratas, Euphrates	(-449)	(451 oct.-)	Mansi, VI, col. 757; ACO, II, I, I, p. 64
Epiphanius	(-787 oct. 13)		Mansi, XIII, col. 392
Gedeon, "ep. Aulopotamou"	(-1725 c.)		Omont, p. 1316

48.13.3 ELYROS eccl. byzantina

Vescovado suffraganeo di Gortina.

Fonti: Hierocles, 650, 15: Honigmann, p. 19; *notitia* 2: Darrouzès, p. 221

Bibl.: Darrouzès, p. 15; Bürchner, RE, V, coll. 2469-2470

48.14.3 HAGIA eccl. byzantina

Vescovado nell'isola di Creta.

Fonti: *notitia* 13: Darrouzès, p. 361

48.15.3 **HIERAPYDNA**, Hierapetra, Hierapytna, Gerpetra eccl. byzantina

Vescovado incluso nelle *notitiae* 2 (Hierapydna), 3 (Hierapetra), 10 e 13 (Hiera) e nella 10 anche come Petra; per il periodo veneziano, cfr. Fedalto, II, pp. 130-132.

Fonti: Hierocles, 649, 7: Honigmann, p. 19; *notitiae*: Darrouzès, p. 494

Bibl.: Le Quien, II, coll. 266-267; Bürchner, RE, VIII, coll. 1405-1407; Darrouzès, pp. 15, 29, 148, n. 1

Euphronius	(-457)	ACO, II, V, p. 97
Athanasios	(-1725 c.)	Omont, p. 316
Philotheos Ioannis Vuzunerakis	1961 iul. 2	*Orthodoxia, 1986-1987*, p. 95

48.16.3 **KALAMONA**, Calamona, Rethymnon — eccl. byzantina

Vescovado dell'isola di Creta; per il periodo veneziano, cfr. Fedalto, II, pp. 63-65.

Fonti: *notitia* 13: Darrouzès, p. 361

Bibl.: R. Janin, DHGE, XI, col. 338; Corner, *Creta*, II, pp. 138-148; N. B. Tomadakis, PP, XX (1980), pp. 163-168

Aras	(-1196)	Tomadakis, p. 165
Callinicus, "ep. Rethimnou"	(-1725 c.)	Omont, p. 316
Titos Dimitrios Siligardakis	1970 mai. 17	*Orthodoxia, 1986-1987*, p. 95

48.17.3 **KAMARA**, Agios Nicolaos — eccl. byzantina

Vescovado suffraganeo di Gortina.

Fonti: Hierocles, 650, 1: Honigmann, p. 19; *notitia* 2: Darrouzès, p. 221

Bibl.: Darrouzès, p. 15; Bürchner, RE, X, col. 1800, n. 1

48.18.3 **KANTANIA**, Cantanos, Kantanon, Candanos, Kantania — eccl. byzantina

Vescovado incluso nelle *notitiae* 2-3, 13; per il periodo veneziano, cfr. Fedalto, II, pp. 67-68

Fonti: Hierocles, 650, 14: Honigmann, p. 19 *notitiae*: Darrouzès, p. 496

Bibl.: Le Quien, II, coll. 273-274; Bürchner, RE, X, col. 1883; R. Janin, DHGE, XI, col. 779; Corner, *Creta*, I, pp. 265-266; II, p. 160; G. Loupassis, EEBS, XXXIX-XL (1972-1973), pp. 275-282

Paulus	(-451 oct.)	ACO, II, I, II, p. 77
Niceas, "ep. Cantanensis"	(-457)	ACO, II, V, p. 98
Gregorius	(-681 sept. 16)	Mansi, XI, coll. 628, 673
Photinus	(-787 oct. 13)	Mansi, XIII, col. 392

48.19.3 **KAUDOS**, Gaudos, Gozzo — eccl. byzantina

Vescovado suffraganeo di Gortina nella *notitia* 2, di Siracusa nelle *notitiae* 13 e 14.

Fonti: Hierocles, 651, 2: Honigmann, p. 19; *notitiae*: Darrouzès, pp. 497, 491

Bibl.: Darrouzès, p. 15; Bürchner, RE, VII, col. 861; XI, col. 57

48.20.3 **KYDONIA**, Cydonia — eccl. byzantina

Vescovado suffraganeo di Gortina incluso nelle *notitiae* 2-3, 10, 13; ristabilito dopo la conquista turca, fu unito a Kissamos dal 1831 al 1860, e nel 1929 a La Canea, dove attualmente risiede il vescovo.

Fonti: Hierocles, 650, 12: Honigmann, p. 19; *notitiae*: Darrouzès, p. 499

Bibl.: Le Quien, II, coll. 271-272; Bürchner, RE, XI, coll. 2306-2308, n. 1; R. Janin, DHGE, XIII, coll. 1144-1145

Sebon	(-457)		ACO, II, V, p. 97
Nicetas	(-691 sept.)		Mansi, XI, col. 996
Melito	(-787 oct. 13)		Mansi, XIII, col. 392
Callinicus, dep.	(-1683)		Janin, col. 1145
Arsenius (?)			
Porphyrius(?)			
Arsenius	1699 aug.	1705	
Ephraem	1706 aug.		
Daniel		1714 iul. 1	
Macarius Depares			
Gregorius	1725		
Ioasaph	1770 c.		
Martinianus, dep.		1780 mar.	
Callinicus Sarpakes		1822	
Arthemius		1846 iun. 22	
Callistus Phyndikes	1846 iun. 22	1858 mai. 8	
Misael Tsistrakes	1859 ian.	1869 apr. 18	
Gabriel Gregorakes	1869 iun. 28	1881 sept. 4	
Hierotheus Praoudakes	1881 dec.	1882 dec.	
Nicephorus Zachariades, dep.	1887 apr.		
Agathangelus Nicolakes	1912 mai.	1935 iun.	
Agathangelus Xeroudakes	1936 ian. 18		
Irinaios Athanasiadis	1975 febr. 23		*Orthodoxia, 1986-1987*, p. 95

48.21.3 **LAMPAI**, Lampe, Lappa, Gaidaropolis — eccl. byzantina

Vescovado incluso nelle *notitiae* 2-3, 10, 13.

Fonti: Hierocles, 650, 10: Honigmann, p 19; *notitiae*: Darrouzès, p. 499

Bibl.: Le Quien, II, coll. 268-269; Bürchner, RE, XII, coll. 787-788

Paulus	(-431 iun.)	(431 iul.-)	ACO, I, I, II, p. 4; I, I, VII, p. 86
Demetrius	(-451 oct.)		ACO, II, I, I, p. 64
Prosdocius	(-457)		ACO, II, V, p. 97
Ioannes	(-668 ian. 27)	(681 sept. 16-)	Jaffé, n. 2092; Mansi, XI, col. 673
Epiphanius	(-787 oct. 13)		Mansi, XIII, col. 392
Nectarios	(-1725 c.)		Omont, p. 316
Theodoros Tsedakis	1975 febr. 17		*Orthodoxia, 1986-1987*, p. 95

48.22.3 LISSOS, Lisos — eccl. byzantina

Vescovado suffraganeo di Gortina.

Fonti: Hierocles, 650, 16: Honigmann, p. 19; *notitia* 2: Darrouzès, p. 222

Bibl.: Darrouzès, p. 15; Bürchner, RE, XIII, col. 730

48.23.3 LYKTOS, Luttos, Lektos — eccl. byzantina

Vescovado suffraganeo di Gortina.

Fonti: Hierocles, 650, 4: Honigmann, p. 19; *notitia* 2: Darrouzès, p. 221

Bibl.: Darrouzès, p. 15; Bürchner, RE, XIV, col. 76

48.24.34 PETRA, cfr. Hierapetra — eccl. orthodoxa

Vescovado nell'isola di Creta.

Fonti: *notitia* 10: Darrouzès, p. 325

Meletios	(-1725 c.)	Omont, p. 316
Dimitrios Georgios Burlakis	1956 aug. 19	*Orthodoxia, 1986-1987*, p. 95

48.25.3 PHOENIX, Phoinike, Aradena — eccl. byzantina

Vescovado suffraganeo di Gortina.

Fonti: Hierocles, 651, 1a: Honigmann, p. 19; *notitia* 2: Darrouzès, p. 221

Bibl.: Le Quien, II, coll. 268-269; E. Kirsten, RE, XX, coll. 431-435; Darrouzès, pp. 15, 29

Leo	(-787 oct. 13)	Mansi, XIII, col. 392

48.26.34 SITEIAS, Sitia — eccl. orthodoxa

Vescovado suffraganeo di Gortina incluso nelle *notitiae* 3 e 13; per il periodo veneziano, cfr. Fedalto, II, pp. 207-209.

Fonti: *notitiae* 3, 13: Darrouzès, pp. 235, 361

Bibl.: Darrouzès, p. 29

Dionysios	(-1725 c.)	Omont, p. 316

48.27.3 SUBRITA, Sybrita, Soubritos — eccl. byzantina

Vescovado suffraganeo di Gortina.

Fonti: Hierocles, 650, 7: Honigmann, p. 17; *notitiae* 2-3: Darrouzès, pp. 221, 235

Bibl.: Le Quien, II, coll. 269-270; Honigmann, RE, IV A, col. 1012; V. Laurent, *Le synodicon de Sybrita et les métropolites de Crète aux Xe-XIIIe siècles*, EO, XXXII (1933), pp. 385-412; Darrouzès, pp. 15, 147

Cyrillus	(-451 oct.)	(457-)	ACO, II, I, I, p. 64; II, V, p. 97
Theodorus	(-787 oct. 13)		Mansi, XIII, col. 392
Leontius	(961-)		Laurent, p. 412
Basilius			
Michael			
Athanasius			
Demetrius			
Georgius			
Theognostus			
Nicephorus			
Nicetas			
Constantinus			
Eustathius			
Petrus			
Paulus			
Constantinus			
Ioannes	(1195-1203)		

PROVINCIA PRAEVALITANA

49.1.3 ACHRIDA, Ochrida, Ohrid, Lychnida, Lichnide — eccl. byzantina

Sede del patriarcato bulgaro e quindi di un arcivescovado greco-bulgaro. Il patriarcato bulgaro, posteriore al 972, nel 980 o dopo si stabilì ad Acrida; abolito dall'imperatore Basilio II nel 1019, fu sostituito da un arcivescovado greco-bulgaro, che rimase fino alla soppressione (16 gennaio 1767) operata dal patriarcato greco di Costantinopoli; la sua estensione, fissata da Basilio II, comprendeva 30 diocesi, ripartite tra Albania, Serbia, Macedonia e Bulgaria (Vailhé, col.328); le variazioni successive sono collegate alle vicende politiche; dopo il 1557 troviamo 17 diocesi, e 14 nel secolo XVII. A partire dal secolo XII, in particolare da un concilio di Costantinopoli del maggio 1157, si identificò Acrida con Giustiniana prima, chiamando gli arcivescovi col titolo «di Acrida e Giustiniana prima» (Vailhé, col. 321)

Bibl.: Le Quien, II, coll. 287-300; Janin, *Églises*, pp. 226-231; R. Janin, DHGE, X, coll. 1120-1194; S. Vailhé, DHGE, I, coll. 321- 332; E. Honigmann, «Byzantion», XI (1936), pp. 553-556; A.P. Péchayre, *L'archevêché d'Ochrida de 1394 à 1767*, EO, XXXV (1936), pp. 183-204, 280-323; *Les archevêques d'Ochrida et leurs relations avec l'Occident à la fin du XVI siècle et au début du XVIIe*, EO, XXXVI (1937), pp. 398-439; M. Théarvic, *L'église bulgare*, EO, II (1898-1899), pp. 275-286; Laurent, *Sceaux*, V, 2, pp. 317-327; V, 3, pp. 289-290

Silvester (?), Ioseph (?)	(-871 nov. 10)		Jaffé, nn. 2943-2944: PL, 122, coll. 1309-1312; Janin, col. 1130
Georgius	(-878 apr. 16)		Jaffé, n. 3130: PL, 126, coll. 758-760; cfr. Le Quien, II, coll. 288-289
Gabriel	(-879 nov.)		Mansi, XVII-XVIII, coll. 373-376
Leontius			Janin, col. 1130
Demetrius			
Sergius			
Gregorius			
Conradus, Gorazd, s.			G. M. Fusconi, BS, III, coll. 593-594
Clemens Achridensis, s.	893	916 iul. 27	G. Eldarov, BS, IV, coll. 29-35
...	(-<919-920>)		Grumel, II, n. 663
Damianus	(-927)	(972-)	Janin, col. 1130
Georgius	saec. X		Laurent, *Sceaux*, V, 2, n. 1491
Germanus, Gabriel	saec. X pars post.		I. Dujcev, DHGE, XX, col. 908
Philippus	980 c.		Vailhé, coll. 322-323
David	1016	1018	
Iohannes, patr. Bulgariae, aep. Achriden.	1018	1025	Janin, col. 1150
Leo, aep.	1025	1056	Janin, col. 1150; cfr. Grumel, III, col. 862
Theodulus	1056	1065	Janin, col. 1150
Iohannes Lambenos	1064	1077/1078	Laurent, *Sceaux*, V, 3, n. 2016; V, 2, n. 1492
Iohannes Aoinos, Abstemius	1078		

Theophylactus	1088/1089	(1126-)	P. Gautier, REB, XXI (1963), pp. 159-178; Laurent, *Sceaux*, V, 2, n. 1493
Leo	(-1156 ian. 26)		Grumel, III, n. 1038; Le Quien, II, col. 292; Laurent, *Sceaux*, V, 2, n. 1494
Iohannes	(-1157 mai. 12)		Grumel, III, n. 1041
Michael Maximus			Vailhé, col. 323; Janin, col. 1150; Laurent, *Sceaux*, V, 2, n. 1495
Eustathius	1134		
Iohannes Com-	(-1143 aug. 20)	1157	Vailhé, col. 323; Grumel, III, n. 1011
Constantinus	(-1170 ian. 30)		Grumel, III, n. 1109; Laurent, *Sceaux*, V, 2, n. 1496
...	(1180-1183)		Vailhé, col. 323; Janin, col. 1150
Iohannes Camateros	(-1213 oct.)		Laurent, *Sceaux*, V, 2, n. 1497
Demetrius Chomatianos, Chomatenos	1217	(1235-)	L. Stiernon, DHGE, XIV, coll. 199-205
Ioannicius			Vailhé, col. 323; Janin, col. 1150
Sergius	(1218-1241)		
Constantinus Cabasilas	1250	1261	
Iacobus			
Adrianus			
Gennadius	saec. XIII fin.		Vailhé, col. 323; Janin, col. 1150; Leo Allatius, II, XVIII, col. 871; R. Aubert, DHGE, XX, coll. 476-477
Macarius	1294	1299	Vailhé, col. 323
Sabas	(-1321)		Actes, V, p. 414
Nicodemus	(-1322)		
Gregorius	(-1327 nov.)		Darrouzès, V, n. 2139; cfr. Vailhé, col. 323; Laurent, *Sceaux*, V, 2, n. 1498
Anthimus Metochites	(1328-1355)		Vailhé, col. 323; Janin, col. 1150
Nicolaus	1347		Vailhé, col. 324
Gregorius	1348	1378	Vailhé, col. 324; cfr. Darrouzès, V, n. 2524
...	(-1388)		Actes, V, p. 544
...	(-1394)		Darrouzès, VI, n. 2975
Matthaeus	1408	1410	Vailhé, col. 324; Leo Allatius, II, XVIII, coll. 872-873
Nicodemus	(-1450)		Actes, V, p. 564
Dorotheus	1456	1466	Vailhé, col. 324
Marcus Xylocaraves	1466		Péchayre, pp. 280-281
Nicolaus			Vailhé, col. 324

Zacharias			
Prochorus	1523	1550	Janin, col. 1150; Péchayre, p. 281
Symeon	(-1550 iul.)		Actes, IV, p. 130
Neophytus	1551		Janin, col. 1150
Nicanor		1557	
Acacius	1557 (?)	1564 (?)	Janin, col. 1151
Paisios	1565	(1566 iul.-)	Actes, IV, p. 132
Sophronius	1566	1572	Janin, col. 1151; Péchayre, pp. 286-288
Macarius	1574 sept.		Péchaire, p. 288
Gabriel	1585	1588	Janin, col. 1151; cfr. Actes, II, p. 46; Péchayre, pp. 405-409
Theodulus	1588		Janin, col. 1151
Ioachim	1588 (?)	1593 (?)	
Gabriel			
Athanasius	1593	1596 (?)	Péchayre, p. 409 ss.; Janin, col. 1151
Nectarius	1597		Janin, col. 1151
Barlaam	1597	1598 mai. 28	
Metrophanes, dep.	(-1614 iul. 21)	1623	Janin, col. 1151; Péchayre, p. 292
Nectarius	1623		Janin, col. 1151
Porphyrius Palaeologus	(-1624 sept. 28)	1627 (?)	Péchayre, pp. 292, 435
Georgius	1627		
Ioasaph	1628		
Abraham Mesapsa	1629	1633	Janin, col. 1151; Péchayre, p. 435
Symeon	1633		
Meletius	1637	1644	
Chariton	1644	1646	
Daniel	1650		
Athanasius	1653	1660	
Gabriel			
Dionysius	(-1665)		
Ignatius			
Paphnutius (?)			
Arsenius			
Zosimus			
Nectarius	1671	1673	
Ignatius			
Gregorius	1674		

Theophanes		1676 sept.
Meletius	1676	1679
Parthenius	1679	1683
Gregorius	1683	1688 mai. 8
Germanus	1688 mai. 8	1691 aug. 8
Gregorius	1691 aug. 9	1693 aug. 7
Ignatius	1693 aug. 13	1695 iul. 9
Zosimus	1695 iul. 9	1699 iun. 8
Raphael	1699 iun. 8	1703
Ignatius	1703 aug.	
Dionysius	1706	1707
Methodius	1708 mai. 28	1708 iun. 11
Zosimus, metr. Sisan.	1708	1709
Dionysius	1709 iun. 4	1714 iun. 16
Philotheus	1714 iul. 16	1718
Ioasaph	1718	1745 oct.
Ioseph	1746 ian.	1752
Dionysius	1752	1757
Methodius	1757	1759
Cyrillus	1759	1762
Hieremias	1763	
Ananias	1763 mai.	
Arsenius	1764 (?)	1767 ian. 16

49.2.3 CHIMARA, La Chimere — eccl. byzantina

Vescovado del patriarcato bulgaro di Acrida; vescovado suffraganeo di Naupacto nella *notitia* 10, di Ioannina nella 21; vescovado latino fino al 1363; dal 1631 unito al vescovado latino di Delvinon e, prima, a quello di Cozila, nel secolo XIX al vescovado di Dryinopolis e Argyrocastron col titolo di Dryinopolis e Chimara.

Fonti: *notitiae*: Darrouzès, p. 488

Bibl.: R. Janin, DHGE, XII, coll. 692-693; Laurent, *Sceaux*, V, 1, p.8 518

Leontius	saec. XI pars post.		Laurent, *Sceaux*, V, 1, n. 685
Nicolaus, "ep. Chimarae et Cozilae", ren.		1360 dec. 4	Janin, col. 692; Darrouzès, *Registre*, p. 360
Sophronius		1554 febr. 24	
Dositheus	1579 apr. 24		

Timotheus	saec. XVI fin.		
Meletius	(-1627)		
Matthaeus	(-1637)		
Nicephorus			
Sophronius	(-1662)		
Seraphim	1662 aug. 1		
Callinicus			
Zacharias	1672	1693	
Manasses	1694	1708	
Zacharias	1708		
Dionysius	(-1725 c.)		Omont, p. 315
Gennadius, Gregorius, dep.	1730	1755	Janin, col. 692
Ioannicius, dep.	1755	1795	
Parthenius, dep.	1795 sept. 20	1804	
Anatolius, dep.	1804	1812	
Ambrosius, exp.	1812	1813	
Paisios, dep.	1821	1832	

49.3.3 **DIOCLEA**, Dioclia, Doclea, Duklja (?) eccl. byzantina

Sede metropolitana della provincia di Prevalitana, inclusa nella *notitia* 13 come suffraganea di Durazzo.

Fonti: Hierocles, 656, 6: Honigmann, p. 21; *notitia* 13: Darrouzès, p. 330

Bibl.: Le Quien, II, coll. 277-282; Farlati, VII, pp. 1-7; G. Mikulin, DHGE, XIV, coll. 541-546

Bassus	(-343 aut.)		Turner, I, p. 548
Maximus	(-451)		ACO, II, V, p. 88
Paulus, dep.		590	Gregorius I, Reg. XII, 10-11: II, pp. 357-359
Nemesius, Nemesion		(602-)	
...			Farlati, VII, pp. 5-7
...			
...			
Iohannes			

49.4.3 **ELISSOS**, Alexium, Alassium, Lessium, Lissus, Graditzin, Gradetzeion, Lesh, Lješ eccl. byzantina

Sede vescovile della provincia di Prevalitana, compare come suffraganea di Durazzo nelle *notitiae* 7, 9-10, 13, e in quest'ultima col nome di Gradetzeion.

Fonti: Hierocles, 656, 5: Honigmann, p. 21; *notitiae*: Darrouzès, p. 490

Bibl.: Le Quien, II, coll. 281-282; Farlati, VII, p. 384-394; Fluss, RE, XIII, coll. 731-736; P. Richard, DHGE, II, coll. 151-153

49.5.3 **LYCHNIS VETUS**, Ochrid, Ohore, Alheri, Ohrida eccl. byzantina

Vescovado suffraganeo di Durazzo incluso nelle *notitiae* 3 e 10.

Fonti: Hierocles, 653, 8: Honigmann, p. 20; *notitiae*: Darrouzès, pp. 236, 330

Bibl.: Le Quien, II, coll. 281-286; Farlati, VII, p. 158 ss.; Fluss, RE, XIII, coll. 2111-2115; *Acta et documenta*, p. 26

Zosimus, "de Ligmedon"	(-343 aut.)		Farlati, VIII, pp. 158-159; Turner, I, pp. 552-553
Antonius, Antoninus	(-449 aug.)	(458-)	Honigmann, *Lists*, p. 35; ACO, II, VII, p. 96
Laurentius	(-<492-496>)		Gelasius I, *ep.* II: Mansi, VII, coll. 10-12
Theodoretus	(-519)		Farlati, VIII, pp. 160-161

49.6.3 **IUSTINIANA PRIMA**, Tauresium, Scupi (?), Uskub (?) eccl. byzantina

Con le *novellae* XI del 14 aprile 535 e CXXXI del 18 marzo 545, Giustiniano elevò il vescovo «pro tempore» della sua città natale, Giustiniana prima, a metropolita ed arcivescovo, attribuendogli la giurisdizione ecclesiastica sulle province di Dacia Mediterranea e Dacia Ripense, Mesia prima, Dardania, Prevalitana, Macedonia seconda e parte della Pannonia seconda; Tessalonica restava la capitale dell'Illirico meridionale col territorio della Macedonia prima a maggioranza greca. La sede di Giustiniana prima fu traslata a Cipro ed inclusa nella *notitia* 2; è ricordata nella *notitia* 13.

Fonti: *notitiae*: Darrouzès, pp. 220, n. 184, p. 371

Bibl.: Le Quien, II, coll. 285-286, Fluss, RE, II A, col. 909; Procopius, *De aedificiis*, IV, 1; B. Granic, *Die Gründung des autokephalen Erzbistums von Justiniana Prima durch Kaiser Justinian I im Jahre 535 n. Chr.*, «Byzantion», II (1925), pp. 123-140; Darrouzès, pp. 152-153

Catellianus	(-535 apr. 14)		Iustinianus, Novella XI
Benenatus	(-549)	(553 mai.-)	Victor Tonnennensis episcopus, *Chronica*, 549: MGH, *Chronica Minora*, II, ed. T. Mommsen, Berolini 1894, p. 202; ACO, IV, I, pp. 30-31
Iohannes, exc.	(-592 oct.)	(602 mar.-)	Gregorius I, Reg. III, 6; XII, 10: I, pp. 163-165; II, pp. 357-358

49.7.3 **SCODRA**, Skodrai, Shkodra, Skutari — eccl. byzantina

Vescovado della provincia di Prevalitana incluso nella *notitia* 10 come suffraganeo di Durazzo.

Fonti: Hierocles, 654, 4: Honigmann, p. 20; *notitia* 10: Darrouzès, p. 330

Bibl.: Le Quien, II, coll. 275-278, Farlati, VII, pp. 304-308; Fluss, RE, II A, coll. 828-829

Bassus	(-386 (?))		Farlati, VII, p. 305
Senecio, Senecion	(-446 ian. 6)		Jaffé, n. 409: PL, 54, col. 663; cfr. Farlati, VII, p. 305
Andreas	(-519)		Farlati, VII, pp. 305-306
Stephanus	(-591 mar.)		Gregorius I, Reg. I, 36: I, p. 49
Iohannes	(-579 nov.)	(599 mai.-)	Gregorius I, Reg. VIII, 10; IX, 156: II, pp. 12, 157
Constantinus	(-602 mar.)		Gregorius I, Reg. XII, 11; II, p. 358

PROVINCIA DACIAE MEDITERRANEAE ET RIPENSIS

50.1.3 SARDICA, Sophia, Sofia, Triaditza — eccl. byzantina

Sede metropolitana della Dacia mediterranea, compare nella *notitia* 13 come arcivescovado della Bulgaria; il 14 aprile 535, Giustiniano aveva fondato Giustiniana prima con giurisdizione su 6 province: la provincia della Dacia Mediterranea comprendeva i vescovadi di Sardica, Germanicia, Naissus, Remesiana, Velesbusdus; quella della Dacia Ripensis i vescovadi di Ratiaria, Aquae, Bononia, Castra Martis, Oesus. Per le vicende anteriori del patriarcato bulgaro, v. sub Achrida (prov. Praevalitana); il 12 marzo 1870 fu consentita la riorganizzazione di una chiesa nazionale bulgara, dal cui esarcato dipendevano 14 metropoli quasi tutte nella Bulgaria del nord; nel 1953 venne ristabilito il patriarcato, che conta 11 eparchie (Dorostol-Tcherven, Lovetch, Nevrokop, Plovdiv o Philippopoli, Sliven, Sofia, Stara Zagora, Tirnovo, Varna-Preslav, Viddin, Vratsa).

Fonti: Hierocles, 654, 3: Honigmann, p. 20; *notitia* 13: Darrouzès, p. 371

Bibl.: Le Quien, II, coll. 301-306; Fluss-Oberhummer, RE, II A, coll. 1669-1671; R. Janin, DHGE, XIV, coll. 7-8; Janin, *Églises*, pp. 227-229; Laurent, *Sceaux*, V, 2, pp. 331-333; Germanos, THR, VIII (1937), pp. 161-169; Darrouzès, pp. 151-152; J. Dujcev-M. Simonetti, DPAC, II, coll. 3151-3153

Protegenes, "de Serdica"	(-316)	(343 aut.-)	*Codex Iustinianus*, I, 13, 1; Turner, I, pp. 550-551; cfr. pp. 84-85
Bonosus	(-<366-384>)		ACO, I, V, p. 82
Iulianus	(-431)		ACO, I, I, VII, pp. 139, 140; I, IV, p. 31
Zosimus	(-457 dec. 1)		ACO, II, V, p. 24
Domnio	(-516)		Marcellinus comes, *Chronicon*, a. 516: p. 99
Basiliscus	550 c.		Le Quien, II, col. 303
Felix	(-594 oct.)		Gregorius I, Reg., V, 8: I, p. 289
Demetrius	saecc. X-XI		Laurent, *Sceaux*, V, 2, n. 1503
Michael		(1078-1081)	Iohannes Scilitzes Curopalates, *Historia*: PG, 122, col. 473
...	saecc. XI fin./XII in.		Theophylactus Bulgariae archiepiscopus, ep. 32: PG, 126, col. 429
Nicetas	saec. XII pars pr.		Laurent, *Sceaux*, V, 2, n. 1504
Hieremias	(1513-1522 aut.)	1522 dec. 31	Germanos, p. 166
Hieremias, prom. patr. CP		1572 mai. 5	Le Quien, II, col. 304
Parthenius	(-1579 mar.)	(1586-)	Martinus Crusius, IV, p. 282; Le Quien, II, col. 304
Gregorius	(-1590 mai.)		Germanos, p. 167
Neophytus	1603 mar. 18		
Hieremias			
Meletios	1628 iun. 27		
Ignatius	1631 mai.		
Iezechiel	1639 nov. 30		
Daniel	1650 dec.		Germanos, p. 168

Meletios	1661 mar. 18		
Daniel	1676 mai.		
Auxentios	1678		
Cyrillus			
Gregorius	(-1700 ian.)		
Anastasios	1701 mai. 23		
Anthimos	1743 mai.	(1746 mai.-)	Germanos, p. 168; Actes, III, p. 71
Hieremias	1754 apr. 14	(1782 mai.-)	Germanos, p. 168; Actes, III, p. 76
Theophanes	1783 sept.		Germanos, p. 168
Ioachim	1822 nov. 24		Germanos, p. 169
Paisios	1830 iun.		
Meletios	1837 apr.		
Paisios	1847 oct. 7		
Gedeon	1853 iul.		
Dorotheos	1861 apr. 19		
Anthimos	1872 nov. 27		
Ioseph		1915	Janin, *Églises*, p. 229
Kyril, patr.	(-1953 mai. 10)		
Maxim Marin Naidenov Minkov	1971 iul. 4		*Orthodoxia, 1986-1987*, p. 51

50.1.30 BULGARIA — eccl. catholica

Nel 1861, Pio IX consacrò un arcivescovado cattolico orientale; nel 1883 venne creato a CP un amministratore apostolico col titolo di arcivescovo e due vicari apostolici (di Macedonia, con residenza a Salonicco, e di Tracia con residenza ad Andrianopoli).

Bibl.: Janin, *Églises*, pp. 303-305; OC, pp. 181-189

Joseph Sokolski	1861 ian. 21	1861 iun. 18	Janin, *Églises*, p. 303-304
Raphael Popof	1863	1876	Janin, *Églises*, p. 304
Metodius Dimitrow Stratiew	1971		OC, pp. 188

50.1.20 BULGARIA — eccl. armena-gregoriana

Arcivescovado del patriarcato di Costantinopoli, indipendente dal 1924.

Bibl.: Janin, *Églises*, p. 354; Tournebize, DHGE, IV, col. 368

50.2.3 AQUAE — eccl. byzantina

Vescovado della Dacia Ripensis.

Fonti: Hierocles, 655, 4: Honigmann, p. 20

Bibl.: Le Quien, II, coll. 305-306; Tomaschek, RE, II, coll. 294-295, n. 3; R. Janin, DHGE, III, col. 1095; E. Honigmann, *Meridianus episcopus*, «Annuaire de l'Institut de Philologie et d'Histoire Orientales et Slaves», VII (1939-1944), pp. 141-154

Vitalis, "de Aquis Ripensis"	(-343 aut.)	Turner, I, pp. 552-553

50.3.3 CASTRA MARTIS, Kula — eccl. byzantina

Vescovado della Dacia Ripensis.

Fonti: Hierocles, 655, 5: Honigmann, p. 20

Bibl.: Le Quien, II, coll. 307-308; Patsch, RE, III, col. 1769, n. 32; E. Jean, DHGE, XI, coll. 1460-1461

Calvus, Calvius	(-343 aut.)	Turner, I, pp. 554-555

50.4.3 GERMANIA, Germia, Saparevska Banja — eccl. byzantina

Città e vescovado (?) della Dacia Mediterranea, dipendente da Sardica; metropoli della Macedonia.

Fonti: Hierocles, 654, 5: Honigmann, p. 20; *notitiae* 11-13, 15: Darrouzès, pp. 344, 350, 367,382

Bibl.: D.-L. Stiernon, DHGE, XX, coll. 939-940

50.5.3 MARGUS, Orasje — eccl. byzantina

Bibl.: Le Quien, II, coll. 307-308

...		Le Quien, II, coll. 307-308

50.6.3 MERIDIO — eccl. byzantina

Vescovado di Dacia Ripensis (Giustiniano, *Nov.* 11).

Bibl.: E. Honigmann, *Meridianus episcopus*, «Annuaire de l'Institut de Philologie et d'Histoire Orientales et Slaves», VII (1939-1944), pp. 141-154

50.7.3 PAUTALIA, Ulpia Pautalia, Belebousdion, Belesbrugd, Velesbud, Köstendil, Kestentelion eccl. byzantina

Non si sa quando il toponimo slavo Belebousdion abbia sostituito il precedente; vescovado suffraganeo di Giustiniana prima o di Bulgaria nella *notitia* 13; al tempo di Manuele I Comneno il vescovado passava al secondo posto tra i suffraganei di Acrida; dietro richiesta dello zar Kalojan, elevato da Innocenzo III ad arcivescovado latino durante la dominazione franca e bulgara (1204-1247); vescovado durante la riconquista bizantina; incorporato all'impero ottomano nel 1371.

Fonti: Hierocles, 654, 5: Honigmann, p. 20; *notitia* 13: Darrouzès, pp. 371-372

Bibl.: Le Quien, II, coll. 305-308; I, coll. 1237-1240; A. van Lantschoot, DHGE, VII, coll. 516-517; Germanos, pp. 141-144; Laurent, *Sceaux*, V, 2, pp. 329-330; V, 3, p. 291

Evangelus	(-516)	Marcellinus comes, *Chronicon*, a. 516: p. 99
Nicephorus	(-<1071 sept. 1-1072 aug. 31>)	Laurent, *Sceaux*, V, 3, n. 2019
Anastasius	(-1204)	Cico, III, n. 55, p. 265
Iohannes	saec. XII pars post.	Laurent, *Sceaux*, V, 2, n. 1501
Gabriel	saec. XII pars post.	Laurent, *Sceaux*, V, 2, n. 1502
Gabriel	(-1766 sept.)	Germanos, p. 142
Philaretos	1767 nov.	
Dionysios	1783 iul.	
Gregorios	1788 mar.	
Meletios	1802 mar.	
Auxentios	1807 sept. 16	Germanos, p. 143
Constantios	1819 sept.	
Artemios	1827 iun.	
Dionysios	1845 sept. 28	
Dionysios	1858 nov.	
Ignatios	1861 febr.	

50.8.3 REMESIANA, Remessiana, Romatiana, Bela Paulaka eccl. byzantina

Vescovado della Dacia Mediterranea.

Fonti: Hierocles, 654, 7: Honigmann, p. 20

Bibl.: Le Quien, II, coll. 305-306; Vulić, RE, I A, coll. 594-595

Nicetas	366/377	(414-)	P. T. Camelot, LTK, VII, coll. 974-975
Diogenianus	(-449 aug. 8)		Honigmann, *Lists*, p. 35

PROVINCIA DARDANIAE

51.1.3 **SCUPIS**, Scupi, Uskub, Zlokučam — eccl. byzantina

Sede metropolitana della provincia di Dardania.

Fonti: Hierocles, 655, 8: Honigmann, p. 20;

Bibl.: Le Quien, II, coll. 309-310; Fluss, RE, II A, col. 910; Darrouzès, p. 18; R. Janin, DHGE, XIV, col. 86

Paragorius, Paregorius	(-343 aut.)		Turner, I, pp. 552-553
Ursicinus	(-457 dec. 1)	(497-)	Grumel, I, n. 141: ACO, II, V, p. 24; cfr. p. 88; Jaffé, nn. 623, 747; ACO, II, V, pp. 148-150
Iohannes, "ep. Scopinae" (?)	(492-496)		PL. 59, col. 22
Iohannes	(-1346)		AA, III, n. 25, p. 189
Clemens	1550 iul.		Actes, IV, p. 130
Anthimos, metr.	(-1819 mai.)		Actes, III, p. 108; AA, VI, p. 90
Angelarij Cvetko Krstevski, "aep. de Ohrid et Makedonia"	1981 aug. 18		*Orthodoxia, 1986-1987*, p. 105

51.2.3 **APSOROS**, Absarus, Ossero — eccl. byzantina

Vescovado nella Dalmazia Salonitana.

Bibl.: Le Quien, II, coll. 311-312

Laurentius, "ep. Absartianensis"	(-787 oct. 13)		Mansi, XIII, col. 388; Le Quien, II, coll. 311-312

51.3.3 **BIDINE**, Bidyne, Bydine, Vidin — eccl. byzantina

Vescovado della Bulgaria (*notitia* 13); sede metropolitana senza vescovadi suffraganei (*notitiae* 17-21), nel patriarcato di Costantinopoli.

Fonti: *notitiae* 13, 17-21: Darrouzès, p. 486

Bibl.: Germanos, pp. 130-135; Darrouzès, pp. 176, 181, 191, 193

Neophytos	(-1561)		Germanos, p. 131
Anthimos	(-1584)	(1590 mai.-)	

Daniel	(-1606 mar.)		
Sophronios	1606 mar. 20		
Euthymios	1620 iun.		Germanos, p. 132
Gabriel			
Sophronios	1640 mai. 7		
Philotheos	1660 mar.		
Laurentios	(-1668 iul.)		
Daniel	1670 dec.		
Timotheos	1676 mai. 20		
Parthenios			
Arsenios			
Symeon	(-1708 apr. 4)		
Callinicos	(-1747 mar.)	(1748 febr.-)	
Meletios	1754 dec. 5		Germanos, p. 133
Ioseph	1763 mai.		
Anthimos	1766 mar.		
Hieremias	1777 dec.		
Matthaeos	1790 nov.		
Gregorios	1791 nov.		
Benedictos	1801 iun.		
Callinicos	1803		
Dionysios	1807 mar.		
Paisios	1814 ian.		Germanos, p. 134
Germanos	1826 aug.		
Ioachim	1830 iun.		
Anthimos	1831 mai.		
Cyrillus	1840 iul.		
Ioseph	1846 oct. 5		
Benedictos	1846 nov. 14		
Paisios	1852 febr. 22		
Anthimos	1868 apr. 13		
Paisios	1872 oct. 19		Germanos, p. 135

51.4.3 **CASTORIA**, Kastoria, Kostour — eccl. byzantina

Vescovado di Giustiniana prima o Bulgaria incluso nella *notitia* 13; Giustiniano vi aveva trasferito il vescovado di Diocletianopolis, distrutto dalle invasioni; per l'epoca latina, cfr. Fedalto, II, pp. 70- 71.

Fonti: *notitia* 13: Darrouzès, p. 371

Bibl.: Le Quien, II, coll. 315-316; Laurent, *Sceaux*, V, 2, pp. 327-329

Ioannes	saec. X		Laurent, *Sceaux*, V, 2, n. 1499
Theodorus	saec. XI		Laurent, *Sceaux*, V, 2, n. 1500
Ioseph	(-1481 febr. 24)		Péchayre, p. 311
Acacius	(-1531 mar.)	(1543 iul.-)	
Methodius	(-1544 febr.)	(1559 mar. 3-)	Péchayre, p. 311-312
Ioasaph	(-1564 ian.)	(1567 dec. 28-)	Martinus Crusius, II, p. 174; Péchayre, p. 312
Bessarion	(-1577 febr.)		Péchayre, p. 312
Michael	(-1593)		
Nectarius	(-1593 iul. 6)		
Theophylactus	(-1622)		
Chariton	(-1624 febr.)	(1634 nov. 29-)	
Hierotheus	(-1648)		Leo Allatius, III, XI, col. 1092
Arsenius	(-1643 nov.)	(1654-)	Péchayre, p. 313
David	(-1686 iun. 13)		
Dionysius	(-1694)	(1716 nov. 12-)	
Chrysanthus	(-1725 iul.)	(1726 iul.-)	
Euthymius	(-1765 nov. 24)		
Grigorios Papoutsopulos, metr.	1985 nov. 21		*Orthodoxia, 1986-1987*, p. 80

51.5.3 **MELESOBA**, Malešovo — eccl. byzantina

Nel 1020 risultava parte del vescovado di Morovisdos; nel corso del secolo XI vi era trasferita quella sede vescovile.

Bibl.: Le Quien, II, coll. 315-318; Laurent, *Sceaux*, V, 2, pp. 333-334

...	saec. XI pars post.	Laurent, *Sceaux*, V, 2, n. 1505
Nicolaus	saecc. XI fin./XII in.	Theophylactus, Bulgariae archiepiscopus, ep. 32: PG, 126, col. 432, Leo Allatius, II, X, col. 630

51.6.3 **MOGLENA**, Edessa, Castro — eccl. byzantina

Vescovado di Giustiniana prima o di Bulgaria incluso nella *notitia* 13.

Fonti: *notitia* 13: Darrouzès, p. 372

Bibl.: Le Quien, II, coll. 317-318; *Index*, n. 171; Oberhummer, RE, XV, col. 2420

...	(-1091/1106)	AA, I, p. 122
...	(-1196 oct.)	AA, V, I, pp. 358-360
Niphon	(-1327 nov.)	Darrouzès, V, n. 2139: Iohannes Cantacuzenus, I, 44- 47: I, pp. 215, 226, 229
Theophanes	(-1624 febr.)	Péchayre, p. 315
Ignatius	(-1653 ian.)	
Theodoretus	(-1720 c.)	Le Quien, II, col. 318
Parthenius	(-1725 iul.)	Péchayre, p. 315

51.7.3 **NAISSUS**, Naissos, Niš — eccl. byzantina

Vescovado della Dacia Mediterranea, inizialmente dipendente da Sardica; al tempo della riorganizzazione dei Balcani, con la conquista bizantina di Basilio II, riappariva nel 1020 come suffraganeo dell'arcivescovado autocefalo di Acrida; sede arcivescovile nelle *notitiae* 12 e 15, sede metropolitana nel 1189.

Fonti: Hierocles, 654, 6: Honigmann, p. 20; *notitiae* 12, 15: Darrouzès, pp. 352, 385

Bibl.: Le Quien, II, coll. 313-314; M. Fluss, RE, XVI, coll. 1589-1599; V. Laurent, *Une métropole éphémère sur le rôle du patriarcat oecuménique: Nisos-Niš, au temps d'Isaac II Ange*, «Byzantion», XXXI (1961), pp. 43-56; *Sceaux*, V, 2, pp. 339-341, 433-434

Gaudentius	(-343 aut.)	Turner, I, pp. 554-555
Marcianus	(-409)	Jaffé, n. 299: PL, 20, coll. 519-521
Eustathius, "ep. Myrinae"	(-431)	Le Quien, II, col. 313; cfr. ACO, I, IV, p. 46
Dalmatius, "ep. Neutimae"	(-<457-474>)	ACO, II, V, p. 88
Gaianus	(-516)	Marcellinus comes, *Chronicon*, a. 516: p. 99
Proiectus	(-553 mai. 8)	ACO, IV, I, pp. 29-30
Nicetas (?)	saec. XI	Laurent, *Sceaux*, V, 2, n. 1602
Constantinus	(-<1160-1180>)	Laurent, *Une métropole*, p. 55; *Sceaux*, V, 2, n. 1510

51.8.34 PHLORINA eccl. orthodoxa

Bibl.: *Orthodoxia, 1986-1987*, p. 86

Augustinos Andreas Kantiotis, metr.	1967 iun. 25		*Orthodoxia, 1986-1987*, p. 86

51.9.34 PRESPA eccl. orthodoxa

Bibl.: *Orthodoxia, 1986-1987*, p. 105

Petar Jovan Karevski, "metr. de Prespa et Bitola"	1981 iun. 14		*Orthodoxia, 1986-1987*, p. 105

51.10.3 SINGEDUNUM, Sigida, Belegrada, Belgrad, Berat eccl. byzantina

Vescovado incluso nella *notitia* 13.

Fonti: Hierocles, 657, 3: Honigmann, p. 21; *notitia* 13: Darrouzès, p. 372

Bibl.: Le Quien, II, coll. 313-316; Fluss, RE, III A, coll. 234-235

Ursatius, exc.	(-335)	(359-)	A. Hamman, LTK, X, col. 568
Theodosius	(-1438)		Péchayre, p. 301
Parthenius	(-1624 febr.)	(1631 mar. 6-)	
Nicephorus	(-1726 iul. 22)		
Ioasaph	1752 apr. 19		Péchayre, p. 302

51.10.4 SINGEDUNUM eccl. ariana

Secondianus	(370-375 c.)	381	M. Simonetti, DPAC, II, col. 3140

51.11.3 **STRUMNITZA**, Strumitza, Strombitza, Strumica, Strumnica, Tiberioupolis
eccl. byzantina

Vescovado di Giustiniana prima o di Bulgaria, incluso nella *notitia* 13; elevato a sede metropolitana nell'epoca moderna.

Fonti: *notitia* 13: Darrouzès, p. 372

Bibl.: Le Quien, I, coll. 1223-1224 (Moesia inferior); Mystakides, p. 219; Laurent, *Sceaux*, V, 2, pp. 335-337; V, 3, pp. 291-292; cfr. V, 1, pp. 688-689

Theoctistus, "ep. Tiberiopoleos"	(-879 nov.)		Mansi, XVII-XVIII, col. 376
Demetrius	saec. XI pars pr.		Laurent, *Sceaux*, V, 2, n. 1507
Basilius	saecc. XI-XII		Laurent, *Sceaux*, V, 2, n. 1508; Theophylactus, archiepiscopus Bulgariae, ep. 32: PG, 126, col. 432
Constantinus Cabasilas, tr. ad Dyrrachien.		1230 c.	J. Gouillard, DHGE, XI, coll. 13-14; Laurent, *Sceaux*, V, 1, n. 881
Clemens	(-1152 iul.)		Laurent, *Sceaux*, V, 3, n. 2020
Ananias	(-1564)		Martinus Crusius, p. 174
Parthenius	(-1624 febr.)		Péchayre, p. 319
Sophronius	(-1653 ian.)		
Christodulus	(-1653 febr.)		
Arsenius	(-1671)	(1673-)	Péchayre, p. 320
Callinicus	(-1726 iul. 22)		Péchayre, pp. 320-322

51.12.3 **ULPIANUM**, Lipljan
eccl. byzantina

Fonti: Hierocles, 656, 2: Honigmann, p. 20

Bibl.: Le Quien, II, coll. 309-312; Vulic, RE, X, col. 1309

Macedonius	(-343 aut.)	Turner, I, pp. 554-555
Paulus	(-553 mai. 8)	ACO, IV, I, pp. 29-30

51.13.34 **VELES**, Bylazora, Titov Veles
eccl. orthodoxa

Bibl.: *Orthodoxia, 1986-1987*, p. 105

Gavril Georgi Milošev, "metr. de Veles et Povardarije"	1977	*Orthodoxia, 1986-1987*, p. 105

51.14.3 ZAPPARA, Sappara — eccl. byzantina

Fonti: Hierocles, 641, 9: Honigmann, p. 16

Bibl.: Le Quien, II, coll. 311-312

Sabinianus, absens	(-553 mai. 8)	*Epistulae. Collectio Avellana*, ed. O. Günther, CSEL, 35, p. 319; ACO, IV, I, pp. 29-30
Fabianus	(-553 mai. 14)	PL, 59, col. 113

51.15.34 ZLETOVO — eccl. orthodoxa

Bibl.: *Orthodoxia, 1986-1987*, p. 106

Gorazd Bogoljub Dimitrijevski	1977 iun. 26	*Orthodoxia, 1986-1987*, p. 106

DIOECESIS SERVIAE

52.1.3 **PETCIUM**, Peć, Ipek, Petch — eccl. byzantina

Sede metropolitana di Serbia; nel 1346 il metropolita Ioannicio venne consacrato patriarca per il regno di Serbia dal patriarca bulgaro di Tirnovo e dall'arcivescovo greco-bulgaro di Ocrida; riconosciuto dal patriarca di CP nel 1375, il patriarcato fu soppresso nel 1459 da Maometto II e annesso all'arcivescovado greco-bulgaro di Acrida; restaurato nel 1577 fu nuovamente soppresso nel 1766, dopo aver avuto come residenze la città di Karlovitz dall'imperatrice Maria Teresa. L'unione dei paesi serbi nel 1918 portò alla fusione delle autonomie ecclesiastiche di Serbia, Karlovtsy, Bosnia-Erzegovina, Montenegro e Dalmazia e nel 1920 fu ristabilito il patriarcato, il cui capo porta il titolo di «arcivescovo di Petch, metropolita di Belgrado e Karlovtsy, patriarca serbo». Nel 1931 si determinava in 22 il numero delle diocesi suffraganee, di cui 4 metropolitane. Attualmente il patriarca risiede a Belgrado.

Bibl.: Le Quien, II, coll. 319-324; Janin, *Églises*, pp. 207-219; V. Laurent, *L'archevêque de Peč et le titre depatriarche après l'Union de 1375*, «Bulletin de la section historique. Académie Roumaine, Bucarest», XXV (1944), pp. 303-310

Thedorus			Le Quien, II, coll. 321-322
Sabbas, s., patr. Serviae, ren.	(-1193)	1233	I. Dujčev, BS, XI, coll. 522-529; Actes, V, p. 3
Arsenius	1234-1264		A. Karen, BS, II, coll. 481-482; Dujčev, col. 527
Ioannicius, ep. "Triballorum", patr. Serviae	(-1354 dec. 24)		Ioannes Cantacuzenus, III, 45: p. 274; Innocent VI (1352-1362), *Lettres secretes et curiales*, edd. P. Gasnault-M. H. Laurent, I, Paris 1959, n. 1251
...	(-<1431-1438>)		Syropoulos, II, 19: p. 123
Macarius	(-<1548-1580>)		Martinus Crusius, IV, p. 290
Gabriel			Le Quien, II, col. 322
Maximus			Le Quien, II, coll. 322-323
Athanasius			Le Quien, II, coll. 323-324
Callinicus			
Moyses	(-1721)		
Meletius Pavlovitch	1831		Janin, *Églises*, p. 209
Michael	(-1879)		
...	1920 nov. 12		Janin, *Églises*, p. 219
German Dorić, aep., metr., patr.	1958 sept. 12		*Orthodoxia, 1986-1987*, p. 132

52.2.34 **BAČKA** — eccl. orthodoxa

Bibl.: *Orthodoxia, 1986-1987*, p. 133

Nicanor Iličić	1955 iun. 26		*Orthodoxia, 1986-1987*, p. 133

52.3.34 BANAT

eccl. orthodoxa

Bibl.: *Orthodoxia, 1986-1987*, p. 133

Amfilohije Radović	1985 iun. 16	*Orthodoxia, 1986-1987*, p. 133

52.4.34 BANJALUKA

eccl. orthodoxa

Bibl.: *Orthodoxia, 1986-1987*, p. 133

Jefrem Mile Milutinović	1980 iun. 6	*Orthodoxia, 1986-1987*, p. 133

52.5.34 BOSNIA

eccl. orthodoxa

Dopo l'occupazione da parte dell'Austria di Bosnia ed Erzegovina (1878) le tre sedi metropolitane nel 1900 diventarono 4 (Dabro-Bosnia (Sarajevo), Hersek-Zakhloumia (Mostar), Zvornik-Dolnji-Touzla (Touzla) e Banjaluka-Bikatch (Banjaluka)); nel 1955 restarono la metropoli di Sarajevo e il vescovado di Banjaluka. Durante la dominazione francese (1806-1814), Napoleone creò un vescovado serbo di Dalmazia (1808); nel 1870 la Dalmazia era divisa nelle due diocesi di Zara (Zadar) e Cattaro (Kottor).

Bibl.: Le Quien, II, coll. 323-324; Janin, *Églises*, pp. 210-212

...	(-1454)	Le Quien, II, coll. 323-324
Vladislav Mitrović, "metr. de Dabar Bosnia"	1967 iul. 2	*Orthodoxia, 1986-1987*, p. 133

52.6.34 BRANIČEVO

eccl. orthodoxa

Bibl.: *Orthodoxia, 1986-1987*, p. 133

Hrizostom Vojinović	1952 iun. 15	*Orthodoxia, 1986-1987*, p. 133

52.7.34 CRNA GORA

eccl. orthodoxa

Bibl.: *Orthodoxia, 1986-1987*, p. 133

Danilo Dajković, "metr. de Crna Gora et Primorje"	1961 iun. 25	*Orthodoxia, 1986-1987*, p. 133

52.8.34 DALMACIJA

eccl. orthodoxa

Bibl.: *Orthodoxia, 1986-1987*, p. 133

Nikolaj Mrda	1980		*Orthodoxia, 1986-1987*, p. 133

52.9.34 GORNJI KARLOVAC

eccl. orthodoxa

Bibl.: *Orthodoxia, 1986-1987*, p. 134

Simeon Zloković	1951 iul. 29		*Orthodoxia, 1986-1987*, p. 134

52.10.34 GREBENUS, Grebenon, Grebenum

eccl. orthodoxa

Vescovado suffraganeo di Giustiniana prima o di Bulgaria, istituito verso il 1100; metropoli anteriormente al sec. XVI, passò sotto la giurisdizione di CP nel gennaio 1767, come le altre sedi dell'arcivescovado di Ocrida.

Fonti: *notitia* 13: Darrouzès, pp. 371-372

Bibl.: Le Quien, II, coll. 323-324; Laurent, *Sceaux*, V, 2, pp. 337-339; R. Janin, DHGE, XXII, coll. 183-184

Ioannes	saec. XI fin.		Janin, col. 183
Constantinus Cabasilas	saec. XII fin.		Laurent, *Sceaux*, V,2, n. 1509
Neophytus		1422 dec. 6	Péchayre, pp. 303-304
Symeon	(-1538 iun.)		Péchayre, p. 304
Leontius			
Demetrius	(-1566)		
Anthimus, tr. ad Neopatren.		1623 mai. 29	
Ioasaph	(-1624 febr.)		
Sergius	1625	1630	
Gabriel	(-1630)		
Bessarion	(-1652)		Péchayre, p. 306
Gregorius	1666		Janin, col. 184
Theophanes			
Pancratius	1676	1693	
Theophanes	1693		
Macarius	1730 ian.		
Theophanes	1740		

Nicephorus	1743 mar. 20		
Macarius	1749 mar. 6		
Gregorius	1767		
Gabriel		1806 sept.	
Bartholomeus, dep.	1806 sept.	1820 oct.	
Anthimus	1820 oct.		
Gerasimus	1831 febr.		
Ioannicius	1837 sept.	1849 oct.	
Agapos	1849 oct. 18	1864 aug.	
Gennadios Paparrouses	1864 aug. 14	1873 ap.	
Cyrillus	1873 ap.	1888 mai. 12	
Clemens	1888 mai. 14	1896 nov. 28	
Dorotheus Mammueles	1896 dec. 7	1901 oct. 1	
Agathangelus Constantinides	1901 oct. 15	1910 mar. 20	
Emilianus Lazarides	1910 mar. 16	1911	
Emilianus Dangoulas	1911 dec. 8	1924 mar. 13	
Nicolaus	1924 mar. 13	1933 dec. 15	
Gervasius	1934 febr. 12		
Theocletos Sphenkas	1943 iun. 15	1950 sept. 26	
Philippus Tzeras	1951 oct. 25	1957	
Chrysostomus Papaignatiou	1960 mai		
Sergios Antonios Sigalas	1976 aug. 15		Orthodoxia, 1986-1987, p. 76

52.11.34 ISCHANIUM

eccl. orthodoxa

Bibl.: Le Quien, II, coll. 325-326

..., "ep. Ischaniensis"	(-1571 mai. 5)	Martinus Crusius, II, p. 179
Ioasaph	(-1578 dec.)	Martinus Crusius, VII, pp. 506,464
...	(-1579 mar.)	Martinus Crusius, IV, p. 282

52.12.3 MELANGA

eccl. byzantina

Bibl.: Le Quien, II, coll. 325-326

Constantinus	Georgius Pachymeres, *De Michaele Paleologo*, II, 8: p. 102

52.13.34 NEUROCOPUS

eccl. orthodoxa

Bibl.: Le Quien, II, coll. 325-326

Ioasaph	(-1578 iun.)	Martinus Crusius, VII, p. 507

52.14.34 NIŠ

eccl. orthodoxa

Bibl.: *Orthodoxia, 1986-1987*, p. 134

Irinej Gavrilović	1975	*Orthodoxia, 1986-1987*, p. 134

52.15.34 RAŠKA-PRIZREN

eccl. orthodoxa

Bibl.: *Orthodoxia*, 1986-1987, p. 134

Pavle Stojčević	1957 sept. 22	*Orthodoxia, 1986-1987*, p. 134

52.16.34 ŠABAC-VALJEVO

eccl. orthodoxa

Bibl.: *Orthodoxia, 1986-1987*, p. 134

Jovan Velimirović	1960 aug. 7	*Orthodoxia, 1986-1987*, p. 134

52.17.34 SAMOKOVION

eccl. orthodoxa

Vescovado suffraganeo di Peć.

Bibl.: Germanos, pp. 160-161

Nectarios	saecc. XVII fin./ XVIII	Germanos, p. 160
Daniel		
Neophytos	(-1766 sept.)	
Philotheos	1778 apr.	
Ierotheos	1819 mai.	

Ignatios	1826 iul.		
Ignatios	1829 iun.		Germanos, p .161
Neophytos	1836		
Ignatios			
Ieremias	1837 nov. 16		
Matthaeos	1846 iun.		
Neophytos	1861 mai. 13		
Ilarion	1872 oct. 23		

52.18.34 SISANUS

eccl. orthodoxa

Bibl.: Le Quien, II, coll. 323-324

Ioseph, "ep. Kastoriae et Sisanii"	(-1481)		Péchayre, p. 317
Methodius	(-1538)		
...	(-1576)		Martinus Crusius, VII, p. 507; Le Quien, II, coll. 323-324
Daniel	(-1624 febr.)		Péchayre, p. 317
Zosimus, tr. ad Archriden.	(-1726 dec. 20)		Péchayre, pp. 317-319
Nicephorus	(-1746)	(1769-)	Péchayre, p. 319
Antonios Kompos, "metr. de Sisanion et Siatista"	1974 mai. 25		*Orthodoxia, 1986-1987*, p. 85

52.19.34 SLAVONIA

eccl. orthodoxa

Bibl.: *Orthodoxia, 1986-1987*, p. 134

Lukijan Pantelić	1985 mai. 18		*Orthodoxia, 1986-1987*, p. 134

52.20.34 ŠUMADIJA

eccl. orthodoxa

Bibl.: *Orthodoxia, 1986-1987*, p. 134

Sava Vuković	1967 iul. 16		*Orthodoxia, 1986-1987*, p. 134

52.21.34 TIMOK

eccl. orthodoxa

Bibl.: *Orthodoxia, 1986-1987*, p. 134

Milutin Stojadinović	1977 iul. 10	*Orthodoxia, 1986-1987*, p. 134

52.22.34 VRANJE

eccl. orthodoxa

Bibl.: *Orthodoxia, 1986-1987*, p. 135

Sava Dragoslav Andrić	1985	*Orthodoxia, 1986-1987*, p. 135

52.23.34 ZAGREB

eccl. orthodoxa

Bibl.: *Orthodoxia, 1986-1987*, p. 135

Jovan Pavlović	1983	*Orthodoxia, 1986-1987*, p. 135

52.24.34 ŽIČA

eccl. orthodoxa

Bibl.: *Orthodoxia, 1986-1987*, p. 135

Stefan Boca	1979	*Orthodoxia, 1986-1987*, p. 135

52.25.34 ZVORNIK

eccl. orthodoxa

Bibl.: *Orthodoxia, 1986-1987*, p. 135

Vasilije Ljubomir Kačavenda	1978 iun. 25	*Orthodoxia, 1986-1987*, p. 135

Finito di stampare 1988
Editrice - Grafiche Messaggero di S. Antonio, Padova

ISBN 88-7026-858-6